Transportversicherung

Hans-Christoph Enge • Dieter Schwampe

Transportversicherung

Recht und Praxis

4. Auflage

Hans-Christoph Enge
Lampe & Schwartze KG,
Bremen, Deutschland

Dr. Dieter Schwampe
Dabelstein & Passehl,
Hamburg, Deutschland

ISBN 978-3-8349-1064-6 ISBN 978-3-8349-6626-1 (eBook)
DOI 10.1007/978-3-8349-6626-1

Die Deutsche Nationalbibliothek verzeichnet diese Publikation in der Deutschen Nationalbibliografie; detaillierte bibliografische Daten sind im Internet über http://dnb.d-nb.de abrufbar.

Springer Gabler
© Gabler Verlag | Springer Fachmedien Wiesbaden 1983, 1987, 1996, 2012
Das Werk einschließlich aller seiner Teile ist urheberrechtlich geschützt. Jede Verwertung, die nicht ausdrücklich vom Urheberrechtsgesetz zugelassen ist, bedarf der vorherigen Zustimmung des Verlags. Das gilt insbesondere für Vervielfältigungen, Bearbeitungen, Übersetzungen, Mikroverfilmungen und die Einspeicherung und Verarbeitung in elektronischen Systemen.

Die Wiedergabe von Gebrauchsnamen, Handelsnamen, Warenbezeichnungen usw. in diesem Werk berechtigt auch ohne besondere Kennzeichnung nicht zu der Annahme, dass solche Namen im Sinne der Warenzeichen- und Markenschutz-Gesetzgebung als frei zu betrachten wären und daher von jedermann benutzt werden dürften.

Einbandentwurf: KünkelLopka GmbH, Heidelberg

Gedruckt auf säurefreiem und chlorfrei gebleichtem Papier

Springer Gabler ist eine Marke von Springer DE. Springer DE ist Teil der Fachverlagsgruppe Springer Science+Business Media.
www.springer-gabler.de

Geleitwort

Es gibt nach meinem Dafürhalten drei Arten von Fachbüchern: einmal unnötige, dann Bücher, welche sich ganz nett ausnehmen und zuletzt grundlegende, wichtige Fachbücher, ohne die der Interessierte eigentlich nicht arbeiten kann.

Es gibt viele Versicherungszweige, aber nur einen, welcher seine stolze Geschichte bis ins Frühmittelalter nachweisen kann, nur einen, der gleichsam der Vater des Versicherungswesens ist: die Transportversicherung.

Wir Transportversicherer dürfen stolz darauf sein, einen kleinen aber unerhört wichtigen Versicherungszweig pflegen zu dürfen, wissen wir doch, dass es ohne uns keine Importe, keine Exporte – keine Weltwirtschaft gäbe.

Wir stehen also in der Pflicht, dafür zu sorgen, dass wir mit möglichst viel Grundwissen und einer Unmenge von in der Praxis erlernten Erfahrung den Motor Weltwirtschaft am Laufen erhalten.

Das vorliegende Werk ist genau das, was es dazu braucht. Es ist ein grundlegendes und wichtiges Fachbuch, mit großer juristischer Relevanz für alle am Transportversicherungsrecht interessierten Kreise. Darüber hinaus richtet es sich sowohl an den begeisterten werdenden Transportspezialisten, gehört aber auch auf den Schreibtisch des gestandenen Fachmanns oder ohne Weiteres ins Bücherregal der ersten Führungsebene in Kompositgesellschaften.

Die beiden Verfasser haben es erreicht, unsere Traditionen in die Gegenwart zu transportieren. Sie sorgen mit ihrem enormen Fachwissen dafür, uns Allen eine Versicherungsbranche näherzubringen, welche niemanden mehr loslässt, der sich während einiger Jahre intensiv damit beschäftigt hat.

Meine herzlichen Glückwünsche dazu. Dem Leser – oder vielmehr dem Benützer – wünsche ich viel Vergnügen, denn, ja, ein solches Werk in Händen zu halten bereitet Vergnügen.

Fritz Stabinger FCII
Generalsekretär
Internationaler Transport Versicherungsverband
International Union of Marine Insurance - IUMI

Vorwort zur ersten Auflage

Die deutsch-sprachige Literatur über das Recht und die Praxis der Transportversicherung erfaßt jeweils nur Teilbereiche oder Einzelfragen, und sie ist weit verstreut. Vergleiche mit dem Recht und der Praxis anderer Länder finden sich dabei nur vereinzelt.

Das Bestreben dieser Schrift als Sonderband des Abschnittes „Transportversicherung" im Versicherungswirtschaftlichen Studienwerk, das in dritter Auflage erscheint, ist es, eine systematische Gesamtdarstellung dieses weitreichenden Versicherungsgebietes zu vermitteln. Wegen der internationalen Bedeutung des Rechts und der Praxis der Transportversicherung nach englischen Bedingungen für alle in der Bundesrepublik Deutschland an der Transportversicherung interessierten Kreise werden bei der Behandlung der verschiedenen Zweige der Seeversicherung die in diesem Rechtskreis geltenden Bestimmungen entweder selbständig oder im Vergleich zu den entsprechenden deutschen Regelungen dargestellt. Dabei entstand jedoch eine Schwierigkeit: Mit den am 1.1.1982 in Kraft getretenen neuen Institute Cargo Clauses wurde in England dieses Teilgebiet grundsätzlich neu geregelt. Für eine Übergangsfrist, deren Dauer noch nicht abzusehen ist, werden sowohl die bisherigen als auch die neuen Bedingungen nebeneinander Bestand haben. Das gilt um so mehr, als eine Reihe von anderen Ländern, die die bisherigen Institute Cargo Clauses entweder wörtlich oder nur mit geringen Abweichungen für ihren Markt verwenden, im Falle einer Angleichung an das neue englische System sicher einige Zeit dafür benötigen werden. Wenn in diesem Buch dennoch nur die neue englische Regelung behandelt wird, so geschieht dies im Interesse der Übersichtlichkeit, zumal für die Darstellung der bisherigen Institute Cargo Clauses auf den Beitrag „Transportversicherung" in der 2. Auflage des Versicherungswirtschaftlichen Studienwerkes und auf vergleichende Abhandlungen verwiesen werden kann, die aus dem Literaturverzeichnis ersichtlich sind.

Dieses Buch ist an der Praxis orientiert und kann schon deshalb keinen Anspruch auf eine wissenschaftliche Durchdringung des gesamten Stoffes erheben. Es ist entstanden aus den langjährigen Erfahrungen eines wissenschaftlich interessierten Praktikers der Transportversicherung, für den dieser Versicherungszweig berufliche Erfüllung und wissenschaftliche Faszination in gleicher Weise bedeutet. Möge es denen Hilfe leisten, die sich mit kaufmännischen und juristischen Fragen dieser Materie beschäftigen und Anregungen für eine weitere wissenschaftliche Behandlung einzelner Themen geben.

Herzlicher Dank sei allen gesagt, die durch ihre Arbeit zu diesem Buch beigetragen haben.

Bremen, Mai 1983   Hans Joachim Enge

Vorwort zur dritten Auflage

Wie jeder andere Wirtschaftszweig muß sich auch die Transportversicherung den sich wandelnden Anforderungen des Wirtschaftslebens stellen und dabei die durch Gesetzgebung und Rechtsprechung veränderten Gegebenheiten berücksichtigen. Hinzu kommen die Auswirkungen der Gruppenfreistellungsverordnung der EG-Kommission vom 21.12.1992. Dadurch haben sich auch für die Transportversicherer verschiedene Neuerungen ergeben, die in die dritte Auflage dieses Buches eingearbeitet worden sind. Das gilt besonders auch für die neue Rechtsgrundlage der Seekaskoversicherung in England, die Institute Time Clauses vom 01.11.1995.

Bremen, Februar 1996   Hans Joachim Enge

Vorwort zur vierten Auflage

Hans-Joachim Enge ist im Jahre 2005 verstorben. Die großen Veränderungen des deutschen Transportversicherungsrechts – die Novelle des VVG und die Aufhebung des gesetzlichen Seeversicherungsrechts hat er in ihrer Entstehung und Vorbereitung noch engagiert begleitet, aber sich dazu nicht mehr publizierend äußern können. Die Transportversicherungspraxis hat sich seither grundlegend verändert. So haben sich die Märkte konsolidiert, sind internationaler und transparenter geworden. Der Lloyds-Markt hat nach einem schwierigen Umstrukturierungsprozess seine Stabilität wiedererlangt. Seit der dritten Auflage im Jahre 1996 hat sich nicht nur die Gesetzeslage geändert, sondern mit der Schaffung der DTV-Güter 2000 für die Warenversicherung und der DTV-ADS 2009 für die Schiffsversicherung ein völlig neues Bedingungsgefüge ergeben. In England sind mit den International Hull Clauses von 2003 und den Institute Cargo Clauses 2009 ebenfalls neue Bedingungswerke entstanden. Die Verfasser dieser vierten Auflage, Hans-Christoph Enge, Sohn des Begründers dieses Buches, als Assekuradeur in Bremen tätig, und Dr. Dieter Schwampe, Rechtsanwalt in Hamburg, setzen die Tradition des Werkes als Leitfaden und praktische Einführung in die Transportversicherung fort. Die Durchdringung der Märkte durch die neuen Klauselwerke ist im vollen Gange. Während sich in Deutschland die DTV-Güter 2000 schon gut etabliert haben und nach Schätzungen bereits in etwa 50% aller Warenversicherungsverträge vereinbart werden, haben etwa die International Hull Clauses noch keine besondere Akzeptanz erfahren. Wann sich die DTV-ADS 2009 durchsetzen werden, bleibt abzuwarten. In dieser Phase betrachtet dieses Buch jeweils die alte als auch die neue Bedingungslage. Auf diese Weise erhält der Leser zugleich einen Überblick über die wesentlichen Unterschiede.

Bremen und Hamburg, Juni 2012   Hans-Christoph Enge & Dr. Dieter Schwampe

Inhaltsverzeichnis

Geleitwort 5
Vorwort zur ersten Auflage 7
Vorwort zur dritten Auflage 8
Vorwort zur vierten Auflage 8

1	**Einleitung**	**13**
1.1	Begriff und Arten der Transportversicherung	13
1.1.1	Was ist Transportversicherung?	13
1.1.2	Arten der Transportversicherung	15
1.2	Geschichtlicher Abriss	16
1.3	Wirtschaftliche Bedeutung und Wettbewerbsverhältnisse	18
1.3.1	Wirtschaftliche Bedeutung	18
1.3.2	Wettbewerbsverhältnisse	20
1.4	Organisationsformen	22
1.4.1	Direkt- und Rückversicherungsgesellschaften	22
1.4.2	Captives	23
1.4.3	Assekuradeure	23
1.4.4	Makler	24
1.4.5	Havariekommissare	26
1.4.6	Lloyd's	27
1.5	Verbände und sonstige Zusammenschlüsse in der Transportversicherung ...	33
1.5.1	Deutsche Verbände	33
1.5.2	Internationale und ausländische Verbände	34
1.6	Mitversicherung in der Transportversicherung	36
1.7	Rechtsquellen der Transportversicherung	38
1.7.1	Allgemeines	38
1.7.2	Versicherungsvertragsgesetz	39
1.7.3	Versicherungsaufsichtsgesetz	41
1.7.4	Gesetz gegen Wettbewerbsbeschränkungen	42
1.7.5	Sonstige Gesetze	42
1.7.6	Exkurs: Sanktionen, Embargos und Anti-Terror-Compliance	43
1.7.7	Allgemeine Versicherungsbedingungen	45
1.7.8	Sonderbedingungen und Spezialklauseln	50
1.7.9	Sonstige Grundlagen	50
1.7.10	Marine Insurance Act und englische Bedingungen	50
2	**Allgemeine Grundsätze der Transportversicherung**	**51**
2.1	Das versicherte Interesse	51
2.2	Umfang des Versicherungsschutzes	59
2.3	Havarie-grosse	72
2.4	Die Versicherung von Havariegeldern	79

2.5	Anzeigepflicht, Änderungen der versicherten Gefahr und Beförderungsänderung	79
2.6	Police	84
2.7	Der Versicherungswert	86
2.8	Die Prämie	91
2.9	Versicherung für fremde Rechnung	100
2.10	Obliegenheiten, Verschulden des Versicherungsnehmers und sein Einstehen für Dritte	101
2.11	Der Schaden	109
3	**Seetransportversicherung von Gütern**	**131**
3.1	Deckungsumfang nach deutschen Bedingungen	131
3.2	Deckung nach englischen Institute Clauses	148
3.3	Versicherung von Sonderrisiken	164
3.4	Beginn und Ende des Versicherungsschutzes	175
3.5	Lieferklauseln und Transportversicherung	184
3.6	Reines Konnossement und Transportversicherung	191
3.7	Versicherungswert und Maximum	193
3.8	Versicherung des imaginären Gewinns	195
3.9	Versicherung des Mehrwertes	200
3.10	Versicherung der Fracht	201
3.11	Underwriting	202
3.12	Laufende Versicherung als Regelfall und Einzelversicherung als Ausnahme	206
3.13	Versicherungspolice und Zertifikat	211
3.14	Der Schaden in der Güterversicherung	217
4	**Die Seekaskoversicherung**	**227**
4.1	Klassifikation und Vermessung von Schiffen	227
4.2	ISM-Code	229
4.3	Deckung nach ADS, allgemein	231
4.4	Underwriting	232
4.5	Dauer der Versicherung	235
4.6	Der Versicherungswert in der Seekaskoversicherung und seine Taxierung	237
4.7	Von Bord genommene Teile	239
4.8	Fahrtgrenzen	240
4.9	Gefahränderung	240
4.10	Wechsel der Bereederung	244
4.11	Seetüchtigkeit	245
4.12	Gefährliche Ladung – Massengut	248
4.13	Behördliche Maßnahmen	249
4.14	Kernenergie	249
4.15	Maschinelle Einrichtungen und die Deckung von Konstruktions-, Material- und Herstellungsfehlern	250
4.16	Eisgefahr	255

4.17	Abnutzung, Alter usw.	257
4.18	Ersatz an Dritte	260
4.19	Sicherheitsleistung	268
4.20	Havarie-grosse, Ballastschiffe	269
4.21	Kaskoversicherung nach englischen und deutschen Bedingungen	273
4.22	Der Schaden in der Seekaskoversicherung	299
4.23	Schutz des Realkredits	311
5	**Versicherung der Nebeninteressen**	**317**
5.1	Die Versicherung des „Interesses"	317
5.2	Die Versicherung der Fracht	319
5.3	Prämiengelderversicherung	320
6	**Ertragsausfallversicherung**	**321**
6.1	Die versicherte Gefahr	321
6.2	Der Leistungsumfang	322
6.3	Parallele Reederarbeiten	322
6.4	Auswahl der Reparaturwerft und Beschleunigungskosten	323
7	**Protection- and Indemnity-Versicherung (P&I)**	**325**
7.1	Historische Entwicklung	325
7.2	Heutige Marktverhältnisse	325
7.3	Organisation	325
7.4	P&I-Deckung	326
7.5	Höhe der Deckung	329
8	**Die Versicherung des Schiffbaus und der Reparatur**	**331**
8.1	Schiffbau	331
8.2	Umbau und Reparatur	336
9	**Binnentransportversicherung**	**341**
9.1	Güterversicherung	342
9.2	Flusskaskoversicherung	342
10	**Wassersportversicherung – Sportboote und Großyachten**	**349**
10.1	Wassersportversicherung	349
10.2	Großyachten	350
11	**Versicherung politischer Risiken in der Transportversicherung**	**351**
11.1	Allgemeines	351
11.2	Politische Gefahren und Piraterie	352
11.3	Deckung in der Seeversicherung	355

12	**Sondersparten der Transportversicherung**	363
12.1	Valoren-Versicherung	363
12.1.1	Bankvaloren-Versicherung	363
12.1.2	Bijouterievaloren-Versicherung	364
12.1.3	Reiselager-Versicherung	364
12.1.4	Schmuck- und Pelzsachenversicherung	365
12.2	Reisegepäckversicherung	366
12.3	Sonstige Sondersparten der Transportversicherung	367
12.3.1	Ausstellungsversicherung	368
12.3.2	Kühlgut- und Tiefkühlgut-Versicherung	368
13	**Der Regress des Transportversicherers**	**371**
13.1	Allgemeines	371
13.2	Abgrenzung der Begriffe Frachtführer und Spediteur	373
13.3	Grundlagen, Umfang und Versicherung der Haftung	375
13.3.1	Frachtführer im nationalen Verkehr	375
13.3.2	Frachtführer im internationalen Verkehr	377
13.3.3	Verfrachter im Seefrachtgeschäft	381
13.3.4	Post	389
13.3.5	Spediteur	390
13.3.6	Versicherung des Frachtführer- und Spediteurrisikos	391

Anhang	397
Die Autoren	401
Literaturverzeichnis	403
Abkürzungsverzeichnis	407
Stichwortverzeichnis	411

1 Einleitung

1.1 Begriff und Arten der Transportversicherung

1.1.1 Was ist Transportversicherung?

„Jedes in Geld schätzbare Interesse, welches jemand daran hat, dass Schiff und Ladung die Gefahren der Seeschifffahrt besteht, kann versichert werden." Diese in § 1 der Allgemeinen Seeversicherungsbedingungen (ADS) von 1919 für die Seeversicherung enthaltene Aussage kann auf den Gesamtbereich der Transportversicherung übertragen werden, wenn man nicht nur auf den Begriff der Seeschifffahrt, sondern auf den des Transportes im Allgemeinen und nicht nur auf Schiffe, sondern auf Transportmittel aller Art, abstellt.

Die Vielzahl der unterschiedlichen Interessen, die sich auf das im Mittelpunkt der Versicherung bestehende Objekt beziehen, eröffnet ein weites Feld für die individuelle Gestaltung des Versicherungsschutzes, der in seinem jeweiligen Umfang wie in keinem anderen Versicherungszweig den unterschiedlichen Erfordernissen des Wirtschaftslebens angepasst sein muss (siehe S. 51 ff. für eine Beschreibung der unterschiedlichen Interessen). Die Transportversicherung verlangt deshalb in besonderem Maße die Kenntnis über wirtschaftliche und rechtliche Zusammenhänge im internationalen Kontext.

Die Transportversicherung reicht weiter als „die Versicherung von Gütern oder von Transportmitteln gegen die während des Transportes drohenden Gefahren", und eine solche Definition würde dem Umfang der Transportversicherung nicht gerecht. Dabei sind nicht nur die Transport-, sondern auch die stationären Risiken bei Vor-, Zwischen- und Nachlagerungen zu versichern. Eine besondere Aufmerksamkeit erfordert außerdem die Aufteilung der Ansprüche und Pflichten der am Transport Beteiligten.

Eine Reihe von Tatbeständen in der Transportversicherung befasst sich nicht nur mit Sachschäden an den versicherten Gütern oder Transportmitteln, sondern bezieht sich darüber hinaus auch auf Schäden, die einen Substanzschaden am versicherten Gegenstand überhaupt nicht voraussetzen oder als Folge von Sachschäden entstehen können.

Dies gilt z. B. für

- die in der Schiffskaskoversicherung mitversicherten Ersatzansprüche Dritter,
- die Versicherung von Havarie-grosse-Kosten,
- Kosten aufgrund von Betriebsunterbrechungen, die wegen eines versicherten Schadens entstehen,
- Güterfolge- und Vermögensschäden in der Güterversicherung,

- die in der Verkehrshaftungsversicherung ausschließlich versicherte Haftung der Verkehrsträger für Sach- oder reine Vermögensschäden
- und für viele mehr.

In fast allen Fällen bleibt aber die Transportversicherung *Schadenversicherung*.

Im Gegensatz zu dem in vielen Bereichen der Schadenversicherung geltenden Prinzip der Spezialität der Gefahrendeckung, demzufolge nur bestimmte im Versicherungsvertrag im Einzelnen benannte Gefahren (z. B. Feuer, Blitz, Explosion etc.) versichert sind, gilt in der deutschen Transportversicherung der Grundsatz – von Ausnahmen abgesehen – der Universalität der Gefahrdeckung (siehe S. 59 ff.).

Wegen der komplexen Natur der Transportversicherung ist es schwierig, für sie eine Definition zu finden, die alle Tatbestände umfasst.

So wurde früher in (obligatorischen) Rückversicherungsverträgen, in denen ein bestimmter Teil der von einem Erstversicherer gezeichneten Transportversicherungsrisiken zediert wird und bei denen es darauf ankommt, den Begriff „Transportversicherung" zu umreißen, auf eine Definition verzichtet und lediglich in allgemeiner Form gesagt: „Gegenstand dieses Rückversicherungsvertrages sind alle Risiken, die in der Abteilung Transportversicherung gezeichnet werden."

Mittlerweile ist von dieser Festlegung Abstand genommen worden, und üblicherweise werden auch in der Praxis zur Definition der Geschäftsklassen Positivlisten aufgestellt, die auch aufsichtsrechtlichen Forderungen Rechnung tragen.

Das gilt z. B. für die mit Transportrisiken in Verbindung stehenden Haftpflichtrisiken wie Verkehrshaftung, P & I oder Wassersporthaftpflicht oder auch für den Bereich Tourismus, Reise oder Ausstellungen. Letztere gewinnen an Bedeutung und werden mittlerweile unter dem Bereich der Sondersparten geführt (siehe S. 363 ff.).

Ausgehend davon kann der gesamte Bereich der unter „Transport" fallenden Risiken etwa so umschrieben werden: Transportversicherung ist eine Schadenversicherung (in Ausnahmefällen eine Summenversicherung) der mit einem Transportmittel, mit transportierten Gegenständen oder einer Reise (zum Teil auch Personen) in Verbindung stehenden und im Vertrag bezeichneten Interessen, in der Regel gegen eine Vielzahl von Gefahren, die während der Dauer der Bewegung, der Bewegungsbereitschaft oder der Aufbewahrung vorhanden sind.

> **Kennzeichen der Transportversicherung**
>
> - Versicherung von Transportmitteln, Gütern oder verbundene Haftung
> - in der Regel Allgefahrendeckung
> - häufig grenzübergreifend/international

1.1.2 Arten der Transportversicherung

Die Transportversicherung lässt sich nach drei verschiedenen Unterscheidungsmerkmalen einteilen:

Einteilung nach Art des versicherten Interesses

Kaskoversicherung (englisch: Hull and Machinery Insurance)
bezeichnet die Versicherung des Transportmittels.
Heutzutage wird mit der Kaskoversicherung eher die Vollkasko- oder Teilkasko-Versicherung von Kraftfahrzeugen in Verbindung gebracht. Die historische Bedeutung von Kasko kommt aus dem Spanischen: „Casco" bedeutet u.a. „Schiffsrumpf". Und so ist in der Transportversicherung vor allem Seekasko, also die Versicherung des Transportmittels zu Wasser, sprich von Schiffen, gegen diverse Gefahren der See (im Englischen: *perils of the sea*) gemeint (S. 227 ff.).

Als Landkasko bezeichnet man die Versicherung von Landfahrzeugen. Sie gehört in der Regel anderen, bzw. eigenständigen Versicherungssparten an. Kraftfahrzeuge sind Gegenstand der Kraftfahrtversicherung. Selbstfahrende Arbeitsmaschinen (Bagger, Kräne, Förderbrücken usw.) werden in der Maschinenversicherung abgedeckt. Das Gleiche gilt für Drahtseil- und Förderbahnen.

Bei Lokomotiven und rollendem Material hängt die Zuordnung vom Einsatzzweck ab. Dem allgemeinen Verkehr dienende Lokomotiven und rollendes Material fallen unter die Transportversicherung, während solche, die innerhalb von Industrie- und Baugeländen als Hilfsmaschinen eingesetzt werden, der Maschinenversicherung zuzurechnen sind.

Luftfahrzeuge sind nicht Gegenstand der Transportversicherung, sondern gehören zur Luftkaskoversicherung.

Güterversicherung (englisch: Cargo Insurance)
Alle Arten von Gütern können transportversichert werden, und es spielt keine Rolle, ob es sich um Handelsgüter oder um Transporte für Privatpersonen (Reisegepäck oder Umzugsgut) handelt.

Verkehrshaftungsversicherung (englisch: Carrier's Liability Insurance)
Unter Verkehrshaftungsversicherungen fallen die Transport- und Haftungsrisiken von Verkehrsträgern, d.h. die Versicherung der Haftung infolge der Beschädigung oder des Verlusts der zur Beförderung übernommenen, fremden Güter.

Obwohl hier Haftungsrisiken im Vordergrund stehen, gehören sie systematisch zur Transportversicherung (siehe S. 227 ff.), wobei bei dieser Einordnung nicht die Anwendbarkeit bestimmter Rechtsvorschriften entscheidend ist. (vgl. *Thume/de la Motte* in Thume/de la Motte/Ehlers, Einführung Rn. 45). Die Verkehrshaftungsversicherung der Seeverfrachter wird gemeinsam mit anderen Risiken des Reeders innerhalb einer eigenständigen Versicherungssparte, der Protection-and-Indemnity-Versicherung, überwiegend durch Gegenseitigkeitsvereine, den sogenannten P&I-Clubs gedeckt (siehe S. 325 ff.).

Sondersparten der Transportversicherung
Zu den sogenannten Sondersparten gehören die Versicherungen von Ausstellungen, Kunstgegenständen, Valoren, Film/Entertainment, Reisegepäck und Reiserücktrittsversicherungen sowie die Versicherung von Offshore-Anlagen, in erster Linie zur Förderung von Öl und Gas aus dem Meer. In Deutschland wird die Versicherung von Offshore-Windenergieanlagen eher als technische Versicherung angesehen.

Einteilung nach Transportwegen

Seetransportversicherung
Meist grenzüberschreitender Gütertransport über See (vgl. S. 39 f.) und Seeschiffsversicherung.

Binnentransportversicherung
Es wird hierbei zwischen Fluss- (Binnenschifffahrt) und Landtransportversicherung unterschieden.

Lufttransportversicherung

Versicherung für multimodale Transporte
In der Regel werden bei einem Transport zwei oder mehrere Transportmittel benutzt. Deshalb wurden die multimodalen Transporte, die seit dem Transportrechtsreformgesetz von 1998 in den §§ 452 ff HGB geregelt sind, von Seiten der Frachtführer durch Schaffung des Durchkonnossements in der Abwicklung sehr erleichtert. Mit dem Durchkonnossement wird die gesamte Reisestrecke erfasst, auch wenn der Seetransport in Abschnitten durch verschiedene Reedereien oder Schiffe der gleichen Reederei durchgeführt wird.

Ein kombinierter Transport wird zweckmäßigerweise auch durch eine *kombinierte Transportversicherung* gedeckt. Dabei wird der Versicherungsschutz im „durchstehenden Risiko" gewährt, und es spielt keine Rolle, in welchem Transportabschnitt der Schaden eingetreten ist. Das bedeutet, dass die Deckung ununterbrochen vom ersten Bewegen der Güter im Lager des Absendeortes bis zur endgültigen Beendigung des Transports im Lager des Empfängers vorhanden ist (siehe auch „Haus zu Haus"-Klausel).

Einteilung nach Dauer

Grundsätzlich wird unterschieden in Reise- (vor allem in der Kaskoversicherung), Einzel- (vornehmlich in der Warenversicherung) und Zeit-, bzw. laufende Versicherungen. Sofern die zeitliche Einteilung von praktischer Bedeutung ist, wird darauf in der Folge näher eingegangen.

1.2 Geschichtlicher Abriss

Selbst wenn man bedenkt, dass die Handels-Seeschifffahrt bis weit in das Mittelalter hinein im Wesentlichen als Küstenschifffahrt betrieben worden ist, so war doch unter Berücksichtigung der damals verwendeten navigatorischen Hilfsmittel und der Bauart der Schiffe das Risiko auf See ein sehr viel größeres als das Risiko an Land. Aus diesem Grunde hat sich auch das Bestreben, das Risiko der Seeschifffahrt in irgendeiner Form abzuwälzen, am frühesten entwickelt. Zwar sind die ersten Anfänge der Seeversicherung heute nicht mehr exakt feststellbar, die Spuren ihrer Entwicklung lassen sich jedoch sehr weit zurückverfolgen. Die Seeversicherung darf deshalb wohl als der älteste Zweig des Versicherungswesens überhaupt bezeichnet werden.

Seedarlehen

Nachdem schon während der Punischen Kriege römische Heereslieferanten mit Erfolg versucht hatten, das Risiko der Seeschifffahrt vom Staat tragen zu lassen, ist im älteren griechischen (foenus nauticum) und dem jüngeren römischen (trajecicia pecunia) Seedarlehen der erste Versuch (ca. 3. Jahrhundert nach Christus) zu erkennen, durch private Verträge eine Deckungsvorsorge zu treffen.

Dabei wurde ein Darlehen gegeben, das nur bei der Ankunft des Schiffes zuzüglich Zinsen zurückzuzahlen war, während das Darlehen im Falle des Totalverlustes ohne Abzug von Zinsen zugunsten des Darlehensnehmers verfiel. Das gemeinsame Prinzip von Seedarlehen und -versicherung liegt in der Abgabe eines Versprechens, das bei Eintritt einer Bedingung zu erfüllen war.

Einfluss des kanonischen Zinsverbotes

Dem Risiko entsprechend waren die Darlehenszinsen sehr hoch. Nach späteren genuesischen Urkunden betrugen die Zinsen bis zu 33 1/3 % für eine Reise: Das im 13. Jahrhundert gegen die Anwendung von Wucherzinsen erlassene sogenannte kanonische Zinsverbot (Papst Gregor IX.) gab den Anstoß zur Entwicklung der Versicherung gegen feste Prämien.

Über mehrere Zwischenstufen dürfte gegen Ende des 13. Jahrhunderts bis Anfang des 14. Jahrhunderts zuerst in Genua und in Florenz das erste echte Seeversicherungswesen entwickelt worden sein. Bereits im Jahre 1301 wird in einem florentinischen Statut von einer Assekuranz der Kaufleute gesprochen, und in den genuesischen Archiven reichen die Urkunden über Seeversicherungsgeschäfte bis zum Jahr 1347 zurück.

Havarie-grosse

Noch älter als das Seedarlehen sind die Ursprünge der heutigen Institution der Havariegrosse. Schon im Altertum kannte man in der Lex Rhodia de iactu einen griechischen Vorgänger, der sich mit der Verteilung von Schäden bei Seewurf im Interesse der Rettung von Schiff und Ladung aus einer sie gemeinsam bedrohenden Gefahr befasste.

Erste gesetzliche Regelung

Nahm die Entwicklung der Seeversicherung in Oberitalien ihren Anfang, so blieb es dem damals mächtigen Barcelona vorbehalten, durch fünf bedeutsame Ordonnanzen, deren erste aus dem Jahre 1435 stammt, eine erste gesetzliche Regelung für die Seeversicherung zu schaffen.

Ausbreitung der Seeversicherung

Ebenso wie das Bankwesen wurde auch das Prinzip der Seeversicherung von den oberitalienischen Handelsplätzen gleichsam exportiert und gelangte so zunächst in das frühere Flandern. Dort wurde das Geschäft meist von Italienern betrieben. Die heute noch verwendeten Ausdrücke bezeugen unverkennbar den italienischen Ursprung (z. B. Assekuranz, Police usw.).

Wie aus den vorhandenen Urkunden hervorgeht, war das Versicherungsgeschäft spätestens in der Mitte des 15. Jahrhunderts in Flandern weit verbreitet. Von dort führte die Entwicklung nach England (erste Urkunden aus der ersten Hälfte des 16. Jahrhunderts) und nach den deutschen Hansestädten. Bis zur Einführung der „Hamburger Assecuranz- und Havareyordnung von 1731" wurden in Deutschland noch holländische Formulare und in den Policen die holländische Sprache verwendet.

Die ersten Aktiengesellschaften wurden 1686 in Frankreich, 1720 in England, 1765 in Hamburg und Berlin und 1769 in Bremen gegründet. Bis dahin war das Geschäft ausschließlich von Privatleuten oder -firmen – den Assekuradeuren – in der gleichen Form der Mitversicherung betrieben worden, wie es heute noch bei Lloyd's (allerdings in sehr geringer Zahl) in London geschieht.

Die im Laufe der nächsten Jahrzehnte zahlreich gegründeten Gesellschaften traten zunächst neben den Privatassekuradeuren auf. Beide Gruppen ergänzten sich gegenseitig. Die Kapitalkraft der Aktiengesellschaften und die Höhe der zu zeichnenden Summen ließen erst gegen Ende des 19. Jahrhunderts die Bedeutung der Privatassekuradeure als Risikoträger stark zurückgehen. Im Hinblick auf die heutige Bedeutung der Assekuradeure siehe auch S. 23 f.

1.3 Wirtschaftliche Bedeutung und Wettbewerbsverhältnisse

1.3.1 Wirtschaftliche Bedeutung

Die Wichtigkeit von Versicherungsschutz während eines Transports wurde also spätestens mit Beginn von zwischenstaatlichen Handelsbeziehungen erkannt. Heute ist der Gedanke der Transportversicherung so eng mit dem Handel, der Logistik und der Schifffahrt verbunden, dass diese Wirtschaftszweige und ein globaler Warenaustausch ohne einen funktionierenden Versicherungsmarkt nicht mehr denkbar sind. Um eine sichere Kalkulation vornehmen zu können, stellt die Transportversicherung eine wichtige „Business Enabler"-Funktion dar.

Sie bietet den Marktteilnehmern unternehmerische Sicherheit, Stabilität im Cashflow und eine Risikoverlagerung durch durchgehenden, weltweiten Versicherungsschutz inklusive politischer Risiken (Krieg, Streik, Terror).

Speziell in der Finanzierung/Stellung von Handelskrediten ist der Abschluss einer Transportversicherung eine Grundvoraussetzung für Kreditinstitute. Banken sind nicht gewillt, bzw. nicht in der Lage, über das Kreditrisiko hinaus auch das Risiko der zufälligen Zerstörung oder Beschädigung der Sache zu gewährleisten, die die Sicherung für den Kredit darstellt. Eine Bevorschussung von Akkreditiven oder eine Beleihung von Schiffen ist der Bank nur dann möglich, wenn ihr das Bestehen eines entsprechenden Versicherungsschutzes nachgewiesen wird.

Das Gleiche gilt für die mit der Durchführung eines Transports verbundenen Haftungsrisiken der Verkehrsträger. Im Haftungsbereich kommt es aufgrund internationaler Übereinkommen zunehmend zu Pflichthaftpflichtversicherung, wie z. B. bei der Haftung für befördertes Öl nach dem Ölhaftungsübereinkommen, für Bunkeröl durch das Bunkerölübereinkommen, für Wrackbeseitigungskosten durch die Wrackbeseitigungs-Konvention, für Passagierschäden durch die Neufassung der Athener Konvention.

Handelsverträge lassen sich frei gestalten, da der Versicherungsschutz entsprechend angepasst werden kann. Mit einer Schutzversicherung lassen sich Nachteile bei ausländischen Versicherungen (bzw. Deckungslücken) im Zweifel ausgleichen.

Ein funktionsfähiger Versicherungsmarkt liegt darüber hinaus auch aus wirtschaftlichen Gründen im fundamentalen Interesse einer nationalen Volkswirtschaft. Der gesamte deutsche Versicherungsmarkt leistete mit einer jährlichen Prämieneinnahme von über EUR 170 Mrd. im Jahre 2009 und rund 555.000 Arbeitsplätzen einen wesentlichen Beitrag zur Erwirtschaftung des Bruttosozialproduktes (GDV 2009).

Auf die Transportversicherung entfielen dabei EUR 1,69 Mrd. Prämie im Jahr 2009.

Abbildung 1.1   Bruttobeitragseinnahmen 2009 in Mio. EUR des deutschen Transportversicherungsmarktes

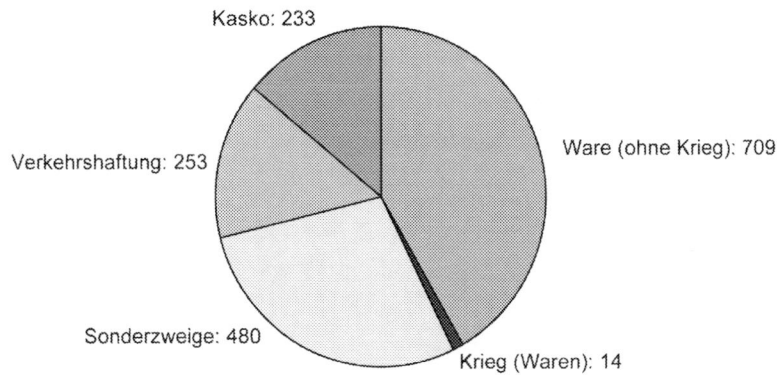

Quelle: GDV, Transportversicherung Statistiken 2009, Berlin, Mai 2010

Zur näheren Erläuterung und im Hinblick auf aktuelle Zahlen siehe die Website des Gesamtverbands der Deutschen Versicherungswirtschaft, www.gdv.de.

Der Transportversicherungsmarkt ist in seiner Entwicklung ebenso wie die verwandte Logistik stark von der Weltkonjunktur abhängig.

Abbildung 1.2 Wirtschaftliche Bedeutung der Warenversicherung

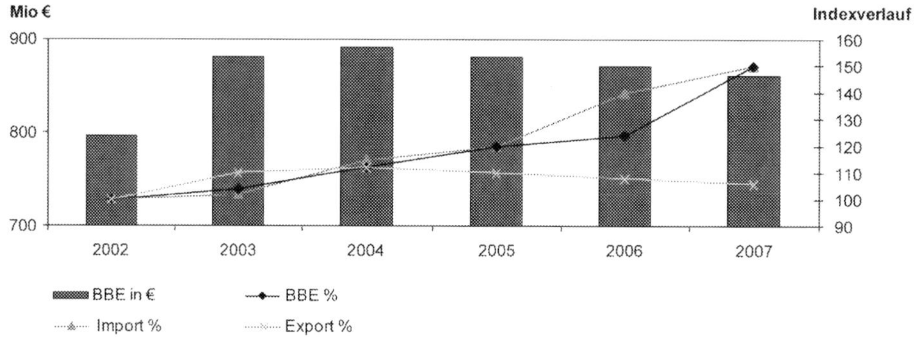

Quelle: GDV, DVA, 2008

In der Warenversicherung sehen wir im deutschen Markt trotz steigender Im- und Exporte sinkende Beitragseinnahmen. Gründe liegen dabei vermutlich vornehmlich im Preisdruck durch starken nationalen und internationalen Wettbewerb.

1.3.2 Wettbewerbsverhältnisse

Der deutsche Versicherungsmarkt steht nicht erst seit Beginn der Globalisierung uneingeschränkt in einer internationalen Konkurrenzsituation. Er kann sich nur dann behaupten, wenn er diese Herausforderung annimmt und besteht.

Während für die europäischen Versicherungsnehmer keinerlei Beschränkung für den Abschluss ihrer Verträge im Ausland bestehen, gehen andere Länder den umgekehrten Weg und schützen ihren nationalen Versicherungsmarkt. Man vergleiche insoweit die Auflistung von Ländern mit derartigen Restriktionen auf der Website des GDV (http://www.tis-gdv.de/tis/bedingungen/diskrimi/foi2008modifAugust2008.pdf).

Häufig wird durch solche diskriminierenden Gesetze und sonstige Maßnahmen die Wettbewerbslage von der wirtschaftlichen Ebene auf die politische verschoben. Gerade hier muss der deutsche Transportversicherer sich besonders auf die Verhältnisse auf den Märkten in anderen Ländern einstellen. Der Internationale Transportversicherungsverband (IUMI) bemüht sich seit längerer Zeit um die Herstellung freier Wettbewerbsverhältnisse im internationalen Transportversicherungsgeschäft.

Ganz besonders für Großrisiken in der Warenversicherung und Seekaskorisiken besteht ein lebhafter internationaler Wettbewerb. Dieser führt insbesondere in der Seekaskosparte zu einem hohen Konkurrenzdruck und fast globaler Preistransparenz der Märkte.

Auch die deutschen Reeder versuchen aufgrund des relativ hohen Versicherungsprämienanteils an den Gesamtbetriebskosten der Schiffe, möglichst günstigen Versicherungsschutz einzukaufen und schreiben ihre Deckungen häufig international aus.

Dies führt dazu, dass die Risiken zwischen den Anbietern wechseln und so gut wie immer mehrere Märkte mit teilweise unterschiedlichen Prämien beteiligt sind. Dabei wird versucht, den größten Anteil in einem Führungsmarkt zu platzieren, der sich durch besonders guten und sachverständigen Service – nicht nur im Schadensfall – auszeichnet.

Die deutschen Führungsversicherer stellen sich dieser Herausforderung im internationalen Wettbewerb nicht nur durch hohe finanzielle Stabilität (das Security Rating der deutschen Erst- und Rückversicherer ist in der Regel sehr gut), sondern auch durch besondere Serviceleistung im Risikomanagement und in der Schadensabwicklung.

Im Vergleich der Transportversicherungsmärkte mit internationaler Bedeutung steht der deutsche Markt wegen seines großen Warenversicherungsbestandes im Jahr 2009 auf Rang 4. Dies ist u. a. zurückzuführen auf die besonders starken Exportaktivitäten der deutschen Volkswirtschaft, was im Güterversicherungsbereich zu Rang 2 führt.

Trotz der starken maritimen Wirtschaftsaktivitäten (Deutschland ist eine der führenden Schifffahrts- und Schiffbaunationen) ist der deutsche reine Seekaskoprämienbestand größenmäßig weltweit nur an neunter Stelle.

Folgende Märkte sind insbesondere wegen ihres Prämienvolumens von großer internationaler Bedeutung (siehe Tabelle 1.1).

Tabelle 1.1 IUMI Prämienrangliste

Weltweite Transportprämie 2009 in USD	
UK	4.747.685
Japan	2.358.108
USA	1.970.574
Deutschland	1.603.346
Frankreich	1.368.138
Rest der Welt	10.862.613
Gesamt	22.910.464

Quelle: www.iumi.com (2010)

Auf dem deutschen Transportversicherungsmarkt waren in 2009 für Direktversicherung insgesamt 72 Versicherungsgesellschaften, 15 Rückversicherungsgesellschaften, 13 Assekuradeure tätig (Quellen: GDV, VHT in 2009). Auf dem deutschen Markt sind rund 250.000 Versicherungsmakler tätig. Eine eindeutige Zuordnung zur Transportversicherung ist dabei nicht möglich (Quelle: DIHK-Register 2009).

1.4 Organisationsformen

Wertschöpfungskette

Versicherungsnehmer	=	versichertes Interesse
Makler	=	Vertreter des Versicherungsnehmers
Assekuradeur	=	Vertreter der Gesellschaften
Versicherungsgesellschaft	=	Risikoträger; überträgt (cediert) Teile des Risikos an:
Rückversicherungsgesellschaft	=	Versicherer des Versicherers

1.4.1 Direkt- und Rückversicherungsgesellschaften

Bei der Transportversicherung finden wir die aus den anderen Versicherungszweigen bekannten Unternehmensformen, nämlich die der Aktiengesellschaft, des Versicherungsvereins auf Gegenseitigkeit und der öffentlich-rechtlichen Gesellschaft. Anderen Unternehmensformen kann nach dem VAG keine Genehmigung zum Geschäftsbetrieb gegeben werden.

Während dem Transportversicherungsgeschäft der Aktiengesellschaft die größte Bedeutung zukommt, wird von den öffentlich-rechtlichen Gesellschaften, ihrem historischen Ursprung entsprechend, die Transportversicherung entweder nicht oder nur in kleinem Umfang betrieben. Abgesehen von den großen Versicherungsvereinen auf Gegenseitigkeit als Kompositversicherer und natürlich den P&I-Clubs, spielen die Versicherungsvereine auf Gegenseitigkeit in der Transportversicherung nur vereinzelt eine Rolle.

Aufgrund der hohen Einzelwerte in der Transportversicherung ist die Rückversicherung von großer Bedeutung. Im Wege der Zedierung wird ein Teil des Risikos der Erstversicherungsgesellschaften an Rückversicherungsgesellschaften weitergegeben, die einige dieser Anteile wiederum rückversichern (retrozedieren). Auf diese Art und Weise ist eine internationale Verteilung der Risiken gewährleistet. Hierbei spielen vor allem professionelle Rückversicherungsgesellschaften – aber auch vereinzelt Kompositversicherer, wie z. B. bei Lloyd's of London – eine größere Rolle.

1.4.2 Captives

Als Form des alternativen Risikotransfers haben sich in den letzten Jahren zunehmend *Captives* entwickelt. Dabei gründet der Versicherungsnehmer eine eigene, aber externe Versicherungsgesellschaft, auf die er Teile seiner Risiken überträgt und an die er, wie bei einer fremden Gesellschaft, eine Prämie bezahlt.

Je nach Kapitalisierung wird die *Captive* unter Behaltung eines Eigenanteils auch Rückversicherung „einkaufen/decken". Möglich sind Erst- wie Rückversicherungscaptives. Beim Letzteren übernimmt die *Captive* die Risiken über einen zugelassenen Erstversicherer.

Die Vorteile liegen im Bereich der besseren Risikofinanzierung von Frequenzschäden, der Gewinnung von zusätzlicher Deckungskapazität bei außergewöhnlichen oder neuartigen Risiken, dem direkten Zugang zu den internationalen Rückversicherungsmärkten und eventuell im steuerlichen Bereich.

Auch wenn insbesondere größere Industriekonzerne diese besondere Form der Selbstversicherung suchen, haben *Captives* ebenfalls in der Transportversicherung Einzug gehalten. Selbst Reedereiunternehmen mit einem relativ einseitigen Risikoprofil streben über Captive-Gründungen Vorteile an.

1.4.3 Assekuradeure

Das Geschäftsmodell ist tief verwurzelt in der nordeuropäischen Entwicklung des Fernhandels an den Hafenplätzen der ehemaligen Hanse. Nach wie vor spielen sie als besonderer Partner der Versicherungsgesellschaften eine wichtige Rolle in der modernen Welt der Seetransportversicherung.

Bis zur zweiten Hälfte des 19. Jahrhunderts waren Assekuradeure als Privatversicherer im Bereich der Transportversicherung tätig, d.h. sie zeichneten Versicherungen auf eigenes Risiko. Als Folge des Bestrebens der großen Versicherungsgesellschaften, in den Risikoausgleich alle Sparten - auch die bis dahin nicht betriebene Transportversicherung - einzubeziehen und wegen des Interesses der Assekuradeure, dem Markt eine größere Zeichnungskapazität zur Verfügung stellen zu können, ergab sich eine Zusammenarbeit zwischen Versicherungsgesellschaften und Assekuradeuren. Die Gesellschaften brachten dabei die Deckungskapazität ein, während die Assekuradeure ihr besonderes Fachwissen des internationalen Transportversicherungsgeschäftes sowie ihre Kenntnisse für die Schadensregulierung und dafür wichtigen deutschen und internationalen Rechtsfragen einbrachten

Den Assekuradeuren wurden dabei, üblicherweise von mehreren Versicherern, nach außen hin unbeschränkte Vollmachten erteilt, die in Hamburg bei der Handelskammer und in Bremen beim Verein Hanseatischer Transportversicherer hinterlegt sind. Lediglich im Innenverhältnis sind die Vollmachten durch den Agenturvertrag beschränkt. Auf dieser Grundlage handelt ein Assekuradeur in eigener Verantwortung, jedoch für fremde Rechnung der Vollmacht gebenden Versicherungsgesellschaften.

Im Laufe der Zeit wurden immer höhere Deckungskapazitäten erforderlich, die nur durch gut kapitalisierte Aktiengesellschaften zur Verfügung gestellt werden konnten. Die kapitalmäßige Beteiligung der Assekuradeure trat dadurch immer mehr in den Hintergrund, bis sie schließlich verschwand. Auch die zulassungsrechtlichen Erfordernisse (s. u.) erlauben eine Beteiligung am Risikokapital nicht mehr. Trotz seiner traditionellen Wurzeln und einer durch Konsolidierung abnehmenden Anzahl hat sich der Markt für die Assekuradeure insgesamt positiv entwickelt.

Insbesondere für das durch Internationalität und besondere Komplexität geprägte Seeplatzgeschäft bedienen sich die Versicherungsgesellschaften der Assekuradeure, um so in diesem Geschäftsfeld ohne höheren Fixkostenaufwand tätig sein zu können. Das ist nicht nur für deutsche Versicherer bedeutsam, sondern gerade auch für ausländische Gesellschaften, die im deutschen Markt operieren wollen.

Letztendlich werden alle Funktionalitäten einer Versicherungsgesellschaft durch den Assekuradeur abgebildet.

Dies sind insbesondere:

- Risikobeurteilung
- Vereinbarung von Prämien und Bedingungen
- Regulierung von Schäden
- Durchführung von Regressen
- sonstige Verwaltungsaufgaben
- eventuell sogar die Eindeckung von Rückversicherung

Bei der Verteilung der Risiken auf die von ihm vertretenen Versicherer ist der Assekuradeur traditionell als frei angesehen worden; heutzutage wird dies zumeist in den Agenturverträgen ausdrücklich geregelt.

Für den Kunden bzw. seinen Makler bietet der Assekuradeur mehrere Vorteile. Diese bestehen unter anderem darin, dass eine hohe Zeichnungskapazität mehrerer Gesellschaften gebündelt werden kann und diese auch mit einem fachkundigen Service ausgestattet ist.

1.4.4 Makler

Der Versicherungsmakler ist mit der Interessenvertretung des Versicherungsnehmers betraut (so die Definition in § 59 III 1 VVG). Das grenzt ihn zum Versicherungsvertreter ab, der vom Versicherer beauftragt ist.

Ein Makler hat drei Funktionen:

- Vermittler
- professioneller Berater in Versicherungsfragen
- Interessenvertreter seines Kunden

In Deutschland haben Versicherungsmakler, insbesondere in allen Sparten der gewerblichen Versicherung, zunehmend an Bedeutung gewonnen. In der Transportversicherung haben sie traditionell eine besonders starke Stellung.

Dies hat mehrere Gründe:

Bei der Transportversicherung handelt es sich in der Mehrzahl der Fälle um Risiken, die wegen ihrer Größe nur im Wege der Mitversicherung gedeckt werden können. Deshalb kommt der Platzierung des Geschäfts eine besondere Bedeutung zu, die gerade bei großen Werten nur im Weg der internationalen Zusammenarbeit erfolgen kann. Dabei erfüllen die Makler eine wichtige Aufgabe. Sie besorgen im Auftrag des Kunden den Versicherungsschutz. In der Transportversicherung ist ihre Funktion besonders wichtig, denn noch stärker als in anderen Zweigen steht hier die individuelle Gestaltung der Deckung im Vordergrund. Die darüber gesammelten Erfahrungen vieler Versicherungsnehmer laufen bei einem Makler zusammen und ermöglichen ihm eine gute Kundenberatung.

Auch wird die Stellung eines Einzelkunden dem Versicherer gegenüber durch die Tätigkeit eines Maklers verstärkt, weil sein Geschäft innerhalb des Gesamtgeschäfts des Maklers gedeckt wird und deshalb von den Versicherern nicht nur isoliert, sondern auch im Gesamtrahmen der Geschäftsverbindungen zu einem bestimmten Makler betrachtet wird.

Über das nötige Know-how verfügen in der Regel große Maklerunternehmen oder Spezialmakler, die insbesondere in bestimmten Sparten der Transportversicherung tätig sind (z. B. Seekasko oder P&I-Versicherung).

Nach Einführung der Vermittlerrichtlinie in Deutschland gibt es klare Regeln über Zulassung, Sorgfaltspflicht und Haftung für alle in der EU tätigen Makler und Agenten. So schuldet der Makler dem Versicherungsnehmer die Auswahl bzw. Aufrechterhaltung des bestmöglichen Versicherungsschutzes (sogenannter *best advice*). Dieser Grundsatz wurde bereits im sogenannten Sachwalterurteil des BGH 1985 (BGHZ 94, 356) aufgestellt und bei der Umsetzung der EU Vermittlerrichtlinie in nationales Recht eingeführt.

§ 60 I S1 VVG konkretisiert diese Pflicht und bestimmt, dass der Makler im Wege einer objektiv ausgewogenen Marktuntersuchung ermitteln muss, zu welchen Versicherern und welchem Versicherungsschutz er rät. Dabei muss er sich ausschließlich von fachlichen Kriterien leiten lassen und nicht etwa von der Höhe der Provisionen.

Die Einführung der verschärften Vermittlerhaftung hat neben erweiterten Hinweis-, Beratungs- und Dokumentationspflichten (§ 60 II 1, § 61 I VVG) auch gewerberechtliche Anforderungen an Versicherungsvermittler gestellt. Danach (§ 34 d GewO) bedürfen Vermittler –

und damit alle Makler – einer Erlaubnis, die von den zuständigen IHK's nur bei Nachweis von Sachkunde und dem Abschluss einer Pflichthaftpflichtversicherung erteilt wird.

Um den Versicherern eine Überprüfung der Zulassung von Vermittlern zu ermöglichen, wird ein Vermittlerregister bei der IHK geführt, in das sich auch jeder Makler eintragen lassen muss. Für den Transportversicherungsbereich gelten diese Bestimmungen nur eingeschränkt. So bestimmt § 210 VVG eine Ausnahme für Großrisiken und laufende Versicherungen. Transportversicherungen fallen gem. § 210 Nr. 1 VVG unter die Großrisiken und sind damit zwar grundsätzlich von der Beratungspflicht ausgenommen, aber einzelne Untersparten können der strengen Maklerhaftung doch unterfallen (vgl. dazu *Ehlers* Auswirkungen der Reform des Versicherungsvertragsgesetzes auf das Transportversicherungsrecht, TranspR 2007, 5). Eine Aufstellung über die Einordnung der einzelnen Transportuntersparten in die Haftungssystematik findet sich im Anhang.

Eine endgültige rechtliche Bewertung der Auswirkungen der relativ neuen Einführung der Maklerhaftung muss mit aller Vorsicht erfolgen, da sich eine rechtliche Praxis durch die Rechtsprechung noch nicht herausgebildet hat und der Gesetzgeber Regelungen im Hinblick auf die Transportversicherung teilweise nicht ganz eindeutig getroffen hat.

Eine weitere rechtliche Problematik ergibt sich aus dem BGH Beschluss bezüglich der Verwendereigenschaften von AGBs (VersR 2009, 1477). Danach kann ein Makler, der Versicherungsbedingungen im Auftrage des Versicherungsnehmers formuliert und dem Versicherer vorlegt, Verwender im AGB-rechtlichen Sinne sein, so dass die Unklarheitenregel des § 305c II BGB zulasten des Maklers, und damit zulasten seines Kunden zur Anwendung kommen kann, und damit für Unklarheiten der Bedingungen haften.

1.4.5 Havariekommissare

Das Transportversicherungsgeschäft ist ein internationales Geschäft, Schäden fallen weltweit an und müssen vor Ort festgestellt werden.

Nach § 74 Ziff. 10 ADS und Ziff. 15.3.1 DTV-Güter liegt die Aufgabe des Havariekommissars nur in der Feststellung von Teilschäden, wobei der Havariekommissar als Beauftragter des Versicherers tätig wird (OLG Hamburg, VersR 1992, 869). In der Praxis geht die Tätigkeit der Havariekommissare aber über beides hinaus. So können z. B. auch Verwertung und/oder Verkauf beschädigter Güter oder Durchführung von Regressen in ihren Aufgabenbereich fallen.

Der Verein Hanseatischer Transportversicherer mit Sitzen in Hamburg und Bremen hat, genau wie ausländische Zusammenschlüsse von Transportversicherern, ein Netz seiner Havariekommissare, das die ganze Erde umspannt. Auf jeder Police ist der jeweils zuständige Havariekommissar angegeben, und kein Schaden wird ohne dessen Havariezertifikat abgerechnet. Auch jeder Kapitän eines im deutschen Markt versicherten Schiffes hat das

Verzeichnis der Havariekommissare bei sich und weiß im Notfall stets, an wen er sich wenden kann.

Die für *Lloyd's* tätigen Havariekommissare nennt man *Lloyd's Agents*.

Es ist wichtig festzustellen, dass der Havariekommissar lediglich Beauftragter des Versicherers für die Feststellung von Schäden ist. Anerkennung oder Ablehnung eines Schadens gehören nicht zu seinem Aufgabenbereich.

Auch wird am Wohnsitz des Havariekommissars kein Gerichtsstand für Klagen begründet, die aus dem Versicherungsvertrag gegen den Versicherer erhoben werden können. Die Andienungsfrist des § 42 ADS 1919, Ziff. 47 DTV-ADS 2009 und Ziff. 16 DTV-Güter 2000 wird nicht dadurch gewahrt, dass der Schaden dem Havariekommissar angezeigt und er zur Schadenfeststellung aufgefordert wird.

Zweifel bezüglich dieser Fragen können dann bestehen, wenn in Güterpolicen eine Schadenzahlungsklausel enthalten ist, durch die eine Auszahlung des Schadens durch den Havariekommissar bewirkt wird und er damit zum sogenannten *Settling Agent* wird.

Näheres zur Stellung des Havariekommissars und ein aktuelles Verzeichnis findet sich auf der Website des GDV: http://www.tis-gdv.de/tis/hk_verzeichnis/hk.php

1.4.6 Lloyd's

Kaum eine Institution im Versicherungs- und Finanzbereich hat im Laufe der Zeit einen solchen Nimbus und Reputation erschaffen wie Lloyd's in London. Dabei hat sich das altehrwürdige Lloyd's nach mehreren Existenz bedrohenden Krisen, insbesondere in den letzten 15 Jahren, stark gewandelt und den modernen Zeiten angepasst. Nach wie vor ist aber sowohl die Organisationsform als auch die die tägliche Geschäftspraxis einmalig und gründet sich auf jahrhundertealte Traditionen.

> **Lloyd's ist entgegen verbreiteter Ansicht keine Versicherungsgesellschaft**
>
> - Lloyd's ist ein Zusammenschluss und Marktplatz, der den in einzelnen Syndikaten zusammengefassten Mitgliedern und deren Underwritern eine Plattform für ihre Versicherungsaktivitäten gibt.
> - Dabei haftet jedes Syndikat nur für die eigenen Verbindlichkeiten.
> - Die Lloyd's Corporation stellt Regeln zur Akkreditierung von Underwritern, Maklern und bezüglich der Underwriting-Qualität auf.

Um 1680 machte es sich in der Kaffeehausbesitzer Edward Lloyd zur Aufgabe, Nachrichten aus Schifffahrt und Handel zu sammeln und diese an seine interessierten Kunden weiterzugeben, da dies auch gut für sein originäres Geschäft war.

Edward Lloyd's Kaffeehaus wurde so die Keimzelle für drei Organisationen, die auch heute noch von ganz besonderer Bedeutung für die Schifffahrt und Transportversicherung sind. Ab 1696 wurde aus dem formlosen Informationsaustausch ein schriftliches Neuigkeitenblatt mit Namen *Lloyd's News*. Daraus entstand einige Jahre später nach dem Tode von Lloyd die *Lloyd's List*, die als älteste Londoner Zeitung auch heute noch eines der wichtigsten täglichen Fachpublikationen für Schifffahrt und Handel ist.

Im Jahre 1760 wurde unter dem Namen Lloyd's eine weitere Organisation mit dem Zweck der Registrierung und Klassifizierung von Schiffen gegründet.

Das heutige *Lloyd's Register of Shipping*, das mit der Corporation of Lloyd's nichts zu tun hat, ist eine der weltweit größten Schiffsklassifikationsgesellschaften (s. u. Klassifikationsgesellschaften) und dient auch heute noch dazu, Schiffskaskoversicherern die Risikobeurteilung zu erleichtern.

Weiterhin war Lloyd's Kaffeehaus auch ein wichtiger Ort, an dem sich Kaufleute und Reeder mit Privatassekuradeuren trafen, die gegen eine Prämie die sichere Ankunft der Schiffe und Güter finanziell absicherten. Die Privatassekuradeure schlossen sich zu festen Zeichnungsgemeinschaften, den heutigen Syndikaten, zusammen und überließen einem 1771 gegründeten Komitee den Betrieb und die Vertretung des Marktes nach außen.

Auch wenn sich die rechtlichen und tatsächlichen Verhältnisse, insbesondere in den letzten zehn Jahren, zum Teil stark verändert haben, ruht das System Lloyd's nach wie vor auf diesen traditionellen Säulen.

> **Die heutige Struktur von Lloyd's (Stand: 2008):***
>
> **Mitglieder/Members**
>
> - stellen Kapital zur Verfügung
>
> **Syndikate (ca. 80)**
>
> - zeichnen das Versicherungsgeschäft durch **Underwriter**
>
> **Geschäftsführende Agents/Managing Agents (ca. 50)**
>
> - betreiben die Syndikate
>
> **Corporation of Lloyd's**
>
> - beaufsichtigt den Markt,
> - stellt zentrale Dienste zur Verfügung,
> - betreibt die weltweiten Lizenzierungen von Lloyd's

Mitglieder (*Members*) stellen das Risikokapital und sind in einem oder mehreren Syndikaten als sogenannte *Names* eingeschrieben. Bis 1993 waren dies zumeist sehr wohlhabende Privatpersonen. Sie hafteten mit ihrer auf der Syndikatsliste angegebenen Prozentbeteiligung für alle Risiken, die der Underwriter für das Syndikat insgesamt eingegangen war.

Eine gesamtschuldnerische Haftung für andere *Names* des Syndikats bestand nicht, aber dafür haftete das Mitglied unbeschränkt mit seinem gesamten Privatvermögen ähnlich wie in Deutschland voll haftende Teilhaber einer OHG oder KG. Das Haftungskapital wurde in der Regel nur in Höhe einer bestimmten Summe eingezahlt, es mussten aber Garantien für eine viel höhere Summe gestellt werden. Entsprechend hoch waren die finanziellen Voraussetzungen für die Aufnahme als Mitglied.

Nicht nur die Underwriter (*Active Underwriter*), die für die Syndikate das Versicherungsgeschäft betreiben, sondern auch viele andere leitende Mitarbeiter von Syndikaten und Maklern waren *Names*. Da die Mitglieder zum Großteil nicht sachkundig waren, wurden sie von sogenannten *Member's Agents* geworben, verschiedenen Syndikaten zugeführt und weiter betreut. Die Syndikate werden auch heute noch jeweils von geschäftsführenden Agenten (*Managing Agents*) geleitet. Sie stellen die Underwriter sowie das übrige Personal ein und betreuen den täglichen Geschäftsbetrieb und die Infrastruktur des Syndikats. Dieses System hatte bis 1993 Bestand und wurde zum Wahrzeichen der Einmaligkeit von Lloyd's.

Anfang der Neunzigerjahre führten dramatische Ereignisse zu einer für Lloyd's Verhältnisse revolutionären Veränderung des Systems. Der Grund dafür waren Milliarden-Dollar-Verluste, insbesondere aus den USA, die aus Asbestosis-, Umwelt- und Produkthaftung (insbesondere für Pharma- und ähnliche Produkte) herrührten. Dazu kamen Naturkatastrophen und andere Großschäden (z. B. 1988 USD 1,2 Mrd. für die Explosion der Nordseebohrinsel Piper Alpha).

Der sogenannte „Reconstruction & Renewal" Prozess führte ab 1993 zu einer Reihe von grundlegenden Veränderungen. Eine der wichtigsten war die Abschaffung von voll haftenden privaten Mitgliedern bei Lloyd's und die Einführung von begrenzt haftenden „Corporate Capital". Die privaten *Names* konnten nicht herausgedrängt werden, aber neue wurden nicht mehr aufgenommen, und Ende 2009 stammte nur noch 5 % des Kapitals von voll haftenden privaten Personen. Weitere 9 % werden von Privatpersonen auf Basis limitierter Haftung zur Verfügung gestellt.

Aktuell wird das Risikokapital zum allergrößten Teil von großen institutionellen, professionellen Investoren aus dem Versicherungs- und Finanzbereich mit Schwerpunkt auf Großbritannien, USA und Bermuda bereitgestellt.

Eine weitere wichtige Maßnahme war die Gründung von *Equitas* 1996. In diesem Rückversicherer konnten die *Names* alle alten Verbindlichkeiten, Reserven, Prämien und Rückversicherungsansprüche sowie persönliche sogenannte „Stop-Loss-Deckungen", die sie zu ihrem Schutz abgeschlossen hatten, hineindeklarieren. Dadurch wurden ca. 28.000 *Names* zum großen Teil von Altverbindlichkeiten erlöst, und die Abwicklung der vergangenen Jahre wurde aus dem laufenden Geschäft von Lloyd's herausgetrennt.

Sollten allerdings die Reserven nicht ausreichen, um alle übertragenen Obligationen zu erfüllen, würden ultimativ wieder die *Names* in der Haftung sein. Seit Gründung hat sich allerdings die Kapitalbasis von Equitas positiv entwickelt. Durch die Abwicklung von

Altschäden und Investmenteinkommen ist der Rückversicherer zwar kleiner, aber finanziell stabiler geworden.

2006 wurde Equitas von der Berkshire Hathaway Gruppe des US-Großinvestors Warren Buffet übernommen und wird als Tochtergesellschaft des Konzerns geführt. Damit ist zwar juristisch keine vollständige Übernahme der Altlasten verbunden, aber eine weitere Verbesserung der Kapitalbasis und eine Erhöhung der eigenen Rückversicherung von Equitas.

Nach Einleitung des Reformprozesses gibt es regelmäßig weitere kleinere Veränderungen, die insbesondere die Transparenz des Marktes und die *Compliance & Governance* an die Vorschriften der großen Kapitalgesellschaften und der Aufsichtsbehörde FSA angleichen. Nicht nur dadurch hat es eine sehr starke Konzentration des Lloyd's Marktes und einen starken Rückgang der Zahl der Syndikate gegeben.

Anzahl der Lloyd's Syndikate

	Gesamt	Marinesyndikate
1986	400	138
1996	179	48
2010	80	35

Die gesetzliche Grundlage für die heutige Struktur wird durch den *Lloyd's Act* von 1982 definiert. Außerdem kontrolliert die britische Finanzaufsichtsbehörde FSA Lloyd's auf Basis des *Financial Services & Market Act 2000*.

Hauptorgan der Corporation ist der *Council of Lloyd's*, dem der *Chairman of Lloyd's* vorsitzt. Der Council kann Entscheidungen selbst treffen oder sie an das *Franchise Board* delegieren. In der Praxis ist das Franchise Board für die tägliche Abwicklung und Überwachung zuständig. Um einen hohen Standard von Zeichnungspolitik und Risikomanagement (auch in der Finanzanlage) aufzustellen und zu überwachen, werden auch einzelne Funktionen an Unterkomitees, wie z. B. das *Market Supervision & Review Committee* oder das *Investment Committee* übertragen.

Lloyd's hat eine besondere Kapitalstruktur, die aus verschiedenen aufeinander aufbauenden Systemen besteht (sogenannte *Chain of Security*).

Abbildung 1.3   Chain of Security

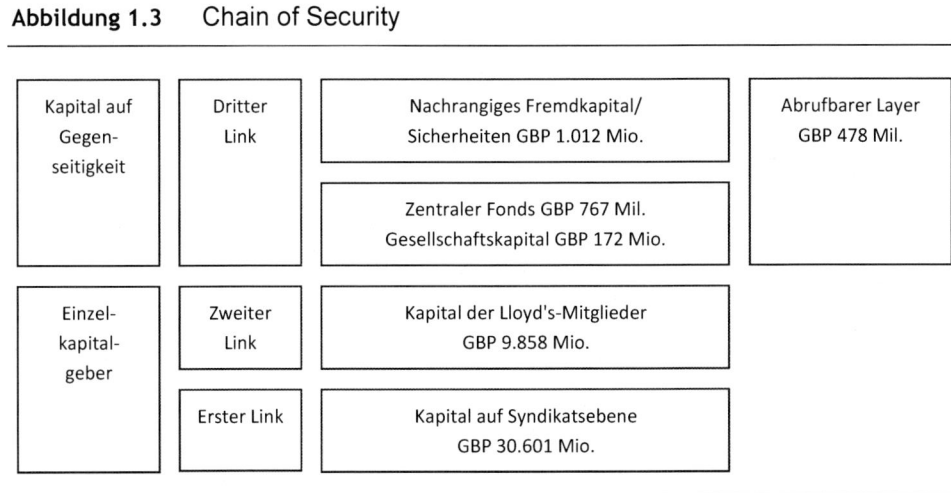

Quelle: Lloyd's, 02/2009

Um sicherzugehen, dass das hinterlegte Kapital im *Member Fund* für das Geschäftsvolumen ausreicht, gibt es für die Syndikate Begrenzungen bezüglich des jährlich gezeichneten Prämienumsatzes (*Premium Income Limits*). Werden die festgelegten Limite erreicht, muss entweder die Zeichnung für das Jahr eingestellt oder Kapital nachgeschossen werden.

Mit einem Gesamttransportprämienvolumen von USD 4,127 Mrd. in 2009 ist Lloyd's der größte Transportversicherungsmarkt weltweit. Dazu kommt noch die Prämie des „Company-Marktes".

Lloyd's: Prämienaufteilung 2009 in USD	
Hull	926.352.000
Cargo	790.536.000
Liability	586.148.000
Offshore Energy	1.824.496.000
Gesamt	4.127.532.000

Quelle: Lloyd's of London, 2010

Die Platzierung von Risiken ist ausschließlich bei Lloyd's zugelassenen Maklern (Lloyd's Broker) vorbehalten. Da Makler eine wichtige Rolle bei der Transaktion des Geschäftes haben, soll dadurch insbesondere die Servicequalität des Marktes aufrechterhalten werden. Zurzeit sind über 180 Lloyd's Broker zugelassen.

Obwohl mittlerweile viele Risiken oder Verwaltungsvorgänge über elektronische Plattformen platziert oder administriert werden, spielt die persönliche Kommunikation zwischen Makler und Underwriter eine große Rolle. Nach wie vor werden die meisten Risiken im *Underwriting Room* von Lloyd's (at Lloyd's) an der Box des Syndikats durch den Underwriter gezeichnet. Auf einen vom Makler vorbereiteten *Slip*, der alle Risiko- und Vertragsdaten enthält, schreibt dort der Underwriter seine prozentuale Beteiligung.

Ein weiterer Zugang zur Platzierung bei Lloyd's sind sogenannte *Cover Holder*, die außerhalb Lloyd's von einem *Managing Agent* autorisiert werden, für Syndikate Geschäfte zu zeichnen. Auch *Cover Holder* werden kontrolliert und unterliegen strengen Anforderungen bezüglich Sachkunde und Qualität. Bestimmte Dienstleistungen im administrativen- und Schadensbereich sind von jeher bei Lloyd's an zentrale Marktorganisationen delegiert worden oder sogar an dritte Dienstleister übertragen worden.

So gab es früher

- das LPSO = Lloyd's Policy Signing Office,
- das LUCRO = Lloyd's Underwriting Claims & Recovery Office,
- das LSA = London Salvage Association

Heute ist der Finanzdienstleister *XChanging* mit bestimmten Funktionen betraut. Eine derer Tochtergesellschaften, die *XChanging Claims Services (X CS)*, ist gemäß dem *2010 Lloyd's Claims Scheme* damit beauftragt, Schäden mit einer Beteiligung von Lloyd's von bis zu GBP 100.000 administrativ abzuwickeln. Bei Schäden zwischen GBP 100.000 und 5 Millionen können beteiligte Lloyd's Syndikate die Schadensabwicklung an X CS delegieren.

Handeln Syndikate als Führungsversicherer, werden alle Schäden in der Regel durch eigenes Personal abgewickelt. Bei der technischen Begutachtung von Kaskoschäden bedienen sich Lloyd's Syndikate externen Sachverständigen. Für Prozesse gegen Lloyd's, genauer: gegen *Underwriters at Lloyd's*, in Deutschland enthält § 216 VVG eine Sonderregelung, nach der bei Bestehen eines inländischen Gerichtsstandes Ansprüche gegen den Unterzeichner des im Versicherungsschein an erster Stelle aufgeführten Syndikats oder einen von diesem benannten Versicherer geltend gemacht werden können. Ist der Versicherungsvertrag über eine inländische Niederlassung von Lloyd's geschlossen worden, sind die Rechte gem. § 100b VAG gegenüber dem Hauptbevollmächtigten zu verfolgen; in beiden Fällen wirkt ein erzielter Titel für und gegen alle an dem Versicherungsvertrag beteiligten Versicherer.

1.5 Verbände und sonstige Zusammenschlüsse in der Transportversicherung

1.5.1 Deutsche Verbände

Kommission Transport und Luftfahrt im Gesamtverband der deutschen Versicherungswirtschaft (GDV)

Der Gesamtverband der Deutschen Versicherungswirtschaft (GDV) ist eine Interessenvertretung von so gut wie allen in Deutschland tätigen Versicherern. Als Dachorganisation von 465 Versicherungsgesellschaften unterstützt und informiert er seine Mitglieder in vielen Fachfragen und ist auch Ansprechpartner für die Öffentlichkeit und Politik (www.gdv.de).

Bis 1995 waren die deutschen Transportversicherer in ihrem eigenen Verband, dem deutschen Transportversicherungsverband (DTV), organisiert. Dieser wurde aber im Zuge der Reform der Verbände dem GDV angegliedert. Viele auch neuere Bedingungswerke tragen allerdings nach wie vor das Kürzel „DTV" in der Bezeichnung.

Transportversicherungsthemen werden im GDV in der *Kommission Transport und Luftfahrt (KTL)* und in der *Schadensverhütungskommission Transport* behandelt. Für bestimmte Untersparten sind *Arbeitsgemeinschaften* (z. B. AG Seekasko/Wassersport) gebildet worden, in denen sparten-spezifische Themen erörtert werden.

Über eine Interessenvertretung, -wahrnehmung hinaus werden in den Kommissionen und AGs des GDV Versicherungsbedingungen und Klauseln erarbeitet, die den marktbeteiligten Versicherern unverbindlich zur Verfügung stehen sowie allgemeine Marktschadenstatistiken erarbeitet und andere Informationen für die Mitglieder aufbereitet und weitergegeben.

> Besonders informativ ist das Transport-Informationssystem des GDV (www.tis-gdv.de), das eine Vielzahl von Informationen über alle Transportsparten enthält.

Verein Hanseatischer Transportversicherer (VHT)

Der VHT ist nicht nur der Zusammenschluss der an den Seeplätzen (insbesondere Hamburg und Bremen) tätigen Transportversicherer, sondern er hat ein breites Dienstleistungsspektrum mit Schwerpunkt in der Seekaskoversicherung (siehe www.vht-online.de). Hervorgegangen aus den beiden lokalen Vereinen *„Verein Bremer Seeversicherer"* (VBS), gegründet 1818, und *„Verein Hamburger Assekuradeure"* (VHA), gegründet 1797, beschäftigt der Verein an den zwei Standorten Hamburg und Bremen über 30 Mitarbeiter (Stand Ende 2010) mit hauptsächlich nautischer und technischer Ausbildung/Erfahrung.

Für die Mitglieder werden insbesondere folgende Aufgaben erfüllt:

- Risikomanagement und Beratung in nautisch-technischen Fragen
- Schadensservice vor Ort mit eigenen Experten, die u. a. Assistenz, z. B. bei Bergung und Reparatur und Feststellung des Schadensumfanges beinhaltet
- Erarbeitung von Regulierungsvorschlägen und Abrechnung der Schäden sowie Regressführung
- Beratung bei Spezialverschiffungen und Transporten
- Pflege des weltweiten Netzes von Havariekommissaren

1.5.2 Internationale und ausländische Verbände

Wegen der internationalen Natur der Transportversicherung ist auch ein Fachaustausch auf globaler Ebene von besonderer Bedeutung. Auch wenn die Versicherer in verschiedenen Ländern domizilieren, haben sie doch häufig ähnliche Probleme, Fachthemen oder sind auf international platzierten Policen gemeinsam beteiligt.

Bereits im Jahr 1874 wurde deshalb die *International Union of Marine Insurance (IUMI)* gegründet, in denen die jeweiligen nationalen Verbände Mitglied sind (55 Mitglieder, Stand 2010). Auf den jährlich stattfindenden Mitgliederkonferenzen werden Fachfragen von internationaler oder besonderer Bedeutung erörtert und globale Schadensstatistiken, die sich aus den Zahlen der jeweiligen Märkte zusammensetzen, zur Verfügung gestellt. Ganz besonders wird aber darauf geachtet, dass keine kartellrechtlich relevanten Fragen, wie Prämienhöhen oder Bedingungseinschränkungen diskutiert werden.

Erwähnenswert ist auch, dass die IUMI eine der ganz wenigen weltweiten Zusammenschlüsse von Versicherern ist (siehe auch **www.iumi.com** mit Verweisen auf die Ergebnisse der jeweiligen Jahreskonferenzen).

Ausländische Verbände

Alle nennenswerten Transportversicherungsmärkte sind, ähnlich wie in Deutschland, in nationalen Verbänden zusammengeschlossen. Besonders zu erwähnen sind:

- Großbritannien

    In London sind zwei Verbände tätig. Die **International Underwriting Association (IUA)** – www.iua.co.uk – vertritt die in London ansässigen Versicherungsunternehmen. Die **Lloyd's Market Association (LMA)** vertritt die Interessen der bei Lloyd's registrierten Versicherungssyndikate. Ähnlich wie in Deutschland wurden Marktbedingungen geschaffen, die unter der Bezeichnung *Institute Clauses* weltweit Anwendung und Bedeutung gefunden haben. Innerhalb der Lloyd's Market Association gibt es sogenannte *Committees*, die wiederum die Interessen der bei Lloyd's vertretenen Sparten repräsentieren und Arbeitsausschüsse sind. Die beiden für Transport wichtigen *Committees* sind das *Joint Cargo Committee* (JCC) und das *Joint Hull Committee* (JWC).

Link zur *Joint Cargo Committee* Website:
http://www.lmalloyds.com/Web/market_places/marine/JCC/Joint_Cargo_Committee2.aspx

Link zur *Joint Hull Committee* Website:
http://www.lmalloyds.com/Web/market_places/marine/JHC/Joint_Hull.aspx

- Skandinavien

  Die **Nordic Association of Marine Insurers (Cefor)** – www.cefor.no – ist ein Zusammenschluss der „nordischen" Versicherer. Skandinavische Transportversicherer aus Dänemark, Norwegen, Schweden und Finnland, die sich insbesondere mit der Seekasko und P & I Versicherung befassen, haben sich zu dieser Interessenvereinigung zusammengeschlossen. Die von der Cefor entwickelten Schiffsversicherungsbedingungen *Norwegian Marine Insurance Plan* und *Special Cefor Clauses* haben auch außerhalb des nordischen Marktes Anwendung gefunden. Die Bedingungen umfassen Seekasko-, Seekriegs-, Loss of Hire- und Interesseversicherung.

- Frankreich

  Die **Fédération Française des Sociétés d'Assurances (FFSA)** - www.ffsa.fr – ist ein 1937 als Syndikat gegründeter Verband von Französischen Versicherungsunternehmen in dem 248 Unternehmen vertreten sind. Die Französischen Versicherer verwenden die *Police Francaise d'Assurance Maritime*.

- Vereinigte Staaten von Amerika

  Das **American Institute of Marine Underwriters (AIMU)** – www.aimu.org – dient seit über 100 Jahren als Fachverband der amerikanischen Transportversicherer. Die sogenannten „AIMU Forms" und „AIMU Clauses" werden von dem Verband als Empfehlung herausgegeben und haben sich am amerikanischen Markt ähnlich stark durchgesetzt wie die englischen Institute Clauses am Londoner Markt.

- Japan

  Die **General Insurance Association of Japan (GIAJ)** – www.sonpo.or.jp/en/ – wurde 1946 als „Marine and Fire Insurance Association of Japan" ins Leben gerufen und ist ein Zusammenschluss aus mehreren bereits zuvor bestehenden Versicherungsverbänden mit einer Historie, die bis auf das Jahr 1917 zurück reicht. Im Jahr 2003 wurde die Marine and Fire Insurance Association of Japan in die heutige General Insurance Association of Japan (GIAJ) umbenannt. Die vom Verband erarbeiteten Seeversicherungsbedingungen heißen Japanese Hull Conditions und Japanese Cargo Conditions.

1.6 Mitversicherung in der Transportversicherung

Wegen der Schwere des Risikos und der Höhe der zu deckenden Versicherungssummen spielt die Mitversicherung in der Transportversicherung eine besondere Rolle.

Durch die sogenannte Syndizierung wird das Risiko auf mehrere Versicherer, teilweise auch auf mehrere internationale Märkte, verteilt und dadurch bei sehr großen Versicherungssummen überhaupt erst versicherbar.

Zur Organisation der Mitversicherung benötigt man zum einen eine professionelle Arbeitsteilung zwischen den einzelnen Partnern der Wertschöpfungskette und zum anderen vertragliche Vereinbarungen, die die Pflichten- und Rechteaufteilung definieren.

Im Normalfall kommt die Mitversicherung dadurch zustande, dass der Makler zunächst den Assekuradeur oder Versicherer anspricht, der als führend vorgesehen ist und mit ihm über Prämien und Bedingungen verhandelt. Der von dem Führenden als erster gezeichnete Slip (Deckungsnote) wird dann vom Makler zur weiteren Zeichnung den Beteiligten vorgelegt.

Eine Komplettierung der Deckung liegt vor, wenn prozentual alle Zeichnungen 100 % der Versicherungssumme abdecken. Üblicherweise kann dann auf dieser Basis eine Police ausgestellt werden. In der Praxis ist es aber auch durchaus üblich, den Versicherungsschutz nur auf Basis der Deckungsnote zu bestätigen.

Die Beteiligten machen regelmäßig ihre Entscheidungen darüber, ob und wie hoch sie sich an einem Risiko beteiligen, davon abhängig, wer als Führender gezeichnet hat. Dies liegt daran, dass in der Transportversicherung der Aufgabenkreis und die Vollmacht des Führenden wesentlich weiter gezogen sind als in den meisten anderen Versicherungszweigen. Sie beschränken sich nicht nur darauf, Erklärungen mit Wirkung für die beteiligten Versicherer entgegennehmen zu können, sondern sie beziehen sich auch auf die für die Beteiligten verbindliche Vereinbarung von Prämien und Bedingungen und besonders auf die Schadenregulierung. Dies erleichtert die Position des Versicherungsnehmers bzw. seines Maklers, da er nur mit einem Führenden zu tun hat und nicht mit sämtlichen beteiligten Versicherern.

Die einzelnen Mitversicherer haften dabei stets nur für ihren Anteil und nicht als Gesamtschuldner. Dies gilt auch dann, wenn etwa ein Versicherungszertifikat nur von dem führenden Versicherer für sich und die Beteiligten gezeichnet worden ist (vgl. Ziff. 25.1 DTV-Güter, Ziff. 19 DTV-Kasko, Ziff. 19 in DTV-ADS).

Für die Güterversicherung erhalten Ziff. 25.2 DTV-Güter und für die Seekaskoversicherung die Ziff. 19 DTV-ADS eingehende Regelungen. Diese betreffen zunächst das Außenverhältnis und stellen sicher, dass die von dem führenden Versicherer mit dem Versicherungsnehmer (bzw. dem Makler) getroffenen Vereinbarungen auch für die Mitversicherer verbindlich sind. Dies betrifft nicht nur die Schadenregulierung, sondern auch sonstige vertragliche Vereinbarungen. Für die in Ziff. 25.2 DTV-Güter besonders aufgeführten wichtigen Fälle ist jedoch der führende Versicherer nicht berechtigt, ohne Zustimmung der Mitversicherer Vereinbarungen mit dem Versicherungsnehmer zu treffen.

Dem Schutz des guten Glaubens des Versicherungsnehmers dient die Bestimmung in Ziff. 25.2, letzter Satz, DTV-Güter, dass der führende Versicherer aus einer ohne Einschränkung abgegebenen Erklärung auch für den Anteil der Mitversicherer haftet, wenn deren Zustimmung zu der Erklärung des führenden Versicherers fehlt.

In der Seekaskoversicherung geht die Vollmacht des führenden Versicherers weiter, da neben der Erklärung des Eigentumsübergangs (Ziff. 19.3, 60.3 DTV-ADS) nur die Vereinbarung von Taxenerhöhungen von der verbindlichen Wirkung für die Mitversicherer ausgenommen ist. Anders als in der Güterversicherung übernimmt der führende Versicherer jedoch keine Haftung, wie dies gem. Ziff. 25.2, letzter Satz, DTV-Güter der Fall ist. Für diese Ausnahme sind Rückversicherungsgründe maßgebend.

Bei beiden Regelungen handelt es sich rechtstechnisch im Innenverhältnis um einen Auftrag, im Außenverhältnis um eine Vollmacht, die den in den jeweiligen Klauseln abschließend aufgeführten Beschränkungen unterliegen (zur Prozessführungsvollmacht des Führenden vgl. zur Güterversicherung *Ehlers* in Thume/de la Motte/Ehlers, Kap. 5.A. Rn. 637 ff, zur Kaskoversicherung Schwampe in Thume/de la Motte/Ehlers, Kap. 6, Rn. 60 ff.

Das englische Recht enthält weder im *Marine Insurance Act* noch in den *Institute Time Clauses* oder den *Institute Cargo Clauses* eine Führungsklausel. Dennoch sind derartige Klauseln marktüblich. Sie werden von einzelnen Maklern mit unterschiedlichem Wortlaut verwendet. Sie stellen auf die Vereinbarungen mit dem führenden Versicherer oder bei gemeinsamen Beteiligungen von Gesellschaften und Lloyd's (*Combined Policies*) auf Vereinbarungen mit je einem Führenden aus beiden Gruppen ab (siehe im Anhang Beispiele für *To Follow Clauses*).

Der „nordische" Markt wendet die entsprechende *Cefor Clause* an.

Bei internationalen Deckungen in verschiedenen Märkten (Beispiel: 60 % Deutschland, 20 % England, 20 % Norwegen), was häufig bei Seekasko- oder Baurisiken vorkommt, sind entweder die Deckungen in den einzelnen Märkten völlig unabhängig voneinander, oder ein Markt hat die Führung, der sich die anderen anschließen. Die Folgepflicht bezieht sich aber häufig nicht auf die Prämie, sondern auf die Bedingungen des Vertrags und vor allem auf die Schadenregulierung.

Es kann aber durchaus sein, dass es in verschiedenen Märkten jeweils einen sogenannten *Claims Leader* gibt, der nur für jeweils seinen Markt die Schadensregulierung macht, dies unabhängig davon, welcher Markt die höchste Beteiligung hat. Auch gibt es vereinzelt sogenannte *Claims Co-Operation Clauses*, nach denen der Führende ab einer bestimmten Schadenshöhe, z. B. USD 1 Mio., die Beteiligten konsultieren oder informieren muss.

In der Praxis führt im Deutschen Markt der Führende bei wichtigen die Police betreffenden Entscheidungen oder sehr großen Schäden (z. B. Erklärung des Totalverlustes, Abandon) sogenannte Beteiligtenversammlungen mit allen an der Police beteiligten Versicherern (evtl. auch Rückversicherern) durch, um sie zu informieren und eventuell zu konsultieren. Eine rechtliche Verpflichtung besteht dazu allerdings nicht.

Die einem Führenden mit der Führungsklausel gegebenen Vollmachten setzen besonderes Vertrauen in dessen Führungsqualität voraus und bedeuten für diesen eine große Verantwortung, da er sich bei einer Verletzung des zugrunde liegenden Geschäftsbesorgungsvertrags im Innenverhältnis Regressansprüchen der beteiligten Versicherer aussetzen kann. Die Qualität des Führenden ist häufig entscheidend dafür, ob sich andere Versicherer dem Vertrag anschließen.

1.7 Rechtsquellen der Transportversicherung

Wichtige Rechtsquellen der Transportversicherung

- Versicherungsvertragsgesetz (VVG)
- Versicherungsaufsichtsgesetz (VAG)
- Gesetz gegen Wettbewerbsbeschränkungen (GWB)
- Bürgerliches Gesetzbuch (BGB)

1.7.1 Allgemeines

Das VVG und VAG werden bezüglich der Transportversicherung von drei Grundgedanken geleitet:

1. Bei der Transportversicherung stehen sich als Versicherungsnehmer und als Versicherer zwei Geschäftspartner gegenüber, die in Handelsgeschäften erfahren sind und von denen auch der Versicherungsnehmer nicht des Schutzes eines besonderen staatlichen Gesetzes bedarf. Viele Versicherungsnehmer besitzen eine so starke wirtschaftliche Stellung bzw. eine sehr eingehende Kenntnis auch des Versicherungsgeschäftes, dass Prämien und Bedingungen nicht einseitig vom Versicherer festgelegt werden können.

2. Ebenso wie die Abwicklung von Handelsgeschäften bleibt auch der Transportversicherungsvertrag in seinen Auswirkungen häufig nicht innerhalb der Grenzen eines Landes. Der Transportversicherer muss sich deshalb auch ausländischen Gesetzen und internationalen handelsrechtlichen Gepflogenheiten anpassen. Würde nun die Transportversicherung ausschließlich einer beschränkenden Gesetzgebung eines bestimmten Landes unterstellt, dann könnte die Funktionsfähigkeit des Transportversicherungsmarktes in Frage gestellt werden.

3. Wie in keinem anderen Versicherungszweig handelt es sich bei der Transportversicherung um so vielfältige Möglichkeiten von Risiken und der unterschiedlichsten Art ihrer Abdeckung, dass im Interesse einer individuellen Gestaltung des Versicherungsschutzes eine möglichst große Vertragsfreiheit herrschen muss.

Diesen Grundgedanken entspricht die Behandlung der Transportversicherung im Versicherungsvertragsgesetz und im Versicherungsaufsichtsgesetz.

1.7.2 Versicherungsvertragsgesetz

Dieses Gesetz wurde im Jahre 2007 umfassend überarbeitet und ist in der jetzigen Form seit dem 01.01.2008 in Kraft. Die für die Anpassung von allgemeinen Versicherungsbedingungen bestehender Verträge eingeräumte Übergangsfrist ist mit dem 31.12 2008 abgelaufen. Das alte, bis zum 31.12.2007 geltende VVG bildete lediglich die Rechtsgrundlage für die *Binnentransportversicherung*. Für gemischte Reisen sah § 147 VVG a.F. die Geltung des im HGB alter Fassung geregelten Seeversicherungsrechts vor. Durch die Neufassung des VVG ist es jedoch zu einer anderen Regelung gekommen. Nach wie vor ist die Seeversicherung vom Anwendungsbereich des VVG ausgenommen (§ 209 VVG). Das jetzt gültige VVG enthält jedoch keine dem § 147 VVG a.F. entsprechende Vorschrift mehr. Dies hat in der Literatur zu unterschiedlichen Ansichten über die Anwendbarkeit des VVG auf gemischten Reisen geführt. Richtigerweise findet das VVG nach wie vor auf solchen gemischten Reisen keine Anwendung, bei denen der Seetransportteile überwiegt.

Denn eine dem § 147 VVG a.F. entsprechende Regelung fehlt im neuen VVG nicht deshalb, weil der Gesetzgeber die ausnahmslose Anwendung des VVG auf gemischte Reisen anordnen wollte, sondern deshalb, weil im Zuge der VVG-Reform zunächst ins Auge gefasst worden war, die Seeversicherung im VVG mitzuregeln. Für diesen Fall bedurfte es in der Tat keiner besonderen Bestimmung für gemischte Reisen. Der Gesetzgeber hat diesen Gedanken dann aber aufgegeben, so dass sich das Fehlen einer Regelung für gemischte Reisen als eine planwidrige Gesetzeslücke darstellt (vgl. im Einzelnen Klimke in Prölss/Martin, § 209 Rn. 17 m.w.N.).

Im Übrigen ist die Binnengüterversicherung ohnehin zumeist in der Form der laufenden Versicherung (§§ 53 ff. VVG) genommen und, wie auch die Kaskoversicherung von Schienen- und Luftfahrzeugen sowie Binnensee- und Flussschiffen, Großrisiko im Sinne von § 210 VVG, so dass auch diese Versicherungen von den im VVG vorgesehenen Beschränkungen der Vertragsfreiheit befreit sind.

Soweit Binnentransporte nur Teil eines kombinierten Transportes sind (weil sie mit einer Seereise verbunden sind und deshalb innerhalb einer kombinierten Versicherung gedeckt werden), kann also auch weiterhin die Geltung der ADS 1919 und der ADS Güterversicherung 1973 aus Gründen der Vertragsvereinfachung auch für den Binnentransportteil vereinbart werden. Selbst bei reinen Binnenreisen kommt es vor, dass der Deckungsumfang der Seeversicherungsbedingungen vertraglich vereinbart wird. Für solche gemischten und reinen Binnentransporte sind aber ergänzend die Vorschriften des VVG dann anzuwenden, wenn eine bestimmte Frage aus den ADS nicht beantwortet werden kann.

Die im Jahre 2000 vom GDV eingeführten DTV-Güter 2000 sahen ursprünglich die ergänzende Geltung des VVG vor. Seit dem 01.01.2008 ist dies nicht mehr vorgesehen.

Seetransportversicherung

§ 209 VVG erklärt ausdrücklich, dass das Versicherungsvertragsgesetz für die Seeversicherung keine Anwendung findet. Was Seeversicherung ist, definiert das Gesetz selbst: die Versicherung gegen die Gefahren der Seeschifffahrt. Während bis 2007 ergänzend das

HGB heranzuziehen war, welches das Seeversicherungsrecht in den §§ 778 ff. regelte, gibt es seit 2008 kein gesetzliches Seeversicherungsrecht mehr, denn die entsprechenden Vorschriften des HGB wurden im Zuge der VVG-Reform aufgehoben. Das VVG kann auch nicht als „lex generalis" herangezogen werden, um eine Frage zu entscheiden, die aus den Versicherungsbedingungen nicht beantwortet werden kann. Die hergebrachten Bedingungswerke der Seeversicherung, die ADS 1919, die ADS Güterversicherung 1973 und die DTV-Kaskoklauseln 1978 enthalten aber ebenso umgängliche Bestimmungen für alle zu regelnden Tatbestände, wie dies die neuen Bedingungen der DTV-Güter 2000 und die DTV-ADS 2009 tun.

Binnentransportversicherung

Für die Binnentransportversicherung, die in den §§ 130 ff. VVG geregelt wird, ist das VVG zwar zuständig, jedoch gelten auch hier Besonderheiten:

Zunächst ist zu beachten, dass in § 130 VVG über den Wortlaut von § 129 VVG a.F. hinaus als Transportversicherung auch – aber auch nur – die Versicherung gegen die Gefahren der mit einer Beförderung verbundenen *Lagerung* bezeichnet wird.

Daraus folgt, dass die reine Lagerversicherung, die kein Beförderungsrisiko erfasst, nicht Transportversicherung im Sinne des VVG ist. Auf sie finden die §§ 130 VVG keine Anwendung.

Wie schon der § 187 VVG a.F. seit 1990, bestimmt mit Wirkung vom 01.01.2008 auch der § 210 VVG, dass die im VVG vorgenommenen Beschränkungen der Vertragsfreiheit auf Großrisiken nicht anzuwenden sind. Neu hinzugekommen ist in § 210 VVG die Vertragsfreiheit für alle laufenden Versicherungen (§ 53 VVG). Soweit eine zur Transportversicherung im oben beschriebenen weiteren Sinne nicht Großrisiko ist, unterfällt sie jedenfalls der Vertragsfreiheit, wenn sie in der Form der laufenden Versicherung genommen wird. Das gilt z. B. auch für die Lagerversicherung, die fast ausnahmslos als laufende Versicherung betrieben wird. Selbstverständlich sind davon nicht die Beschränkungen der Vertragsfreiheit nach dem AGB-Gesetz betroffen; sie gelten für alle Verträge, auch die nach ADS und DTV-Klauseln.

§ 210 VVG geht generell von Großrisiken aus und verweist im Übrigen auf die Anlage A zum Versicherungsaufsichtsgesetz. Darin sind u.a. genannt die Kaskoversicherung für See- und Binnenschiffe, die Transportgüterversicherung sowie die mit den genannten Versicherungen in Verbindung stehenden Haftpflichtversicherungen, einschließlich der Frachtführerhaftpflicht. Die Lagerhalterhaftpflicht dagegen ist nicht Großrisiko. Sie ist zwar ohnehin nicht Transportversicherung, weil es am Merkmal der Bewegungsbestimmung fehlt. Wo im Rahmen von Verkehrshaftungsversicherungen für Spediteure Lagerhalterrisiken mit transportversicherungsrechtlichen Frachtführerhaftpflichtrisiken verknüpft werden, infiziert die Lagerhalterhaftpflicht den gesamten Vertrag:

In diesem Fall finden die Vorschriften des VVG, die die Vertragsfreiheit beschränken, Anwendung (OLG Hamburg, TranspR 2007, 258) – wenn die Versicherung nicht laufende Versicherung ist.

Sondersparten der Transportversicherung

Sie werden zwar der Transportversicherung zugerechnet, für sie gilt aber § 210 VVG nicht, es sei denn, sie würden als laufende Versicherungen gemäß §§ 53 ff. VVG betrieben. Die zwingenden und halbzwingenden Normen sind deshalb anzuwenden.

1.7.3 Versicherungsaufsichtsgesetz

Bis 1975 war die Transportversicherung völlig aufsichtsfrei. Das galt sowohl hinsichtlich der Zulassung von ausschließlich die Transportversicherung betreibenden Gesellschaften (ausgenommen Versicherungsvereine auf Gegenseitigkeit wegen der §§ 15 ff. VAG) als auch für die laufende Aufsicht. Seitdem hat sich aufgrund der jeweiligen Richtlinien des Rates der Europäischen Gemeinschaften das deutsche VAG mehrfach geändert. Schrittweise ist damit auch eine aufsichtsrechtliche Gleichbehandlung aller Zweige der Schadenversicherung eingetreten. Danach gilt Folgendes:

Deutsche Transportversicherer bedürfen weiterhin der Zulassung. Bei ausländischen Versicherungsgesellschaften wird unterschieden zwischen solchen mit Sitz außerhalb oder innerhalb eines der Länder der Europäischen Gemeinschaft (EG) oder des Europäischen Wirtschaftsraumes (EWR).

Nicht-EG/EWR-Versicherer bedürfen wie bisher der Erlaubnis (§ 105 Abs. 2 VAG) und unterliegen den Bestimmungen des deutschen Versicherungsaufsichtsgesetzes. Sie müssen für inländisches Versicherungsgeschäft eine Niederlassung errichten, für die sie einen Hauptbevollmächtigten zu bestellen haben, § 106 Abs. 3 VAG.

EG/EWR-Versicherer können in Deutschland wie bisher über eine Niederlassung oder aber im direkten Dienstleistungsverkehr von ihrem Sitzland aus arbeiten. Auch hier ist für die Niederlassung ein deutscher Hauptbevollmächtigter zu bestellen, der die gleichen Pflichten wie der Vorstand einer deutschen Gesellschaft zu erfüllen hat, § 110d Abs. 2 i.V.m. § 106 Abs. 3 VAG. Für das Direktgeschäft im Dienstleistungsverkehr, das entweder ohne vorhandene oder außerhalb der bestehenden Niederlassung betrieben werden kann, bedarf es u.a. für die Transportversicherung keiner Erlaubnis mehr, sondern nur noch einer Bescheinigung der zuständigen Aufsichtsbehörde des Sitzlandes (§§ 110a und 110d VAG).

Die Beaufsichtigung der Nicht-EG/EWR-Versicherer erfolgt durch das deutsche Bundesamt für Finanzdienstleistungsaufsicht, für die deutschen Versicherer und solche mit Sitz in einem Mitgliedsstaat der Europäischen Union gilt Folgendes: Die Finanzaufsicht erfolgt allein durch die Aufsichtsbehörden des jeweiligen Sitzlandes, die Aufsicht im Übrigen obliegt auch der BaFin (§ 110a (3) VAG).

Tarife, Prämien und Bedingungen müssen nicht durch das Aufsichtsamt genehmigt werden.

1.7.4 Gesetz gegen Wettbewerbsbeschränkungen

Nach dem deutschen Gesetz gegen Wettbewerbsbeschränkungen (Kartellgesetz) gilt u.a. für die Versicherungswirtschaft nicht ein generelles Verbot, sondern das sogenannte Missbrauchsprinzip. Artikel 85 des EG-Vertrages geht jedoch als Europarecht dem deutschen Recht vor. Danach sind alle Absprachen zur Beschränkung des Wettbewerbs verboten, es sei denn, sie sind von den EG-Behörden genehmigt.

Grundsätzlich unterfällt auch die Versicherungswirtschaft dem allgemeinen EU Verbot wettbewerbswidriger Praktiken. Jede Form der Zusammenarbeit müsste daher einzeln angemeldet werden.

Die sogenannte EU-Gruppenfreistellungsverordnung (GVO) hat unter besonderen Voraussetzungen bestimmte Gruppen und Verhaltensweisen vom Kartellverbot freigestellt und damit für eine Vereinfachung gesorgt.

In der aktuellen Fassung der GVO (EU VO Nr. 267/2010 vom 24.03.2010) sind die Statistikarbeit und unter besonderen Voraussetzungen Mitversicherungsgemeinschaften (Pools) freigestellt. Konkret heißt dies, dass der GDV nach wie vor öffentlich zugängliche Transportmarktstatistiken herausgeben darf, allerdings keine sogenannten Schadensbedarfsstatistiken.

Mitversicherungsgemeinschaften (Pools) sind bei neuartigen Risiken für drei Jahre und unterhalb von gewissen Marktanteilsschwellen zulässig. Problematisch ist allerdings die Definition des jeweils relevanten Marktes (siehe www.gdv.de).

Für die Schaffung von Musterbedingungen, die in der vorherigen Fassung der GVO noch komplett freigestellt waren, muss nun der GDV die Kartellrelevanz individuell prüfen und dabei die sogenannten Horizontalleitlinien berücksichtigen. Das Gleiche gilt für die Arbeit des GDV im Rahmen von Schadensverhütungsthemen und Sicherheitsvorkehrungen (z. B. Listen von bewachten Parkplätzen, Ladungssicherungsmaßnahmen).

1.7.5 Sonstige Gesetze

Handelsgesetzbuch

Bis 2007 war die Seetransportversicherung in den §§ 778 ff. HGB geregelt. Diese Bestimmungen des HGB waren vertraglich abdingbar. Mit dem Inkrafttreten der ADS wurde das gesamte Gebiet zum Teil unter Übernahme von Bestimmungen des HGB neu geregelt, und die gesetzliche Regelung des HGB für den Bereich der Transportversicherung wurde durch § 126 ADS abbedungen. Mit der Aufhebung der §§ 778 ff. HGB gibt es seit dem 01.01.2008 kein gesetzliches Seeversicherungsrecht mehr.

Bürgerliches Gesetzbuch

Wie für wohl sämtliche Gebiete des deutschen Privatrechts, so bildet auch für die Transportversicherung das BGB das grundlegende Gesetz. Eine Reihe von Begriffen, wie z. B. Rechtsfähigkeit, Vertrag, Eigentum, Hypotheken usw., mit denen in der Transportversicherung gearbeitet wird, finden ihre gesetzliche Grundlage im BGB. Das BGB liegt also als „lex generalis" auch den Rechtsverhältnissen der Transportversicherung zugrunde.

AGB-Recht

Das im Jahre 1976 in Kraft getretene Gesetz zur Regelung des Rechts der Allgemeinen Geschäftsbedingungen (AGB-Gesetz), das im Rahmen des Schuldrechtsreformgesetzes in modifizierter Form als §§ 305 ff. in das BGB aufgenommen wurde, hat auf die Bedingungen des Versicherungsvertrags bedeutsame Auswirkungen. Das gilt insbesondere für Versicherungsverträge im nicht kaufmännischen Bereich.Die Inhaltskontrolle, wesentlicher Gesichtspunkt des gesamten AGB-Rechts, findet aber über die Generalklausel des § 307 BGB auch für den kaufmännischen Rechtsverkehr statt (siehe auch S. 45 ff.).

1.7.6 Exkurs: Sanktionen, Embargos und Anti-Terror-Compliance

Auf der Basis von UN-Resolutionen, EG-Verordnungen, aber auch US-amerikanischen Regelungen sind Vorschriften erlassen worden, die auch für Transportversicherungen einschlägig und von großer Bedeutung sind.

Die EG-Verordnungen sind auch in Deutschland geltendes Recht. Bei ihrer Verletzung drohen verschiedene juristische Konsequenzen, die von Geldbußen bis zu Gefängnisstrafen reichen. US-amerikanische Gesetze und Regelungen haben zwar keine unmittelbaren rechtlichen Auswirkungen auf deutsche und europäische Versicherer, aber aufgrund der internationalen Verflechtungen sind wirtschaftliche Sanktionen von US-Behörden möglich.

So sind viele Versicherer mit Niederlassungen in den USA vertreten oder sogar an den örtlichen Börsen notiert, so dass behördliche Maßnahmen bei Verstoß gegen Sanktionsbestimmungen, wie das Einfrieren oder Konfiszieren von Mitteln, möglich sind.

Sanktionen oder Embargos können sich grundsätzlich auf folgende Bereiche und Sachverhalte beziehen:

- Regionen und bestimmte Länder
- einzelne Warengruppen, Rohstoffe und Technologien sowie Software
- Dienstleistungen, insbesondere finanzielle, wie Finanzierung oder Versicherungen
- Organisationen (z. B. Al-Qaida), einzelne Unternehmen, Personengruppen und Einzelpersonen

Es gibt eine Vielzahl von aktuellen Embargo- und Sanktionsmaßnahmen, die aber zum Teil der sich schnell veränderten geopolitischen Lage angepasst werden.

Zwei in der Praxis wichtige Bereiche sind die

- internationale Anti-Terror Gesetzgebung, die Unterstützung für bestimmte Länder, Organisationen, Einzelpersonen und jedwede terroristischen Handlungen verhindern soll.

Beispiel:

EU Rechtsverordnung 2580/2001/EG vom 27. Dezember 2001 und 881/2002/EG vom 27. Mai 2002, verschiedene US-Sanktionslisten, die Teil der Ausführungsverordnungen sind (Export Administration Regulations), z. B. *Denied Persons' List*.

- verschiedene Ländersanktionen gegen Staaten, die entweder ihre Bevölkerung massiv unterdrücken, und/oder zur Verhinderung der Aufrüstung mit atomaren oder Massenvernichtungswaffen.

Beispiel:

Restriktive Maßnahmen gegen Iran. Die EU Ratsverordnung Nr. 961/2010 vom 25. Oktober 2010 enthält sehr umfangreiche Maßnahmen, die nicht nur die Lieferung von Material, das zur atomaren Aufrüstung dienen kann, verhindern soll. Unter anderem enthält sie Bestimmungen, die auch die gesamte Versicherungswirtschaft betrifft. So soll der allgemeine Zugang Irans zu den Versicherungs- und Rentenmärkten der EU beschränkt werden. Besonders an der Verordnung ist, dass keine Deckungsgleichheit zwischen Handelssanktionen und einem Versicherungsverbot besteht, d. h. auch für legale oder genehmigte Exporte in den Iran gibt es ein umfassendes Transportversicherungsverbot.

Der deutsche Transportversicherungsmarkt hat auf die Entwicklung mit einer Sanktionsklausel reagiert (siehe Anhang). Interessant ist, dass auch US-amerikanische Sanktionen bzw. Embargos mit einbezogen werden, soweit ihnen nicht europäische oder deutsche Rechtsvorschriften entgegenstehen. Damit entspricht sie der sogenannten *Blocking Regulation* der VO (EG) 2271/96 vom 22. November 1996 zum Schutz vor extraterritorialer Anwendung eines Rechtsaktes eines Drittlandes. Die im englischen Markt entwickelten Klauseln (siehe Anhang) nehmen auf die *Blocking Regulation* keinen Bezug. Aus diesem Grunde kann es passieren, dass ein Versicherer dagegen verstößt.

Die Iran-Sanktionen haben auch auf die Seekaskoversicherung besondere Auswirkungen. Es besteht ein Verbot zur Versicherung von Schiffen in iranischem Eigentum. Unabhängig vom Eigentum am Schiff ist eine Versicherung dann verboten, wenn das Schiff an eine in der Verordnung genannte iranisch genannte Person oder Unternehmen verchartert wurde. Dadurch können ebenfalls Policen deutscher Reeder betroffen sein.

Darüber hinaus können deutsche Reeder von der Sanktion betroffen sein, wenn unter ihrer deutschen Police die Gestellung einer Sicherheitsleistung gemäß Ziff. 24 DTV-Kaskoklauseln 1978, Ziff. 32 DTV-ADS 2009 an eine in der Verordnung genannte iranische Person oder Unternehmung erforderlich wird.

Wird z. B. ein havariertes Schiff von einem in der Verordnung genannten iranischen Unternehmen geborgen, muss der deutsche Kaskoversicherer eventuell eine Garantie stellen, das Gleiche kann sich bei der Kollision mit einem Schiff eines in der Verordnung genannten iranischen Unternehmen ergeben.

In einem Schreiben des BMWi an den VDR stellt das Ministerium Folgendes fest:

- Die Stellung eines Garantiebriefes oder Hinterlegung einer Sicherheitsleistung bei Gericht ist noch nicht sanktionsrelevant.
- Allerdings ist die Zahlung aus der Garantie nicht ohne Weiteres gestattet. Entweder muss sie auf eingefrorenen Konten erfolgen oder darf nur mit Sondergenehmigung erfolgen.

Ob die erstgenannte Auffassung richtig ist, könnte fraglich erscheinen angesichts des Umstandes, dass nach Art. 16 der Verordnung in der Verordnung genannten iranischen Unternehmen keine Gelder oder wirtschaftlichen Ressourcen zur Verfügung gestellt werden dürfen. Als „Gelder" definiert Art. 1 lit. j) v) u.a. auch „Bürgschaften, Vertragserfüllungsgarantien und andere finanzielle Ansprüche". Nach hier vertretener Auffassung fällt eine Arrestgarantie hierunter. Ihre Gestellung wäre dann dem Kaskoversicherer verboten.

Die sonst unter Ziff. 24 DTV-Kaskoklauseln 1978, Ziff. 32 DTV-ADS 2009 gegebene unbedingte Pflicht zur Stellung einer Sicherheit würde hier deshalb nicht mehr eingreifen.

Ein weiteres Problem kann bei Zahlung von Lösegeld an Piraten zur Befreiung von Schiff und Ladung entstehen. Zur Vermeidung von Zahlungen an Personen, die auf der sogenannten OFAC-Liste Terrorverdächtiger stehen, können Nachforschungen bezüglich der Identität der Lösegeldempfänger erforderlich sein.

Auch die Güterversicherung ist durch das Versicherungsverbot des Art. 26 der VO 961/2010 betroffen. Iranischen Personen darf keine Versicherung zur Verfügung gestellt werden. Unternehmen mit Sitz in der EU dürfen daher nicht mehr auf Basis CIF an iranische Kunden verkaufen, Versicherer mit Sitz in der EU solche Transporte nicht mehr versichern, selbst wenn und obwohl das Handelsgeschäft als solches nicht sanktionswidrig ist.

1.7.7 Allgemeine Versicherungsbedingungen

Allgemeines

Allgemeine Versicherungsbedingungen sind allgemeine Geschäftsbedingungen im Sinne der §§ 305 ff. BGB. Anders als bei den Allgemeinen Spediteursbedingungen (ADSp) hat die Rechtsprechung bei den ADS keine Rücksicht auf die besondere Entstehungsgeschichte genommen, die dadurch gekennzeichnet ist, dass die ADS ein Gemeinschaftswerk aller am Seeverkehr beteiligter Kreise war. So hat der BGH in der „Janina"-Entscheidung (VersR 1980, 964) – vor dem Inkrafttreten des AGB-Gesetzes – die verschuldensunabhängige Leistungsfreiheit des Versicherers nach § 20 ADS als treuwidrig (§ 242 BGB) angesehen, ohne die besondere Entstehungsgeschichte der ADS auch nur anzusprechen. Das OLG Hamburg hat in der „Ilse"-Entscheidung (VersR 2000, 1142) Ziff. 20.2 DTV-Kaskoklauseln ausdrücklich dem AGB-Gesetz unterworfen und die Unklarheitenregelung des § 5 AGBG zur Anwendung gebracht. Nach der höchstrichterlichen Rechtsprechung sind allgemeine Versicherungsbedingungen anhand der Verständnismöglichkeiten eines durchschnittlichen Versicherungsnehmers auszulegen. Dabei sind zwar keine versicherungsrechtlichen Spezialkenntnisse zu berücksichtigen, wohl aber die üblichen Kenntnisse, die ein Versicherungsnehmer im Hinblick auf den fraglichen Versicherungszweig hat. Richtigerweise sollten dabei aber die Verständnismöglichkeiten der in der Transportversicherung weit verbreitet eingeschalteten Versicherungsmakler berücksichtigt werden. Erst wenn das Auslegungsergebnis feststeht, ist Raum für die Anwendung der AGB-Vorschriften im BGB. Das versteht sich von selbst für die Inhaltskontrolle (§ 309 BGB) und die Überraschungskontrolle (§ 305c Abs. 1 BGB), denn erst muss der Inhalt durch Auslegung festgestellt werden, bevor er kontrolliert und gegebenenfalls für überraschend gehalten werden kann. Es gilt insbesondere aber auch für die sogenannte Unklarheit, nach der Zweifel bei der Auslegung zulasten des Verwenders gehen (§ 305c Abs. 2 BGB).

Versuchen, Versicherungsbedingungen durch abstruse Auslegungsversuche Mehrdeutigkeiten beizufügen und diesen dann mit der Unklarheitenregel entgegenzutreten, sollte die Rechtsprechung widerstehen. In den meisten Fällen sind die Bedingungen der Transportversicherung nicht unklar, insbesondere wenn man, wie die höchstrichterliche Rechtsprechung dies tut, den mit der Klausel verfolgten Zweck bei der Auslegung zu berücksichtigen hat, wenn er in der Klausel, wenn auch unvollkommen, Ausdruck gefunden hat. Prozessual unterliegen auch die allgemeinen Versicherungsbedingungen wie Gesetze der Nachprüfung in der Revisionsinstanz nach § 545 ZPO, weil sie insoweit wie revisible Rechtsnormen betrachtet werden.

Auch wenn allgemeine Versicherungsbedingungen, die für die einzelnen Gebiete der Transportversicherung Gültigkeit besitzen, zumeist keinen zwingenden Normen unterliegen, finden sie Grenzen in den Gesetzen, die dem Vertrag als „lex generalis" zugrunde liegen (z. B. Verstoß gegen § 134, § 138 oder § 276 Abs. 2 BGB). Der Bundesgerichtshof zieht darüber hinaus bestimmte Grundsätze, die er für allgemeine Grundsätze des deutschen Versicherungsrechts hält, auch für die Seeversicherung heran, z. B. das Verschuldensprinzip.

In Anpassung an die Voraussetzungen der Gruppenfreistellungsverordnung der EG-Kommission von 1992 waren zunächst durch Kommissionen des Fachausschusses Transport im Verband der Sachversicherer die verschiedenen allgemeinen Versicherungsbedingungen und DTV-Klauseln durch die vielfache Einfügung von Öffnungsklauseln („Sofern nicht anderes vereinbart ist, …") ergänzt worden. Diese Technik ist bei neueren Bedingungswerken wieder aufgegeben worden. Sie werden vom Verband nur noch als Musterbedingungen veröffentlicht, in denen ausdrücklich klargestellt ist, dass Abweichungen möglich sind („Unverbindliche Bekanntgabe des Gesamtverbandes der Deutschen Versicherungswirtschaft e. V. (GDV) zur fakultativen Verwendung. Abweichende Vereinbarungen sind möglich."). Beides hat dazu geführt, dass verschiedenen Bestimmungen nunmehr der materielle Inhalt fehlt, z. B. die Festlegung einer Abzugsfranchise in bestimmter Höhe. Durch Vereinbarung in der Police muss diesen Bestimmungen wieder ein materieller Inhalt gegeben werden. In der Praxis findet sich dagegen noch verbreitet die Verwendung älterer Bedingungen, bei den DTV-Kaskoklauseln etwa die Fassung von 1992, in denen noch die alten materiellen Regelungen enthalten sind. Für die neuen Schiffsversicherungsbedingungen DTV-ADS 2009 hat der GDV eine sogenannte „Anlage" veröffentlicht, die die Beteiligten zu all jenen Stellen in den Bedingungen hinführt, an denen individuelle Vereinbarungen zu treffen sind.

Allgemeine Versicherungsbedingungen der Transportversicherung

Allgemeine Deutsche Seeversicherungsbedingungen (ADS) und dazu ergangene Ergänzungen und Abänderungen

Die ADS 1919 (im Folgenden ADS genannt) bildeten für fast 100 Jahre die wichtigste Rechtsquelle für jeden in Deutschland geschlossenen Seetransportversicherungsvertrag. Die ADS wurden im Jahre 1919 nach eingehender Beratung in Zusammenarbeit zwischen Reedern, Außenhandelskaufleuten, Versicherern, Assekuradeuren, Maklern und den Handelskammern Hamburg und Bremen geschaffen. Obwohl die ADS nur allgemeine Versicherungsbedingungen, also eine vertragliche Rechtsquelle sind, hatten sie jedoch eine nahezu *gesetzesähnliche Stellung* erlangt. Dies in erster Linie deshalb, weil sie den Charakter einer umfassenden Regelung aller Rechtsbereiche, gerade auch allgemeiner Fragen, wie z. B. vorvertragliche Anzeigepflicht, Gefahrerhöhung, Doppelversicherung usw., enthielten und in § 126 ADS ausdrücklich das gesetzliche Transportversicherungsrecht des HGB abbedingten. In der Rechtspraxis ist dadurch die gesetzliche Regelung des HGB durch sie praktisch vollständig abgelöst worden. Der Gesetzgeber hat darauf in der Weise reagiert, dass er Überarbeitungen des gesetzlichen Seeversicherungsrechtes zunächst unterließ (das HGB-Seeversicherungsrecht enthielt noch Vorschriften zur Bodmerei, als diese schon lange im Schifffahrtsrecht abgeschafft war), und schließlich zum Jahresende 2007 das gesetzliche Seeversicherungsrecht vollständig abschaffte.

Die ADS wurden im Laufe der Jahre den sich wandelnden Bedürfnissen angepasst. So wurde durch die „ADS Besondere Bestimmungen für die Güterversicherung 1973" (im Folgenden ADS Güterversicherung genannt) nach mehrjährigen Beratungen der Versicherer mit Organisationen der versicherungsnehmenden Wirtschaft und den Maklern die gesamte Grundlage der Güterversicherung neu gestaltet. Dadurch wurden die bisherigen Zusatzklauseln 1947 sowie der Abschnitt der ADS über die Güterversicherung (§§ 80 bis 99) ersetzt. Der Erläuterung dieser grundlegenden Änderungen dient ein Kommentar, den die Versicherer ebenfalls in gemeinsamer Arbeit mit den Maklern herausgegeben haben (vgl. dazu *Enge* u.a. „Erläuterungen zu den ADS Güterversicherung 1973").

Die Bedingungen wurden nach Einführung der neuen Institute Cargo Clauses 1/10/82 im englischen Markt im Jahre 1984 angepasst sowie, als Folge der EG-Gruppenfreistellungsverordnung, im Jahre 1994.

Für die Kaskoversicherung ging die Branche einen anderen Weg. Für sie wurden 1978, ebenfalls als ein Gemeinschaftswerk, die „DTV-Kaskoklauseln 1978" (im Folgenden DTV-Kaskoklauseln genannt) erstellt. Anders als die ADS Güterversicherung ersetzen sie jedoch nicht die Bestimmungen der ADS zur Kaskoversicherung (§§ 58-79), sondern ergänzen diese lediglich. Auch die Kaskoklauseln wurden in Abständen überarbeitet (1984, 1992, 1994, 2004), die am Markt noch am weitesten verbreitete Fassung ist diejenige von 1992. Zu Beginn des neuen Jahrtausends wurde die Bedingungslage dann unübersichtlicher. Änderungen an den DTV-Kaskoklauseln wurden nicht mehr am Klauselwerk selbst durchgeführt, sondern durch verschiedene Druckstücke, die teils alte Klauseln abänderten, sie teils ergänzen und teils ganz neue Klauseln schufen. Zu Einzelheiten siehe S. 231 und 247 ff.

DTV-Güter 2000 und DTV-ADS 2009
Obwohl das System aus ADS- und DTV-Klauseln für die Güter- und Kaskoversicherung bestens markteingeführt war, hat sich doch im Laufe der Jahre gezeigt, dass die alten Strukturen teilweise überholt waren und den sich verändernden Marktgegebenheiten anzupassen waren. Der GDV hat sich daher zunächst Ende der Neunzigerjahre für die Güterversicherung und im Jahr 2008 für die Kaskoversicherung zur Erarbeitung neuer Bedingungen entschlossen, die die Parallelität von ADS- und DTV-Klauseln aufhob. Ergebnis sind die DTV-Güterversicherung 2000 (im Folgenden DTV-Güter genannt), zurzeit aktuell in der Fassung von 2008. Die DTV-Güter haben bereits eine beachtliche Marktdurchdringung erlangt, auch mehr als zehn Jahre nach ihrer Markteinführung wird aber immer noch ein nicht unbeträchtlicher Teil des Geschäfts, besonders an den Seeplätzen, auf Basis von ADS und ADS Güterversicherung abgewickelt.

2010 wurden sodann die DTV-ADS 2009 (im Folgenden DTV-ADS genannt) vorgestellt. Sie regeln nicht nur die Seekaskoversicherung, sondern daneben auch die Nebeninteresseversicherung, die Einnahmeausfallversicherung (Loss of Hire) und die Baurisikoversicherung. Wann sie die alte Kombination aus ADS, DTV-Kaskoklauseln, Seekasko-Druckstücken und verschiedenen Maklerklauseln ablösen werden, bleibt abzuwarten.

Aufgrund des gegenwärtigen Nebeneinanders von Bedingungen sowohl in der Güter- wie auch in der Kaskoversicherung werden in diesem Buch die Bedingungswerke parallel herangezogen. Eine Synopse von ADS und ADS Güterversicherung auf der einen Seite und DTV-Güter auf der anderen Seite findet sich bei *Ehlers*, in: Thume/de la Motte, Transportversicherung, Kap. 3 B. Rn. 739.

Andere allgemeine Versicherungsbedingungen des DTV
Hierbei ist zwischen zwei Gruppen zu unterscheiden: zum einen werden die ADS zugrunde gelegt und zum anderen das VVG. Die ADS werden beispielsweise von den DTV-Klauseln für Nebeninteressen, den DTV-Bedingungen für die Versicherung von Schiffbaurisiken 1998 und den Besonderen Bedingungen für die Versicherung von Haftpflicht- und Reparaturrisiken von Schiffswerften 1986 zugrunde gelegt.

Das VVG ist die Grundlage insbesondere von folgenden Bedingungen:

- Allgemeine Bedingungen für die Versicherung von Flusskasko-Risiken 2008 (AVB Flusskasko 2008).
- Allgemeine Bedingungen für die Kasko-Versicherung von Wassersportfahrzeugen (AVB Wassersportfahrzeuge 1985/1994),
- Allgemeiner Teil der Versicherungsbedingungen für die Reiseversicherung in der Fassung 2008 (AT-Reise 2008) mit den Besonderen Versicherungsbedingungen für die Reiseabbruchversicherung in der Fassung 2008 (VB-Reiseabbruch 2008), den Besonderen Versicherungsbedingungen für die Reisegepäckversicherung in der Fassung 2008 (VB-Reisegepäck 2008) und den Besonderen Versicherungsbedingungen für die Reiserücktrittkostenversicherung in der Fassung 2008 (VB-Reiserücktritt 2008)

In diesen Bereich gehören auch allgemeine Versicherungsbedingungen für die Versicherung für bestimmte Güter, für die Sonderregelungen bestehen, wie zum Beispiel für Kunstgegenstände, Valoren, Umzugsgüter etc.:

- Allgemeine Bedingungen für die Ausstellungsversicherung (AVB Ausstellung 1998/1994)
- Allgemeine Bedingungen für die Versicherung von Automaten (AVB Automaten)
- Allgemeine Bedingungen für die Camping-Versicherung (AVB Camping 1985/1994)
- Allgemeine Bedingungen für die Filmtheater-Einheitsversicherung (AVB Filmtheater-Einheit 1987/1994)
- Allgemeine Bedingungen für die Fotoapparate-Versicherung (AVB Fotoapparate 1985/1994)
- Allgemeine Bedingungen für abgegebene Garderobe (AVB Garderobe)
- Allgemeine Bedingungen für die Versicherung von Jagd- und Sportwaffen nebst Zubehör (AVB Jagd- und Sportwaffen)
- Allgemeine Bedingungen für die Versicherung von Musikinstrumenten (AVB Musikinstrumente)
- Allgemeine Bedingungen für die Versicherung von Musterkollektionen (AVB Musterkollektionen)
- Allgemeine Bedingungen für die Versicherung von Kundeneigentum in Rauchwaren-Betrieben (AVB Rauchwaren-Kundeneigentum 1984/1994)
- Allgemeine Bedingungen für die Versicherung von Schmuckwaren-, Uhren und Bijouterie-Reiselagern (AVB Reiselager Schmuck 1984/1994)
- Allgemeine Bedingungen für die Versicherung von Juwelen, Schmuck und Pelzsachen in Privatbesitz (AVB Schmuck und Pelze – AVBSP)

- Allgemeine Bedingungen für die Versicherung von Tank- und Fassleckage (AVB Tank- und Fassleckage 1987/1994)
- Allgemeine Bedingungen für die Versicherung von Valoren-Transporten 2000 (AVB Valoren 2000)
- Allgemeine Bedingungen für die Versicherung von Kundeneigentum in Reinigungsbetrieben, Wäschereien und Färbereien (AVB Wäscheschutz 1985/1994).

In allen Fällen handelt es sich um allgemeine Versicherungsbedingungen. Sie stellen nicht auf ein bestimmtes Einzelrisiko ab, sondern finden allgemein Anwendung. Deshalb müssen die für die AVB geltenden Auslegungsregeln auch hier Anwendung finden.

1.7.8 Sonderbedingungen und Spezialklauseln

Wie in anderen Versicherungszweigen gibt es auch in der Transportversicherung eine Reihe von Bedingungen, die als Maklerbedingungen allgemein den Geschäften eines bestimmten Maklers oder die als Spezialklauseln im Einzelfall den Verträgen zugrunde gelegt werden.

1.7.9 Sonstige Grundlagen

Hier handelt es sich entweder um internationale Vereinbarungen oder um Verträge zwischen Versicherern und Versicherungsnehmerorganisationen, die zwar nicht unmittelbar Grundlage des Versicherungsvertrages sind, die aber ihre Auswirkungen auf das Vertragsverhältnis haben.

Dies gilt z. B. für die *York-Antwerp-Rules*, die die Grundlage für die Dispachierung einer Havarie-grosse im Seebereich bilden. Ihr entsprechen für den Flussbereich die alten Rhein-Regel-Antwerpen-Rotterdam und die neueren Havarie-grosse-Regeln der IVR.

1.7.10 Marine Insurance Act und englische Bedingungen

Das sonst so wenig gesetzesfreudige England hielt die Transportversicherung für so wichtig, dass im Jahre 1906 dafür ein Gesetz, der *Marine Insurance Act (MIA)*, geschaffen wurde. Es stellt eine Kodifizierung der im Jahre 1906 im englischen Markt anzutreffenden Versicherungsgrundsätze dar. Dieses Gesetz ist „lex generalis" für jede englische Transportversicherung.

Als spezielle Rechtsgrundlage für die englische Transportversicherung sind die *Institute Clauses* zu erwähnen, die eine Art Kombination zwischen ADS und DTV-Klauseln darstellen.

Mit Rücksicht darauf, dass beim Export aus Deutschland in den Akkreditivvorschriften der Banken häufig Versicherungsschutz nach englischen Originalbedingungen verlangt wird, kann es vorkommen, dass auch der deutsche Transportversicherer den Versicherungsschutz auf der Grundlage der Institute Clauses gewähren muss.

2 Allgemeine Grundsätze der Transportversicherung

2.1 Das versicherte Interesse

Versichertes Interesse

- Die Beziehung einer Person zu einem Gegenstand
- Verschiedene Personen können am gleichen Gegenstand unterschiedliche Interessen haben
- Verträge ohne jegliches versichertes Interesse sind als Wette unwirksam
- Nur legale Interessen können versichert werden

Was ist „versichertes Interesse"?

„Interesse an einem Objekt haben" bedeutet im allgemeinen Sprachgebrauch, dass derjenige, der dieses Interesse hat, wünscht, seine Beziehungen zu diesem Objekt möchten sich nicht gegen seinen Willen verändern. Objekt in diesem Sinne kann jeder Gegenstand sein, also sowohl eine (körperliche) Sache als auch eine Forderung.

Ein Interesse setzt zwei Merkmale voraus, nämlich eine subjektive Beziehung zu einem bestimmten Gegenstand, denn es gibt kein Interesse, das von seinem Träger losgelöst im Raum schweben kann; es gibt also kein objektives Interesse, sondern stets nur ein subjektives, das sich seinem Inhalt nach ganz nach den subjektiven Beziehungen des Interessenträgers zu diesem Gegenstand richtet. Ferner muss der Inhaber des Interesses eine negative Veränderung seiner Beziehungen zu diesem Gegenstand für sich als nachteilig, als einen Schaden empfinden.

Genauso ist es auch mit dem Begriff des versicherten Interesses. Das versicherte Interesse ist nicht etwa der Gegenstand selbst, sondern stets nur die Beziehung des Versicherten zu dem betreffenden Gegenstand. (Deshalb ist § 1 Abs. 2 ADS sprachlich nicht korrekt, denn es werden nicht das Schiff, die Güter usw. versichert, sondern das Interesse daran. Im allgemeinen Sprachgebrauch wird allerdings der Ausdruck „versicherte Sache" verwendet.)

Wird eine Sache beschädigt oder zerstört, so erleidet nur derjenige einen Schaden, dessen Beziehungen zu diesem Gegenstand nachteilig verändert werden, also nur derjenige, der den Schaden an dem Gegenstand als einen eigenen Schaden empfindet. Deshalb bestimmt § 1 ADS: „...Interesse, welches jemand daran hat, dass Schiff oder Ladung die Gefahren der Seeschifffahrt besteht..." (Ebenso Ziff. 1.1.1 DTV-Güter und Ziff. 1 DTV-ADS). Noch klarer sagt MIA Sec. 5 Abs. 2: „...wenn er (nämlich der Inhaber des Interesses) in einer rechtlichen oder gleichwertigen Beziehung zu dem versicherten Unternehmen (im Sinne von Reise usw.) oder zu der versicherten Sache (im Sinne von Sec. 3 MIA) steht, das bzw. die einem Risiko ausgesetzt ist und er (der Inhaber des Interesses) deshalb einen Vorteil von der sicheren Auskunft oder Nachteile durch den Verlust, die Beschädigung oder die Entwertung der Sache hat, oder wenn er wegen der versicherten Sache anderen gegenüber haftpflichtig werden kann".

Da der Versicherer in Geld zu entschädigen hat, muss das versicherte Interesse in Geld schätzbar sein, denn sonst könnte die Ersatzleistung des Versicherers nicht festgelegt werden (§ 1 ADS, Ziff. 1.1.1 DTV-Güter, Ziff. 1 DTV-ADS).

Dem steht natürlich nicht entgegen, dass alle möglichen Interessen unterschiedlicher Personen an der Unversehrtheit des Gegenstandes gleichzeitig unter Versicherungsschutz gebracht werden können. Werden dabei die verschiedenen Träger des Interesses nicht angegeben, dann handelt es sich immer noch nicht um die Deckung eines „objektiven Interesses", sondern darum, dass im Vertrag unbestimmt gelassen worden ist, wessen Interesse (nicht welches, denn die Art des Interesses muss bezeichnet werden) an der Sache gedeckt sein soll. Spätestens im Schadenfall ist der Träger des Interesses bekannt. Es handelt sich also um eine Versicherung für Rechnung, „wen es angeht" (vgl. S. 100 ff.).

Welche Interessen können versichert werden?

Allgemeines

Nicht jedes Interesse kann versichert werden. Dies ergibt sich zunächst aus der Tatsache, dass auch das Versicherungsrecht inmitten der moralischen und sittlichen Grundsätze des allgemeinen Rechts steht, und es kann deshalb nur solch ein Interesse legal versichert werden, das selbst legal ist. Es ergibt sich weiter daraus, dass gewisse Interessen ausdrücklich als nicht versicherbar bezeichnet werden können oder es in der Praxis sind.

So verstößt z. B. die Wettversicherung zwar nicht gegen eine zwingende gesetzliche Norm, dennoch ist das Interesse des Wettenden nach § 2 ADS nicht versicherbar. Sein Interesse ergibt sich nicht aus einer unmittelbaren Beziehung zu der Sache, sondern nur auf dem Umweg über die Wette. Neuere Bedingungswerke wie die DTV-Güter und die DTV-ADS enthalten eine solche Bestimmung nicht mehr. Das ändert aber nichts, denn der Grundsatz, dass eine Wette keine wirksame Versicherung begründen kann, folgt bereits aus § 762 BGB („Durch Spiel oder Wette wird eine Verbindlichkeit nicht begründet"), der auch für Versicherungsverträge gilt (*Armbrüster* in Prölss/Martin, vor § 74 Rn. 24).

Hinsichtlich der Legalität kommen für das deutsche Recht die §§ 134 und 138 BGB in Betracht. Bei einem Verstoß gegen die guten Sitten (§ 138 BGB) kommt nicht nur die Art des versicherten Interesses, sondern auch die Art des versicherten Unternehmens in Betracht.

„Die Versicherung darf nicht dazu benutzt werden, Unternehmungen, die gegen Gesetze oder gute Sitten verstoßen, zu schützen. Wird sie doch dazu benutzt, so ist es dieser Zweck, der den Vertrag in Gegensatz zur allgemeinen Sittenanschauung bringt und deshalb nichtig macht. Die Versicherung von Schiffen oder Gütern, die zum Schmuggel bestimmt sind, wäre danach ungültig (vgl. RGZ 42, 295 und 56, 180: Spedition zum Schmuggel bestimmter Güter, RGZ 96, 282), ebenso die Versicherung von Waren oder Wertpapieren, deren Aus- oder Einfuhr verboten ist oder von Waren, die zu strafbaren Handlungen benutzt werden sollen oder wegen ihrer Gefährlichkeit nicht befördert werden dürfen. Ob ein Versicherungsvertrag, der sich auf gegen auswärtige (insbesondere Zoll-, Steuer-, Ausfuhr- oder Einfuhr-)Gesetze verstoßende Unternehmen bezieht, gegen die guten Sitten verstößt und deshalb auch nach § 138 BGB nichtig ist, ist Tatfrage" (Ritter/Abraham, Anmerkung 18 zu § 1 sowie weitere Ausführungen an der gleichen Stelle und in Anmerkung 17). Der BGH hat einen Versicherungsvertrag über den Transport von nigerianischem Kulturgut, das unter Verstoß gegen nigerianisches Recht außer Landes gebracht wurde, als sittenwidrig angesehen (VersR 1972, 879). Angesichts zunehmender internationaler Embargoregelungen, die wie bei den USA weltweite Geltung beanspruchen, noch bedeutsamer ist ein Urteil des BGH aus dem Jahre 1962. Dort wurde ein Versicherungsvertrag als sittenwidrig eingestuft, der die Ausfuhr gegen amerikanische Embargobestimmungen betraf (VersR 1962, 659).

Schärfer und im gleichen Sinn bestimmt MIA Sec. 3, dass nur ein *lawful marine adventure* versichert werden darf, und MIA Sec. 4, dass jede Transportversicherung aufgrund von Spiel oder Wette nichtig ist (vgl. dazu auch *Gambling Policies Act von 1909*).

Das gilt in erster Linie mit Bezug auf englisches Recht und Gesetz. Die Frage, ob auch die Verletzung ausländischer Gesetze als Bruch der *Warranty* und der Legalität anzusehen ist, wird von den englischen Gerichten unterschiedlich beurteilt. So wurde einerseits zum Beispiel im Falle Caine v. Pallace Steam Shipping Co. entschieden, dass die Beförderung von Kontrabande in ein Krieg führendes Land oder die Tätigkeit als Blockadebrecher nicht illegal sind, wenn Großbritannien neutral ist und keine britischen Embargobestimmungen vorhanden sind. Andererseits hat jedoch das House of Lords im Falle Regazzoni v. K.C. Sethia (Lloyd's Law Reports 1957, Band 2, Seite 289) diese Frage vor dem Hintergrund des Ordre publique gesehen und führt aus: „Ebenso wie unser Ordre publique Verträge ablehnt, die gegen unsere eigenen Gesetze verstoßen, so lehnt unsere Ordre publique auch Verträge ab, die Gesetze anderer (freundlicher) Staaten verletzen, und zwar deshalb, weil unsere Politik die Achtung gegenüber der internationalen Völkergemeinschaft gebietet." In Lemenda Trading v. A.M.E.P.C. (Lloyd's Law Reports 1988, Band 2, S. 361) hat der High Court präzisiert, dass dies nur bei Verstoß gegen ausländische Gesetze gilt, nicht bei Verstoß gegen einen ausländischen Ordre publique, solange der englische Ordre publique nicht verletzt ist.

Gegenstände, auf die das Interesse gerichtet ist

Auf welchen Gegenstand das versicherte Interesse gerichtet ist, ist gleichgültig. Die ADS erlauben die Versicherung von Interesse bezüglich aller Gegenstände, die der Gefahr der Seeschifffahrt ausgesetzt sind. § 1 Abs. 2 ADS nennt nur Beispielfälle („Insbesondere können versichert werden..."), die nicht erschöpfend sind. Die wichtigsten davon sind das Schiff, die Güter, der imaginäre Gewinn und die Fracht.

Wichtig ist nach § 1 ADS nur, dass der Gegenstand der Gefahr der Seeschifffahrt (ebenso Ziff. 1 DTV-ADS) ausgesetzt ist. Diese Forderung ist jedoch weitgehend durchbrochen, da auch die ADS bei Deckungen angewendet werden, bei denen neben der Seegefahr auch die Gefahren zu Lande, während einer Flussreise usw. in Betracht kommen, oder bei denen sogar die Seegefahr im Hintergrund steht, wie z. B. bei Baurisikoversicherungen von Schiffen. Es wird deshalb auch bei Anwendung der ADS nicht nur auf die Seegefahr, sondern auf die Gefahr abzustellen sein, die mit der jeweiligen Transportstrecke, dem Schiffbau oder der Lagerung verbunden ist. Ziff. 1.1.1 DTV-Güter spricht deshalb auch allgemeiner von Gefahren der Beförderung sowie damit verbundener Lagerungen.

Eine Binnentransportversicherung, die den zwingenden Vorschriften des VVG unterliegt, wird nicht dadurch zur Seeversicherung, dass die Anwendung der ADS oder die DTV-ADS vereinbart wird. Allerdings sind gemäß § 210 VVG Großrisiken von den Beschränkungen der Vertragsfreiheit im VVG befreit. Für die Bestimmung, was Großrisiko ist, verweist § 210 VVG auf Art. 10 EGVVG, der wiederum die Anlage zum VAG in Bezug nimmt. Danach sind Großrisiken die Binnensee- und Flussschifffahrtskasko- und -haftpflichtversicherung und die Binnengütertransportversicherung

Art und Träger des Interesses

Die Art des Interesses, also die Beziehungen zu dem versicherten Gegenstand, kann sehr unterschiedlich sein, und es ist möglich, dass mehrere Interessenträger jeweils unterschiedliche Interessen haben, die alle auf den gleichen Gegenstand gerichtet sind. Das Interesse kann aktiv sein, dann bezieht es sich auf die Erhaltung eines bestehenden Zustandes, oder passiv, dann bezieht es sich auf die Vermeidung des Eintritts einer negativen Veränderung. Typisches Beispiel für eine Passivenversicherung ist die Haftpflichtversicherung.

So kann z. B. der Reeder sein Haftpflichtinteresse, der CIF-Käufer sein Eigentümerinteresse und der CIF-Verkäufer sein Interesse an der von einem Schaden an den Gütern unabhängigen Zahlung des Kaufpreises, alles jeweils bezogen auf die gleichen Güter und den gleichen Schaden an den Gütern, separat unter Versicherungsschutz bringen, ohne dass wegen der Versicherung dieser unterschiedlichen Interessen eine Doppelversicherung entsteht.

Bezeichnung des Interesses

Das Interesse, das versichert sein soll, muss in der Police richtig bezeichnet werden, denn „soweit das Interesse unrichtig bezeichnet wird, ist die Versicherung für den Versicherer nicht verbindlich" (§ 1 Abs. 3 ADS, Ziff. 1 Abs. 3 DTV-ADS). Das ist auch richtig, denn erst die Kenntnis des Versicherers darüber, welche Beziehungen zu der Sache versichert sein sollen, setzt ihn in die Lage, die Gefahr zu beurteilen und die Prämie zu kalkulieren.

Die ADS und die DTV-Güter bestimmen nur, welche Interessen versichert werden können, enthalten aber keine Regelung, die mangels anderweitiger Vereinbarung der Parteien festlegt, welche Interessen versichert sind. Anders Ziff. 1.2 DTV-ADS. Dort ist bestimmt, welches Interesse in Ermangelung von Parteiabreden für die verschiedenen in den DTV-ADS geregelten Versicherungen als versichert gelten.

Wird z. B. Mehrwert auf eine Partie Sojabohnen versichert, obwohl die Versicherungssumme bereits den vollen Versicherungswert erfasst, und ist dabei aber imaginärer Gewinn gemeint, so ist die Versicherung für den Versicherer nicht verbindlich.

Kann nun die falsche Bezeichnung des Interesses später, z. B. nach Eintritt eines Schadens, umgedeutet werden und so doch noch zu einer verbindlichen Versicherung führen?

Die Entscheidung darüber hängt von den Umständen des Einzelfalles ab. Hat es sich nur um eine irrtümlich falsche Bezeichnung gehandelt und hätte der Versicherer, wenn das Interesse richtig bezeichnet worden wäre, ohne weiteres Deckung gewährt, so wird der Versicherer sich nach Treu und Glauben mit einer nachträglichen Berichtigung der Bezeichnung einverstanden erklären müssen. In den ADS findet sich die Grundlage in § 13, in den DTV-ADS in Ziff. 15. Die DTV-Güter haben diese Regelung nicht übernommen. Dort gilt wegen des allgemeinen Gebotes von Treu und Glauben des § 242 BGB aber nichts anderes. Für eine laufende Versicherung bestimmen Ziff. 3.2 der Bestimmungen für die laufende Versicherung in den ADS und Ziff. 3.1.3 in den DTV-Gütern ausdrücklich, dass fehlerhafte Deklarationen berichtigt werden können und diese dann für den Versicherer verbindlich sind.

„Richtige" Bezeichnung des Interesses heißt eigentlich nicht mehr, als dass die Bezeichnung nicht falsch sein darf. Ist sie unvollständig oder mehrdeutig, so kommt es auf den Vertragswillen der Parteien an, was gemeint war (Treu und Glauben unter Berücksichtigung der Verkehrssitte). Besonders sorgfältig ist zu prüfen, ob ein Aktiven- oder ein Passiveninteresse versichert sein soll.

Beispiel:
Ein Leichterunternehmen versichert „Güter aller Art für den Transport in Bargen, Schuten usw. vom anbringenden Seeschiff bis zum Hafenspeicher oder Terminal".

Bis zur Vorauflage wurde dazu hier vertreten, dass damit gerechnet werden müsse, dass hier das Haftpflichtinteresse des Leichterunternehmens gedeckt sein soll. Inzwischen sind dazu Entscheidungen des Bundesgerichtshofs (BGH VersR 2003, 1171) und des OLG Hamm (VersR 2003, 1251) ergangen, die beide deutlich machen, dass zwar in der Transportversicherung grundsätzlich das Sacherhaltungsinteresse des Eigentümers versichert sei, dass die Parteien aber auch andere Interessen, insbesondere das Sachersatzinteresse des Versicherungsnehmers mitversichern können. Ob dies der Fall ist, ergibt die Auslegung des Versicherungsvertrages. Der BGH hat eine solche Mitversicherung von Sachersatzinteressen in dem ihm vorliegenden Fall verneint, das OLG Hamm hat sie bejaht, jeweils aufgrund der im Einzelfall gegebenen Umstände.

Von der Forderung nach der Bezeichnung des Interesses gibt es eine wichtige Ausnahme:

Genau wie bei der Versicherung für fremde Rechnung (§ 52 ADS, Ziff. 4 DTV-ADS, Ziff. 13 DTV-Güter) der Träger des Interesses erst im Schadenfall ersichtlich ist, wird bei der sogenannten Interesseversicherung das Interesse selbst zunächst entweder nur allgemein umschrieben oder sogar ganz unbestimmt gelassen. Die ADS bezeichnen diese Versicherung in § 120 ADS auch als Versicherung für behaltene Ankunft oder behaltene Fahrt. Sie ist in Ziff. 6 DTV-Kaskoklauseln angesprochen und in den DTV-Klauseln für Nebeninteressen geregelt. Die DTV-ADS behandeln sie im dritten Abschnitt, Ziff. 67 bis 69. Diese Versicherung dient der Deckung sogenannter Nebeninteressen, die durch das Schicksal des versicherten Hauptinteresses beeinflusst werden können.

Beispiel:
Nutzungsverlust des untergegangenen Schiffes, Nebenkosten für den Wiederankauf eines Schiffes bei Totalverlust oder vergebens aufgewendete Dispositionskosten eines Empfangsspediteurs bei Nichtankunft einer großen Ladungspartie.

In der *englischen* Transportversicherung fehlt die Bestimmung, dass das Interesse bezeichnet werden muss. Nach Sec. 26 MIA muss lediglich das Objekt, auf das die Versicherung sich bezieht, möglichst genau beschrieben werden, während die Art des Interesses nicht angegeben zu werden braucht. Im Schadenfall muss jedoch nachgewiesen werden, dass der Reklamant ein legales versicherbares Interesse gehabt hat (so auch Klausel 11 der Institute Cargo Clauses).

Fehlen und Wegfall des Interesses, noch nicht entstandenes Interesse

Dem Vertrag kann entweder von vornherein kein versicherbares Interesse (also entweder überhaupt keines oder ein versicherungsfähiges) zugrunde gelegen haben, oder das ursprünglich vorhandene Interesse kann nach Vertragsbeginn weggefallen sein.

Hat das Interesse von Anfang an gefehlt und konnte solches auch nicht entstehen, so ist ein den ADS und den DTV-ADS unterstehender Vertrag unwirksam. Es entstehen also keine Rechte und Pflichten der am Vertrag beteiligten Parteien (§ 2 ADS und Ziff. 2 DTV-ADS). War jedoch der Versicherungsnehmer oder sein Vertreter bösgläubig, der Versicherer aber nicht, so steht dem Versicherer bei beiden Bedingungen trotzdem die Prämie zu, im anderen Falle nach den ADS immerhin noch die Ristornogebühr (§§ 2, 3 ADS), bei den DTV-ADS gar nichts.

Die DTV-Güter enthalten keine Regelung. Soweit für sie ergänzend das VVG gilt, also bei multimodalen Versicherungen, wegen § 209 VVG aber weder bei reinen Seeversicherungen noch bei gemischten Versicherungen unter überwiegender Beteiligung einer Seestrecke gelten (vgl. S. 41, *Klimke* in Prölss/Martin, § 209, Rn. 17), bestimmt der dortige § 80, dass ein Anspruch auf die Prämie nicht besteht, wohl aber ein Anspruch auf eine angemessene Geschäftsgebühr.

Auch das englische Recht hält Transportversicherungen ohne Interesse für unwirksam. Sec. 84 MIA enthält eine eingehende Regelung, die über die Rückzahlung der Prämie je nach den Umständen des Falles entscheidet.

Ein künftiges Interesse, für das schon ein Versicherungsvertrag geschlossen worden ist, kann manchmal nicht zur Entstehung gelangen (z. B. der Kontrakt über den Kauf der Güter kommt nicht zustande) oder ein Interesse, das bei Vertragsschluss vorhanden war, kann vor materiellem Versicherungsbeginn wegfallen.

Beispiel:
Die für die Seereise versicherten Güter gehen im Abgangshafen verloren oder das mit Police vom 20.12.2008 per 1.1.2009 versicherte Schiff geht am 30.12.2008 unter.

In diesen Fällen ist unter den ADS gem. § 4 eine Ristornogebühr und unter den DTV-Güter wegen § 80 Abs. 1 VVG eine angemessene Geschäftsgebühr zu zahlen, unter den DTV-ADS gar nichts.

Fällt jedoch das versicherte Interesse nicht vor, sondern erst nach materiellem Versicherungsbeginn weg, so hat der Versicherer bereits ein Risiko getragen, und die Verpflichtung zur Prämienzahlung wird unter den ADS dadurch nicht berührt.

In der Kaskoversicherung wird allerdings beim Verkauf des Schiffes die Prämie prorata zurückgegeben (Klausel 13 DTV-Kaskoklauseln und Ziff. 53.1 DTV-ADS). Eine proratarische Abrechnung der Prämie sieht auch § 80 Abs. 2 VVG für die DTV-Güter vor, soweit das VVG nicht für die Seeversicherung gem. § 209 VVG ausgeschlossen ist.

Bei der Bildung der Versicherungssumme wird in der Güterversicherung regelmäßig nicht allein der Versicherungswert berücksichtigt (das ist gem. Ziff. 6 ADS Güterversicherung und Ziff. 10.2 DTV-Güter der Wert am Absendungsort bei Beginn der Versicherung zuzüglich endgültig bezahlter Fracht und bestimmter Kosten), sondern es werden Aufschläge für imaginären Gewinn, Mehrwert, Zoll usw. einbezogen. Das Interesse an diesen über den Versicherungswert hinausgehenden Teilen der Versicherungssumme entsteht jedoch erst später. Werden die Güter nun von einem Schaden betroffen, bevor das versicherbare Interesse an diesen Teilen der Versicherungssumme entstanden ist, so kann bezüglich dieser Summen auch kein Schaden entstehen und der Versicherte deshalb auch keine Ersatzleistung beanspruchen. Dieser Grundsatz entsprach schon stets den ADS (vgl. Ritter/Abraham, Vorbemerkungen IX Vorteilsausgleichung, Anm. 70 und 71), er wurde bei den ADS Güterversicherung ausdrücklich zur Klarstellung aufgenommen und mit identischem Wortlaut als DTV-Güter beibehalten. Es heißt dort in Ziff. 7.9 bzw. Ziff. 17.7: Nicht entstandenes Interesse; ersparte Kosten:

„Ist ein versichertes Interesse für imaginären Gewinn, Mehrwert, Zoll, Fracht oder sonstige Kosten bei Eintritt des Versicherungsfalles noch nicht entstanden, wird der darauf entfallende Teil der Versicherungssumme bei der Ermittlung des Schadens nicht berücksichtigt. Das gleiche gilt für Kosten, die infolge eines Versicherungsfalles gespart werden."

Beispiele:
(1) CIF verkaufte Güter sind einschließlich imaginären Gewinns versichert. Sie gehen auf der Binnenvorreise zum Verschiffungshafen total verloren. Da der imaginäre Gewinn ein Interesse des Käufers ist (siehe Abschnitt 2.2.8), das erst mit dem Gefahrübergang entsteht (beim CIF-Kauf geht die Gefahr auf den Käufer über, wenn die Güter auf dem Schiff sicher verstaut sind, siehe Abschnitt 2.2.5), und in diesem Fall der Schaden vor dem Gefahrübergang eintritt, wird bei der Schadenregulierung der imaginäre Gewinn von der Versicherungssumme abgezogen.

(2) Güter werden während der Seereise wegen eines versicherten Ereignisses zum Preise von 80 ohne Zollbelastung verkauft. Die Versicherungssumme in Höhe von 180 setzt sich zusammen aus 120 Fakturenwert einschließlich imaginärem Gewinn, 20 endgültig bezahlter Fracht und 40 Zoll. Der Versicherer entschädigt gem. Ziff. 7.8.2 ADS Güterversicherung bzw. Ziff. 17.6.2 DTV-Güter die Versicherungssumme abzüglich Verkaufserlös. Nach Ziff. 7.9 ADS Güterversicherung bzw. Ziff. 17.7 werden jedoch von der Versicherungssumme 40 für Zoll abgezogen, da das Interesse daran noch nicht entstanden war.

Nachweis des Interesses

Im Schadenfall muss der Versicherte nachweisen, dass ihm ein versicherbares Interesse zustand, denn eine Versicherung ohne Interesse ist unwirksam (§ 2 Satz 1 ADS). Der Versicherer kann Auskunft darüber verlangen (§ 43 ADS, Ziff. 15.4 DTV-Güter 2008, Ziff. 45 DTV-ADS). Zur Umgehung der Nachweispflicht werden in manchen Fällen Klauseln vereinbart, durch die das Interesse durch Vorlage der Police als erwiesen gilt, z. B. „Im Schadenfall gilt die Police als alleiniger Beweis des Interesses".

Zu dem gleichen Ergebnis wie eine solche Klausel würde man kommen, wenn das Zertifikat in der Güterversicherung als echtes Wertpapier ausgestellt werden würde (siehe S. 212 ff.).

Bei reinen Interesseversicherungen ist der Verzicht auf den Nachweis des Interesses wegen der besonderen Eigenart einer solchen Deckung vertretbar, denn dort steht die Existenz eines versicherten Interesses regelmäßig außer Frage; lediglich die Quantifizierung ist schwierig. In anderen Fällen ist er, insbesondere in Verbindung mit der Taxierung von Versicherungswerten, als ein Missstand anzusehen. Nachdem der Bundesgerichtshof aber in einer Reihe von Entscheidungen die Existenz eines früher verbreitet angenommenen Bereicherungsverbots abgelehnt hat, dürfte solcher wenig wünschenswerten Praxis aber nichts entgegenzuhalten sein, solange nicht die Grenze zur Wette überschritten ist, die gem. § 762 BGB keine Verpflichtungen begründet und gem. § 2 Abs. 1 ADS als Wettversicherung unwirksam ist.

Der deutschen Klausel, dass die Police im Schadenfall als alleiniger Beweis des Interesses gilt, entspricht im *englischen Transportversicherungsrecht* die sogenannte *PPI-Klausel* (*PPI – Policy Proof of Interest* – allein die Police beweist das Interesse). In vielen Fällen ist eine PPI-Police erforderlich und zweckmäßig, wenn es sich um Interesseversicherungen handelt, in denen zwar ein versicherbares Interesse vorhanden, aber schwer zu definieren und zu quantifizieren ist. Obwohl dem Vertrag dann ein versicherbares Interesse zugrunde liegt, ist der Vertrag dennoch nach Sec. 4 Abs. 2b MIA einer unwirksamen Wettversicherung gleichgestellt und deshalb selbst auch unwirksam.

Besonders scharf geht das englische Transportversicherungsrecht gegen Policen vor, denen überhaupt kein versicherbares Interesse zugrunde liegt und bei denen ein solches auch nicht entstehen kann. Derartige Verträge sind nicht nur nichtig, sondern sogar durch den *Marine Insurance (Gambling Policies) Act* von 1909 unter Geld- oder Gefängnisstrafe gestellt. Das durch den Vertrag erlangte Geld wird eingezogen. Die Strafe trifft nicht nur die Vertragsparteien, sondern auch die Vermittler.

2.2 Umfang des Versicherungsschutzes

Universalität der Gefahrendeckung

Der Grundsatz

§ 28 ADS, Ziff. 2.1 DTV-Güter, Ziff. 27 DTV-ADS und § 130 VVG bestimmen, dass der Versicherer „alle Gefahren" deckt, denen das Schiff oder die Güter während der Dauer der Versicherung ausgesetzt sind.

Der in diesen Bestimmungen verankerte Grundsatz der „Universalität der Gefahrendeckung" wird jedoch häufig missverstanden.

> Allgefahrendeckung heißt nicht, dass alle Schäden gedeckt sind, sofern kein Ausschluss besteht.

Geringere Bedeutung hat allerdings die Verbindung zwischen § 1 und § 28 ADS. Soweit daraus geschlossen wird, dass der Versicherer nicht schlechthin alle Gefahren, sondern nur alle Seegefahren, d.h. diejenigen Gefahren, die der Beförderung auf See eigentümlich sind, trägt, ist dies nur eine scheinbare Einschränkung. Denn schon der Kommentar von Ritter/Abraham (§ 28 Anm. 11) stellte vor vielen Jahrzehnten fest, dass dadurch nur solche Gefahren ausgeschlossen werden, „die mit der Seefahrt des See-Erwerbsschiffes (und seiner Ladung) als solcher nichts zu tun haben". § 1 ADS erweist sich damit nicht als wesentliche Einschränkung von § 28 ADS. Die DTV-Güter kennen eine solche Einschränkung ohnehin nicht, da sich ihr Anwendungsbereich nicht auf den reinen Seetransport bezieht.

§ 28 ADS und Ziff. 27 DTV-ADS bestimmen, dass der Versicherer alle Gefahren trägt, sie bestimmen aber nicht, dass der Versicherer alle Schäden deckt. Im Gegenteil: Nach beiden Bestimmungen haftet der Versicherer für Schäden vielmehr nur in dem durch die Bedingungen bestimmten Umfang. Wenn z. B. eine Versicherung nur gegen Totalverlust genommen wird, dann trägt der Versicherer alle Gefahren, die den Totalverlust herbeiführen können, er deckt aber nicht alle Schäden, sondern eben nur den Schaden, der in einem Totalverlust besteht.

Ziff. 1 DTV-Güter bestimmt zwar nur: „Der Versicherer leistet ohne Franchise Ersatz für Verlust oder Beschädigung der versicherten Güter als Folge einer versicherten Gefahr." Aber die Wirkung ist die Gleiche: Deckung besteht nur für Verlust oder Beschädigung, im Gegenschluss also für keine anderen Schäden als Folge einer versicherten Gefahr.

Zwischen den Begriffen Gefahr und Schaden ist streng zu unterscheiden:

Gefahr ist stets nur die Drohung des Eintritts eines ungewissen Ereignisses, das nachteilig auf die Beziehungen des Versicherungsnehmers zu dem versicherten Gegenstand einwirken kann. Die Gefahr setzt die Ursache für einen *Schaden*, der seinerseits lediglich die nach außen in Erscheinung tretende Folgewirkung der Gefahr ist. Gefahren sind z. B. Sturm, Krieg, Strandung, Feuer, Kollision, Diebstahl usw.; Schäden sind z. B. Totalverlust, Bruch, Verderb, Gewinnentgang, Produktionsausfall usw.

Auch die Bedingungswerke halten diese Unterscheidung nicht immer streng durch, sondern tragen durch ihre Formulierungen zum Teil zur Begriffsverwirrung bei. Die DTV-Güter etwa geben vor, in Ziff. 2.4 ausgeschlossene Gefahren zu regeln und in Ziff. 2.5 ausgeschlossene Schäden. Tatsächlich betreffen jedoch auch die Ziff. 2.5.1.1 bis 2.5.1.5 Gefahrausschlüsse („Der Versicherer leistet keinen Ersatz für Schäden, verursacht durch..."); einzig Ziff. 2.5.2 ist tatsächlich ein Schadensausschluss, und zwar für mittelbare Schäden aller Art. Und selbst die ehrwürdigen ADS sind nicht unfehlbar: § 28 ADS scheint in Satz 2 eine Schadensregelung zu treffen und macht dies in einem der beiden Beispielsfälle auch, soweit es um die Belastung mit einem Schiffsgläubigerrecht geht; bei dem „Schaden, der durch eine Verzögerung der Reise verursacht wird", geht es aber wieder nur um einem Gefahrausschluss, nicht um einen Schadensausschluss.

Nicht jeder Schaden ergibt sich aus der Verwirklichung einer Gefahr. Der Begriff Gefahr setzt vielmehr voraus, dass der Eintritt des Ereignisses *ungewiss* und *unvorhersehbar* ist. Der daneben verwendete Begriff „Risiko" wird allerdings doppeldeutig zum Teil auch im Sinne der Bezeichnung des versicherten Gegenstandes verwendet.

Der Schaden kann auf eine versicherte Gefahr, eine unversicherte Gefahr oder aber auch darauf zurückzuführen sein, dass der versicherte Gegenstand den Einflüssen nicht standhalten konnte, die während des versicherten Zeitraumes im normalen Verlauf auf ihn einwirkten oder aus ihm selbst wirkten. Theoretisch könnten sich daraus Beweislastprobleme stellen, denn man könnte erwägen, dass den Versicherungsnehmer dann auch in der Allgefahrenversicherung die Beweislast träfe, dass der Schaden nicht zwangsläufig habe eintreten müssen. Diesen Schluss zieht aber ersichtlich niemand, und zwar deshalb nicht, weil die praktisch relevanten Fälle – innerer Verderb, Beschaffenheitsschäden – als Ausschlüsse in den Versicherungsbedingungen geregelt sind und dort, unstreitig, die Beweislast beim Versicherer liegt.

Beispiel:
Verderb einer Ware durch Seewasser, das bei einem Sturm in das Schiff eingedrungen ist, ist die Folge einer versicherten Gefahr. Verderb bei normalem Verlauf der Reise durch zu hohe Feuchtigkeit ist Folge einer gem. Ziff. 1.4.1.2 ADS Güterversicherung, 2.5.1.2 DTV-Güter ausgeschlossenen Gefahr: Die Ware hat sich im normalen Verlauf der Reise aus in ihr selbst liegenden Ursachen verändert.

Deckt der Versicherer nach den ADS „alle Gefahren", dann sind nur diejenigen Gefahren unversichert, die in den Bestimmungen, die dem Vertrag zugrunde liegen, ausgeschlossen sind. Hier zeigt sich auch der wichtige *Strukturunterschied* zwischen den Grundsätzen der deutschen und der englischen Transportversicherung. Nach den Grundsätzen der *englischen* Transportversicherung wird von einer enumerativen Aufzählung der Gefahren ausgegangen *(named perils)*. Alle Gefahren, die nicht genannt sind, sind auch nicht versichert. Lediglich bei der englischen „all-risks"-Deckung die allerdings auch im englischen Markt in Form der Institute Cargo Clauses (A) der Marktstandard sind, ist eine Gleichstellung mit dem *deutschen* Prinzip erreicht. Umgekehrt ist es auch nach deutschen Bedingungen möglich, Versicherungsschutz nur für bestimmte, bezeichnete Gefahren zu nehmen, wie

z. B. in der Strandungsdeckung der ADS Güterversicherung oder der eingeschränkten Deckung der DTV-Güter.

Der Grundsatz von der Universalität der Gefahr gilt deshalb nicht in reiner Form, weil eine Reihe von echten Gefahren im Sinne der obigen Ausführungen durch die ADS oder durch DTV-Klauseln von Versicherungsschutz ausgenommen wird, so z. B. die Kriegsgefahr.

Schließlich muss noch darauf hingewiesen werden, dass der Versicherungsschutz sich immer nur auf solche Schäden bezieht, die an der Substanz der versicherten Sache eintreten oder die sich als versicherte Kosten in den von Versicherungsbedingungen bestimmten Fällen darstellen. (Über den Kausalzusammenhang zwischen Gefahr und Schaden siehe S. 59 f.) Folgeschäden, wie etwa Marktverlust, Konjunkturschwankungen usw. fallen nicht unter die Deckung. Verzögerung als versicherte Gefahr ist durch § 28 ADS und Ziff. 2.5.2 DTV-Güter ausgeschlossen.

Die Leistungspflicht des Versicherers
Die Leistungspflicht des Versicherers hat ihre Grundlage in folgenden Bestimmungen (ihre Gestaltung im Einzelnen erhält sie durch die besonderen Bedingungen des Vertrages):

- Allgefahrendeckung – § 28 ADS, Ziff. 27 DTV-ADS und Ziff. 2.1 DTV-Güter
  Der Versicherer trägt alle Gefahren, denen das Schiff oder die Güter während der Dauer der Versicherung ausgesetzt sind, d.h. er leistet Ersatz für alle Schäden an der Substanz der versicherten Sachen, die durch eine versicherte Gefahr verursacht oder als deren Folge eingetreten sind.

- Havarie-grosse – § 29 ADS, Ziff. 28 DTV-ADS und Ziff. 2.3.1.1 DTV-Güter
  Die Versicherung umfasst Beiträge in Havarie-grosse und Aufopferungen, die zu Havarie-grosse gehören, mit folgender Einschränkung: Der Versicherer haftet für Aufopferungen nur insoweit haftet, als ein ihm zur Last fallender Schaden durch die Havarie-Maßregel abgewendet werden sollte.

- Aufwendungen im Schadenfall – § 32 ADS, Ziff. 31 DTV-ADS und Ziff. 2.3.1.2 DTV-Güter
  - Dem Versicherer fallen Aufwendungen zur Last, die bei Eintritt des Versicherungsfalles vom Versicherungsnehmer zur Abwendung oder Minderung des Schadens für geboten gehalten werden durften,
  - nach den Weisungen des Versicherers gemacht worden sind,
  - zur Ermittlung und Feststellung des dem Versicherer zur Last fallenden Schadens geboten waren.

- Nur für die Kaskoversicherung – Mittelbare Kollisionsschäden – Ziff. 34 DTV-Kaskoklauseln, Ziff. 65 DTV-ADS, § 130 Abs. 2 VVG

  Die Versicherung beinhaltet eine Haftpflichtversicherung zugunsten des Versicherungsnehmers bei Kollisionen von Schiffen. Damit wird der Grundsatz der Beschränkung des Versicherungsschutzes für unmittelbare Schäden auf mittelbare Schäden einer bestimmten Art ausgedehnt.

- Nur für die Güterversicherung – Kosten für Umladung, Lagerung und Weiterbeförderung – Ziff. 1.5.1.2 ADS Güterversicherung und Ziff. 2.3.1.3 DTV-Güter

  Wird es infolge eines versicherten Unfalles erforderlich, die versicherten Güter umzuladen, einstweilen einzulagern sowie mit einem anderen Transportmittel weiterzubefördern, so ersetzt der Versicherer die hierfür aufzuwendenden angemessenen Kosten.

Einschränkungen
Der Versicherer trägt alle Gefahren, „soweit nicht ein anderes bestimmt ist", § 28 ADS, Ziff. 27 DTV-ADS und Ziff. 2.1 DTV-Güter. § 130 VVG enthält zwar diese Einschränkung nicht, ist aber seinerseits im Rahmen des § 210 VVG für Großrisiken und laufende Versicherung abdingbar.

Von der Möglichkeit, etwas anderes zu bestimmen, wird bei den auf der Grundlage der ADS oder der DTV-Klauseln gedeckten Transportversicherungen durch diese Bedingungen selbst Gebrauch gemacht. Die dabei ausgeschlossenen Gefahren werden zum Teil wieder durch separate DTV-Klauseln eingeschlossen.

Es gibt Gefahrausschlüsse, die für *alle* auf der Grundlage der ADS oder der DTV-Klauseln gedeckten Versicherungsverträge gelten und solche, die jeweils nur für die Güter- bzw. die Kaskoversicherung in Betracht kommen. Die Letztgenannten werden in den jeweiligen Abschnitten 3 bzw. 4 behandelt.

Folgende Gefahrausschlüsse gelten für alle:

- Krieg, Bürgerkrieg, kriegsähnliche Ereignisse sowie aus der feindlichen Verwendung von Kriegsmaterial (§ 35 ADS, Ziff. 1.1.2.1 ADS Güterversicherung, Ziff. 2.4.1.1 DTV-Güter, Ziff. 16 DTV-Kaskoklauseln und Ziff. 35 DTV-ADS).

- Beschlagnahme, Entziehung oder sonstige Eingriffe von hoher Hand (Ziff. 1.1.2.4 ADS - Güterversicherung, Ziff. 2.4.1.3 DTV-Güter, Ziff. 17 DTV-Kaskoklauseln und Ziff. 35 DTV-ADS).

Nach den ADS war ein solcher staatlicher Hoheitsakt noch als eine der „alle Gefahren" des § 28 ADS gedeckt. § 73 ADS belegt dies ebenso wie § 36 ADS, (der allerdings fälschlich wiederholt als Grundlage für die Deckung der sogenannten Arrestgefahr angesehen wurde. Tatsächlich folgt die Deckung bereits aus § 28 ADS. § 36 ADS stellt sich nicht als Deckungstatbestand dar, sondern als Deckungseinschränkung: „...haftet für den durch gerichtliche Verfügung oder ihre Vollstreckung entstehenden Schaden nur, wenn..."). Der Ausschluss staatlicher Hoheitsakte erfolgte erst zunächst durch spezielle Klauseln, dann mit den ADS und den DTV-Kaskoklauseln und ihren Nachfolgeklauseln.

Grundsätzlich ist jeder staatliche Hoheitsakt, mit dem die Verfügung über Privateigentum beschränkt oder aufgehoben wird, eine *Verfügung von hoher Hand*. Dabei ist jedoch zwischen solchen Verfügungen von hoher Hand zu unterscheiden, bei denen die staatliche Gewalt aus sich selbst heraus, z. B. im Rahmen eines Krieges oder aus anderen im staatlichen Interesse liegenden Gründen (z. B. aus Zoll- oder Gesundheitsgründen), tätig wird und solchen, bei denen die staatliche Gewalt auf Privatantrag eingesetzt wird. Dies ist bei der Rechtsprechung und der Durchsetzung von Urteilen der Fall. Die gerichtliche Verfügung und ihre Vollstreckung auf Privatantrag wird von den ADS als *Arrestgefahr* bezeichnet, für die schon § 36 ADS die Einschränkung vorsah, dass durch sie verursachte Schäden nur dann gedeckt sind, wenn der Versicherer „dem Versicherungsnehmer zu ersetzen hat, was dieser zur Befriedigung des der Verfügung zugrunde liegenden Anspruchs leisten muss". Mit anderen Worten: Deckung für den durch den Arrest bewirkten Schaden bestand nur dann, wenn Versicherungsschutz für den Anspruch bestand, dessentwegen der Arrest erfolgt war. Typischerweise waren dies Ersatz an Dritte oder Havarie-grosse- oder Bergerpfandrechte.

Auszuräumen ist in diesem Zusammenhang auch ein weiteres Missverständnis: Auch für die Arrestgefahr bestand die Deckung nach ADS für „Schaden nur in dem durch diese Bedingungen bestimmten Umfange" (§ 28 Satz 2 ADS), also nur für Totalverlust (§ 71 ADS) und Teilschaden (§ 74 ADS), nicht dagegen für den Einnahmeverlust des Schiffes während der Dauer des Arrestes, denn dieser ist in den ADS nicht als ersatzfähiger Schaden bestimmt.

Unter den DTV-Kaskoklauseln und den DTV-ADS hat sich zwar die Struktur verändert, nicht aber das Ergebnis. Jetzt sind Verfügungen von hoher Hand, anders als nach den ADS, grundsätzlich von der Deckung ausgenommen (Ziff. 17.1 DTV-Kaskoklauseln, Ziff. 38.1 DTV-ADS), für Schäden durch gerichtliche Verfügungen oder deren Vollstreckung besteht aber weiterhin Versicherungsschutz (Ziff. 17.2 DTV-Kaskoklauseln, Ziff. 38.2 DTV-ADS).

Anders in der Güterversicherung. Dort ist durch Ziff. 1.1.2.4 ADS Güterversicherung, Ziff. 2.4.1.3 DTV-Güter die Deckung für Schäden durch Beschlagnahme, Entziehung oder sonstiger Eingriffe von hoher Hand ausgeschlossen, ohne das es einen Wiedereinschluss wie bei der Kaskoversicherung gäbe. Dieser wird weithin als nicht erforderlich angesehen (vgl. *Ehlers*, in: Thume/de la Motte/Ehlers, Kap. 5.A. Rn. 136). Es gehe gemeinhin um Fälle der Verfolgung von Schadenminderungskosten, Kosten von Umladung oder Weiterbeförderung. Diese müsse der Versicherungsnehmer im Rahmen seiner Schadenminderungsobliegenheit ohnehin begleichen. Tue er dies nicht und komme es zu einer Pfändung, wäre der Versicherer ohnehin wegen Verletzung der Schadenminderungsobliegenheit leistungsfrei. Sei dies nicht der Fall, bliebe der Versicherer trotz des Ausschlusses leistungspflichtig, denn dann sei causa proxima eines durch die gerichtliche Verfügung entstandenen Schadens nicht die Verfügung selbst, sondern der zuvor bereits eingetretene Versicherungsfall. Das mag in einigen Fällen zwar so sein, zwingend ist es aber nicht. Man denke nur an den Fall, dass im Zuge der Vollstreckung der Verfügung Güter von einem Sequester in Besitz genommen und von ihm unsachgemäß verwahrt werden. Dann ist es durchaus denkbar, das *wesentliche Ursache* für einen durch solche unsachgemäße Verwahrung verursachte Schaden eben diese unsachgemäße Verwahrung, also ein Hoheitsakt, ist, und nicht die zuvor vorgenommenen Schadenminderungsmaßnahmen, wegen deren Kosten der Dritte die Güter hat pfänden lassen.

Eine durch eine Zollbehörde verfügte Beschlagnahme ist zweifelsfrei ein *Eingriff von hoher Hand*. Es gibt zahlreiche Fälle, in denen Güter zum Zwecke der Zollkontrolle oder der

Kontrolle auf Schmuggelgut von Beauftragten der Zollbehörde aus einem Container aus- und wiedereingepackt werden. Der Oberste Österreichische Gerichtshof (VersR 1988, 198) hat sich mit der Frage befasst, ob die Ausschlussklausel auch auf dabei entstehende Schäden anzuwenden ist. Das Urteil beruht auf dem Wortlaut der österreichischen Transportversicherungsbedingungen, die eine gleiche Regelung wie Ziff. 1.1.2.4 ADS Güterversicherung und Ziff. 2.4.1.3 DTV-Güter enthalten. Das Gericht hat dabei die folgenden Grundsätze aufgestellt:

1. Unter den Begriff „Eingriffe von hoher Hand" fallen alle staatlichen Hoheitsakte, also Tätigkeiten einer Behörde im Rahmen der staatlichen Zwangsgewalt.

2. Die Rechtmäßigkeit oder Unrechtmäßigkeit des Eingriffs spielt keine Rolle.

3. Die gelegentliche Beschädigung des Zollguts anlässlich der behördlichen Überprüfung reicht zur Anwendbarkeit der Ausschlussklausel aus. Entscheidend ist, ob die schadenstiftende Tätigkeit noch innerhalb des Verzollungsvorgangs erfolgte oder nicht.

4. Auch fahrlässige oder sogar schuldlos durch Zollbeamte bei Kontrollen verursachte Schäden fallen unter den Ausschluss.

Das Urteil wird allgemein abgelehnt (*Ehlers*, in: Thume/de la Motte/Ehlers, Kap. 5.A. Rn. 134). Der Eingriff von hoher Hand ist nicht auf die Beschädigung oder den Verlust gerichtet (anders als etwa bei einer Beschlagnahme). Deshalb ist causa proxima für die Schäden das fahrlässige Handeln der Zollbeamten, die den Container aus- und wiedereinpacken, während der Eingriff von hoher Hand nur eine entferntere Ursache ist. Der Schaden ist nicht *durch* die hoheitliche Maßnahme entstanden, sondern nur *bei Gelegenheit*.

In der Kaskoversicherung hat die Haftung für Arrestgefahr wegen der Mitversicherung der Kollisionshaftpflicht eine sehr große praktische Bedeutung, in der Güterversicherung nicht (siehe S. 268 f.).

Beispiel aus der Güterversicherung:
Güter werden auf der Reise beschädigt und vor Erreichen des Bestimmungsortes aufgearbeitet, weil eine Weiterreise im beschädigten Zustand den Schaden vergrößern würde. Die ausländische Firma, die die entsprechenden Arbeiten geleistet hat, erwirkt zur Sicherstellung ihrer Forderung auf Bezahlung der Rechnung einen Arrest an den Gütern. Sie werden auf Veranlassung des betreffenden ausländischen Gerichts versteigert. Zu dem Arrestschaden, für den der Versicherer nach §§ 28, 36 ADS unter Umständen haftet, gehört in diesem Fall auch der Mindererlös.

Neben den Ausschlüssen bestimmter Gefahren werden auch bestimmte Schäden generell ausgeschlossen, z. B. durch Verzögerung, Abnutzung, Alter, inneren Verderb oder natürliche Beschaffenheit (vgl. §§ 28 Satz 2 ADS, Ziff. 27 DTV-Kaskoklauseln und Ziff. 59 DTV-ADS, Ziff. 1.4 ADS Güterversicherung sowie Ziff. 2.5 DTV-Güter). Die Regelung im Einzelnen und der mögliche Wiedereinschluss ausgeschlossener Gefahren werden im Zusammenhang mit der Darstellung der verschiedenen Arten der Transportversicherung behandelt.

Kausalzusammenhang

Eine *versicherte Gefahr* muss die Ursache für den Schaden gewesen sein, um eine Ersatzleistung des Versicherers herbeizuführen. Ursache ist ein Umstand dann, wenn sie nicht hinweggedacht werden kann, ohne dass der Erfolg entfiele. Diese Forderung kann dann zu schwierigen Überlegungen Anlass geben, wenn nicht eine, sondern mehrere Ursachen zu dem Schaden geführt haben (entweder gleichzeitig oder in zeitlichem Abstand) und nicht alle Schadenursachen versicherte Gefahren darstellen.

Im Rechtsverkehr gilt im Allgemeinen die Regel von der *adäquaten Kausalität* (sogenannte Adäquanztheorie). Dabei werden von den vielen Bedingungen, ohne die ein bestimmter Erfolg nicht eingetreten wäre (conditiones sine qua non – Bedingungen ohne die nicht) und zu denen z. B. auch die Durchführung der versicherten Reise überhaupt zählt, nur diejenigen als rechtserheblich in Betracht gezogen, die ihrer Natur nach generell geeignet sind, ohne Hinzutreten weiterer Bedingungen einen bestimmten Erfolg herbeizuführen. In diesem Sinne adäquat ist eine Ursache dann, „wenn das Ereignis im allgemeinen und nicht nur unter besonders eigenartigen, unwahrscheinlichen und nach dem gewöhnlichen Verlauf der Dinge außer Betracht zu lassenden Umständen geeignet ist, einen Erfolg dieser Art herbeizuführen" (BGH NJW 1995, 126). Bei mehreren Ursachen, die alle adäquat kausal für den Eintritt des Schadens gewesen sein können, führt die Lehre von der adäquaten Kausalität auch dann zur Leistungsfreiheit des Versicherers, wenn eine in obigem Sinne adäquate Ursache zwar nur in untergeordnetem Maße aber dennoch immerhin mitgewirkt hat, denn in einem solchen Falle hat der Ausschluss Vorrang (*Prölss/Martin/Kollhosser*, § 49 Rn. 56).

> Kausalitätsregel in der Transportversicherung = causa proxima
>
> Rechtlich allein relevant ist die wirksamste Ursache.

In der Seeversicherung gilt auch die Adäquanztheorie, d.h. eine Ursache, die nicht als adäquat anzusehen ist, bleibt unbeachtlich.

Die Seeversicherung bleibt aber nicht auf dieser Stufe stehen. Aus mehreren adäquaten Ursachen wird vielmehr mit Hilfe der sogenannten causa proxima Regel eine einzige Ursache herausgefiltert, die die rechtlich allein maßgebliche ist. Bei dieser Kausalitätsregel kommt es darauf an, nach der Gefahr zu suchen, deren Verwirklichung den Schaden als *unvermeidliche Folge* nach sich zieht, also nach der Gefahr, die dem Schaden nicht zeitlich, wohl aber der Ursache nach am nächsten liegt (causa proxima non remota spectatur – die nächstliegende Ursache und nicht die entfernte ist zu betrachten; vgl. Ritter/Abraham, § 28, Anm. 22).

Dabei gelten folgende Grundsätze:

1. Der Versicherer haftet für den Schaden, der unmittelbar durch die versicherte Gefahr oder als ihre unvermeidliche Folge eingetreten ist, sofern nicht die versicherte Gefahr ihrerseits die unvermeidliche Folge einer unversicherten Gefahr darstellt.

2. Der Versicherer haftet nicht für den Schaden, der durch eine unversicherte Gefahr oder ihre unvermeidlichen Folgen eingetreten ist, sofern nicht die unversicherte Gefahr ihrerseits die unvermeidliche Folge einer versicherten Gefahr darstellt.

3. Hat ein Ereignis einen Schaden verursacht, so werden die Rechtsfolgen nicht dadurch geändert, dass später ein Ereignis eintritt, das den gleichen Schaden verursacht haben würde.

4. Die Unterbrechung des Kausalzusammenhangs zwischen einem eingetretenen Ereignis und dem Schaden ist dann unbeachtlich, wenn der Schaden durch das ursprünglich eingetretene Ereignis sicher verursacht worden wäre; die Unterbrechung des Kausalzusammenhangs ist jedoch dann beachtlich, wenn der Schaden nicht ohne das dazwischentretende Ereignis verursacht werden konnte.

Beispiel 1:
Tabak ist gemäß Institute Cargo Clauses B versichert. Als Folge eines Sturmes tritt Seewasser in die Schiffsräume ein und beschädigt im gleichen Raum mit dem Tabak verladene Güter, die deshalb in Fäulnis übergehen. Die Fäulnis greift auf den Tabak über.

Lösung:
Der Verderb ist zwar die zeitlich nächste Ursache des Schadens, aber er war die unvermeidliche Folge einer versicherten Gefahr, nämlich des Eindringens von Seewasser. Der Versicherer haftet.

Beispiel 2:
Während des Krieges erhält ein englisches Schiff den Befehl, sich dicht unter Land zu halten, weil U-Boot-Angriffe befürchtet werden. Dabei läuft das Schiff in der Nähe der Hebriden (Schottland) auf ein Riff.

Lösung:
Das House of Lords hat entschieden (The Coxwold (1942) A.C. 73), dass die Schadenursache eine Kriegsgefahr gewesen ist.

Aus heutiger Sicht ist angesichts der jetzt vorhandenen navigatorischen Hilfsmittel, wie Radar und Satellitennavigation entscheidend, ob bei sorgfältiger Anwendung die Strandung hätte vermieden werden können. Ist dies der Fall, so würde der Schaden wegen fahrlässiger Navigation dem Kaskoversicherer zur Last fallen.

Beispiel 3:
Schiff und Güter sind unter Ausschluss der Kriegsgefahr versichert. Ladung wird an Bord durch ein nicht kriegsbedingtes Feuer zerstört, anschließend wird das Schiff durch feindlichen Raketenbeschuss versenkt.

Lösung:
Ein versichertes Ereignis, nämlich das Feuer, hat einen Schaden verursacht, dessen Rechtsfolge, nämlich die Ersatzleistung des Versicherers, durch das nachfolgende unversicherte Ereignis, das ebenfalls zum Verlust der Ladung geführt haben würde, nicht aufgehoben wird. Der Versicherer haftet für den Schaden.

Beispiel 4:
Reis wird von den Philippinen nach Bremen und Hamburg verschifft. Die in Bremen gelöschten Partien sind infolge inneren Verderbs völlig wertlos, weil der Reis mit zu hoher Eigenfeuchtigkeit verladen worden ist. Das Gleiche gilt für die nach Hamburg bestimmten Partien. Auf der Reise von Bremen nach Hamburg sinkt das Schiff im Sturm.

Lösung:
Ein unversichertes Ereignis hat einen Schaden verursacht (innerer Verderb), dessen Rechtsfolgen durch das nachfolgende versicherte Ereignis nicht aufgehoben werden. Der Versicherer haftet auch nicht für den Reis, der auf der Reise Bremen-Hamburg total verloren geht. Dieser Reis war durch den inneren Verderb im Zeitpunkt des Totalverlustes des Schiffs bereits verloren.

Die Lehre von der causa proxima war im Recht der deutschen Seeversicherung im Text der ADS oder im inzwischen außer Kraft getretenen HGB nicht verankert und wird erst als Ergebnis der Auslegung durch Lehre, Wissenschaft und Rechtsprechung, inzwischen wohl gewohnheitsrechtlich, angewendet. Ob die causa proxima Regel nicht nur für das Seeversicherungsrecht, sondern allgemein für die Transportversicherung, also auch die Binnentransportversicherung, gilt, ist umstritten (vgl. Nachweise bei *Ehlers*, in: Thume/de la Motte/Ehlers, Kap. 3.A Rn. 170). Wird Binnentransportversicherung auf Basis der ADS genommen, gilt allerdings auch dort die causa proxima Regel, weil sie den ADS als Seeversicherungsbedingungen zugrunde liegt.

Die DTV-Güter haben erstmals die causa proxima Regel dokumentiert (Ziff. 2.6).

Das englische Seeversicherungsrecht stand schon immer auf dem Standpunkt der Lehre von der causa proxima. Sie wird auch durch § 55 MIA gesetzlich festgelegt. (Vgl. auch Ritter/Abraham, Anm. 17 ff. zu § 28 ADS 1919; Schwampe, Die DTV-Abnutzungsklausel 1978, eine Durchbrechung der causa proxima Regel? Hansa 1980, 1502).

Beweislastverteilung

> Bei Allgefahrendeckung muss der Versicherte den Eintritt des Schadens während der Laufzeit beweisen.
>
> Der Versicherer muss den Ausschlussgrund beweisen.

Die Verursachung durch eine bestehende Gefahr muss er nur beweisen, wenn dies erforderlich ist, um Gefahrverwirklichung während der Dauer der Versicherung zu belegen.

Abgesehen von § 58 Abs. 2 beinhalteten die ADS keine Beweislastregelung. Die neueren Bedingungswerke (ADS Güterversicherung und DTV-Güter für die Güterversicherung und DTV-Kaskoklauseln und DTV-ADS für die Kaskoversicherung) dagegen enthalten zahlreiche Beweisregeln für einzelne Komplexe.

Beispiele:
Dem Versicherungsnehmer obliegt im Falle der Nichtanzeige einer Gefahrerhöhung der Beweis dafür, dass die Verletzung der Anzeigepflicht nicht auf Vorsatz beruhte oder die Gefahrerhöhung weder Einfluss auf den Eintritt des Versicherungsfalles noch auf den Umfang der Leistungspflicht des Versicherers hatte (Ziff. 11.3 DTV-Kaskoklauseln, ähnlich Ziff. 24 DTV-ADS und Ziff. 2.4 ADS Güterversicherung, Ziff. 5.2 DTV-Güter, dort tritt die Entlastung allerdings auch schon bei grober Fahrlässigkeit ein).

In der Seekaskoversicherung hat der VN bei Schäden durch gefährliche Ladung nachzuweisen, dass er die für die Beförderung solcher Güter bestehenden Vorschriften eingehalten hat, Ziff. 14.1 DTV-Kaskoklauseln, identisch mit § 33.2.2 DTV-ADS.

In der Güterversicherung gilt ein Schiff als für die Beförderung der Güter geeignet, wenn es die Voraussetzungen der DTV-Klassifikations- und Altersklausel erfüllt sowie – falls erforderlich – gemäß International Safety Management Code (ISM-Code) zertifiziert ist, oder wenn ein gültiges *Document of Compliance (DoC)* beim Eigner oder Betreiber des Schiffes vorliegt, wie es die SOLAS-Konvention1974 nebst Ergänzungen vorsieht, Ziff. 7.1 DTV-Güter.

Wo die Bedingungen die Beweislast nicht selbst regeln, ist sie aus den allgemeinen Grundsätzen abzuleiten. Gem. § 130 VVG, § 28 ADS, Ziff. 2.1 DTV-Güter und Ziff. 27 DTV-ADS trägt, sofern nichts anderes vereinbart worden ist, der Versicherer alle Gefahren, denen die Güter oder das Schiff während der Dauer der Versicherung ausgesetzt sind. Um Entschädigung verlangen zu können, braucht deshalb der Versicherte nicht ein bestimmtes Gefahrenereignis zu beweisen, sondern nur darzulegen, dass der Schaden während des versicherten Zeitraumes durch irgendeine Gefahr eingetreten ist (*Thume*, in Thume/de la Motte/Ehlers, Kap. 2 Rn. 418). „Gegenüber dem Nachweis, dass die Güter vollständig und unversehrt abgeladen sind, kann der Versicherer den Gegenbeweis führen, dass die Beschädigung auf der Reise nicht eingetreten ist oder eingetreten sein kann" (Ritter/Abraham, § 28, Anm. 31).

Einen bestimmten Unfall muss der Versicherte nur dann beweisen, „wenn nur damit festzustellen ist, ob das Gefahrereignis sich während der Dauer der Versicherung oder aber vorher oder nachher zugetragen hat" (Ritter/Abraham, Anm. 9 zu § 28 ADS). Konkurrieren mehrere Umstände, die während verschiedenen Versicherungsperioden oder gar schon vor dem ersten Versicherungsvertrag (Beispiel: Konstruktionsfehler) mitursächlich geworden sind, ist anhand der causa proxima Lehre die eine, rechtliche allein maßgebliche wesentliche Ursache zu bestimmen. Nach dieser Ursache richtet sich dann, ob und unter welchem Vertrag der Versicherungsnehmer Versicherungsschutz hat. Die Beweislast trifft den Versicherungsnehmer, denn er will unter einem bestimmten Vertrag Versicherungsschutz in Anspruch nehmen.

Im Übrigen muss der Versicherungsnehmer in solchen Fällen, in denen ein Gefahrereignis als Ursache eines angeblichen Schadens sich nicht nachweisen lässt, in denen aber die Schadensverursachung während des Versicherungszeitraumes nicht im Streit steht, nur dartun, wie es um Schiff oder Ladung beim Beginn der Versicherung und beim Ende der Versicherung gestanden hat. Grundsätzlich muss der Güterversicherte nur dartun, wie viel abgeladen und wie wenig angekommen ist, siehe aber auch OLG Hamburg, VersR 1966, 378: „In diesem Sinne genügt in der Regel nicht der Nachweis eines Mankos am Ende der Reise; vielmehr wird das Vorliegen eines Gefahrereignisses gefordert, das geeignet gewesen sein kann, den Schaden zu verursachen". Das bedeutet allerdings nicht, dass den Versicherungsnehmer eine erweiterte Beweislast treffen würde. Tatsächlich geht es um eine Frage der Beweiswürdigung.

Schon in der Vorauflage wurden aus Ritter/Abraham, § 28 Anm. 9 Beispiele der älteren Rechtsprechung zitiert: „Wenn die Kisten, in welche die versicherten Güter verpackt sind, halbleer am Bestimmungsort ankommen, aber äußerlich unbeschädigt sind (vgl. die Fälle HGZ 1875, 372, 1888, 27); wenn Zigarren (HG Hamburg Ullrich Nr. 251) oder Manufakturwaren (HG Hamburg Ullrich Nr. 255), äußerlich vollständig unversehrt, im Innern durch Süßwasser beschädigt ankommen; wenn Mangrovrinde unterwegs nicht durch Seewasser, sondern aus unaufgeklärter Ursache feucht und dadurch beschädigt wird (HGZ 1909, 134); wenn dem Schwund ausgesetzte Ware mit Untergewicht ankommt und eine äußere Ursache des Gewichtsverlustes nicht zu ermitteln ist (vgl. den Fall HGZ 1889, 195); wenn gar wasserbeschädigte Baumwollballen im Konnossement als *some damaged wet* bezeichnet sind (HG Hamburg Seebohm 507)" sollte nach Ritter/Abraham, a.a.O., „zunächst als bewiesen gelten, dass die Ursache des Schadens kein Gefahrereignis gewesen ist, wenn anders man als bewiesen ansieht, wofür diejenige Wahrscheinlichkeit erbracht ist, die im gewöhnlichen Leben als Gewissheit hingenommen wird". Das mag in dieser Allgemeinheit zu weitgehend zu sein. Teilweise geht es eher um die Frage, ob die Güter überhaupt die Reise in unbeschädigtem Zustand angetreten haben (die obigen Fälle der halbleeren Kisten und der nur innen durch Süßwasser feuchten Zigarren), teilweise darum, ob angesichts der bekannten Umstände nicht eher in Frage steht, ob sich eine ausgeschlossene Gefahr verwirklicht hat (der obige Fall des Schwundes, (dazu Ziff. 1.4.1.3 ADS Güterversicherung, identisch mit Ziff. 2.5.1.3 DTV-Güter). Dies ist nach den allgemeinen Beweiswürdigungsgrundsätzen zu beurteilen (so auch Ritter/Abraham, § 28 Anm. 9).

Hat der Versicherte bewiesen, dass der Schaden während des versicherten Zeitraumes durch irgendeine versicherte Gefahr verursacht worden ist, muss der Versicherer beweisen, dass der Schaden durch ein nicht versichertes Ereignis eingetreten ist, wenn er leistungsfrei sein will.

Etwas anderes gilt für den Fall einer Versicherung zu eingeschränkten Bedingungen. Hier muss der Versicherte natürlich beweisen, dass eines der als versichert genannten Unfallereignisse den Schaden verursacht hat.

In der Beweislastverteilung liegt einer der *wichtigen Unterschiede zum englischen System* der Transportversicherung. Nach deutschem Recht sind alle Gefahren versichert, die nicht ausgeschlossen sind (Ausnahme: Strandungsfalldeckung der ADS Güterversicherung bzw. eingeschränkte Deckung der DTV-Güter). Das englische Transportversicherungsrecht geht von dem Grundsatz der Spezialität der Gefahr aus (*named perils*); nur die im Vertrag als versichert bezeichneten Gefahren sind gedeckt. Aus diesem Grunde muss nach englischem Recht grundsätzlich der Versicherte den Eintritt einer der versicherten Gefahren beweisen.

Für die Kaskoversicherung gilt der Grundsatz in England auch heute noch. In der Güterversicherung haben sich weitgehend die Institute Cargo Clauses (A) durchgesetzt, bei denen durch eine „*all risks*"-Deckung eine Gleichstellung mit der deutschen Allgefahrendeckung besteht.

Franchise

Die Versicherung soll solche Schäden erfassen, die unvorhergesehen eintreten. In manchen Fällen fällt die Entscheidung schwer, ob es sich um einen in diesem Sinne echten Schaden oder nur darum handelt, dass ein natürlicher Handelsverlust eingetreten ist. Außerdem ist es zweckmäßig, den Versicherungsnehmer für eine einwandfreie Verpackung und Verladung und eine gute Instandhaltung der Transportmittel zu interessieren. Hinzu kommt, dass es die Abwicklung eines Versicherungsvertrages wesentlich erschweren würde, wenn jeder Bagatellschaden reguliert werden müsste. Aus diesen Gründen wurden die Franchisevereinbarungen geschaffen.

Franchise (Freiteil) ist derjenige Teil eines dem Grunde nach ersatzpflichtigen Schadens, der nicht zulasten des Versicherers geht. Dabei gibt es zwei große Gruppen von Franchisen: Integralfranchisen und Abzugsfranchisen.

Integralfranchise

Bei der Integralfranchise, auch Erreich- oder ordinäre Franchise genannt (englisch: *franchise*), geht der Schaden, der unterhalb der Franchisegrenze liegt, nicht zulasten des Versicherers. Übersteigt jedoch der Schaden die Franchisegrenze, so ist der volle Schaden, also einschließlich der Franchise, zu ersetzen. Eine Integralfranchise wird mit den Worten „frei von 3 %" bzw. bei der englischen „free from average under 3 %" oder in Höhe eines bestimmten Geldbetrages vereinbart.

Beispiel:
Integralfranchise 3 %, Schaden 2,5 %: keine Haftung des Versicherers. Integralfranchise 3 %, Schaden 5 %: der Versicherer haftet für volle 5 %.

Abzugsfranchise

Bei der Abzugsfranchise, auch Selbstbehalt genannt (englisch: *deductible*), wird der in der Franchise zum Ausdruck kommende Freiteil in jedem Fall vom Schaden abgezogen. Eine Abzugsfranchise wird mit den Worten „frei von den ersten 3 %" bzw. bei englischen Policen „free from average in excess of 3 %" oder in Höhe eines bestimmten Geldbetrages vereinbart.

Beispiel:
Abzugsfranchise 3 %, Schaden 2,5 %: keine Haftung des Versicherers. Abzugsfranchise 3 %, Schaden 5 %: Haftung des Versicherers 2 %.

Gemeinsame Besonderheiten

Für beide Arten der Franchise ist es wichtig, auf welche Einheit die Franchise berechnet wird und ob die Franchise für jeden Schaden oder nur für Beschädigungen vereinbart worden ist. Wenn ein Gut, das aus 200 Sack mit einem Gewicht von je 100 kg besteht, versichert wird, dann würde eine Franchise von 3 % mit der Klausel „ganze Partie eine Taxe" einen Freiteil von 600 kg bedeuten. Würde jedoch die Franchise von 3 % mit der Klausel „jeder Sack eine Taxe" vereinbart werden, so würde der Freiteil lediglich 6 kg pro Sack bedeuten, und sie würde nur auf diejenigen Säcke zur Anwendung gelangen, an denen ein Schaden eingetreten ist.

Wird die Franchise nur für *Beschädigungen* vereinbart, so wäre z. B. bei der Klausel „frei von Beschädigung, wenn unter 5 %" ein Diebstahlschaden von 4 % voll ersatzpflichtig, weil Diebstahl einen Teilverlust und keine Beschädigung bedeutet.

Franchiseregelungen in Deutschland und England

In *Deutschland* wurde durch § 34 ADS grundsätzlich eine *Integralfranchise von 3 %* festgelegt. Diese Bestimmungen finden jedoch in der Praxis keine Anwendung mehr.

In Ziff. 7.7 ADS Güterversicherung wurden keine eigentlichen Franchisebestimmungen mehr aufgenommen; dort ist nur noch die Berechnungsweise einer vereinbarten Franchise geregelt. Die DTV-Güter enthalten überhaupt keine Regelung mehr.

Bei Vereinbarung einer Abzugsfranchise wird häufig vereinbart, dass diese nur auf ganz bestimmte Schäden, z. B. Beschädigung, Bruch oder Rost usw. Anwendung finden soll. Dabei werden diejenigen Schadenarten genannt, gegenüber denen die Güter besonders anfällig sind bzw. bei denen die Abgrenzung zwischen Gefahrverwirklichung und nichtversichertem Ereignis schwierig ist.

Beispiele für Abzugsfranchisen, die besondere Gefahrumstände oder typische Schäden betreffen:

- bei Papierrollentransporten eine Abzugsfranchise für Rissbeschädigungen in Zentimetern ausgedrückt;
- bei Autotransporten eine Franchise für Reifenschäden aufgrund von Aus- und Einladen auf eigener Achse;
- eine Abzugsfranchise für Raub- und Diebstahlsschäden in besonders gefährdeten Regionen;
- eine Abzugsfranchise für Sackriss bei gesackter Ware.

Bei der Seekaskoversicherung sind generell Abzugsfranchisen eingeführt worden (vgl. Ziff. 20.3 und 21 DTV-Kaskoklauseln, Ziff. 40 DTV-ADS).

Da in diesen Klauseln nicht mehr auf die Schäden im Verlauf einer Reise, sondern auf jeden Partschaden pro Ereignis abgestellt wird, ist auch der früher wichtige Begriff der

Franchise-Reise (vgl. § 34 Abs. 3 ADS) gegenstandslos geworden. Er hat seine Bedeutung lediglich im Sinne einer Haftungsreise nach § 37 ADS und Ziff. 41.1 DTV-ADS behalten. Für Maschinenschäden durch Verschulden der Besatzung (Bedienungsfehler) sehen die Bedingungen eine zusätzliche Abzugsfranchise vor (Ziff. 20.3 DTV-Kaskoklauseln, 58.3 DTV-ADS).

Bei der Baurisikoversicherung werden ebenfalls Abzugsfranchisen vereinbart, ausgenommen sind Totalverlust und in bestimmten Fällen Schäden aus Ersatzansprüchen Dritter (Ziff. 12 AVB Schiffbau Laufende Versicherung 1998/2008).

In England sehen die Institute Cargo Clauses, die Institute Time Clauses Hulls und die International Hull Clauses *deductibles* vor. Bei Güterpolicen findet man auch an Stelle einer in einem festen Prozentsatz ausgedrückten Franchise die Vereinbarung *in excess of the usual trade allowance*. Diese letztgenannte Vereinbarung drückt nur eine Selbstverständlichkeit aus, weil auch dann, wenn die Franchisebestimmungen in einem Vertrag gestrichen sein sollten, natürliche Handelsverluste keinesfalls unter den Versicherungsschutz fallen können. Zur Klarstellung ist dieser Grundsatz in die ADS Güterversicherung Ziff. 1.4.1.3, identisch in Ziff. 2.5.1.3 DTV-Güter, aufgenommen worden.

Der Seekaskoversicherung in England liegen nur noch Abzugsfranchisen zugrunde, die nicht wie in Deutschland nur auf Partschäden, sondern auf alle Schadenereignisse mit Ausnahme von Totalverlust angewendet werden, also auch auf Ersatz-an-Dritte- und Havarie-grosse-Schäden (vgl. Klausel 12 der Institute Time Clauses [Hulls]) und der International Hull Clauses.

Die Höhe der Abzugsfranchisen wird bei der individuellen Gestaltung der Policen vereinbart.

2.3 Havarie-grosse

Zur Havarie-grosse im Schadenfall wird für die Güterversicherung auf Abschnitt 3.1, für die Kaskoversicherung auf Abschnitt 4.20, für Aufopferungen und Aufwendungen auf Abschnitt 2.11 verwiesen.

Nach deutschem Recht ist ein Fall von Havarie-grosse grundsätzlich nur dann gegeben, wenn absichtlich Opfer gebracht oder Aufwendungen gemacht worden sind, um Schiff und Ladung aus einer gemeinsamen gegenwärtigen Gefahr zu erretten (vgl. dazu § 700 HGB und Regel I der Rhein-Regeln IVR 2006). International wird dies als Prinzip der *common safety* bezeichnet.

Die Regel A der York-Antwerp-Rules (YAR) verlangt dagegen nur, dass im Interesse der gemeinsamen Sicherheit von Schiff und Ladung vernünftigerweise und absichtlich außerordentliche Opfer gebracht oder Ausgaben gemacht werden, um die gemeinsam bedrohten Werte vor einer Gefahr zu bewahren. Während also das deutsche Recht eine bereits gegenwärtige Gefahr verlangt, aus der die bedrohten Werte *errettet* werden müssen, anerkennen die YAR Havarie-grosse schon dann, wenn ein Opfer gebracht worden ist, um die bedrohten Werte vor einer gemeinsamen Gefahr zu *bewahren* (Prinzip des *common benefit*).

In der Praxis der Schifffahrt wird Havarie-grosse nahezu ausnahmslos nach den YAR abgewickelt. Deshalb ist der Unterschied zum HGB ohne Bedeutung.

Da bezüglich der Abwicklung einer Havarie-grosse in den verschiedenen Ländern Unterschiede bestanden haben, wurde im Interesse einer internationalen Vereinheitlichung erstmals im Jahre 1890 eine *internationale Vereinbarung* über Havarie-grosse-Regeln getroffen. Diese Vereinbarungen sind die York-Antwerp-Rules. Sie wurden mehrfach revidiert, zuletzt im Jahre 2004. Am weitesten verbreitet sind die Regeln von 1994.

Die YAR sind kein Gesetz. Sie gelten deshalb nicht aus sich heraus, sondern nur bei Vereinbarung. Nicht selten sind zwischen verschiedenen Beteiligten eines Seetransports unterschiedliche Versionen der YAR vereinbart.

Beispiel:
Der Reeder vereinbart mit dem Zeitcharterer die YAR 1974. Der Zeitcharterer schließt verschiedene Slotchartern ab. Die Slotcharterer vereinbaren mit den Ladungsinteressenten verschiedene Versionen der YAR, z. B. 1994 und 2004.

In einem solchen Fall muss der Dispacheur bei der Erstellung der Dispache für die jeweils betroffenen Partien Unterverteilungen vornehmen, die die jeweiligen Besonderheiten der verschiedenen Versionen der YAR berücksichtigen.

Auch in den Versicherungsverträgen wird regelmäßig anerkannt, dass die Abwicklung einer Havarie-grosse entweder nach Gesetz oder nach York-Antwerp-Rules durchgeführt wird. Für die Binnenschifffahrt wird allgemein die Anwendung der „Regeln der Internationalen Vereinigung des Rheinschifffahrts-Registers für Große Havarei" (Rhein-Regeln IVR 2006) vereinbart (vgl. dazu Klausel 5 AVB Flusskasko 2008).

Wesen der Havarie-grosse

Merkmale der Havarie-grosse:

- Gemeinsamkeit einer Gefahr für Schiff und Ladung
- Freiwilligkeit der gebrachten Opfer, um der Gefahr zu begegnen
- außerordentliche Natur der gebrachten Opfer und
- anteilmäßige Verteilung der Opfer bzw. Aufwendungen auf die geretteten Werte

Die gebrachten Opfer und Aufwendungen werden zusammen mit den Schäden, die in ursächlichem Zusammenhang mit der Havarie-grosse-Maßnahme entstanden sind, in Havarie-grosse verteilt, und zwar im Verhältnis der geretteten Werte. Ausgeschlossen von der Vergütung sind jedoch auf Deck verladene Güter, es sei denn, dass die Verladung auf Deck einem anerkannten Handelsbrauch entspricht (vgl. Regel I der YAR; eine etwas andere Regelung beinhaltet § 708 HGB), ausgeschlossen sind auch die sonstigen Fälle des § 708 HGB. Außerdem ist nicht oder falsch deklarierte Ladung von der Vergütung ausgeschlossen (vgl. Regel XIX YAR). Trotz Ausschluss von der Vergütung ist jedoch auf die entsprechenden Werte der Havarie-grosse Beitrag zu zahlen, der auch von der geretteten Fracht zu entrichten ist.

Die YAR enthalten seit 1994 nunmehr in der Regel C die Bestimmung, derzufolge in keinem Falle Schäden oder Aufwendungen im Zusammenhang mit Umweltschäden in Havarie-grosse vergütet werden. Dennoch sehen die York-Antwerp-Rules in Regeln VI a) und XI d) in bestimmten Fällen eine Verteilung von derartigen Kosten in Havarie-grosse vor. Auf die Problematik dieses Themas, auch im Hinblick auf die Versicherung, wird bei der Behandlung der Klausel 10 der ITC 1995 eingegangen (siehe S. 289 f.).

Um Missbrauch zu vermeiden, enthalten die YAR seit 1994 eine für alle Fälle geltende Leitregel, derzufolge Vergütungen in Havarie-grosse nur möglich sind, wenn die Aufopferungen oder Aufwendungen in vernünftiger Weise veranlasst oder entstanden, also wohlbegründet sind.

Für die Vergütung in Havarie-grosse ist folgende Überlegung maßgebend: Es wäre ungerecht, etwa die Ladung, die über Bord geworfen worden ist, um das Schiff leichter zu machen und in die Lage zu setzen, mit eigener Kraft von der Strandungsstelle freizukommen, den Schaden allein tragen zu lassen. Das von der über Bord geworfenen Ladung gebrachte Opfer ist im Interesse aller Werte erbracht worden, die der Gefahr ausgesetzt waren. Aus diesem Grunde müssen die geretteten Werte anteilmäßig eine Entschädigung leisten, um das Opfer auszugleichen. Auch die Vergütung, die zum Ausgleich für das gebrachte Opfer gezahlt wird, ist „gerettet" und nimmt anteilmäßig an der Zahlung der Entschädigung teil (Sonderregelung für Decksverladung siehe S. 146 ff.).

Es liegt in der Natur der Sache, dass eine Havarie-grosse-Verteilung nur stattfinden kann, wenn durch die gebrachten Opfer etwas gerettet worden ist. Gehen Schiff und Ladung in der gemeinsamen Gefahr vollkommen verloren, so ist nach YAR keine Havarie-grosse mehr möglich. Das deutsche Recht verneint Havarie-grosse schon dann, wenn nur eines von beiden total verloren ist (§ 703 HGB). In der Praxis wird Havarie-grosse jedoch nach YAR abgewickelt.

Entstehung

Havarie-grosse kann entstehen aus:

- *direkten Eingriffen gegenüber dem Schiff oder der Ladung,*
  z. B. Fluten eines Laderaumes, um die Ausbreitung eines Feuers an Bord zu verhindern, Werfen von Ladung, Umladen oder Leichtern von Ladung, um ein gestrandetes Schiff flott zu bringen, oder absichtlich herbeigeführter Strandung, um das Schiff vor dem drohenden Untergang zu bewahren.

- *Aufwendung von Kosten,*
  z. B. Annahme eines Bergungsschiffes, um das in Seenot geratene Schiff in einen sicheren Hafen zu bringen, Bestellung von Leichterfahrzeugen, um das gestrandete Schiff abzuleichtern, oder Anlaufen eines Hafens, um eine Notreparatur durchzuführen, die das Schiff in die Lage versetzt, den Bestimmungsort zu erreichen.

Die Verteilung der Havarie-grosse-Kosten

erfolgt durch Aufmachung einer Dispache (vgl. dazu *Sieg*, VersR 1996, 684 und HansOLG Hamburg, VersR 1996, 393). Wenn nichts anderes bestimmt oder vereinbart wird, wird die Dispache durch einen beeidigten Dispacheur am Bestimmungsort aufgemacht. Häufig enthalten aber auch die Konnossemente die Vereinbarung, dass die Dispache am Sitz der Reederei oder an einem Ort seiner Wahl aufzumachen ist. Der Dispacheur ist weder Schiedsrichter noch Schiedsgutachter, sondern Sachverständiger. Der mit ihm geschlossene Vertrag ist Vertrag zugunsten Dritter, so dass der Dispacheur nicht nur die Interessen seines Auftraggebers, zumeist des Reeders, zu beachten hat, sondern die Interessen aller Beteiligten der Havarie-grosse-Gemeinschaft (BGH VersR 1997, 90). Die Hauptbestandteile der *Dispache* sind:

- Darstellung des Unfalls,
- Aufstellung der Havarie-grosse-Kosten (Passivmasse),
- Aufstellung der beitragenden Werte von Schiff und Ladung (Aktivmasse),
- Berechnung der Beiträge und Vergütungen.

Die Festsetzung der Beitragswerte erfolgt durch die Regel XVII der YAR. Danach ergibt sich der Beitragswert aus den am Tage der Trennung von Schiff und Fracht tatsächlich vorhandenen Werten, also abzüglich entstandener Schäden sowie abzüglich nicht vorausbezahlter Fracht sowie aller Kosten, die durch die Ausladung und nach der Ausladung den tatsächlichen Marktwert am Bestimmungsort mindern. Sofern diese Kosten jedoch in Havarie-grosse zu vergüten sind, werden sie dem Wert wieder zugeschlagen.

Ist der Beitragswert der Ladung oder des Schiffes höher als der Versicherungswert, so leistet der Versicherer gem. § 30 Abs. 8 ADS, nur im Verhältnis der Versicherungssumme zum Beitragswert Ersatz. Diesem Grundsatz entspricht auch § 73 Abs. 1 MIA. Ist die Kaskoversicherung auf Basis der DTV-ADS genommen, ist der Versicherungsnehmer besser gestellt, denn in Ziff. 29 DTV-ADS ist diese Einschränkung entfallen. Auch für die Güterversicherung und ist diese Einschränkung durch Ziff. 1.5.1.1. ADS Güterversicherung, Ziff. 2.3.1.1 DTV-Güter zugunsten des Versicherungsnehmers aufgehoben worden. Dies gilt aber nur für den Fall, dass der Versicherungswert bei Beginn der Versicherung richtig bemessen war und durch Preisentwicklungen im Lauf der versicherten Reise eine Wertsteigerung eingetreten ist. Bestand von vornherein eine Unterversicherung, dann gilt Ziff. 1.5.1.1. ADS Güterversicherung, Ziff. 2.3.1.1 DTV-Güter nicht.

Bei der Seekasko-Versicherung auf Basis der ADS plus DTV-Kaskoklauseln können Differenzen zwischen dem Beitragswert des Schiffes und seiner Kaskotaxe unter Umständen erhebliche nichtversicherte Kosten für den Reeder beinhalten. Diese Differenzen können entweder durch die in der Interesseversicherung enthaltene Havarie-grosse-Exzedenten-Versicherung (vgl. Klausel 2.3.1 DTV-Klauseln für Nebeninteressen 1978) oder im Rahmen der P & I-Versicherung (dazu *Schwampe*, in: Thume/de la Motte Kap. 5.D. Rn. 154) abgedeckt werden.

Der Ersatz von Aufopferungen in Havarie-grosse wird durch die Regel XVI der York-Antwerp-Rules erfasst. Die dort genannten Schäden kann der Versicherungsnehmer aufgrund der deutschen Versicherungsbedingungen (§ 31 ADS, Ziff. 2.1.e) DTV-Güter, Ziff. 30 DTV-ADS) von seinem Versicherer vorweg ersetzt verlangen, so dass nicht die Aufmachung der Dispache abgewartet zu werden braucht.

Der Kapitän als gesetzlicher Vertreter

Gesetzlicher Vertreter aller an der Havarie-grosse-Gemeinschaft beteiligten Interessenten ist der Kapitän.

Die Vergütungsberechtigten haben in Havarie-grosse-Fällen zur Sicherung der Ansprüche auf Erfüllung der Verpflichtungen der Beteiligten zur Zahlung der entsprechenden Havarie-grosse-Beiträge ein *Pfandrechte am Schiff und an der Ladung* (§ 726 HGB).

Das Pfandrecht an Gütern wird zugunsten der Vergütungsberechtigten durch den Verfrachter ausgeübt (§ 731 Abs. 2 HGB). Der Kapitän darf Güter nicht ausliefern, bevor Sicherheit für die auf ihnen lastenden Havarie-grosse Beiträge geleistet ist (§ 731 Abs. 1 HGB). Deswegen werden die Güter am Bestimmungsort nur dann ausgeliefert, wenn die Ladungsinteressenten einen sogenannten *General Average Bond* unterzeichnen, mit dem sie sich verpflichten, den auf sie entfallenden Havarie-grosse-Einschuss oder Beitrag zu leisten. Diese Verpflichtung geht dann nicht über die nach Gesetz und YAR bestehende Verpflichtung zur Leistung des Havarie-grosse-Beitrags hinaus, wenn der Bond von demjenigen gezeichnet wird, der ohnehin verpflichtet ist, also dem Eigentümer der Güter im Zeitpunkt des Beginns der Löschung am Ende der Reise (§ 725 Abs. 1 HGB). Der Bond wirkt dann nur deklaratorisch, erfüllt aber die Aufgabe, den Eigentümer zu identifizieren. Wird er von einem anderen als dem gesetzlich Beitragspflichtigen gezeichnet, schafft er konstitutiv einen Schuldgrund zur Zahlung der Beiträge. Als weitere Sicherung wird häufig die Gegenzeichnung des Versicherers auf dem Verpflichtungsschein, eine separate Garantie des Versicherers (*General Average Guarantee*), eine separate Bankgarantie oder ein Bareinschuss zur Deckung bereits feststehender Kosten verlangt.

Wird die Ladung vor Entrichtung oder Sicherstellung des Havarie-grosse-Beitrages ausgeliefert, macht sich der Kapitän bzw. der Verfrachter der Havarie-grosse-Gemeinschaft gegenüber schadenersatzpflichtig (§ 485 i.V.m. § 731 Abs. 1 HGB).

Stellvertretende Havarie-grosse-Kosten

Neben den echten eigentlichen Havarie-grosse-Kosten kennt das Havarie-grosse-Recht die sogenannten stellvertretenden Kosten.

Es ist bei einer großen Havarie oft billiger, die Ladung nicht im Nothafen zu löschen, einzulagern, das Schiff zu reparieren und die Ladung nach Beendigung der Reparatur wieder an Bord zu nehmen, sondern statt dessen die Ladung mit Ersatzschiffen vom Nothafen zum Bestimmungsort zu befördern oder die Ladung im Nothafen zu verkaufen und den Mindererlös in Havarie-grosse zu vergüten. Man nennt diese Kosten deshalb stellvertretend, weil sie an Stelle echter Havarie-grosse-Kosten aufgewendet worden sind. Sie sind insoweit vergütungsfähig, als durch sie echte Havarie-grosse-Kosten vermieden worden sind.

Die Ursache der Havarie-grosse

Die Ursache, wegen der eine Havarie-grosse entstanden ist, spielt für die Anerkennung der Havarie-grosse keine Rolle.

Dadurch, dass nicht ein Naturereignis, sondern das Verschulden eines Dritten oder eines Beteiligten an der Havarie-grosse-Gemeinschaft die Havarie-grosse-Maßnahmen ausgelöst hat, wird die Anwendung der Havarie-grosse-Bestimmungen nicht ausgeschlossen, und die Kosten, die im Interesse der Errettung aus der gemeinsamen Gefahr aufgewendet worden sind, werden entsprechend verteilt.

Ist jedoch der Schuldige ein Beteiligter (Schiff oder Ladung), dann kann er wegen des ihm entstandenen Schadens keine Vergütung in Havarie-grosse fordern (vgl. Regel D der YAR), und er ist außerdem den anderen Beteiligten zum Schadenersatz verpflichtet (§ 702 Abs. 2 HGB; bezüglich der Haftung des Versicherers vgl. jedoch § 29 Abs. 1 Satz 2 ADS).

Ausnahme von Grundregel A der YAR

Eine wichtige Durchbrechung der Grundregel A der YAR findet sich in der Regel X b und XI b der YAR. Diese besteht darin, dass auch die Kosten in Havarie-grosse vergütet werden, die aufgewendet werden müssen, wenn ein Schiff in irgendeinem Hafen einen Schaden reparieren muss, dessen Reparatur zur sicheren Fortsetzung der Reise erforderlich ist. Tritt also etwa in einem Zwischenhaften eine Kollision des Schiffes mit der Pier ein, und das Schiff muss zum Zweck der Reparatur gedockt werden, und es wird ein Teil der Ladung gelöscht, so liegt ein Havarie-grosse-Fall vor, obwohl eine gemeinsame Gefahr in dem sicheren Hafen nicht gegeben ist.

Diese Bestimmung war bei den Güterversicherern zunehmend auf Kritik gestoßen, weil sie meinten, auf diese Weise zu Erhaltungsaufwand des Schiffes herangezogen zu werden. Die Kritik fand Gehör. In den YAR 2004 ist das Vergütungsrecht deutlich eingeschränkt. Allerdings haben sich die Reedereiverbände gegen diese Version der YAR ausgesprochen. Kein Vertragsformular der BIMCO sieht die Geltung der YAR 2004 vor. Da die meisten Seefracht- und Zeitcharterverträge auf Basis von Formularen geschlossen werden, haben die YAR 2004 noch keine wirkliche Verbreitung gefunden.

Für die Deckung von Havarie-grosse-Beiträgen ist zu beachten dass diese nur besteht, soweit durch die Havarie-grosse-Maßnahme versicherter Schaden abgewendet werden sollte (§ 29 Abs. 1 Satz 2 ADS, Ziff. 28.1 DTV-ADS, Ziff. 2.3.1.1 DTV-Güter). Beschränken sich die Havarie-grosse- Aufwendungen auf solche der Regeln X b) und XI b) (z. B. Heuern und Unterhalt; Hafenkosten) wegen einer zur Reisefortsetzung erforderlichen Reparatur, erfolgen sie nicht zur gemeinsamen Sicherheit, sondern zur Fortsetzung der Reise. Denn es fehlt an der Abwendung des versicherten Schadens, wenn das Schiff auch mit der Beschädigung sicher im Hafen liegt. In solchen Fällen entsteht nach Havarie-grosse-Recht durchaus ein Vergütungsanspruch – dem entsprechende Beitragspflichten gegenüberstehen –, diese fallen dann aber nicht unter den Versicherungsschutz.

Non-Separation-Agreement

Nach Regel X und XI der York-Antwerp-Rules sind die Mannschafts- und andere Kosten während des Aufenthaltes des Schiffes im Nothafen in Havarie-grosse zu verteilen.

Erfordert jedoch die Reparatur im Nothafen eine längere Zeit, wird es regelmäßig zweckmäßig sein und im Interesse der Ladung liegen, die Güter mit einem anderen Schiff zum Bestimmungshafen weiterzubefördern. Die besondere Vereinbarung eines „Non Separation Agreement" ist nach den YAR seit 1994 nicht mehr erforderlich, weil dieses in die Regel G aufgenommen worden ist.

Künftiges Schicksal der Havarie-grosse

Eine Zeit lang wurde über die Frage diskutiert, ob das Rechtsinstitut der Havarie-grosse noch zeitgemäß ist, da die Feststellung der in der Havarie-grosse-Gemeinschaft verhaftenden Werte im gesunden und im geretteten Zustand sowie die Abgrenzung von Havarie-grosse-Kosten und die Verteilung der Beiträge auf unter Umständen hunderte von Ladungspartien auf einem Schiff sehr zeit- und kostenaufwendig ist (vgl. *Remé*, Abschaffung oder Vereinfachung der Havarie-grosse, in: Schriften des Deutschen Vereins für Internationales Seerecht, Reihe A, Bericht und Vortäge, Heft 13, Hamburg 1970). Diese Fragen haben durch die dramatisch zunehmende Größe von Containerschiffen ihre grundsätzliche Berechtigung behalten. Bei einem Kostenaufwand je Konnossmentpartie von zurzeit etwa 500 US-Dollar ergeben sich allein durch die Dispachierung großer Havarie-grosse-Fälle Abwicklungskosten, die teilweise nicht mehr in angemessenem Verhältnis zu den eigentlichen in Havarie-grosse zu verteilenden Schäden und Kosten stehen. Deshalb enthalten die Kaskopolicen großer Flotten eine Vereinbarung, dass Havarie-grosse-Kosten, die einen bestimmten Betrag nicht übersteigen, von den Kaskoversicherern allein übernommen werden (sogenannte *G.A. Absorption Clause* oder *Small General Average Clause*). Die DTV-ADS stellen in Ziff. 29.6 eine solche Klausel zur Verfügung, die aber nur bei besonderer Vereinbarung, üblicherweise gegen Prämienzuschlag, zur Anwendung kommt.

2.4 Die Versicherung von Havariegeldern

Bei Havariegeldern handelt es sich um Kosten oder Verpflichtungen, die infolge eines Seeunfalles zur Beseitigung seiner Folgen aufgewendet werden müssen bzw. eingegangen worden sind. Heutzutage ist Hauptanwendungsfall der Havariegelder-Versicherung die Havarie-grosse. Der Dispacheur deckt Havariegelder im Interesse der in Havarie-grosse-Vergütungsberechtigten für den Fall, dass die beitragspflichtigen Werte durch nach dem Havarie-grosse-Fall eintretende Ereignisse sich im Wert mindern oder verlorengehen und daraus für die Vergütungsberechtigten ein Schaden entstehen kann, weil die beitragenden Werte nicht mehr vorhanden oder in ihrem Wert gemindert sind. Im deutschen Markt wird entweder nach den englischen Average Disbursement Clauses eingedeckt oder nach besonderen Bedingungen, die darüber hinaus noch eine Versicherung für Güter enthalten, die im Rahmen eines Nothafenaufenthalts aus dem Schiff ausgeladen, zwischengelagert und wieder eingeladen werden müssen.

Hintergrund dieses Deckungsbaustein ist folgender: Es gibt Märkte, in denen eine solche Maßnahme eine Deviation darstellt, die den Deckungsschutz unter der Transportversicherung beeinträchtigt. Um den Verfrachter von erweiterten Haftpflichten freizuhalten, nimmt der Dispacheur deshalb zugunsten der Ladungseigentümer eine Transportversicherung, die aber zu bestehenden Transportversicherungen subsidiär ist.

2.5 Anzeigepflicht, Änderungen der versicherten Gefahr und Beförderungsänderung

Anzeigepflicht

> Anzeigepflicht betrifft alle dem Versicherungsnehmer bekannten Umstände, die gefahrerheblich sind.

Eine sichere Prämienkalkulation ist nur möglich, wenn der Versicherer weiß, welche Umstände für die Übernahme der Gefahr erheblich sind. Deshalb trifft den Versicherungsnehmer eine Anzeigepflicht. Nach § 19 VVG ist nur noch die Anzeige solcher Umstände verlangt, nach denen der Versicherer in Textform gefragt hat. Die Transportversicherung orientiert sich noch an § 19 VVG a.F. Nach § 19 ADS, Ziff. 22.1 DTV-ADS und Ziff. 41 DTV-Güter sind alle bekannten Gefahrumstände anzuzeigen, die für die Entscheidung des Versicherers erheblich sind, den Vertrag mit dem vereinbarten Inhalt zu schließen. Dabei geht es nicht nur um den Inhalt des Vertrages, sondern auch darum, ob er überhaupt abgeschlossen worden wäre. So ausdrücklich Ziff. 4.1 DTV-Güter und Ziff. 22.1 DTV-ADS. Umstände, nach denen der Versicherer ausdrücklich gefragt hat, gelten im Zweifel als erheblich, § 21 ADS, Ziff. 4.1 DTV-Güter, Ziff. 22.1 DTV-ADS, aber eben nur *im Zweifel*, so dass der Beweis des Gegenteils möglich ist. Anders § 21 ADS für die Fälle der Zusicherung der Richtigkeit der Anzeige, des absichtlichen Verschweigens oder absichtlichen Unrichtigkeit: diese gelten unwiderleglich als erheblich (vgl. Ritter/Abraham, § 21 Anm. 4).

In der Güterversicherung kommt es vor, dass gefahrerhebliche Umstände vom Versicherer anhand eines schriftlichen Fragenkatalogs des Versicherers anzuzeigen sind. Für diesen Fall bestimmt Ziff. 4.3 DTV-Güter, dass bei Nichtanzeige eines nicht nachgefragten Umstandes Leistungsfreiheit nur bei arglistigem Verschweigen durch den Versicherungsnehmer (oder seinen Vertreter) eintritt. Die Seekaskobedingungen enthalten eine solche Regelung nicht, denn dort werden üblicherweise keine schriftlichen Fragenkataloge verwendet.

Gefahrerheblich sind auch solche Umstände, die zwar nicht die Möglichkeit der Verwirklichung der Gefahr, sondern lediglich solche Umstände betreffen, die erst nach durchgeführter Schadenregulierung wichtig werden, wie z. B. der Regress des Versicherers gegen den Frachtführer. Die mit Rücksicht darauf, dass die Vereitelung des Regresses in der Sondervorschrift des § 45 Abs. 2 ADS dem Versicherer ein Leistungsverweigerungsrecht gibt, zum Teil vertretene Auffassung, dass es sich hier nicht mehr um eine anzeigepflichtige Gefahrerhöhung, sondern um einen Sondertatbestand handelt, ist abzulehnen (wie hier *Ehlers*, in Thume/de la Motte, Kap. 3.A Rn. 181); denn die Rechtsfolgen sind grundsätzlich anders.

Der Versicherungsnehmer muss die für die Übernahme der Gefahr erheblichen Umstände bei Schließung des Vertrages (gemeint ist vor Schließung) anzeigen. Verletzt er die Anzeigepflicht, sehen die Versicherungsbedingungen unterschiedliche Rechtsfolgen vor. § 20 ADS bestimmt allein die Leistungsfreiheit des Versicherers. Dies sehen auch Ziff. 4.2 DTV-Güter und Ziff. 22.2 DTV-ADS. Erstere gewähren aber dem Versicherungsnehmer für den Fall der Leistungsverweigerung durch den Versicherer ein Kündigungsrecht, Letztere zusätzlich auch dem Versicherer (ebenso § 130 VVG). Beide Kündigungen sind nur innerhalb eines Monats möglich, für den Versicherer gerechnet ab Kenntnis des Umstandes, für den Versicherungsnehmer ab Zugang der Leistungsverweigerung.

§ 20 ADS unterscheidet zwischen *unterbliebener Anzeige* und *unrichtiger Anzeige*. Bei der unrichtigen Anzeige, zu der auch die unvollständige Anzeige zählt (*Ritter/Abraham*, § 20 ADS 1919, Anm. 25) soll es nicht auf ein Verschulden des Versicherungsnehmers ankommen, sondern nur auf die objektive Unrichtigkeit. Insoweit ist die Bestimmung aber vom BGH (VersR 1980, 964 – „Janra") – vor Erlass des AGB-Gesetzes – gestützt auf § 242 BGB für unwirksam erklärt worden. Dabei hat er auf das Verschuldenserfordernis in § 17 VVG und § 809 HGB verwiesen. Das VVG ist zwar aufgrund von § 209 VVG für die Seeversicherung nicht anwendbar und hat für die Seeversicherung auch keinen Leitbildcharakter (Schwampe, Festschrift Thume, S. 251). Auch ist das Seeversicherungsrecht des HGB aufgehoben. Trotzdem ist dem BGH zu folgen, denn das Verschuldensprinzip ist ein tragender Grundsatz des gesamten deutschen Versicherungsrechtes (anders die Vorauflage und die ältere Literatur, vgl. Ritter/Abraham, § 20 Anm. 32; Schlegelberger, § 20 Rn. 4). Von ihm kann zwar durch ausdrückliche Vereinbarung der Parteien durchaus abgewichen werden; bloßes Schweigen reicht dafür aber nicht aus. Auch für die unterbliebene Anzeige gilt daher, was für die unrichtige Anzeige gilt: Der Versicherer ist leistungsfrei, wenn der Versicherungsnehmer nicht nachweist, dass ihn kein Verschulden trifft (§ 20 Abs. 2 ADS, Ziff. 4.2 DTV-Güter, Ziff. 22.3 DTV-ADS). Insoweit schadet also schon einfache Fahrlässigkeit.

Anzuzeigen ist nur, was der Versicherungsnehmer kennt. Leistungsfreiheit des Versicherers tritt aber auch dann ein, wenn ein gefahrerheblicher Umstand nicht angezeigt wird, weil den Versicherungsnehmer insoweit grobe Fahrlässigkeit trifft.

In beiden Fällen, bei der unrichtigen und der unterlassenen Anzeige, treten Rechtsfolgen nicht ein, wenn der Versicherer den unrichtig oder nicht angezeigten Umstand kannte (§ 20 Abs. 2 ADS, Ziff. 22.3 DTV-ADS, Ziff. 4.3 DTV-Güter).

Zur Kausalität bestimmt § 131 Abs. 2 VVG für die Binnentransportversicherung, dass die Verpflichtung des Versicherers auch dann bestehen bleibt, wenn der nicht oder unrichtig angezeigte Umstand nicht ursächlich für den Eintritt des Versicherungsfalles oder den Umfang der Leistungspflicht war. Ziff. 4.2 DTV-Güter und Ziff. 22.2 DTV-ADS bestimmen das Gleiche, während die ADS dazu schweigen, woraus *Ritter/Abraham*, § 20 Anm. 32 schließt, dass sie für die Leistungsfreiheit unbedeutend ist. Tatsächlich gehört aber das Kausalitätserfordernis, wie das Verschuldenserfordernis, zu den Grundsätzen des deutschen Versicherungsrechtes, die auch dann anwendbar sind, wenn die Bedingungen dies nicht ausdrücklich vorsehen (BGH VersR 1984, 830 und 1993, 223). Auch hier gilt, dass die Parteien durchaus auf ein Kausalitätserfordernis verzichten können, dass sie dies aber ausdrücklich tun müssen.

Ist die Anzeige ohne Verschulden des Versicherungsnehmers unterblieben, so bleibt der Versicherer leistungspflichtig, jedoch hat er Anspruch auf eine Zuschlagsprämie (§ 20 Abs. 3 ADS Ziff. 4.4 DTV-Güter, Ziff. 22.4 DTV-ADS).

Wird der Vertrag nicht durch den Versicherungsnehmer selbst, sondern durch einen Vertreter geschlossen, dann trifft die Anzeigepflicht nicht nur den kontrahierenden Vertreter, sondern auch den Versicherungsnehmer selbst (§ 22 ADS, Ziff. 4.1 DTV-Güter, Ziff. 22.1 DTV-ADS).

Für die laufende Versicherung von Gütern ergeben sich Besonderheiten, die bei der Behandlung der Bestimmungen über die laufende Versicherung erörtert werden (siehe S. 206 ff.).

Bei Versicherungen auf Basis der ADS ist die Leistungsfreiheit einzige Rechtsfolge. Bei Kaskoversicherungen auf Basis der DTV-ADS und bei Güterversicherungen auf Basis der DTV-Güter kann der Versicherer außerdem den Vertrag kündigen.

Gefahränderungen

> Gefahränderungen sind zulässig. Der Versicherungsnehmer muss sie unverzüglich anzeigen und eventuell Zulageprämie zahlen.

ADS-Regelung

Die Gefahränderungsvorschriften der ADS sind heutzutage nur noch dort von Bedeutung, wo Spezialdeckungen der Seeversicherung in Ergänzung zu für sie formulierten Versicherungsbedingungen auf die ADS verweisen, denn im Güter- und Kaskobereich treffen die ADS Güterversicherung und die DTV-Kaskoklauseln abweichende Regelungen.

Die alte Regelung in den ADS geht von der Überlegung aus, dass sich der Versicherer darauf verlassen können muss, dass die von ihm übernommene Gefahr nicht einseitig durch den Versicherungsnehmer oder mit dessen Erlaubnis durch Dritte geändert wird. Der Versicherungsnehmer darf deshalb die Gefahr nicht ändern, sie insbesondere nicht erhöhen (§ 23 ADS, der auch eine Aufzählung von Beispielen für die Änderung der Gefahr enthält). Wird die Gefahr vom Versicherungsnehmer geändert oder gestattet er eine solche Änderung, so ist der Versicherer von der Leistung frei, es sei denn,

- die Änderung war unerheblich,
- sie hatte keinen Einfluss auf Eintritt und Höhe des versicherten Schadens,
- sie war durch ein Gebot der Menschlichkeit veranlasst, oder
- sie war durch ein versichertes Ereignis oder durch das Interesse des Versicherers bedingt.

(Vgl. hierzu auch § 24 Abs. 2 ADS)

Die Beweislast für das Vorhandensein der Voraussetzungen, also für fehlende Schuld oder fehlende Kausalität und damit das Fortbestehen der Leistungspflicht des Versicherers, trägt der Versicherungsnehmer.

Moderne Regelungen
Die strenge und auch verhältnismäßig unübersichtliche Behandlung der Gefahränderung in den §§ 23 ff. ADS ist für die Güterversicherung durch Ziff. 2 ADS Güterversicherung, weitgehend identisch mit Ziff. 5 DTV-Güter und für die Seekaskoversicherung durch Klausel 11 DTV-Kaskoklauseln, weitgehend identisch mit Ziff. 24 DTV-ADS, wesentlich vereinfacht und zugunsten des Versicherungsnehmers geändert worden. Danach darf der Versicherungsnehmer Gefahränderungen vornehmen und solche durch Dritte gestatten. Er muss jedoch die Gefahränderung unverzüglich anzeigen und eine Zulageprämie bezahlen. Bei Vorliegen bestimmter Voraussetzungen, die in Ziff. 2.5 ADS Güterversicherung, Ziff. 5.5 DTV-Güter bzw. Klausel 11.5 DTV-Kaskoklauseln, Ziff. 24.4 DTV-ADS genannt sind, entfällt die Zulageprämie.

Bei Verletzung der Anzeigepflicht ist der Versicherer leistungsfrei, es sei denn, die Verletzung beruhte weder auf Vorsatz noch auf grober Fahrlässigkeit (in der Seekaskoversicherung aufgrund der DTV-Kaskoklauseln schadet nur Vorsatz (Ziff. 11.3) aufgrund der DTV-ADS 2009 (Ziff. 24.3 DTV-ADS) wie bei der Güterversicherung auch grobe Fahrlässigkeit) oder die Gefahrerhöhung hatte weder Einfluss auf den Eintritt des Versicherungsfalles noch auf den Umfang der Leistungspflicht des Versicherers.

Die englische Transportversicherung geht grundsätzlich den gleichen Weg wie die deutsche. Die §§ 42 ff. MIA entsprechen der Regelung der §§ 23 ff. ADS; jedoch werden in den verschiedenen Institute Clauses Gefahränderungen als *held covered at a premium to be arranged* bezeichnet. In einigen Fällen kann der Versicherer auch die Bedingungen für den Umfang der Versicherung neu vereinbaren.

Beförderungsänderung

Es ist für die Übernahme der Versicherung wesentlich, mit welcher Art von Transportmitteln der Transport durchgeführt wird. Auch kann es bei bestimmten Gütern von Bedeutung sein, dass sie nur mit einem bestimmten Spezialtransportmittel oder nur auf einem bestimmten Transportweg oder nur in direktem Transport ohne Umladung befördert werden.

Nach Ziff. 4 ADS Güterversicherung und Ziff. 6 DTV-Güter ist der Versicherer in folgenden Fällen leistungsfrei:

- Beförderung mit einem Transportmittel anderer Art als im Versicherungsvertrag vereinbart, z. B. Schiff statt Flugzeug,
- Umladung der Güter, obwohl direkter Transport vereinbart war,
- Verwendung eines anderen Transportmittels als des ausschließlich vereinbarten,
- Wahl eines anderen Transportweges als des ausschließlich vereinbarten.

Die Leistungspflicht bleibt jedoch bestehen, wenn nach dem Beginn der Versicherung die Beförderung ohne Zustimmung des Versicherungsnehmers oder infolge eines versicherten Ereignisses geändert oder die Reise aufgegeben wird. Als Zustimmung ist nicht nur eine ausdrücklich erklärte anzusehen, sondern auch die widerspruchslose Entgegennahme eines Konnossements, in dem sich der Reeder die Änderung der Beförderung vorbehält.

Beispiele:
(1) Elektrische Instrumente sind für eine Reise per Flugzeug von München nach einem südamerikanischen Binnenplatz versichert. Der Versicherungsnehmer bringt sie jedoch nicht per Flugzeug nach Südamerika, sondern mit der Eisenbahn nach Hamburg, von dort mit dem Schiff und dann weiter per LKW zum Bestimmungsort zum Versand. Ergebnis: Der Versicherer ist für die eingetretenen Schäden leistungsfrei.

(2) Zement in Papiersäcken wird für die Reise von Hamburg nach Accra mit der Vereinbarung versichert: Direkter Transport.

Die Reederei disponiert jedoch das Schiff ohne Zustimmung des Versicherungsnehmers um, und der Zement wird in Rotterdam in ein anderes Schiff umgeladen und mit diesem nach Accra weiterbefördert.

Ergebnis: Da die Änderung der Beförderung ohne Zustimmung des Versicherungsnehmers erfolgt, bleibt der Versicherer zur Leistung verpflichtet, Voraussetzung ist jedoch, dass das Konnossement keine entsprechende Klausel enthält, mit der der Reeder sich die Freiheit der Umdisposition vorbehält, denn dann liegt in der Entgegennahme des Konnossements die Zustimmung zu Änderung der Beförderung.

(3) Güter sind für eine Reise mit dem Motorschiff „X" versichert. Sie werden jedoch mit dem Motorschiff „Y" befördert. Da es sich um ein Transportmittel gleicher Art handelt, wird der Versicherungsschutz nicht beeinträchtigt.

(4) Güter werden im Rahmen einer vorgesehenen Umladung aus ihren Transportkisten genommen und unverpackt weiter transportiert. Da die Umladung selbst von vornherein vorgesehen war und das Ausladen aus den Transportkisten selbst keine Umladung darstellt, besteht Versicherungsschutz. Es liegt aber unter Umständen eine anzeigepflichtige Gefahrerhöhung vor.

2.6 Police

Allgemeines

Für die Police in der Transportversicherung gelten gegenüber der Regelung des VVG (dort: Versicherungsschein) einige Besonderheiten.

Zunächst sind die Vorschriften der §§ 3 und 5 VVG in den §§ 14 und 15 ADS etwas vereinfacht worden. Das gilt z. B. für die Genehmigung des Inhalts der Police (vgl. § 5 VVG mit § 15 ADS) und dafür, dass laut ADS eine Police nur auf Verlangen des Versicherungsnehmers auszustellen ist. Allerdings genügt für den Versicherungsschein nach VVG gem. § 3 Abs. 1 VVG Textform (§ 126b BGB: *Ist durch Gesetz Textform vorgeschrieben, so muss die Erklärung in einer Urkunde oder auf andere zur dauerhaften Wiedergabe in Schriftzeichen geeignete Weise abgegeben, die Person des Erklärenden genannt und der Abschluss der Erklärung durch Nachbildung der Namensunterschrift oder anders erkennbar gemacht werden.*), während § 14 Abs. 1 ADS Unterzeichnung der Urkunde erfordert. In der Praxis ist es auch bei laufenden Versicherungen die Regel, neben der Generalpolice Einzelpolicen über die einzelnen Abladungen (vgl. Ziff. 6.2 Bestimmungen für die laufende Versicherung) nur dann auszustellen, wenn während der versicherten Reise das Interesse an den Gütern auf einen anderen übergeht oder wenn es durch die Bank des Versicherungsnehmers verlangt wird. Ob eine Police ausgestellt wird oder nicht, spielt für die Rechtswirksamkeit des Vertrages keine Rolle.

Rechtsnatur der Police

Die Police nach VVG ist stets Beweisurkunde, sie ist bei besonderer Vereinbarung Schuldschein (§§ 371 und 952 BGB) oder Legitimationspapier (§ 808 BGB), und sie ist nie echtes Wertpapier.

Wenn nichts anderes vereinbart ist, ist die Police nach ADS stets Beweisurkunde, stets Schuldschein und stets Legitimationspapier.

Sie legitimiert jedoch nicht den Inhaber der Police, die Zahlung verlangen zu können, sondern sie legitimiert den Versicherer, an den Inhaber zahlen zu können. Der Versicherer kann, er muss aber nicht die Berechtigung des Inhabers der Police prüfen.

Bei besonderer Vereinbarung kann die Transportversicherungspolice als echtes Wertpapier, nämlich als Order- oder als Inhaberpapier, ausgestellt werden. Dies geschieht jedoch vernünftigerweise so gut wie gar nicht. Da diese Frage nur für die Güterversicherung interessant ist, wird darauf dort noch näher einzugehen sein (siehe S. 211 f.).

Anstelle oder neben der Police findet man in der Praxis häufig die sogenannte Deckungsnote (engl.: *cover note*). Sie wird häufig von Maklern ausgestellt und gibt für den Versicherungsnehmer den Inhalt des abgeschlossenen Versicherungsvertrages wieder. Sie sind zumeist keine Policen im Rechtssinne, können es aber sein, wenn der Versicherer sie (gegen)zeichnet, denn § 14 ADS verlangt nicht, dass der Versicherer die Police erstellt, er muss sie nur unterzeichnen. Sie ist nie, auch nicht bei Paraphierung durch den Versicherer, Wertpapier. Die DTV-ADS sehen in Ziff. 18 ausdrücklich vor, dass Deckungsnoten für den Inhalt des Versicherungsvertrages nur bei Gegenzeichnung durch den Versicherer maßgeblich sind. Liegen Police und Deckungsnote nebeneinander vor, ist nach Ziff. 18.2 DTV-ADS allein die Police maßgeblich.

Englische Regelung

Nach englischem Recht ist der Versicherungsvertrag nur rechtsgültig, wenn eine gezeichnete Police ausgestellt wird (vgl. §§ 22 bis 24 MIA). Laut § 21 MIA ist der Vertrag nur und erst dann als abgeschlossen anzusehen, wenn der Slip von allen Beteiligten gezeichnet worden ist. Auch als Prozessgrundlage ist nach § 89 MIA der Slip zu verwenden.

Bezüglich der Policenform verweist § 30 MIA auf den Anhang zum MIA. Dort ist die sogenannte *SG-Policy* als Standardformular zugrunde gelegt, und es sind Regeln für die Ausfertigung von Policen aufgestellt worden.

Seit Jahrhunderten wurden in England Transportversicherungspolicen nach einem bestimmten Muster ausgestellt, das alle Versicherer in gleicher Weise verwendeten. Diese inoffizielle Standardpolice wurde als offizielle Lloyd's-Police im Jahre 1779 eingeführt. Sie erhielt den Namen SG-Police und blieb im Laufe der Zeit nahezu unverändert. Auch bei der Schaffung des Marine Insurance Act (MIA) im Jahre 1906 wurde sie als Standard-Police verwendet.

Das altehrwürdige Instrument der SG-Police, das trotz seines schon lange veralteten Wortlauts noch bis in die Neuzeit verwendet worden ist, weil im Laufe von ca. 200 Jahren nahezu jedes Wort durch Gerichtsurteile interpretiert worden ist, wurde 1982 für die Güterversicherung und 1983 für die Kaskoversicherung aufgegeben. An die Stelle der SG-Police ist die Lloyd's- bzw. die ILU (Institute of London Underwriters) Company's Marine Policy getreten.

Auf drei Punkte ist dabei besonders hinzuweisen:

1. Die alte SG-Police enthielt bereits einen Teil der Versicherungsbedingungen, deren Deckungsumfang durch die Institute Clauses erweitert oder verändert wurde. Die neue Marine Policy fungiert nur noch als Deckblatt und ist auf den folgenden Seiten je nach Art des versicherten Objektes hinsichtlich der Einzelheiten zu vervollständigen (z. B. Versicherungsnehmer, versicherter Gegenstand, Wert, Prämie, Bedingungen etc.). Die Bedingungen für den Umfang des Versicherungsschutzes sind im Interesse der Übersichtlichkeit nicht mehr im Policenformular, sondern in den entsprechenden Institute Clauses und geschriebenen Bedingungen enthalten.

2. Die Marine Policy enthält als Klarstellung den Hinweis, dass jeder Versicherer nur im Verhältnis des von ihm gezeichneten Anteils ersatzpflichtig ist und deshalb keine gesamtschuldnerische Haftung der Versicherer besteht.

3. Die Marine Policy bestimmt als Gerichtsstand die englischen Gerichte (*This insurance is subject to English jurisdiction*). Soll ein ausländischer Gerichtsstand vereinbart werden, so muss diese Bestimmung geändert werden.

Wegen der Haftung des englischen Maklers für die Prämie dem Versicherer gegenüber (vgl. § 53 Abs. 1 MIA) bleibt in England die Police häufig in seinen Händen und setzt ihn so in die Lage, von seinem ihm laut § 53 Abs. 2 MIA zustehenden Zurückbehaltungsrecht Gebrauch zu machen. In sehr vielen Fällen wird die Police auch unmittelbar auf den Namen des Maklers ausgestellt, der sie dann an die Versicherten indossiert oder – wie bei der Güterversicherung – Zertifikate ausstellt.

2.7 Der Versicherungswert

Der Versicherungswert als Ausdruck des versicherten Interesses

Das Interesse, das unter Versicherungsschutz gebracht werden soll, muss in Geld schätzbar sein, denn der Versicherer muss ja auch in Geld entschädigen. Im Versicherungswert kommt der volle Geldwert des Interesses zum Ausdruck (§ 6 Abs. 1 ADS, Ziff. 10.1 DTV-Güter, Ziff. 10.1 DTV-ADS).

Je nach dem Träger des Interesses können unterschiedliche Interessen, die sich auf die gleiche Sache beziehen, einen unterschiedlichen Wert haben. So ergeben sich z. B. für den Eigentümer, den Pfandgläubiger und den Haftpflichtigen, der wegen eines Schadens an der Sache in Anspruch genommen wird, unterschiedliche Wertbeziehungen jeweils zu der gleichen Sache.

Die Höhe des vollen Wertes dieses Interesses kann deshalb nach den besonderen Verhältnissen des Einzelfalles unterschiedlich sein. Aus diesem Grund haben die Bestimmungen der Versicherungsbedingungen, die sich mit der Ermittlung des Versicherungswertes für verschiedene Fälle befassen, keine abschließende Bedeutung. Sie sind nur Hilfsmittel, und es steht nichts dagegen, bei Abschluss des Versicherungsvertrages eine andere Vereinbarung über die Festlegung des Versicherungswertes zu treffen, sofern nur ein versicherbares Interesse vorhanden ist.

Die Bestimmungen der ADS und der DTV-Bedingungen gehen sämtlich davon aus, dass der Versicherungswert derjenige Wert ist, der bei Beginn der Versicherung vorhanden ist.

Die erwähnten Bestimmungen für die Ermittlung des Versicherungswertes finden sich in:

- § 70 ADS in Verbindung mit Ziff. 3 DTV-Kaskoklauseln sowie Ziff. 10 DTV-ADS für die Kaskoversicherung (siehe S. 237 ff.)

Der Versicherungswert

- Ziff. 6 ADS Güterversicherung und Ziff. 10 DTV-Güter für die Güterversicherung
- § 101 ADS für den imaginären Gewinn
- § 104 ADS für die Provision
- § 107 ADS für die Fracht
- § 108 ADS für Schiffsmiete und Überfahrtsgelder
- § 110 ADS für Haverei-, und ähnliche Gelder

Ungeachtet dieser Bestimmungen entspricht die Versicherungssumme häufig nicht dem Versicherungswert bei Beginn der Versicherung, so zum Beispiel, wenn Zoll, imaginärer Gewinn oder Mehrwert bei der Bildung der Versicherungssumme einbezogen werden.

Gem. § 6 Abs. 1 ADS, Ziff. 10.1 DTV-Güter und Ziff. 10.1 DTV-ADS gilt der Versicherungswert als Ausdruck des vollen Wertes des versicherten Interesses. Dies hat eine wichtige Bedeutung im Schadenfall.

Beispiel:
Ein Gut ist zu einem Preis von EUR 100 pro Einheit CIF gekauft und wird einschließlich der Fracht und des imaginären Gewinns mit EUR 120 pro Einheit versichert. Zwischen Abschluss des Kaufvertrages und Verschiffung steigt der Marktpreis auf EUR 140. Der Versicherungsnehmer versichert die Marktpreissteigerung als Mehrwert. Auf der Reise wird das Gut in seiner ursprünglichen Beschaffenheit zerstört. CIF-Versicherer und Mehrwert-Versicherer zahlen Totalverlust. Beim Verkauf der Reste durch den CIF-Versicherer wird ein Erlös von EUR 20 pro Einheit erzielt. Dieser Erlös (das Provenue) gebührt allein dem CIF-Versicherer, weil die Hauptversicherung als Versicherung des vollen Wertes des Interesses gilt.

Etwas anderes würde nur dann gelten, wenn die Mehrwertversicherung als Mitversicherung zu der bestehenden Hauptversicherung vereinbart werden würde. In diesem Fall wären beide Versicherungen gleichwertige Deckungen, die beide für sich selbst Unterversicherung und erst in ihrer Gesamtheit eine volle Versicherung des Risikos bedeuten.

Versicherungswert, Versicherungssumme und Versicherungstaxe

Derjenige Teil des Versicherungswertes, der versichert werden soll, kommt in der Versicherungssumme zum Ausdruck. Deckt sich die Versicherungssumme mit dem Versicherungswert, dann liegt eine Vollversicherung vor; ist sie niedriger, dann handelt es sich um eine Teilversicherung, ist sie höher, liegt Über- bzw. Doppelversicherung vor.

Die Teilversicherung ist im Zweifel Unterversicherung und nur bei besonderer Vereinbarung Versicherung auf erstes Risiko. Bei der Versicherung auf erstes Risiko leistet der Versicherer im Schadenfalle bis zur Höhe der Versicherungssumme. Letzteres ist jedoch in der Transportversicherung ungewöhnlich.

Für die Versicherungssumme sowie für die Über-, Doppel- und Unterversicherung gelten in der Transportversicherung keine Besonderheiten gegenüber dem allgemeinen Versicherungsrecht (vgl. §§ 8-12 ADS mit §§ 74-79 VVG).

| Der Versicherungswert wird in der Regel durch eine Taxe festgelegt.

Die Höhe des Versicherungswertes kann auch durch eine besondere Vereinbarung festgelegt – taxiert – werden (es wird nicht die Versicherungssumme, sondern der Versicherungswert taxiert). Ist dies geschehen, dann ist die Taxe für den Versicherungswert maßgebend (§ 6 Abs. 2 ADS, Ziff. 10.5 DTV-Güter, Ziff. 10.3 bis 10.5 DTV-ADS). Im Gegensatz zum allgemeinen Versicherungsrecht, das im § 76 VVG ebenfalls die Möglichkeit der Taxierung des Versicherungswertes vorsieht, hat die taxierte Police in der Transportversicherung eine ganz besonders große Bedeutung und Verbreitung gefunden.

Mit der Bestimmung des Versicherungswertes durch Vereinbarung einer Taxe wird eine wertmäßige Gleichheit von Versicherungswert und Taxe geschaffen. Ist die Taxe gleichzeitig die Versicherungssumme (das ist der Normalfall, von dem im Folgenden ausgegangen wird), dann besteht diese Gleichheit auch für die Versicherungssumme und den Versicherungswert.

Die Taxe ist also für den Versicherungswert maßgebend. Ist sie kleiner als der wirkliche Versicherungswert, dann kann der Versicherer in der Kaskoversicherung bei Teilschäden insbesondere keine Unterversicherung geltend machen. Bei der Güterversicherung spielt dieser Gesichtspunkt keine große Rolle, da bei einem Teilschaden in dem Verhältnis abgerechnet wird, in dem der Gesundwert zur Versicherungssumme steht. Beim Totalverlust ist ohnehin für die Entschädigung nicht der Versicherungswert, sondern die Versicherungssumme maßgebend. Mit Ausnahme der Seegüterversicherung und der Seekaskoversicherung auf Basis der DTV-ADS (Ziff. 29) führt bei allen Zweigen der Transportversicherung eine Taxe, die geringer ist als der tatsächliche Wert, dann zu einer nur anteilmäßigen Entschädigung des Versicherers, wenn der Beitragswert in Havarie-grosse höher festgelegt wird als es dem Versicherungswert entspricht (§ 30 Abs. 8 ADS). Die ungedeckte Differenz kann in der Seekaskoversicherung als Havarie-grosse-Excedent versichert werden. In der Güterversicherung leistet gem. Ziff. 1.5.1.1 ADS Güterversicherung bzw. Ziff. 2.3.1.1 DTV-Güter der Versicherer gleichwohl vollen Ersatz, wenn der Versicherungswert zu Beginn der Versicherung richtig bemessen war, also keine Unterversicherung bestand. Das Gleiche gilt für die Seekaskoversicherung nach den DTV-ADS.

Im Übrigen können Erhöhungen des Versicherungswertes, die nach dem Beginn der Versicherung eintreten, durch eine Mehrwertversicherung gedeckt werden.

Wie oben ausgeführt, kann der Versicherer dann, wenn die Taxe kleiner ist als der Versicherungswert, keine Unterversicherung geltend machen. Man müsste deshalb annehmen, dass der Versicherer die Möglichkeit hat, eine Heraufsetzung der zu niedrigen Taxe zu verlangen, weil diese ja auch die Grundlage der Prämienberechnung ist. Dies ist jedoch nicht der Fall. Der Versicherer kann eine Heraufsetzung der Taxe nicht verlangen.

Er ist im Schadensfall auch nicht wegen Verletzung der vorvertraglichen Anzeigepflicht leistungsfrei, denn die Vorschriften zur Herabsetzung der Taxe sind insoweit abschießend.

Allerdings kann der Versicherer bei Vorliegen der Voraussetzungen wegen Irrtums, arglistiger Täuschung usw. (§§ 119, 123 BGB) anfechten. Das führt aber nicht zur Erhöhung der Taxe, sondern zur Rückabwicklung des Vertrages.

In der Güterversicherung ist die Ermittlung des Versicherungswertes als Grundlage für die Taxe kaum problematisch, weil dabei objektive Maßstäbe, wie z. B. Fakturenwert – bei Ermittlung der Taxe auf der Grundlage des Ankunftswertes auch Seefrachtkosten, Zölle usw. – angelegt werden können. In der Kaskoversicherung ist das schon sehr viel schwieriger, weil die Schiffswerte, die im Rahmen einer Jahresdeckung versichert werden, im Laufe des Versicherungsjahres aus technischen und konjunkturellen Gründen zum Teil erheblichen Schwankungen unterliegen. Sofern der Reeder die Möglichkeit hat, über eine möglichst hohe Interesseversicherungssumme für den Totalverlust insgesamt, also bei Addition von Kaskoversicherungs- und Interesseversicherungssumme, den vollen Wert des Schiffes (oder gar mehr als den vollen Wert, wenn der Reeder z. B. wegen Kapitaleinwerbung im deutschen KG-Modell ein Investitionsvolumen hat, welches über dem tatsächlichen Marktwert des Schiffes liegt) abzusichern, hat er regelmäßig ein Interesse an einer möglichst niedrigen Taxe. Denn Partschäden bekommt er ohne Rücksicht auf die Höhe der Taxe bezahlt, und die Prämie für die Interesseversicherung war traditionell niedriger als diejenige für die Kaskoversicherung (denn dort läuft der Versicherer ja kein Partschadenrisiko). Außerdem ist eine niedrige Versicherungstaxe für den Reeder im Fall der Reparaturunfähigkeit und Reparaturunwürdigkeit (§ 77 ADS, Ziff. 61 DTV-ADS) von Vorteil, weil die Voraussetzung für den Anspruch auf die für Nebeninteressen versicherten Summen dann schon bei einem geringeren Partschaden gegeben ist. Da die Versicherer jedoch bei der Prämienkalkulation u.a. einen bestimmten Geldbetrag pro Tonne des versicherten Schiffes als Teil der Gesamtprämie benötigen, sind die Höhe der Versicherungstaxe und die Höhe des Prämiensatzes korrespondierende Größen. Nur bei der kalkulatorischen Totalverlustprämie spielt das keine Rolle.

Ist die Taxe größer als der Versicherungswert, so hat der Versicherer ein Recht, eine Herabsetzung der Taxe zu verlangen, wenn sie den wirklichen Versicherungswert übersteigt, § 6 Abs. 2 ADS, Ziff. 10.4 DTV-ADS.

Die ADS sind unpräzise und sprechen von *erheblichem* Übersteigen. Der Versicherer muss die erhebliche Übersetzung der Taxe und damit auch die wirkliche Höhe des Versicherungswertes nachweisen. „Erheblich" bedeutet, dass es auf eine verhältnismäßig geringfügige Übersetzung der Taxe nicht ankommt. Im Übrigen ist es eine Frage der Beurteilung des Einzelfalles (vgl. Ritter/Abraham, § 6 Anm. 29).

In der Rechtsprechung ist eine um 6 bis 7 % übersetzte Taxe nicht als wesentlich überhöht angesehen worden, eine um 10 % überhöhte Taxe (üblicherweise als Grenze angesehen, vgl. BGH VersR 2001, 749) dagegen schon, eine um ein Drittel (OLG Hamburg, VersR 1978, 1136) oder gar mehr als 100 % (LG Hamburg, TranspR 2004, 82 – „Grand Arabella") erst recht.

Um jedenfalls diese Unsicherheiten abzustellen, bestimmt Ziff. 10.4 DTV-ADS Folgendes: Das Herabsetzungsrecht besteht nur, wenn die Taxe den wirklichen Versicherungswert um mindestens 20 % übersteigt, was Sieg (VersR 1997, 649) schon 1997 zum Zwecke der Rechtssicherheit forderte. Anders als nach den ADS ist das Herabsetzungsrecht nach den DTV-ADS ausgeschlossen, wenn entweder der Versicherungsnehmer keine Kenntnis oder der Versicherer Kenntnis vom Übersteigen hatte.

Im Binnenversicherungsrecht führt wesentliches Überschreiten des Versicherungswertes gem. § 76 VVG dazu, dass die Taxe dann im Schadenfall nicht verbindlich ist. Der VN muss dann seinen tatsächlichen Schaden nachweisen.

Die Versicherungsbedingungen bestimmen nicht, wann der Versicherer von seinem Recht, die Herabsetzung einer erheblich übersetzten Taxe zu verlangen, Gebrauch machen muss. Dieses Recht ist an eine Frist nicht gebunden. Es kann auch erst nach Eintritt des Versicherungsfalles ausgeübt werden. Für die Seekaskoversicherung siehe S. 237 ff.

Entgegen verbreiteter Ansicht kann das Herabsetzungsrecht vertraglich auch ganz ausgeschlossen werden (Einzelheiten bei Schwampe, TranspR 2009, 239; Prölss/Martin/Armbrüster, § 76 Rn. 15; a.A. Thume/de la Motte/Ehlers, Kap. 5 Rn. 314).

Mehrwert
Für die Versicherung des Mehrwertes und seine Taxierung ergeben sich die gleichen Gesichtspunkte wie für die Hauptversicherung.

Imaginärer Gewinn
Bei der Versicherung des imaginären Gewinns ergibt sich der Versicherungswert aus demjenigen Gewinn, der bei der Schließung des Versicherungsvertrages nach kaufmännischer Berechnung als möglich zu erwarten war.

Auch dann, wenn der besonders versicherte Gewinn nicht taxiert ist, gilt die Versicherungssumme bei Versicherung auf Basis der ADS nach § 100 Abs. 1 ADS als Taxe (anders bei Versicherung auf Basis DTV-Güter. Dort ist zwar Taxierung möglich, aber nicht durch die Bedingungen selbst bestimmt (vgl. Ziff. 10.5 DTV-Güter).

Wird der Gewinn gemeinschaftlich mit den Gütern ohne Angabe einer Aufteilung, welche Beträge auf die Güter und welche Beträge auf den Gewinn entfallen, versichert, dann gelten nach § 101 ADS 10 % des Versicherungswertes/der Taxe als Versicherungswert/als Taxe des Gewinns. Auch insoweit anders die DTV-Güter, die zwar ebenfalls 10 % festlegen, dies aber nicht als Taxe ausgestalten.

Ist ein höherer Gewinn versichert, als er nach kaufmännischer Berechnung bei Beginn des Vertrages zu erwarten ist, so gelten bezüglich der darin liegenden Überbewertung des Interesses die gleichen Überlegungen wie bei der Güterversicherung auf Basis der ADS, und der Versicherer kann gem. § 100 Abs. 2 ADS eine Herabsetzung der Gewinntaxe verlangen. Insofern korrespondieren die Bestimmungen der §§ 6 Abs. 2 und 100 Abs. 2 ADS miteinander. Für die Versicherung nach DTV-Güter ergibt sich das Gleiche aus Ziff. 10.5 Abs. 2, der das Herabsetzungsrecht ausdrücklich auch auf die Versicherung sonstiger Interessen ausdehnt.

Für die laufende Versicherung unter den ADS soll gemäß Vorauflage aus § 102 ADS nicht geschlossen werden können, dass der Versicherungsnehmer einen beliebig hohen Gewinn deklarieren kann. Diejenigen Beträge, die über den in der laufenden Police vereinbarten Prozentsatz des imaginären Gewinns hinausgehen, sollten danach nur insoweit versichert werden können, wie sie gemeinsam mit dem in der laufenden Versicherung vereinbarten Prozentsatz der Gewinnversicherung den nach kaufmännischer Berechnung als möglich zu erwartenden Gewinn nicht übersteigen. Laut *Thume/de la Motte/Ehlers*, Kap. 5 Rn. 306 soll dieser Grundsatz Bestandteil eines „Ordre publique" des deutschen Versicherungsrechts sein. Hieran bestehen aber erhebliche Zweifel, nachdem der Bundesgerichtshof festgestellt hat: „Was der Versicherer versprochen hat, muss er halten." (VersR 2001, 749).

Es kann jedoch bei der laufenden Versicherung nicht auf denjenigen Gewinn abgestellt werden, der bei der Schließung des Vertrages (vgl. § 100 ADS) von dem betreffenden Geschäft, das zu diesem Zeitpunkt dem Versicherungsnehmer wahrscheinlich noch gar nicht bekannt war, zu erwarten gewesen ist. Vielmehr muss bei der laufenden Versicherung der Beginn der Versicherung des Einzelrisikos der Schließung des Vertrages im Sinne von § 100 ADS gleichgesetzt werden.

Die laufende Versicherung unter den DTV-Güter enthält vergleichbare Bestimmungen nicht. Es gilt dort allein Ziff. 10.5 DTV-Güter. Auch hier kommt es für die Wertbestimmung auf den Beginn des Einzeltransports an.

Englisches Recht
Der Marine Insurance Act unterscheidet in § 27 zwischen taxierten und § 28 untaxierten Policen (valued and unvalued policies). Die Bestimmung des Versicherungswertes bei untaxierten Policen ergibt sich aus § 16 MIA.

Diese Regelung entspricht in etwa der deutschen, allerdings ist eine Herabsetzung der Taxe nicht schon wie nach deutschem Recht dann möglich, wenn sie den wirklichen Versicherungswert erheblich übersteigt (vgl. § 6 Abs. 2 ADS), sondern erst bei einer in betrügerischer Absicht überhöhten Taxe (§ 28 Abs. 3 MIA).

2.8 Die Prämie

Allgemeines

Wesen und Funktion der Prämie sind in der Transportversicherung nicht anders als bei anderen Versicherungszweigen. Definitionen und Erörterungen über Brutto- und Nettoprämie, über den Begriff der sogenannten Unteilbarkeit der Prämie usw. brauchen deshalb hier nicht wiederholt zu werden.

Wie aber bereits ausgeführt worden ist, finden die Vorschriften des VVG für die Seetransportversicherung keine Anwendung (§ 209 VVG) und können auch die zwingenden und halbzwingenden Normen des VVG für die Binnentransportversicherung von Gütern zwischen den Vertragsparteien frei abgeändert werden (§ 210 VVG). Dies bedeutet, dass auch die Vorschriften der §§ 37 und 38 VVG für die Seetransportversicherung keine Geltung besitzen bzw. für die Binnentransportversicherung von Gütern abgeändert werden können. Eine solche Abänderung ist durch die §§ 16 und 17 ADS bzw. Ziff. 12 DTV-Güter geschehen. Für die einzelnen Zweige der Transportversicherung gelten jedoch wiederum zum Teil besondere Vorschriften, auf die unten eingegangen wird.

Prämienschuldner und Prämiengläubiger

§ 16 ADS und Ziff. 20 DTV-ADS sprechen ausdrücklich aus, dass Prämienschuldner der Versicherungsnehmer ist. Dies gilt auch für die DTV-Güter, obwohl Ziff. 12 dies nicht ausdrücklich anordnet. Gibt es mehrere Versicherungsnehmer, so haften sie als Gesamtschuldner für die Prämie (vgl. § 427 BGB).

Im Falle der Veräußerung tritt der Erwerber in sämtliche Rechte und Pflichten des Versicherungsnehmers ein. Kraft der Vorschrift des § 49 ADS haften dann Veräußerer und Erwerber als Gesamtschuldner, wobei der Erwerber auch für diejenigen Prämienforderungen dem Versicherer gegenüber haftet, die vor der Veräußerung entstanden sind.

Diese Rechtswirkung der § 49 ADS, Ziff. 14.2 DTV-Güter die auch dann eintritt, wenn etwa im Vertrag zwischen Erwerber und Veräußerer eine Schuldübernahme ausgeschlossen war, kann der Erwerber dadurch aufheben, dass er nach § 49 Abs. 4 ADS, Ziff. 14.6 DTV-Güter kündigt. Er haftet dann für die Prämie überhaupt nicht, auch nicht für die Zeit nach Eigentumsübergang auf ihn.

In diesem Fall bleibt vielmehr allein der Veräußerer Prämienschuldner.

Im Interesse der reibungslosen Abwicklung des Handelsverkehrs erhält bei der Veräußerung versicherter Güter, über die eine Police ausgestellt ist, der Erwerber eine Sonderstellung. Wollte man von ihm erst Kündigung verlangen, um der Haftung für Prämienschulden des Veräußerers zu entgehen, dann würde damit jeglicher CIF-Verkauf unmöglich gemacht und der Handelsverkehr auch auf jeglicher anderen Kontraktgrundlage unzumutbar erschwert. Deshalb bestimmen § 49 Abs. 1 Satz 2 ADS, Ziff. 14.2 DTV-Güter, dass im Falle der Veräußerung versicherter Güter der gutgläubige Erwerber nicht in die Verpflichtung zur Prämienzahlung eintritt, wenn eine Police ausgestellt ist. Dabei gilt ein Versicherungszertifikat (Einzelpolice) als Police im Sine von § 14 ADS, Ziff. 11 DTV-Güter.

Durch die Regelung der § 49 und Ziff. 14 ist nach ADS und DTV-Güter der Erwerber eines Zertifikates hinreichend geschützt, so dass es nicht des Vermerks „Prämie bezahlt" bedarf.

Prämienschuldner ist in Deutschland grundsätzlich nicht der Versicherungsmakler, es sei denn, er ließe die Police auf seinen Namen ausstellen. Dies kommt jedoch in Deutschland in der Praxis kaum vor. Prämienschuldner ist auch nicht etwa eine Bank, die den versicherten Gegenstand beliehen hat (Regelungen im Ausland siehe S. 99).

Gläubiger der Prämie ist der Versicherer, und zwar jeder Versicherer für seinen Anteil. Durch die insbesondere in den Hansestädten den Assekuradeuren eingeräumten weitgehenden Vollmachten wird der Assekuradeur Gläubiger der Prämie, d.h. die Prämie ist bezahlt, wenn sie beim Assekuradeur eingegangen ist. Der Assekuradeur kann auch die Prämie gerichtlich geltend machen oder aufrechnen. Der Makler zieht zwar vom Versicherungsnehmer die Prämie ein, er wird jedoch als Vertreter des Versicherungsnehmers nicht Gläubiger der Prämienforderung (vgl. dazu auch die Richtlinien der Hamburger Versicherungsbörse über den Abschluss von Transportversicherungen Ziff. 2). Ebenso wenig tilgt Zahlung an den Makler die Prämienschuld, vgl. Ziff. 8.3 DTV-Kaskoklauseln und Ziff. 20.3 DTV-ADS, es sei denn, der Versicherer hätte dem Makler Inkassovollmacht eingeräumt.

Fälligkeit

Ohne Rücksicht auf den materiellen Versicherungsbeginn ist die Prämie in der Güterversicherung sofort nach Abschluss des Vertrages fällig (§ 16 ADS, Ziff. 12 DTV-Güter).

Dies gilt aus praktischen Gründen natürlich nicht für solche Prämien, die als Zulageprämien für bestimmte Erweiterungen oder Verlängerungen des Risikos noch nicht feststehen. Die Fälligkeit für solche Prämien kann erst eintreten, wenn die entsprechenden Zulagen berechnet werden können.

Aus den gleichen Gründen ist Ziff. 8 der Bestimmungen für die laufende Versicherung bewusst flexibel gehalten.

§ 16 Abs. 1 Satz 2 ADS will bestimmen, dass auch durch eine etwa bestehende Übung, die Prämie erst später zu zahlen, keine Verschiebung der Fälligkeit eintrete. Unter Geltung des AGB-Rechtes dürfte eine Übung der Parteien, insbesondere wenn sie länger andauert, aber als vorrangige, schlüssig getroffene Abänderungsvereinbarung anzusehen sein. Im Übrigen kann die Fälligkeit natürlich durch ausdrückliche Vereinbarung verändert werden. Dies ist in der Praxis auch geschehen.

In der Güterversicherung entsteht bei laufenden Versicherungen der Prämienanspruch sofort, wird aber erst mit Stellung der Rechnung fällig (Ziff. 9 Bestimmungen für die laufende Versicherung zu den ADS Güterversicherung, Ziff. 5.3 der entsprechenden Bestimmungen zu den DTV-Güter). Häufig wird im Interesse der Vereinfachung des Abrechnungsverkehrs in den Policen vereinbart, dass die Prämie nachträglich, z. B. monatlich nachträglich, fällig ist (vgl. Ziff. 5.1 Bestimmungen für die laufende Versicherung in DTV-Güter); es werden dann sämtliche Abladungen des vergangenen Monats in einer Prämienrechnung erfasst. Bei der summarischen Anmeldung stellt der Versicherer auf der Grundlage des geschätzten Jahresumsatzes eine jährliche Vorausprämie in Rechnung. Nach Ablauf des Versicherungsjahres erfolgt eine Endabrechnung unter Verrechnung der Vorausprämie (Ziff. 5.2 Bestimmungen für die laufende Versicherung, DTV-Güter).

In der Seekaskoversicherung ist die Prämie jeweils in Vierteljahresbeträgen fällig ist. Gem. Ziff. 8.3 DTV-Kaskoklauseln und Ziff. 20.3 DTV-ADS muss sie jeweils 10 Tage nach Beginn jeder Drei-Monats-Periode eingegangen sein. Endet die Versicherung vorzeitig, werden ausstehende Raten sofort fällig, Ziff. 8.5 DTV-Kaskoklauseln, Ziff. 20.7 DTV-ADS.

Der Umstand, dass in der Kaskoversicherung gem. Ziff. 8.3 DTV-Kaskoklauseln und Ziff. 20.3 DTV-ADS für rechtzeitige Zahlung ein Rabatt, üblicherweise 7,5 %, gewährt wird ist allein historisch zu erklären. Bis zum Jahre 1958 wurde die Prämie entgegen der Bestimmung des § 16 ADS gewohnheitsmäßig vierteljährlich nachträglich erhoben. Aufgrund der „DTV-Rabatt-Klausel für Prämienvorauszahlungen bei Zeitversicherungen" wurde für Vorauszahlung ein Rabatt gewährt. Dieser Rabatt wurde auch beibehalten, als die Fälligkeit auf den Beginn des Vierteljahres gelegt wurde. Er entfällt, wenn nicht rechtzeitig gezahlt wird.

Tilgung

Nach den allgemeinen Grundsätzen (§ 270 BGB) ist eine Geldforderung getilgt, wenn der Gläubiger die Verfügungsmacht über das Geld erhalten hat. Früher galt im deutschen Recht, dass sich die Rechtzeitigkeit der Leistung, also die Frage, ob fristgemäß geleistet worden ist, danach richtet, ob vor dem Fälligkeitstage der Schuldner das Seinige getan hat, um die Leistung zu bewirken (BGH NJW 1964, 499). Nach dem Inkrafttreten EU-Zahlungverzugsrichtlinie und einem Urteil des Europäischen Gerichtshofs (NJW 2008, 1935) muss man jetzt aber davon ausgehen, dass die Zahlung erwartungsgemäß innerhalb der Frist ankommen kann (Palandt/ Grüneberg, § 270, Rn. 5; Prölss/Martin/Knappmann, § 36 Rn. 2). Dabei handelt es sich aber nicht um zwingendes Recht, so dass abweichende Vereinbarungen zulässig sind. Ausdrücklich bestimmt Ziff. 12.2 DTV-Güter: „Die Zahlung ist rechtzeitig, wenn sie unverzüglich nach Erhalt des Versicherungsscheins und/oder der Zahlungsaufforderung (Prämienrechnung) erfolgt". Anders Ziff. 8.3 DTV-Kaskoklauseln und Ziff. 20.3 DTV-ADS. Danach muss die Prämie innerhalb von zehn Tagen nach Beginn jedes Vierteljahres beim Versicherer eingegangen sein.

Beispiel:
Fälligkeit der Prämie ist der 1.4. Der Versicherungsnehmer gibt am 30.3. der Bank einen Überweisungsauftrag, der am 31.3. bei der Bank eingeht und am 2.4. von der Bank ausgeführt wird. Die Prämie wird am 4.4. dem Konto des Versicherers gutgeschrieben.

Ergebnis:
Die Rechtzeitigkeit hängt davon ab, ob der Versicherungsvertrag eine der Ziff. 12.2 DTV-Güter entsprechende Bestimmung enthält. Ist dies der Fall, ist die Zahlung rechtzeitig, obwohl die Prämienschuld erst am 4.4. getilgt wurde. In allen anderen Fällen ist die Zahlung nicht rechtzeitig.

Folgen nicht rechtzeitiger Zahlung

Falls die Prämie nicht im Voraus bezahlt wird, erbringt der Versicherer durch die Gewährung des Versicherungsschutzes eine Vorleistung. Er muss deshalb besonders darauf bedacht sein, hinsichtlich seiner Prämienforderung so gut es geht, geschützt zu sein. Dies gilt umso mehr, als die Prämienforderung des Versicherers für das Insolvenzverfahren über das Vermögen des Versicherungsnehmers keine Sonderstellung besitzt. Sie ist eine nicht-bevorrechtigte Forderung, auf die nur diejenige Quote bezahlt wird, die sich aus der Gegenüberstellung von realisierbaren Aktiven und Gesamtschulden des Versicherungsnehmers ergibt.

Für Versicherungen auf der Grundlage des VVG gelten die Regelungen dieses Gesetzes, insbesondere die §§ 37 und 38.

Bei nach ADS, DTV-Güter und DTV-ADS geschlossenen Versicherungen dienen folgende Bestimmungen dem Schutz des Versicherers:

1. Leistungsfreiheit oder Kündigungsrecht des Versicherers
   Der Versicherer kann bei Nichtzahlung der fälligen Prämie Leistungsfreiheit erwirken oder den Vertrag kündigen (§ 17 ADS 1919, Ziff. 12.4 DTV-Güter 2000, Ziff. 20.4 DTV-ADS 2009)
2. Bei Gefährdung des Prämienanspruchs durch wesentliche Verschlechterung der Vermögensverhältnisse des Versicherungsnehmers Recht des Versicherers auf Sicherheitsleistung auch für noch nicht fällige Prämien (§ 16, Abs. 3 ADS 1919)
3. Aufrechnungsmöglichkeit von Schadenzahlungen mit Prämienforderungen (vgl. § 387 BGB und § 56 ADS 1919, Ziff. 16.3 DTV-Güter 2000, Ziff. 7 DTV-ADS 2009)

Zu 1.: Allgemein sind die Rechtsfolgen der Nichtzahlung einer fälligen Prämie in § 17 ADS, Ziff. 12 DTV-Güter und Ziff. 20 DTV-ADS geregelt. Der Versicherer muss mahnen und eine angemessene Frist setzen, innerhalb derer die Prämie gezahlt werden muss. Andernfalls ist der Versicherer leistungsfrei, sofern der Schaden vor der Zahlung oder der Sicherheitsleistung eintritt.

Im Unterschied zu § 38 VVG bedarf die Mahnung nach ADS den DTV-Güter und den DTV-ADS keiner bestimmten Form und auch nicht der Angabe der Rechtsfolgen. Die ADS fordern eine angemessene Frist. Ziff. 12.4 DTV-Güter und Ziff. 20.4 DTV-ADS verlangen zwei Wochen bzw. 14 Tage. In der Güterversicherung kann nach Fristablauf fristlos gekündigt werden. Auch der Kaskoversicherer kann kündigen, unter den DTV-Kaskoklauseln mit einer Frist von fünf Tagen, unter den DTV-ADS mit einer Frist von 14 Tagen.

Ist die unter § 17 ADS gesetzte Frist unangemessen kurz, so gilt die Frist auf eine angemessene Zeit entsprechend verlängert (RGZ 62, 68). Eine fristlose Kündigung vor Ablauf der weiteren zwei Wochen unter den DTV-Güter macht dagegen die Kündigung unwirksam.

Unterliegt die Versicherung dem VVG, wird mehrheitlich die Ansicht vertreten, dass aufgrund § 39 VVG eine Rechtsfolgenbelehrung erforderlich sei, so dass § 17 ADS, der sie nicht vorsieht, aufgrund von § 307 BGB unwirksam sei (Einzelheiten bei *Thume/de la Motte/Ehlers*, Kap. 5.A. Rn. 359). Für die Seeversicherung gilt dies nicht, weil das VVG auf sie gem. § 209 VVG keine Anwendung findet und auch keinen Leitbildcharakter hat.

Die bis zur Vorauflage vertretene Meinung, man müsse bezüglich der Angabe der Rechtsfolgen aus § 13 ADS folgern, dass nach Treu und Glauben bei der Mahnung zumindest auf § 17 ADS hingewiesen werden müsse, wird aufgegeben. Die Rechtsfolgen der Nichtzahlung trotz Mahnung ergeben sich klar und deutlich aus den Bedingungen. In der Seeversicherung bedürfen die Versicherungsnehmer des besonderen Schutzes nicht. Ein Versicherer, der sich an die Versicherungsbedingungen hält, handelt nicht treuwidrig. In der Praxis wird allerdings von den Versicherern normalerweise ohnehin ausdrücklich auf die nach Fristablauf eintretende Leistungsfreiheit aufmerksam gemacht.

Der Versicherer ist nach Fristablauf lediglich für diejenigen Schäden, die nach dem Fristablauf eingetreten sind, leistungsfrei.

Beispiel:
Die Prämie ist bis zum 31.3. bezahlt. Die Prämie für die Zeit nach dem 31.3. ist mit Fristablauf per 15.6. angemahnt und bis zum 1.7. noch nicht bezahlt. Am 1.7. werden drei Schäden angedient, die am 25.3., am 12.6. und am 18.6. eingetreten sind. Der Versicherer ist nur für den dritten Schaden leistungsfrei. Die ersten beiden Fälle fallen entsprechend § 17 ADS, Ziff. 12 DTV-Güter und Ziff. 20.5 DTV-ADS unter die Leistungspflicht, weil die Leistungsfreiheit erst mit Fristablauf einsetzt. Die Aufrechnung wird dadurch natürlich nicht ausgeschlossen.

Die Leistungsverpflichtung des Versicherers setzt automatisch wieder ein, wenn die Prämie bezahlt wird, also nicht erst, wenn die Prämie beim Versicherer eingegangen ist. Das gilt auch für die DTV-Kaskoklauseln und die DTV-ADS, denn die dort bestimmte Zehn-Tages-Frist gilt nur für die normale Prämienzahlung nicht aber für die Nachholung verspäteter Zahlung.

Durch das Leistungsverweigerungsrecht des Versicherers wird weder der Vertrag als solcher noch der Anspruch des Versicherers auf die Prämie für die leistungsfreie Zeit beeinträchtigt. Der Versicherer kann jedoch dann, wenn der Prämienschuldner im Verzuge ist, ohne an eine Frist gebunden zu sein, den Vertrag kündigen (zum Verzug vgl. §§ 286 ff. BGB).

In der Güterversicherung finden sich für die laufende Versicherung zwei wichtige Ausnahmen. Bei der laufenden Versicherung kann es möglich sein, dass für bestimmte Abladungen die Prämie bezahlt wird, für andere nicht. Wenn auch allgemein die Zahlung von Teilbeträgen die Leistungsfreiheit des Versicherers nicht aufhebt, so richtet es sich bei der laufenden Versicherung doch nur danach, ob für die betreffende Abladung, für die ein Schaden reklamiert wird, die Prämie bezahlt worden ist oder nicht (vgl. dazu Ritter/Abraham, a.a.O., Anm. 14 zu § 17 ADS). Das Aufrechnungsrecht des Versicherers mit der vollen rückständigen Prämie – allerdings unter den zu 3. behandelten Voraussetzungen – wird dadurch jedoch nicht berührt. Große praktische Relevanz hat dies aber nicht. Bedeutung hat es nur dort, wo Einzelanmeldung vereinbart ist, und dort auch nur für die Fälle, in denen der Schaden zum Zeitpunkt der nachträglichen (Ziff. 5.1 BlV zu den DTV-Güter) Anmeldung und Prämienberechnung eintritt. Im Falle summarischer Anmeldung wird nach Ziff. 5.2 BlV zu den DTV-Güter eine jährliche Vorausprämie erhoben, die dann nach Ablauf des Versicherungsjahres adjustiert wird. Hier ist die Zuordnung eines Prämienanteils zu einem bestimmten Transport ohnehin nicht möglich.

Aufgrund der Vorschrift des § 49 Abs. 1 Satz 2 ADS und Ziff. 14.2 DTV-Güter kann der Versicherer ein Leistungsverweigerungsrecht nicht dem Erwerber versicherter Güter gegenüber ausüben, wenn eine Police ausgestellt und der Erwerber gutgläubig ist. Diese Bestimmung dient dem Schutz des Handelsverkehrs.

Wenn auch in deutschen Zertifikaten dennoch der Vermerk „Prämie bezahlt" aufgenommen wird, so entspricht dies Akkreditivvorschriften, die auf den Grundlagen der Regelungen des englischen Transportversicherungsrechts beruhen, erforderlich ist der Vermerk nicht.

Für die Seekaskoversicherung hat die Prämienzahlungsklausel (Klausel 8 DTV-Kaskoklauseln) § 17 ADS ergänzt. Danach entfällt bei Nichtzahlung der Prämie innerhalb der in der Klausel genannten Frist der Rabatt und der Versicherer kann mit einer Frist von fünf Tagen kündigen. Die Versicherung endet dann mit Ablauf des fünften Tages nach Zugang der Kündigung beim Versicherungsnehmer. Ziff. 20 DTV-ADS regelt die Prämienzahlung abschließend in etwas anderer Weise. Da die Klauseln keinen Rabatt mehr erwähnen, entfällt der Rabattverlust als Rechtsfolge der Nichtzahlung. Die Fünf-Tages-Frist der DTV-Kaskoklauseln ist durch eine 14-Tages-Frist ersetzt.

Zu 2.: Die in den ADS angesprochene Sicherheitsleistung hat nur noch eingeschränkte Bedeutung, so nicht mehr bei der Güterversicherung auf Basis der DTV-Güter oder der Kaskoversicherung auf Basis der DTV-ADS. In beiden in § 16 Abs. 3 und § 17 ADS geregelten Fällen handelt es sich um die gleiche Sicherheit, jedoch mit der Maßgabe, dass nach § 16 Abs. 3 auch für noch nicht fällige Prämien Sicherheitsleistung verlangt werden kann. Die Voraussetzungen, unter denen dies möglich ist, sind nicht nur bei Einleitung eines Insolvenzverfahrens, sondern auch schon dann gegeben, wenn der Versicherungsnehmer durch außergerichtliche Verabredungen mit seinen Gläubigern versucht, seine bedrohliche Lage zu meistern (z. B. durch Abschluss eines Moratoriums) oder eine wesentliche Verschlechterung in den Vermögensverhältnissen des Versicherungsnehmers in anderer Weise erkennbar wird. Da den Versicherer die Beweislast dafür trifft, dass sein Verlangen nach Sicherheitsleistung gerechtfertigt ist, wird er dieses Verlangen für noch nicht fällige Prämien sorgfältig erwägen müssen. In der Praxis hat die Bestimmung heute keine Bedeutung mehr.

Zu 3.: Die Aufrechnung einer Forderung mit einer Gegenforderung nach der allgemeinen Vorschrift des § 387 BGB hat vier Voraussetzungen: Die sich gegenüberstehenden Forderungen müssen

- gegenseitig (A und B sind gleichzeitig gegenseitige Schuldner und Gläubiger),
- gleichartig (Geldforderung gegen Geldforderung),
- gültig (also rechtswirksam) und
- fällig sein.

Die Voraussetzung der Gegenseitigkeit ist nach BGB nur gegeben, wenn die Forderung, gegen die der Versicherer aufrechnen will, sich gegen den richtet, der der Schuldner dieser Forderung ist; das ist bei der Prämie nur der Versicherungsnehmer. Deshalb bedurfte es einer positiven Vorschrift, um dem Versicherer auch ein Aufrechnungsrecht gegenüber den Versicherten zu geben, der ja nicht Prämienschuldner ist. Dies ist durch § 56 ADS (identisch: Ziff. 13.5 DTV-Güter und Ziff. 7 DTV-ADS) geschehen, selbstverständlich nur insoweit, wie die Prämienforderung des Versicherers auf der für den betreffenden Versicherten genommenen Versicherung beruht. Die Bestimmungen sprechen bewusst nicht vom Versicherungsvertrag, so dass also bei der laufenden Versicherung gegen den Versicherten nicht mit sämtlichen Prämienforderungen des Versicherers aus der laufenden Police, sondern nur insoweit aufgerechnet werden kann, wie die Prämie für die betreffende Abladung betroffen ist.

Das Erfordernis der Fälligkeit ist auch bei einer Aufrechnung des Versicherungsnehmers dem Versicherer gegenüber zu beachten. Normalerweise ist die Prämie früher fällig als die Schadenzahlung (Ausnahmen z. B. bei Versicherungen mit vierteljährlich nachträglicher Zahlung). Dabei sind für die Fälligkeit der Schadenzahlung § 44 ADS, Ziff. 22 DTV-Güter und Ziff. 48 DTV-ADS zu beachten.

§ 16 Abs. 2 ADS räumt jedoch dem Versicherungsnehmer eine günstigere Stellung ein und gibt ihm die Möglichkeit, gegen die Prämienforderung des Versicherers auch mit einer Entschädigungsforderung aufzurechnen, die noch nicht fällig ist. Selbstverständlich muss die Entschädigungsforderung dem Grunde und der Höhe nach feststehen. Die DTV-Güter sehen in Ziff. 12.2 dieses erweiterte Aufrechnungsrecht nicht mehr vor.

Diese günstige Stellung des Versicherungsnehmers wird jedoch bei der Seekaskoversicherung von der schriftlichen Zustimmung des Versicherers abhängig gemacht (Ziff. 8.6 DTV-Kaskoklauseln, Ziff. 20.8 DTV-ADS). Umgekehrt kann der Versicherer nach den genannten Bestimmungen fällige Schäden gegen die nächstfällig werdende Prämienrate aufrechnen.

Besonderheiten der Aufrechnung:
Güterversicherung

Wie oben ausgeführt, tritt im Interesse der reibungslosen Abwicklung des Handelsverkehrs der gutgläubige Erwerber nach § 49 ADS, Ziff. 14.2 DTV-Güter nicht in die Verpflichtung zur Zahlung der Prämie ein, wenn eine Police ausgestellt ist. Deshalb kann der Versicherer ihm auch nicht bezüglich der Prämie gegenüber aufrechnen.

Seekaskoversicherung

Wenn im Rahmen einer Flotte mehrere Schiffe versichert sind, die dem gleichen Eigentümer gehören, so kann der Versicherer mit Prämienforderungen gegen Schäden aufrechnen, die irgendeines der Schiffe der Flotte betreffen. Schwierig wird jedoch der Fall, wenn mehrere Schiffe, die unterschiedlichen Reedereien gehören, in einer Flottenpolice versichert sind

Beispiel:
Die Managementgesellschaft A deckt als Versicherungsnehmer in einer Flottenpolice die Schiffe 1, 2 und 3. Alle Schiffe stehen im Eigentum jeweils selbständiger Gesellschaften (jeweils GmbH & Co. KGs, sogenanntes KG-Modell), die die Versicherten sind. Die Prämie ist für alle drei Schiffe nicht bezahlt. Schiff 2 erleidet einen Schaden.

Lösung:
Die Managementgesellschaft A und die Kommanditgesellschaften 1 bis 3 sind jede für sich selbständige Rechtssubjekte. Prämienschuldner für alle Schiffe ist die Managementgesellschaft.

Die Entschädigungsforderung für den am Schiff 2 eingetretenen Schaden steht jedoch der Kommanditgesellschaft 2 zu (§ 53 ADS, Ziff. 5 DTV-ADS). Der Versicherer ist Schuldner der Entschädigung. Nach § 387 BGB könnte der Versicherer nicht aufrechnen, da nicht die Kommanditgesellschaft 2, der der Anspruch zusteht, Prämienschuldner ist.

§§ 56 ADS, Ziff. 7 DTV-ADS gibt jedoch dem Versicherer die Möglichkeit der Aufrechnung, aber nur insoweit, wie die Prämienzahlungspflicht der Managementgesellschaft A als Versicherungsnehmerin auf der Versicherung für die Kommanditgesellschaft 2 als Eigentümer des Schiffes 2 als Versicherte beruht.

Dies bedeutet, dass in die Aufrechnung nicht diejenigen Prämienforderungen des Versicherers einbezogen werden können, die ihm gegen die Kommanditgesellschaft 3 als Eigentümer des Schiffes 3 zustehen.

Regelung im Ausland

Während in den USA auch bei Einschaltung eines Maklers der Versicherungsnehmer Prämienschuldner bleibt (gleiche Regelung wie in Deutschland), liegen die Dinge im englischen Transportversicherungsrecht zurzeit noch anders, obwohl auch dort die *Law Reform Commission* Schritte zu einer Veränderung des dortigen Systems eingeleitet hat.

Bei einer Police, die über einen Makler geschlossen ist, hat der Versicherer keinen direkten Anspruch auf Prämienzahlung unmittelbar dem Versicherungsnehmer gegenüber, sondern nur gegen den Makler (§ 53 MIA). Der Makler ist Prämienschuldner. Der englische Versicherer wird stets als im Besitz der Prämie angesehen, und er kann deshalb bei einem direkt vom Versicherten gegen ihn vorgetragenen Entschädigungsanspruch in keinem Fall Nichtzahlung der Prämie einwenden. Der englische Makler läuft also das Delkredererisiko. Zum Ausgleich dafür hat er nach § 53 MIA ein Aufrechnungsrecht, das sich auf sämtliche Prämienrückstände des Versicherungsnehmers bei dem betreffenden Makler und nicht etwa nur auf die Prämienforderung für die betreffende Abladung und auch nicht nur auf die Prämienrückstände für die laufende Police bezieht, gegen die der Transport versichert ist. Dieses Aufrechnungsrecht kann der Makler allerdings nur solange ausüben, wie er sich im Besitz der Police befindet. Gibt er sie aus der Hand, so könnte der Versicherte direkt bei der Gesellschaft reklamieren, ohne eine Aufrechnung durch den Makler befürchten zu müssen. Deshalb darf ein englischer Versicherer nicht ohne Zustimmung des Maklers eine rechtsgültige Police bzw. ein rechtsgültiges Versicherungszertifikat direkt an den Versicherten geben.

So kann es also kommen, dass ein gutgläubiger Erwerber eines englischen Maklerzertifikats trotz eines anerkannten Schadens keine Entschädigung erhält.

2.9 Versicherung für fremde Rechnung

Bei dem Begriff „für fremde Rechnung" handelt es sich nicht darum, dass die Versicherung hinsichtlich der Prämienzahlung zulasten eines Dritten abgeschlossen wird, sondern um die Einbeziehung des Interesses eines Dritten, also eines anderen als des Versicherungsnehmers in den Versicherungsschutz.

Bei der Versicherung für fremde Rechnung ergeben sich keine Besonderheiten gegenüber dem allgemeinen Versicherungsrecht. Die §§ 52-57 ADS, Ziff. 13 DTV-Güter und Ziff. 4-8 DTV-ADS stimmen mit den §§ 43-88 VVG sinngemäß und mit den §§ 74-80 VVG a.F zum Teil wörtlich überein.

Ziff. 9.3 ADS Güterversicherung, Ziff. 13.7 DTV-Güter sehen vor, dass die Transportversicherung nicht zugunsten (also für Rechnung) eines Verfrachters, Frachtführers oder Lagerhalters gilt, der hinsichtlich des versicherten Gutes im Dienst des Versicherungsnehmers oder Versicherten, bzw. deren Vertreter steht.

Diese Bestimmungen sind an sich nicht nötig, da ja nicht die Güter selbst versichert sind, sondern stets nur die Beziehungen zu den Gütern; sie bringen die Verpflichtung des Versicherten zur Aufrechterhaltung von Regressansprüchen zum Ausdruck und entspricht der „Not to insure Clause" der Ziff. 15 der Institute Cargo Clauses.

Die Versicherung für fremde Rechnung spielt in der *Güterversicherung* eine besonders wichtige Rolle; ohne sie wäre z. B. ein CIF-Verkauf nicht denkbar.

In der *Kaskoversicherung* ist das subjektive Risiko von ganz besonderer Bedeutung. Es ist daher für den Versicherer wichtig zu wissen, wer das versicherte Schiff bereedert.

Deshalb endet die Seekaskoversicherung beim Verkauf des Schiffes, und deshalb muss ein Wechsel der Bereederung dem Versicherer angezeigt werden, der das Recht der Kündigung und gem. Ziff. 12 DTV-Kaskoklauseln, im Falle der vorsätzlichen Nichtanzeige, gem. Ziff. 25 DTV-ADS sogar schon bei grob fahrlässiger Nichtanzeige ein Leistungsverweigerungsrecht hat.

Die Versicherung für fremde Rechnung spielte daher in der Kaskoversicherung von den erwähnten Ausnahmen abgesehen lange keine Rolle. Inzwischen werden jedoch häufig Flottenpolicen von großen Managementgesellschaften abgeschlossen. Dort ist der Manager Versicherungsnehmer, die einzelnen Reedereien sind nur Versicherte. Hier handelt es sich immer um Versicherung für fremde Rechnung; vgl. dazu *Schwampe*, Shipmanagement und Versicherung, VersR 2009, 316.

Abgesehen davon hat sich eine Praxis ausgebildet, neben den Reedereien zahlreiche weitere Personen als Mitversicherte aufzunehmen. Dazu gehören etwa Bareboat Charterer (regelmäßig bei ausgeflaggten Schiffen), Crew Manager aber teilweise auch Zeitcharterer (zur Frage des Regressverzichts in Charterverträgen siehe S. 126 ff.).

Bei einem Wechsel von einzelnen Partenreedern im Rahmen einer Partenreederei findet keine Änderung des Risikos statt, solange das Management unverändert bei dem Reeder bzw. Korrespondentreeder verbleibt, für den versichert worden ist. Deshalb tritt nach § 50 Abs. 1 ADS in Verbindung mit § 49 ADS (nahezu identisch Ziff. 53 DTV-ADS) der neue Partenreeder in das Versicherungsverhältnis ein.

Auch das englische Recht kennt in Form der *Assignment of Policy*, geregelt in den §§ 50 und 51 MIA, und der *Assignment of Interest*, geregelt in § 15 MIA, eine der Versicherung für fremde Rechnung entsprechende Form. Allerdings ist die Assignment of Policy keine ursprüngliche Versicherung eines fremden Interesses, sondern die Übertragung von Rechten aus der Police bei Vorliegen bestimmter Voraussetzungen. Die ursprüngliche Deckung eines fremden Interesses entspricht mehr dem Assignment of Interest. Damit ist jedoch nicht zwangsläufig die Übertragung der Rechte aus der Versicherung verbunden. In Versicherungszertifikaten findet der Kurzvermerk *for whom it may concern* Anwendung.

2.10 Obliegenheiten, Verschulden des Versicherungsnehmers und sein Einstehen für Dritte

Deutsches Recht

> Vorvertragliche Anzeigepflicht und Schadensabwendungs- und Minderungspflicht sind auch in der Transportversicherung Obliegenheiten und keine Rechtspflichten.

Lange Zeit, so auch noch in der Vorauflage, bestand die Ansicht, dass abgesehen von der Pflicht zur Prämienzahlung zahlreiche weitere Pflichten des Versicherungsnehmers bestünden wie die vorvertragliche Anzeigepflicht (§ 19 ADS), die Gefahrstandspflicht (§ 23 ADS), eine Schadenverhütungspflicht, die aus § 33 ADS hergeleitet wurde, und die Schadenabwendungs- und Minderungspflicht (§ 41 ADS).

Obwohl z. B. eine weitgehende Übereinstimmung zwischen den §§ 33 und 41 ADS einerseits und den §§ 61 und 62 VVG a.F. andererseits vorlag, bestand die Auffassung, dass es sich insoweit um echte Rechtspflichten handelte, nicht um bloße Obliegenheiten.

Für die Rettungspflicht des § 62 VVG a.F. (jetzt § 82 VVG) war dagegen unstrittig, dass es sich um eine bloße Obliegenheit handelte, bei § 61 VVG a.F. (jetzt § 81 VVG) um einen subjektiven Risikoausschluss.

Die Entscheidung über die Rechtsqualität ist bedeutsam für die Frage, ob für die aus einer Verletzung dieser Pflichten resultierende Leistungsfreiheit des Versicherers im Hinblick auf das Verschulden von Personen, die anstelle des Versicherungsnehmers handeln, der Umweg über die für das VVG entwickelte Repräsentantenlehre zu gehen ist oder ob die Grundsätze des § 278 BGB über das Eintreten für das Verschulden von Erfüllungsgehilfen unmittelbar Anwendung finden.

Die Verfechter der Rechtspflichtqualität haben sich in erster Linie auf die Materialien zu den ADS berufen. Ursprünglich enthielt der Entwurf zu den ADS einen § 46 mit dem Wortlaut: „Der Versicherungsnehmer hat in Ansehung der Erfüllung seiner Obliegenheiten das Verhalten der Personen, deren er sich hierbei bedient, im gleichen Umfange zu vertreten wie eigenes Verhalten. Er hat jedoch das Verhalten der Schiffsbesatzung als solcher nicht zu vertreten." Dem seinerzeitigen Antrag der Handelskammer Hamburg, den Ausdruck „Obliegenheiten" durch den Ausdruck „Verbindlichkeiten" zu ersetzen und so den Wortlaut der Bestimmung mit § 278 BGB in Einklang zu bringen, hielten die Versicherer entgegen, dass die Pflichten des Versicherungsnehmers in ihrer Rechtsnatur unterschiedlich seien und sowohl Verbindlichkeiten im Rechtssinne als auch Obliegenheiten im Sinne von Voraussetzungen für die Erhaltung der Leistungspflicht umfassen. Bei Beschränkung auf echte Verbindlichkeiten würden die Rechte der Versicherer eingeschränkt.

Daraus wurde auch noch in der Vorauflage geschlossen, dass die Anerkennung von Verbindlichkeiten im Rechtssinn und die Anwendung des § 278 BGB darauf überhaupt nicht in Frage stand, sondern der Streit damals nur darum gegangen sei, ob das Vertretenmüssen des Versicherungsnehmers für das Verhalten anderer Personen über den Kreis der Verbindlichkeiten hinausgehend auch auf andere Fälle Anwendung finden sollte. Da aber über diese „anderen Fälle" keine Klarheit habe erzielt werden können, sei der vorgesehene § 46 gestrichen worden. Lediglich der letzte Satz wurde als Anhang in den § 33 ADS aufgenommen.

Nach § 278 BGB haftet der Schuldner (VN) für ein Verschulden seines gesetzlichen Vertreters und der Personen, derer er sich zur Erfüllung seiner Verpflichtungen bedient (Erfüllungsgehilfen), im gleichen Umfang wie für eigenes Verschulden. Würde der Versicherungsnehmer für das Verschulden eines jeden Erfüllungsgehilfen haften, so zum Beispiel für einen LKW-Fahrer, würde der Versicherungsschutz ausgehöhlt werden. Eine Begrenzung des Kreises der Erfüllungsgehilfen auf die Personen, für deren Verschulden der Versicherungsnehmer im Wege eines fairen Ausgleichs zwischen seinen und den Interessen des Versicherers zu haften hat, erscheint deshalb geboten.

Die Rechtsprechung hat die Anwendung des § 278 BGB auf die Verbindlichkeiten des Versicherungsnehmers aus dem Versicherungsvertrag nicht anerkannt und im Interesse der Reduzierung des Kreises der Personen, für deren Verschulden der Versicherungsnehmer einzutreten hat, das Rechtsinstitut des Repräsentanten geschaffen.

Die zu den ADS insbesondere von Ritter/Abraham (Kommentar zu den ADS 1919, Vorbemerkungen VIII) und Schlegelberger (Kommentar zu den ADS 1919, Vorbemerkungen III) mit ausführlicher Begründung vertretene Rechtspflichttheorie wird von der wohl noch herrschenden Meinung, insbesondere jedenfalls dem BGH abgelehnt, die statt dessen die Voraussetzungstheorie vertreten (vgl. das Urteil des BGH 1993, BGHZ 122, 250, VersR 1993, 828, einen Überblick über den heutigen Meinungsstreit in dem zunehmend unübersichtlicher werdenden, für die Praxis aber zumeist nicht bedeutsamen Theorienstreit geben *Heiss* in Bruck/Möller, § 28 Rn. 32 ff. und Wandt in Münchner Kommentar, vor § 28 Rn. 14 ff).

Die Voraussetzungstheorie geht davon aus, dass es sich schon deshalb nicht um echte Rechtspflichten handelt, weil sie nicht erzwingbar sind, und ihre Verletzung keinen Schadenersatzanspruch des Versicherers nach sich ziehen kann, sondern nur eine Beeinträchtigung der Leistungspflicht des Versicherers bedeutet. Dabei spielt auch eine Rolle, dass bei Anwendung der Rechtspflichttheorie im Falle der Versicherung für fremde Rechnung ein nicht zulässiger Vertrag zulasten eines Dritten vorliegen würde. Das dagegen bis zur Vorauflage vorgebrachte Argument, dass sich aus der Zuwendung des Versicherungsschutzes an den Dritten für ihn gleichfalls die Verpflichtung ergibt, die davon abhängigen Obliegenheiten zu erfüllen, trägt nach der jetzt hier vertretenen Ansicht nicht. Denn es macht einen Unterschied, ob der versicherte Dritte lediglich durch Verletzung einer Obliegenheit zulässt, dass eine Voraussetzung für den Versicherungsschutz nicht eintritt (oder wegfällt), oder ob man ihn – bei Anerkennung einer Rechtspflicht – einer Klage des Versicherers auf Erfüllung der Pflicht aussetzt.

Das zur Begründung der Existenz echter Rechtspflichten herangezogene Urteil des Hans. OLG Hamburg vom 27. Mai 1940 (Sasse, Nr. 452) trägt die Rechtsauffassung gleichfalls nicht. In jenem Fall war der Versicherungsnehmer Eigner einer Schute, die er an einen Dritten vermietet hatte. Durch Verschulden des Mieters trat ein Schaden ein. Der Versicherer nahm den Dritten in Höhe der erbrachten Leistung in Regress, hatte jedoch damit wegen der Zahlungsunfähigkeit des Dritten keinen Erfolg. Das Gericht erkannte dem Versicherer aus § 13 ADS einen Schadenersatz gegen den Versicherungsnehmer zu, weil er die Schute dem Dritten, dessen finanzielle Lage ihm bekannt war, vermietet hatte, ohne auf den Abschluss einer Haftpflichtversicherung durch den Dritten zu bestehen, die zur Sicherstellung des Regresses des Versicherten erforderlich gewesen wäre. Durch diese Unterlassung hat nach Auffassung des Gerichts der Versicherungsnehmer seine Treuepflicht dem Versicherer gegenüber verletzt. Mit der heutigen Auffassung der Bedeutung von Treu und Glauben ist das nicht mehr in Einklang zu bringen.

Das Gericht hat auf den § 13 ADS als Anspruchsgrundlage zurückgegriffen, weil seinerzeit Nebenpflichten, deren Verletzung als positive Vertragsverletzung - heute schlicht als Pflichtverletzung in § 280 BGB geregelt - noch nicht entwickelt war. Natürlich können auch aus einem Versicherungsvertrag Nebenpflichten erwachsen, die dann echte Rechtspflichten sind. Das besagt indessen nichts zur Frage, ob das, was die Versicherungsbedingungen dem Versicherungsnehmer auferlegen, Rechtspflichten oder Obliegenheiten sind.

Im Ergebnis kommen jedoch auch die Vertreter der Rechtspflichttheorie zumeist zu ähnlichen Ergebnissen, wie die von der Rechtsprechung ausnahmslos angewendete Voraussetzungstheorie. Wenngleich sie § 278 BGB anwenden wollen, erkennen sie an, dass der Kreis der Erfüllungsgehilfen eng gezogen werden muss, wenn der Versicherungsschutz nicht entwertet werden soll. Auf diese Weise kommt man zu den gleichen Personen, für deren Handeln der Versicherungsnehmer nach der von der höchstrichterlichen Rechtsprechung im Zusammenhang mit den Obliegenheiten des VVG (Obliegenheiten sind keine Rechtspflichten, sondern Voraussetzungen für die Erhaltung des Versicherungsschutzes) entwickelten Lehre von der Repräsentantenhaftung einzustehen hat. Nach der im Urteil des BGH (VersR 1993, 820) gegenüber früheren Urteilen fortentwickelten

Rechtsprechung ist Repräsentant, „wer in dem Geschäftsbereich, zu dem das versicherte Risiko gehört, aufgrund eines Vertretungs- oder ähnlichen Verhältnisses an die Stelle des Versicherungsnehmers getreten ist. Die bloße Überlassung der Obhut über die versicherte Sache reicht hierbei nicht aus. Repräsentant kann nur sein, wer befugt ist, selbständig in einem gewissen, nicht ganz unbedeutenden Umfang für den Versicherungsnehmer zu handeln (Risikoverwaltung)". Mit diesem Urteil hat der BGH die Forderung aufgegeben, Repräsentant könne nur sein, wer kumulativ sowohl die Risikoverwaltung als auch die Vertragsverwaltung innehat. Daraus ergibt sich, dass Arbeitnehmer des Versicherungsnehmers nur unter den genannten Voraussetzungen als Repräsentanten angesehen werden, wie etwa Geschäftsführer oder Betriebsleiter, die eigenverantwortlich für den Versicherungsnehmer handeln.

Die Zuordnung unter den Begriff des Repräsentanten kann im Einzelfall schwierig sein. Zumeist ziehen Repräsentantenklauseln in den Verträgen allerdings den Kreis der Repräsentanten viel enger als nach der Rechtsprechung, so z. B. wenn als Repräsentanten nur die gesetzlichen Vertreter von Gesellschaften gelten.

Während mithin weitgehend geklärt ist, dass es sich bei den Pflichten der ADS und der übrigen Bedingungswerke der Transportversicherung nicht um echte Rechtspflichten handelt, sondern um Obliegenheiten, ist bis in jüngste Zeit hinein die Frage umstritten geblieben, welche Auswirkungen das Verhalten des Kapitäns für den Versicherungsschutz hat. Für die Güterversicherung ist unstrittig, dass der Kapitän nicht Repräsentant des Versicherungsnehmers ist (BGHZ 77, 88).

Zur Kaskoversicherung hat der BGH in seinem Urteil vom 7. Februar 1983 (VersR 1983, 479) gesagt: „Im Gegensatz zur Güterversicherung (vgl. BGHZ 77, 88, 91) ist der Kapitän eines Seeschiffes bei der Versicherung des Schiffskaskos Repräsentant des Versicherungsnehmers (Reeders). Mit seiner Bestellung durch den Reeder erhält er nicht nur die Schiffsgewalt und eine umfassende Führungsmacht. Vielmehr wird damit das Schiff auch in seine Obhut gegeben. Das wird besonders deutlich, wenn er sich mit diesem auf hoher See oder – wie hier – in einem fremden Hafen befindet. Demnach ist der Kapitän aufgrund des zwischen ihm und dem Reeder bestehenden vertraglichen Verhältnisses in dem Geschäftsbereich, zu dem das durch eine Schiffskaskopolice versicherte Risiko gehört, an dessen Stelle getreten. Deshalb ist in diesem Bereich sein Verschulden wie ein eigenes Verschulden des Reeders zu behandeln. Insoweit kommt daher auch eine Anwendung des § 33 Abs. 3 ADS nicht in Betracht."

Das Urteil hat zu mancherlei Missverständnissen geführt, weil zum Teil daraus geschlossen wurde, dass der Kapitän ungeachtet des § 33 Abs. 3 ADS immer Repräsentant des Versicherungsnehmers sei. Tatsächlich geht es jedoch darum, das in jener Bestimmung angesprochene *Verhalten der Schiffsbesatzung als solcher* zu trennen von dem Verhalten des Kapitäns, bei dem er an die Stelle des Versicherungsnehmers getreten ist. Damit unterfällt der Privilegierung des § 33 Abs. 3 ADS alles, was – allein – zum Aufgabenkreis des Kapitäns als Mitglied der Schiffsbesatzung gehört, insbesondere die Führung des Schiffes, aber auch Maßnahmen, die der Herstellung und Erhaltung der Seetüchtigkeit betreffen, z. B. eine Beladungsplanung, die eine ausreichende Stabilität gewährleistet.

Wo jedoch der Kapitän außerhalb dieser Eigenschaft als Besatzungsmitglied Aufgaben des Versicherungsnehmers wahrnimmt, ist er Repräsentant des Versicherungsnehmers.

Im Übrigen hat die neuere Bedingungslage viel von der entstandenen Unruhe beseitigt. Schon das sogenannte Seekasko-Druckstück 2002/2 hat für eine vom Kapitän verursachte Seeuntüchtigkeit des Schiffes nach Ziff. 23 DTV-Kaskoklauseln bestimmt, dass der Versicherer nicht leistungsfrei wird, wenn der Versicherungsnehmer alles Erforderliche getan hat, um das Schiff seetüchtig in See zu senden und organisatorisch sichergestellt hat, dass die Schiffsführung die geltenden Vorschriften einhalten kann. Die DTV-ADS haben dies in Ziff. 33.1.3 übernommen. Sie stellen im Übrigen auch die für die Deckung nach ADS und DTV-Kaskoklauseln teils als offen angesehene Frage klar, wie das Verhältnis von Seetüchtigkeit (Ziff. 23 DTV-Kaskoklauseln) und Verschulden des Versicherungsnehmers (§ 33 ADS) zu bestimmen ist: Soweit eine Schiffssicherheitsbestimmung verletzt ist, finden die Bestimmungen zum Verschulden des Versicherungsnehmers keine Anwendung (Ziff. 34.3 DTV-ADS).

In der Güterversicherung auf Basis der ADS und der ADS Güterversicherung wird durch § 33 Abs. 2 ADS ein Verschulden des Abladers oder Empfängers einem Verschulden des Versicherungsnehmers gleichgestellt, und zwar ohne Rücksicht darauf, welche Rechtsbeziehungen zwischen dem Versicherungsnehmer und diesen Personen bestehen, sofern diese Personen in den erwähnten Eigenschaften als Ablader oder Empfänger tätig werden. Der im HGB nicht definierte Ablader ist derjenige, der für den Versicherungsnehmer die Güter dem Schiff übergibt, der Empfänger (vgl. § 592 HGB) ist derjenige, dem die Güter am Bestimmungsplatz auszuliefern sind. Die DTV-Güter haben mit diesen Zurechnungsvorschriften aufgeräumt. Ziff. 3 erfasst nur noch den Versicherungsnehmer selbst und privilegiert dabei in subjektiver Hinsicht auch noch auf Vorsatz und grobe Fahrlässigkeit.

Neben Obliegenheiten gibt es in den Versicherungsbedingungen eine Reihe anderer Bestimmungen, die Voraussetzungen für den Versicherungsschutz festlegen. Dazu gehört § 44 ADS, der im Zusammenhang der Schadenregulierung die Einreichung der erforderlichen Belege vorschreibt. Dies ist keine Obliegenheit, also eine Handlung, die der Versicherungsnehmer vornehmen muss, um sich den Versicherungsschutz zu erhalten. Hier geht es vielmehr um eine Voraussetzung, die der Versicherungsnehmer erfüllen muss, wenn er für einen Schaden eine Leistung des Versicherers in Anspruch nehmen will. Weitere Beispiele sind Ziff. 33.1 DTV-Kaskoklauseln und Ziff. 62.8 DTV-ADS, nach denen der Anspruch des Versicherten auf Ersatz eines Teilschadens die Ausführung der Reparatur zur Voraussetzung hat, sowie § 42 ADS und Ziff. 47 DTV-ADS, wonach Voraussetzung, für den Entschädigungsanspruch des Versicherungsnehmers ist, dass der Schaden innerhalb einer Frist von 15 Monaten angedient worden ist. All diese „Voraussetzungen" der ADS sind nicht Obliegenheiten im Sinne der Rechtsprechung. Bei Nichterfüllung treten ihre Folgen ohne Rücksicht auf ein Verschulden des Versicherungsnehmers ein. Sie sind entweder aufschiebende, wie z. B. die Ziff. 33 DTV-Kaskoklauseln und Ziff. 62.8 DTV-ADS, oder auflösende Bedingungen, wie z. B. die Andienungsfrist der §§ 42 ADS, Ziff. 47 DTV-ADS, für die Leistungspflicht des Versicherers.

Wieder etwas anderes sind die auch in der Transportversicherung vorhandenen objektiven Beschränkungen der Gefahr. Typisches Beispiel dafür ist für die Seekaskoversicherung die ursprüngliche Behandlung der Seeuntüchtigkeit in § 58 ADS und die ursprüngliche Behandlung von nicht beanspruchungsgerechter Verpackung in Ziff. 1.4.1.5 ADS Güterversicherung. Beide Regelungen greifen bei objektivem Vorliegen ihrer Voraussetzungen – Seeuntüchtigkeit des Schiffes und nicht beanspruchungsgerechte Verpackung – ein und schließen die Deckung aus. Die Seetüchtigkeit des Schiffes und die beanspruchungsgerechte Verpackung werden hier dadurch vom Versicherungsnehmer quasi garantiert. Sind sie nicht vorhanden, so kommt es nicht auf ein Verschulden oder die Kenntnis des Versicherungsnehmers an (ebenso § 138 VVG für die Binnenschiffskaskoversicherung).

Der Versicherer ist auf jeden Fall leistungsfrei. Damit kommt man den englischen Warranties nahe. In beiden Fällen haben aber neuere Regelungen Verschuldenselemente eingeführt. So für die Kaskoversicherung schon Ziff. 23.2 DTV-Kaskoklauseln, die fordert, dass der Versicherungsnehmer die Seeuntüchtigkeit zu vertreten hat (gleicher Verschuldensmaßstab auch bei Ziff. 3.2.1.2 AVB Flusskasko 2008). Hier schließt also (einfache) Fahrlässigkeit hinsichtlich der Seeuntüchtigkeit die Deckung aus. Noch weitergehender zugunsten des Versicherungsnehmers dagegen Ziff. 33.1.3 DTV-ADS, nach dem bei Verletzung einer Schiffssicherheitsvorschrift nur noch Vorsatz und grobe Fahrlässigkeit schaden. Ebenso Ziff. 2.5.1.5 DTV-Güter für die Güterversicherung. In allen Fällen handelt es sich um subjektive Risikoausschlüsse.

Bei der Versicherung für fremde Rechnung steht das Verschulden des Versicherten dem des Versicherungsnehmers gleich. Obwohl grundsätzlich den Versicherten keine Pflichten aus dem Vertrag treffen und ihm lediglich Rechte zugewendet werden können, so ist doch die Zuwendung dieser Rechte und ihr unveränderter Fortbestand davon abhängig, dass gewisse Pflichten gerade von demjenigen erfüllt werden, dem die Vorteile des Vertrages zugewendet worden sind (vgl. dazu Ritter/Abraham, § 23, Anm. 25, § 52, Anm. 8 und § 33, Anm. 16).

§ 47 Abs. 1 VVG bestimmt ganz allgemein, dass dort, wo die Kenntnis und das Verhalten des Versicherungsnehmers von rechtlicher Bedeutung sind, bei der Versicherung für fremde Rechnung auch die Kenntnis und das Verhalten des Versicherten zu berücksichtigen sind. § 57 Abs. 1 ADS hatte dies seinem Wortlaut nach auf die Fälle der Verschweigung oder der unrichtigen Anzeige eines Gefahrumstandes beschränkt; schon die ADS Güterversicherung haben in Ziff. 9.2 aber eine allgemeine Regelung enthalten, die in Ziff. 13.6 DTV-Güter und Ziff. 8.1 DTV-ADS noch einmal prägnanter gefasst worden ist.

Englisches Recht

Im englischen Recht sind für die hier zur Diskussion stehenden Fragen vier Bestimmungen des Marine Insurance Act *(MIA)* von Bedeutung:

Sec. 17 MIA
Hiernach haben die Vertragsparteien Treu und Glauben im höchsten Maße zu auszuüben. Diese Vorschrift entspricht weitgehend dem § 13 ADS. Darüber hinaus enthält sie jedoch

eine Rechtsfolge bei Verletzung des Grundsatzes von Treu und Glauben. Der Vertrag als Ganzes kann von der anderen Vertragspartei für nichtig erklärt werden. Darüber hinausgehende Ansprüche – etwa auf Schadenersatz – richten sich nach Common Law.

Sec. 55 MIA
Das englische Recht arbeitet grundsätzlich nicht nach dem Prinzip der Allgefahrendeckung des § 28 ADS, sondern nach dem Grundsatz der *named perils*. Die Ersatzleistung des Versicherers bezieht sich also nur auf solche Schäden, deren causa proxima in einer ausdrücklich als versichert bezeichneten Gefahr liegt. Im Vordergrund stehen also nicht Fragen des Verschuldens, sondern Fragen der Kausalität. Liegt die causa proxima in einem Verschulden des Versicherungsnehmers, so kann ein ersatzpflichtiger Schaden nicht entstehen, weil Verschulden des Versicherungsnehmers als causa remota keinen Hinderungsgrund für die Leistungspflicht des Versicherers darstellt, es sei denn, es handelt sich um *wilful misconduct*.

Sec. 78 Abs. 4 MIA
Hiernach hat der Versicherungsnehmer die Pflicht – der Marine Insurance Act verwendet den Ausdruck *duty* – Maßnahmen zu ergreifen, um einen Schaden zu verhindern oder so gering wie möglich zu halten. Diese Bestimmung bezieht sich nicht auf das Verhalten vor, sondern auf das nach Eintritt des Versicherungsfalles. Sie korrespondiert also mit § 41 ADS und der dort niedergelegten Schadenabwendungs- und -minderungspflicht.

Sec. 33 ff. MIA
Eine besonders wichtige Rolle spielen die *warranties*, mit denen sich der Marine Insurance Act in den sec. 33 ff. sehr ausführlich befasst. Sie stehen in vielen Fällen an Stelle der im deutschen Versicherungsrecht verankerten Pflichten des Versicherungsnehmers. Sie sind Garantien dem Versicherer gegenüber und beinhalten, dass bestimmte Dinge getan oder unterlassen werden, dass bestimmte Bedingungen erfüllt werden oder dass ein bestimmter Sachverhalt gegeben oder nicht gegeben ist. Der Unterschied in der Behandlung der Rechtsfolgen eines Bruches der *warranty* gegenüber den deutschen Rechtspflichten liegt im Wesentlichen in zwei Punkten: Erstens spielt das Verschulden und die im deutschen Recht früher strittige Frage des Einstehens des Versicherungsnehmers für seine Erfüllungsgehilfen nach § 278 BGB oder nach Repräsentantengrundsätzen im englischen Recht keine Rolle, weil es bei den *warranties* nur auf die objektiv zu beantwortende Frage ankommt, ob die *warranty* erfüllt worden ist oder nicht, das Verschulden spielt also keine Rolle. Zweitens kommt es nicht auf eine Kausalität zwischen der Verletzung der *warranty* und dem Eintritt des Schadens an. Die *warranties* geben deshalb dem Versicherer eine günstigere Rechtsstellung als die objektiven Beschränkungen der Gefahr oder die Obliegenheiten des deutschen Rechts.

Die strengen Rechtsfolgen eines Bruches der *warranty* werden für den Fall aufgehoben, dass die betreffenden *warranty* infolge Veränderung der Umstände überhaupt nicht mehr zum Zuge kommen kann und ihre Einhaltung deshalb unvernünftig sein würde, sowie dann, wenn die Einhaltung der *warranty* gegen ein später erlassenes Gesetz verstoßen würde und damit ein Verstoß gegen die *implied warranty* der Legalität des versicherten Unternehmens gegeben sein würde.

Gem. sec. 34 MIA kann der Versicherer auf seine Rechte aus einem Bruch einer *Warranty* verzichten (Vgl. *breach of warranty-clause* der Institute Time Clauses – Hulls Ziff. 3, International Hull Clauses Ziff. 11). Die Erleichterungen der *breach of warranty-clause* beziehen sich nur auf Fälle, bei denen es sich um eine *warranty as to cargo, trade, locality, towage, salvage services or date of sailing* handelt und nur unter der Voraussetzung der unverzüglichen Anzeige an den Versicherer und Zahlung einer entsprechenden Zulageprämie.

Beispiel:
Die Fahrtgrenzen in der Kaskoversicherung unterliegen einer *warranty*, jedoch wird regelmäßig der Versicherungsnehmer bei Überschreitung der Fahrtgrenzen, also bei Bruch der *warranty*, gegen zu vereinbarende Prämienzulage gedeckt gehalten.

Warranties sind entweder *implied* oder *express warranties*. Die *express warranties* müssen ausdrücklich in der Police oder in den ihr zugrunde liegenden Standardbedingungen (die sogenannten *institute warranties*) vereinbart werden. Die *implied warranties* sind dagegen ein so wichtiges Fundament des Versicherungsvertrages, dass sie dem Vertrag unausgesprochen und trotzdem vollverbindlich zugrunde liegen.

Sie ergeben sich aus dem Marine Insurance Act. Es gibt zwei *implied warranties*, nämlich

- Legalität der versicherten Unternehmung (sec. 41 MIA)

- Seetüchtigkeit (sec. 39 MIA)
  Diese *implied warranty* gilt nur für Reisepolicen. Das Schiff muss bei Beginn der Reise – und, wenn diese in verschiedenen Abschnitten durchgeführt wird oder Zwischenhäfen auch zum Bunkern angelaufen werden, bei Beginn jedes Reiseabschnittes – seetüchtig sein. Das Schiff gilt als seetüchtig, wenn es in jeder Weise darauf vorbereitet ist, die gewöhnlichen Gefahren der Reise zu bestehen (sec. 39 Abs. 4 MIA).

  Für Zeitpolicen gibt es zwar keine *implied warranty* der Seetüchtigkeit, jedoch ist der Versicherer leistungsfrei, wenn der Versicherte schuldhaft das Schiff seeuntüchtig in See gesandt hat und der Schaden darauf zurückzuführen ist.

In allen genannten Fällen schadet ein Verschulden eines *agent* des Versicherungsnehmers in gleicher Weise wie das des Versicherungsnehmers selbst, und die *agents* werden in sec. 78 Abs. 4 MIA ausdrücklich erwähnt.

Aus einer schuldhaften Herbeiführung des Versicherungsfalles ergibt sich, dass auch das Verschulden der *agents* – zu denen auch Kapitän und Besatzung zählen können – nur in bestimmten Fällen als versichertes Risiko anerkannt wird. Dies geschieht in den Institute Time Clauses (Hull) und den International Hull Clauses für alle Schäden durch Verschulden des Kapitäns und der Besatzung. Im Übrigen gilt aber die Bestimmung des sec. 55 MIA, derzufolge die Leistungspflicht des Versicherers bei Verwirklichung einer versicherten Gefahr nicht beeinträchtigt wird, selbst dann, wenn die versicherte Gefahr sich wegen eines Verschuldens des Kapitäns oder der Besatzung realisieren konnte. Trotz dieser Bestimmung ist das Verschulden von Kapitän oder Besatzung nicht die versicherte Gefahr selbst und insofern geht der Schutz des Versicherungsnehmers durch das englische Recht weniger weit als durch § 33 Abs. 3 ADS. (Zum Verhältnis zwischen sec. 55 und 78 MIA vgl. Arnould, a.a.O., Ziff. 22-13.)

In jüngerer Zeit hat sich die Kritik an der drakonischen Rechtsfolge der Verletzung einer *warranty* verschärft. Die englische *Law Reform Comission* hat 2007 in den Raum gestellt, ob der Versicherungsnehmer nicht auch bei *warranties* Versicherungsschutz behalten soll, wenn die Nichterfüllung der *warranty* in keinem kausalen Zusammenhang mit dem Schaden steht. Im Übrigen prüfen die Gerichte jetzt sehr kritisch, ob es sich bei der vereinbarten Bestimmung überhaupt um eine *warranty* oder aber um eine andere Vertragsbedingung handelt. Selbst wo eine *warranty* bejaht wird, besteht die Tendenz, sie so eng wie möglich auszulegen; vgl. Merkin, Marine Insurance Legislation, S. 47.

2.11 Der Schaden

Begriff

> Gefahr ist die Drohung des Eintritts eines Ereignisses, das für die Beziehungen des Versicherten zu einer Sache von Nachteil ist. Tritt dieses Ereignis ein, verwirklicht sich also die Gefahr, so ist seine Folge ein Schaden. Soll dieser Schaden vom Versicherer ersetzt werden, so hat dies zur Voraussetzung, dass die Ursache des Schadens eine versicherte Gefahr war und dass er seiner Art und seinem Umfang nach entsprechend den Bedingungen des Versicherungsvertrages unter Berücksichtigung der Versicherungssumme vom Versicherer zu ersetzen ist.

Gegenstand der Transportversicherung sind grundsätzlich nicht alle Folgen des Eintritts einer Gefahr, sondern nur diejenigen, die sich unmittelbar auf die Beziehungen des Versicherten zu der Sache auswirken. Mittelbare bzw. indirekte Schäden, also solche, die sich erst als weitere Folge des Schadens an der Sache ergeben, lösen deshalb ohne besondere Vereinbarung keine Leistung des Versicherers aus. Dies bedeutet Folgendes:

Die Transportversicherung bezieht sich grundsätzlich nur auf Sachschäden, die in einer Verschlechterung oder Zerstörung der Substanz der Sache bestehen. So ausdrücklich Ziff. 2.1 DTV-Güter: Der Versicherer leistet ohne Franchise Ersatz für Verlust oder Beschädigung der versicherten Güter als Folge einer versicherten Gefahr. Die Transportversicherung ist also grundsätzlich eine Schadenversicherung, die positiven Schaden und gegebenenfalls entgangenen Gewinn ersetzt. Diese Begriffsbestimmung schließt nicht aus, dass die Transportversicherung sich in einer Reihe von in den Bedingungen besonders erwähnten Fällen auch auf mittelbare Schäden bezieht, die entweder einen Schaden an der Substanz der versicherten Sache nicht voraussetzen oder über den unmittelbaren Schaden hinausgehen. Dies gilt besonders für Havarie-grosse-Beiträge (§ 29 ADS, Ziff. 2.3.1.1 DTV-Güter, Ziff. 28 DTV-ADS), Kosten für die Abwendung, Minderung oder Feststellung eines Schadens (§ 32 ADS, Ziff. 2.3.1.2 DTV-Güter, Ziff. 31 DTV-ADS), Ersatz an Dritte in der Kaskoversicherung (Ziff. 34 DTV-Kaskoklauseln, Ziff. 65 DTV-ADS) und Kosten der Umladung, Lagerung und Weiterbeförderung bei Vorliegen bestimmter Voraussetzungen (Ziff. 1.5.1.2. ADS Güterversicherung, Ziff. 2.3.1.3 DTV-Güter).

Beispiel:
Güter sind für eine Reise von Bremen nach London versichert. Wegen eines Hafenarbeiterstreiks in London werden die Güter in Southampton gelöscht und per LKW nach London befördert.

Der Versicherte macht Ersatzansprüche geltend und stützt diese auf die Allgefahrendeckung gem. § 28 ADS, die gem. DTV-Streik-Klausel eingeschlossenen Streikgefahren und auf die Regelung für Kostenersatz in Ziff. 1.5.1.2. ADS Güterversicherung (alternativ: Ziff. 2.1, Ziff. 2.1.3.1 DTV-Güter, Ziff. 1.1 Streik- und Aufruhrklausel zu den DTV-Gütern).

Ergebnis:
Schäden durch Streik sind mitversichert, wenn sie von Streikenden unmittelbar (vgl. den Ausschluss mittelbarer Schäden in Ziff. 1.4.2 ADS A Güterversicherung und Ziff. 2.5.2 DTV-Güter) verursacht worden sind und einen Substanzschaden an den Gütern zur Folge haben (mit Ausnahme der ausdrücklich durch § 28 ADS ausgeschlossenen Schäden durch Verzögerung).

Im vorliegenden Fall ist kein Substanzschaden entstanden. Die Mehrfrachtkosten sind also nicht zu entschädigen.

Arten des Schadens

Im Seerecht und im Recht der Transportversicherung wird häufig in einem Schadenfall der Ausdruck „Havarie" oder auch „Haverei" (englisch: *Average*) verwendet, wobei – heute sprachlich kaum noch gebräuchlich – zwischen kleiner, besonderer und großer Haverei gesprochen wird. Auch die ADS haben diesen alten Begriff verwendet. Ganz allgemein werden mit Haverei Kosten bzw. Schäden bezeichnet, die im Verlaufe einer Seereise entstehen können.

Als kleine Haverei werden die im normalen Verlauf der Seereise entstehenden Kosten, wie Gebühren für Lotsen, Hafenkosten usw. – also die Kosten der Schifffahrt im Sinne des § 621 HGB – angesehen. Selbstverständlich ist die kleine Haverei nicht Gegenstand des Versicherungsvertrages.

Große Haverei oder auch Havarie-grosse (englisch: *General Average*) bedeutet die gemeinschaftliche Havarie von Schiff und Ladung (siehe S. 72 ff.).

Unter besonderer Haverei schließlich sind diejenigen unerwartet eintretenden Schäden zu verstehen, die nicht gemeinschaftlich Schiff und Ladung bzw. ihre Errettung aus ihnen gemeinsam drohender Gefahr, sondern die allein entweder das Schiff oder die Ladung bzw. Teile davon betreffen.

Der Schaden in der Transportversicherung beruht also, soweit er nicht Havarie-grosse-Schaden ist, auf besonderer Haverei.

In den ADS wird bei der Güter- und Kaskoversicherung eine unterschiedliche Einteilung für die Gruppierung der Schäden verwendet (siehe Abschnitte 3.14 und 4.22).

Eine Besonderheit des englischen Rechts ist der konstruktive Totalverlust. Er ist dem deutschen Recht fremd, jedoch ergeben sich in der Kaskoversicherung bei Reparaturunfähigkeit und Reparaturunwürdigkeit (§ 77 ADS, Ziff. 61 DTV-ADS) fast die gleichen Anwendungsgesichtspunkte. Man spricht deshalb auch im Zusammenhang mit den genannten deutschen Bestimmungen von einem konstruktiven Totalverlust, obwohl es sich formell um die Regulierung eines Teilschadens handelt.

Die Bestimmungen für den konstruktiven Totalverlust gehen von der Voraussetzung aus, dass es unwirtschaftlich ist, für die Reparatur einer Sache mehr aufzuwenden als es ihrem Wert entspricht. Nach sec. 60 Marine Insurance Act ist ein *Constructive Total Loss* dann gegeben, wenn die versicherte Sache wegen eines unvermeidbaren Totalverlustes vernünftigerweise aufgegeben wird, oder wenn sie vor dem Totalverlust nicht ohne Kosten gerettet werden kann, die ihren Wert übersteigen.

Im Einzelnen sind die Voraussetzungen nach sec. 60 MIA in folgenden Fällen erfüllt:

- Wenn dem Versicherten der Besitz an dem Schiff oder den Gütern infolge einer versicherten Gefahr entzogen ist und es unwahrscheinlich ist, dass das Schiff oder die Güter geborgen werden können oder die Kosten der Bergung den geretteten Wert übersteigen.

- Im Falle eines Schadens an einem Schiff, wenn das Schiff durch eine versicherte Gefahr so beschädigt ist, dass die Reparaturkosten den Wert des Schiffes im reparierten Zustand übersteigen. Bei der Schätzung der Reparaturkosten sind dabei keine Abzüge für Havarie-grosse-Beiträge zu machen, die solche Reparaturen betreffen, die zulasten anderer gehen, jedoch sind die Beträge einzubeziehen, die auf künftige Bergungsoperationen oder künftige Havarie-grosse-Beiträge entfallen, für die das Schiff in repariertem Zustand verantwortlich ist.

- Im Falle von Schäden an Gütern, wenn die Reparaturkosten und die Kosten der Weiterbeförderung zum Bestimmungsort den Wert bei der Ankunft übersteigen.

Sofern die Voraussetzungen eines Constructive Total Loss vorliegen, kann der Versicherte Abandon (siehe S. 119 ff.) erklären.

Anders die Bestimmungen zur Reparaturunwürdigkeit in der deutschen Deckung. Hier geht es nur darum, dass die Instandsetzungskosten (gem. Ziff. 61 DTV-ADS zzgl. etwaiger Bergungskosten) die Versicherungssumme übersteigt. Ist dies der Fall, kann der Versicherungsnehmer entscheiden, ob er dennoch auf Teilschadensbasis abrechnen will. Dann ist die Leistungspflicht des Versicherers durch die Versicherungssumme begrenzt (§ 37 ADS, Ziff. 41.1 DTV-ADS). Alternativ kann die Differenz zwischen dem Wert des Schiffes in beschädigtem Zustand und der Versicherungssumme, wobei nach § 77 ADS dieser Wert durch Versteigerung des Schiffes festzustellen ist, gem. Ziff. 61 DTV-ADS auch durch Vereinbarung mit dem Versicherer festgestellt werden.

Aufwendungen und Aufopferungen

Deutsches Recht

Unter Aufwendung ist grundsätzlich die freiwillige Preisgabe von Vermögenswerten aller Art einschließlich der Übernahme von Verbindlichkeiten zum Zwecke der Erreichung eines bestimmten Zieles einschließlich des dabei unfreiwilligen erlittenen Schadens zu verstehen. Aufwendungen sind nicht Schäden am versicherten Interesse selbst. Da sie nicht durch § 28 ADS erfasst werden, bedarf es zu ihrer Deckung durch die Versicherung einer besonderen Bestimmung. Diese ist in § 32 ADS, Ziff. 1.5 ADS Güterversicherung, Ziff. 2.3.1 DTV-Güter und Ziff. 31 DTV-ADS enthalten.

Danach fallen dem Versicherer die dort bezeichneten Aufwendungen zur Last, und zwar nicht nur, wie die Bestimmungen besagen, die Aufwendungen des Versicherungsnehmers, sondern im Falle der Versicherung für fremde Rechnung auch die des Versicherten.

Grundsätzlich ist die Haftung des Versicherers der Höhe nach für Schäden im Verlauf der versicherten Reise durch § 37 Abs. 1 ADS, Ziff. 21 DTV-Güter und Ziff. 41 DTV-ADS auf die Versicherungssumme beschränkt. Eine Ausnahme von diesem Grundsatz besteht jedoch für die versicherten Aufwendungen, für die der Versicherer unter den in den Bestimmungen genannten Voraussetzungen auch über die Versicherungssumme hinaus haftet (gilt in der Seekaskoversicherung und die Versicherung von Gütern auf Basis der ADS und der ADS Güterversicherung nicht für Havarie-grosse-Aufwendungen nach § 29 ADS; anders Ziff. 2.3.3 DTV-Güter und Ziff. 41.2 DTV-ADS, unter denen auch Havarie-grosse-Beiträge über die Versicherungssumme hinaus ersetzt werden), jedoch bezieht sich die Ersatzleistung für Aufwendungen nur auf solche Kosten, die dem Grund und der Höhe nach ein versichertes Interesse betreffen. Deshalb sind bei Vorliegen einer Unterversicherung die Aufwendungen nur nach dem Verhältnis der Versicherungssumme zum Versicherungswert zu vergüten. Das Gleiche gilt dann, wenn die Aufwendungen sich gemeinsam auf versicherten und unversicherten Schaden beziehen.

Aus dem Gesamtbegriff der Aufwendungen lösen die ADS den besonderen Begriff der Aufopferung heraus (§ 31 ADS). Er bezieht sich auf eine Aufwendung, die in der Preisgabe eines versicherten Gegenstandes selbst liegt, um andere Werte zu retten. § 31 ADS und seine Stellung zwischen der Deckung der Havarie-grosse-Beiträge (§§ 29, 31 ADS) und den Aufwendungen (§ 32 ADS) hat Anlass für mancherlei Missverständnisse gegeben. Mit der Havarie-grosse-Deckung hat § 31 ADS überhaupt nichts zu tun; Aufopferungen werden vielmehr gerade aus ihr ausgeklammert. Zwar sind Aufopferungen im Rahmen einer Havarie-grosse vergütungsberechtigt; die Havarie-grosse-Deckung bezieht sich aber nicht auf Vergütungen in, sondern auf Beiträge zur Havarie-grosse, also auf das genaue Gegenteil (die Summe alle Vergütungen entspricht der Summe aller Beiträge). Gäbe es § 31 ADS nicht, würde der Versicherungsnehmer Deckung von Aufopferungen im Rahmen der Deckung der Havarie-grosse-Deckung nur für den Teil der Aufopferung erlangen können, den der Versicherungsnehmer im Rahmen des auf ihn entfallenden Beitrags selbst tragen müsste. Die Behandlung als Teilschaden ermöglicht dagegen die Abwicklung außerhalb der Havarie-grosse.

Der gleichen Struktur folgen die DTV-ADS in Ziff. 30, dort noch erweitert um Havariegrosse-Aufwendungen. Anders dagegen die DTV-Güter. Sie kennen keine dem § 31 ADS entsprechende Bestimmung und erwähnen die Aufopferung nur im Zusammenhang mit dem Übergang von Ansprüchen (Ziff. 23.1 Abs. 2 DTV-Güter).

Hier gibt es also nur eine Deckung des den Versicherungsnehmer selbst treffenden Beitrags. Ausnahme: Aufopferung eines Teils der Güter zum Zwecke der Errettung des verbleibenden Teils (sowie des Schiffes und gegebenenfalls anderer Güter) aus einer versicherten Gefahr, denn dann ist auch Ersatz als Schadenabwendungskosten denkbar, wenn die Aufwendung vernünftig war.

Für den Versicherungsvertrag sind nur diejenigen Aufwendungen interessant, die gemacht worden sind, um dann, wenn die versicherte Gefahr eingetreten ist,

- einen daraus entstehenden unmittelbar bevorstehenden Schaden zu verhindern,
- einen eingetretenen Schaden so klein wie möglich zu halten und
- einen eingetretenen Schaden festzustellen.

Die Ersatzpflicht des Versicherers für die Aufwendungen ist die Kehrseite der Schadenabwendungspflicht des Versicherungsnehmers. Ohne die Ersatzpflicht für die Aufwendungen würden die Interessen des Versicherers und des Versicherungsnehmers auseinandergehen, während die Ersatzpflicht für die Aufwendungen beide Interessen verbindet. (Zur Pflicht des Versicherungsnehmers zur Abwendung und Minderung des Schadens vgl. § 41 ADS, Ziff. 15.2 DTV-Güter, Ziff. 44 DTV-ADS.)

Während Aufwendungen, die auf Weisung des Versicherers gemacht worden sind, gerechterweise voll zu erstatten sind, ohne dass es darauf ankäme, ob sie sinnvoll und angemessen waren, werden Aufwendungen, die vom Versicherungsnehmer ohne besondere Anweisung durch den Versicherer gemacht werden, nur ersetzt, wenn der Versicherungsnehmer sie den Umständen nach für geboten halten durfte. Es kommt daher nicht darauf an, ob die Aufwendungen dem Grund oder der Höhe nach tatsächlich erforderlich waren, sondern nur darauf, ob der Versicherungsnehmer schuldlos der Meinung sein durfte, dass die betreffenden Aufwendungen unter Berücksichtigung der vorliegenden Umstände geboten waren. Seinem subjektiven Ermessen als sorgfältiger Kaufmann ist also ein weiterer Spielraum gelassen.

An sich ist es Sache eines Anspruchstellers, den Beweis für Grund und Höhe seiner Forderung zu führen. Die ADS und die DTV-Klauseln betrachten jedoch die Kosten für diese Beweisführung als Teil des Schadens. Dafür gelten aber folgende Einschränkungen:

- Die Kosten müssen für die Feststellung eines ersatzpflichtigen Schadens aufgewendet worden sein, so dass Kosten, die anfallen, um festzustellen, ob überhaupt ein ersatzpflichtiger Schaden entstanden ist oder nicht, außer Ansatz bleiben. Derartige Kosten entstehen vielmehr im Rahmen der selbstverständlichen Pflicht eines Empfängers, festzustellen, ob die erhaltenen Güter ordnungsgemäß bei ihm eingegangen sind.

Beispiel:
Nach einer Grundberührung lässt der Versicherungsnehmer das Unterwasserschiff durch einen Taucher auf Schäden untersuchen. Es werden keine Schäden festgestellt. Die Kosten für den Taucher sind keine Schadenfeststellungskosten und deswegen nicht ersatzfähig.

- Kosten fremder Personen werden gem. §§ 32 Ziff. 3 ADS, Ziff. 31 DTV-ADS nur erstattet, wenn der Versicherungsnehmer zu deren Hinzuziehung nach dem Vertrag verpflichtet war oder wenn der Versicherer die Hinzuziehung verlangt hat (hierzu gehören insbesondere die Kosten des Havarie-Kommissars). Ziff. 2.3.1.2.3 DTV-Güter geht weiter, denn hier reicht es, neben den Fällen der Weisung durch den Versicherer, aus, dass der Versicherungsnehmer die Hinzuziehung Dritter nach den Umständen für geboten halten durfte.

Vergütung für seine eigenen Bemühungen im Zusammenhang mit der Feststellung und Abwicklung eines Schadens, insbesondere für Auskunftserteilung, Buchungsarbeiten, Schriftwechsel usw., kann der Versicherungsnehmer nicht verlangen, es sei denn, dass auf Weisung des Versicherers außergewöhnliche Kosten aufgewendet worden sind.

Schwierigkeiten ergeben sich manchmal bezüglich der sogenannten Vorführungskosten. Derartige Vorführungskosten können entstehen entweder beim Versicherungsnehmer selbst oder sie werden ihm von seinem Empfangsspediteur in Rechnung gestellt, wenn Personal abgestellt werden muss, um beschädigte Güter dem Havarie-Kommissar vorzuführen. Im Zusammenhang mit diesem Vorführen müssen Kisten oder Ballen geöffnet und wieder verschlossen werden, um dem Havarie-Kommissar die Möglichkeit zu geben, den Umfang des Schadens genau zu ermitteln. Bei den Vorführungskosten handelt es sich nicht um eine Vergütung an den Versicherungsnehmer, sondern darum, dass ein Lagerarbeiter für einen gewissen Zeitraum gleichsam als Gehilfe des Havarie-Kommissars abgestellt ist, währenddessen er für den Versicherungsnehmer bzw. den Spediteur als Arbeitskraft ausfällt.

Wie oben schon angesprochen, enthalten die ADS und die DTV-Klauseln alle Regelungen zur Havarie-grosse. Diese beziehen ich aber nur auf die Passivseite der Havarie-grosse, also auf das, was der Versicherungsnehmer in der Form von Beiträgen an die Havariegrosse-Gemeinschaft zahlen muss. Diese Beiträge sind versichert. Von demjenigen, was in Havarie-grosse zu vergüten ist, sprechen nur §§ 29, 31 ADS die Aufopferungen des versicherten Gegenstandes an. Alles Weitere, also alle Aufwendungen, die dem Versicherungsnehmer entstehen, folgt den allgemeinen Regelungen. Dazu gehören insbesondere auch die Bergelöhne. Sie sind deshalb versichert im Rahmen der Deckung für Aufwendungen. Diese werden gegebenenfalls über die Versicherungssumme hinaus ersetzt. Ziff. 30 DTV-ADS stellt dies jetzt für die Aufwendungen klar.

Englisches Recht
Im englischen Transportversicherungsrecht wird bezüglich der Kosten unterschieden zwischen:

(1) *Particular Charges* (sec. 64 Abs. 2 MIA) mit Untergruppierung in *Special Charges, Extra Charges* und *Sue and Labour Charges*,

(2) *Salvage Charges* (sec. 65 MIA)

(3) *General Average Expenditures* (sec. 66 MIA).

Zu (1): Particular Charges bilden den Oberbegriff für eine Reihe von Kosten, die mit den im § 32 ADS, Ziff. 31 DTV-ADS und Ziff. 2.3 DTV-Güter erfassten Kosten vergleichbar sind. Nach sec. 64 MIA handelt es sich dabei um solche, die im Interesse der Erhaltung bzw. der Sicherheit der versicherten Sache aufgewendet werden, sofern es sich nicht um *General Average Expenditures* oder *Salvage Charges* handelt.

Beispiel:
Kosten für die Bearbeitung beschädigter Güter, um weitere Schäden zu vermeiden oder den vorhandenen Schaden zu beseitigen, wie z. B. Trocknen nässebeschädigter Güter, Abnehmen der beschädigten von der gesunden Baumwolle (sogenanntes Picken), Reparatur von Leckfässern oder beschädigten Kisten vor Erreichen des policenmäßigen Bestimmungsortes oder Miete eines Lagerhauses, um dort einen versicherten Schaden reparieren zu können.

Diese eben genannten Beispiele beziehen sich auf die im Sprachgebrauch der Praxis als sogenannte *Special Charges* bezeichnete Kosten.

Hinzu kommen als *Extra Charges* die Kosten der Schadenfeststellung.

Alle *Particular Charges* dürfen dem reinen Beschädigungsschaden nicht hinzugerechnet werden, wenn es geprüft wird, ob die Franchisegrenze erreicht worden ist oder nicht.

Beispiel:
Baumwolle ist mit GBP 10. 000,– und einer Franchise von 3 % versichert. Der Gesamtschaden setzt sich zusammen aus einem Minderwert von 2,5 %, Bearbeitungskosten in Höhe von GBP 600,– und Kosten der Schadenfeststellung von GBP 250,–. Da der reine Beschädigungsschaden die Franchisegrenze nicht erreicht, geht der ganze Schaden nicht zulasten des Versicherers (sec. 76 Abs. 4 MIA).

Der englische Transportversicherer haftet für *Particular Charges* nur im Rahmen der Versicherungssumme und nicht darüber hinaus. Eine Ausnahme gilt nur für *Sue and Labour Charges*. Auch sie sind *Particular Charges*.

Aufgrund der *Sue and Labour Clauses* (vgl. Ziff. 16 Institute Cargo Clauses, Klausel 11 der Institute Time Clauses [Hulls] Ziff. 9 der International Hull Clauses) sind sie zusätzlich zum sonstigen Schaden ersatzpflichtig, auch wenn dabei die Versicherungssumme überschritten wird. Für die Ersatzleistung für *Sue and Labour Charges* gelten allerdings die Grundsätze der Unterversicherung. *Sue and Labour Charges* werden bis zur Höhe der Versicherungssumme entschädigt, so dass der Versicherer für Schäden an dem versicherten Objekt und für *Sue and Labour Charges* jeweils maximal bis zur Höhe der Versicherungssumme haftet. Die Anwendung der *Sue and Labour Clause* wird durch § 78 MIA geregelt. Unter *Sue and Labour* sind nur die eigenen Bemühungen des Versicherungsnehmers bzw. seiner Beauftragten zu verstehen, um einen unter die Police fallenden Schaden abzuwenden oder zu mindern. Havarie-grosse-Kosten sind aber in keinem Fall *Sue and Labour Charges*; Bergungskosten nur dann, wenn sie aufgrund eines vom Versicherungsnehmer oder seinem Beauftragten geschlossenen Kontraktes entstehen (vgl. sec. 78 Abs. 2 und 65 Abs. 2 MIA).

Die Abgrenzung zwischen *Particular Charges* allgemein und ihrer speziellen Form der *Sue and Labour Charges* ist schwierig (Einzelheiten dazu in Arnould, Rn. 25-01). Man wird aber in der Praxis davon ausgehen können, dass grundsätzlich die Aufwendungen zur Abwendung und Minderung eines policenmäßigen Schadens (mit Ausnahme von Bergungs- und Havarie-grosse-Kosten) den *Sue and Labour Charges* zuzuordnen und deshalb auch über die Versicherungssumme hinaus zu ersetzen sind. Für die sonstigen *Particular Charges* verbleiben dann die übrigen Kosten wie *Special and Extra Charges*.

Für die Kaskoversicherung ändern die Ziff. 13.4 der Time Clauses (Hulls) 1.10.83, Ziff. 11.4 der Institute Time Clauses (Hulls) 1.11.95 und. Klausel 9.4 International Hull Clauses die Bestimmungen der sec. 78 MIA insofern, als danach *Sue and Labour Charges* auch bei taxiertem Versicherungswert nur pro rata vergütet werden, wenn eine Unterversicherung vorliegt. Eine Ausnahmeregelung gilt für den Fall des Totalverlustes, wenn Teile des versicherten Schiffes gerettet werden. Die Unterversicherung wird dann nur für den Teil der Kosten angewandt, der den Wert der geretteten Teile übersteigt.

Die *International Hull Clauses* enthalten eine solche Bestimmung in Ziff. 9 nicht.

Zu (2) und (3): Salvage Charges (Bergelöhne und sonstige Rettungskosten) werden in sec. 65 MIA als Kosten bezeichnet, die außerhalb von Verträgen entstehen. Das ist grundsätzlich auch richtig, denn ebenso wie praktisch alle anderen Seerechte sieht auch das englische Seerecht Bergelohnansprüche des Bergers auch ohne einen Vertrag vor. Die meisten Bergelöhne fallen jedoch im Rahmen von Kontrakten an (zumeist auf Basis der sogenannten Lloyd's Open Form), die von dem Versicherungsnehmer oder einem Beauftragten geschlossen worden sind, sie sind dann *Sue and Labour Charges*, wenn das Schiff ohne Ladung fuhr und *General Average Charges* bei einem beladenen Schiff. Sec. 78 (2) MIA stellt ausdrücklich fest, dass Bergelöhne nicht als *Sue and Labour Charges* ersetzt werden können. Insoweit unterscheiden sich deutsche und englische Deckung (näher Schwampe, VersR 2007, 1177).

Salvage Charges werden wie *General Average Expenditures* behandelt und nicht über die Versicherungssumme hinaus vergütet. Für sie bedarf es keiner besonderen Zusatzklausel wie bei den *Sue and Labour Charges*, weil sie bereits durch den Vertrag selbst gedeckt sind.

Eine Sonderregelung enthalten Ziff. 13.5 Institute Time Clauses (Hulls) 1.10.83, 11.5 Institute Time Clauses (Hulls) 1.11.95 und 9.4 International Hull Clauses. Danach werden dann, wenn das Schiff trotz des Bergungsversuches innerhalb von Havarie-grosse-Maßnahmen total verlorengeht, die auf das Schiff entfallenden Kosten, für deren Erstattung wegen der

Auszahlung der Versicherungssumme für den eingetretenen Totalverlust an sich kein Raum mehr ist, auch über die Versicherungssumme hinaus ersetzt. Dabei werden allerdings – trotz taxiertem Versicherungswert – die Grundsätze der Unterversicherung angewendet, falls eine solche vorliegt. Bedeutsam ist dies für den Fall, dass der Bergungskontrakt für ein beladenes Schiff nicht auf Basis *no cure – no pay* geschlossen werden kann und für alle sonstigen Aufwendungen, die ohne Rücksicht auf den Erfolg anfallen.

Feststellung und Andienung des Schadens sowie Fälligkeit der Entschädigung

Bei Eintritt des Versicherungsfalles hat der Versicherungsnehmer bzw. der Versicherte eine Reihe von Maßnahmen zu ergreifen. In diesem Zusammenhang interessieren die drei folgenden Maßnahmen:

(1) er muss die Feststellung des Schadens nach Art und Höhe beantragen,

(2) er muss den Schaden dem Versicherer anzeigen (§ 40 ADS, Ziff. 43 DTV-ADS, Ziff. 15.1 DTV-Güter) und

(3) er muss zu erkennen geben, dass er entschädigt werden will, d.h., er muss dem Versicherer den Schaden andienen (§ 42 Abs. 1 ADS, Ziff. 47 DTV-ADS, Ziff. 16.1 DTV-Güter).

Nach der Konzeption des ADS erfolgt der Antrag zu (1) dem Havarie-Kommissar gegenüber, der nach § 74 Abs. 10 ADS eine Vollmacht des Versicherers besitzt, diesbezügliche Erklärungen entgegenzunehmen und den Schaden festzustellen. Heutzutage gibt es aber keine Einteilung in Havariebezirke mehr. Güterpolicen – insbesondere aber darunter ausgestellte Zertifikate – nennen zumeist den Havarie-Kommissar namentlich. Das Sachverständigenverfahren der DTV-Güter enthält in Ziff. 20 keine dem § 74 Abs. 10 ADS entsprechende Bestimmung mehr. Auch unter den ADS ist mit der Entgegennahme der Erklärung und der Feststellung des Schadens die Vollmacht des Havarie-Kommissars als solchem erschöpft. Die Erklärungen zu (2) und (3) können nur dem Versicherer gegenüber vorgenommen werden. Etwas anderes gilt nur dann, wenn ein Havarie-Kommissar gleichzeitig eine Vollmacht zur Regulierung und Auszahlung des Schadens besitzt (was im Allgemeinen beim sogenannten Zahlagenten der Fall ist), so dass der Anspruchsteller sich auch hinsichtlich der Anträge zu (2) und (3) an den Havarie-Kommissar wenden kann.

Der Versicherungsnehmer hat nach § 40 ADS, Ziff. 43 DTV-ADS und Ziff. 15.1 DTV-Güter auch solche Schäden anzuzeigen, die keine Entschädigungspflicht des Versicherers begründen, sofern sie nur für die vom Versicherer getragene Gefahr erheblich sind. Von der Anzeige des Schadens ist die Andienung nach § 42 Abs. 1 ADS, Ziff. 47 DTV-ADS und Ziff. 16.1 DTV-Güter zu unterscheiden. Sie hat schriftlich zu erfolgen, während die Schadenanzeige formlos abgegeben werden kann.

Trotzdem kann natürlich ein Schreiben des Versicherungsnehmers an den Versicherer, in dem er den Schaden anzeigt, je nach seinem Inhalt auch gleichzeitig eine Andienung des Schadens bedeuten.

Dagegen kann eine Einheit von Andienung und Antrag auf Schadenfeststellung nur dann vorliegen, wenn die Schadenfeststellung unmittelbar beim Versicherer beantragt wird.

Diese Unterscheidung hat deshalb eine besondere Bedeutung, weil der Entschädigungsanspruch dem Versicherer gegenüber erlischt, wenn der Schaden nicht innerhalb von 15 Monaten seit der Beendigung der Versicherung angedient worden ist. Beendigung der Versicherung bedeutet Ende des materiellen Versicherungsschutzes, z. B. bei der Güterversicherung die Beendigung nach „von Haus zu Haus"-Klausel. Die Frist beginnt dort also nicht erst am Ende des Versicherungsjahres einer laufenden Versicherung. Anders bei der Kaskoversicherung, die regelmäßig Zeitversicherung ist und bei der die Frist deshalb normalerweise mit dem Ende der Versicherungsperiode beginnt.

In diesem Zusammenhang sind zwei Fragen von Interesse:

1. Ist die Andienungsfrist gem. § 42 ADS, Ziff. 47 DTV-ADS und Ziff. 16.1 DTV-Güter gewahrt, wenn der Versicherte einem Havarie-Kommissar oder einem sonstigen Beauftragten des Versicherers (vgl. Ziff. 16.2 DTV-ADS) Schadenunterlagen zur Ausstellung eines Havarie-Zertifikates einsendet?

2. Kann der Versicherer sich auf die Ausschlussfrist auch dann berufen, wenn kein Verschulden des Versicherungsnehmers bzw. Versicherten vorliegt?

Zu § 42 ADS hat der BGH (VersR 1972, 88) entschieden, dass das Erlöschen des Anspruchs selbst bei schuldloser Unterlassung der Andienung aufgrund der Gegebenheiten beim Seetransport zulässig und wirksam ist.

Die Fälligkeit der Entschädigungsleistung tritt nach § 44 ADS und Ziff. 48 DTV-ADS einen Monat nach dem Zeitpunkt ein, an dem dem Versicherer eine Schadenrechnung mitgeteilt und die geforderten Belege beigebracht worden sind, nach Ziff. 22.1 DTV-Güter zwei Wochen nach abschließender Feststellung der Entschädigung. Für den Ausnahmefall der § 44 Abs. 1 Satz 2 ADS, Ziff. 48.2 DTV-ADS ist die Fälligkeit der Entschädigung in Höhe von 3/4 des Betrages, den der Versicherer nach Lage der Sache mindestens zu zahlen hat, von den genannten Voraussetzungen unabhängig, sofern der Versicherungsnehmer sie schuldlos nicht erfüllen kann bzw. gem. Ziff. 22.1 Satz 2 DTV-Güter die Feststellung der Höhe des Schadens nicht möglich war. Nach letzterer Vorschrift ist der Abschlag nicht auf 3/4 dessen beschränkt, was der Versicherer wohl wird zahlen müssen; hier kann vielmehr eine Abschlagszahlung in voller Höhe beansprucht werden.

Was unter den vom Versicherer geforderten Belegen verstanden werden muss, wird in laufenden Policen der Güterversicherung und in der Kaskoversicherung teilweise im Vertrag bestimmt. Fehlt eine solche Bestimmung, so richtet es sich nach der Verkehrssitte unter Berücksichtigung von Treu und Glauben.

In der Kaskoversicherung gehört gem. Klausel 25 DTV-Kaskoklauseln, Ziff. 48.1 DTV-ADS auch der Seeamtsspruch mit Begründung bzw. der Untersuchungsbericht der Bundesstelle für Seeunfalluntersuchung (BUS) zu den erforderlichen Belegen. Wegen der möglichen Einwendungen des Versicherers aus dem Versicherungsverhältnis, über die sich der Versicherer häufig erst aufgrund der Verhandlungen vor dem Seeamt oder Untersuchung durch die BUS entscheiden kann, liegt eben vor Kenntnis dieser Entscheidungen kein Betrag fest, der nach Lage der Sache mindestens zu zahlen ist.

Der Abandon

| Abandon = Aufgabe der versicherten Sache durch den Versicherer oder Versicherten

Grundsätzlich bedeutet Abandon (franz.: abandonner = im Stich lassen) die Preisgabe eines Rechtes oder einer Sache, um dadurch von einer Verpflichtung (meist zur Zahlung) befreit zu werden. Im Versicherungsrecht wird zwischen dem Abandon des Versicherers und dem des Versicherungsnehmers unterschieden.

Abandon des Versicherers
bedeutet in der Transportversicherung Zahlung der Versicherungssumme zum Zwecke der Befreiung von weiteren Verbindlichkeiten aus dem eingetretenen Versicherungsfall (§ 38 ADS, Ziff. 42 DTV-ADS, Ziff. 19.2 DTV-Güter).

Wie bereits ausgeführt, kann die Leistungspflicht des Versicherers die Versicherungssumme übersteigen, weil Aufwendungen nach § 32 ADS, Ziff. 41 DTV-ADS und Ziff. 2.3 DTV-Güter auch über die Versicherungssumme hinaus ersatzpflichtig sind (§ 37 Abs. 2 ADS, Ziff. 31 DTV-ADS, Ziff. 21.3 und Ziff. 2.3.3 DTV-Güter). Von dieser Überhaftung kann sich der Versicherer durch Erklärung des Abandons befreien.

Es handelt sich hier um eine einseitige, empfangsbedürftige Willenserklärung an den Versicherungsnehmer bzw. den Versicherten, die einer Zustimmung nicht bedarf. Als Folge tritt ein:

- Der Versicherer hat die Versicherungssumme zu zahlen.
- Das Versicherungsverhältnis bezüglich der betreffenden Sache erlischt.
- Durch Zahlung erwirbt der Versicherer keine Rechte an der versicherten Sache. Ein eventuell erzielter Rettungserlös gehört also allein dem Versicherten. Ersatzansprüche gegenüber Dritten gehen jedoch auf den Versicherer über.

In der Binnentransportversicherung konnte nach § 145 VVG a.F. der Versicherer den Abandon zu irgendeinem Zeitpunkt nach Eintritt des Versicherungsfalles erklären. Nach der VVG-Reform gilt durch § 141 Abs. 2 VVG eine Frist von einer Woche nach dem Zeitpunkt, zu dem der Versicherer Kenntnis von dem Versicherungsfall und seinen unmittelbaren Folgen erlangt hat. Maßgeblich für die Wahrung der Frist ist der Zugang beim Versicherungsnehmer. Im Gegensatz dazu muss er bei der Seeversicherung unter den ADS (§ 38 Abs. 3) und den DTV-ADS (Ziff. 42.3) eine Frist von fünf Tagen einhalten, unter den DTV-Güter (Ziff. 19.3) wie im geltenden VVG eine Frist von einer Woche. Der Begriff „unmittelbare Folgen" ist nach den gleichen Grundregeln zu bestimmen, nach denen der Kausalzusammenhang in der Transportversicherung zu beurteilen ist (siehe S. 65 ff.). Es genügt also nicht die Kenntnis über den Untergang eines Schiffes, um die Frist in Gang zu setzen, sondern der Versicherer muss auch Gelegenheit haben, die daraus unmittelbar entstehenden Folgen beurteilen zu können, wie es z. B. durch Prüfung der Bergungsmöglichkeiten, Untersuchungen durch Taucher oder Besichtigung eines Schiffes zur Prüfung der Frage der Reparaturwürdigkeit und der Höhe der zu erwartenden Reparaturkosten geschieht. Die Kenntnis einzelner Folgen reicht also nicht aus, sondern der Versicherer muss die Kenntnis aller unmittelbaren Folgen des Versicherungsfalles gehabt haben. In der praktischen Auswirkung ist deshalb die Fünf-Tage- oder Wochenfrist nicht unzumutbar kurz, wie sie auf den ersten Blick erscheinen mag, sie lässt vielmehr dem Versicherer eine angemessene Zeit zur Beurteilung.

Die Erklärung des Abandon bzw. der Eintritt der daraus entstehenden Rechtswirkungen kann von dem Versicherer grundsätzlich nicht an eine Bedingung geknüpft werden (etwa an die Bedingung „Diese Erklärung soll nur gelten, wenn sich nach Durchführung der Reparatur herausstellt, dass die Reparaturkosten den Betrag x übersteigen" oder „... wenn der Kollisionsgegner an der Kollision weniger als 50 % Schuld hat").

Das ist prinzipiell auch richtig, denn mit dem Abandon soll bezweckt werden, dass möglichst bald klare Verhältnisse für beide Vertragspartner geschaffen werden. Deshalb ist auch die Anfechtung einer etwa irrtümlich abgegebenen Abandonerklärung nur nach den allgemeinen bürgerlich-rechtlichen Grundsätzen (vgl. §§ 119 und 123 BGB) und nicht etwa wegen eines nach BGB unbeachtlichen Motivirrtums, z. B. über die Rettungsaussichten, möglich. Dem steht allerdings nicht entgegen, dass der Versicherer den Abandon unter der „Bedingung" erklärt, dass überhaupt Versicherungsschutz besteht. Zum einen handelt es sich bei einer solchen „Bedingung nicht um eine Bedingung im Sinne der §§ 158 ff. BGB, sondern um eine sogenannte „Rechtsbedingung". Bei ihr hängt die Wirksamkeit nicht von einem unbekannten Umstand, sondern schlicht von der Rechtslage ab. Im Übrigen hält der Bundesgerichtshof Gestaltungsrechte auch nicht schlechthin für bedingungsfeindlich, sondern nur dann, wenn die Bedingung eine „untragbare Ungewissheit über den neuen Rechtszustand" bewirken würde (BGH, NJW 1986, 2245). Daran fehlt es bei der „Bedingung" eines Abandons hinsichtlich des Bestehens von Versicherungsschutz. Denn der Versicherungsnehmer weiß auch ohne den Abandon nicht, ob er wirklich Versicherungsschutz genießt oder dieser vielleicht bedingungsgemäß ausgeschlossen ist. Durch einen „bedingten" Abandon wird er also nicht schlechter gestellt. Bedenkt man weiter, dass der Abandon gerade den Versicherer davor schützen soll, bei bestehendem Versicherungsschutz Rettungskosten über die Versicherungssumme hinaus erstatten zu müssen, so besteht dieses Schutzbedürfnis erst recht, wenn die Deckungspflicht in Frage steht. Eine Ungewissheit des Versicherungsnehmers kann deshalb hinsichtlich weiterer Rettungskosten gar nicht eintreten: Besteht Versicherungsschutz, ist der Ersatz weiterer Rettungskosten wegen der Wirksamkeit des Abandons ausgeschlossen. Besteht kein Versicherungsschutz, sind die Rettungskosten schon aus diesem Grunde nicht ersatzfähig.

Der Abandon des Versicherungsnehmers
ist ganz anders strukturiert. Der VN gibt Rechte am versicherten Gegenstand auf, um Zahlung vom Versicherer zu erwirken, nicht - wie beim Abandon des Versicherers - um sich von einer Verpflichtung zu befreien. Die ADS sahen den Abandon des Versicherungsnehmers im Falle der Verschollenheit (nicht auch für den Fall des Totalverlustes: dort

erfolgte der Übergang der Rechte nicht durch Verlangen der Versicherungssumme durch den Versicherungsnehmer, sondern durch Befriedigung seitens des Versicherers, vgl. § 72 Abs. 3 ADS) sowohl für die Kaskoversicherung (§ 72 Abs. 3 ADS) als auch für die Güterversicherung (§ 91 ADS) vor. Schon die ADS Güterversicherung (Ziff. 7.11) und die DTV-Kaskoklauseln (Ziff. 32) haben den Abandon im eigentlichen Sinne – also den Übergang der Rechte durch das Verlangen der Versicherungssumme seitens des Versicherungsnehmers – abgeschafft und durch ein Wahlrecht ersetzt. So auch Ziff. 18.1 DTV-Güter und Ziff. 60.3 DTV-ADS. Statt eines Abandons gibt es jetzt für die Fälle des Verlustes und der Verschollenheit das Recht des Versicherers, den Übergang der Rechte durch Erklärung zu bewirken, die unverzüglich nach Kenntnis der Umstände des Versicherungsfalls abzugeben ist.

Im englischen Transportversicherungsrecht ist der Abandon des Versicherers unbekannt. Der Abandon des Versicherungsnehmers ist nach §§ 60 bis 63 MIA auf die Fälle des konstruktiven Totalverlustes beschränkt, wobei allerdings die Erklärung des Abandon der Annahme und Zustimmung durch den Versicherer bedarf. Auf den Versicherer gehen dabei die Rechte am versicherten Gegenstand nicht automatisch über; vielmehr ist der Versicherer nach sec. 63 (1) MIA berechtigt, die Rechte zu übernehmen.

Rechtsverhältnis nach dem Schaden

Wiederauffüllung der Versicherungssumme

Nach § 37 Abs. 1 ADS und Ziff. 41 DTV-ADS haftet der Versicherer für den während der versicherten Reise, nach Ziff. 21 DTV-Güter für den während der Dauer der Versicherung eintretenden Schaden nur bis zur Höhe der Versicherungssumme. Dabei werden jedoch Aufwendungen für Abwendung, Minderung oder Feststellung des Schadens oder solche, die gemäß den Weisungen des Versicherers erfolgen, nicht mitgerechnet; diese ersetzt der Versicherer auch über die Versicherungssumme hinaus.

Um den Betrag des im Verlauf einer Reise entstandenen Schadens mindert sich also die Versicherungssumme. Sie füllt sich jedoch gem. § 37 Abs. 3 ADS während der Reise wieder auf, wenn

(1) der eingetretene Schaden bereits entschädigt worden ist,

(2) Havarie-grosse-Beiträge vom Versicherungsnehmer gezahlt oder garantiert worden sind oder

(3) Aufwendungen zur Minderung, Abwendung oder Feststellung eines Schadens gemacht worden sind.

Für die Güterversicherung auf Basis der DTV-Güter folgt aus Ziff. 21 das Gleiche, wobei dort nicht auf die Dauer der Reise, sondern die Dauer der Versicherung abgestellt wird.

Versicherungen, die sich auf das Schiff beziehen, werden heutzutage nur noch ausnahmsweise für einzelne Reisen genommen. Üblich sind Versicherungen für einen Zeitraum, normalerweise ein Jahr. Nach den ADS ist die Versicherungszeit in einzelne Abschnitte, die sogenannten Haftungsreisen, aufgeteilt. Die Definition der Haftungsreise findet sich in § 34 Abs. 3 ADS. Die DTV-ADS kennen nur noch die Zeitversicherung (Ziff. 9 DTV-ADS), die aber gem. Ziff. 41 ebenfalls in Haftungsreisen zerlegt wird, die für die Begrenzung der Haftung auf die Versicherungssumme und für Franchisen und Selbstbehalte von Bedeutung sind. Auch nach den DTV-ADS werden Aufwendungen, zusätzlich auch Havariegrosse-Beiträge und Havarie-grosse-Aufwendungen über die Versicherungssumme hinaus ersetzt (Ziff. 41 DTV-ADS).

Für die Kollisionsdeckung (nicht sonstigen Ersatz an Dritte) ordnet § 37 Abs. 4 ADS an, das damit in Zusammenhang stehende Aufwendungen nicht über die Versicherungssumme hinaus ersetzt werden. Das gilt zwar auch unter den DTV-Kaskoklauseln und den DTV-ADS (dort Ziff. 41.4), wird aber dadurch abgemildert, dass für Ersatz-an-Dritte die Versicherungssumme ein zweites Mal zur Verfügung steht (Ziff. 34.8 DTV-Kaskoklauseln, Ziff. 65.8 DTV-ADS).

Übergang der Forderungen des Versicherungsnehmers auf den Versicherer

Nach Zahlung durch den Versicherer gehen alle Ersatzansprüche gegen Dritte an ihn über.

Hat ein Dritter den Schaden verschuldet und muss dem Versicherungsnehmer gegenüber Ersatz leisten, so ändert dies an der Leistungspflicht des Versicherers nichts. Er muss zunächst den Versicherungsnehmer aufgrund des Versicherungsvertrages entschädigen, aber die Ersatzansprüche des Versicherungsnehmers gegen den Dritten gehen auf den Versicherer über, soweit er Ersatz geleistet hat.

Nach § 45 ADS, Ziff. 23. DTV-Güter und Ziff. 50 DTV-ADS gehen die Ersatzansprüche nicht schon mit ihrer Entstehung, sondern erst dann über, wenn der Versicherer tatsächlich entschädigt hat.

Sie gehen also mit der Zahlung ohne Weiteres über, weil dies im Versicherungsvertrag so vorgesehen ist. Wir haben es also mit einer durch die Leistung des Versicherers bedingten Vorausabtretung zu tun, so dass es einer gesonderten Abtretung des Versicherungsnehmers an den Versicherer im Schadensfall nicht bedarf. Die Bestimmungen in § 45 Abs. 1 Satz 2 ADS, Ziff. 23.1 Satz 2 DTV-Güter und Ziff. 50.2 DTV-ADS dienen lediglich der Beweiserleichterung, falls der Dritte den Forderungsübergang bestreitet. Wenn also der Versicherer im Regressprozess gegen den Dritten eine erst nach Klageerhebung ausgefertigte Abtretungserklärung vorlegt, so schadet das nicht, weil es sich dabei nur um die Bestätigung und nicht um die Begründung des gem. § 45 ADS längst eingetretenen Forderungsüberganges handelt.

Sind auf Versichererseite mehrere Versicherer am Risiko beteiligt (Mitversicherung), gehen Ansprüche des Versicherungsnehmers auf alle beteiligten Versicherer pro rata ihrer Beteiligung über. Bei Mitversicherung ist deshalb immer Vorsicht geboten, wenn Ansprüche gesondert abgetreten werden. Denn die genannten Vorschriften hindern natürlich nicht, dass der Versicherungsnehmer Ansprüche gegen Dritte schon vor der Ersatzleistung des Versicherers abtritt. Solche Abtretungen übertragen die Ansprüche auf den Abtretungsempfänger.

Für einen Anspruchsübergang nach den genannten Bestimmungen ist dann kein Raum mehr, weil wegen der früheren Abtretung nichts mehr beim Versicherungsnehmer ist, was übergehen könnte. Wird dann nicht pro rata an alle Mitversicherer abgetreten, sondern nur z. B. an den führenden Versicherer oder einen Assekuradeur, hängen die Rechtsfolgen vom Zeitpunkt der Abtretung ab. Überträgt der Versicherungsnehmer *vor* Ersatzleistung durch die Mitversicherer, liegen die Ansprüche allein beim Abtretungsempfänger.

Eine dann von den Mitversicherern erhobene Klage ist unbegründet, weil die Mitversicherer, die nicht Abtretungsempfänger sind, keine Ansprüche erworben haben. Überträgt der Versicherungsnehmer dagegen *nach* Ersatzleistung durch die Mitversicherer, geht die Abtretung ins Leere, da die Ansprüche schon bei den Mitversicherern sind. Eine dann allein vom Abtretungsempfänger erhobene Klage ist unbegründet, soweit der Abtretungsempfänger nicht Mitversicherer (oder Assekuradeur) ist oder der klagende Versicherer aufgrund einer sogenannten aktiven Führungsklausel im eigenen Namen auch die Ansprüche der Mitversicherer im eigenen Namen einklagen kann.

Gelegentlich wird bei der Regressführung durch einen Assekuradeur dessen Aktivlegitimation bestritten. Soweit der Assekuradeur nachweisen kann, dass er von dem Versicherer entsprechend bevollmächtigt ist, kann er im eigenen Namen den Regress auch im Prozesswege durchführen.

Der BGH führt in seinem Urteil vom 14.3.1985 (VersR 1985, 753) dazu Folgendes aus: „Die Klägerin ist als Assekuradeur an die Stelle des Transportversicherers getreten … Im Streitfall ist bei der Schadenregulierung ausschließlich die Klägerin und nicht die hinter ihr stehende Transportversicherung in Erscheinung getreten … und hat den Schadenbetrag im eigenen Namen gezahlt. Dies beruht auf ihrer Stellung als Assekuradeur. Als solcher ist sie vom Transportversicherer nicht nur zur Schadenregulierung, sondern auch zur Geltendmachung von Rückgriffsansprüchen des Transportversicherers im eigenen Namen und Interesse ermächtigt worden. Dies ist nach den Feststellungen der Berufung gerichtsbekannt."

Die Regelung des § 45 ADS war nahezu wörtlich dem § 67 VVG a.F. für das allgemeine Versicherungsrecht nachgebildet.

Im § 45 ADS fehlt jedoch die Bestimmung des § 67 Satz 2 VVG a.F., derzufolge der Übergang nicht zum Nachteil des Versicherungsnehmers geltend gemacht werden kann (jetzt ebenso § 86 Abs. 1 Satz 2 VVG). Dies ist das sogenannte Quotenvorrecht. Diese Bestimmungen wollen sicherstellen, dass der Versicherungsnehmer sich wegen seiner durch die Versicherung ungedeckten Forderungen gegen den Dritten vorweg befriedigen kann. Das bis 2006 geltende gesetzliche Seeversicherungsrecht des HGB sah in § 804 Entsprechendes vor.

Unter den DTV-Güter stellt sich das Problem nicht, weil Ziff. 23.1 Satz 2 ein Quotenvorrecht zugunsten des Versicherungsnehmers ausdrücklich vorsieht. Bei den DTV-ADS (Ziff. 50) entspricht die Bedingungslage aber derjenigen der ADS. Es muss also geklärt werden, ob dem Versicherungsnehmer auch hier ein Quotenvorrecht zusteht.

Der Anspruch geht auf den Versicherer über, soweit er entschädigt hat. Für den nicht versicherten Teil des Versicherungswertes gilt nach § 8 ADS, Ziff. 11 DTV-ADS der Versicherungsnehmer als Selbstversicherer. Das Risiko ist also verhältnismäßig geteilt. Dementsprechend sind auch die Ersatzansprüche der § 45 ADS, Ziff. 50 DTV-ADS im Verhältnis zwischen versichertem und unversichertem Teil des Versicherungswertes aufzuteilen. Versicherer und Versicherungsnehmer sind also bezüglich der Geltendmachung ihrer Forderungen gegen den Dritten gleichberechtigt. Der gleiche Grundsatz gilt für die Fälle des § 71 ADS, Ziff. 60.1 DTV-ADS und den Ziff. 7.10.1 ADS Güterversicherung, 18.8 DTV-Güter hinsichtlich der Anrechnung dessen, was der Versicherungsnehmer vor dem Übergang seiner Ansprüche von einem Dritten zum Ausgleich des Schadens erlangt hat. Er gilt auch hinsichtlich der Franchise.

Im Gegensatz zur ersten Auflage (Ritter, Anm. 22 zu § 45) vertreten Ritter/Abraham (Anm. 14 und 22 zu § 45) in der zweiten Auflage die Auffassung, dass das Prinzip des § 67 Abs. 1 Satz 2 VVG auch auf § 45 ADS anzuwenden ist, und der Versicherungsnehmer aus dem Regresserlös bis zur Höhe seines durch die Versicherung etwa wegen einer Unterversicherung nicht gedeckten Schadens vorweg zu befriedigen ist.

Dieser für das VVG aufgrund ausdrücklicher gesetzlicher Anordnung richtigen Auffassung kann für § 45 ADS, Ziff. 60 DTV-ADS nicht gefolgt werden. Sie findet im Text der Bedingungen keine Stütze und sie entspricht auch nicht dem Willen der an der Schaffung der ADS Beteiligten.

Zwar enthielt § 28 Abs. 4 der ASVB von 1867 die Bestimmung: „Sollte infolge des Umstandes, dass die Forderung des Versicherten durch die der Seegefahr ausgesetzten Gegenstände nur teilweise gedeckt worden wäre, der Versicherer in der Rechtsverfolgung gegen den Schuldner mit dem Versicherten konkurrieren, so gebührt dem letzteren, falls der Schuldner seiner Verbindlichkeit nicht vollständig nachkommt, für den nicht gedeckten Teil das Vorgangsrecht an dem zu erlangenden Ergebnisse"; jedoch wurde bei den Beratungen über die ADS weder diese Regelung noch der Antrag berücksichtigt, in § 45 ADS hinzuzufügen, „dass der Übergang der Forderung nicht zum Nachteil des Versicherten geltend gemacht werden darf". Auf die Einräumung eines Vorzugsrechtes zugunsten des Versicherten wurde bei § 45 ADS bewusst verzichtet, zumal auch die zitierte Regelung des § 28 ASVB nur die Versicherung von Forderungen betraf (vgl. Bruck, Materialien zu den ADS, Bemerkungen 2-4 zu § 45 S. 194 ff.). Die von Ritter/Abraham zur Unterstützung der vertretenen Auffassung herangezogenen Fälle BGHZ 13, 28 – 22, 136 und 25, 340; VersR 56, 661, 57, 677 und 60, 87 betreffen nicht § 45 ADS. Entgegen der herrschenden Meinung gibt es daher ein Quotenvorrecht in der Transportversicherung nur dort, wo es vereinbart ist.

Im Rahmen der Seekaskoversicherung kann es wegen der Unbestimmtheit der durch die Interesseversicherung gedeckten Interessen (siehe S. 317 ff.) zweifelhaft sein, worauf sich der Übergang der Rechte bezieht. Eine Versicherung auf behaltene Fahrt und/oder Interesse (vgl. Ziff. 67 DTV-ADS) für den Fall des Totalverlustes deckt alle Interessen des Reeders daran, dass das Schiff in Fahrt bleibt. Geht das Schiff total verloren, so entstehen neben dem Substanzverlust des Schiffes dem Reeder noch weitere Schäden, wie z. B. Nutzungsverluste, eventuell erhöhte Preise für die Neuanschaffung eines Schiffes gleicher Art und Güte und eine Reihe von unter Umständen sehr hohen weiteren Kosten. All dies wird durch die Interesseversicherung erfasst, alle daraus möglichen Ansprüche gegen einen schuldigen Kollisionsgegner gehen deshalb auch auf den Interesseversicherer verhältnismäßig über. Bei nur anteiligem Regresserlös konkurrieren deshalb Kaskoversicherer und Interesseversicherer untereinander und möglicherweise auch noch mit solchen Ansprüchen des Reeders, die von der Versicherung nicht gedeckt gewesen sind. Soweit das Verhältnis zwischen Kasko- und Interesseversicherer betroffen ist, räumen die Interesseversicherer dem Kaskoversicherer den Vorrang bis zur Höhe der vom Kaskoversicherer erbrachten Schadenhaltung ein (vgl. DTV-Klauseln für Nebeninteressen, Ziff. 2.7, Ziff. 67.3 DTV-ADS). Ausgangspunkt ist dabei die Überlegung in der Praxis, dass bei der Interesseversicherung weniger das Interesse des Reeders an der „behaltenen Fahrt" im Vordergrund steht; die Interesseversicherung wird vielmehr als eine Art Mehrwertversicherung zur Kaskoversicherung angesehen.

Anders als nach §§ 45 ADS, Ziff. 50.2 DTV-ADS ist der Anspruchsübergang für die in Havarie-grosse aufgeopferten Sachen in § 31 ADS, Ziff. 50.3 DTV-ADS und Ziff. 23.1 Abs. 2 DTV-Güter geregelt. Hier tritt der Übergang der Rechte bereits mit der Entstehung des Anspruches und nicht erst mit der Leistung des Versicherers ein. Der Versicherer ist also im Havarie-grosse-Verfahren von Anfang an der Vergütungsberechtigte. Ein noch wichtigerer Unterschied von § 31 ADS, Ziff. 50.3 DTV-ADS zu § 45 ADS, Ziff. 50.2 DTV-ADS besteht darin, dass der ganze Vergütungsanspruch des Versicherungsnehmers in Havariegrosse auf den Versicherer übergeht und nicht nur derjenige Teil, für den der Versicherungsnehmer entschädigt worden ist (anders Ziff. 23.1 Abs. 2 DTV-Güter: dort geht der Vergütungsanspruch nur über, soweit der Versicherer für Aufopferungen haftet). Eine nur teilweise Entschädigung des Versicherungsnehmers kann insbesondere in der Güterversicherung wegen der häufig eintretenden starken Marktpreisschwankungen leicht möglich sein. In der Seekaskoversicherung kann es bei der Deckung auf Basis von ADS und DTV-Kaskoklauseln dann der Fall sein, wenn der beitragende Wert des Schiffes die Versicherungssumme übersteigt. Denn dann deckt der Versicherer nach § 30 Abs. 8 ADS den Havarie-grosse-Beitrag nur anteilig (ein Problem, das bei den DTV-ADS nicht mehr auftreten kann, weil dort diese Leistungskürzung nicht mehr vorgenommen wird). Die in diesem derartig geregelten Forderungsübergang liegende Unbilligkeit wird dadurch beseitigt, dass der Versicherer den Betrag an den Versicherungsnehmer herausgeben muss, der die von ihm erbrachten Leistungen übersteigt. Im Unterschied zum § 45 ADS, Ziff. 50.2 DTV-ADS findet hier jedoch im Außenverhältnis keine verhältnismäßige Aufteilung statt; der Versicherer zieht vielmehr die volle Vergütung ein, behält den zu seiner Befriedigung erforderlichen Teil und gibt den Rest an den Versicherungsnehmer heraus.

Eigentumsübergang
Nach den ADS gehen im Falle des Verlustes mit der Zahlung der Versicherungssumme die Rechte des Versicherungsnehmers an der versicherten Sache automatisch auf den Versicherer über (§ 71 Abs. 3 ADS für die Seekaskoversicherung und §§ 91 und 92 ADS für die Güterversicherung; ebenso § 859 des Ende 2007 außer Kraft getretenen gesetzliche Seever-

sicherungsrecht des HGB). Hier handelt es sich in erster Linie um das Eigentum an bzw. den Erlös aus den noch vorhandenen versicherten Sachen. Die Rechte gehen in dem Zustand über, in dem sie sich zum Zeitpunkt des Übergangs befinden, d.h. einschließlich der darauf ruhenden Belastungen, ausgenommen solche, die auf persönliche Verpflichtungen des Versicherungsnehmers, z. B. Hypothekenschulden bei Schiffen, zurückzuführen sind.

Diese Rechtswohltat für den Versicherer kann sich aber auch in einen erheblichen Nachteil verwandeln, weil die mit dem Eigentum etwa eines Schiffswracks verbundenen Nachteile und Haftungen häufig dessen Wert übersteigen. Ziff. 7.11 ADS Güterversicherung, Ziff. 18.1 DTV-Güter, Ziff. 32 DTV-Kaskoklauseln und Ziff. 60.3 DTV-ADS ändern deshalb den automatischen Rechtsübergang in ein Wahlrecht des Versicherers. Danach findet ein Rechtsübergang auf den Versicherer nur statt, wenn der Versicherer von seinem Wahlrecht Gebrauch macht.

Im Falle der Unterversicherung gilt nach § 8 ADS, Ziff. 11 DTV-ADS der Versicherungsnehmer für den nicht gedeckten Teil des Versicherungswertes als Selbstversicherer, und der Rechtsübergang bezieht sich nur auf einen dem Verhältnis zwischen Versicherungssumme und Versicherungswert entsprechenden Teil.

Ob bei Ausübung des Wahlrechts tatsächlich Rechte übergehen, muss aber bezweifelt werden. Diese Zweifel waren auch schon berechtigt, als § 859 HGB noch den Rechtsübergang gesetzlich vorsah. Denn jedenfalls für in ausländischen Registern registrierte Schiffe vollzieht sich der Eigentumsübergang nach dortigem Sachenrecht, das im Zweifel auf deutsche Gesetzesvorschriften des Seeversicherungsrechts wenig Rücksicht nimmt. Die Zweifel sind noch begründeter seit der Aufhebung der gesetzlichen Vorschrift. Zwar mag man die Versicherungsbestimmungen als antizipierte vertragliche Einigung der Eigentumsübertragung ansehen; soweit nach dem nach den Grundsätzen des internationalen Sachenrechts anwendbaren Recht aber auch eine Übergabe oder ein Übergabesurrogat gefordert wird, dürfte der Rechtsübergang hieran scheitern. Für diesen Fall sieht Ziff. 60.3 DTV-ADS die Verpflichtung des Versicherungsnehmers vor, an der Eigentumsübertragung mitzuwirken. Der Versicherer hat bis zur Erfüllung dieser Verpflichtung ein Zurückbehaltungsrecht an der Ersatzleistung.

Im englischen Recht ist der Versicherer nach sec. 79 MIA berechtigt, aber nicht verpflichtet, die Rechte an der versicherten Sache zu übernehmen. Die sachenrechtlichen Zweifel an der Wirksamkeit bestehen auch hier.

Regressvereitelung
Der Versicherungsnehmer ist vor und nach dem Eintritt des Schadens zur Schadenminderung verpflichtet. Er würde deshalb gegen diese Pflicht verstoßen, wenn er vor oder nach Eintritt des Schadens auf mögliche Regressansprüche gegen einen Dritten verzichten oder diese Ansprüche in anderer Weise gefährden würde. Verstößt der Versicherungsnehmer gegen diese Pflicht, so ist der Versicherer leistungsfrei, wenn er ohne den Verzicht auf den Ersatzanspruch hätte Ersatz von dem Dritten erlangen können. Der Aufgabe des Anspruches stehen Unterlassungen gleich, mit denen der Anspruch gefährdet wird.

Die Bedingungen unterscheiden dabei begrifflich und hinsichtlich der Rechtswirkungen zwischen Regresswahrung als Teil der allgemeinen Schadenminderungspflicht, die bei und nach Eintritt des Versicherungsfalles zu erfüllen ist, und zwar

- § 41 ADS, Ziff. 15.2 DTV-Güter, Ziff. 44 DTV-ADS
  im Rahmen der allgemeinen Obliegenheit zur Abwendung und Minderung des Schadens; Rechtsfolge ist Leistungsfreiheit des Versicherers;

- § 45 Abs. 2 ADS, Ziff. 23.2 DTV-Güter, Ziff. 50.2 DTV-ADS
  als Sonderfall der Tatbestände von § 41 ADS, Ziff. 15.2 DTV-Güter, Ziff. 44 DTV-ADS, bezogen auf die Wahrung der Regressrechte nach Eintritt des Schadens und zwar ohne Rücksicht darauf, ob die Regressrechte vor oder nach Eintritt des Schadens aufgegeben worden sind; Rechtsfolge ist auch hier Leistungsfreiheit des Versicherers;

und

- § 46 ADS, Ziff. 23.4 DTV-Güter, Ziff. 51 DTV-ADS
  als weiterer Sonderfall von § 41 ADS, Ziff. 15.2 DTV-Güter, Ziff. 44 DTV-ADS, bezogen auf Maßnahmen, die vom Versicherungsnehmer nach Überprüfung der Ansprüche auf den Versicherer zu erfüllen sind. Dies ist eine Nebenpflicht aus dem Vertrag, keine Obliegenheit, denn der Versicherungsnehmer hat zu dem Zeitpunkt, zu dem er die Nebenpflicht zu erfüllen hat, die Leistung schon bekommen, muss sie sich also nicht durch Erfüllung einer Obliegenheit erhalten. Die Verletzung der Nebenpflicht macht den Versicherungsnehmer unter den Voraussetzungen des § 280 BGB schadenersatzpflichtig.

Der Versicherer ist allerdings nur dann und insoweit frei, wie er nachweist, dass er von dem Dritten hätte Ersatz verlangen können und er es nur wegen der Obliegenheits- oder Nebenpflichtverletzung des Versicherungsnehmers nicht konnte.

Bei den Rechtsfolgen nach ADS kommt es auf den Grad des Verschuldens nicht an; einfache Fahrlässigkeit genügt also. Unbilliges kann aber der Versicherer nicht verlangen. Der Versicherungsnehmer muss nur „nach Möglichkeit" für die Abwendung und Minderung des Schadens sorgen. Die Verschuldensfrage wird dadurch jedoch nicht berührt; das, was dem Versicherungsnehmer „möglich" ist, muss objektiv bestimmt werden. Dabei ist unter Berücksichtigung der für den Geltungsbereich der ADS besonders hervorgehobenen Grundsätze von Treu und Glauben (§ 13 ADS) davon auszugehen, dass alle zur Verfügung stehenden Möglichkeiten ausgenutzt werden müssen. Anders Ziff. 15.6 DTV-Güter und Ziff. 46 DTV-ADS, die nur Vorsatz und grobe Fahrlässigkeit schaden lassen. Noch anders § 83 VVG, der für die Binnentransportversicherung gilt und dort, soweit nicht vertraglich abgeändert, im Falle von Vorsatz Leistungsfreiheit und im Falle von grober Fahrlässigkeit Kürzung der Leistung im Verhältnis der Schwere des Verschuldens des Versicherungsnehmers schaden lässt.

Mit der Regresswahrung auch vor Eintritt eines Versicherungsfalles befassen sich speziell für die Güterversicherung Ziff. 7.10.2 ADS Güterversicherung, Ziff. 23.3 DTV-Güter und für die Seekaskoversicherung Klausel 11.5,5 DTV-Kaskoklauseln, Ziff. 24.5.5 DTV-ADS.

Für die Höhe des Risikos sind auch die gesetzlich gegebenen Möglichkeiten der Regressnahme gegen einen Dritten, in der Güterversicherung insbesondere gegen den Frachtführer oder Verfrachter, von Bedeutung. Werden diese durch Vertrag zwischen dem Versicherungsnehmer und dem Frachtführer/Verfrachter verschlechtert, so kann damit einmal die Möglichkeit des Eintritts der versicherten Gefahr erhöht werden (wenn man keine Regressansprüche zu befürchten braucht, so könnte man geneigt sein, die Sorgfalt bei der Behandlung der Ware nicht so genau zu nehmen), und es kann auf jeden Fall die Leistung des Versicherers im Endergebnis höher werden, weil die gezahlten Bruttoschadenbeträge nicht um Regresserlöse vermindert werden können.

Deshalb sind die Rechtsfolgen aus Ziff. 7.10.2 ADS Güterversicherung, Ziff. 23.3 DTV-Güter in einem Punkte schärfer als in den davor genannten Fällen. Sie treten ohne Rücksicht auf Verschulden des Versicherungsnehmers und nur aufgrund der objektiven Gegebenheit der vertraglichen Einschränkungen der Haftung des Dritten ein; jedoch ist der Versicherer nicht leistungsfrei, wenn der Versicherungsnehmer oder die ihm gleichgestellten Personen auf den Ausschluss oder die Beschränkung keinen Einfluss nehmen konnte. Anders als in der Vorauflage vertreten setzen aber auch sie voraus, dass die Regressforderung tatsächlich realisierbar gewesen wäre, denn die Regelungen verlangen, dass Ersatz nicht erlangt werden kann, *weil* die Beschränkung vereinbart wurde. Wäre der Regress ohnehin nicht realisierbar gewesen, dürfte dies regelmäßig causa proxima sein. Mit dieser Maßgabe bestehen auch keine Bedenken, die Klauseln könnten wegen § 307 BGB (Inhaltskontrolle von AGB) unwirksam sein (dazu Ehlers, in Thume/de la Motte, Kap. 3.A. Rn. 607).

Der Versicherer braucht also nur zu beweisen, dass ein Ersatzanspruch bestanden haben würde, wenn die gesetzliche Haftung des Frachtführers nicht abbedungen worden wäre und dass Ersatz hätte erlangt werden können. In Höhe dieses Ersatzanspruches ist er leistungsfrei, sofern nicht der Versicherungsnehmer nachweisen kann, dass auf die Beschränkung oder den Ausschluss weder von ihm noch von den für ihn handelnden Personen Einfluss genommen werden konnte.

§ 87 ADS sprach nur den Verzicht auf die Haftung des Verfrachters an, Ziff. 11.5 DTV-Kaskoklauseln sogar nur Zeitverfrachter. Für § 87 ADS hatte Ritter/Abraham, § 87 ADS Anm. 8 die Meinung vertreten, dass „wegen Gleichheit der Interessenlage" dem Verfrachter alle diejenigen gleichzustellen seien, „die ebenso oder ähnlich wie der Verfrachter das Gut während der Dauer der Versicherung zu verwahren haben" also z. B. Lagerhalter, Spediteure oder Frachtführer auf Binnenreisen. Ob dem gefolgt werden kann, oder ob dies nicht eine unzulässige Ausdehnung einer Deckungseinschränkung über den Wortlaut hinaus vorläge, kann offen bleiben, denn inzwischen erfassen Ziff. 7.10.2 ADS Güterversicherung und Ziff. 23.3 DTV-Güter nicht nur den Verzicht auf die Haftung des Verfrachters, sondern die Haftung eines jeden mit der Abwicklung des Transportes beauftragten Dritten.

Im Übrigen ist die Haftung des Versicherers nur beschränkt, wenn die Haftung des Verfrachters „über das verkehrsübliche Maß hinaus beschränkt oder ausgeschlossen ist".

Das verkehrsübliche Maß ergibt sich aus dem, was für Geschäfte der in Frage stehenden Art zwischen den beteiligten Wirtschaftskreisen (nicht nur zwischen den Vertragspartnern) in aller Regel vereinbart wird. Die in der Vorauflage vertretene Ansicht, dass für den Seeverkehr das verkehrsübliche Maß der Haftungsbeschränkungen des Verfrachters durch die Haager Regeln bestimmt werde, war zu allgemein. Denn es sind die jeweilige Transportrelation, das zu befördernde Gut und die Verschiffungsart zu betrachten. So ist z. B. die Verschiffung auf Basis von Frachtverträgen, die gerade nicht die Haftung nach den Haager oder den Haag-Visby-Regeln vorsehen (z. B. auf Basis der GENCON Charterparty), durchaus üblich.

Der Bundesgerichtshof hat in einem Urteil vom 16.11.1992 (VersR 1993, 312) entschieden, dass der Versicherungsnehmer nicht davon ausgehen darf, dass der Versicherer nach Kenntnis des Schadens, aber vor Übergang der Regressrechte auf ihn, die Regressrechte selbst sicherstellt. Er weist in Übereinstimmung mit Ritter/Abraham, § 45, Anm. 12 und 14, darauf hin, dass der Forderungsübergang auf den Versicherer erst nach der Zahlung des Schadens eintritt und der Versicherer schon deshalb vorher keine Möglichkeit hat, gegen den Verursacher des Schadens vorzugehen.

Neben den Fällen, in denen, wie oben dargestellt, die Handlung bzw. Unterlassung des Versicherungsnehmers den Regressverlust direkt herbeiführt, gibt es noch eine Reihe von Tatbeständen, bei denen der Regressverzicht sich erst indirekt ergibt.

Dies liegt z. B. in der Güterversicherung bei Falschdeklaration dem Verfrachter gegenüber und bei der Genehmigung zur Verladung an Deck vor. Auch ist es möglich, dass Konnossemente akzeptiert werden, in denen sich zwar der Verfrachter der Mindesthaftung nach Haager Regeln unterwirft, diese jedoch in der praktischen Auswirkung dadurch zunichte gemacht wird, dass als Gerichtsstand der Sitz des betreffenden ausländischen Verfrachters vereinbart wird, der in einem Land liegen mag, in dem die Erhebung einer Klage durch einen Ausländer wenig erfolgversprechend ist. Von besonderer Bedeutung sind die Fälle, in denen eine Verladung auf der Basis von Raumcharterpartien anstatt auf der Basis von Konnossementen vorgenommen wird, weil darin üblicherweise alle Freizeichnungen zugelassen sind. Der Versicherer sieht sich hier einer stark zu seinen Ungunsten veränderten Regresslage gegenüber. Diese letztgenannte Frage betrifft jedoch nicht die Ziff. 7.10.2 ADS Güterversicherung, sondern die Erfüllung der vorvertraglichen Anzeigepflicht bzw. der Deklarationspflicht.

Beispiele:
(1) Der Versicherungsnehmer verzichtet im Frachtvertrag mit einem LKW-Frachtführer unter Aufhebung der entsprechenden Bestimmungen des HGB auf die Geltendmachung von Ersatzansprüchen wegen Beschädigung der Güter.

Folge: Leistungsfreiheit nach Ziff. 7.10.2 ADS Güterversicherung, Ziff. 23.3 DTV-Güter.

(2) Der Versicherungsnehmer lässt schuldhaft die Fristen des § 611 HGB verstreichen, innerhalb derer der Verfrachter wegen eines Ladungsschadens verantwortlich gemacht werden muss. Hier tritt zwar noch nicht der völlige Verlust des Anspruches gegen den

Verfrachter ein, sondern nur die Umkehr der Beweislast nach § 611 HGB. Dies ist aber für die Durchführung des Regresses so erschwerend, dass der Verfrachter häufig den Ersatzanspruch mit Erfolg ablehnen kann.

Folge: Leistungsfreiheit nach §§ 41 und 45 Abs. 2 ADS, Ziff 15.2 und 15.6 DTV-Güter, Ziff. 50.1, 46 DTV-ADS.

In beiden Fällen ist die Leistungsfreiheit nur nach Maßgabe der gesetzlichen Haftung des Dritten der Höhe nach gegeben.

Beträgt der Schaden einschließlich imaginären Gewinns EUR 10.000, die durch das Gesetz maximierte Haftung des Dritten aber nur EUR 1.200, so besteht die Leistungsfreiheit nur in Höhe von EUR 1.200.

(3) Der Versicherungsnehmer akzeptiert für die Reparatur seines Schiffes die Dock- und Reparaturbedingungen einer Werft, in denen die Haftung für Schäden am Schiff durch Verschulden nicht leitenden Werftpersonals ausgeschlossen wird.

Im Beispiel (3) handelt es sich nicht um vertragliche Sonderregelungen oder ein schuldhaftes Verhalten des Versicherungsnehmers, sondern um vertragliche Vereinbarungen, die für Geschäfte der in der Frage stehenden Art allgemein verwendet werden. Der Versicherer bleibt also zur Leistung verpflichtet.

Die Seekaskoversicherung behandelt Regressverzichte ganz anders. Hier werden sie nur als Gefahränderung angesehen, die anzeigepflichtig und gegebenenfalls prämienzuschlagspflichtig sind. Auch wenn Ziff. 11.5. DTV-Kaskoklauseln und Ziff. 24.5 DTV-ADS nur Beispielsfälle für Gefahränderungen nennen, so dass auch Gefahränderung sein kann, was nicht in den Beispielen genannt ist, kommt der Ziff. 11.5.5 DTV-Kaskoklauseln doch abschließender Charakter insoweit zu, als es nur um Verzichte gegenüber Zeitcharterern geht, nicht um Verzichte gegenüber sonstigen Dritten. Anders Ziff. 24.5.5 DTV-ADS, die deshalb nicht auf Zeitcharterer abstellen, sondern nur auf Regressverzichte über das übliche Maß hinaus.

Zu unterscheiden ist auch, ob unübliche Freizeichnungen schon bei Beginn des Versicherungsvertrages vorliegen oder erst während des Laufes des Versicherungsvertrages getroffen werden. Nur im letzten Fall haben wir es mit einer Gefahränderung zu tun, die Ziff. 11.5.5 DTV-Kaskoklauseln und Ziff. 24.5.5 DTV-ADS unterfällt. Im ersten Fall dagegen bleibt die Gefahrenlage unverändert. Einschlägig sind daher nur die Regelungen zur vorvertraglichen Anzeigepflicht.

Im englischen Transportversicherungsrecht bestehen gegenüber der deutschen Regelung kaum Abweichungen (vgl. dazu sec. 78 und 79 MIA und die „Duty of the Assured Clause" in Ziff. 16 der Institute Cargo Clauses, siehe S. 162).

3 Seetransportversicherung von Gütern

3.1 Deckungsumfang nach deutschen Bedingungen

Deckungsformen in der deutschen Güterversicherung

- Volle Deckung = alle Gefahren
- Strandungsfall- / eingeschränkte Deckung = genannte Gefahren
  (ADS Güterversicherung, DTV-Güter)

Allgemeines

Mit der Einführung der ADS Güterversicherung haben diese die Bestimmungen der §§ 80-99 ADS abgelöst und sind an deren Stelle getreten (vgl. Ziff. 9.6 ADS Güterversicherung). 1984 wurden sie geändert und 1994 neben geringfügigen Änderungen den Erfordernissen der Gruppenfreistellungsverordnung der EG-Kommission (siehe S. 42) angepasst. Der Name wurde beibehalten.

Neuere Fassungen gibt es nicht, denn im Jahre 2000 sind als Verbandsbedingungen die DTV-Güter, jetzt aktuell in einer Fassung von 2008, eingeführt worden. Trotzdem baut ein großer Teil der Verträge nach wie vor auf den ADS Güterversicherung 1973 auf, wobei im Markt am weitesten verbreitet die Fassung von 1984 ist. Deshalb werden hier beide Bedingungswerke parallel behandelt und dabei die Unterschiede aufgezeigt.

Die ADS Güterversicherung 1973/1984 sehen in Ziff. 1.2 noch zwei alternative Deckungsformen vor, und zwar die

- Strandungsfalldeckung und
- volle Deckung.

Wird nichts Besonderes vereinbart, dann liegt dem Vertrag die volle Deckung zugrunde.

Die bis 1983 noch vorhandene Deckungsform B (mittlere Deckung) wurde ersatzlos gestrichen, ebenso wie die bisherige Einteilung der Deckungsformen nach A, B und C. Auf die Deckungsform B wurde verzichtet, weil dafür kein Bedarf in der Praxis vorhanden war. Bei nur noch zwei vorhandenen Deckungsformen schien eine Buchstabeneinteilung nicht erforderlich, ganz abgesehen davon, dass die damals im englischen Markt eingeführten Institute Cargo Clauses 1982 die deutsche Buchstabeneinteilung zwar übernommen haben, diese allerdings in umgekehrter Reihenfolge verwenden, wodurch bei Vergleichen zwischen deutschen und englischen Bedingungen leicht Missverständnisse entstehen konnten.

Die Zweiteilung der ADS Güterversicherung ist nicht starr. Selbstverständlich ist es möglich, die Strandungsfalldeckung im Bedarfsfall um weitere versicherte Schadenmöglichkeiten zu erweitern.

Die DTV-Güter sind einen anderen Weg gegangen. Hier wird zwischen voller Deckung und eingeschränkter Deckung unterschieden. Es gibt dafür aber getrennte Bedingungswerke, die allerdings mit Ausnahme der Vorschriften zum Deckungsbereich weitgehend identisch sind.

Die Deckungsformen

Volle Deckung
Sie ist der Hauptanwendungsfall der auf dem alten Prinzip der Allgefahrendeckung des § 28 ADS beruhenden Güterversicherung. Die Ausführungen dieses Abschnitts beziehen sich auf die „volle Deckung", sofern nicht eingeschränkte Deckungsformen behandelt werden. Die bei der Behandlung der englischen „all risks"-Deckung erörterten Fragen einer Erweiterung des Umfanges des Versicherungsschutzes gelten für die deutsche volle Deckung in gleicher Weise (siehe S. 148 ff.).

Strandungsfalldeckung, eingeschränkte Deckung
Von der nach den ADS gegebenen Möglichkeit einer Versicherung nur zu eingeschränkten Bedingungen (z. B. nur gegen Totalverlust gem. § 123 ADS; für behaltene Ankunft gem. § 120 ADS; frei von Beschädigung gem. § 113 ADS; frei von Beschädigung, außer im Strandungsfall, gem. § 114 ADS) spielte seit jeher in der Praxis nur die Deckung „frei von Beschädigung, außer im Strandungsfall", gem. § 114 ADS, eine Rolle. An ihre Stelle trat 1973 die Strandungsfalldeckung der ADS Güterversicherung. Danach leistet der Versicherer für Verlust und Beschädigung nur Ersatz, wenn diese als Folge eines der im Einzelnen aufgeführten qualifizierten Ereignisse eingetreten sind.

Der Katalog geht dabei weit über die Strandung des Schiffes hinaus und berücksichtigt bestimmte qualifizierte Ereignisse auch während des Aufenthalts der Güter an Land.

Während schon bisher sowohl Total- und Teilverlust als auch Beschädigung als Folge eines der in der Strandungsfalldeckung einzeln benannten Ereignisses versichert waren, gab es bis 1994 für Totalverlust ganzer Kolli aus anderer Ursache eine komplizierte Regelung. Sie beruhte darauf, dass in den ADS und auch schon vorher Verlust als Folge einer Beschädigung als Beschädigungsschaden behandelt worden ist und in § 113 ADS ausgeschlossen war.

Diese Regelung in der Strandungsfalldeckung ist in der Neufassung der ADS Güterversicherung 1994 entfallen. Dadurch war gegenüber dem bisherigen Deckungsumfang eine Lücke entstanden, weil sie den Totalverlust ganzer Kolli aus anderer Ursache als einem Strandungsfall überhaupt nicht mehr erfasst. Schon in der Vorauflage ist festgehalten worden, dass deshalb in einem zweiten Absatz zur Strandungsfalldeckung der ADS Güterversicherung hätte bestimmt werden müssen: „Der Versicherer leistet ferner Ersatz für Totalverlust ganzer Kolli auch als Folge einer Beschädigung durch Unfall beim Be- oder

Entladen eines Transportmittels." Damit bliebe weiterhin Totalverlust ganzer Kolli infolge Beschädigung außerhalb eines Strandungsfalles ausgeschlossen (etwa durch schweres Wetter oder einen Beiladungsschaden), ebenso wie auch durch Abhandenkommen (Diebstahl, Unterschlagung, Nicht- oder Falschauslieferung oder sonstige Fälle ungeklärten Besitzverlustes). Damit wäre in dieser Hinsicht die gleiche Deckung wie gem. Institute Cargo Clauses, Klausel B, Ziff. 1.3, gegeben. Zu einer Ergänzung der ADS Güterversicherung 1973/1994 ist es indessen wegen der Abfassung der DTV-Güter nicht mehr gekommen.

Die DTV-Güter sind in der Deckungsform „eingeschränkte Deckung" etwas anders aufgebaut. Zentraler Deckungstatbestand ist nicht mehr die Strandung, sondern der Transportmittelunfall (in den ADS Güterversicherung nur an zweiter Stelle genannt), als dessen einer Unterfall jetzt die Strandung auftaucht. Die durch die ADS Güterversicherung 1973/1994 geschaffene Lücke wurde durch die in der Vorauflage empfohlene Formulierung in Ziff. 2.1 (g) geschlossen.

Wegen der Einzelgefahrendeckung trifft den Versicherungsnehmer die Beweislast für den Eintritt eines dieser Ereignisse und dessen Schadenursächlichkeit.

Die Bedeutung der in den Bestimmungen aufgeführten Ereignisse ergibt sich zumeist unmittelbar aus dem Text. Unfall des Transportmittels schließt jede Art von Unfall ein. Dafür wird es in aller Regel erforderlich sein, dass das Transportmittel durch den Unfall selbst Schaden erleidet.

Beim Einsturz von Lagergebäuden muss nicht das gesamte Gebäude einstürzen, der Zusammenbruch wesentlicher Bestandteile des Gebäudes, etwa des gesamten Daches, durch Sturm oder durch Schneelast oder einer tragenden Wand, genügen. Die Ablösung einer geringen Dachfläche durch Sturm oder gar der Einsturz einer Regalwand erfüllen jedoch nicht die Voraussetzungen.

Wenn in einem Nothafen Güter entladen, zwischengelagert und wiederverladen werden, so sind die dabei entstehenden Schäden nach Gesichtspunkten einer Allgefahrendeckung gem. Ziff. 1.1.1 ADS Güterversicherung, Ziff. 2.1 DTV-Güter versichert. Diese Regelung darf nicht mit den Regelungen in Ziff. 1.5.1.2 ADS Güterversicherung, Ziff. 2.3.1.3 DTV-Güter verwechselt werden, denen zufolge der Versicherer die Kosten der Umladung etc. trägt. Letztere setzt den Eintritt eines versicherten Unfalls voraus. Deshalb gilt das für die Strandungsfalldeckung nur dann, wenn eines der genannten qualifizierten Ereignisse eingetreten ist.

Für die Kosten der Schadenabwendung, Minderung und Feststellung nach § 32 ADS, Ziff. 1.5.1.3 ADS Güterversicherung bzw. Ziff. 2.3.1.2 DTV-Güter leistet der Versicherer ebenfalls nur Ersatz, wenn diese Kosten durch ein qualifiziertes Ereignis im Sinne der Strandungsfalldeckung ausgelöst worden sind.

Alternativ zur Strandungsfalldeckung wird in der Praxis vorzugsweise eine volle Deckung genommen und durch verschiedene Ausschlüsse für bestimmte Gefahren (z. B. für Bruch bei empfindlicher Ware) eine Anpassung an die individuellen Gegebenheiten der Risikolage und Erfordernisse des Versicherungsnehmers vorgenommen.

Maschinenversicherung

Maschinen und Apparate werden häufiger auch in gebrauchtem Zustand gehandelt oder z. B. nach Beendigung der Arbeiten auf einer Baustelle im Ausland zurücktransportiert. Für die Transportversicherung von neuen und gebrauchten Maschinen und Apparaten wurde die DTV-Maschinenklausel als Zusatzklausel geschaffen. Die letzte Fassung der ADS Güterversicherung stammt aus dem Jahr 1995. Die Vorgängerklausel von 1979 enthielt für gebrauchte Maschinen Regelungen, von denen der BGH in einem Urteil vom 16.11.1992 (VersR 93, 312 ff.) festgestellt hat, dass sie der Inhaltskontrolle gem. § 9 AGB-Gesetz (jetzt § 307 BGB) nicht übereinstimmen. Nach der früheren Regelung galt auch bei gebrauchten Maschinen der Neuwert als Versicherungswert. Der Grund dafür lag in dem Umstand, dass in der weit überwiegenden Zahl der Schadensfälle nicht Totalverlust, sondern Beschädigung vorliegt und die Reparaturkosten einer gebrauchten Maschine nicht nur geringer als bei einer neuen Maschine sind, sondern regelmäßig wesentlich höher, wenn Originalteile nicht mehr vorrätig sind und die neuen Teile unter Umständen mit hohen Kosten angefertigt werden müssen. Allerdings wurde jedoch auch im Falle des Totalverlustes die Versicherungssumme nur bezahlt, wenn sie niedriger war als der Zeitwert. Zum Ausgleich wurden bei gebrauchten Maschinen keine Abzüge neu für alt vorgenommen, es sei denn, dass durch die Reparatur eine Werterhöhung der gesamten Maschinen eingetreten war. Entsprach die Versicherungssumme der gebrauchten Maschine nicht dem Neuwert, wurde der Schaden nach Gesichtspunkten der Unterversicherung abgerechnet. Obwohl es verständlich ist, dass der Versicherer durch die Bemessung des Versicherungswertes in Höhe des Neuwertes eine ausreichend hohe Prämie erhalten wollte (zumal bei gebrauchten Maschinen keine Abzüge neu für alt vorgenommen wurden), war diese Regelung doch unlogisch und bedeutete eine vom Versicherer geforderte krasse Überbewertung des versicherten Interesses, die aber im Falle des Totalverlustes nicht zu einer der Versicherungssumme entsprechenden Ersatzleistung geführt hat. Diese Regelung wurde zu Recht von dem Bundesgerichtshof kritisiert. Aufgrund des genannten Urteils des BGH wurde in der DTV-Maschinenklausel 1995 der Versicherungswert für gebrauchte Maschinen auf den Zeitwert beschränkt. Dafür wurden für diese Maschinen Abzüge neu für alt eingeführt und im Falle des Totalverlustes die Versicherungssumme bezahlt. Entspricht die Versicherungssumme dem Zeitwert, dann gibt es keine Unterversicherung. Beibehalten wurde, dass Schäden durch mangelhafte oder unsachgemäße Verladeweise nur bei Verschulden des Versicherungsnehmers ausgeschlossen sind (vgl. unten „Einschränkungen"). Auch bei der Deckung zu vollen Bedingungen enthält die neue Klausel die bisherigen Einschränkungen auf eine Strandungsfalldeckung bei Röhren- und Fadenbruch und den Ausschluss für Schäden bei Inbetriebnahme, auch wenn diese beim Transport eingetreten sind (Ziff. 3.2).

Auch in der Maschinenklausel von 1995 ist die Ersatzleistung ebenso unübersichtlich geregelt wie in der Klausel von 1979. Aus Ziff. 2.1 geht zunächst hervor, dass der Versicherte nicht das Wahlrecht für eine Abrechnung auf Basis der Reparaturkosten oder eine Abrechnung nach Minderwert hat, wie das in Ziff. 7.4 ADS Güterversicherung der Fall ist. Ziff. 3.3 der Maschinenklausel sagt jedoch, dass die zunächst ausgeschlossene Wertminderung doch ersetzt wird, wenn wegen eines Schadens bei Inbetriebnahme, der Folge eines auf dem Transport eingetretenen Schadens ist, der frühere Gebrauchszustand durch die Wiederherstellung nicht wieder erreicht werden konnte.

In den DTV-Gütern bestimmt Ziff. 17.4.3 für die Versicherung von gebrauchten Maschinen, Geräten, Apparaten, Fahrzeugen und deren Teilen, dass der Versicherer ohne Abzug „neu für alt" die zum Zeitpunkt der Schadenfeststellung notwendigen Kosten der Wiederherstellung oder Wiederbeschaffung ersetzt, bei einem Zeitwert von weniger als 40 % jedoch höchstens den Zeitwert.

Transportmittel

Die Qualität eines Schiffes kommt in den meisten Fällen auch in seinem Alter zum Ausdruck, weil alte Schiffe nicht notwendigerweise, aber regelmäßig schadenanfälliger sind (vgl. die IUMI Statistik für *serious and total losses* auf S. 233).

Höhere Schadensanfälligkeit der Schiffe hat natürlich auch für die Ladung Bedeutung. Die allen Güterversicherungen zugrunde liegende „DTV-Klassifikations- und Altersklausel" legt fest, dass die vereinbarten Prämiensätze nur für stählerne Schiffe mit eigenem maschinellen Antrieb gelten. Sie dürfen ein individuell in der Police bestimmtes Alter nicht überschreiten und müssen ohne Einschränkungen von einer der in der Klausel genannten Klassifikationsgesellschaften klassifiziert sein. Dabei handelt es sich um solche Gesellschaften, die der International Association of Classification Societies (IACS) angehören.

Die Benutzung anderer Schiffe als die bei den genannten Klassifikationsgesellschaften klassifizierten ändert zwar am Bestehen des Versicherungsschutzes nichts, bedingt jedoch eine Zulageprämie.

Verladungen mit Schiffen, die nicht aus Stahl sind oder keinen eigenen Antrieb haben, z. B. Holz- oder Segelschiffe, Pontons oder Seeleichter, sind allerdings nur bei vorheriger Vereinbarung über Prämie und Bedingungen versichert. In diesen Fällen handelt es sich um eine objektive Beschränkung der Gefahr; es kommt weder auf das Wissen des Versicherungsnehmers noch auf ein Verschulden bei der Auswahl des Schiffes an.

Auf die Klassifikations- und Altersklausel wird in Ziff. 3 ADS Güterversicherung, Ziff. 7.1 DTV-Güter verwiesen. Darin wird hinsichtlich des Versicherungsschutzes vorausgesetzt, dass das Transportmittel für die Aufnahme und den Transport der versicherten Güter geeignet sein muss. Bei Binnenschiffen unterstellt Ziff. 3.2.1 ADS Güterversicherung die Eignung, wenn das Schiff durch eine anerkannte Klassifikationsgesellschaft klassifiziert ist. Dies ist in Ziff. 7.1 DTV-Güter entfallen. Für Seetransporte gibt es jetzt dort aber die Bestimmung, dass Seeschiffe als geeignet gelten, wenn sie zusätzlich die Voraussetzungen der DTV-Klassifikations- und Altersklausel erfüllen sowie – falls erforderlich – gemäß International Safety Management Code (ISM-Code) zertifiziert sind, oder wenn ein gültiges Document of Compliance (DoC) beim Eigner oder Betreiber des Schiffes vorliegt, wie es die SOLAS-Konvention 1974 nebst Ergänzungen vorsieht. Aber selbst wenn diese Voraussetzungen nicht vorliegen, sind die Güter gleichwohl unter den in Ziff. 3.2.2 ADS Güterversicherung, Ziff. 7.2 DTV-Güter genannten Bedingungen versichert. Hier stehen sich objektiver Risikoausschluss in Ziff. 3.2.1 ADS Güterversicherung, Ziff. 7.1 DTV-Güter und Obliegenheiten in 3.2.2 ADS Güterversicherung, Ziff. 7.2 DTV-Güter gegenüber.

Bergung und Beseitigung versicherter Güter

Gem. § 37 ADS, Ziff. 2.3.3 DTV-Güter leistet der Versicherer Ersatz bis zur Höhe der Versicherungssumme. Im Falle einer Beschädigung oder Zerstörung versicherter Güter kann es nach einem Schadenfall erforderlich sein, diese zu bergen oder zu entsorgen. Die dafür anfallenden Kosten sind nicht versichert, weil es sich dabei nicht um einen Sachsubstanzschaden an den Gütern handelt, und im Übrigen die Versicherungssumme bereits in aller Regel erschöpft sein wird. Das Interesse des Versicherungsnehmers an den erforderlichen Kosten kann durch eine Zusatzversicherung, die Versicherungsschutz über die Versicherungssumme hinaus bietet, versichert werden. Das geschieht auf der Grundlage der „DTV-Bergungs- und Beseitigungsklausel", die erstmals als DTV-Klausel 1989 eingeführt worden ist und unter den DTV-Gütern zuletzt 2008 neugefasst wurde. Danach sind diese Kosten unter den in der Klausel genannten Voraussetzungen separat versichert, also auch über die Versicherungssumme für die Güter hinaus. In diesem Zusammenhang ist von Bedeutung, dass nur die Kosten der Bergung und Entsorgung versichert sind und keinesfalls solche, die zur Vermeidung von Umweltschäden aufzuwenden sind. Dafür ist gegebenenfalls der Haftpflichtversicherer zuständig. Zu den Auswirkungen einer Vermögensfolgeschadenklausel (siehe S. 145 f.).

Weil es sich hier ausschließlich um die Übernahme der Kosten handelt, ist an sich Ziff. 4 der Klausel von 1989, die in der Fassung von 2008 die Ziff. 5 trägt, mit der ein Übergang der Rechte an den und auf die Güter auf den Versicherer ausgeschlossen wird, nicht erforderlich. Das gilt natürlich auch für die Haftung aus dem Vorhandensein dieser Güter. Wenn trotzdem in der Klausel von 1989 die Ziff. 4 ausdrücklich auf Ziff. 7.11 ADS Güterversicherung (Wahlrecht des Versicherers hinsichtlich des Rechtsüberganges) insgesamt verweist dann ist das irreführend und kann nur im Hinblick auf Ziff. 7.11.3 und 7.11.4 ADS Güterversicherung Bedeutung haben. Die Klausel von 2008 enthält keinen Verweis auf den jetzt in Ziff. 18 DTV-Güter geregelten Rechtsübergang und vermeidet Zweifelsfragen.

Einschränkungen

> Die ADS Güterversicherung und die DTV-Güter sehen drei verschiedene Fälle von Deckungseinschränkungen vor:
>
> (1) Gefahrausschlüsse,
>
> (2) Nicht ersatzpflichtige Schäden,
>
> (3) Besondere Fälle.

(1) Gefahrausschlüsse
Ziff. 1.1.2 ADS Güterversicherung, Ziff. 2.4.1 DTV-Güter; zusätzlich zu den unter Abschnitt 2.2 (S. 62) erwähnten Ausschlüssen.

Krieg, Bürgerkrieg, kriegsähnliche Ereignisse.
Die ADS Güterversicherung schließen in Ziff. 1.1.2.1 und die DTV-Güter in Ziff. 2.4.1.2 die Gefahren des Krieges, Bürgerkrieges oder kriegsähnlicher Ereignisse und solcher Gefahren aus, die sich unabhängig vom Kriegszustand aus der feindlichen Verwendung von Kriegswerkzeugen sowie aus dem Vorhandensein von Kriegswerkzeugen als Folge einer dieser Gefahren ergeben.

Streik, Aufruhr und andere politische Risiken
Die ADS Güterversicherung sehen in Ziff. 1.1.2.2 und die DTV-Güter in Ziff. 2.4.1.2 auch den Ausschluss der Gefahren von Streik, Aussperrung, Arbeitsunruhen, terroristischen oder politischen Gewalthandlungen, Aufruhr und sonstigen bürgerlichen Unruhen vor. Der Wiedereinschluss der genannten Gefahren wird unter Abschnitt 11 (S. 351 ff., Die Versicherung der politischen Risiken in der Transportversicherung) behandelt.

Der Ausschluss terroristischer Gewalthandlungen ist mit der Fassung der ADS Güterversicherung im Jahre 1984 eingeführt worden. Er gilt unabhängig von der Anzahl der daran beteiligten Personen. Die Resolution Nr. 1566 (2004) des Sicherheitsrates der Vereinten Nationen definiert Terrorismus als Straftaten, namentlich auch gegen Zivilpersonen, die mit der Absicht begangen werden, den Tod oder schwere Körperverletzungen zu verursachen, oder Geiselnahmen, die mit dem Ziel begangen werden, die ganze Bevölkerung, eine Gruppe von Personen oder einzelne Personen in Angst und Schrecken zu versetzen, eine Bevölkerung einzuschüchtern oder eine Regierung oder eine internationale Organisation zu einem Tun oder Unterlassen zu nötigen.

Beschlagnahme
In Ziff. 1.1.2.4 ADS Güterversicherung und Ziff. 2.4.1.3 DTV-Güter werden die Gefahren der Beschlagnahme, Entziehung oder sonstiger Eingriffe von hoher Hand ausgeschlossen.

Kernenergie
Außerdem werden in Ziff. 1.1.2.3 ADS Güterversicherung, Ziff. 2.4.1.5 DTV-Güter die Gefahren der Kernenergie ausgeschlossen.

Bis 1991 war es möglich, aufgrund einer DTV-Klausel die Gefahren aus Kernenergierisiken in begrenztem Umfang wieder einzuschließen. Der Zusammenbruch des Kernenergiereaktors im Kernkraftwerk Tschernobyl hat jedoch die europaweiten Ausmaße und die außerordentlichen Kumulgefahren bei Eintritt einer solchen Katastrophe gezeigt. Weil dafür kein Rückversicherungsschutz gefunden werden kann, ist schon deshalb weltweit keine Deckung dieser Risiken mehr möglich. Für den deutschen Markt sind seitdem im Einzelfall nur noch Schäden durch auf einem Transportmittel beigeladene radioaktive Isotope versicherbar, die zu Schutz- und Prüfzwecken verwendet werden, nicht jedoch für den Transport von Brennelementen.

Zahlungsunfähigkeit und -verzug

Schließlich ist mit der Fassung der ADS Güterversicherung aus dem Jahre 1984 ein weiterer Ausschluss in Ziff. 1.1.2.5 eingeführt worden. Es handelt sich dabei um die Gefahren der Zahlungsunfähigkeit und des Zahlungsverzuges des Eigentümers, Charterers oder Betreibers des Schiffes oder sonstiger finanzieller Auseinandersetzungen mit den genannten Personen. Ausgangspunkt dieses Ausschlusses waren praktische Fälle, bei denen von Seiten des Absenders bei der Auswahl des Frachtführers bzw. Seeverfrachters weniger dessen Bonität, sondern mehr die billigste Frachtrate in den Vordergrund gestellt worden ist („Fly-by-night-Carrier"). Dabei konnte es vorkommen, dass zum Beispiel trotz an den Charterer vorausbezahlter Fracht der Charterer die Chartermiete an den Reeder nicht bezahlt hat und deshalb der Reeder unter Androhung des Verkaufs der Ladung eine erneute Frachtzahlung verlangte bzw. bei Nichtzahlung die Güter zur Sicherstellung seiner Forderung verkauft hat und diese damit verloren waren.

Der Ausschluss in Ziff. 1.1.2.5 wird in den „Bestimmungen für die laufende Versicherung" in Ziff. 5 gemildert. Danach findet er keine Anwendung, wenn der Versicherungsnehmer nachweist, dass er bzw. seine dazu bevollmächtigten Mitarbeiter die Bonität des Reeders etc. mit der Sorgfalt eines ordentlichen Kaufmanns geprüft haben bzw. dem Spediteur entsprechende Anweisungen erteilt haben. Er findet ferner keine Anwendung, wenn der Versicherungsnehmer bzw. der versicherte Käufer ist und nach den Bedingungen des Kaufvertrages keinen Einfluss auf die Auswahl der an dem Transport Beteiligten nehmen konnte.

Unter den DTV-Gütern gilt in Ziff. 2.4.1.6 Ähnliches auch ohne laufende Versicherung: der Versicherungsnehmer kann sich den Versicherungsschutz dadurch erhalten, dass er nachweist, dass er die genannten Parteien oder den beauftragten Spediteur mit der Sorgfalt eines ordentlichen Kaufmanns ausgewählt hat oder dass er, wenn er, als Versicherter, der Käufer ist und nach den Bedingungen des Kaufvertrags keinen Einfluss auf die Auswahl der am Transport beteiligten Personen nehmen konnte. Die zu den DTV-Gütern bestehenden Bestimmungen für die laufende Versicherung erwähnen diesen Ausschluss daher nicht mehr.

Die englische Regelung in Klausel 4.6 der Institute Cargo Clauses (A) 1982 entspricht der deutschen Regelung in den ADS Güterversicherung. Dort kann sich der Versicherungsnehmer also den Versicherungsschutz nicht durch Nachweis gehöriger Auswahl oder mangelnden Einflusses erhalten. Die deutsche Deckung ist insoweit günstiger als die englische. Inzwischen stellen auch die Institute Cargo Clauses den Versicherungsnehmer besser, allerdings in etwas anderer Weise. Hier greift der Ausschluss nur, wenn „the Assured are aware, or in the ordinary course of business should be aware, that such insolvency or financial default could prevent the normal prosecution of the voyage". Abgesehen von dem etwas anderen Inhalt sind auch die Beweislasten unterschiedlich. Gemäß DTV-Güter muss sich der Versicherungsnehmer entlasten, unter den Institute Cargo Clauses 2009 muss der Versicherer Verschulden beweisen.

Gutgläubige Dritte sind auch in England geschützt: „This exclusion shall not apply where the contract of insurance has been assigned to the party claiming hereunder who has bought or agreed to buy the subject-matter insured in good faith under a binding contract." Hier trägt nach beiden Bedingungswerken der Versicherungsnehmer die Beweislast.

Chemische und andere Substanzen als Waffen
Als neuen Ausschluss, der weder in den ADS Güterversicherung enthalten war noch in den ursprünglichen DTV-Güter, nimmt Ziff. 2.4.1.4 DTV-Güter 2000/2008 die Gefahren aus der Verwendung von chemischen, biologischen, biochemischen Substanzen oder elektromagnetischen Wellen als Waffen mit gemeingefährlicher Wirkung von der Deckung aus. Die ausdrückliche Hervorhebung, dass dies ohne Rücksicht auf sonstige mitwirkende Ursachen geschehe, ist nur eine Klarstellung. Zwar gilt für die Binnentransportversicherung grundsätzlich die Kausalitätslehre der Adäquanztheorie, unter der der Versicherungsschutz immer beseitigt ist, wenn eine ausgeschlossene Gefahr mitursächlich war, der Schaden also ohne Mitwirkung der ausgeschlossenen Gefahr nicht eingetreten wäre. Für die Seeversicherung und aufgrund von Ziff. 2.6 DTV-Güter ebenso für die Binnentransportversicherung auf Basis der DTV-Güter gilt aber die causa proxima Regel. Nach ihr kommt es nur auf die wirksamste Ursache an, alle anderen Ursachen bleiben außer Betracht. Ziff. 2.4.1.4 ändert dies ab: die Deckung ist auch dann nicht gegeben, wenn eine der ausgeschlossenen Gefahren, und sei es nur als entferntere Ursachen, mitgewirkt haben. Wir haben es hier also mit einer Ausnahme von der causa proxima Regel zu tun.

(2) Nicht ersatzpflichtige Schäden
(Ziff. 1.4. ADS Güterversicherung, Ziff. 2.5 DTV-Güter)

Hier herrscht zum Teil Begriffsverwirrung. Um echte Schadensausschlüsse handelt es sich nur dann, wenn bestimmte Schäden, die von einer versicherten Gefahr verursacht werden, von der Deckung ausgenommen werden. Erst recht handelt es sich nicht um Schadensausschlüsse, nicht einmal um Gefahrausschlüsse, wenn Bestimmungen Schäden ausschließen, die aus anderen Ursachen als der Verwirklichung einer versicherten Gefahr entstanden sind. Hier handelt es sich tatsächlich nur um Klarstellungen, denn wo sich keine versicherte Gefahr verwirklicht hat, stellt sich die Frage nach einem versicherten Schaden von vornherein nicht. Keine Schadensausschlüsse, sondern Gefahrausschlüsse, liegen dagegen vor, wenn Schäden, die durch eine versicherte Gefahr verursacht wurden, aber dennoch nicht ersatzpflichtig sind. Da sowohl die ADS Güterversicherung als auch die DTV-Güter Letzteres systemwidrig, als *nicht ersatzpflichtige Schäden* titulieren, soll es auch hier in diesem Zusammenhang behandelt werden. Rechtsfolgen hat die „Falschbezeichnung" nicht.

Verzögerung
Durch eine Verzögerung – eine ansonsten unter den Begriff der „alle Gefahren" fallende und deshalb gedeckte Gefahr – kann besonders bei verderblichen Gütern Schaden entstehen oder vorhandener Schaden vergrößert werden. Wird die Reise durch den Eintritt einer versicherten Gefahr verzögert und entsteht dadurch ein Schaden, hängt die Ersatzfähigkeit dieses Schadens davon ab, ob die versicherte Gefahr oder die Verzögerung causa proxima

dieses Schadens ist. Ist es die Verzögerung, greift der Ausschluss. Ist es die versicherte Gefahr, tritt die Verzögerung als unbeachtliche causa remota zurück. Tritt in Zusammenhang mit einer Verzögerung ein Verderbschaden, der auf der natürlichen Beschaffenheit des Gutes beruht, also der Gefahr natürlicher Veränderung aufgrund bestimmter Umgebungsumstände, ein, konkurrieren zwei Ausschlüsse: die Verzögerung und die natürliche Beschaffenheit. Welcher von beiden causa proxima ist, ist unbedeutend, weil beides ausgeschlossen ist. Gesichtspunkte der causa proxima sind nur dann beachtlich, wenn eine versicherte Gefahr mitgewirkt hat, also z. B. ein Maschinenschaden.

Verzögerung und natürliche Beschaffenheit stehen zumeist miteinander in Bezug. Verzögerung als solche bedeutet Zeitablauf. In einem Zeitablauf allein liegt aber noch nicht die Möglichkeit für den Eintritt eines Substanzschadens. Dafür bedarf es weiterer Umstände. „Der Substanzschaden ist aber maßgebliches Kriterium der Schadenversicherung. Weiterhin ist für jeden Verderbschaden eine gewisse zeitliche Dauer erforderlich. Der Ablauf der Zeit ist also ein immanenter Bestandteil eines Beschaffenheitsschadens. Man kann daher nicht, wenn der Ablauf der Zeit z. B. auf einer Strandung beruht, die Verzögerung als eine völlig selbständige Schadenursache neben der Beschaffenheit ansehen.

Wenn z. B. im Falle einer Strandung nur aufgrund der zeitlichen Verzögerung und der Beschaffenheit der Waren etwa Bretter schimmeln, oder das Gewicht einer Partie Rosinen infolge weiteren Austrocknens schwindet, so würde man kaum auf den Gedanken kommen, diesen Schaden dem Gefahrereignis zuzuschreiben, weil man die Beschaffenheit als die nächste Ursache des Schadens zu betrachten hätte. Nicht anders kann es aber bei einem Schaden aus innerem Verderb sein.

Es ist daher nicht gerechtfertigt, einen Schaden, der auf einer Reiseverzögerung, die durch eine vom Versicherer gedeckte Gefahr hervorgerufen wurde, und ebenfalls auf der Beschaffenheit der Waren beruht, als durch das Gefahrereignis verursacht anzusehen; denn nächste Ursache ist in derartigen Fällen die Beschaffenheit der Waren." (Passehl, Beschaffenheitsschäden in der Seeversicherung, S. 84).

Passehl, a.a.O. S. 133, meint für den Fall dass durch ein Gefahrereignis die Entstehung eines Beschaffenheitsschadens begünstigt wird, wie z. B. bei einer Verzögerung der Reise durch eine versicherte Gefahr, so sei „die Beschaffenheit der Ware" also die nächste Ursache des Schadens. Insbesondere deshalb, weil die Verzögerung allein keine selbständige Schadenursache darstellt und die zur Entstehung des Verderbschadens erforderlichen Elemente in der Ware selbst liegen. Dem ist im Ergebnis zuzustimmen, wenngleich die Aussage, Verzögerung könne keine selbständige Schadenursache sein, zu apodiktisch ist. Das zeigt sich, wenn man bedenkt, dass Schäden infolge natürlicher Beschaffenheit sowohl mit als auch ohne Verzögerung eintreten können.

Beispiele:
(1) Früchte haben ein *shelf life*, also eine natürliche Lebensdauer, von 42 Tagen. Die Reise dauert planmäßig 45 Tage.

(2) Die Reise dauert planmäßig nur 30 Tage, wird aber wegen eines Maschinenschadens auf 45 Tage verlängert.

Unrichtig jedenfalls: Schlegelberger (§ 28 ADS, Anm. 6), wenn er meint, dass der sich aus der Verzögerung der Reise ergebende unmittelbare Schaden (Verderb versicherter Früchte) versichert sein soll. Seine Bezugnahme auf Ritter/Abraham (§ 28, Anm. 35), erfasst nur die Hälfte der Angelegenheit.

Etwas anderes ist es, wenn durch ein Gefahrereignis bereits ein Schaden an den Gütern (z. B. durch Eindringen von Seewasser) entstanden ist, der durch eine Verzögerung der Reise vergrößert wird. Entgegen der Auffassung des OLG Hamburg im Urteil vom 18.8.1983 (VersR 1983, S. 1151 ff.) (Reis wurde durch während eines Sturmes in das Schiff eindringendes Seewasser beschädigt, der Schaden wurde durch längeres Liegen des Schiffes in Lagos vor der Entlöschung vergrößert) wird es in einem solchen Fall darauf ankommen, ob die lange Liegezeit vor Lagos überhaupt eine Verzögerung der Reise darstellt oder, wenn sie allen Parteien bekannt war, dem normalen Verlauf der Reise entspricht. Im erstgenannten Fall kann die Verzögerung als eigenständige causa proxima angesehen werden, soweit die Vergrößerung des Schadens betroffen ist, der durch das eingedrungene Seewasser verursacht worden ist, weil der weitere Verderb durch Verzögerung nicht die unvermeidliche Folge des Verderbs durch eingedrungenes Seewasser gewesen ist.

Mittelbare Schäden
Der Ausschluss mittelbarer Schäden aller Art (Ziff. 1.4.2 ADS Güterversicherung, Ziff. 2.5.2 DTV-Güter) dient lediglich der Klarstellung; denn wenn nichts Besonderes bestimmt ist, deckt die Transportversicherung nur das Sach-Substanz-Interesse (BGH, VersR 2003, 1171, siehe S. 109 ff.) und keine weitergehenden Schäden, wie z. B. Marktverlust oder sonstige Folgeschäden.

Innerer Verderb, natürliche Beschaffenheit
Der Versicherer trägt Gefahren, d.h. er ersetzt Schäden, die durch ein unvorhersehbares Ereignis verursacht worden sind, das von außen auf die Güter einwirkt. Jede Sache kann nur deshalb beschädigt werden, weil sie ihrer natürlichen Beschaffenheit nach nicht allen auf sie einwirkenden Belastungen ohne Schaden standhalten kann. Es gibt keine Sache, die nicht die Eigenschaft hätte, bei Eintritt bestimmter Ereignisse Schaden zu nehmen. Tabak muss faulen, wenn er nass wird, und selbst die unempfindlichsten Stahlträger müssen Schaden erleiden, wenn sie aus dem Hiev aus einer Höhe von 15 m auf den Kai fallen usw. Im Übrigen können sich Sachen auch ohne jedes äußere Ereignis verändern, z. B. das Welken von Blumen und das Reifen - und Überreifen bis zum schließlichen Verderben - von Früchten.

Die entscheidende Frage liegt deshalb darin, ob die natürliche Eigenschaft der Sache, Schaden zu erleiden, deshalb zur Auswirkung gelangt, weil unvorhergesehen von außen auf die Sache eingewirkt wird, oder ob die natürliche Eigenschaft aus sich selbst heraus entweder allein oder im Zusammenhang mit den im normalen Verlauf der Reise einwirkenden Umständen zu einem Schaden führt. Bei den hier ausgeschlossenen Schäden handelt es sich um solche, die aus der Natur der Sache selbst entstanden sind, ohne dass ein unvorhergesehenes, von außen auf die Güter einwirkendes Ereignis vorgelegen hat. Da in einem solchen Fall die versicherten Güter den im normalen Verlauf der Reise auf sie oder aus ihnen wirkenden Einflüssen nicht standhalten konnten, ohne sich zu verändern, liegt hier also nicht die Verwirklichung einer Gefahr vor. Der Schaden ergibt sich vielmehr als die notwendige Folge des Transportes, also aus den Umständen, denen die Güter bestimmungsgemäß ausgesetzt sind.

Beispiel:
Eine Partie Lederhandschuhe, die in Kalkutta hergestellt und verladen wurde, kam feucht, verschimmelt und verfärbt in Rotterdam an. Die Ursache lag darin, dass die Handschuhe noch aus der Herstellung eine gewisse Eigenfeuchtigkeit hatten, die sich durch das feuchtwarme Monsun-Klima in Kalkutta wesentlich verstärkt hatte. Während der Seereise kondensierte die aus den Handschuhen kommende Feuchtigkeit an der Innenseite des Daches des Containers, tropfte auf die in Kartons verpackte Ware und verursachte den Schaden. Nach Meinung des erstinstanzlichen englischen Gerichtes war der Versicherer leistungspflichtig, weil die Ursache des Schadens in der Beschädigung durch Wasser lag, das von außerhalb der versicherten Güter auf diese getropft ist. In der Berufungsinstanz (1990 2 Lloyd's Rep. 283) wurde das Urteil aufgehoben und festgestellt, dass die Schadenursache in der natürlichen Beschaffenheit der Handschuhe lag, ohne dass ein ungewöhnliches äußeres Ereignis mitgewirkt hat. Daran ändert auch der Umstand nichts, dass die Eigenfeuchtigkeit auf dem Umweg über die Kondensation am Containerdach als Schweiß von außen auf die Ladung getropft ist.

Da das versicherte Gut und seine Verpackung eine Einheit bilden, sind unter Schäden aus natürlicher Beschaffenheit auch solche zu verstehen, bei denen die schädliche Wirkung auf die Güter von der Verpackung ausgeht.

Beispiel:
Aluminiumgeschirr, das in Kisten mit Holzwolle verpackt wird, kommt deshalb beschädigt an, weil die zum Einpacken verwendete Holzwolle feucht gewesen ist.

Hier überschneiden sich natürliche Beschaffenheit und unsachgemäße Verpackung.

Mengen-, Maß- und Gewichtsdifferenzen oder -verluste
bilden keine ersatzpflichtigen Schäden, soweit sie handelsüblich sind, denn das, was handelsüblicherweise zu erwarten ist, kann nicht durch ein unvorhergesehenes Ereignis entstehen. Das Ausmaß des handelsüblichen ist nach Art der Verpackung und den Umständen der Reise (Transportmittel, direkte Verschiffung oder Umladung, Verhältnisse im Abgangs- und Bestimmungshafen, Reiseweg usw.) unterschiedlich. Der Ausdruck „Differenzen und Verluste" bedeutet, dass nicht nur die üblichen Zähl-, Vermessungs- und Verwiegedifferenzen erfasst werden, sondern auch echte Verluste im handelsüblichen Umfang, z. B. Leckage in handelsüblicher Größenordnung oder Schäden durch Manko, Schwund usw. (Zu den Begriffen „Gewichtsdifferenz", „Untergewicht", „Schwund", „Manko" usw. siehe S. 171 ff.).

Normale Luftfeuchtigkeit, gewöhnliche Temperaturschwankungen
Bei der normalen Luftfeuchtigkeit sind die Verhältnisse innerhalb und außerhalb des Transportmittels von Bedeutung. Außerhalb des Transportmittels sind insbesondere die Verhältnisse in tropischen Ländern zu beachten. Regen ist keine besondere Form von Luftfeuchtigkeit, sondern ein gedeckter Tatbestand. Innerhalb des Transportmittels sind besonders die Begriffe „Schiffsdunst", „Ladungsdunst", „Schiffsschweiß" sowie „Ladungsschweiß" beachtlich.

Schiffsdunst ist die feuchte Luft, die sich aus klimatischen Gründen in den Schiffsräumen bildet. Er gehört zu den gewöhnlichen Einflüssen im normalen Verlauf der Reise. Erleiden die Güter durch Schiffsdunst Schäden, so deshalb, weil sie ihrer natürlichen Beschaffenheit nach den im normalen Verlauf der Reise auf sie einwirkenden Ereignissen nicht widerstehen können.

Ladungsdunst ist die von der Ladung abgesonderte Feuchtigkeit, die allein oder in Verbindung mit anderen Feuchtigkeitsursachen den Schiffsdunst bildet.

Schiffsschweiß liegt vor, wenn als Folge von Schiffs- oder Ladungsdunst die feuchte Luft sich an den kälteren Metallteilen im Laderaum des Schiffes niederschlägt (kondensiert) und von dort auf die Ladung tropft oder durch unmittelbaren Kontakt zwischen Ladung und Schiff an die Ladung gelangt. Schiffsschweiß ist in der Regel außergewöhnlich und damit eine versicherte Gefahr.

Beispiel:
Infolge anhaltend schlechten Wetters und schwerer See muss die Ventilation auf dem Schiff unterbrochen werden. Dadurch bildet sich Schiffsschweiß, der Ladungsschäden verursacht.

Im Gegensatz dazu entsteht Ladungsschweiß daraus, dass feuchtwarme Luft sich unmittelbar auf Ladung niederschlägt, die eine Temperatur unterhalb des Taupunktes der Luft hat und dort kondensiert. Der Vorgang ist auch umgekehrt möglich, nämlich warme Ladung (z. B. Holz) gibt Eigenfeuchtigkeit ab, die sich infolge kalter Außenluft unmittelbar auf der Ladung als Nässe niederschlägt.

Wenn unter Berücksichtigung der normalen Umstände auf der Reise und der Temperatur der Ladung Schäden durch Ladungsschweiß zwangsläufig entstehen, dann sind diese nicht versichert.

Beispiel:
Konservendosen werden im November von Kalifornien nach Deutschland verschifft und kommen mit Rostschäden an. Als Ursache des Schadens wird ermittelt, dass die Dosen in San Francisco aus dem Kühlhaus (kalte Zone) auf das Schiff verladen wurden (warme Zone) und zunächst mit dem Schiff nach Kanada (kalte Zone) gegangen sind, damit noch eine weitere Ladung eingenommen werden konnte. Die Reise ging dann durch den Panamakanal (warme Zone) über den Atlantik nach Deutschland (kalte Zone). Die Wetterverhältnisse auf der Reise waren günstig, keine schwere See, Windstärken nicht über 6.

Warme Luft kann eine gewisse Menge Feuchtigkeit aufnehmen, die bei Abkühlung kondensiert und sich an den Konservendosen niederschlägt. Dieser Vorgang musste bei dem Befahren klimatisch unterschiedlicher Zonen im Verlauf der Reise mehrfach eintreten. Unter Berücksichtigung der Temperatur der Ladung und der normalen Umstände auf der Reise war der Schaden unvermeidlich und ist deshalb nicht versichert.

Etwas anderes gilt nur, wenn die causa proxima für Schäden durch Ladungsschweiß in anderen Umständen liegen, etwa einer fehlerhaften oder objektiv nicht richtig möglichen Ventilation durch das Schiff.

Nicht beanspruchungsgerechte Verpackung, unsachgemäße Verladeweise
Die Verpackung soll die Güter vor den im normalen Verlauf der Reise einwirkenden Schadenmöglichkeiten schützen. Dabei kommt es auf diejenigen Beanspruchungen an, die auf der betreffenden Reise zu erwarten sind. Eine Verpackung, die für eine kurze Reise ohne Umladung auf der Autobahn oder im Flugzeug ausreicht, ist für eine lange Seereise mit anschließender Weiterbeförderung auf einer Behelfsstraße zu einer Baustelle in einem Entwicklungsland völlig unzureichend.

Die bis 1994 geltende Forderung nach handelsüblicher Verpackung und nach noch vorher aufgrund der ADS § 86 geltenden mangelfreien Verpackung ließen zu viele Fragen offen. Es könnte durchaus eine Verpackung handelsüblich und dennoch nicht geeignet für die betreffende Reise sein. Die mit der Fassung 1994 in Ziff. 1.4.1.5 ADS Güterversicherung eingeführte und in Ziff. 2.5.1.5 DTV-Güter übernommene Bezeichnung „beanspruchungsgerechte Verpackung" ist zwar ein Wortungetüm, trifft aber gut, was gemeint ist: Die Verpackung muss in der Lage sein, den Beanspruchungen zu genügen, die unter Berücksichtigung der zu erwartenden jeweiligen Umstände auf der betreffenden Reise auf die Ware einwirken können. Selbstverständlich ist der Schaden nur dann nicht ersatzpflichtig, wenn die nicht beanspruchungsgerechte Verpackung die causa proxima für den Schaden gewesen ist. Ziff. 1.4.1.5 ADS Güterversicherung ist als objektiver Risikoausschluss formuliert, so dass es auf ein Verschulden nicht ankommt (vgl. BGH, TranspR 2003, 74; VersR 1996, 1260).

Im Gegensatz zum Verpackungsmangel nach Ziff. 1.4.1.5 ADS Güterversicherung als objektiven Risikoausschluss, bei dem es auf ein Verschulden nicht ankommt, ist Ziff. 3.1 der DTV-Maschinenklausel verschuldensabhängig. Es heißt dort: „Ausgeschlossen sind in jedem Fall Schäden, die der Versicherungsnehmer durch mangelhafte oder unsachgemäße Verladeweise verschuldet hat."

Ähnlich, allerdings mit anderer Beweislast, die DTV-Güter in Ziff. 2.5.1.5. Auch dort ist nicht beanspruchungsgerechte Verpackung von der Deckung ausgenommen, aber „es sei denn, der Versicherungsnehmer hat diese weder vorsätzlich noch grob fahrlässig verschuldet". Auch hier ist der Ausschluss also verschuldensabhängig. Anders als in der alten DTV Maschinenklausel trifft aber nicht den Versicherer die Beweislast für Verschulden, sondern den Versicherungsnehmer den Entlastungsbeweis. Dafür sind nur noch Vorsatz und grobe Fahrlässigkeit schädlich.

Dabei hat der Versicherungsnehmer nach herrschender Meinung (OLG Karlsruhe, Versicherungsrecht 1995, 413; OLG Hamburg, VersR 1969, 558; Prölss/Martin, § 6 Rn. 71; a.A. *Ehlers* in: Thume/ de la Motte/Ehlers, Kap. 3 A. Rn. 164) neben seinem eigenen Verschulden auch dasjenige seiner Repräsentanten zu vertreten.

Ziff. 2.5.1.5 stellt neben die nicht beanspruchungsgerechte Verpackung die unsachgemäße Verladeweise (die unter der ADS Güterversicherung nur in Ziff. 3.1 der DTV-Maschinenklausel angesprochen war). Dies ist eine bloße Klarstellung (so auch Ehlers, a.a.O. Rn. 161), denn die Rechtsprechung hat unsachgemäße Verladeweise einem Verpackungsmangel gleichgestellt (BGH VersR 1971, 559, VersR 1996, 1250).

Beispiel:
Unverpackt versicherte Farbeimer wurden in einem Container gestaut. Sie kamen deshalb zu Schaden, weil die Absicherung der einzelnen Eimerlagen im Container durch Hartfaserplatten und Stützhölzer völlig ungenügend gewesen ist und der Schaden deshalb entstehen konnte, weil der aus den oberen Eimerlagen entstehende Druck auf die unteren Lagen nicht abgefangen werden konnte (OLG Hamburg, VersR 1986, 1016).

(3) Erweiterungen
Güterfolgeschaden- und Vermögensschadenklauseln

Literatur: *Ehlers*, in: Festschrift Thume, 2008, Das unbekannte Risiko: Klauseln für die Versicherung von Güterfolgeschäden

Als Folge der Transportrechtsreform im Jahre 1998 und der damit einhergehenden Neuformulierung der ADSp änderte sich die Landschaft im Bereich der Haftung und Versicherung im Transportgewerbe drastisch. Das alte System der Haftungsersetzung durch Versicherungsschutz fiel weg. Haftung und Versicherung wurden getrennt, und die für Spediteure angebotenen Güterversicherungen traten in Konkurrenz zu den traditionellen Warenversicherungen. Da in der Speditionsversicherung Deckung für Güterfolgeschäden und reine Vermögensschäden bestand, schuf der GDV besondere Klauseln, mit denen auch die traditionelle Warenversicherung auf diese Schäden ausgedehnt werden konnte.

Die zunächst verwendete Klausel lautete:

„Abweichend von Ziff. 1 und 2 ADS Güterversicherung 1973/1984 bzw. Ziff. 2.5.2 DTV-Güter sind Vermögensschäden versichert, die auf einen ersatzpflichtigen Güterschaden zurückzuführen sind (Güterfolgeschaden)."

Diese auch heute noch in vielen Verträgen anzutreffende Klausel wurde aber schnell als sehr weitgehend erkannt und ist heute in der allgemeinen Sammlung von AVB des GDV nicht mehr enthalten. Die neuen Klauseln sind deutlich länger, gewähren aber weniger Versicherungsschutz. Zunächst ist klargestellt, das nur Interessen des Versicherungsnehmers versichert sind. „Ein Güterfolgeschaden liegt vor, wenn die Verwendung der versicherten Güter infolge eines nach den Bedingungen der zugrunde liegenden Transportversicherung gedeckten Schadens beeinträchtigt oder nicht mehr möglich ist und dadurch der Aufwand an fortlaufenden Kosten zur Fortführung des Betriebes nicht erwirtschaftet werden konnte" (Ziff. 3.1 DTV-Güter 2000/2008, Güterfolgeschadenklausel). Die Klausel sieht vor, dass für derartige Schäden eine Höchstentschädigung vereinbart wird, die meistens unterhalb des Policenmaximums liegt.

Beispiel:
Der Versicherungsnehmer kauft ein Ersatzteil für seine Produktionsanlagen, ohne welches diese nicht betrieben werden können. Das Ersatzteil wird auf dem versicherten Transport durch Wassereinbruch in den Container so stark beschädigt, dass es nicht mehr verwendet werden kann. Die Produktionsanlagen des Versicherungsnehmers stehen daraufhin für zwei Wochen still, bis ein neues Ersatzteil eintrifft. Unter der Güterfolgeschadenklausel erlangt er nicht Ersatz für seinen ausfallenden Gewinn, sondern nur für rechtlich oder wirtschaftlich notwendig weiterlaufende Kosten.

Von den Güterfolgeschäden sind reine Vermögensschäden zu unterscheiden. Für sie gewährt die geltende Vermögensschadenklausel, ebenfalls bis zur vereinbarten Höhe, Versicherungsschutz für Verspätungsschäden und Nachnahmefehler (Ziff. 3 DTV Vermögensschadenklausel 2000/2008), vorausgesetzt es besteht eine Haftung des Verkehrsträgers im Rahmen eines üblichen Verkehrsvertrages (Ziff. 1).

(4) Besondere Fälle
Deckverladung, Vorreise-, Retour- und beschädigte Güter

Nur die ADS Güterversicherung regeln in Ziff. 1.3.1 die Behandlung von Deckladungsgütern. Die DTV-Güter enthalten insoweit keine besondere Bestimmung. Verladung an Deck ist aber eine anzeigepflichtige Gefahrerhöhung (Ziff. 5.3 DTV-Güter, ebenso schon Ziff. 2.3 ADS Güterversicherung).

Für an Deck verladene Güter bestimmt Ziff. 1.3.1 ADS Güterversicherung im Grundsatz, dass für mit Zustimmung des Versicherungsnehmers erfolgte Deckverladung nur Strandungsfalldeckung (vgl. Ziff. 1.2 ADS Güterversicherung) besteht. „Güter in allseitig geschlossenen Containern" sind jedoch auf Deck wie im Raum versichert. Hintergrund der eingeschränkten Deckung für Deckverladung war, dass bei der konventionellen Verschiffung völlig andere Risikoverhältnisse als für im Raum verladene Güter bestanden. Sie sind den Gefahren der See, des Verlustes durch fehlerhafte Ausladung und der Möglichkeit, in Havarie-grosse geworfen zu werden, in besonders starkem Maße ausgesetzt. Deshalb bedeutet es grundsätzlich einen Bruch des Frachtvertrages, wenn der Verfrachter ohne Zustimmung des Befrachters Güter auf Deck verlädt (§ 566 HGB). Aus dem gleichen Grunde bleibt die Aufopferung von Decksgütern in Havarie-grosse ohne Vergütung, obwohl Decksgüter, soweit sie durch Havarie-grosse Maßnahmen gerettet worden sind, beitragspflichtig bleiben. Deshalb haftet der Kaskoversicherer nach § 62 ADS für Beiträge zur Havarie-grosse nicht, soweit sie die Aufopferung von Decksgütern betreffen. Entspricht jedoch die Decksverladung einem anerkannten Handelsbrauch, werden aufgeopferte Decksgüter in Havarie-grosse vergütet, und gem. DTV-Kaskoklauseln Ziff. 35.2 haftet auch der Kaskoversicherer für seinen entsprechenden Beitragsanteil.

Verladung an Deck ist grundsätzlich jede Verladung, die nicht Verladung in den für die Beförderung von Ladung vorgesehenen, allseitig umschlossenen Räumen des Schiffes ist.

Bei der Behandlung von Decksgütern in der ADS Güterversicherung kommt es darauf an, ob die Verladung an Deck mit oder ohne Zustimmung des Versicherungsnehmers erfolgt. Dabei kann die Zustimmung nicht nur ausdrücklich, sondern auch stillschweigend erklärt werden. Die Hauptanwendungsfälle einer Zustimmung sind folgende:

- Widerspruchslose Entgegennahme eines Konnossements, mit dem der Verfrachter sich das Recht vorbehält, die Güter auf Deck zu verladen.

- Widerspruchslose Entgegennahme eines Konnossements, in dem die Güter ausdrücklich als Deckladungsgüter bezeichnet werden (z. B. mit der Konnossementsklausel „Shipped on deck at shipper's risk").

- Verkehrsüblichkeit der Deckverladung (z. B. bei gewissen Holzsorten im Skandinavien-Verkehr), es sei denn, dass ausdrücklich Raumverladung ausbedungen war.

- Deckverladung aufgrund gesetzlicher Vorschriften oder Rechtsverordnung (z. B. für gefährliche Güter aufgrund der einschlägigen Gefahrgutvorschriften).

Mit der Zustimmung zur Deckverladung geht regelmäßig ein Regressverzicht gegenüber dem Verfrachter einher, weil die zwingenden Vorschriften über die Mindesthaftung des Verfrachters für Ladungsschäden bei Decksgütern abbedungen werden können, was auch regelmäßig geschieht (siehe S. 201 f.).

Erfolgt die Verladung an Deck mit Zustimmung des Versicherungsnehmers, so gilt nach Ziff. 1.3.1 ADS Güterversicherung die Versicherung nur zu den Bedingungen der Strandungsfalldeckung, auch wenn die Versicherung zu weitergehenden Bedingungen geschlossen ist. Das ist eine den Bestimmungen über die Gefahrerhöhung vorangehende Spezialvorschrift.

Eine Deckverladung ohne Zustimmung des Versicherungsnehmers beeinträchtigt den vereinbarten Versicherungsschutz nicht, jedoch liegt in der Deckverladung eine Gefahrerhöhung (Ziff. 2.3 der ADS Güterversicherung), und die Bestimmungen über Gefahrerhöhung finden Anwendung. Dies gilt auch für die Deckung nach den DTV-Güter (Ziff. 5.3).

Als weitere „besondere Fälle" werden in Ziff. 1.3 ADS Güterversicherung und Ziff. 2.2 DTV-Güter

- Vorreise- und Retourgüter (Ziff. 1.3.2 bzw. 2.2.1) und
- beschädigte Güter (Ziff. 1.3.3 bzw. 2.2.2)

behandelt.

Bei Vorreise- und Retourgütern gehen die Deckungen nach ADS und DTV verschiedene Wege. Gem. Ziff. 1.3.2 ADS Güterversicherung muss entweder der Versicherungsnehmer diesen Umstand anzeigen, damit der Versicherer sich durch Besichtigung oder bei der Prämienbemessung darauf einstellen kann, oder der Versicherungsnehmer muss nachweisen, dass der Schaden nur auf der versicherten Reise entstanden sein kann; andernfalls gilt für derartige Transporte nur der Deckungsumfang der Strandungsfalldeckung. Nach Ziff. 2.2.1 DTV-Güter sind Vorreise- und Retourgüter zu gleichen Bedingungen versichert wie andere Güter. Es wird aber klargestellt, dass der Versicherungsnehmer nachweisen muss, dass der Schaden während des versicherten Transports entstanden ist.

Treten die Güter die versicherte Reise bereits im beschädigten Zustand an, so leistet der Versicherer unter beiden Bedingungswerken für Verlust oder Beschädigung nur Ersatz, wenn die bei Reisebeginn vorhandene Beschädigung ohne Einfluss auf den während der Reise eingetretenen Schaden war. „Einfluss" auf den Schaden haben ist sehr viel weitgehender als „ursächlich sein"; es bedeutet, dass keinerlei Zusammenhang zwischen dem bei Reisebeginn vorhandenen und dem während der versicherten Reise entstandenen Schaden vorhanden sein darf.

Für Maschinen gelten gem. Ziff. 7.5 ADS Güterversicherung die besonderen Bestimmungen der DTV-Maschinenklausel, die insbesondere bei der Schadenregulierung abweichende Bestimmungen enthält. Ziff. 17.4.3 DTV-Güter bestimmt für die Versicherung von gebrauchten Maschinen, Geräten, Apparaten, Fahrzeugen und deren Teilen, dass der Versicherer ohne Abzug „neu für alt" die zum Zeitpunkt der Schadenfeststellung notwendigen Kosten der Wiederherstellung oder Wiederbeschaffung ersetzt, bei einem Zeitwert von weniger als 40 % jedoch höchstens den Zeitwert.

3.2 Deckung nach englischen Institute Clauses

Allgemeines

Es kommt sehr häufig vor, dass im internationalen Geschäft der deutsche Transportversicherer seiner Deckung original-englische Bedingungen zugrunde legen muss oder bei einem Zusammentreffen von im Ausland gedeckter CIF-Police und in Deutschland abgeschlossener Mehrwert-Police englische und deutsche Bedingungen beurteilt werden müssen. Deshalb ist die eingehende Kenntnis der englischen Transportversicherungsbedingungen auch für den deutschen Transportversicherer von außerordentlicher Wichtigkeit. Das Gleiche gilt für Im- und Exporteure sowie die in der Außenhandelsfinanzierung tätigen Banken bei Deckung der Versicherung im Ausland.

Marktstandard sind die Institute Cargo Clauses 1982, die eine in sich geschlossene Darstellung des Versicherungsschutzes enthalten. Sie sind am 1. Januar 1982 in Kraft getreten. Die für bestimmte Güterarten vorgesehenen Trade Clauses wurden 1983 und 1984 an die Klauseln angepasst. In 2009 wurden von Lloyd's die Institute Cargo Clauses 2009 veröffentlicht. Sie haben teils inhaltliche Änderungen gebracht, teils nur terminologische, wie z. B. der Bezeichnung *subject-matter insured* anstelle von *goods* oder *cargo*, oder *insurers* anstelle von *underwriters*. Ob sie sich durchsetzen werden bleibt abzuwarten. Die nachfolgende Darstellung orientiert sich an den Klauseln von 1982, zeigt aber Abweichungen durch die Klauseln von 2009 auf.

Institute Cargo Clauses 1982

Deckungsformen der englischen Institute Cargo Clauses

- „A" Clauses = „all risks"-Deckungen
- „B", „C" Clauses = genannte Gefahren, eingeschränkte Deckung

Vor Abfassung der Institute Cargo Clauses sah das frühere System unter der alten sogenannten SG-Policy eine Dreiteilung in die Deckungsformen FPA (free of particular average), WA (with average) und All Risks vor. Der Wortlaut der aus insgesamt 14 Einzelklauseln bestehenden alten Institute Cargo Clauses unterschied sich dabei nur bei der Klausel 5, die die Beschreibung des jeweiligen Deckungsumfangs enthielt.

Eine Teilung in einen dreifach verschiedenen Deckungsumfang ist bei bei den Institute Cargo Clauses zwar beibehalten worden, dabei sind jedoch die früheren Deckungen FPA und WA entfallen und durch etwas ganz anderes ersetzt worden. Wie in der ADS Güterversicherung vor der Änderung in 1984 lautet die Bezeichnung jetzt auch A-, B- oder C-Deckung, allerdings ist die Reihenfolge dabei leider umgekehrt, weil die englische A-Klausel die „all-risks"-Deckung beinhaltet (in Deutschland war das bis 1983 die Deckungsform C). Die B- und C-Klauseln der englischen Neuregelung enthalten einen jeweils abgestuften geringeren Umfang des Versicherungsschutzes, wobei der Unterschied zwischen A und B wesentlich größer ist als der zwischen B und C. Mit den ADS Güterversicherung seit der Fassung von 1984 ist die Gefahr von Verwechslungen beseitigt worden, weil bei den deutschen Bedingungen die Buchstabenbezeichnung und die mittlere Deckung entfallen sind.

Alle drei Klauseln sind in 8 jeweils gleich benannte Hauptabschnitte wie folgt eingeteilt:

- Gedeckte Risiken (*Risks covered*) – Ziff. 1-3
- Risikoausschlüsse (*Exclusions*) – Ziff. 4-7
- Dauer der Versicherung (*Duration*) – Ziff. 8-10
- Bestimmungen für den Schadenfall (*Claims*) – Ziff. 11-14
- Frachtführer (*Benefit of Insurance*) – Ziff. 15
- Schadensminderung (*Minimizing Losses*) – Ziff. 16-17
- Verzögerung durch den Versicherten (*Avoidance of Delay*) – Ziff. 18
- Zugrunde liegendes Recht (*Law and Practice*) – Ziff. 19

Unterschiede im Wortlaut der drei Deckungsformen sind nur in dem Hauptabschnitt „Gedeckte Risiken" in Ziff. 1 und bei zwei weiteren Punkten enthalten. Dabei handelt es sich einmal um die Ziff. 4.7 der B- und C-Klausel, die in der A-Klausel nicht enthalten ist, und um die in Ziff. 6.2 der A-Klausel mitversicherte Piraterie, was in der B- und C-Klausel nicht erfolgt. Beide Punkte werden weiter unten besprochen.

Es ist noch ein anderer Unterschied in der Wortwahl innerhalb der jeweiligen Klauseln vorhanden, der allerdings bei allen drei Klauseln gleich ist. Während an der Beibehaltung des causa proxima Prinzips kein Zweifel besteht, erhebt sich die Frage, warum in einigen Fällen bei der Regelung des Kausalzusammenhangs nicht die Worte *caused by* oder *proximately caused by* verwendet werden. So sind die in der B- und C-Klausel gedeckten Risiken versichert, wenn der Verlust oder der Schaden *reasonably attributable to* einem der genannten Ereignisse ist. Bei den Ausschlüssen wird beim Verschulden des Versicherten in Ziff. 4.1 nur von *attributable to wilful misconduct* gesprochen. Bei den Ausschlüssen für Verpackungsmängel in 4.3 und inneren Verderb in 4.4 und in einer Reihe von anderen Fällen heißt es *caused by* (wobei in dem Einführungsrundschreiben des englischen Marktes darauf hingewiesen wurde, dass das Wort *proximately* nur aus Vereinfachungsgründen entfallen ist). Bei dem Ausschluss für Verzögerungsschäden in 4.5 wird aber wieder *proximately caused* gesagt. Schließlich heißt es bei den Ausschlüssen wegen Zahlungsunfähigkeit des Seefrachtführers in 4.6 und beim Kernenergieausschluss in 4.7 der A-Klauseln bzw. 4.8 der B- und C-Klauseln *arising from* und beim Ausschluss von Streikschäden in 7.2 *resulting from*. Bei einigen Fällen ergibt sich die Wortwahl aus dem Text des MIA, aus dem diese Bestimmungen übernommen worden sind. Im Hinblick auf das in 4.1 verwendete *attributable to* wird in England die Auffassung vertreten, dass es bewusst weiter gewählt sei als *caused by*, so dass ein Schaden, dessen nächste Ursache (proximate cause) eine versicherte Gefahr sei, dennoch ungedeckt bliebe, wenn er, wenn auch entfernt, durch einen *willful misconduct* des Versicherungsnehmers mitverursacht wurde (vgl. Hudson/Madge, Marine Insurance Clauses, 4. Aufl. S. 19).

Klausel 1 – Risikoklausel
Die drei Deckungsformen (C-, B- und A-Klausel) beinhalten folgenden Versicherungsschutz:

(1) Die *C-Klausel* der Institute Cargo Clauses deckt Verlust oder Schäden der versicherten Sachen, die zurückzuführen sind (*reasonably attributable to*) auf folgende Ereignisse:

- Feuer oder Explosion

- Stranden, Aufgrundlaufen oder Kentern des See- oder Binnenschiffes. Wie bisher genügt nicht eine bloße Grundberührung, ein sogenanntes *Touch and go*, das Schiff muss vielmehr eine gewisse Zeit an Grund festgesessen haben. Deshalb ist wohl auch zur Klarstellung das *Grounding* noch zusätzlich aufgenommen worden.

- Für Landtransporte enthält die Klausel das Überschlagen oder Entgleisen als versichertes Ereignis.

- Versichert sind weiter die Folgen einer Kollision oder einer Berührung des Schiffes oder eines anderen Transportmittels oder eines seiner Teile mit einem anderen, außerhalb befindlichen Gegenstand, ausgenommen Wasser. Eis gilt dabei wie bisher nicht als Wasser. Der Kontakt muss mit einem Gegenstand außerhalb des Schiffes erfolgen. Berührt zum Beispiel der Schiffskran einen Landkran, die Ladung fällt deshalb aus dem Hiev und wird beschädigt, so besteht Versicherungsschutz, nicht jedoch, wenn der

Schiffskran einen anderen Teil des Schiffes berührt hat. Im letztgenannten Fall besteht Deckung nach Ziff. 1.3 der B-Klausel, aber nur dann, wenn das Kollo dabei ein Totalschaden ist.

- Schließlich wird in Ziff. 1.1.5 die Entlöschung der Güter im Nothafen erwähnt. Hieraus kann geschlossen werden, dass – wie auch in der deutschen Deckung – während des Löschens, des Aufenthalts und des Wiedereinladens im Nothafen der Versicherungsschutz zu vollen Bedingungen besteht, obwohl die Ziff. 8.3 als Teil der Transit Clause nur von einem Weiterbestehen der Versicherung im vorhandenen Deckungsumfang für die dort genannten Fälle spricht, zu denen der Nothafenaufenthalt gehört.

- Die Ziff. 1.2 der C-Klausel deckt Aufopferungen in Havarie-grosse und Seewurf.

(2) Die *B-Klausel* der Institute Cargo Clauses deckt zusätzlich zur C-Klausel

- Erdbeben, Vulkanausbruch und Blitzschlag (Ziff. 1.1.6)

- Überbordwerfen und Überbordspülen (Ziff. 1.2.2)

- Eintritt von See- oder Flusswasser in das Transportmittel, den Container oder den Lagerplatz (Ziff. 1.2.3). Das ist alles, was von der einstigen in der WA-Police enthaltenen Deckung für Seegefahren (*perils of the sea*) übriggeblieben ist. Der große Bereich der bisher gedeckten Schwerwetterschäden, etwa infolge Bruchs der Lashings oder durch Sturm erzwungene Unterbrechung der Ventilation mit der Folge von Schweißschäden, ist auf das tatsächliche Eindringen von See- oder Flusswasser zusammengeschrumpft.

- Totalverlust ganzer Kolli beim Laden oder Löschen von See- oder Flussfahrzeugen (Ziff. 1.3). Hier ist aber nicht jeder dabei entstandene Totalverlust gedeckt, sondern nur solcher, der entsteht, wenn ein Packstück insgesamt über Bord verlorengeht oder fallengelassen wird. Andere Unfälle beim Laden und Löschen, etwa durch harte Berührung des Hievs mit dem Lukenkranz mit der Folge des Totalverlustes bruchempfindlicher Güter, sind danach nicht gedeckt.

Vergleich der Institute Cargo Clauses B und C mit der deutschen Strandungsfalldeckung nach den ADS Güterversicherung bzw. der eingeschränkten Deckung nach DTV-Güter:

- Totalverlust. Die deutsche Strandungsfalldeckung ist nach dem derzeitigen Wortlaut beschränkt auf Verlust und Beschädigung als Folge eines der in den ADS Güterversicherung bzw. Ziff. 2 der eingeschränkten Deckung nach DTV-Güter genannten Ereignisse (siehe S. 132 ff.). Der bei der englischen B-Klausel im folgenden Absatz erstgenannte Fall wäre nach deutschen Bedingungen gedeckt, wenn man auch die bloße Berührung, etwa eines Schiffskrans mit einer Landanlage, als Unfall des Transportmittels ansehen würde. Hinsichtlich des Totalverlustes ganzer Kolli aus anderer Ursache als eines qualifizierten Ereignisses fehlt in den ADS Güterversicherung eine Regelung, laut DTV-Güter besteht nach Ziff. 2.1 g) Deckung für Totalverlust ganzer Kolli beim Be-, Um-, oder Entladen eines Transportmittels.

Die englische B-Klausel deckt Verlust und Beschädigung der Güter, wenn das Transportmittel oder ein Teil davon mit Gegenständen außerhalb des Transportmittels zusammenstößt bzw. Kontakt mit ihm hat sowie generell Totalverlust ganzer Kolli beim Laden und Löschen.

Die englische C-Klausel deckt nur den erstgenannten, aber nicht den zweitgenannten Fall.

- Strandung. Nach der deutschen Deckung wird als Strandung bereits eine Grundberührung, also ein Stoßen an Grund, angesehen, ohne dass das Schiff festgesessen haben muss.

- Transportmittelunfall. Ist nach den deutschen Bedingungen generell gedeckt, nach englischen B- und C-Clauses nur im Falle des Überschlagens, Entgleisens oder Zusammenstoßes.

- Für das nach deutschen Bedingungen generell mitversicherte Risiko des Einsturzes von Lagergebäuden ergibt sich nach englischen Bedingungen nur dann eine Deckung, wenn sich die Güter auf einem Fahrzeug befinden. Das Gleiche gilt für Schäden durch Anprall oder Absturz von Flugkörpern.

- Die deutsche Deckung geht im Hinblick auf die unter 1.2 d) ADS Güterversicherung bzw. Ziff. 2.1 c) der eingeschränkten Deckung nach DTV-Güter mitversicherten Naturereignisse einen anderen Weg als die englische B- und C-Deckung. Blitzschlag, Erdbeben, Seebeben und vulkanische Ausbrüche sind nur in der englischen B-Klausel erfasst. Andere Naturkatastrophen, auf die sich die deutsche Strandungsfalldeckung bezieht, bleiben bei der englischen B- und C-Klausel unversichert, es sei denn, sie führen zu einem unter der B-Klausel mitversicherten Eindringen von See- oder Flusswasser. Andererseits ist jedoch bei der englischen B-Deckung das Eindringen von See- und Flusswasser generell mitversichert, bei der deutschen Strandungsfalldeckung aber nur bei Vorliegen eines qualifizierten Ereignisses.

- Die englische C-Klausel deckt nur Seewurf. Die englische B-Klausel übernimmt zusätzlich Überbordspülen. Sonstiges Überbordgehen ist nur nach der englischen A-Klausel gedeckt. Die deutsche Strandungsfalldeckung erfasst in e) alle drei Begriffe.

Eine ganz wesentliche Einschränkung ist in der englischen B- und C-Klausel sowohl allen deutschen Deckungsformen gegenüber als auch der englischen A-Klausel gegenüber vorhanden. Es handelt sich dabei um die „Deliberate Damage Clause" der Ziff. 4.7 der B- und C-Klauseln. Mit dieser Bestimmung werden alle absichtlich zugefügten Beschädigungen oder Zerstörungen der versicherten Sache oder Teilen davon durch Verschulden nicht etwa nur des Versicherten oder seiner Repräsentanten, sondern durch irgendeine Person ausgeschlossen. Die erklärte Absicht dieser Klausel liegt im Ausschluss von Brandstiftung, Selbstversenkung des Schiffes durch die Besatzung, jeder Form von Sabotage oder anderen böswillig begangenen Handlungen, und zwar ohne Rücksicht darauf, wer diese Handlungen begangen hat. Das gilt auch für Personen, auf die der Versicherte nicht im geringsten Einfluss hat, wie zum Beispiel im Falle einer Brandstiftung in einem Zwischenlager. Allerdings ist unter der Bezeichnung „Malicious Damage Clause" eine Institute Clause geschaffen worden, mit der dieses Risiko gegen Zulageprämie eingeschlossen werden kann. Terroristische Handlungen und solche mit politischer Motivation werden durch die geltende Streikklausel wieder eingeschlossen.

Piraterie wird als *Marine Risk* angesehen und ist in der Allgefahrendeckung der A-Klausel enthalten, nicht jedoch in der B- und C-Klausel.

Terroristische Handlungen und solche mit politischer Motivation sind gemäß Streikausschlussklausel (Ziff. 7.3) nicht versichert, sie können aber, wie bereits erwähnt, durch die neue Streikeinschlussklausel wieder gedeckt werden.

(3) Die *A-Klausel* der Institute Cargo Clauses

Die „all risks"-Deckung der A-Klausel entspricht der vollen Deckung der ADS Güterversicherung/DTV-Güter.

Es wachsen jedoch auch in England die Bäume der „all risks"-Deckung nicht in den Himmel. Auch die „all risks"-Klausel gewährt nicht etwa Deckung für allen und jeden Schaden, sie schränkt vielmehr ihrem Wortlaut nach zunächst selbst ein und verweist auf die Ausschlüsse in den Klauseln 4, 5 und 6. Darüber hinaus ergeben sich aus den Grundsätzen der Transportversicherung noch weitere Einschränkungen. Dies gilt besonders dafür, dass ein Versicherungsschutz immer nur für eine Gefahr, aber nicht für ein mutmaßlich oder absehbar eintretendes Ereignis gewährt werden kann.

Für die „all risks"-Klausel bedeutet dies Folgendes:

- Unter *risk* ist nur die Drohung des Eintritts eines Ereignisses zu verstehen, das unvorhergesehen und von außen auf die Güter einwirkt (vgl. dazu auch die Darstellung des Begriffes „Gefahr" S. 59 ff.).

- Die „all risks"-Deckung ist ohne Franchise geschlossen. Trotz dieses Umstandes wird der „all risks"-Versicherer im Schadenfall diejenigen Beträge nicht ersetzen, von denen sich ergibt, dass sie nicht aus der Verwirklichung einer Gefahr, sondern aus der Realisierung eines zu erwartenden Umstandes angefallen sind. So wird z. B. regelmäßig ein bestimmter Abzug für normalen Schwund gemacht , es werden Schäden, die durch mangelhafte Verpackung oder dadurch verursacht werden, dass die Verpackung die Ware selbst beschädigt, nicht übernommen, und es werden schließlich Schäden durch Fermentation oder Selbstentzündung nicht gedeckt. Das Gleiche gilt für Schäden durch normale Klimaeinflüsse.

- Hinsichtlich der Beweisfrage gilt Folgendes: Der Versicherte genügt seiner Beweislast, wenn er nachweist, dass irgendein unvorhergesehen von außen einwirkendes Ereignis den Schaden verursacht hat, ohne dass er das Ereignis im Einzelnen zu beweisen braucht. Andererseits muss er jedoch etwa von dem Versicherer erbrachte Beweise, dass der Schaden auf normale Transportbeanspruchung zurückzuführen ist, entkräften können.

Beispiele:
(1) Kieselgur in Papiersäcken wurde „all risks"-versichert nach England verschifft. Beim Umschlag vom Seeschiff in den Fluss-Leichter wurden zahlreiche Säcke aufgeplatzt und mit ausgelaufenem Inhalt vorgefunden. Um den Transport bis zum Bestimmungsort durchführen zu können, wurde der Inhalt der geplatzten Säcke und die lose Ware in neue Säcke umgefüllt. Vom „all risks"-Versicherer wurden die an sich nach „Sue and Labour-Clause" ersatzpflichtigen Kosten abgelehnt. Als Ablehnungsgrund wurde darauf hingewiesen, dass die Säcke nicht geeignet waren, den normalen Beanspruchungen im Laufe des Transportes standzuhalten. Die Schadenursache sei deshalb innerer Verderb (*inherent vice*) der Säcke. Da eine Versicherung nur eine Gefahr und nicht einen vermutlich eintretenden Schaden deckt, sei der Schaden nicht ersatzpflichtig. Das Urteil Berk & Co. Ltd. v. Style [1955] 2 Lloyd's Rep. 382 entsprach dem Vorbringen der Versicherer.

(2) Beim Auspacken von Aluminiumgeschirr, das „all risks"-versichert war, wurde festgestellt, dass eine Anzahl von Teilen Beulen aufwies. Andere Teile hatten ihren Glanz verloren und waren „blind". Die Beulen waren darauf zurückzuführen, dass die Griffe von Bratpfannen usw. sich an andere Teile gepresst hatten. Als Ursache für den Verlust des Glanzes wurde ermittelt, dass die für die Verpackung in der Kiste verwendete Holzwolle zu feucht gewesen sei. Dadurch wurde das Aluminiumgeschirr „blind". Beide Ursachen bilden keine versicherte Gefahr. Die Ablehnung der Ansprüche des Versicherten wurde in dem Urteil Gee & Garnham Ltd. v. Whittall [1955] 2 Lloyd's Rep. 562 bestätigt.

Es kommt häufiger vor, dass in Akkreditivvorschriften oder Handelskontrakten ein Versicherungsschutz verlangt wird, der die „all risks"-Klausel noch mit Zusätzen versieht. Dies entspricht in der Regel einer Unkenntnis des Deckungsumfanges der „all risks"-Klausel und dem Bestreben, bestimmte Gefahren, auf deren Deckung Wert gelegt wird, ausdrücklich als versichert in der Police zu sehen; in manchen Fällen mag auch die Absicht vorhanden sein, eine echte Erweiterung des Versicherungsschutzes zu erzielen.

Bei den erstgenannten (meisten) Fällen sind diese Ergänzungen völlig unnötig. Wenn z. B. eine Police geschlossen wird *all risks including theft and pilferage as per Institute Cargo Clauses*, so ist dies nur verwirrend und völlig unnötig. Gerade dadurch wird sehr viel zur Unklarheit der „all risks"-Klausel beigetragen. Es wäre gut, wenn in Bankkreisen und in Akkreditivvorschriften darauf gedrungen würde, dass derart verwirrende Zusätze unterbleiben.

Zusätze, die eine echte Erweiterung des Versicherungsschutzes bezwecken, sind mit besonderer Vorsicht zu beobachten, und es ist zu prüfen, ob damit einige von den *statutory exclusions* des § 55 MIA, wie innerer Verderb oder Schäden im normalen Verlauf der Reise, gedeckt werden sollen.

Beispiel:
Soya in bulk wurde für eine Reise von Indonesien nach England unter einer Police gegen *heat, sweat and spontaneous combustion* (sogenannte HSSC-Police) versichert. Bei Eintreffen in England wurden eine erhöhte Temperatur und ein darauf beruhender Verderbschaden festgestellt. Die Versicherer lehnten die Deckung mit der Begründung ab, es liege innerer

Verderb vor. Das House of Lords sah dies anders. Zwar sei innerer Verderb grundsätzlich nicht versichert, es könne aber anderes vereinbart werden. Dies sei hier durch die HSSC-Klausel geschehen. Diese beschreibe keine Schäden, sondern Gefahren. Zwar könne *heat* nicht nur von innen, also aus der Ladung heraus, entstehen, sondern auch von außen, so dass dies allein noch nicht notwendigerweise einen Einschluss inneren Verderbs bedeuten müsse. *Sweat* und *spontaneous cumbustion* seien aber beides Risiken, die aus dem versicherten Gut hinaus wirksam würde. In diesem Lichte müsste dann auch *heat* gesehen werden. Deshalb sprach das Gericht den Anspruch zu (Soya G.m.b.H v. White, [1983] 2 Lloyd's Rep. 122).

Die Erweiterung der Klausel um den Zusatz *howsoever caused* oder *whatsoever nature* ändert am Deckungsumfang der Klausel überhaupt nichts. Auch bei Verwendung derartiger Zusätze muss ein unvorhergesehen von außen einwirkendes Ereignis für den Schaden ursächlich gewesen sein, um zu einem gedeckten Schaden zu gelangen.

Etwas anderes gilt allerdings dann, wenn in einer Klausel das Wort *risk* überhaupt nicht vorkommt, sondern Versicherungsschutz versprochen wird gegen *all and every loss and/or damage, howsoever caused or howsoever arising*. Bei einem solchen Text wären auch übliche Handelsverluste, innerer Verderb usw. mitversichert, und die Beschränkung der Deckung würde sich nur aus drei Gesichtspunkten ergeben:

- Der Schaden darf nicht durch *willful misconduct* (sec. 55 (2) Marine Insurance Act 1906) des Versicherten entstanden sein.
- Der Schaden muss während der Dauer der versicherten Reise eingetreten sein.
- Der Versicherte muss einen Schaden erlitten haben. Hat der Versicherte z. B. auf Basis ausgeliefertes Gewicht gekauft, dann kann er den auf der Reise eingetretenen Schwund nicht reklamieren, auch nicht im Rahmen einer „all loss and damage clause", weil ihm selbst durch den Schwund kein Schaden entstanden ist.

Mit einer Versicherung haben solche „all loss and damage"-Deckungen kaum noch etwas zu tun.

Klausel 2 – Havarie-grosse
Diese Klausel deckt wie bisher Havarie-grosse-Beiträge und Bergungskosten, weist jetzt jedoch klarstellend darauf hin, dass solche Kosten, die zur Vermeidung oder Behebung eines nicht versicherten Schadens aufgewendet worden sind, der Deckung nicht unterliegen. Die deutschen Deckungen dagegen sprechen nur Havarie-grosse-Beiträge direkt an; Bergungskosten sind nur als Schadenabwendungs- und -minderungskosten gedeckt.

Klausel 3 – Kollision bei beiderseitigem Verschulden
Diese Klausel trägt den Besonderheiten des US-amerikanischen Rechts im Kollisionsfalle Rechnung.

Gemäß Haager Regeln (siehe S. 381 ff.) haftet das befördernde Seeschiff A nicht für einen Schaden an der eigenen Ladung, wenn er unter anderem durch eine Kollision entstanden ist, auch wenn diese durch die Besatzung des befördernden Schiffes A verschuldet worden ist (vgl. § 607 HGB). Die Haager Regeln sind von den USA übernommen worden. Aufgrund des „Internationalen Übereinkommens zur einheitlichen Feststellung von Regeln über den Zusammenstoß von Schiffen" (IÜZ) (siehe S. 260 ff.), das von den meisten Schifffahrtsländern übernommen worden ist, kann die Ladung den Reeder des Kollisionsgegners B nur in Höhe von dessen Schuldquote in Anspruch nehmen. Die USA sind dem IÜZ nicht beigetreten, und nach amerikanischem Recht haften beide Reeder der an der Kollision beteiligten Schiffe der Ladung gegenüber als Gesamtschuldner. Dabei kann aber wegen der Bestimmungen der Haager Regeln von der Ladung des Schiffes A nur der Kollisionsgegner B, und zwar zu 100 %, in Anspruch genommen werden. B hat nun nach amerikanischem Recht bei beiderseitigem Verschulden der Besatzungen beider Schiffe einen Ausgleichsanspruch gegen A in Höhe von 50 %. Damit ist der Reeder des Schiffes A trotz der Haager Regeln mit Schadenersatzleistung an der eigenen Ladung belastet. Um dieses Ergebnis auszuschalten, wurde in den USA die „both-to-blame-collision-clause" in die Frachtverträge übernommen. Dadurch verpflichteten sich die Ladungsinteressenten, dem Reeder des Schiffes A Ersatz zu leisten, wenn dieser von B auf Ausgleich in Anspruch genommen wird.

Obwohl es sich hier um eine vertragliche Haftpflichtübernahme der Ladungsinteressenten gegenüber dem Schiff A handelt, die nicht Gegenstand der Güterversicherung ist, anerkennen die Versicherer mit der both-to-blame-collision-clause in den Institute Cargo Clauses diese Situation. Sie stehen sich damit im Endergebnis genauso wie unter normalen Umständen, d.h. sie zahlen den Ladungsschaden voll und haben Regreßmöglichkeiten gegen den Kollisionsgegner nur in Höhe seiner Schuldquote.

Um Verwechslungen zu vermeiden, sei auf Folgendes hingewiesen: Die both-to-blame-collision-clause in Frachtverträgen regelt die Ersatzleistung der Ladung an den Reeder des befördernden Schiffes, wenn dieser vom Kollisionsgegner auf Ausgleich in Anspruch genommen wird. Demgegenüber übernimmt die both-to-blame-collison-clause in den Institute Cargo Clauses zugunsten des Versicherten die Rechtslage aus der both-to-blame--collison-clause des Frachtvertrages; sie sollte deshalb richtiger bezeichnet werden als „Klausel über die Anerkennung der both-to-blame-collison-clause in Frachtverträgen".

Der zweite Teil der Klausel in den Institute Cargo Clauses gibt dem Versicherer die Möglichkeit, gegen die Ladung vorgebrachte Ansprüche im Interesse des Versicherten zu bestreiten. In den USA wird die Rechtsgültigkeit der both-to-blame-collision-clause zwar nicht für frei aushandelbare Charterverträge (American Union Transport Inc. v. United States of America 1976 A.M.C. 1480), wohl aber für Konnossemente (United States of America v. Atlantic Mutual Insurance Co. [U.S. Sup. Ct] 1952 A.M.C. 659) von Gerichten bestritten. Bei Anwendung US-amerikanischen Rechts muss deshalb eine Gerichtsstandsvereinbarung außerhalb der USA getroffen werden.

Die ADS kennen eine solche Klausel nicht, wohl aber die DTV-Güter in Ziff. 2.3.1.1. Zu den ADS Güterversicherung hatten die deutschen Versicherer jedoch erklärt, sich in gleicher Weise zu verhalten wie die englischen. Aus den oben genannten Gründen ist das auch nur logisch und wird gelegentlich auch ausdrücklich vereinbart.

Es ist darauf hinzuweisen, dass seit einiger Zeit durch Urteile US-amerikanischer Gerichte die Inanspruchnahme des Reeders des Schiffes B durch die Ladung des Schiffes A zu 100 % und ohne Berücksichtigung der Schuldquote in den Fällen abgelehnt worden ist, in denen die Kollision außerhalb der Hoheitsgewässer der USA stattgefunden hat, beide Kollisionsgegner nicht US-amerikanische Schiffe waren und die Heimatländer der beiden Schiffe das IÜZ übernommen haben. Damit entfiel in diesen Fällen auch der Ausgleichsanspruch des Reeders B gegen den Reeder A, weil B nur in Höhe seiner Schuldquote in Anspruch genommen werden konnte, wie dies laut IÜZ der Fall ist; siehe z. B. La Seguridad de Centroamerica v. M/V Global Mariner, 2002 AMC 1999 (S.D.N.Y.); MAN Ferrostaal v. M/V Vertigo, 2006 AMC 2187 (S.D.N.Y.).

Klausel 4 – Generelle Ausschlüsse
Mit Ausnahme des Ausschlusses für absichtlich zugefügte Schäden *(deliberate damage clause)*, der nur für die B- und C-Klausel gilt, sind die Ausschlüsse dieser Ziff. für alle Deckungsformen gleich. Dabei werden die Ausschlüsse gem. Unterziffern 1, 2, 4 und 5 aus sec. 55 MIA übernommen. Aus der Nichtübernahme des Ausschlusses für Ratten und Ungeziefer der sec 55 MIA ist zu schließen, dass er im Rahmen der Allgefahrendeckung der A-Klausel nicht gilt, wohl aber für die B- und C-Klausel, da es sich nicht um darin aufgeführte *named perils* handelt.

4.1
Wie bisher ist der Ausschluss nur auf *wilful misconduct* abgestellt. Dieser Begriff ist mit keinem der Verschuldensbegriffe des deutschen Rechts deckungsgleich. Er bezieht sich auf ein willentliches und wissentliches Fehlverhalten des Versicherten. Damit sind Elemente besonders grober Fahrlässigkeit und des bedingten Vorsatzes erfasst. Die Verwendung der Worte „zurückzuführen auf" *(attributable to)* anstelle von *caused by* bedeutet, dass hier nicht die strenge causa proxima Regel Anwendung findet, sondern auch eine entferntere Ursache in Betracht kommt (vgl. Hudson/Madge, a.a.O., S. 19).

Dieser Ausschluss ist für den Versicherten weniger belastend als die deutsche Regelung in § 33 ADS, diese findet allerdings in dieser Form häufig keine Anwendung. Ziff. 3 DTV-Güter stellt dagegen nur auf Vorsatz und grobe Fahrlässigkeit ab und ist damit für den Versicherungsnehmer noch günstiger als Ziff. 4.1 der englischen Institute Clauses.

Die Ausschlüsse in

4.2
für gewöhnliche Leckage, gewöhnlichen Gewichtsverlust und Schwund, Abnutzung im gewöhnlichen Gebrauch,

4.4
inneren Verderb oder Beschaffenheit der versicherten Sache,

4.5
Verzögerung, auch dann, wenn die Verzögerung durch ein versichertes Ereignis verursacht war, entsprechen denen in Ziff.1.4.1.1.-4. der ADS Güterversicherung, Ziff.2.5.1.1-4 DTV-Güter.

4.3

enthält einen Ausschluss für Mängel bzw. Nichteignung der Verpackung oder der Vorbereitung der Güter für den Transport (z. B. fehlendes Korrosionsschutzmittel). Nach bisheriger englischer Auslegung wurden diese Umstände wie Schäden durch die natürliche Beschaffenheit der Güter behandelt und waren deshalb nicht versichert. Die Bestimmung hat deshalb nur klarstellende Bedeutung.

Die gleiche Regelung gilt für die Stauung in einem Container, wenn dieser entweder vor Beginn der Versicherung oder durch den Versicherten bzw. sein eigenes Personal (servants/employees) gestaut worden ist.

Die deutschen Bestimmungen regeln nicht beanspruchungsgerechte Verpackung in Ziff. 1.4.1.5 ADS Güterversicherung bzw. Ziff. 2.5.1.5 DTV-Güter.

4.6

schließt Schäden, Verluste oder Kosten aus, die durch Zahlungsunfähigkeit des Reeders oder Charterers/Operators entstanden sind. Damit soll der Versicherte angehalten werden, nur mit seriösen Charterern und Reedern zu arbeiten. Die Klausel von 2009 schränkt den Ausschluss ein: Er gilt von vornherein nicht für gutgläubige Käufer der Güter, ansonsten auch dann nicht, wenn dem Versicherungsnehmer die finanziellen Schwierigkeiten nicht bekannt waren und auch nicht hätten bekannt sein müssen.

(siehe S. 138 f. Zahlungsunfähigkeit und -verzug)

4.7

der A-Klausel und 4.8 der B- und C-Klauseln enthalten nur einen Ausschluss für Schäden und Kosten durch nichtkriegerische Verwendung von Kernwaffen, lassen aber „zivile" Schäden durch Kernenergie versichert. Aus den gleichen Gründen wie in Deutschland (siehe S. 137) wurden jedoch mit der Institute Radioactive Contamination Exclusion Clause vom 01.10.1990 (CL.356) sämtliche Schäden, Haftungen und Kosten ausgeschlossen, die im Zusammenhang mit Kernenergie stehen, gleich, ob die Kernenergie die direkte oder die indirekte Ursache war oder nur zu dem Schaden beigetragen hat.

Die Ausschlussklausel gilt für alle Transportversicherungsverträge, gleich welcher Art. Sie geht sämtlichen anderen Vereinbarungen in der Police vor, die nicht mit ihrem Inhalt übereinstimmen.

In der Fassung von 2009 ist der Ausschluss etwas ausgeweitet worden. Es ist jetzt nicht mehr gefordert, dass der Schaden aus einer der ausgeschlossenen Gefahren entstanden (*arising*) ist, es genügt vielmehr, dass er direkt oder indirekt verursacht wurde (*directly or indirectly caused by*). Aus *any weapon of war* wurde *any weapon or device*, um die sogenannten schmutzigen Bomben – eine Kombination von konventionellem Sprengstoff und radioaktivem Material (Abfall) – mit zu erfassen.

Klausel 5 – Seeuntüchtigkeit
Diese Klausel schließt nicht nur Schäden durch Seeuntüchtigkeit des See- oder Binnenschiffs aus, sondern auch solche, die daraus entstanden sind, dass das Transportmittel oder der Container für den Transport ungeeignet gewesen ist, sofern dem Versicherten oder seinem Repräsentanten die Seeuntüchtigkeit bzw. die mangelnde Eignung bewusst gewesen sind oder hätten bewusst sein müssen.

Der Versicherer kann also einem gutgläubigen Versicherten einen Schaden an den Gütern nicht wegen Nichteignung des Schiffes ablehnen. Ziff. 5.2 der Klauseln von 2009 stellt dies jetzt ausdrücklich klar. Diese Privilegierung beschränkt sich aber auf Ziff. 5.1.1 der Klauseln 2009, der sich mit der Seeuntüchtigkeit des Schiffes beschäftigt. Die in Ziff. 5.1.2 geregelte mangelnde Eignung des Containers wird davon nicht erfasst, so dass sich der Versicherer darauf auch gegenüber einem gutgläubigen Dritten berufen kann.

Die deutsche Regelung ist in Klausel 3 ADS Güterversicherung, Ziff. 7 DTV-Güter enthalten. Sie geht zugunsten des Versicherten wesentlich weiter.

Der zweite Teil der Klausel, mit der der Versicherer auf eine *implied warranty* der Seetüchtigkeit, des Schiffes verzichtet, ist erforderlich, weil eine solche *implied warranty* (siehe S. 108 f.) in sec. 39 MIA enthalten ist.

Klausel 6 und 7 – Ausschluss politischer Risiken
Hinsichtlich der Gefahrenausschlüsse für Krieg etc. einerseits und Streik, Aufruhr etc. andererseits ergeben sich keine Besonderheiten gegenüber der entsprechenden deutschen Regelung (siehe S. 62 ff.).

Zu beachten ist, dass

- Piraterie bei der englischen Deckungsform A mitversichert ist, nicht jedoch bei der B- und C-Deckung, weil nicht als *named peril* aufgeführt, und
- Schäden durch Terroristen oder Personen, die aus politischen Motiven handeln, jetzt dem Ausschluss der Klausel 7 (Streik etc. – Ausschluss) unterliegen.

Die Klauseln von 2009 sind hinsichtlich des Terrorausschlusses ausführlicher und bezeichnen dies jetzt als *being an act of any person acting on behalf of, or in connection with, any organisation which carries out activities directed towards the overthrowing or influencing, by force or violence, of any government whether or not legally constituted.*

Die hier ausgeschlossenen Risiken können durch die entsprechenden „Institute War Clauses" (Cargo) und „Institute Strike Clauses" (Cargo) – mit Ausnahme des Ausschlusses in Ziff. 7.2 der Institute Cargo Clauses – wieder versichert werden. Das gilt nicht für den Ausschluss in Ziff. 7.2. Versicherbar sind nur Schäden, die durch Streikende unmittelbar verursacht werden, nicht aber solche, die lediglich als mittelbare Folge von Handlungen von Streikenden etc. eintreten, wie zum Beispiel Schäden durch Verzögerung, höhere Lagerkosten oder Kosten wegen der Umleitung von Transporten. Die War- und Strike-Clauses sind aber keine Zusatzklauseln, sondern so konzipiert, dass sie eine eigenständige Deckung dieser Risiken ermöglichen.

Die deutsche Deckung entspricht der englischen. Allerdings wird in Deutschland von einer gemeinsamen Deckung der politischen Risiken mit der Güterversicherung ausgegangen (vgl. dazu Ziff. 1.1.2 ADS Güterversicherung bzw. Ziff. 2.4.1 DTV-Güter und die jeweiligen Streik- und Aufruhrklauseln).

Klausel 8 – Transitklausel
Diese Klausel, die den Beginn und das Ende der Versicherung regelt, wird gemeinsam mit der deutschen „Haus-zu-Haus-Klausel" besprochen (siehe S. 175 ff.).

Klausel 9 – Beendigung des Frachtvertrages
Hier handelt es sich um die Regelung von Fällen, in denen durch Umstände, auf die der Versicherte keinen Einfluss hat, die Reise an einem anderen als dem in der Police genannten Bestimmungsort oder in anderer Weise als mit Auslieferung der Güter im Sinne der Transit-Clause endet, und es wird bestimmt, unter welchen Voraussetzungen die Versicherung in Kraft bleibt.

Danach besteht für den Versicherten, wenn er sofort nach Kenntnis von der Änderung Anzeige erstattet und vorbehaltlich der Entrichtung einer entsprechenden Zulageprämie auch dann Deckungsschutz, wenn die Reise in einem anderen als dem in der Police genannten Bestimmungsort endet. Die Deckung gilt dann so lange, bis die Güter an diesem Ort verkauft und ausgeliefert worden sind oder, wenn sie zum policenmäßigen oder einem anderen Bestimmungsort weiterbefördert werden, bis zur Ankunft an diesem Ort. Die in der Haus-zu-Haus-Klausel gesetzte Frist, derzufolge die Versicherung auf jeden Fall nach Ablauf von 60 Tagen nach der Entlöschung im Ankunftshafen endet, bleibt hierdurch jedoch unberührt.

Bei der Versicherung dieses Sachverhalts in Ziff. 4.2 ADS Güterversicherung und Ziff. 6.2 DTV-Güter muss die Aufgabe der Reise oder die Änderung der Beförderung ohne Zustimmung des Versicherungsnehmers erfolgt sein.

Klausel 10 – Reiseänderung
Hiernach sind Reiseänderungen mitversichert. Voraussetzung ist allerdings, dass diese angezeigt werden und Einigkeit über eine den Umständen entsprechende Zulageprämie sowie über die Versicherungsbedingungen erzielt wird.

Die früher in dieser Klausel enthaltene Erleichterung zugunsten des Versicherten, derzufolge auch Verletzungen der Anzeigepflicht bezüglich des Interesses, des Schiffes oder des Reiseweges nicht schaden, ist entfallen. Es verbleibt deshalb bei der Regelung der sec. 17-20 des MIA über die vorvertragliche Anzeigepflicht.

Lediglich bei der laufenden Versicherung (siehe S. 207 ff.) gilt die Erleichterung des sec. 29 Abs. 3 MIA bezüglich unterlassener oder fehlerhafter Deklaration.

Die deutsche Regelung im Hinblick auf Reiseänderungen ist inhaltlich gleich, sie ergibt sich aus Ziff. 2 ADS Güterversicherung bzw. Ziff. 5 DTV-Güter (Gefahränderung). Das Gleiche gilt für die Verletzung der Deklarationspflicht (vgl. die Deklarationsklausel in Ziff. 3.2 der Bestimmungen für die laufende Versicherung zu den ADS Güterversicherung bzw. Ziff. 3.1.3 DTV-Güter).

Die Klauseln von 2009 haben das missverständliche *held covered* der Klauseln von 1982 durch klare Worte ersetzt, was vom Versicherungsnehmer im Falle der Reiseänderung verlangt wird: „*this must be notified promptly to insurers for rates and terms to be agreed. Should a loss occur prior to such agreement being obtained cover may be provided but only if cover would have been available at a reasonable commercial market rate on reasonable market terms.*"

Klausel 11 – Versicherbares Interesse und Rückwärtsversicherung
Im ersten Teil der Klausel kommt zum Ausdruck, dass der Anspruchsteller ein versicherbares Interesse haben muss (vgl. dazu auch sec. 5 MIA).

Der zweite Teil der Klausel, mit dem eine Rückwärtsversicherung anerkannt wird, entspricht sec. 6 MIA und dient der Klarstellung.

Die deutsche Regelung ist gleich; sie geht aus den Ziff. 2-5 und 7.9 ADS Güterversicherung bzw. 5-8 und 17.7 DTV-Güter hervor.

Klausel 12 – Weiterbeförderungskosten
Nach der „termination of contract of carriage clause" der alten Institute Cargo Clauses vor 1982 blieb zwar dann, wenn die Reise in einem Zwischenhafen aufgegeben werden musste, der Versicherungsschutz unter bestimmten Voraussetzungen erhalten – das ist auch bei der neuen Klausel gem. Ziff. 9 noch der Fall –, die Kosten für das Löschen und Lagern in diesem Hafen und die Kosten der Weiterbeförderung waren aber nicht gedeckt. In Anlehnung an die deutsche Regelung in Ziff. 1.5.1.2 ADS Güterversicherung (jetzt Ziff. 2.3.1.3 DTV-Güter) werden diese Kosten jetzt auch von den englischen Versicherern übernommen, sofern die Reise infolge des Eintritts einer versicherten Gefahr in dem Zwischenhafen beendet werden musste. Diese Erweiterung war im Zusammenhang mit dem bereits erwähnten eindeutigen Ausschluss für Schäden und Kosten als Folge der Zahlungsunfähigkeit eines Reeders oder Charterers (Ziff. 4.6) möglich.

Die englische Regelung ist insoweit eingeschränkt, als die Kosten der Weiterbeförderung etc. nicht übernommen werden, wenn sie durch ein in den Klauseln 4-7 ausgeschlossenes Risiko verursacht worden sind. Sie bleiben auch beim Wiedereinschluss z. B. von Kriegs- oder Streikrisiken in den entsprechenden Klauseln unberücksichtigt.

Klausel 13 – Konstruktiver Totalverlust
Diese Klausel enthält eine Kurzfassung der Bestimmungen der sec. 60 MIA für den konstruktiven Totalverlust von Gütern (siehe S. 111 f.).

Die ADS kennen den Begriff des konstruktiven Totalverlusts nicht, jedoch haben die Bestimmungen in Ziff. 7 ADS Güterversicherung, Ziff. 17 DTV-Güter die gleiche Auswirkung.

Klausel 14 – Mehrwert
Die Mehrwertversicherung wurde auch in England bisher als eine Zusatzdeckung angesehen, wobei davon ausgegangen wurde, dass die Versicherungssumme der Hauptversicherung den vollen Versicherungswert repräsentierte. Daraus entstand die besondere Behandlung der Mehrwertversicherung, und sie nahm unter anderem nicht an den Kosten für die

Minderung, Abwendung und Feststellung des Schadens teil, partizipierte aber auch nicht an einem etwaigen Provenue.

Gem. Ziff. 14 der Institute Cargo Clauses gelten die Hauptversicherung und die Mehrwertversicherung jeweils als Teilversicherungen und erst gemeinsam als Versicherung des vollen versicherten Interesses. Daraus folgt, dass nicht nur alle Schäden und Kosten von beiden Versicherungen proportional zu tragen sind, sondern auch, dass ein Provenue beiden Versicherungen im Verhältnis ihrer jeweiligen Summen zur gesamten Versicherungssumme zufließt.

Klausel 15 – Frachtführer
Diese Klausel entspricht in Inhalt und Auslegung der Frachtführerklausel der Ziff. 9.3 ADS Güterversicherung, Ziff. 13.7 DTV-Güter und bestimmt, dass die Versicherung nicht zugunsten eines Verfrachters oder Lagerhalters gilt. Damit soll den in manchen Konnossementen enthaltenen „Benefit of Insurance Clauses" der Boden entzogen werden, mit denen die gegenteilige Wirkung bezweckt wird.

Klausel 16 – Pflichten des Versicherten
Nach dieser Klausel hat der Versicherte für die Abwendung oder Minderung des Schadens zu sorgen und alle Regressrechte gegen den Frachtführer und andere Verwahrer oder sonstige Dritte sicherzustellen. Die angemessenen Kosten hierfür werden vom Versicherer erstattet (siehe auch „Sue and Labour Charges", S. 115 f.).

Die ADS regeln die gleichen Verpflichtungen in den §§ 41, 45 und 46 und die Kostentragung in § 32 ADS Güterversicherung (siehe S. 112 ff.), die DTV-Güter in Ziff. 2.3.1.2.1, 15.2 und 23.

Klausel 17 – Erhaltung von Rechten
Diese Klausel stellt klar, dass durch Maßnahmen, die der Versicherte oder der Versicherer zur Rettung, zum Schutz oder zur Wiedererlangung der versicherten Sache ergreift, kein Präjudiz im Hinblick auf irgendwelche Rechte einer der Parteien des Versicherungsvertrages entsteht.

Das deutsche Recht kennt eine solche Klausel nicht; sie wird nicht als erforderlich angesehen, da sich dies von selbst ergibt.

Klausel 18 – Gebotene Eile und Vernunft
Hiernach hat der Versicherte in allen Fällen, soweit sein Einfluss reicht, mit angemessener und gebotener Eile und Vernunft zu handeln. Tut er das nicht, so hat die Verletzung dieser Obliegenheit die Leistungsfreiheit des Versicherers zur Folge (vgl. dazu sec. 48 und 49 MIA).

Die ADS kennen weder die scharfen Folgen der englischen Praxis bei einer Verzögerung noch die Formulierung. Jedoch gilt natürlich auch nach ADS der Grundsatz des § 13, nämlich die Wahrung von Treu und Glauben im höchsten Maße auch in den Fällen, in denen der Versicherte die Möglichkeit hat, die versicherte Unternehmung in irgendeiner Form zu beeinflussen. Nach deutscher Haus-zu-Haus-Klausel darf der Versicherte innerhalb vereinbarter Fristen verzögern.

Klausel 19 – Rechtsanwendung
Der Hinweis auf die Anwendung englischen Rechts und englischer Praxis erscheint bei der Zugrundelegung englischer Bedingungen selbstverständlich. Es soll damit verhindert werden, dass ausländische Gerichte zwar die englischen Bedingungen anwenden, sie aber nach Recht und Praxis des eigenen Landes auslegen.

Die Klausel sagt nichts über einen Gerichtsstand. Bei einer Deckung in Deutschland richtet sich der Gerichtsstand deshalb nach dem in dem Vertrag bzw. ADS bestimmten Ort, und das jeweilige Gericht muss dann das dem Vertrag zugrundeliegende Recht anwenden (vgl. dazu OLG Hamburg v. 21.7.1983 in VersR 1983, S. 1149 ff.).

Rechtsgrundlage bei Verwendung englischer und deutscher Bedingungen in einer Police

Es kommt häufiger vor, dass ein deutscher Versicherer nach englischen Versicherungsbedingungen den Vertrag zu gestalten hat. Dabei werden vielfach englische und deutsche Bedingungen miteinander verflochten, ohne dass aus dem Vertrag klar hervorgeht, welche Rechtsfolgen sich aus einer solchen Situation ergeben bzw. für welche Fälle englisches und für welche Fälle deutsches Recht gelten soll. Das muss zu Auslegungsschwierigkeiten führen. Es sind verschiedene Konstruktionen denkbar:

- *Fall 1:* Es wird die Anwendung der Institute Cargo Clauses vereinbart, wobei der Hinweis auf die Geltung der ADS gestrichen ist. *Folge:* Die ADS sind durch die Institute Cargo Clauses und deren Grundlage, nämlich den Marine Insurance Act, ersetzt. Da die Institute Cargo Clauses in Klausel 19 ausdrücklich bestimmen, dass *this insurance is subject to English law and practice*, gilt für solche Verträge englisches Recht. Es ist also für Fragen, die die Institute Cargo Clauses offenlassen, nicht auf deutsches Recht zurückzugreifen, sondern auf den englischen Marine Insurance Act. Da die Klauseln keine Gerichtsstandsvereinbarung enthalten, sind die deutschen Gerichte nach den allgemeinen Regeln für Klagen gegen den deutschen Versicherer zuständig.

- *Fall 2:* Es werden maschinenschriftlich die Institute Cargo Clauses B vereinbart, wobei jedoch der im Zertifikat eingedruckte Hinweis auf die Geltung der ADS nicht gestrichen ist. *Folge:* Es gelten sämtliche Klauseln der Institute Cargo Clauses B, also die Klauseln 1-19, weil sie als die individuelleren Klauseln Vorrang vor dem nur gedruckten Hinweis auf die ADS haben. Die ADS gelten nur insoweit, wie durch die einzelnen Klauseln der Institute Cargo Clauses nichts Abweichendes bestimmt wird. Da Klausel 19 der Institute Cargo Clauses englisches Recht für anwendbar erklärt, setzt sich die in § 126 ADS enthaltene Vereinbarung deutschen Rechts nicht durch. Auf den Vertrag ist englisches Recht anwendbar.

- *Fall 3*: Wie Fall 2, aber hier sind beide Bedingungswerke maschinenschriftlich einbezogen. Das OLG Hamburg hat in einem Urteil vom 29.09.83 (VersR 1987, 354) entschieden, dass dann, wenn deutsche und ausländische Bedingungen nebeneinander ohne Bezeichnung ihrer Rangfolge vereinbart sind, sich die Rangfolge der Anwendung deutscher und ausländischer Versicherungsbedingungen nach der Reihenfolge richtet, in der sie im Versicherungsvertrag aufgeführt sind. Danach kommen die nachrangig aufgeführten Bedingungen nur für solche Fragen zur Anwendung, die in den vorrangigen Bedingungen nicht geregelt sind. Hieran kann man nach den Grundsätzen der Unklarheitenregel des AGB-Rechts Bedenken haben, wenn in Einzelfragen Bedingungen, die an späterer Stelle stehen, für den Versicherungsnehmer günstiger wären.

- *Fall 4:* Es wird vereinbart *risks covered as per Institute Cargo Clauses B*, wobei der Hinweis auf die Geltung der ADS nicht gestrichen ist. *Folge:* Es gelten nur die Klauseln 1-3 sowie wegen der darin enthaltenen Verweisungen die Klauseln 4-7 der Institute Cargo Clauses B. Im Übrigen gelten die ADS. Auf den Vertrag ist wegen § 126 ADS deutsches Recht anwendbar.

Wenn und soweit englische Klauseln vereinbart worden sind, hat deren Auslegung nach englischen Rechtsgrundsätzen zu erfolgen (OLG Hamburg, VersR 1996, 229).

Nach der Meinung der Verfasser ergibt sich für die Vereinbarung von deutschen und ausländischen Bedingungen in einer Police kein Erfordernis und schafft nur Unklarheiten. Man sollte sich deshalb für die eine oder die andere Bedingungsgrundlage entscheiden. Eine Vereinbarung etwa des Inhalts, es gelte jeweils das, was für den Versicherten günstiger ist, kann nur als Missstand angesehen werden.

3.3 Versicherung von Sonderrisiken

Ausgehend von den Risikobeschränkungen und Klarstellungen der ADS bzw. des MIA und der Institute Cargo Clauses sowie unter Berücksichtigung von häufig vorkommenden Akkreditivbestimmungen der Banken, in denen vorgeschrieben wird, dass gewisse Schadenursachen ausdrücklich als versichert bezeichnet werden müssen, trifft man vielfach die Aufzählung im Einzelnen gedeckter Ereignisse an. Auch in Maklerbedingungen wird davon vielfach Gebrauch um, dem Kunden nicht eine unter Umständen auslegungsbedürftige Allgefahrendeckung vorzulegen, sondern ihm klar zu zeigen, gegen welche Ereignisse er Deckung besitzt. Dabei ist häufig nicht nur eine „Positiv-Liste" der als versichert anzusehenden Schadenursachen, sondern auch eine „Negativ-Liste" vorhanden.

Von dem System der ADS her gesehen sind – auch unter Berücksichtigung der vorangegangenen Ausführungen und der Darstellung über die englischen Institute Cargo Clauses – derartige ausführliche Aufzählungen der gedeckten Ereignisse nicht erforderlich. Sie bewirken vielmehr in vielen Fällen eher Unklarheiten als Klarheiten. Insbesondere genügt bei der Versicherung zu vollen Bedingungen völlig die entsprechende Klausel, um einen Versicherungsschutz zu erreichen, der auch in seiner Auslegung wenig Zweifel beinhaltet. Das Gleiche gilt für die englische „all risks"-Deckung.

Nachfolgend soll versucht werden, festzustellen, welche Bedeutung die einzelnen Tatbestände besitzen.

Dabei ist jedoch darauf hinzuweisen, dass es sich hier um Begriffe handelt, die sich im Sprachgebrauch der Praxis gebildet haben, ohne dass sie gesetzlich definiert sind. Die nach der deutschen Bezeichnung in Klammern gesetzte englische Bezeichnung ist keine Übersetzung des deutschen Begriffes. Sie soll lediglich andeuten, welches die der deutschen Deckung in etwa entsprechende englische Deckungsform ist.

Süßwasser (Freshwater)

Sowohl die deutsche als auch die englische Bezeichnung ist ungenau. Zunächst muss es sich um Wasser handeln, das den Schaden verursacht hat. Luftfeuchtigkeit, Schiffsdunst, Schiffsschweiß usw. genügen also nicht. Schnee und Hagel sind zwar noch kein Wasser im eigentlichen Sinne, sobald jedoch Schmelzwasser daraus geworden ist und Schäden verursacht, ist dieser Umstand eine Einwirkung von Süßwasser.

Das Gegenteil von Süßwasser ist Salzwasser, eine Mischung ist Brackwasser. Brackwasser und Seewasser sind kein Süßwasser. Streitig ist, ob Seewasser, das sich in Ballasttanks oder Leitungen eines Schiffes befindet, auch unter dem Begriff Süßwasserdeckung als gedeckt anzusehen ist.

Flusswasser bei Flussreisen ist unter einer Süßwasserdeckung nicht als Seewasser zu betrachten (anders in der Vorauflage) und würde deshalb in diesem Zusammenhang einen ersatzpflichtigen Schaden hervorrufen können.

Die praktische Relevanz der hier erörterten Abgrenzungen ist gering, da die hier behandelten Schäden sowohl bei einer deutschen Deckung zu vollen Bedingungen als auch bei einer englischen „all risks"-Deckung automatisch mitgedeckt sind.

Schiffsschweiß (Shipsweat) und Ladungsschweiß

(siehe S. 143 ff.)

Rost und Oxydation (Rust and Oxydation)

Oxydation ist ein chemischer Vorgang der Veränderung - besonders von Metallen - unter dem Einfluss von Sauerstoff.

Es gibt Güter aus Metall, die in ihrem normalen Zustand mit Rost bzw. sogenanntem Flugrost behaftet sind, ohne deshalb beschädigt zu sein. Das gilt besonders für Bau- und Moniereisen. Selbst dann, wenn solche Güter einschließlich Rostschaden versichert sein sollten, kann natürlich aus dem Rost in keinem Falle ein Anspruch gegen die Versicherer hergeleitet werden, wenn es an dem Eintritt eines Schadens fehlt. Allerdings gibt es Güter, die, wie z. B. Bleche für Autokarosserien, bei Roststellen in ihrem Verwendungszweck erheblich beeinträchtigt sein können, weil an den mit Rost behafteten Stellen Lackierungsschwierigkeiten auftreten können.

Die hier behandelten Schäden sind sowohl bei einer deutschen Deckung zu vollen Bedingungen als auch bei einer englischen „all risks"-Deckung automatisch mitgedeckt, selbstverständlich nicht gleich aus welcher Ursache, sondern als Folge einer versicherten Gefahr.

Verschmutzung, Vermischung (Contamination)

Schäden durch Verschmutzung und Vermischung sind in ihrer Ursache und Auswirkung sehr vielgestalt. Häufig wird es schwierig sein zu ermitteln, ob der Zeitpunkt, in dem die Verschmutzung eintrat, vor oder nach Beginn der versicherten Reise gelegen hat. Die Beweislast dafür trägt der Versicherte. Diese wird ihm in der Regel der Fälle durch Vorlage eines rein gezeichneten Konnossements (siehe S. 191 ff.) wesentlich erleichtert werden. Auch ist oft die Feststellung schwierig, ob die Verschmutzung einen Substanzschaden an dem Gut bedeutet oder nicht. Das ist z. B. bei während des Transports verschmutzten Autos sicher nicht der Fall. Im Übrigen wird der Verwendungszweck der Güter eine Rolle spielen.

Es ist selbstverständlich, dass eine Verschmutzung, die sich auf die Verpackung beschränkt, nicht zu einem versicherten Schaden führen kann, denn die Aufgabe der Verpackung liegt u.a. darin, derartige Schäden von den Gütern abzuhalten. Etwas anderes gilt nur dann, wenn die Verpackung ein Teil der Ware ist (z. B. Konservendosen, siehe S. 225 f.).

Geruchsschäden (Taint)

Geruchsschäden spielen eine besondere Rolle bei Lebensmitteln; hier besonders bei Flüssigkeiten in Tanks und bei dem sehr empfindlichen Rohkaffee.

Bei Schäden an Flüssigkeiten in Tanks wird es sich häufig darum handeln, dass der Farbanstrich der Tanks Geruchsstoffe abgegeben hat, die sich auf die Ware auswirken. Ungleich vielfältiger sind die Möglichkeiten eines Geruchsschadens bei Kaffee. Gewisse Sorten des Brasilkaffees haben ihrer Natur nach in gesundem Zustand einen scharfen karbol- oder jodoformartigen Geruch, der häufig irrtümlich als Geruchsschaden angesehen wird. Kaffee ist derart empfindlich, dass eine schon am Strauch vorgenommene übermäßig starke Anwendung von Schädlingsbekämpfungsmitteln oder eine Anpflanzung auf ölhaltigem Boden einen Geruchsschaden hervorrufen kann. Das Gleiche gilt für fehlerhafte Fermentation. Auch kann z. B. Teergeruch schon durch Lagerung des Kaffees auf Asphaltboden entstehen. Besonders häufig sind Geruchsschäden an Kaffee durch Beiladungen, die Gerüche abgeben, wie z. B. Häute, Zitrusfrüchte und Chemikalien. Dabei kann ein Geruchsschaden sogar noch dann eintreten, wenn derartige Güter sich nicht mehr an Bord befinden und nur auf einer vorangegangenen Reise befördert worden sind. Die weitgehende Containerisierung hat zu einem deutlichen Rückgang von Geruchsschäden durch Beiladungen geführt. Dafür treten jetzt vermehrt Geruchsschäden durch Vorladungen der Container auf.

Vor einiger Zeit hatte sich die Fachwelt lange mit sehr großen Geruchsschäden zu befassen, die auf das verwendete Sackmaterial zurückzuführen waren.

Es ist häufig sehr schwierig, die Ursachen für den Geruchsschaden und damit die Entscheidung für die Leistungspflicht des Versicherers zu finden; denn nur solcher Geruch, der während des versicherten Zeitraumes und unvorhergesehen von außen auf die Güter eingewirkt hat, zieht einen versicherten Schaden nach sich. Das gilt nicht für Geruchsschäden, die durch die Verpackung der Güter (z. B. Säcke) verursacht sind.

Nach englischer Auffassung, die allerdings nicht einhellig ist, werden Geruchsschäden bei einer Deckung gegen *contamination* mit erfasst. Dies ist bezüglich der deutschen Deckung „Verschmutzung" nicht der Fall.

Die hier behandelten Schäden sind sowohl bei einer deutschen Deckung zu vollen Bedingungen als auch bei einer englischen „all risks"-Deckung automatisch mitgedeckt, wenn sie als Folge einer versicherten Gefahr entstanden sind.

Beiladungsschaden (Damage by other Cargo)

Hier kommen nur solche Einwirkungen in Betracht, die von anderer, gleichzeitig mit den versicherten Gütern beförderter oder gelagerter Ladung ausgehen. In der alten konventionellen Fahrt konnte die Beiladung als solche durch Direktberührung (ölverschmierte Fässer beschmutzen daneben liegende Baumwolle) oder durch Auslaufen oder Verdunsten den Schaden bewirken. Auch die Abgabe von Gerüchen kann einen Beiladungsschaden verursachen. In englischen Policen kommt statt der weiten Deckung für *damage by other cargo* häufiger die engere Klausel *contact with other cargo* zur Anwendung, eine Unterscheidung, die in Deutschland sehr selten gemacht wird. Bei *contact* muss es sich um eine körperliche Berührung der Beiladung mit den versicherten Gütern handeln. Bloße Geruchsannahme ist jedoch kein Schaden durch *contact*. Im Containerverkehr, in dem die Ladung nur noch bei LCL-Containern (*less container load*) mit anderer Ladung in Berührung kommt, ist diese Unterscheidung besonders bedeutsam.

Den Versicherten trifft die Beweislast, dass der Schaden durch die Beiladung und nicht aus anderen Ursachen entstanden ist.

Beiladungsschäden sind sowohl bei einer deutschen Deckung zu vollen Bedingungen als auch bei einer englischen „all risks"-Deckung automatisch mitgedeckt, wenn sie als Folge einer versicherten Gefahr entstanden sind.

Landschaden (Country Damage)

Hier handelt es sich um einen Spezialbegriff, mit dem ganz bestimmte Beschädigungen, insbesondere von Baumwolle, die vor der Verschiffung eingetreten sind, erfasst werden. In erster Linie kommen dafür Schäden durch Feuchtigkeit, z. B. durch Lagerung im Freien, aber auch solche in Betracht, die durch das Eindringen oder Anhaften von Fremdkörpern, wie Erde, Sand usw., entstehen. Nicht als Landschäden werden Schäden angesehen, die sich aus echten Transportgefahren ergeben und solche, die eintreten, bevor die Baumwollballen die Presse verlassen haben.

Bei Landschäden, besonders bei Feuchtigkeitsschäden, ist es häufig schwierig, das Entstehungsdatum des Schadens zu ermitteln. In der Regel wird man davon ausgehen können, dass der Landschaden vor Beginn der versicherten Reise eingetreten ist.

Früher waren Landschäden nicht Gegenstand der Transportversicherung, sondern wurden in Gestalt von Preisnachlässen im Verhältnis zwischen Abladern und Empfängern reguliert. Es wurden dann die Institutionen der Versicherer zur Feststellung des Umfanges der Landschäden eingesetzt. Daraus wurde dann eine Zahlung der Landschäden durch die Versicherer, jedoch für Rechnung der Ablader. Der Ablader zahlte dem Versicherer die vorgelegten Beträge zurück. Mit dem letzten Schritt übernahmen dann die Versicherer das volle Risiko und erhielten von den Abladern keine Rückerstattungen mehr.

Mit der Abwicklung von Landschäden waren ursprünglich nur die amerikanischen und die in Amerika tätigen englischen Versicherer und nur bezüglich amerikanischer Baumwolle befasst. Aus den Gründen der historischen Entwicklung betrachteten diese Versicherer beim Einschluss von *country damage* jeden Landschaden als gedeckt, der bei der Verschiffung nicht festgestellt werden konnte, ohne Rücksicht darauf, ob er vor oder nach Beginn der versicherten Reise eingetreten war. Demgegenüber wurde von englischen Gesellschaften, die sich später im Rahmen des Baumwollgeschäfts mit Landschäden befassten, deren Deckung auch auf außeramerikanische Baumwolle ausgedehnt wurde, Landschäden nur dann als versichert anerkannt, wenn nachgewiesen werden konnte, dass diese innerhalb des durch die Transit Clause (Klausel 8 der Institute Cargo Clauses) erfassten Zeitraums eingetreten waren. Inzwischen ist diese Haltung der englischen Gesellschaften zugunsten der von den amerikanischen Versicherern eingenommenen Einstellung verlassen worden. Die deutsche Praxis folgt der amerikanischen.

Wichtig ist jedoch, dass auch nach amerikanischer Praxis nicht jeder Landschaden schlechthin versichert ist, sondern nur dann, wenn er zulasten des Käufers geht und wenn der Käufer in Unkenntnis von dem Landschaden die Dokumente in gutem Glauben aufgenommen hat. Damit wird dem im Baumwollhandel besonders im Vordergrund stehenden Dokumentengeschäft (Dokumente repräsentieren die Ware) Rechnung getragen. Da Landschaden nur insoweit versichert ist, wie er nicht den Ablader, sondern ausschließlich den Käufer trifft, sind alle im Kaufvertrag für Landschaden vereinbarten Vergütungen dem Versicherer gutzubringen.

Würde jedoch die Partie als Konsignationssendung verschifft, so würde keine Vergütung des Landschadens erfolgen, weil hier nicht ein gutgläubiger Käufer den Landschaden zu tragen hätte, sondern der Ablader selbst.

Ein besonders weites Feld bilden die Tatbestände, mit denen zahlreiche Formen der Gewichtsminderung versicherungsmäßig erfasst werden sollen.

Gewichtsdifferenz, Untergewicht (Difference in Weight)

Es handelt sich hier um die am weitesten gehende Form der Deckung eines „Gewichtsschadens". Sie verlangt von dem Versicherten weder einen Nachweis dafür, dass ein Substanzverlust eingetreten ist, noch den Beweis, dass eine von außen einwirkende Ursache die Gewichtsdifferenz hervorgerufen hat. Es werden vielmehr lediglich die Ablade- und Ankunftsgewichte gegenübergestellt. Ergibt sich dabei eine Minusdifferenz, so hat sie der Versicherer zu bezahlen. Es wird damit eine Art Gewichtsgarantie gegeben, von der nicht nur Substanzverluste erfasst werden, die durch ein Unfallereignis entstanden sind, sondern auch Verluste durch Schwund, Manko, Austrocknen und gewöhnliche Leckage; ja selbst Untergewichte, die sich nur aus Vermessungs- und Wiegedifferenzen ergeben, sind zu bezahlen.

Die Kaufverträge regeln normalerweise sehr genau die Frage, ob der Faktura abgeladenes (verschifftes) oder ausgeliefertes Gewicht zugrunde zu legen ist.

Ist eine Vereinbarung darüber nicht getroffen worden, so ist für die Faktura das Verschiffungsgewicht maßgebend, d.h. also das Gewicht im Zeitpunkt des Gefahrüberganges. Fehlt nun ein zertifiziertes Gewicht, so wird damit das sehr ungenaue Konnossementsgewicht zum Fakturengewicht. Für das Konnossementsgewicht übernimmt jedoch der Reeder keine Garantie, und er bezeichnet es als *said to be* und erklärt im Konnossement ausdrücklich, dass ihm Zahl, Maß und Gewicht unbekannt sind. Eine Haftung der Reederei für die Richtigkeit des Konnossementsgewichtes besteht im Allgemeinen nicht, es sei denn, die Reederei musste die Unrichtigkeit des Konnossementsgewichtes erkennen.

Ist nun das ausgelieferte Gewicht geringer als das verschiffte, so muss der Käufer beweisen, dass tatsächlich weniger abgeladen worden ist. Wenn man berücksichtigt, dass im Verschiffungshafen häufig eine genaue Gewichtsfeststellung nicht durchgeführt wird, so erscheint in der Tat die Stellung des Käufers außerordentlich ungünstig. In der gleichen Lage ist der Käufer bei Kauf auf Basis abgeladenes Gewicht. Alle natürlichen Handelsverluste und selbstverständlich auch Schäden durch Unfallereignisse gehen zu seinen Lasten, das Gleiche gilt für einfache Wiegedifferenzen.

Wird nun auf Basis ausgeliefertes Gewicht gekauft, so bedeutet das nicht etwa die Fortdauer der Gefahrtragung zulasten des Verkäufers, und es bedeutet auch nicht, dass Minderungen des Gewichts, gleich aus welcher Ursache, nun zulasten des Verkäufers gehen. Es bedeutet vielmehr zunächst lediglich eine Umkehrung der Beweislast. Beim Kauf auf Basis ausgeliefertes Gewicht ist das am Ankunftsort festgestellte Gewicht maßgebend, es sei denn, der Verkäufer beweist, dass die Gewichtsminderung durch eine von außen auf die Ware wirkende Ursache entstanden ist. Dadurch bleiben das Risiko der unzuverlässigen Gewichtsfeststellung im Verschiffungshafen und das Risiko des natürlichen Handelsverlustes beim Verkäufer. Alle unvorhersehbaren Schäden jedoch, die nach dem Gefahrübergang eingetreten sind, gehen zulasten des Käufers.

Aus diesen Ausführungen ergibt sich, dass ein Interesse des Käufers an der Versicherung von Gewichtsdifferenzen nur bei Kauf auf Basis abgeladenes Gewicht vorhanden ist. Es gibt deshalb spezielle Deckungen, die genau dieses Risiko versichern (sogenannte *landed weight cover*). Zumeist werden Flüssig- oder Bulkladungen wie Öl oder auch Getreide versichert. Zwingend notwendig dafür ist eine exakte Gewichts/Mengenfeststellung sowohl im Lade- als auch im Löschhafen. Der Versicherer bedient sich dabei üblicherweise

Ladungsbesichtigern seines Vertrauens, die durch eine genaue Überwachung des Lade- und Löschvorganges sowie Messung der Mengen unter Berücksichtigung der lokalen Verhältnisse Verluste möglichst klein halten sollen. In diesen Fällen wird eine exakte Gewichtsfeststellung im Verschiffungshafen zur zwingenden Notwendigkeit.

Als bekannteste Methoden der Mengen- und Gewichtsfeststellung kommen in Betracht:

- Eichaufnahme (sogenannte *draft survey*). Je nach Eintauchtiefe des Schiffes wird an außen angebrachten Tiefgangsmarkierungen die geladene Menge abgelesen. Dies ist die „roheste" Methode der Gewichtsfeststellung. Unterschiedlicher Salzgehalt des Wassers verändert die Eintauchtiefe, Schräglage und Bewegung des Schiffes im Wasser erlauben häufig keine genaue Ablesung.

- Ullagevermessung – wird nur für flüssige Güter verwendet. Bei Verladung in Tanks, deren Fassungsvermögen geeicht ist, wird der Hohlraum zwischen Oberkante Flüssigkeit und Tankdeckel vermessen. Unter Berücksichtigung des spezifischen Gewichtes und der Temperatur der Güter wird das Gewicht ermittelt. Fehlerquellen ergeben sich daraus, dass die Temperaturen an den verschiedenen Tankwänden und in der Mitte unterschiedlich sein können sowie aus der Bewegung des Schiffes im Wasser. Weitere Fehlerquellen können sich dann ergeben, wenn die Ullagevermessung nicht im Schiffstank, sondern im Landtank vorgenommen wird. Es kommt häufig vor, dass gewisse Restmengen in den Ölleitungen, die vom Landtank zum Schiff führen, zurückbleiben, die sich dann als Gewichtsdifferenz auswirken.

- Durchflussmesser – das ist das bei den Tankstellen verwendete System, dass zumeist für leicht-flüssige Flüssigkeiten verwendet wird. Hierbei ist eine verhältnismäßig genaue Mengenermittlung möglich.

- Waggon- und Fahrzeugverwiegung – hier wird das Fahrzeug als Ganzes mit Inhalt verwogen und das bekannte Fahrzeuggewicht abgezogen. Differenzen können sich besonders aus dem Fahrzeug anhaftenden Regen, Schnee, Eis oder ähnlichen Fremdkörpern ergeben.

Ein Problem bei der Versicherung von Gewichtsdifferenzen liegt in dem normalen Schwund. Schwund kann auch bei festen Gütern eintreten. So verliert z. B. Schrott bei jedem Umladen ca. 1 % an Gewicht, weil Rost und Dreck abfällt.

In den Kaufverträgen werden deshalb je nach Warenart und Transportweg gewisse Sätze als normaler Handelsverlust festgelegt, die bei Kauf auf Basis abgeladenes Gewicht vom Käufer von der Zahlung abgesetzt werden können. Der Transportversicherer, der Gewichtsdifferenzen versichert, tut gut daran, diese Sätze festzustellen und als Abzugsfranchise zu vereinbaren. In englischen Policen findet sich häufig die Vereinbarung *in excess of the usual trade allowance*. Damit wird die Vereinbarung einer in einem festen Prozentsatz ausgedrückten Abzugsfranchise vermieden und eine größere Beweglichkeit bei der Berücksichtigung der normalen Handelsverluste bei der Schadenregulierung erzielt.

Wird die Abzugsfranchise in der Versicherungspolice niedriger festgelegt als es dem normalen Handelsverlust entspricht, dann kann sich der Versicherer nicht darauf berufen, er brauche nur jenseits des normalen Handelsverlustes zu entschädigen (vgl. dazu das vom Reichsgericht, RGZ 123, 14 bestätigte Urteil des OLG Hamburg HansRGZ 28, B 179, siehe auch bei Sasse, a.a.O, Nr. 381). Auch kann sich der Versicherer nicht etwa auf Ziff. 1.4.1.3 ADS Güterversicherung bzw. Ziff. 2.5.1.3 DTV-Güter berufen, denn mit der ausdrücklichen Versicherung von Gewichtsdifferenzen sind diese Beschränkungen insoweit aufgehoben, und es kommt nur auf eine Gegenüberstellung von Ablade- und Ankunftsgewicht an. Der sich nach Abzug der Franchise ergebende Schaden ist zu bezahlen (ebenso Ehlers, in Thume/de la Motte, Kap. 3.A.I. Rn. 147).

Allerdings: sind Quantitäten, die nicht abgegangen sind, auch nicht versichert, so dass dann, wenn der Versicherer den sehr schwierigen Beweis der Unrichtigkeit der im Verschiffungshafen festgestellten Gewichte führen kann, sich seine Leistungspflicht entsprechend mindert. Mit dem Beweis der Unrichtigkeit der Verschiffungsgewichte ist aber noch kein Beweis darüber geführt worden, welche Gewichte nun tatsächlich abgeladen worden sind.

Schwund (Loss in Weight)

Während der Begriff Gewichtsdifferenz in erster Linie für Bulkverladungen von Schüttgütern und Tankverladungen von Flüssigkeiten anwendbar erscheint, ist Schwund auch für verpackte Güter denkbar. Hier kann zwar die Gesamtzahl der abgeladenen Kolli, aber dennoch ein geringeres Gewicht angekommen sein. Die Reklamation eines Schwundschadens setzt voraus, dass der Versicherte den Nachweis für die Richtigkeit der abgeladenen und angekommenen Gewichte führt, ohne jedoch beweisen zu müssen, wodurch das bei der Ankunft festgestellte geringere Gewicht eingetreten ist. Es muss also während der versicherten Reise ein Substanzverlust eingetreten sein; einfache Wiegedifferenzen gehen nicht zulasten einer „Schwund-Deckung". Auch hier kann sich der Versicherer nicht auf Ziff. 1.4.1.3 ADS Güterversicherung, Ziff. 2.5.1.3 DTV-Güter berufen, denn mit Schwund sind alle Arten des Substanzverlustes gedeckt, auch solche, die als normaler Handelsverlust durch Austrocknen usw. eintreten.

Bezüglich der Frage des normalen Handelsverlustes und der Abzugsfranchise gelten die gleichen Ausführungen wie zum Thema Gewichtsdifferenz.

Manko (Shortweight, Shortage)

In dem bei der Erörterung der Gewichtsdifferenzen zitierten Urteil des OLG Hamburg HansRGZ 28, B 179, siehe auch bei Sasse, a.a.O. Nr. 381, wird in einem Nebensatz kein Unterschied zwischen Manko und Gewichtsdifferenz gemacht. Dies ist nicht angängig. Unseres Erachtens ist Manko sprachlich nicht der Gewichtsdifferenz, sondern dem Schwund zuzurechnen. Auch Manko setzt begrifflich einen Substanzverlust voraus, der sich aus der Gegenüberstellung der vom Versicherten zu beweisenden richtigen Gewichte ergibt. Für Manko gelten deshalb die gleichen Ausführungen wie für Schwund.

Abhandenkommen (Short-Delivery)

Dieser Begriff bezieht sich darauf, dass ganze Kolli, auch Teilquantitäten oder einzelne Teile aus einem Packstück heraus (z. B. einzelne Konservendosen aus einem Karton), nicht ankommen. Der Versicherte muss hier die Richtigkeit der Gewichte bzw. der Stückzahlen und außerdem beweisen, dass ein tatsächlicher Verlust eingetreten ist. Natürliche Handelsverluste werden durch den Begriff Abhandenkommen nicht erfasst. Abhandenkommen ist der Oberbegriff für Besitzverlust. Dieser kann geklärt sein, z. B. wegen Diebstahls, Überbordgehens, Beschlagnahme, Verlust als Folge von Sackriss etc. Bei geklärter Ursache des Besitzverlustes bedarf es nicht des Begriffes Abhandenkommen. Daraus entstehende Schäden sind je nach dem Umfang der Versicherungsbedingungen versichert oder nicht versichert.

Anders steht es mit den Fällen des ungeklärten Besitzverlustes. Eine Ursache ist hier nicht nachweisbar. Ist Abhandenkommen versichert, entweder als Teil einer ADS-Deckung zu vollen Bedingungen, der uneingeschränkten Deckung nach den DTV-Güter oder einer englischen „all risks"-Deckung oder als besonders vereinbarte Zusatzgefahr zu einer eingeschränkten Deckung, so ist der Versicherer nur leistungsfrei, wenn er nach der causa proxima Regel die überwiegende Wahrscheinlichkeit einer unversicherten Gefahr als Schadenursache beweist.

Im Schadenfall ist der normale Handelsverlust stets abzuziehen, es sei denn, dass eine Abzugsfranchise vereinbart worden ist. Dabei wird im Allgemeinen davon ausgegangen, dass diese Abzugsfranchise den normalen Handelsverlust ausgleichen soll. Es wird im Gegensatz dazu häufig die Auffassung vertreten, der normale Handelsverlust sei stets in voller Höhe abzuziehen und die Franchise nur auf den verbleibenden über den normalen Handelsverlust hinausgehenden Schaden zu berechnen. Die zweitgenannte Auffassung geht davon aus, dass die Franchise sich nur auf Schäden beziehen kann, die durch eine versicherte Gefahr entstanden sind (streitig!).

Nichtauslieferung (Non-Delivery)

Während es sich beim Abhandenkommen auch um einzelne Teile eines Kollos handeln kann, bezieht sich die „Nichtauslieferung" darauf, dass ein Kollo oder mehrere Kolli als Ganzes abhandengekommen sind (z. B. Diebstahl, Fehlverladung ohne Möglichkeit der Wiederauffindung usw.). Die schwirige Frage der Beweisführung über die Gewichte spielt hier keine entscheidende Rolle, da Feststellungen über die Anzahl der Kolli im Vordergrund stehen, die sehr viel leichter zu treffen sind. Die Deckung für Nichtauslieferung hat für den Versicherten folgenden Vorteil: Er braucht nur zu beweisen, dass weniger Kolli angekommen sind als verschifft wurden.

Nichtauslieferung ist sowohl bei einer deutschen Deckung zu vollen Bedingungen als auch bei einer „all risks"-Deckung automatisch mitgedeckt, wenn nicht ein Ausschluss eingreift.

Falschauslieferung (Wrong Delivery)

Hier ist zunächst zu fragen, ob damit die Auslieferung einer *falschen Ware* oder die Auslieferung an einem *falschen Ort* gemeint ist.

Die Transportversicherung deckt grundsätzlich nur Substanzschäden an den versicherten Gütern und darüber hinausgehende Schäden und Kosten nur bei besonderer Vereinbarung. Die Auslieferung von Gütern am falschen Ort, mit der Folge, dass Kosten für die Beförderung zum richtigen Ort entstehen, beinhaltet keinen Substanzverlust. Es müsste schon eine unmissverständliche Vereinbarung im Versicherungsvertrag getroffen werden, um in den ADS und den DTV-Güter nicht vorgesehene Kosten über einen Substanzschaden hinaus zu versichern. Das Gleiche gilt für absichtliche Ablieferung an einem anderen Ort als dem vorgesehenen Bestimmungsort.

Beispiel:
Der vorgesehene Bestimmungshafen London wird bestreikt. Die Güter werden deshalb in Southampton gelöscht und mit höheren Kosten per Bahn nach London befördert. Im Falle des Streiks hat sich der Verfrachter im Konnossement die Freiheit ausbedungen, die Güter in Southampton löschen zu können, ohne die erforderlichen Mehrkosten zu übernehmen. Derartige Kosten, die unter einer normalen Transportversicherung nicht versichert sind, können im Rahmen einer separaten Streikkostendeckung mitversichert werden.

Nun könnte aber durch die Ausladung am falschen Ort doch ein Substanzverlust eintreten, nämlich dann, wenn es sich um eine besonders empfindliche Ware handelt, die durch die eingetretene Verzögerung verderben würde und die, um den Verderb zu verhindern, am falschen Bestimmungsort mit einem Minderwert verkauft wird. Auch dieser Sachverhalt wird durch den Begriff Falschauslieferung nicht erfasst. Der infolge des Mindererlöses eingetretene Verlust ist ausschließlich auf die Verzögerung der Reise in Verbindung mit der natürlichen Beschaffenheit der Güter zurückzuführen. Soll ein solcher Schaden versichert werden (was z. B. bei Frucht-Policen vorkommt), dann bedarf es dazu einer ausdrücklichen Vereinbarung, für die die bloße Erwähnung des Wortes Falschauslieferung nicht genügt.

Mit dem Begriff Falschauslieferung ist vielmehr die Auslieferung einer falschen Ware gemeint. Dies kann z. B. bei der Verwechslung von Markierungen bei Waren gleicher Art, aber unterschiedlicher Qualität erfolgen. Sofern die richtige Ware nicht mehr beschafft werden kann, ist also Falschauslieferung gleich Nichtauslieferung, denn die versicherten Güter sind nicht und statt ihrer sind andere ausgeliefert worden. Der Versicherte ist deshalb nach Gesichtspunkten eines Verlustschadens zu entschädigen. Dabei wird es sich nach Treu und Glauben richten, ob der Versicherte verpflichtet ist, die statt der richtigen Güter ausgelieferten zu einem objektiven Wert zu übernehmen, oder ob der Versicherer Verlustschaden zu entschädigen hat und selbst bemüht sein muss, die „falschen" Güter bestmöglich zu verwerten. Die Konnossementsbedingungen verpflichten den Empfänger regelmäßig dazu, „Güter gleicher Art und Güte" abzunehmen, auch wenn es nicht „seine" sind.

Leckage (Leakage)

Dieser Begriff bezieht sich darauf, dass flüssige Güter aus den Behältern oder Leitungen, in denen sie befördert oder gelagert werden, auslaufen oder überlaufen. Bei der Leckage muss der Versicherte die Tatsache eines eingetretenen Substanzverlustes und den Eintritt eines von außen einwirkenden Ereignisses beweisen, ohne jedoch vortragen zu müssen, durch welches Ereignis die Leckage tatsächlich eingetreten ist.

Im Rahmen einer Versicherung zu vollen Bedingungen oder einer englischen „all risks"-Deckung ist dieses Risiko mitversichert, wenn eine versicherte Gefahr vorlag und die Leckage über das gewöhnliche Maß hinausgeht.

Der normale Handelsverlust ist bei der Versicherung von Leckage abzuziehen (vgl. dazu im Übrigen die Ausführungen zu dem erörterten Begriff „Abhandenkommen").

Diebstahl und Beraubung (Theft and Pilferage)

(Die englischen Bezeichnungen *theft* und *pilferage* sind zwar keine exakten Übersetzungen für diese Risiken, führen aber in der praktischen Auswirkung zu der gleichen Deckung.)

Hier ist von dem Versicherten ein zweifacher Nachweis zu führen. Er muss dartun, dass die gedeckte Gefahr Diebstahl oder Beraubung ursächlich für den Schaden war, und er muss den Nachweis über den dabei eingetretenen tatsächlichen Verlust führen.

Diese Deckungsform ist naturgemäß die am wenigsten weitgehende von allen Möglichkeiten, mit denen Besitzverluste gedeckt werden können.

Die genannten Risiken sind im Rahmen einer ADS- oder DTV-Deckung zu vollen Bedingungen oder einer englischen „all risks"-Deckung eingeschlossen, wenn kein Ausschluss platzgreift. Die Sonderdeckung *theft* and *pilferage* erfordert nicht unbedingt Gewaltanwendung. Hier ist vielmehr jede Art der Entwendung (auch im Sinne von *clandestine* – heimlich – und *petty* – unbedeutend –) erfasst. *Theft* bedeutet dabei die Entwendung ganzer Kolli oder Bruch der Verpackung eines Kollos in der Absicht, daraus einzelne Teile zu entwenden. *Pilferage* beinhaltet dagegen die Entwendung des vollständigen oder teilweisen Inhalts eines Kollos, ohne dass dabei die Verpackung beschädigt wird (also einfaches „Hineinlangen").

Der deutsche Begriff Beraubung ist nicht dem strafrechtlichen Tatbestand des Raubes gleichzusetzen. Er verlangt lediglich eine Gewaltanwendung gegen die Verpackung oder den Tatbestand eines Einbruchdiebstahls. Der Begriff Diebstahl im Sinne der deutschen Deckung umfasst alle anderen Vorgänge der unrechtmäßigen Entwendung.

Erhitzung (Heat oder Heating)

Erhitzung kann durch Einwirkung von außen Schaden an der Ladung verursachen. Je nach der Ursache der von außen einwirkenden Erhitzung wird es sich um einen gedeckten Schaden (z. B. durch Feuer) oder um inneren Verderb bzw. ein unabwendbares Ereignis z. B. Erhitzung durch Sonneneinstrahlung) handeln. Diese Fälle sind hier nicht gemeint. Unter dem Begriff Erhitzung werden Vorgänge verstanden, die als chemische, biologische oder bakterielle Reaktion aus der Ware selbst heraus wirken und zum Schaden führen. Sie sind als durch inneren Verderb bzw. die natürliche Beschaffenheit entstandene Schäden nicht versichert, es sei denn, sie sind die Folge eines versicherten Ereignisses (z. B. Eindringen von Seewasser) oder ihre Versicherung war besonders vereinbart, vgl. dazu Soya G.m.b.H v. White, [1983] 1 Lloyd's Rep. 122 (House of Lords).

Selbstentzündung (Spontaneous Combustion)

Auch hier handelt es sich um einen inneren Vorgang der betreffenden Ladung als Ergebnis einer chemischen, biologischen oder bakteriellen Reaktion, die zu einer Verbrennung führt, wobei es keine Rolle spielt, ob dabei Flammen entstehen oder nicht. Selbstentzündung kann die Folge einer Erhitzung sein. Selbstentzündung gehört in den Bereich der natürlichen Beschaffenheit und ist nicht versichert, es sei denn, sie war die Folge eines versicherten Ereignisses oder ihre Versicherung war besonders vereinbart.

3.4 Beginn und Ende des Versicherungsschutzes

- Definition durch Haus-zu-Haus-Klausel (Deutschland)
- Warehouse-to-Warehouse Clause (England)

Für die deutsche Deckung ist grundsätzlich die Haus-zu-Haus-Klausel der ADS Güterversicherung bzw. der DTV-Güter maßgebend; die Bestimmungen in § 124 ADS sind überholt.

Gegenüber der alten Haus-zu-Haus-Klausel in den Zusatzbestimmungen zu den ADS von 1947 verbesserte die Regelung in Ziff. 5 ADS Güterversicherung, insbesondere durch die Dispositionsmöglichkeit des Versicherten (bisher 30 Tage, gemäß der aufgrund der Gruppenfreistellungsverordnung der EG-Kommission erforderlichen Öffnungsklausel ist die Frist nunmehr zu vereinbaren) vor Erreichen der Ablieferungsstelle, die Stellung des Versicherten erheblich; sie hat allerdings die Beendigung nach Ablauf einer zu vereinbarenden Frist (regelmäßig 60 Tage) nach Entlöschung aus dem Seeschiff im Bestimmungshafen von der englischen Haus-zu-Haus-Klausel übernommen. Ziff. 8 DTV-Güter übernimmt im Wesentlichen die Regelung aus den ADS Güterversicherung, enthält aber gewisse unten näher erläuterte Erweiterungen.

Im Gegensatz zur englischen Warehouse-to-Warehouse-Clause (Klausel 8 der Institute Cargo Clauses) ist die deutsche Haus-zu-Haus-Klausel nicht nur günstiger für den Versicherten, sie fixiert auch den Zeitpunkt des Beginns und der Beendigung genauer. Der besseren Übersicht halber werden beide Klauseln nachfolgend gemeinsam behandelt.

Beginn des Versicherungsschutzes

Nach *deutscher Klausel* beginnt die Versicherung gem. Ziff.5.1 ADS Güterversicherung und Ziff. 8.1 DTV-Güter mit dem Zeitpunkt, in dem die Güter am Abladungsort zum Zweck der Beförderung von der Stelle entfernt werden, an der sie bisher aufbewahrt wurden. Leichte Formulierungsunterschiede in beiden Klauseln - Ziff. 5.1 ADS Güterversicherung enthält die zusätzlichen Worte „auf der versicherten Reise" -, führen zu keinen unterschiedlichen Ergebnis (*Ehlers*, in Thume/de la Motte/Ehlers, Kap. 5.A.I. Rn. 278): Dass die Güter nicht irgendeine, sondern die versicherte Reise antreten müssen, versteht sich von selbst, denn wenn eine nicht versicherte Reise angetreten wird, besteht ohnehin kein Versicherungsschutz. Und auch unter den ADS Güterversicherung galt, dass die Reise unverzüglich anzutreten war (*Enge*, Erläuterungen, S. 59 f.; *Ehlers*, a.a.O., anders aber OLG Köln, siehe unten).

Beispiele:
(1) Reisen Güter von der Fabrik in München über Bremen nach Oslo und ist nur die Seereise von Bremen nach Oslo versichert, so beginnt die Versicherung natürlich nicht bereits in München.

(2) Sind Güter ab FOB Flughafen Hongkong versichert, so hat selbstverständlich die versicherte Reise erst ab FOB Flughafen Hongkong begonnen. Ein auf der Fahrt vom Versandlager des Exporteurs in Hongkong zum Flughafen eintretenden Schaden ist deshalb natürlich nicht versichert. Das dem entgegenstehende Urteil des BGH vom 3.10.1983 in VersR 1984, S. 56 f., verkennt diesen Punkt völlig und ist in dieser Hinsicht unverständlich (vgl. dazu Enge, VersR 1984, S. 511 f.). Der BGH verwechselt hier eine *versicherbare* Gefahr mit einer *versicherten* Gefahr.

Die Güter müssen zum Zwecke der Beförderung von der bisherigen Aufbewahrungsstelle entfernt werden; das bedeutet, dass sie für die Reise fertig verpackt sein müssen.

Beispiel:
Werden Güter vom Lagerraum zum Packraum gebracht und erst dort in Kisten verpackt, so war die Verbringung zum Packraum noch nicht der Beginn der versicherten Reise.

Das bedeutet ferner, dass die Entfernung von der bisherigen Aufbewahrungsstelle den Anfang der versicherten Reise bilden muss, die Güter also unmittelbar zum Transportmittel gebracht werden müssen.

Beispiel:
Werden die Güter vom Packraum zum Versandraum gebracht, um erst am nächsten Morgen mit dem Beförderungsmittel abtransportiert zu werden, so hat im Packraum die versicherte Reise noch nicht begonnen.

Obwohl Ziff. 5.1 ADS Güterversicherung dies nicht ausdrücklich erwähnt, beginnt die Versicherung erst dann, wenn die Güter auf dem Versandlager angefasst werden, in der Absicht, sie unmittelbar darauf auf das bereitstehende Transportmittel zu verladen und die versicherte Reise durchzuführen. Im Gegensatz dazu vertritt das OLG Köln, VersR 1989, 284, über einen gleichartigen Fall den Standpunkt, es ergäbe sich aus dem Text von Ziff. 5.1 ADS Güterversicherung nicht mit der erforderlichen Sicherheit, dass die Unterbrechung auf dem Betriebsgelände über Nacht Einfluss auf den Beginn der Versicherung habe. Das Gericht verweist auf § 5 der in der Praxis heute nicht mehr verwendeten ADB, in dem der Beginn der Versicherung von dem „unverzüglichen" Beginn der versicherten Reise abhängig gemacht wird. Bei der Formulierung der ADS Güterversicherung waren sich alle Beteiligten darüber einig, dass die gewählte Formulierung mit genügender Klarheit zum Ausdruck bringt, dass der Beginn der versicherten Reise erst dann anzunehmen ist, wenn die Güter nach dem Entfernen von der bisherigen Aufbewahrungsstelle unmittelbar zum Transportmittel gebracht werden. Dies gilt umso mehr, als in den auch international weitverbreiteten Institute Cargo Clauses 1982 der Versicherungsschutz erst wesentlich später einsetzt.

Ziff. 8.1 DTV-Güter hat jetzt der aus den unterschiedlichen Urteilen entstanden Unsicherheit mit der ausdrücklichen Hinzufügung des Wortes *unverzüglich* ein Ende gesetzt.

Nach *englischer Regelung* beginnt die Versicherung unter den Klauseln von 1982, wenn die Güter das Lagerhaus oder den Lagerplatz an dem in der Police genannten Ort zum Zwecke des Beginns der Reise verlassen. „Verlassen des Lagerhauses" ist keine sehr genaue Bezeichnung des Beginns der Versicherung. Auch der Begriff „Lagerplatz" hilft nicht weiter, denn damit ist gemeint, dass auch ein anderer Platz als ein Lagerhaus für die Lagerung der Güter in Betracht kommen kann, z. B. ein Platz im Freien. Nach englischer Auslegung wird das Lagerhaus erst dann verlassen, wenn die Güter auf dem Transportmittel die Grundstücksgrenze des Lagerhauses überschritten haben. Dies ist gegenüber dem Versicherungsbeginn nach deutscher Klausel eine erhebliche Einschränkung.

Die Klauseln von 2009 machen diesen Unterschied wett. Die Versicherung beginnt jetzt, wie die deutsche Deckung, *from the time the subject-matter insured is first moved in the warehouse or at the place of storage (at the place named in the contract of insurance) for the purpose of the immediate loading into or onto the carrying vehicle or other conveyance for the commencement of transit.*

Beispiele:
(1) Eine Maschine wird vom zweiten Stock eines Gebäudes zur Verladerampe transportiert, um dort sofort auf einen Wagen verladen und abtransportiert zu werden. Bei der Bewegung im Gebäude geht sie zu Bruch. Nach deutscher Klausel und der englischen Klausel von 2009 besteht Deckung, nach englischer Klausel von 1982 nicht. Muss jedoch die Maschine vor dem Abtransport demontiert werden, so besteht natürlich für die Demontage noch kein Versicherungsschutz.

(2) Der bereits beladene LKW kann die Reise wegen eines Motorschadens erst am nächsten Tag antreten und bleibt über Nacht auf dem Hof stehen. Über Nacht brennt der LKW und die verladenen Güter werden zerstört. Nach deutscher Klausel und der englischen Klausel von 2009 besteht Deckung, nach englischer Klausel von 1982 nicht, weil die Grundstücksgrenze des Lagerhauses noch nicht überschritten worden ist.

Ende des Versicherungsschutzes

Bedingt durch die nach dem 11. September 2001 vorgenommenen Deckungseinschränkungen haben sich die Bestimmungen zum Ende der Versicherung zum Teil verändert, wobei mit Ziff. 8 DTV-Güter eine weitgehend Ziff. 5 ADS Güterversicherung entsprechende Regelung beinhaltet, während Ziff. 9 für *Lagerungen* eine völlig neue Bestimmung enthält. Grundsätzlich sind fünf verschiedene Fälle denkbar.

1. *Ende der Versicherung durch Ablieferung an der ursprünglich vorgesehenen Ablieferungsstelle* (Ziff. 8.1.1 ICC, Ziff. 5.2.1 ADS Güterversicherung, Ziff. 8.2.1 DTV-Güter)

Generell gesprochen endet die Versicherung dann, wenn der Transport *auf der versicherten Reise* beendet ist. Das ist er dann, wenn die Güter *am vorgesehenen Ablieferungsort* an einer von dem Empfänger bestimmten Stelle angekommen sind. Danach kann der Versicherungsschutz nicht wieder aufleben, wenn nun eine andere Stelle zur Aufbewahrung bestimmt wird. Ob der Empfänger die Stelle zur endgültigen oder vorläufigen Aufbewahrung bestimmt hat, spielt keine Rolle. Die Versicherung ist beendet. Im Normalfall ist die zur Aufbewahrung bestimmte Stelle ein Gebäude am Ankunftsort. Es kann aber auch ein Kai, ein Transportmittel oder ein freier Platz sein (vgl. OLG Hamburg VersR 1986, 438 ff.).

Nach *deutscher Klausel* endigt die Versicherung, sobald die Güter an dem in der Police vereinbarten Ablieferungsort an die Stelle gebracht worden sind, die der Empfänger zu ihrer Aufbewahrung bestimmt hat (Ablieferungsstelle).

Nach der *englischen Klausel von 1982* endigt die Versicherung bereits bei Auslieferung der Güter an das Lagerhaus des Empfängers oder ein anderes endgültiges Lagerhaus oder einen Lagerplatz („*on delivery to the ... final warehouse or place of storage*"). Wie bei dem Beginn der Versicherung ist auch bei der Beendigung bei der englischen Klausel kein genauer Zeitpunkt genannt. Die Auffassung der englischen Praxis geht dahin, das erste Absetzen, z. B. auf der Rampe des Lagerhauses oder – wenn der Empfänger einen eigenen Kai hat – auf dem Kai des Empfängers, als Endzeitpunkt der Versicherung anzusehen. Die Forderung, dass das Lagerhaus endgültig (final) sein soll, bedeutet nicht etwa, dass der Empfänger nach Ankunft im zunächst bestimmten Lagerhaus noch weitere Transporte (etwa zur Vorbereitung der Verteilung der Güter) nach anderen Lagerhäusern durchführen kann und dabei noch versichert ist. Das Wort „endgültig" beinhaltet lediglich den Endzeitpunkt der Beförderung auf der versicherten Reise. Hat der Empfänger einmal disponiert, dann endet die Versicherung.

Die Ablieferungsstelle bzw. das *final warehouse* muss nicht ein Gebäude sein, es genügt auch ein anderer *place of storage*, z. B. ein Transportmittel oder ein Lagerplatz im Freien.

Auch hier präzisiert die englische Klausel von 2009 den Versicherungsschutz. Die Versicherung endet jetzt mit vollständiger Entladung vom Transportmittel (*completion of unloading*) im endgültigen Lagerhaus.

Beispiele:
(1) Güter werden aus dem Seeschiff gelöscht und zur Verzollung in den Zollschuppen gebracht. Nach der Verzollung sollen sie zum Lagerhaus des Empfängers gehen. Die Ankunft im Zollschuppen beruht nicht auf einer Verfügung des Empfängers, mit der freiwillig der Transportablauf unterbrochen wird, und beinhaltet deshalb nicht die Beendigung der Versicherung, denn der Zollschuppen wird nicht nach Abschluss des Transportes zur Aufbewahrung bestimmt. Hier sind die deutsche und die englische Regelung gleich.

(2) Eine Maschine wird in der Fabrik des Käufers auf der Rampe abgesetzt und im unmittelbaren Anschluss daran zu ihrem Aufstellungsort im zweiten Stock befördert. Das ist die zur Aufbewahrung bestimmte Stelle, und die Versicherung endet nach deutscher Klausel erst dort. Nach der englischen Klausel endet sie bereits mit dem Absetzen auf der Rampe. Bleibt jedoch die Maschine wegen des eingetretenen Feierabends über Nacht auf der Rampe stehen, um erst am nächsten Morgen weiterbefördert zu werden, dann hat auch nach deutscher Klausel die Versicherung mit dem Absetzen auf der Rampe geendet.

(3) Baumwolle wird am Kai einer Spinnerei gelöscht. Vom Kai wird sie in den Wiegeraum verbracht. Nachdem die gesamte Partie gelöscht worden ist, wird sie verwogen und anschließend in das daneben liegende Lagerhaus verbracht. Der Wiegeraum war zunächst zur Aufbewahrung bestimmt, und der Transport ist dort beendet. Die Versicherung endigt deshalb mit der Ankunft im Wiegeraum. Die deutsche und die englische Regelung stimmen dann überein, wenn die Güter vom Schiff unmittelbar in den Wiegeraum gelangen. Werden sie jedoch erst am Kai abgesetzt und dann in den Wiegeraum verbracht, dann endet die Versicherung nach englischer Regelung am Kai, nach deutscher Regelung erst mit dem Absetzen im Wiegeraum.

2. *Ende der Versicherung durch Verfügung des Empfängers vor Erreichen der Ablieferungsstelle* (Ziff. 8.1.2 ICC, Ziff. 5.2.3 ADS Güterversicherung, Ziff. 8.2.6 DTV-Güter)

Die *deutsche Klausel* stellt ganz allgemein auf die Ablieferungsstelle ab. Diese Stelle ist der in der Police vereinbarte Ablieferungsort, den der Empfänger bestimmt hat.

Die *englische Klausel* unterscheidet zwischen Ankunft im *final warehouse* (siehe oben) und „Ankunft in irgendeinem anderen Lager oder Platz – entweder vor Erreichen des Bestimmungsortes oder am Bestimmungsort – mit der auf Veranlassung des Versicherten der normale Transportablauf für Zwecke der Lagerung oder Verteilung unterbrochen wird."

Bei einer solchen Unterbrechung kommt es bei der englischen Klausel nicht darauf an, ob sie nur vorläufig sein sollte, oder ob die endgültige Beendigung des Transportes eingetreten war.

Grundsätzlich endet der Versicherungsschutz nach deutschem und englischem Recht dann schon vor Erreichen der Ablieferungsstelle, wenn der Versicherte in den normalen Transportablauf eingreift. Mit dem Eingriff wird die ursprünglich vorgesehene Ablieferungsstelle durch eine andere ersetzt, und die Versicherung endigt. Hier zeigt sich jedoch ein wichtiger Unterschied des deutschen Rechts gegenüber dem englischen zugunsten des Versicherten, der durch die ADS Güterversicherung und DTV-Güter noch verstärkt worden ist. Nach der deutschen Haus-zu-Haus-Klausel endete die Versicherung vor Erreichen der Ablieferungsstelle erst dann, sobald vom Versicherten veranlasste Zwischenlagerungen eine zu vereinbarende Zahl von Tagen (normalerweise 30) überschritten. Nach der englischen Klausel wird durch die „Reasonable Despatch Clause" (Klausel 18 der Institute Cargo Clauses) eine solche Dispositionsmöglichkeit ausdrücklich ausgeschlossen.

Durch die Fassung der ADS Güterversicherung 1973/1984 wurde gegenüber der bis 1983 geltenden Fassung eine weitere Verbesserung zugunsten des Versicherungsnehmers eingeführt. Bisher endete die Versicherung nach Ablauf einer Frist von 30 Tagen. Wurde diese Frist schon im Abgangshafen überschritten, so war wegen der Fristüberschreitung der Versicherungsschutz entfallen. Das war eine unbillige Härte. Ziff. 5.2.3 ADS Güterversicherung 1973/1984 wurde deshalb in der Weise geändert, dass dann, wenn die 30-Tage-Frist vor Verladung auf das Seeschiff überschritten wird, die Versicherung lediglich ruht und automatisch wieder auflebt, wenn der Transport innerhalb von 90 Tagen fortgesetzt wird. Da der Tag des Schadeneintritts zweifelhaft sein kann, empfiehlt es sich für den Versicherungsnehmer, bei Überschreiten der 30-Tage-Frist für einen ununterbrochenen Versicherungsschutz zu sorgen. In der Fassung der ADS Güterversicherung 1994 gibt es aus kartellrechtlichen Gründen keine festgelegte Zahl von Tagen mehr, sie ist in der Police zu vereinbaren; ebenso Ziff. 8.2.6 DTV-Güter.

Beispiele:
(1) Das Lagerhaus des Empfängers war für die Aufnahme der Güter bestimmt. Wegen Überfüllung dieses Lagers lässt jedoch der Empfänger die Güter noch einige Tage im Kaischuppen liegen, um sie später in sein Lagerhaus zu verbringen. Damit ist nach englischem Recht der Kaischuppen als Ablieferungsstelle bestimmt worden und die Versicherung endet dort. Nach deutschem Recht fällt dieser Vorgang unter die Dispositionserlaubnis, und die Versicherung endigt erst nach Ablauf der vereinbarten Frist, üblicherweise 30 Tage, nach Beginn der Zwischenlagerung im Kaischuppen. Hat jedoch mit der Verbringung der Güter in den Kaischuppen oder im Laufe des Aufenthalts der Güter dort der Versicherte die Absicht aufgegeben, die Güter auf sein Lager zu nehmen und will sie vom Kaischuppen aus verkaufen, so ist die Lagerung im Kaischuppen keine Zwischenlagerung mehr. Er wird vielmehr zur Ablieferungsstelle im Sinne der Haus-zu-Haus-Klausel, und der Versicherungsschutz endet dort ohne die Möglichkeit der Inanspruchnahme der vereinbarten Frist.

Noch eindeutiger hat das OLG Hamburg VersR 1986, 438 f. in einem Fall entschieden, in dem der Versicherungsnehmer bis Hamburg versicherte Güter im Kaischuppen einlagern und aus dem Container auspacken ließ. Das Gericht hat im Kaischuppen die versicherte Reise für beendet und die Lagerung im Kaischuppen nicht mehr als Zwischenlagerung im Sinne von Ziff. 5.2.3 ADS Güterversicherung angesehen.

(2) Güter sind von Frankfurt über Hamburg nach Übersee versichert. In Hamburg werden auf Veranlassung des Versicherungsnehmers die Güter zwischengelagert. Während dieser Zeit tritt ein Hochwasserschaden an den Gütern ein, und zwar

(a) am 28. Tag,

(b) am 85. Tag,

(c) am 92. Tag

der Zwischenlagerung. Die Güter werden am Tage nach diesem Schaden nach Übersee weiterbefördert und erleiden auf der Seereise einen weiteren Schaden. Die Fristen gem. Ziff. 5.2.3 bzw. 5.2.4 ADS Güterversicherung, Ziff. 8.2.8 und 8.2.3 DTV-Güter sind wie üblich mit 30 bzw. 90 Tagen vereinbart.

Nach der englischen Regelung ist der Versicherungsschutz mit Beginn der vom Versicherungsnehmer veranlassten Zwischenlagerung beendet, und weder der Hochwasserschaden noch der Schaden auf der Seereise werden ersetzt. Nach der deutschen Deckung werden im Falle (a) beide Schäden, im Falle (b) der Schaden auf der Seereise und nur im Falle

(c) keiner der beiden Schäden ersetzt, es sei denn, dass vorher eine rechtzeitige Verlängerung der Fristen vereinbart worden ist.

3. *Ende der Versicherung durch Fristablauf nach dem Ausladen aus dem Seeschiff im Bestimmungshafen*
(Ziff. 8.1.3 ICC 1982, Ziff. 8.1.4 ICC 2009, Ziff. 5.2.4 ADS Güterversicherung, Ziff. 8.2.3 DTV-Güter)

Sowohl die englische als auch die deutschen Klauseln) und insoweit grundsätzlich auch Ziff. 8.2.3 DTV-Güter (zur erweiternden Ausnahme dort siehe sogleich) beenden den Versicherungsschutz, wenn die Güter nach Entladung aus dem Seeschiff im Bestimmungshafen die Ablieferungsstelle nicht innerhalb einer bestimmten Frist erreicht haben. Es kommt darauf an, was früher eintritt: Erreichen der Ablieferungsstelle oder Ablauf der Frist? Wird die Ablieferungsstelle vor Ablauf der Frist erreicht, dann endet die Versicherung, und sie gilt keinesfalls bis zum Fristablauf weiter.

Nach den deutschen Regelungen ist die Frist zu vereinbaren, nach englischer endet der Versicherungsschutz mit Ablauf von 60 Tagen nach Entlöschen der Güter aus dem Seeschiff im Bestimmungshafen. Die deutsche Klausel unterscheidet nicht mehr zwischen Entladung der Güter aus dem Seeschiff im Bestimmungshafen und einem anderen Transportmittel an einem Binnenplatz, wie das vor der Einführung der ADS Güterversicherung der Fall war.

Beispiel:
Güter sind nach einem Binnenplatz Mittelamerikas versichert. Die Binnennachreise muss deshalb für längere Zeit unterbrochen werden, weil die einzige Zufahrtsstraße zum Bestimmungsort durch einen Erdrutsch verschüttet ist. Die 60-Tage-Frist hat mit der Beendigung der Entlöschung aus dem Seeschiff begonnen, und die Versicherung endigt, wenn die Binnenreise, aus welchen Gründen auch immer, nicht innerhalb dieser Zeit beendet ist.

Im Rahmen der Bestimmungen für die laufende Versicherung zu den ADS Güterversicherung wird in Ziff. 6 dem Versicherungsnehmer, beschränkt auf sein eigenes versichertes Interesse, eine bessere Position eingeräumt. Danach endet die Versicherung nicht durch Ablauf der 60-Tage-Frist, wenn drei Voraussetzungen vorliegen:

- Es muss eine Verzögerung eingetreten sein, die durch ein versichertes Ereignis verursacht worden ist,

- das eigene versicherte Interesse des Versicherungsnehmers muss betroffen sein,

- die Verzögerung muss unverzüglich angezeigt und eine Prämienzulage entrichtet werden.

Ziff. 8.2.3 DTV-Güter führt diese Regelung jetzt auch außerhalb der laufenden Versicherung ein.

Die englische Klausel sieht eine Fristverlängerung durch Vereinbarung vor.

Als weiteren Beendigungstatbestand sieht Ziff. 8.1.3 ICC 2009 an, dass der Versicherungsnehmer am Bestimmungsort nicht aus dem Transportmittel auslädt, sondern dies als Lager benutzt (*elect to use any carrying vehicle or other conveyance or any container for storage other than in the ordinary course of transit*).

4. *Ende der Versicherung durch Änderung des in der Police vereinbarten Ablieferungsortes*
   (Ziff. 8.2 ICC, Ziff. 5.2.2 ADS Güterversicherung, Ziff. 8.2.2 DTV-Güter)

Hier ist zu unterscheiden zwischen

(1)   einer Änderung des in der Police vereinbarten Bestimmungshafens und

(2)   einer Änderung des Ablieferungsortes nach Ausladung in dem in der Police vereinbarten Bestimmungshafen.

Zu (1): Diese Fälle werden nach Ziff. 2 ADS Güterversicherung, Ziff. 5.3 DTV-Güter als Gefahränderung behandelt, und zwar ohne Rücksicht darauf, ob die Änderung auf Veranlassung oder mit Zustimmung des Versicherten, aufgrund einer Option des Reeders im Frachtvertrag oder außerhalb der Kontrolle des Versicherten erfolgt.

Das deutsche Recht unterscheidet im Gegensatz zum englischen nicht zwischen einer Änderung des Bestimmungshafens vor und nach Antritt der Reise. Beide Fälle werden vielmehr in gleicher Weise als Gefahränderung behandelt. Das englische Recht arbeitet sehr viel komplizierter. Danach sind vier Fälle zu unterscheiden:

- Änderung des in der Police vereinbarten Bestimmungshafens vor Antritt der Reise. Nach § 44 MIA beginnt damit kein versichertes Risiko.

- Änderung des in der Police vereinbarten Bestimmungshafens nach Risikobeginn. Ein solcher Vorgang wird als Reiseänderung *(Change of Voyage)* angesehen. Die sehr harte Bestimmung des § 45 MIA „der Versicherer ist leistungsfrei mit der Reiseänderung, d.h. mit dem Zeitpunkt, in dem der Entschluss zur Reiseänderung sich manifestiert, gleichgültig, ob zurzeit des Schadens das Schiff seinen entsprechend der Police bestimmungsgemäßen Kurs bereits verlassen hat" wird dadurch gemildert, dass gem. § 45 MIA andere Vereinbarungen in der Police möglich sind. Eine solche Vereinbarung existiert in der Change-of-Voyage-Clause der Institute Cargo Clauses (siehe S. 160 f.).

- Die beiden Fälle, in denen durch Umstände, auf die der Versicherte keinen Einfluss hat, die Reise geändert oder beendet wird, gehören zur Termination of Contract of Carriage-Clause (siehe S. 161).

Zu (2): Für das deutsche Recht enthalten die ADS Güterversicherung und die DTV-Güter Regelungen, dass die Änderung des Ablieferungsortes keine Auswirkung auf den Versicherungsschutz hat, sofern damit keine Gefahrerhöhung verbunden ist. Liegt aber in der Änderung eine Gefahrerhöhung, so endet die Versicherung nach Ziff. 5.2.2. ADS Güterversicherung, Ziff 8.2.2 DTV-Güter spätestens mit Beginn der Weiterreise. Für den Versicherten besteht in dieser Regelung ein gewisser Unsicherheitsfaktor. Dieser wurde jedoch in den vorbereitenden Verhandlungen über die ADS Güterversicherung von den Vertretern der Versicherungsnehmer und der Makler akzeptiert und auch für die DTV-Güter weiter in Kauf genommen, weil diese Lösung für den Versicherten immer noch günstiger ist als eine Beendigung des Versicherungsschutzes, die mit der Änderung des Bestimmungsortes eintritt. Der Versicherte kann leicht selbst ermessen, ob die Änderung eine Gefahrerhöhung nach sich zieht.

Es handelt sich hier um eine Spezialnorm zu den Bestimmungen über Gefahrerhöhung mit dem wesentlichen Unterschied, dass hier der Versicherungsschutz endet.

Beispiel:
Ein Importeur versichert Güter von New York per Seeschiff nach Bremen und von dort per LKW nach Essen. Während die Güter noch schwimmen, verkauft der Importeur sie nach Frankfurt. Die LKW-Reise geht deshalb von Bremen direkt nach Frankfurt anstatt nach Essen. Diese Änderung des Ablieferungsortes ändert nicht die versicherte Gefahr, sie ist also nach ADS Güterversicherung und DTV-Güter mitversichert. Wären jedoch die Güter bis Bremen versichert gewesen und wird der Ablieferungsort in Frankfurt geändert, dann endet die Versicherung, falls sie nicht schon wegen Ablaufs der Fristen der Haus-zu-Haus-Klausel früher geendet hat, mit der Verladung auf den LKW, mit dem die Reise nach Frankfurt durchgeführt wird. Denn durch den zusätzlichen LKW-Transport tritt eine Gefahrerhöhung gegenüber der sonst in Bremen endenden Seereise ein.

Nach englischem Recht hat die Versicherung in beiden Fällen in Bremen mit der Verladung auf den LKW geendet. Diese Regelung des englischen Rechts ergibt sich aus Abs. 2 der „Transit-Clause", der Folgendes vorsieht: *If, after discharge overside from the oversea vessel at the final port of discharge, but prior to termination of this insurance, the goods are to be forwarded to a destination other than that to which they are insured hereunder, this insurance, whilst remaining subject to termination as provided for above, shall not extend beyond the commencement of transit to such other destination* („Falls die Güter nach Entlöschung aus dem Seeschiff, aber vor Ablauf der Versicherung zu einem anderen Bestimmungsort als dem hierunter versicherten befördert werden, so endet die Versicherung, unter Beibehaltung der oben bestimmten Kündigungsmöglichkeiten, mit dem Beginn der Weiterbeförderung zu diesem anderen Bestimmungsort"). Etwas anderes gilt nur dann, wenn die Voraussetzungen der Termination of Contract of Carriage-Clause vorliegen, nämlich Umstände außerhalb der Kontrolle des Versicherten.

5. *Ende der Versicherung durch Verkauf der Güter wegen eines versicherten Ereignisses*

Mit dem Verkauf der Güter wegen eines versicherten Ereignisses endet die Versicherung. Diese aus § 96 ADS stammende Bestimmung ist in der Haus-zu-Haus-Klausel der Ziff. 5.2.5 ADS Güterversicherung und der Ziff. 8.2.5 DTV-Güter übernommen worden. Die englische Regelung in der Termination of Contract of Carriage-Clause der ICC ist die gleiche.

3.5 Lieferklauseln und Transportversicherung

Incoterms® 2010

Im Interesse der internationalen Vereinheitlichung der Vertragsgrundlagen im Warenverkehr hat die Internationale Handelskammer einheitliche Klauseln, nämlich die International Commercial Terms, im Sprachgebrauch Incoterms 2010, erarbeitet. Sie werden jeweils auf den neuesten Stand (zuletzt 2010) gebracht.

Die Incoterms® 2010 regeln in elf unterschiedlichen Klauseln die Verpflichtungen von Käufer und Verkäufer aus dem Kaufvertrag, u.a. bis wann bzw. ab wann der Verkäufer bzw. der Käufer beim Versendungskauf die Gefahr und die Kosten tragen muss. Aus der Dauer der Gefahrtragung ergibt sich, für welchen Teil des Transportes Verkäufer oder Käufer Versicherungsschutz zu nehmen haben.

Tabelle 3.1   Incoterms® 2010

Gefahren- und Kostenübergang für die Ware im Regelfall*)		
Klausel	Übergang der Gefahren Verkäufer Käufer	Übergang der Kostenlast Verkäufer Käufer
EXW•) ex works/ab Werk	Bereitstellung auf Grundstück des Verkäufers	wie nebenstehend
FCA•) free carrier/ frei Frachtführer	Übergabe an den vom Käufer benannten Frachtführer oder Spediteur	wie nebenstehend
FAS•) free alongside ship/ frei Längsseite Schiff	Bereitliegen längsseits des Schiffes (z. B. am Kai oder im Leichter) im vereinbarten Verschiffungshafen	wie nebenstehend
FOB•) free on board/frei an Bord	Verladung an Bord eines Schiffes	wie nebenstehend
CFR••) cost and freight/ Kosten u. Fracht	wie FOB	Ankunft im vereinbarten Bestimmungshafen

Lieferklauseln und Transportversicherung

Gefahren- und Kostenübergang für die Ware im Regelfall*)		
Klausel	Übergang der Gefahren Verkäufer Käufer	Übergang der Kostenlast Verkäufer Käufer
CIF**) cost, insurance and freight/ Kosten, Versicherung, Fracht	wie FOB	wie CFR zzgl. Transportversicherungsprämie
CPT**) carriage paid to/frachtfrei	Übergabe an den ersten Frachtführer	Ankunft am vereinbarten Bestimmungsort
CIP**) carriage and insurance paid/frachtfrei versichert	wie CPT	wie CPT zzgl. Transportversicherungsprämie
DAT*) delivered at terminal/ geliefert Terminal	Zurverfügungstellung der unverzollten Waren am vereinbarten Terminal	wie nebenstehend
DAP*) delivered at place/ geliefert benannter Ort	Ankunft am vereinbarten Bestimmungsort	wie nebenstehend, ohne Zollkosten, Steuern und öffentliche Abgaben im Einfuhrland
DDP*) delivered duty paid/ geliefert verzollt	wie DAP	wie DAP, zzgl. Zollkosten, Steuern und öffentliche Abgaben im Einfuhrland

Quelle: Graf von Bernstorff, Incoterms® 2010, Kommentierung für die Praxis inklusive offiziellem Regelwerk, Bundesanzeiger Verlagsgesellschaft mbH, Köln.

*)   das heißt bei termingerechter Lieferung der Ware durch den Verkäufer und bei ordnungsgemäßer Abnahme durch den Käufer
- •)   Einpunkte-Klausel (Gefahr- und Kostentragungsübergang im gleichen Zeitpunkt)
- ••)   Zweipunkte-Klausel (Gefahr- und Kostentragungsübergang in verschiedenen Zeitpunkten)

Diese Übersicht ist nicht als einzige Informationsquelle zu verwenden, sondern sollte immer zusammen mit dem Originaltext der Incoterms® 2010 genutzt werden. Bezugsquelle: www.icc-deutschland.de. Incoterms® ist ein eingetragenes Markenzeichen der International Chamber of Commerce.

Für den Versicherungsschutz nach CIF und CIP gilt, dass der Verkäufer nur die Mindestdeckung entsprechend Clause C (ICC) zur Verfügung stellen muss. Allerdings kann auf Verlangen des Käufers und auf seine Kosten eine erweiterte Deckung gemäß Clause A oder B (ICC) vom Verkäufer geschlossen werden. Die notwendigen Informationen dazu muss der Käufer beibringen (Graf von Bernstorff S. 144; ICC Rules CIF, A3, b).

Interessen des deutschen Außenhändlers bei der Wahl der entsprechenden Lieferklauseln und Schutzversicherungen

Beim Export

(1) Für alle Klauseln, mit Ausnahme von CIF und CIP, bestehen keine Versicherungsverpflichtungen gegenüber dem Käufer. Trotz dieser Situation und trotz der Tatsache, dass der Gefahrübergang auf den Käufer eingetreten ist, bleibt beim Dokumentenkauf neben dem wichtigen Kreditrisiko noch ein weiteres unter Umständen erhebliches Risiko bei dem Verkäufer. Der Verkäufer wird nämlich nur selten feststellen können, ob und in welchem Umfang der Käufer seine Gefahrtragung versichert hat. Liegt nun eine solche Versicherung nicht oder nicht in ausreichendem Maße vor, so besteht für den Verkäufer die Gefahr, dass die Dokumente nicht eingelöst werden, wenn die Ware beschädigt oder gar nicht ankommt. Obwohl natürlich der Verkäufer seine Rechte auf Kontrakterfüllung durch den Käufer geltend machen kann, wird die Durchsetzung dieser Rechte häufig auf große Schwierigkeiten stoßen und wird mit Zeitverlust verbunden sein, wenn der Prozess in einem fremden Land mit unter Umständen unsicherer Rechtsprechung geführt werden muss. Obwohl also der Verkäufer die Gefahr an der Sache rechtlich nicht mehr trägt, kann für ihn ein erhebliches schutzbedürftiges Interesse verbleiben, weil das Eigentümerinteresse zumindest in seiner wirtschaftlichen Auswirkung wieder auf ihn zurückfallen kann. Insoweit bleibt also das an sich auf den Käufer übergegangene Eigentümerinteresse für den Verkäufer bis zur Bezahlung des Kaufpreises noch schwebend existent.

Die Gefährdung dieses schwebenden Eigentümerinteresses kann durch die

- Exportschutzversicherung bei der Deckung auf Basis der ADS Güterversicherung auf der Grundlage der DTV-Exportschutz-Klausel 1990 und bei Deckung auf Basis der DTV-Güter auf der Grundlage der Schutz- und Konditionsdifferenzversicherungsklausel gedeckt werden.

Obwohl diese Versicherungen einige Merkmale der Übernahme eines Kreditrisikos enthalten, stehen diese doch nicht im Vordergrund, und die Exportschutzversicherung darf keinesfalls mit einer Exportkreditversicherung verwechselt werden.

Gegenstand der Exportschutzversicherung ist auf der Grundlage der ADS Güterversicherung und der DTV-Güter nur ein Transportschaden an der Substanz der Sache (Verlust oder Beschädigung) bzw. die Übernahme von Kosten, wie sie für Havarie-grosse usw. im Rahmen einer Transportversicherung gedeckt sind. Ziff. 1 DTV-Exportschutz-Klausel 1990 spricht dies ausdrücklich aus, gem. Ziff. 2 Schutz- und Konditionsdifferenzversicherungsklausel gilt das Gleiche, denn das Schutzinteresse ist nur „nach Maßgabe der zugrunde liegenden Güterversicherung" gedeckt. Dieser Transportschaden muss durch eine der versicherten Transportgefahren entstanden sein. Ein solcher Schaden wird hier aber nicht in jedem Fall ersetzt, sondern nur dann, wenn das Eigentümerinteresse für den Verkäufer zumindest wirtschaftlich wieder existent geworden ist, weil er die Zahlung des fälligen Kaufpreises oder die Vergütung einer von ihm vorgeleisteten Havarie-grosse-Zahlung nicht erzwingen (Ziff. 1 Exportschutz-Klausel 1990) bzw. mit zumutbaren kaufmännischen Mitteln nicht erreichen (Ziff. 3.3 Schutz- und Konditionsdifferenzversicherungsklausel kann. Die Leistungspflicht des Exportschutzversicherers ist also von zwei Voraussetzungen abhängig, nämlich Transportschaden und Nichtzahlung des fälligen Kaufpreises. Im Gegensatz dazu deckt die Exportkreditversicherung das Risiko der Nichtzahlung des Kaufpreises durch den Käufer ohne Rücksicht auf einen Schaden an den Gütern.

Die wichtigsten *Grundsätze* der Exportschutzversicherung sind folgende:

- Deckung nur für das eigene Interesse des Versicherungsnehmers,
- Deckung nur für Transportgefahren,
- Charakter einer Subsidiär-Versicherung insoweit, wie die Zahlung des fälligen Kaufpreises oder die Vergütung geleisteter Havarie-grosse-Einschüsse nicht erzwungen werden kann,
- die Versicherungssumme darf den Netto-Fakturenwert nicht überschreiten,
- keine Abtretung der Rechte aus dieser Versicherung an Dritte, mit Ausnahme an die Bank, die das Geschäft bevorschusst hat,
- der Versicherungsnehmer muss seine Rechte im eigenen Namen geltend machen und darf die Existenz einer Exportschutzversicherung nicht bekanntgeben.

Wichtig ist, dass die Zahlung eines fälligen Kaufpreises nicht erzwungen bzw. mit zumutbaren kaufmännischen Mitteln nicht erreichen werden kann. Eine Zahlung, die deshalb nicht geleistet wird, weil dem Käufer ein Ziel eingeräumt wurde und der Kaufpreis deshalb noch nicht fällig ist oder eine Zahlungsverweigerung, weil der Käufer zu Recht von dem Kaufvertrag zurückgetreten ist (häufig wird z. B. in dem Kaufvertrag dem Käufer das Recht zum Rücktritt eingeräumt, wenn der Verkäufer den Verschiffungstermin nicht einhält) oder Qualitätsmangel geltend macht, löste keine Ansprüche gegen die Exportschutzversicherung aus.

Schließlich ist noch darauf hinzuweisen, dass das Transferrisiko im Rahmen der Exportschutzversicherung nicht gedeckt ist. Es kommt nicht darauf an, ob der Versicherungsnehmer die Zahlung des Kaufpreises tatsächlich erhält, sondern allein darauf, ob die Zahlung geleistet wird. Kann z. B. vom Käufer die Zahlung nicht transferiert werden und muss aufgrund etwa bestehender Devisenbestimmungen auf ein Sperrkonto bezahlt werden, dann ist gleichwohl eine Zahlung im Sinne der Exportschutzversicherung erfolgt, und eine Leistungspflicht des Exportschutzversicherers wird nicht ausgelöst.

Wegen der für den Verkäufer sehr viel günstigeren Situation bei Verkauf gegen unwiderrufliches Akkreditiv ist in solchen Fällen eine Exportschutzversicherung für den Verkäufer nicht interessant.

In der englischen Praxis gibt es eine gleichartige Deckungsform durch die Seller's Interest- bzw. Contingency-Clauses. Institute Clauses gibt es dafür nicht.

(2) CIF und CIP Geschäft

Hier gelten die genannten Bedenken nicht, weil der Verkäufer selbst weiß, wie versichert worden ist. Zudem hat er, wenn die Dokumente nicht abgenommen werden, diese noch selbst in Besitz.

Bei Nichtabnahme durch den Käufer entstehen jedoch für den Verkäufer andere Schwierigkeiten, die in Verderb der Güter, Zeitablauf der Versicherung nach Haus-zu-Haus-Klausel oder erforderlichen Kosten für Umdisposition bestehen können. Für alle diese Fälle ist der Verkäufer durch seine Transportversicherung nicht gedeckt, auch nicht für den Verderb, denn die Nichtabnahme stellt keine versicherte Gefahr dar. Es wird ihm aber in aller Regel möglich sein, nach Ablauf der ursprünglichen Versicherung eine Anschlussdeckung zu erhalten.

Der deutsche Exporteur wird sich überlegen, welche Kontraktgrundlage seinen Transporten am besten dient. Dabei sprechen sehr viele Umstände für einen CIF- bzw. CIP-Verkauf. Als wichtigste Umstände sind zu nennen:

1. Er ermöglicht dem Käufer einen guten Preisvergleich auf den ersten Blick, da für ihn alle Kalkulationen mit Vorfracht, Seefracht, Versicherung wegfallen, wie sie bei anderen Vertragsgrundlagen zum Teil erforderlich sind, und es entfällt für den Käufer die Pflicht zur Beschaffung des Transportraumes.

2. Der Exporteur ist für den Fall der Nichtabnahme der Ware mit den oben genannten Einschränkungen weitgehend gesichert.

3. Der Exporteur wird häufig eine Großpolice mit besonders günstigen Prämiensätzen haben. Er hat beim CIF-Verkauf die Möglichkeit, den Unterschied zwischen seiner günstigen Prämie und der normalen konkurrenzmäßig in preislicher Hinsicht zu nutzen.

4. Der Exporteur kann im eigenen oder im Kundeninteresse sich in die Schadenregulierung einschalten und wird besonders bei schwierigen Schäden mit seinen eigenen Versicherern leichter verhandeln können.

Beim Import
(1) Allgemeines

Hinsichtlich der grundsätzlichen Seite der Versicherungspflicht und des Gefahrüberganges gelten keine Besonderheiten gegenüber dem Export. Viele Gesichtspunkte jedoch, die beim Export für CIF gesprochen haben, sprechen beim Import dagegen.

Für den CIF-Kauf spricht der unter (2) 1. genannte Tatbestand. Es spricht weiter dafür, dass in sehr vielen Fällen sich eine Usance für CIF-Geschäfte gebildet hat, so dass normalerweise der deutsche Importeur die Offerten auf CIF-Basis erhält und bei der Einholung eines CFR-Preises wegen der starken Beweglichkeit der Weltmarktpreise entweder keinen oder nur einen sehr geringen Nachlass für den Wegfall des „i" erhält, so dass für ihn das Geschäft teurer wird.

Gegen einen CIF-Kauf sprechen die oben unter (2) 3. und 4. erwähnten Tatbestände. Hinzu kommt noch ein weiterer Punkt, nämlich das Interesse der Banken, die den Import finanzieren, an dem Versicherungsschutz. Dieses Interesse erscheint den Banken aus verständlichen Gründen durch eine inländische Versicherungsdeckung am besten geschützt zu sein.

Für den Fall, dass CIF gekauft wird, entstehen für den Importeur folgende Fragen im Zusammenhang mit der Versicherung:

1. Reicht die CIF-Police aus im Hinblick auf den Umfang des Deckungsschutzes? Dazu ist zu erwähnen, dass häufig über die Bestimmungen der Trade Terms hinausgehender Versicherungsschutz gewünscht wird; normalerweise auch aufgrund der Wünsche der Bank des Importeurs.

   Diese Fragen werden entweder zwischen den Kontrahenten besonders oder in den Standard-Kaufkontrakten geregelt.

2. Der Importeur muss sich mit der Auslegung der ausländischen Police befassen und die Schadenregulierung häufig im Ausland durchführen.

3. Eine besonders wichtige Frage ist die, wo Schäden aus der Police zahlbar gestellt sind. Die deckungsmäßig umfangreichste Transportversicherung nützt dem deutschen Importeur nichts, wenn die Police nicht den Vermerk „Schaden zahlbar am Bestimmungsort" enthält, und er in erhebliche Schwierigkeiten gerät, weil der in dem Heimatland des betreffenden Versicherers ausgezahlte Schadenbeitrag nicht nach Deutschland transferiert werden kann.

4. Auch die Frage der Policenwährung, die normalerweise der Kontraktwährung entspricht, hat für den Importeur erhebliches Interesse.

5. Schließlich können sich hinsichtlich der Bonität und Qualität des Versicherers der CIF-Police Bedenken ergeben.

Alle diese Punkte werden für den Importeur gegenstandslos, wenn er eine

(2) Importschutz-Versicherung (siehe DTV-Importschutz-Klausel 1990) abgeschlossen hat. Diese ist das Gegenstück zur Exportschutzversicherung. Die Schutz- und Konditionsdifferenzversicherungsklausel 2000/2008 kombiniert die Export- und die Importschutzversicherung.

Nach dem Abschluss einer Importschutz-Versicherung ist der hiesige Importeur so gestellt, als habe er ausschließlich bei seinem inländischen Versicherer versichert. Dieser muss also zunächst den Schaden auf der Grundlage der Bedingungen der Importschutz-Police regulieren.

Der Versicherungsnehmer ist dann verpflichtet, den CIF-Versicherer in Anspruch zu nehmen und die einkassierten Beträge dem Importschutz-Versicherer, der bereits vorgeleistet hat, zur Verfügung zu stellen.

Da sich auf diese Weise die tatsächliche Belastung des Importschutz-Versicherers vermindert, kauft er dem Versicherungsnehmer gleichsam die Import-Police ab. Die Höhe des Preises, der sich als Rückgabe auf die Prämie der Importschutz-Versicherung niederschlägt, hängt von zahlreichen Umständen ab, die mit der Frage zusammenhängen, welche Aussichten die erfolgreiche Inanspruchnahme des CIF-Versicherers hat.

Eine Importschutz-Police ist begrifflich nur bei Gleichwertigkeit des Umfanges des Versicherungsschutzes von CIF-Police einerseits und Importschutz-Police andererseits denkbar. Wenn die CIF-Police nur zu eingeschränkten Bedingungen besteht, der Käufer jedoch eine Versicherung zu vollen Bedingungen wünscht, kann auch der Unterschied in den Bedingungen versichert werden. Diese sogenannte *Konditionsdifferenz-Versicherung* wird regelmäßig mit der Importschutz-Versicherung kombiniert, die Schutz- und Konditionsdifferenzversicherungsklausel 2000/2008 sieht dies von vornherein so vor. In einem solchen Fall kann sich natürlich die Prämienrückgabe des Importschutz-Versicherers, der zu „all risks"-Bedingungen deckt, nur an dem Deckungsumfang der CIF-Police orientieren.

Die Importschutz-Versicherung ist ebenso wie die Exportschutzversicherung eine Subsidiär-Versicherung und deckt nur das eigene Interesse des Versicherungsnehmers. Es können deshalb Rechte daraus lediglich an die Bank übertragen werden, die das zugrunde liegende Handelsgeschäft finanziert hat.

Gegen die Rechtswirksamkeit einer Subsidiaritäts-Klausel in einer Transportversicherung – zumindest in der hier bei der Schutzversicherung vorhandenen Form – bestehen keine Bedenken. Wegen der Subsidiaritätsabrede kann der in Anspruch genommene CIF-Versicherer nach deutschem Recht nicht einwenden, es handele sich hier um eine Doppelversicherung, nach der der CIF-Versicherer und der Importschutz-Versicherer jeweils 50 % von dem Schaden zu tragen hätten.

Auch in der Importschutz-Versicherung ist ein gewisses Kreditrisiko enthalten, das in der Bonität und Qualität des CIF-Versicherers liegt, und es ist auf jeden Fall das Transferrisiko enthalten. Diese Risiken stehen aber nicht im Vordergrund, denn die Voraussetzung für die Leistungspflicht des Importschutz-Versicherers ist lediglich der Eintritt einer versicherten Gefahr. In seinen Auswirkungen ist das vorhandene Kreditrisiko nicht anders zu betrachten wie das Risiko der Regressnahme gegen einen Frachtführer oder Kollisionsgegner. Will man jedoch das Kreditrisiko betonen, dann ergibt sich daraus die Anerkennung der Deckung verschiedener Interessen – nämlich Güter-Interesse durch die CIF-Versicherung und Interesse an der schnellen und reibungslosen Verfügung über einen eventuellen Entschädigungsbetrag durch die Schutz-Versicherung – und damit auch das Ausscheiden einer Doppelversicherung.

3.6 Reines Konnossement und Transportversicherung

Wird ein Dokumentengeschäft, in dem das Dokument die Ware repräsentiert, über ein Akkreditiv abgewickelt, sind die von der International Handelskammer in Paris herausgegebenen „Einheitliche Richtlinien und Gebräuche für Dokumenten-Akkreditive" (ERA) zu beachten. Aktuelle Fassung sind die ERA 600 aus dem Jahre 2007. Art. 20 ERA 600 verlangt reine Konnossemente. Ein Konnossement, das Abschreibungen enthält, etwa im Hinblick auf Menge und Gewicht oder Zustand der verschifften Güter, ist unter einem Akkreditiv im Allgemeinen nicht andienungsfähig. Deshalb bestimmen die Incoterms® 2010, dass der Verkäufer mit einem „reinen" Konnossement verschiffen muss, denn nur materiell reine Verschiffungsdokumente sind andienungsfähig und werden von den Banken aufgrund der Vorschriften über das Dokumentenakkreditiv honoriert.

Der Verkäufer hat daher im höchsten Maße ein Interesse an einem reinen Konnossement. Dieses Interesse ist geeignet, ihn dazu zu verleiten, trotz Kenntnis von einer ersichtlichen Beschädigung der Ware den Verfrachter zu veranlassen, ihm ein reines Konnossement zu geben, wogegen er bereit ist, dem Verfrachter eine Erklärung mit der Verpflichtung zu geben, ihn von allen etwaigen Ansprüchen des Empfängers freizuhalten. Diese Verpflichtungserklärung – auch „Letter of Indemnity" oder „Letter of Guarantee" genannt – ist für den Verfrachter wichtig, weil ihm bei Ausstellung eines reinen Konnossementes Schadensansprüche drohen; denn wenn er im Konnossement keine Abschreibungen vorgenommen hat und beschädigte Ware ausliefert, wird gesetzlich vermutet, dass sie in seinem Gewahrsam beschädigt worden ist. Diese gesetzliche Vermutung ist unwiderleglich. Dem Verfrachter ist also der Beweis abgeschnitten, dass er die Güter anders, als im Konnossement beschrieben – z. B. nicht vollzählig oder in beschädigtem Zustand – übernommen hat. Das deutsche Schifffahrtsrecht bestimmt dies in § 656 Abs. 2 HGB, der auf den Haag-Visby-Regeln beruht. Allerdings haftet der Verfrachter nur nach allgemeinen Grundsätzen. Er kann sich also sowohl auf Haftungsbeschränkungen und Haftungsausschlüsse berufen sowie auf fehlendes Verschulden. Anders als in der Vorauflage vertreten, kann der Verfrachter seine Haftung für einen Schaden nicht damit verhindern, dass er dartut, dass die Güter schon vor der Übernahme durch ihn beschädigt waren, und diese Beschädigung bei der Übernahme auch unter Anwendung der zumutbaren Sorgfalt nicht festzustellen gewesen sei. Wenn die Beschädigung nämlich schuldlos nicht feststellbar ist, dann entspricht ein reines Konnossement der – äußerlich erkennbaren Verfassung und Beschaffenheit der Güter gem. § 643 Nr. 8 HGB („apparent good order and condition"). Der Beweis eines – „inneren", also äußerlich nicht erkennbaren Schadens, steht dem Verfrachter dann noch offen.

Der Käufer, dem ein reines Konnossement vorgelegt wird, wird seinen Kontrakt erfüllen und erhält nun eine Ware, die vielleicht so beschädigt ist, dass sie für ihn wertlos ist. Daraus ergibt sich ein sehr großes Risiko für ihn und seine Bank, denn meist erfährt der Empfänger oder dessen Versicherer von dem „Letter of Indemnity" nichts. Ist dies der Fall, wird man solche Fälle nach Gesichtspunkten des Betruges beurteilen (zur Sittenwidrigkeit solcher Reverse vgl. BGH VersR 1973, 268 und OLG Hamburg VersR 1986, 385 f. und VersR 1986, 385).

Auch gilt die Haftungsbegrenzung des § 660 HGB in einem solchen Fall nicht, und der Verfrachter muss dem gutgläubigen Konnossementsempfänger nach §§ 280 BGB Schadenersatz in voller Höhe aus der falschen Konnossementsausstellung leisten, ohne einwenden zu können, der Ablader habe die Unrichtigkeit des Konnossements gekannt (vgl. BGH VersR 1987, 254). Dagegen ist der Verfrachter nicht versichert, weil der P&I-Versicherer dafür eine Ersatzleistung ablehnt (vgl. *Schwampe*, in: Thume/ de la Motte/Ehlers, Kap. V.D. Rn. 231 ff.).

Die bewusst unrichtige Ausstellung eines reinen Konnossements durch den Verfrachter im Austausch gegen einen „Letter of Indemnity" ist für den Verfrachter auch deshalb gefährlich, weil wegen Sittenwidrigkeit des Vorgangs der „Letter of Indemnity" vor Gericht nicht anerkannt wird und er deshalb den Schaden selbst zu tragen hat (vgl. OLG Hamburg Hansa 1985, 798 ff.). Anderes gilt nur dann, wenn der Verfrachter oder sein Kapitän bei der Ausstellung des Konnossements im Zweifel über den Zustand der Güter sind (Beispiel: Flugrost bei Eisenwaren). Ein solcher „Letter of Indemnity" ist nicht sittenwidrig.

Ob Güter schon vor der Verschiffung beschädigt waren, wird man ihnen manchmal nicht ansehen können. Dann steht dem Versicherungsnehmer das reine Konnossement auch gegenüber dem Versicherer als Beweismittel dafür zur Verfügung, dass die Güter bei Transportbeginn, jedenfalls bei Beginn dieses Transportabschnitts, unbeschädigt waren. Dann wird der Versicherer für Schäden in Anspruch genommen, die ihn nicht treffen. Manchmal kann aber trotz des reinen Konnossements festgestellt werden, das die Güter schon vor der Verschiffung beschädigt waren. Der Versicherer wird eine Entschädigung dann nicht gewähren weil ein Transportschaden nicht vorliegt. Damit bleibt der Käufer auf die Durchsetzung seiner Rechte gegen den Verkäufer oder darauf angewiesen, Ansprüche gegen die Reederei wegen unrichtiger Konnossementsausstellung geltend zu machen.

Verschiedene internationale Gremien beschäftigen sich mit der Lösung der daraus entstehenden Probleme. Aus verständlichen Gründen sind daran auch die Versicherer stark interessiert.

Eine Lösung des Problems könnte darin liegen, dass Akkreditivvorschriften, Banken und Importeure weniger Wert auf ein reines, als mehr Wert auf ein wahres Konnossement legen. Wenn z. B. der Schaden vor der Verschiffung nicht erheblich ist, dann könnte eine Besichtigung durch Sachverständige vor der Abladung durchgeführt werden, durch die eine genaue Auskunft über den Zustand der Ware erteilt wird. Der Käufer könnte dann gemeinsam mit seiner Bank und dem Versicherer beurteilen, ob der durch das Sachverständigengutachten festgestellte Zustand noch eine Übernahme der Konnossemente erlaubt, was natürlich nur dann in Frage kommen wird, wenn der Versicherer die Deckung des Schadens erklärt hat. Diese Methode ist allerdings etwas umständlicher und zeitraubender und deshalb im Handelsverkehr noch nicht akzeptiert worden. Gerade an in diesem Zusammenhang auftauchenden Fragen zeigt es sich, wie wichtig es ist, eine durchstehende Versicherungsdeckung zu besitzen, die auch die Zeit der Vorreise mit erfasst.

Die Internationale Handelskammer hat schon 1962 die Anwendung von „Unschädlichkeitsklauseln" vorgeschlagen. Diese Klauseln sollen zwischen den Parteien des Kaufvertrages als unschädlich für die Andienungsfähigkeit eines Konnossements vereinbart werden, obwohl dadurch das Konnossement strenggenommen nicht mehr rein ist. Diese Klauseln sind in einer Broschüre der Internationalen Handelskammer über eine Resolution zum „Problem of Clean Bills of Lading" vom November 1962 enthalten. Zur Lösung des Problems haben sie nicht wirklich beigetragen.

3.7 Versicherungswert und Maximum

Grundlage des Versicherungswertes ist der gemeine Handelswert der Güter.

(Über den Versicherungswert im Allgemeinen und seine Taxierung siehe S. 86 ff.)

Nach § 6 Abs. 1 ADS gilt der Wert des Interesses als Versicherungswert. Die DTV-Güter, die den Versicherungswert in Ziff. 10 regeln, enthalten eine solche Bestimmung nicht (zu den sich daraus ergebenden Folgerungen für die Mehrwertversicherung siehe S. 200 f.). Der Versicherungswert ist für die Güterversicherung in Ziff. 6 ADS Güterversicherung und Ziff. 10.2 DTV-Güter näher definiert, dabei wird auf den gemeinen Handelswert und, wenn ein solcher fehlt, auf den gemeinen Wert abgestellt, der am Ort der Abladung zu Beginn der Versicherung vorhanden ist. Haben die Güter einen Börsen- oder Marktpreis, so ist dieser maßgebend.

Bei der Bestimmung des gemeinen (Handels-)Wertes ist von objektiven Gesichtspunkten und nicht von subjektiven Wertbeziehungen des Versicherungsnehmers auszugehen. Dieser Wert steht allerdings nicht ein für allemal fest; er kann sich vielmehr je nach dem Verkehrskreis, dem der Versicherungsnehmer angehört, ändern (z. B. unterschiedlicher Wert in Hersteller-, Großhandels- und Kleinhandelskreisen). Es ist also der Wert maßgebend, der in dem betreffenden Verkehrskreis maßgebend ist, dem der Versicherungsnehmer angehört.

Wird der Versicherungswert taxiert, so wird damit seine Bestimmung nicht unwichtig, denn auch bei der Frage der Herabsetzung der Taxe nach § 6 Abs. 2 ADS, Ziff. 10.6 DTV-Güter sind Ziff. 6 ADS Güterversicherung und Ziff. 10.2 DTV-Güter als Maßstab heranzuziehen.

Dem *gemeinen Handelswert* sind hinzuzurechnen:

- die Versicherungskosten, soweit sie sich auf den Transport der Güter bis zum Bestimmungsort beziehen,
- die Kosten bis zur Abnahme der Güter durch den Verfrachter. Darin sind alle diejenigen Kosten erfasst, die erforderlich sind, um die Güter aus dem Gewahrsam des Versicherungsnehmers in den Gewahrsam des Verfrachters zu verbringen.
- endgültig bezahlte Fracht (siehe S. 201 f.).

Normalerweise werden in jeder Police Vereinbarungen über die Bestimmung des Versicherungswertes getroffen. Dabei wird meist auf den Fakturenwert und jegliche Fracht (also nicht nur die endgültig bezahlte) abgestellt. Die Regelungen in Ziff. 6 ADS Güterversicherung und Ziff. 10.2 DTV-Güter dienen also nur dann als Grundlage, wenn keine anderweitige Vereinbarung getroffen worden ist.

Der Versicherungswert im Sinne von Ziff. 6 ADS Güterversicherung und Ziff. 10.2 DTV-Güter bleibt während der Dauer der Versicherung konstant. Erhöht sich der tatsächliche Wert des Eigentümerinteresses, so ändert dies nichts an dem festgestellten Versicherungswert. Ihm ist jedoch im Schadenfall der Wert gegenüberzustellen, den die Güter in unbeschädigtem Zustand am Ablieferungsort haben (Gesundwert, Ziff. 7.3 ADS Güterversicherung, Ziff. 17.3.1 DTV-Güter). Eintretende Erhöhungen des Versicherungswertes, also Differenzen zwischen Versicherungswert und Gesundwert am Ablieferungsort, sind als Mehrwert (siehe S. 200 f.) versicherbar.

Außer der Begrenzung der Leistung des Versicherers durch den Versicherungswert wird noch eine Begrenzung für das gesamte Engagement des Versicherers bei einer Police, also gleichsam ein Höchstversicherungswert, festgelegt. Das ist erforderlich, damit der Versicherer weiß, in welchem Obligo er sich der Höhe nach insgesamt befindet. Die Übernahme einer unbeschränkten Deckung ist einem Versicherer gegen Festprämie aus allgemein kaufmännischen Gründen nicht möglich, und er bedarf einer Übersicht schon aus Gründen der Ordnung seiner Rückversicherung.

Bei der sogenannten Maximierung ist zwischen einer Maximierung der Versicherungssumme *(Höchstversicherungssumme)* und einer Maximierung der Haftung des Versicherers pro Schaden *(Höchsthaftungssumme)* zu unterscheiden. Die ADS gehen in Ziff. 8 der Bestimmungen für laufende Policen der ADS Güterversicherung und Ziff. 4 Bestimmungen für die laufende Versicherung der DTV-Güter von einer Maximierung der Versicherungssumme aus.

Bei der Maximierung der Versicherungssumme wird vereinbart, dass die Versicherung sich nur auf einen bestimmten Betrag pro Police oder pro Beförderungsmittel bzw. Lager bezieht. Die Versicherungssumme wird also beschränkt.

Darüber hinausgehende Beträge sind nicht mitversichert. Wird das Maximum dadurch überschritten, das mehrere Partien zusammen verladen werden, die erst in ihrer Gesamtheit das Maximum überschreiten, dann sind die Versicherungssummen der einzelnen Partien verhältnismäßig herabgesetzt. Die Wirkung ist die gleiche wie bei einer normalen Unterversicherung.

Bei der Höchsthaftungssumme kommt es dagegen nicht auf den Wert der Güter, sondern auf die Höhe des Schadens an. Die Güter sind mit ihrem vollen Wert versichert, jedoch ist im Schadenfall die Leistung des Versicherers auf den Betrag der Höchsthaftungssumme beschränkt.

Beispiel:
Das Maximum beträgt pro Transportmittel EUR 1 Mio., der Wert zusammen verladener Güter, bestehend aus fünf Partien zu je EUR 300.000, insgesamt EUR 1,5 Mio. Die Partie 1 geht total verloren. Alle anderen Partien bleiben unbeschädigt.

Ergebnis: Jede Einzelpartie ist nur mit 2/3 des Schadens von EUR 300.000, also nur EUR 200.000 zu entschädigen. Wäre der gleiche Betrag von EUR 1 Mio. nicht als Höchstversicherungssumme, sondern als Höchsthaftungssumme vereinbart worden, dann hätte der Versicherer die EUR 300.000 voll zu zahlen.

Es kann nun vorkommen, dass durch Umstände, die außerhalb der Kontrolle des Versicherten liegen, das Maximum dadurch überschritten wird, dass mehrere Partien zusammen gelagert oder verladen werden. Diesem Umstand trägt Ziff. 8.2 Bestimmungen für die laufenden Policen der ADS Güterversicherung dadurch Rechnung, dass die Beschränkung auf das Maximum dann keine Anwendung findet, wenn an einem Umschlagplatz Güter zugeladen werden, ohne dass der Versicherungsnehmer dies zu vertreten hat. Diese Regelung ist also auf Zuladung an einem Umschlagplatz beschränkt. Zusammenverladung im Verschiffungshafen oder Zuladung in einem Zwischenhafen, der nicht Umschlagplatz ist, werden dadurch nicht gedeckt. Anders Ziff. 4.1.2 Bestimmungen für die laufende Versicherung der DTV-Güter, die jetzt auch Zusammenverladung verschiedener Versendungen oder Bezüge auf einem Transportmittel erfassen und damit den Deckungsschutz gegenüber den ADS Güterversicherung erweitern.

Im Übrigen hat es der Versicherungsnehmer selbst in der Hand, ein ausreichend hohes Maximum in der Police zu wählen, das ihn als solches ja keine Prämie kostet.

In der *englischen Güterversicherung* galt früher eine unterschiedliche Regelung der Ersatzleistung pro Transportmittel *(per bottom)* und Lagergelegenheit *(per location)*. Heute gilt die gleiche Höchstversicherungssumme für *anyone conveyance and location*. Lediglich bei einer separaten von der Transportversicherung unabhängigen Lagerdeckung ist sie häufig auf erstes Risiko geschlossen.

3.8 Versicherung des imaginären Gewinns

Imaginärer Gewinn = subjektive Gewinnerwartung des Verkäufers

Der imaginäre Gewinn bezieht sich auf die Erwartungen, die ein Käufer, der noch nicht im Besitz der Ware ist, an die Ankunft dieser Ware knüpft; er ist nicht die im Preis einkalkulierte Gewinnspanne eines Verkäufers. Die § 1 ADS und Ziff. 1.1.3 DTV-Güter erlauben ausdrücklich, dass der von der Ankunft der Güter am Bestimmungsort erwartete Gewinn (imaginärer Gewinn) versichert werden kann.

Für die Höhe der Versicherung des imaginären Gewinns spielt zum einen das Verhältnis zwischen den Kontrahenten des Kaufvertrages und zum anderen das zwischen den Kontrahenten des Versicherungsvertrages eine Rolle. Das Verhältnis zwischen den Kontrahenten des Kaufvertrages sagt etwas darüber aus, wieviel imaginärer Gewinn versichert werden *soll,* während das Verhältnis zwischen den Kontrahenten des Versicherungsvertrages darüber etwas aussagt, wieviel imaginärer Gewinn versichert werden *kann.*

Die Beantwortung der Frage, in welcher Höhe imaginärer Gewinn versichert werden kann, ergibt sich nur aus dem § 100 Abs. 2 ADS. Dort wird nicht nur bestimmt, welcher Zeitpunkt für die Festlegung der Versicherungssumme maßgebend sein soll, sondern auch die Höchstgrenze des versicherbaren imaginären Gewinns festgelegt. Es darf kein höherer Gewinn versichert werden als er nach kaufmännischer Berechnung bei Abschluss des Versicherungsvertrages als möglich eintretend zu erwarten war. Dies ist nicht die Folge eines besonderen versicherungsrechtlichen Bereicherungsverbots. Allerdings gingen Literatur und Rechtsprechung jahrzehntelang von der Existenz eines solchen Verbots aus, das an § 55 VVG a.F. festgemacht wurde (so auch noch die Vorauflage aus dem Jahr 1996, S. 175). Durch mehrere Entscheidungen des BGH (VersR 1997, 1231; 1998, 305; 2001, 749) ist inzwischen jedoch geklärt, dass es ein solches Verbot nicht gibt, der Versicherer vielmehr leisten muss, was er versprochen hat. Das bedeutet aber nicht, dass imaginärer Gewinn schrankenlos versicherbar wäre. Denn nicht nur das gesetzliche Versicherungsrecht des VVG (vgl. § 80), sondern auch die vom BGH auch im Seeversicherungsrecht herangezogenen allgemeinen Grundsätze des deutschen Versicherungsrechts, die auch nach Aufhebung des gesetzlichen Seeversicherungsrechts des HGB weiter gelten, fordern für eine wirksame Versicherung das Vorliegen eines versicherten Interesses. Dieses darf zwar taxiert werden, um die Abwicklung von Schäden zu erleichtern, wodurch es durchaus denkbar ist, dass bei großzügiger Taxierung das eigentliche Interesse überstiegen wird. Doch führt dies in der Seeversicherung zum Recht des Versicherers, eine erheblich übersetzte Taxe herabzusetzen (§ 6 Abs. 2 ADS, Ziff. 10.5 DTV-Güter), in der Binnenversicherung gar dazu, dass eine erheblich übersetze Taxe im Schadenfall nicht den Wert des versicherten Interesses festlegt (§ 76 VVG). Auch ohne diese Bestimmungen würde eine erheblich übersetzte Taxe jedoch am Interesseerfordernis scheitern. Im Seeversicherungsbereich ist jedoch das Recht des Versicherers, die Taxe herabzusetzen, abdingbar (vgl. Schwampe, TranspR 2009, 239).

Nun können sich natürlich die Gewinnaussichten in der Zeit zwischen dem Abschluss des Versicherungsvertrages und der Ankunft der Ware bzw. dem Eintritt des Versicherungsfalles ändern. So kann z. B. die Gewinnaussicht deshalb zunichte gemacht werden, weil etwa die betreffende Ware nicht mehr marktgängig ist oder weil ein Konjunkturrückgang eingetreten ist. Alle diese Umstände sind für die Gewinnversicherung nach ADS und DTV-Güter nicht von Belang, weil es nur auf den Gewinn ankommt, der bei Abschluss des Versicherungsvertrages nach kaufmännischer Berechnung als möglich eintretend angesehen werden konnte. Die Gewinnversicherung ist deshalb jedoch keine Konjunkturverlustversicherung, weil die fallende Konjunktur nicht das versicherte Risiko darstellt. Eine Quasi-Konjunkturdeckung (wenn sie mit allen Einschränkungen so bezeichnet werden darf) ergibt sich lediglich aus der Tatsache, dass die Gewinnversicherungssumme nicht im Laufe der Versicherung einseitig herabgesetzt werden kann, weil der erwartete Gewinn nicht zur Entstehung gelangt ist.

Da der imaginäre Gewinn laut § 100 Abs. 2 ADS der kaufmännischen Berechnung unterliegen muss, kann imaginärer Gewinn grundsätzlich nur für Handelsgüter versichert werden. Wenn z. B. ein Auswanderer sein Umzugsgut einschließlich imaginären Gewinns versichert, so wäre eine wirksame Gewinnversicherung nicht zustande gekommen, weil ein Gewinninteresse fehlt. Auch mit der Begründung, der Auswanderer müsse sich für den Fall des Verlustes seines Umzugsgutes im Ankunftsland zu höheren Preisen neue Sachen kaufen, kann kein versicherbares Interesse an einer Gewinnversicherung geschaffen werden. Es handelt sich hier nicht um entgangenen Gewinn, sondern um einen tatsächlichen Schaden, der als Mehrwert versichert werden kann.

Die Höhe des imaginären Gewinns wird im Interesse einer vereinfachten Abwicklung bei der gemeinschaftlichen Versicherung von Gütern und Gewinn nach § 101 ADS, Ziff. 10.3 DTV-Güter mit 10 % angenommen, sofern eine gemeinschaftliche Versicherung von Gütern und Gewinn vereinbart worden ist. Über den Satz von 10 % hinaus ist die Erhöhung der Versicherung des imaginären Gewinns möglich, jedoch ist jede Erhöhung unter dem Gesichtspunkt des Grundprinzips zu sehen, demzufolge kein höherer Gewinn versichert werden darf, als er nach kaufmännischer Berechnung bei Abschluss des Versicherungsvertrages als möglich eintretend zu erwarten war (so ausdrücklich § 100 ADS; der gleiche Grundsatz gilt aber auch für die DTV-Güter, vgl. Ehlers, in: Thume/de la Motte, Kap. 3.A Rn. 14). Zur Frage der Taxierung des imaginären Gewinns und der Höhe der Gewinntaxe im Zusammenhang mit den Klauseln „imaginärer Gewinn, gleichviel wie hoch", „ersparte Fracht gilt als imaginärer Gewinn" usw. vgl. S. 90 f.

Für diese Versicherung gelten, soweit bei Versicherung auf Basis der ADS keine Sonderbestimmungen der §§ 100 ff. ADS eingreifen, die Bestimmungen über die Güterversicherung (Ziff. 9.6.1 ADS Güterversicherung, Ziff. 1.1.3 DTV-Güter). Deshalb gelten auch im Schadenfall für die Gewinnversicherung die gleichen Grundsätze wie für die Güterversicherung, d.h. der gleiche Schadenprozentsatz, der als Minderwert für die Güter ermittelt wird (Ziff. 7.3 ADS Güterversicherung, Ziff. 17.3 DTV-Güter) gilt auch für die Gewinnversicherung (§ 103 Abs. 3 ADS).

Hier kann jedoch der Fall eintreten, dass bezüglich des Gewinninteresses dem Versicherten ein Schaden zu 100 % entsteht, obwohl bei dem Güterinteresse nur ein Teilschaden vorhanden ist. Wenn nämlich der Versicherte wegen der Beschädigung die Ware nicht mehr in der Weise handeln kann, wie er es vorgehabt hat, oder wenn gar die Ware zur Feststellung des Minderwertes durch den Havarie-Kommissar des Versicherers nach Gesichtspunkten der Ziff. 7.3.2 ADS Güterversicherung, Ziff. 17.3.2 DTV-Güter veräußert wird, dann liegt bezüglich des Gewinninteresses ein Totalschaden vor; der Versicherungsnehmer erhält jedoch nur den Anteil aus der Gewinnversicherungssumme, den er wegen der Beschädigung aus der Güterversicherungssumme erhält.

Beispiel:
Verkauf durch den Havarie-Kommissar ergibt einen Minderwert von 25 %, Entschädigung aus der Gewinnversicherung ebenfalls nur 25 %.

Lediglich in einem Fall kann ein Teilschaden in Beziehung auf die Güterversicherung bei Deckung auf Basis ADS und ADS Güterversicherung zu einem Totalschaden in Beziehung auf die Gewinnversicherung führen. Diesen Fall erwähnt § 103 Abs. 1 ADS. Er ist dann gegeben, wenn die Güter aus einem anderen Grund als einem Totalverlust den Bestimmungsort nicht erreichen, z. B. wenn ein vereinbarter Notverkauf in einem Zwischenhafen stattfinden muss und deshalb der erwartete Gewinn nicht zur Entstehung gelangt. Die DTV-Güter enthalten keine vergleichbare Bestimmung. Dort müsste dies deshalb eigentlich separat vereinbart werden; die Praxis reguliert solche Fälle jedoch so, wie im § 103 Abs. 1 ADS vorgesehen: Unter der Gewinnversicherung wird Totalschaden angenommen.

Auch für die Gewinnversicherung gilt der selbstverständliche Grundsatz, dass nur dann eine Ersatzleistung des Versicherers beansprucht werden kann, wenn und insoweit ein Schaden – in diesem Fall am Gewinninteresse – eingetreten ist. Es kommt also nicht darauf an, wer den Gewinn versichert hat, sondern darauf, ob ein Gewinnschaden eingetreten ist.

Beispiel:
CIF-verkaufte Güter werden einschließlich einer Vorreise von Augsburg nach Bremen, dann weiter per Seeschiff nach New York auf Basis des CIF-Wertes zuzüglich 10 % imaginären Gewinn versichert. Auf der Vorreise tritt ein Totalschaden ein. Für die Vorreise trägt beim CIF-Verkauf der Verkäufer die Gefahr. Der Versicherungswert der Güter ist auf der Grundlage des gemeinen Handelswertes, also des Verkäuflichkeitswertes in den Handelskreisen, denen der Versicherungsnehmer angehört, zu ermitteln (Ziff. 6 ADS Güterversicherung, Ziff. 10.2 DTV-Güter). Darin ist auch der Gewinn des Verkäufers enthalten. Der Verkäufer hat über den CIF-Wert hinaus von der Ankunft der Güter am Bestimmungsort keine Vermögensmehrung zu erwarten, weil sein Gewinn bereits im CIF-Wert enthalten ist. Er hat bezüglich des versicherten imaginären Gewinns keinen Schaden erlitten und konnte auch keinen erleiden. Auch der Hinweis darauf, dass der Verkäufer für die verlorene Sache Ersatz liefern muss, erlaubt keine andere Beurteilung.

Der Verkäufer hat seinen Gewinn ja vom Versicherer durch die Regulierung auf der Grundlage des CIF-Wertes erhalten; liefert er Ersatz, so erhält er auch für die Ersatzlieferung Gewinn, diesmal in Form des Kaufpreises.

Wendet nun der Verkäufer ein, er habe deshalb über den CIF-Wert hinausgehend einen Schaden erlitten, weil die Ersatzlieferung nur zu höheren Selbstkosten erfolgen konnte, so hat dieser Vorgang nichts mit einem imaginären Gewinn zu tun, denn imaginärer Gewinn ist nur der von der Ankunft der Güter am Bestimmungsort erwartete Gewinn. Auch im Versicherungswert sind diese höheren Kosten nicht enthalten, denn dieser richtet sich ja nach dem Verkäuflichkeitswert der versichert gewesenen und nun verlorenen Güter. Dieser Verkäuflichkeitswert war nicht durch die höheren Kosten bei der Ersatzlieferung beeinflusst. Andererseits ist jedoch anzuerkennen, dass es sich hier um ein echtes über den Verkäuflichkeitswert hinausgehendes Interesse handelt. Das kann aber der Verkäufer nur als Mehrwert versichern.

Der Versicherer hat also den mitversicherten imaginären Gewinn nicht zu ersetzen, auch nicht dem Käufer, denn dieser hatte vor dem Gefahrübergang noch keine Sachwertbeziehung (strittig). Der Käufer hat aber gegen den Verkäufer nach wie vor den Anspruch auf Lieferung, durch die er sein Gewinninteresse realisieren kann. Der Bundesgerichtshof hat in der bekannten Entscheidung „FOB Hong Kong Airport" (VersR 1984, 56) anders entschieden. Dort waren auf Basis eines Akkreditivs Videokassetten FOB Hongkong Airport verkauft worden. Auf dem Weg zum Flughafen wurden die Kassetten gegen wertlose Falsifikate ausgetauscht. Gestützt auf die Haus-zu-Haus Klausel hat der BGH dem Deckungsanspruch des Käufers stattgegeben mit der Begründung, dass zwar zum Zeitpunkt des Schadenseintritts die Gefahr noch nicht auf den Käufer übergegangen sei, dass der Käufer nun aber einen ungesicherten Anspruch auf Rückzahlung des Kaufpreises habe. Dies begründe ein versichertes Interesse. Der Entscheidung kann nicht zugestimmt werden. Das Gericht verwechselt hier versichertes mit versicherbarem Interesse. Natürlich kann der Käufer sein Risiko, dass er seinen gezahlten Kaufpreis nicht zurück erhält, versichern. Ohne besondere Vereinbarung erfasst die Transportversicherung solche Interessen aber nicht.

Es liegt bei der Schadenabwicklung nun aber nicht jeder Fall so einfach, dass ein bestimmter Prozentsatz als Minderwert festgestellt wird, der von den auf Güterinteresse und Gewinninteresse versicherten Summen zu zahlen ist. Nach Ziff. 7.4 ADS Güterversicherung, Ziff. 17.4.1 DTV-Güter hat bei einer Beschädigung der Versicherte das Wahlrecht, ob er eine Abwicklung des Schadens auf Basis der geschätzten Minderwerte, oder ob er, wenn eine Wiederherstellung möglich ist, die Kosten der Wiederherstellung verlangen will. Die ADS Güterversicherung bestimmen mit dem letzten Teilsatz von Ziff. 7.4, das die Deckung beschränkt ist auf die Versicherungssumme und auf das Verhältnis zwischen Versicherungssumme und Versicherungswert. In Ziff. 17.4.1 DTV-Güter fehlt diese Bestimmung. Hinsichtlich der Beschränkung auf die Versicherungssumme gilt dennoch nichts anderes, denn dies bestimmt Ziff. 21.1 DTV-Güter ebenso, wie es § 37 Abs. 1 ADS für die ADS-Deckung bestimmte.

In dem anderen Punkt ist die DTV-Güter Deckung tatsächlich weiter, weil sie die Wiederherstellungskosten voll deckt, also selbst dann, wenn der Gesundwert die Versicherungssumme übersteigt, also Unterversicherung vorliegt. Wählt der Versicherte die Wiederherstellung, dann wird er auf die Wiedererstellungskosten keinen Anteil aus der für imaginären Gewinn versicherten Summe verlangen können, denn für den Fall der Beschädigung verweist § 103 Abs. 3 ADS bei der Versicherung des Gewinns nur auf die Abwicklung über Minderwert nach Ziff. 7.3 ADS Güterversicherung. Das ist auch logisch, denn mit der völligen Wiederherstellung ist ein Schaden am Gewinninteresse nicht eingetreten. Deshalb gilt dies unter den DTV-Gütern ebenso, obwohl es dort eine dem § 103 Abs. 3 ADS entsprechende Bestimmung nicht gibt. Führt jedoch die Reparatur nicht zur völligen Wiederherstellung, so sind die Reparaturkosten gleichsam als Schadenminderungskosten zu ersetzen, während der technische Minderwert in Höhe seines geschätzten Prozentsatzes zu einer Entschädigung aus der Versicherungssumme sowohl des Sachwertes als auch des imaginären Gewinns führt. Etwas anderes gilt für Versicherungen von Maschinen. Dort wird die Ersatzleistung des Versicherers auf die Wiederherstellungskosten beschränkt, Ziff. 17.4.3 DTV-Güter, Ziff. 2.1 DTV-Maschinenklausel 1995. Ziff. 3.3 DTV-Maschinenklausel 1995 schließt den Ersatz von Wertminderungen ausdrücklich aus. Dies ist aber eine reine Klarstellung; gemäß DTV-Güter, die keine solche Bestimmung enthält, gilt nichts anderes. Allerdings werden nach der DTV-Maschinenklausel 1995 Wertminderungsansprüche dann ersetzt, wenn der frühere Gebrauchszustand durch die Wiederherstellung nicht wieder erreicht werden konnte. Insoweit ist die Deckung gemäß DTV-Güter, die dies nicht erwähnt, enger. Enger ist sie auch insoweit, als sie die Deckung bei einem Zeitwert der Maschine von weniger als 40% auf höchstens den Zeitwert beschränkt.

(Zur Frage der Beteiligung der Gewinnversicherung an den Kosten des § 32 und Ziff. 1.5.2 ADS Güterversicherung sowie der Teilnahme an einem Provenue siehe den folgenden Abschnitt.)

3.9 Versicherung des Mehrwertes

Die Versicherungssumme kann entweder von vornherein zu niedrig sein oder im Laufe der Versicherungszeit zu niedrig werden. Dies kann insbesondere dann geschehen, wenn zwischen Abschluss der Police oder Beginn der Versicherung und Beendigung der versicherten Reise der Marktpreis steigt oder die Policenwährung verfällt. Die dadurch entstehende Differenz zwischen der Versicherungssumme und dem Versicherungswert ist der durch die Mehrwertversicherung versicherbare Mehrwert. Der bei dieser Deckung manchmal zur Anwendung gelangende Ausdruck „Marktpreisdifferenzversicherung" erfasst nur einen Teil der Tatbestände der Mehrwertversicherung.

> Mehrwert ist wie imaginärer Gewinn auch Wertsteigerung, aber
> - nicht subjektiv beim Empfänger (wie die Gewinnversicherung), sondern objektiv begründet,
> - im Gegensatz zur Gewinnversicherung tritt er unabhängig von der Durchführung der versicherten Reise ein und ist
> - nach kaufmännischer Berechnung nicht als möglich eintretend zu erwarten.

Die Mehrwertversicherung soll lediglich dann den ungedeckten Teil des Versicherungswertes erfassen, wenn dafür die Versicherungssumme nicht ausreicht. Entspricht die Versicherungssumme aber bereits dem Versicherungswert oder ist sie sogar höher als dieser, so ist kein Raum für eine Mehrwertversicherung. Dann fehlt es an einem versicherten Interesse.

Im Schadenfall ergeben sich für die Mehrwertversicherung keine Besonderheiten, weil sie grundsätzlich der Regulierung der Hauptversicherung folgt. Die DTV-Güter sprechen die Mehrwertversicherung in Ziff. 1.1.3 an. Die Mehrwertversicherung nimmt jedoch, genau wie die Versicherung des imaginären Gewinns, nicht an den Schadenabwendungs-, minderungs- und -feststellungskosten Teil und auch nicht an den Kosten nach Ziff. 1.5.2 ADS Güterversicherung, Ziff. 2.3.1.2 DTV-Güter. Diese Regulierung ergibt sich aus der Tatsache, dass nach Ziff. 6 ADS Güterversicherung, Ziff. 10.2 DTV-Güter die Hauptversicherung als die Versicherung des vollen Interesses gilt. Aus diesem Grund kommt auch der Hauptversicherung stets das volle Provenue zu. Als Provenue ist lediglich der Erlös beim Verkauf total beschädigter Ware anzusehen. Der Erlös, der sich aus dem Verkauf einer Ware nach Ziff. 7.3 ADS Güterversicherung, Ziff. 17.3 DTV-Güter ergibt, ist jedoch kein Provenue; dieser Verkauf ist nur eine Methode zur Feststellung des Minderwertes, der in seinem ermittelten Prozentsatz aus der Haupt-, der Mehrwert- und der Gewinnversicherung zu zahlen ist.

Im Falle von Aufopferungen in Havarie-grosse zahlen Gewinn- und Mehrwertversicherer nach Gesichtspunkten des Total- oder Teilschadens ihre entsprechende Entschädigung. Beide haben ein Anrecht auf die dem Versicherungsnehmer wegen der Aufopferung zustehenden Vergütung in Havarie-grosse, aber nur insoweit, wie die Vergütung höher liegt als der Schaden, den der Hauptversicherer bezahlt hat. Soweit der Überschuss Mehrwert oder Gewinn enthält, erhalten beide Versicherer etwas. Gem. § 31 Abs. 2 ADS, Ziff. 23.1 DTV-Güter geht der Vergütungsanspruch auf die jeweiligen Versicherer über. Enthält der Überschuss nicht versicherten Mehrwert, dann bleibt er beim Versicherungsnehmer. Die Frage, ob der Überschuss auf Mehrwert oder Gewinn zur Verteilung gelangt, hängt davon ab, ob in dem Überschuss Mehrwert oder Gewinn erhalten ist.

Die englische Regelung war bis zum Inkrafttreten der Institute Cargo Clauses 1982 gleich, seitdem entspricht sie der amerikanischen (siehe S. 161 f.).

3.10 Versicherung der Fracht

Im Rahmen der Betrachtung der Güterversicherung spielt die Versicherung der Fracht nur eine untergeordnete Rolle.

Von den vielen unterschiedlichsten Frachtarten interessiert hier die Fracht, die vom Befrachter unabhängig von dem Erfolg der Frachtreise zu zahlen ist. Ist die Fracht auf jeden Fall zu zahlen, auch dann, wenn die Güter nicht, nur teilweise oder beschädigt ausgeliefert werden, so ist sie bei Eintritt eines solchen Falles ganz oder teilweise umsonst ausgegeben worden. Die Versicherungsbedingungen nennen diese Fracht in Ziff. 6 ADS Güterversicherung, Ziff. 10.2 DTV-Güter „endgültig bezahlte Fracht", und Ritter/Abraham, § 90 Anm. 20) sagt: „Endgültig bezahlte Fracht ist Fracht, die nach dem Frachtvertrag ohne Rücksicht auf den Ausgang der Frachtunternehmung bezahlt oder zu bezahlen ist. Sie ist also richtiger gar keine Fracht, sondern eine Ausgabe, eine Aufwendung, die den Wert der Güter erhöht (§ 1 Anm. 87)." Sie wird zum Teil auch als „festverdiente Fracht" bezeichnet und steht der gewöhnlichen Fracht (also der Fracht, die – ob vorausbezahlt oder nicht – bei einem vollen oder teilweisen Misserfolg der Frachtreise voll oder teilweise nicht bezahlt bzw. vom Verfrachter zurückzuzahlen ist) gegenüber.

Nach § 617 HGB hängt, sofern keine anderen Vereinbarungen getroffen worden sind, die Frachtforderung für die Seereise vom Erfolg der Frachtreise ab. Regelmäßig wird aber, zumindest im Stückgüterverkehr, mit der Vereinbarung „die Fracht ist mit erfolgter Verschiffung verdient und in keinem Falle zurückzahlbar" oder „freight earned, ship/goods lost or not lost" oder ähnlichen Konnossementsklauseln die gewöhnliche Fracht zur festverdienten. In der Binnenschifffahrt, die nach dem Transportrechtsreformgesetz dem allgemeinen Frachtrecht unterliegt, ist nach § 420 Abs. 2 HGB bei einem Misserfolg der Frachtreise zumindest Distanzfracht zu zahlen. Aber auch hier wird durch Klauseln in den Verlade- und Transportbedingungen meist die Fracht bei Beginn der Reise als festverdient vereinbart.

Vgl. z. B. die Klausel: „Die Fracht ist stets voll zahlbar, auch wenn die Reise nur teilweise ausgeführt wird bzw. das Schiff den Bestimmungsort nicht erreicht, und zwar ohne Rücksicht auf das Vorhandensein oder den Zustand des Gutes."

Den Befrachter interessiert also nur die festverdiente Fracht. Diese ist im Versicherungswert der Güter eingeschlossen (Ziff. 6 ADS Güterversicherung, Ziff. 10.2 DTV-Güter). Im Falle eines Schadens an den Gütern wird davon ausgegangen, dass im gleichen Umfang wie die Güter beschädigt sind auch die Fracht umsonst ausgegeben worden ist. Deshalb richtet sich die Entschädigung aus der in der Versicherungssumme enthaltenen Fracht nach den gleichen Gesichtspunkten wie die Entschädigung für die Güter selbst.

Auch hier ist jedoch wieder darauf hinzuweisen, dass die Entschädigungsleistung des Versicherers ein bereits entstandenes versichertes Interesse voraussetzt. Solange also die Frachtforderung für den Verfrachter noch nicht entstanden ist, war sie auch für den Befrachter noch kein Risiko.

Beispiel:
Güter sind bereits auf der Vorreise von München nach Bremen einschließlich Seefracht für die Weiterreise nach Hongkong versichert. Auf der Vorreise gehen die Güter verloren. Sofern in diesem Zeitpunkt die Fracht für den Seeverfrachter noch nicht festverdient ist, ist diese von der Entschädigungsleistung des Versicherers abzusetzen.

Eine separate Frachtversicherung kommt für den Befrachter nur in den Fällen in Betracht, in denen er sich bei der Vereinbarung von festverdienter Fracht dem Verfrachter gegenüber verpflichtet hat, für dessen Rechnung die Versicherung zu nehmen. Sie spielt in der Praxis keine Rolle.

3.11 Underwriting

Mit dem auch in Deutschland gebräuchlichen Anglizismus *Underwriting* bezeichnet man die Auswahl, die Preisfestlegung und die Beeinflussung des Risikos. Die Bedeutung der Prämienfindung als Bestandteil des Underwriting leuchtet jedem ein. Für einen guten Underwriter gehört zur Auswahl eines Risikos aber nicht nur der richtige Preis, sondern gegebenenfalls auch die Ablehnung eines nicht zeichnungswürdigen Risikos, gleich welcher Preis geboten wird, und die weitere Begleitung eines Risikos während der Vertragsdauer, etwa im Bereich der Schadensverhütung.

Prämienkalkulation

Die Prämie bei einer Transportversicherung wird von *drei Faktoren* beeinflusst:

1. den subjektiven Risiken, die sich aus der möglichen Verhaltensweise des Versicherungsnehmers, des Versicherten und ihres Personals sowie der Vermittler und Verkehrsträger ergeben; den objektiven Risiken, d. h. denjenigen, die von den obengenannten Personen unhabhängig und nicht von ihnen beeinflussbar sind. Dazu zählen u.a. die Produkteigenschaften, die Verpackung, Beladung, Stauung, Umschlag und Entladung, der Reiseweg, die Auswahl und Eigenschaften der Transportmittel, das, bzw. die Läger, klimatische Einflüsse und Naturgefahren, die örtliche Infrastruktur sowie die politische Situation.
2. dem bedingungsmäßigen Umfang des Versicherungsschutzes,
3. der Franchise.

Eine richtige Prämie, im Sinne einer gerechten Prämie, kann nur dann kalkuliert werden, wenn man sich über die wichtigsten Risiken im Klaren ist. Jede noch so genaue Prämientabelle kann nicht in der Lage sein, der großen Vielfalt von Risikoumständen Rechnung zu tragen, die sich von Transport zu Transport ändern können. Es gibt deshalb auch in der Transportversicherung keine Tarife oder andere Kalkulations-Grundlagen wie sie in vielen anderen Versicherungssparten die Regel sind. Die Prämie kann häufig nur von Fall zu Fall ermittelt werden und dies unter Berücksichtigung aller Risiko-Faktoren die sich durch multimodale Transportmittel und internationale Transportwege ergeben können.

Dies erfordert eine Vielzahl von Kenntnissen aus mehren Fachbereichen wie z. B. technische, nautische und logistische sowie kaufmännische und juristische. Nicht nur die Risiken des Transportweges selber, sondern z. B. auch Regressaussichten gegen die verschiedenen Verkehrsträger müssen in eine Kalkulation einfließen.

In den Häusern der professionellen Transportversicherer gibt es deshalb häufig Experten aus verschiedenen Wissensbereichen (z. B. Ingenieure, Nautiker), die bei der Analyse von Risiken mitwirken.

Ebenfalls von großer Bedeutung sind Kenntnisse über die jeweiligen politischen, sozialen und wirtschaftlichen Verhältnisse in den relevanten Ländern.

Letzten Endes ist aber der Underwriter bei dem alle Informationen zusammenlaufen verantwortlich für eine risikogerechte Prämienfindung. Er muss vor seinem geistigen Auge gleichsam einen Film abrollen lässt, in dem er sich den *Ablauf des Transportes* vorstellt. Das erfordert nicht nur fachliche Kenntnisse, sondern auch sehr viel Erfahrung und Phantasie. Nachfolgend werden die Fragen angeschnitten,, die das Drehbuch eines solchen Films ein wenig veranschaulichen.

Eine Sendung von Maschinen soll für eine Reise von München über Bremen nach Kalkutta und von dort weiter nach Rourkela versichert werden.

1. Fabrik des *Absenders*
Um welche Art von Maschinen handelt es sich? Sind sie robust oder haben sie sehr empfindliche Teile?

Werden sie als Ganzes transportiert oder in Einzelteilen?

Wie ist die Verpackung außen (stabile Kisten) und innen (korrosionsgeschützt)?

2. *Vorreise* nach Bremen
Welches Transportmittel und welcher Umschlag

3. Übernahme durch das Schiff und Seereise
Zwischenlagerung im Verschiffungshafen? Um welche Art von Schiff (Nationalität, Alter) handelt es sich? (Klassifikations- und Altersklausel beachten!) Wo wird die Ware verladen (Raum oder Deck), sind Umladungen erforderlich, wie wird geladen/gelöscht (Bordgeschirr, Landgeschirr)?

Welche Seegebiete werden befahren und welche Wetterlage herrscht vor? Gibt es Piraterie in den Seegebieten?

4. Verhältnisse im *Bestimmungshafen*
Diese sind ganz besonders wichtig, weil erfahrungsgemäß in gewissen Ländern wegen schlechter Ladungsbehandlung oder Diebstahlsgefahr die größten Schäden eintreten können.

Wie sind die Verhältnisse in den jeweiligen Lägern (inkl Zolllager; wie lange ist die Verweildauer?

Gibt es im Bestimmungshafen Reparaturmöglichkeiten für eventuell beschädigte Teile?

5. Nachreise
Auch die Nachreise ist in gewissen Ländern ganz besonders schadenträchtig.

Mit welchem Transportmittel findet die Nachreise statt?

Wie ist der Zustand der Straßen und Eisenbahnlinien?

Welche Regressmöglichkeiten gibt es gegen den Frachtführer bei der Nachreise?

6. Subjektives Risiko des Empfängers
Welche positiven oder negativen Erfahrungen liegen vor?

7. Marktsituation im Bestimmungsland
Herrscht für die betreffenden Güter ein Käufer- oder ein Verkäufermarkt? Welche Reparaturmöglichkeiten sind im Land vorhanden? Gibt es einen Markt für beschädigte Güter?

8. Lade- und Löschkontrollen
Werden in einem oder jedem Umschlagplatz Überwachungsmaßnahmen durchgeführt und durch wen?

9. Bei Verladung in Containern

Handelt es sich um eine Containerverladung von Haus zu Haus oder wird der Inhalt des Containers erst im Verschiffungshafen zusammengestellt und im Bestimmungshafen wieder getrennt?

Besondere Vorsicht ist bei Containerverladungen geboten, die nicht von Haus zu Haus gehen.

Nachdem dieser Film abgelaufen ist, wird, ausgehend von einer Prämie für Güter mittlerer Empfindlichkeit, zunächst die Prämie für das in Frage stehende Gut durch Zu- oder Abschläge ermittelt. Dieser Prämiensatz wird dann mit den entsprechenden Zuschlägen für Erweiterung der Bedingungen auf den jeweils gewünschten Umfang versehen. Gleichzeitig werden diejenigen Risiken festgehalten, die bei dem betreffenden Gut unter Berücksichtigung der Umstände der Reise entweder nicht oder nur gegen entsprechende Franchise mitversichert werden können.

Risk Management

Diesem Thema kommt in der heutigen Transportversicherung eine besondere Bedeutung zu, da die entsprechenden Versicherer/Assekuradeure nicht als reine Finanzdienstleister wahrgenommen werden dürfen. Der deutsche Markt befindet sich in einem globalen Wettbewerb und muss seine Konkurrenzfähigkeit in vielen Aspekten darstellen und nicht nur durch attraktive Prämien.

Das Verständnis der Abläufe und Probleme seiner Kunden hilft dabei, das versicherte Risiko auch vor Eintritt eines Schadens positiv zu beeinflussen. Der Versicherer hat durch die Erfahrung aus einer Vielzahl von Schadensfällen die Möglichkeit, den Kunden zu beraten und damit über den reinen finanziellen Ersatz von Schäden einen wertvollen Service zu leisten. Dies kann in vielerlei Hinsicht erfolgen und geht über die Besichtigung von Lägern oder Löschüberwachung weit hinaus. Risk Management zur Vermeidung von Schäden kann sich auf technische, nautische, juristische, politische und viele andere Sachverhalte beziehen, die das Risiko beeinflussen. Für eine solche Dienstleistung ist allerdings ein weites Know-how-Spektrum beim Versicherer erforderlich, das auch quasi weltweit in den Einsatz gebracht werden kann.

Kumulrisiken

Eine durch den stark wachsenden Welthandel zunehmende Problematik für die Transportversicherungswirtschaft, insbesondere für die Rückversicherer, ist das Kumulrisiko.

Es besteht in der ungeplanten Ansammlung/Anhäufung von unter verschiedenen Policen versicherter Risiken an einem Ort (Kumulation). Sie alle können von einem Schadensereignis betroffen werden mit für die betroffenen Versicherer negativen Konsequenzen. Denn die Schadenfolgen können die maximale Haftung des Versicherers pro Police und Schadensfall um ein Vielfaches übersteigen (vgl. zum allgemeinen Kumulrisiko, *Wagner*, Gablers Wirtschaftslexikon).

Insbesondere im modernen Containerverkehr tritt eine Wertekonzentration auf Containerterminals, anderen Lägern, aber auch durch immer größer werdende Containerschiffe, vermehrt auf (sogenannte Post-Panamax-Schiffe mit einer Tragfähigkeit von mehr als 13.000 TEU können einen kumulierten Schiffs- und Ladungswert von bis zu EUR 1 Mrd. erreichen.

Elementarereignisse, wie Überschwemmungen, Sturmflut, Hurrikane und Erdbeben mit Tsunami können besonders in Zonen dichter Industrialisierung zu extrem hohen Schäden für die betroffenen Versicherer führen.

Insbesondere die großen Rückversicherer, die Risiken von einer Vielzahl von Erstversicherern übernehmen, werden hier vor große Herausforderungen gestellt. Die sogenannte Kumulkontrolle, die durch zum Teil sehr aufwendige, auch IT-unterstützte Systeme durchgeführt wird, ist nicht nur für weltweit tätige große Erst- und Rückversicherer ein wichtiger Bestandteil des finanziellen Risikomanagements.

3.12 Laufende Versicherung als Regelfall und Einzelversicherung als Ausnahme

> Laufende Versicherung = Versicherungsschutz besteht auch ohne Anmeldung der einzelnen Transporte.

Allgemeines

Nur in verhältnismäßig seltenen Fällen kommt es vor, dass ein Transport durch einen selbständigen Versicherungsvertrag gedeckt wird. Der Hauptanwendungsfall dafür liegt außerhalb des Handelsverkehrs, z. B. bei Versicherungen von Umzugsgut und in anderen Fällen, in denen der Versicherungsnehmer nicht mit gewisser Regelmäßigkeit Transportversicherungen zu decken hat. Es handelt sich dann um eine Einzelversicherung.

Normalerweise wird ein Kaufmann entweder sämtliche auf sein Risiko laufende Transporte oder zumindest alle Transporte einer bestimmten Kategorie durch eine Rahmenpolice versichern. Diese Rahmenpolice enthält Vereinbarungen, die das gesamte Vertragsverhältnis für alle Transporte betreffen, und sie wird ausgefüllt durch die im Einzelfall tatsächlich durchgeführten Transporte. Das ist dann eine *laufende Versicherung*. Diese Art des Vertragsabschlusses hat für den Versicherungsnehmer eine Reihe von Vorteilen. Es besteht automatisch Versicherungsschutz für alle im Rahmenvertrag bezeichneten Güter und Transporte. Insoweit braucht also nicht jedesmal vor Beginn des Risikos Versicherungsschutz beantragt und eine Deckungszusage des Versicherers abgewartet zu werden. Für die Binnentransportversicherung enthalten die §§ 53-58 VVG eine gesetzliche Regelung der laufenden Versicherung.

Die Einzelversicherung ist von der sogenannten *Einzelpolice* – damit wird in Ziff. 7.2 der Bestimmungen für die laufende Versicherung zu den ADS Güterversicherung bzw.

Ziff. 6.2 zu den DTV-Güter diejenige Urkunde bezeichnet, die im Sprachgebrauch der Praxis *Zertifikat* genannt wird und die für eine im Rahmen der laufenden Versicherung erfolgte Einzelabladung ausgestellt wird – zu unterscheiden. Während für die Einzelversicherung die allgemeinen Grundsätze der ADS Güterversicherung bzw. der DTV-Güter gelten, werden die Besonderheiten der laufenden Versicherung in den jeweiligen „Bestimmungen für die laufende Versicherung" behandelt.

Besonderheiten der laufenden Versicherung
(Über die verschiedenen Formen der laufenden Versicherung siehe S. 211 ff.)

Allgemeines
Im Rahmen der laufenden Versicherung hat der Versicherungsnehmer Versicherungsschutz für alle in der Police nur allgemein bezeichneten Güter und Transporte (meist in der Form: „Für Güter aller Art, besonders ... – hier folgt regelmäßig die Bezeichnung der Güterarten, die hauptsächlich in Betracht kommen – für Reisen und damit in Verbindung stehende Lagerungen von allen Plätzen nach allen Plätzen der Erde"), ohne Rücksicht darauf, ob der Versicherungsnehmer dem Versicherer die betreffenden Transporte bereits aufgegeben hat, ja selbst dann, wenn, wie z. B. bei Importen, der Versicherungsnehmer von den auf sein Risiko durchgeführten Transporten selbst noch keine Kenntnis hatte oder ein Schaden bereits eingetreten ist. Die selbstverständliche Folge daraus ist, dass der Versicherungsnehmer dem Versicherer alle von der laufenden Versicherung erfassten Transporte anmelden muss, natürlich auch dann, wenn der Transport bereits schadenfrei durchgeführt worden ist.

Ein derart automatisch bestehender Versicherungsschutz setzt natürlich in ganz besonderem Maße die Beachtung der Grundsätze von Treu und Glauben (§ 13 ADS) voraus. Deshalb bestimmt auch Ziff. 2.1 der Bestimmungen für die laufende Versicherung zu den ADS bzw. Ziff. 1.1 der Bestimmungen zu den DTV-Güter, dass eine sich auf Güter aller Art beziehende laufende Versicherung sich nur auf solche bezieht, die der Versicherungsnehmer im normalen Gang seiner Geschäfte, also nach kaufmännischen Grundsätzen, zu versichern hat. „Nicht versichert sind daher solche Güter, die der Versicherungsnehmer ohne eigenes rechtliches oder wirtschaftliches Interesse nur deshalb zu versichern hat, weil er sich hierzu einem Dritten gegenüber, sei es auch gegen Entgelt, verpflichtet hat" (Ziff. 2.1 bzw. 1.1 Bestimmungen für die laufende Versicherung). Auch dann, wenn sich die Versicherung auf Güter aller Art bezieht, gibt es unter den Bestimmungen zur ADS-Deckung gewisse, die nur nach besonderer Vereinbarung gedeckt werden. Diese Güter sind in Ziff. 2.2 der Bestimmungen für die laufende Versicherung abschließend aufgezählt. In den Bestimmungen für die laufende Versicherung zur DTV-Deckung gibt es diese Besonderheit nicht. Dort sind alle Güter nach Maßgabe der dortigen Ziff. 1.1 gedeckt.

Vorvertragliche Anzeigepflicht und Deklarationspflicht
Die Bestimmungen über die *vorvertragliche Anzeigepflicht* (siehe S. 79 ff.) finden natürlich auch für den Abschluss der laufenden Police Anwendung. Da die Versicherung der einzelnen Transporte, mit denen der Rahmen der laufenden Police ausgefüllt wird, nicht jedes Mal den Abschluss einer neuen Versicherung beinhaltet, gelten die Bestimmungen über

die vorvertragliche Anzeigepflicht jedoch nicht für die Aufgabe der durch die laufende Police gedeckten einzelnen Transporte. Dafür tritt an Stelle der vorvertraglichen Anzeigepflicht die Deklarationspflicht. Diese wird in Ziff. 3 der jeweiligen Bestimmungen für die laufende Versicherung behandelt.

Die *Deklarations- oder Anmeldepflicht* erstreckt sich auf die durch die laufende Police automatisch gedeckten Transporte, in deren Übernahme der Versicherer nicht mehr frei, sondern durch den Vertrag bereits gebunden ist. Hieraus ergibt sich eine klare Abgrenzung zur vorvertraglichen Anzeigepflicht, denn diese bezieht sich auf Risiken, bei denen der Versicherer in der Entscheidung über die Annahme nicht gebunden ist. Wenn auch die im Rahmen der vorvertraglichen Anzeigepflicht anzuzeigenden und für die Übernahme der Gefahr erheblichen Umstände zu einem großen Teil den im Rahmen der Deklarationspflicht aufzugebenden und für die Tragung der Gefahr erheblichen Umständen entsprechen, so ist es doch nicht angängig, Bestimmungen über die vorvertragliche Anzeigepflicht auch auf die Deklarationspflicht anzuwenden. Das ist auch nicht erforderlich, weil der Inhalt von Ziff. 3 der jeweiligen Bestimmungen für die laufende Versicherung eine klare Regelung schafft.

Abgesehen von dem Abschluss der laufenden Police finden natürlich die Bestimmungen über die vorvertragliche Anzeigepflicht auch im Rahmen der laufenden Police dann Anwendung, wenn es sich – bei Versicherung auf Basis der ADS – um Aufgabe von Risiken handelt, die nicht automatisch durch die laufende Police gedeckt sind.

Sinn und Zweck der Deklaration ist es grundsätzlich, dem Versicherer das einzelne Risiko, das durch die laufende Police gedeckt ist, bekanntzumachen, und zwar so vollständig, dass der Versicherer in der Lage ist, die von ihm übernommene Verpflichtung, die Gefahr nach versicherungstechnischen Grundsätzen zu tragen, zu erfüllen. Für die Einzelanmeldung gehört dazu, dass der Versicherer aus der Deklaration die besonderen Gefahrumstände des jeweiligen Risikos erkennen kann, um hierauf versicherungstechnisch die Gefahrtragung und die Prämienbemessung abstellen zu können. Ganz allgemein bezieht sich demnach die Pflicht zur Deklaration auf alle Umstände, die für die Tragung der Gefahr erheblich sind.

Der Inhalt der Deklarationspflicht setzt sich bei Einzelanmeldungen gem. Ziff. 3 der jeweiligen Bestimmungen für die laufende Versicherung aus zwei Gruppen zusammen.

Die erste Gruppe umfasst vier, bei Deckung auf Basis ADS fünf Umstände, die der Versicherungsnehmer auf jeden Fall auch ungefragt anzeigen muss. Es sind dies:

- das Gut,
- die Verpackungsart,
- das Transportmittel,
- der Transportweg und - bei Deckung auf Basis ADS -
- eine eventuelle Verladung in Containern oder Seeschiffsleichtern. Die laufende DTV-Deckung verzichtet auf diesen letzten Punkt, weil Containerverladung heute etwas Selbstverständliches ist.

Zur zweiten Gruppe gehören Umstände, nach denen der Versicherer ausdrücklich gefragt hat.

Mit dieser Regelung wird dem Versicherungsnehmer das Risiko abgenommen, selbst zu entscheiden, welche Umstände für die Übernahme des Risikos durch den Versicherer wesentlich sind. Alle Umstände, die über die vier bzw. fünf Angaben der ersten Gruppe hinausgehen, müssen vom Versicherer ausdrücklich erfragt werden. Der führende Versicherer hat hier eine besondere Sorgfaltspflicht.

Die jeweiligen Bestimmungen für die laufende Versicherung regeln, wann bei der Einzelanmeldung die Deklaration zu erfolgen hat, nämlich unverzüglich nach Kenntnis von dem Beginn der Versicherung. Schon unter der laufenden Deckung nach ADS wurde in den besonderen Bedingungen zahlreicher laufender Policen vor allem bei Großpolicen im Interesse der Geschäftsvereinfachung häufig davon abgesehen und eine auf bestimmte Stichtage abgestellte nachträgliche Deklaration vereinbart. Die laufende DTV-Deckung sieht dies jetzt für die sogenannten Umsatzpolicen mit Bestimmungen zur sogenannten summarischen Anmeldung selbst vor (Ziff. 3.2). Ist sie vereinbart, ist der Versicherungsnehmer von der Pflicht zur Anmeldung der einzelnen Transporte und Lagerungen befreit. Er hat den Vereinbarungen entsprechend den versicherten Umsatz für Transporte und Lagerungen monatlich, vierteljährlich, halbjährlich oder jährlich im Nachhinein zu melden. Die zu meldenden Umsätze können sich auch auf bestimmte Ländergruppen und sonstige Relationen beziehen. Auf der Grundlage des geschätzten Jahresumsatzes kann der Versicherer die zu erwartende Jahresprämie als Vorausprämie zu Beginn der Versicherungsperiode verlangen. Nach Ablauf des Versicherungsjahres erfolgt eine Endabrechnung unter Verrechnung der Vorausprämie (Ziff. 3.2.3).

Die Verletzung der Deklarationspflicht hatte nach § 97 Abs. 6 ADS noch die Leistungsfreiheit des Versicherers zur Folge. Grundsätzlich ist dies auch unter den Bestimmungen für die laufende Versicherung nach ADS und DTV so. Die sogenannte *Versehensklausel* mildert diese Rechtsfolge aber, und die Leistungspflicht bleibt bestehen, wenn der Versicherungsnehmer die Deklaration ohne Verletzung der Sorgfalt eines ordentlichen Kaufmanns unterlassen oder fehlerhaft vorgenommen hat und sie unverzüglich nach Entdeckung des Fehlers nachholt oder berichtigt (Ziff. 3.2 ADS Güterversicherung, bzw. 3.1.2 DTV-Güter der Bestimmungen für die laufende Versicherung). Der Kündigung bedarf es für die Leistungsfreiheit nicht. Dies galt schon unter der laufenden ADS-Deckung; Ziff. 3.1.3 spricht es jetzt ausdrücklich aus.

(Zur Rechtsnatur der Deklarationspflicht vgl. Ritter/Abraham, § 97, Anm. 42)

Fälligkeit der Prämien
Es liegt in der Natur der Sache, dass die Bestimmungen über die Fälligkeit der Prämien in § 16 ADS und Ziff. 12 DTV-Güter hier nicht angewendet werden können. Deshalb enthalten Ziff. 9 ADS Güterversicherung bzw. Ziff. 5 DTV-Güter der Bestimmungen für die laufende Versicherung besondere Regelungen. Ziff. 9 ADS Güterversicherung und Ziff. 5.3 DTV-Güter bestimmen, dass der Anspruch auf die Prämie mit dem Beginn jeder der unter der laufenden Versicherung gedeckten Versicherungen entsteht und mit Erteilung der

Rechnung fällig wird. Mit dieser flexiblen Regelung wird der aus Gründen der Geschäftsvereinfachung häufig getroffenen Vereinbarung Rechnung getragen, derzufolge die Prämienabrechnung jeweils für bestimmte Zeitabschnitte nachträglich erfolgt. Für Umsatzpolicen legt Ziff. 5.2 eine Vorausprämie fest, über die nach Ablauf des Versicherungsjahres abgerechnet wird. Für die jeweiligen Fälligkeiten gelten die obigen Ausführungen.

Besonderheiten zugunsten des Versicherungsnehmers
Drei Bestimmungen der ADS Güterversicherung sind zugunsten des Versicherungsnehmers in den Bestimmungen für die laufende Versicherung geändert worden, und zwar die Behandlung von Vorreise- und Retourgütern (vgl. Ziff. 1.3.2 ADS Güterversicherung mit Ziff. 4 der Bestimmungen für die laufende Versicherung) und die Regelung der Versicherungsdauer (vgl. die Haus-zu-Haus-Klausel in Ziff. 5 der ADS Güterversicherung mit Ziff. 6 der Bestimmungen für die laufende Versicherung (siehe S. 175 ff.). Schließlich verbessert Ziff. 5 (Auswahl des Reeders) der Bestimmungen für die laufende Versicherung die Position des Versicherungsnehmers gegenüber dem Ausschluss für Schäden durch Zahlungsunfähigkeit etc. des Reeders, Charterers oder Betreibers des Schiffes in Ziff. 1.1.2.5 der ADS Güterversicherung (siehe S. 138 f.). Die DTV-Güter berücksichtigt alle drei Verbesserungen, die unter den ADS Güterversicherung nur im Falle der laufenden Versicherung gewährt werden, auch für die Einzelversicherung: Ziff. 2.2.1 für Vorreise- und Retourgüter, Ziff. 8.2.3 für die Dauer der Versicherung, Ziff. 2.4.1.5 für die Auswahl des Reeders.

Kündigung der laufenden Versicherung
Folgende Fälle sind in den Bestimmungen für die laufende Versicherung vorgesehen:

- Wird nicht von einem der Vertragspartner die laufende Versicherung mit einer Frist von drei Monaten zum Ablauf der Versicherungsperiode gekündigt, so verlängert sich die laufende Versicherung um ein weiteres Jahr (Ziff. 10.1 ADS Güterversicherung, Ziff. 7.1 DTV-Güter).

- Bei vorsätzlicher Verletzung der Deklarationspflicht durch den Versicherungsnehmer kann der Versicherer die laufende Versicherung fristlos kündigen (Ziff. 3.3 ADS Güterversicherung, Ziff. 3.1.4 DTV-Güter).

- Nach Eintritt eines Versicherungsfalles können beide Parteien die laufende Versicherung mit Monatsfrist, spätestens einen Monat nach Zahlung oder Ablehnung der Entschädigung kündigen (Ziff. 10.2 ADS Güterversicherung, Ziff. 7.2 DTV-Güter).

- Berührt der Transport oder die Lagerung der versicherten Güter ein Land, das sich im Kriegs- oder kriegsähnlichen Zustand befindet, so kann der Versicherer das Kriegsrisiko für dieses Land ausschließen, da in diesem Fall der Versicherungsnehmer sich bemühen wird, anderweitig Deckungsschutz zu finden und er diesen unter Umständen nicht isoliert für das von den kriegerischen Ereignissen betroffene Land, sondern nur für die gesamte laufende Versicherung erhalten kann. In einem solchen Fall hat der Versicherungsnehmer seinerseits das Recht, die laufende Versicherung insgesamt zu kündigen (Ziff. 11 ADS Güterversicherung, Ziff. 7.3 DTV-Güter).

Wird die laufende Police gekündigt, so endet mit dem Wirksamwerden der Kündigung nicht automatisch jeglicher Versicherungsschutz. Begonnene Transporte und Lagerungen bleiben bis zu ihrer normalen Beendigung versichert. Das richtet sich im Einzelnen nach Ziff. 10.3 ADS Güterversicherung bzw. Ziff. 7.4 DTV-Güter der Bestimmungen für die laufende Versicherung, deren Text aus sich selbst heraus verständlich ist.

Unterschiedliche Regelungen bestehen für den Fall, dass sich die wirtschaftlichen Verhältnisse des Versicherers verschlechtern. Nach Ziff. 12 der laufenden Deckung nach ADS Güterversicherung kann der Versicherungsnehmer im Falle der Zahlungsunfähigkeit oder drohender Zahlungsunfähigkeit des Versicherers von dem Vertrage zurücktreten oder auf Kosten des Versicherers anderweitig Versicherung nehmen. Der Versicherer kann die Ausübung dieses Rechtes durch Sicherheitsleistung abwenden. Bei laufender Versicherung unter DTV-Güter endet das Versicherungsverhältnis gem. Ziff. 8 bei Eröffnung des Insolvenzverfahrens über das Vermögen des Versicherers mit Ablauf eines Monats seit der Eröffnung; bis zu diesem Zeitpunkt bleibt es der Insolvenzmasse gegenüber wirksam.

3.13 Versicherungspolice und Zertifikat

Bezüglich allgemeiner Bemerkungen zur Police in der Transportversicherung (siehe S. 84 f.).

Policenformen

Eine Güterversicherung ist entweder Einzelversicherung oder laufende Versicherung. Für die Police einer Einzelversicherung gelten die allgemeinen Regeln. Eine besondere Bezeichnung dafür gibt es in den ADS oder sonstigen Bestimmungen nicht.

Für die laufende Versicherung gibt es heutzutage folgende Formen:

Generalpolice

Das ist eine weit verbreitete Form einer laufenden Versicherung. Sie kommt für einen Versicherungsnehmer in Frage, auf dessen Risiko häufiger Transporte für verschiedene Warenarten oder Reisewege in Betracht kommen. Die Anmeldung geschieht in der Form, dass entweder die Transporte bei Beginn bzw. dann, wenn der Versicherungsnehmer Kenntnis erlangt, angemeldet werden oder dass alle gegen die Generalpolice versicherten Transporte beim Versicherungsnehmer zunächst in besondere Deklarationsformulare eingetragen und diese Unterlagen in regelmäßigen Abständen, z. B. monatlich nachträglich, dem Versicherer zur Prämienabrechnung übergeben werden.

Umsatzpolice

Dies ist besonders bei Großpolicen die am weitesten verbreitete Form. Sie unterscheidet sich von der Pauschalpolice dadurch, dass nicht ein fester Prämienbetrag pro Jahr gezahlt wird. Die Prämie wird vielmehr hier in Form eines festen Prozentsatzes vom zu deklarierenden Gesamtumsatz des Versicherungsnehmers erhoben. Unterschiedliche Warenarten und Destinationen werden dabei jeweils in Prämiengruppen zusammengefasst. Auch hier ist auf die Klassifikations- und Altersklausel zu achten.

Pauschalpolice

Im Rahmen eines bestimmten Policen- oder Schadenmaximums (siehe S. 193 ff.) (manchmal auf Versendung pro Tag abgestellt) wird Versicherungsschutz für sämtliche Transporte zugesagt, für die der Versicherungsnehmer die Gefahr trägt. Das Wesentliche ist, dass der örtliche Geltungsbereich (entweder nur Binnentransporte oder zumindest Versicherungen in einem regelmäßig wiederkehrenden anderen eng umrissenen geografischen Bereich), die Art der Güter, die Art des Interesses und die Transportmittel genau abgegrenzt sind. Das ist wichtig, weil nämlich keinerlei Deklarationen mehr abgegeben werden und die Prämie in Höhe eines bestimmten Pauschalbetrages bezahlt wird. Dabei wird sich die Prämie häufig retrospektiv nach dem Schadenverlauf richten. Bewegt sie sich auf der Höhe des Schadenverlaufs zuzüglich Erwerbskosten und Gewinnspanne des Versicherers, dann bedeutet dies für den Versicherungsnehmer, dass er eine Nettoprämie (Brutto abzüglich Kosten des Versicherers) in Höhe des in etwa zu erwartenden Schadenverlaufs zahlt und eine Deckung für Katastrophenschäden praktisch kostenlos erhält.

Da Veränderungen im Umsatz bzw. im Gesamtwert der transportierten Güter im laufenden Jahr bei der Prämie der Pauschalpolice ohne Berücksichtigung bleiben, ergeben sich daraus, je nachdem, ob der Gesamtwert der transportierten Güter steigt oder fällt, Nachteile für den Versicherer oder den Versicherungsnehmer. Ganz abgesehen davon wird die Beachtung der Klassifikations- und Altersklausel nicht möglich sein, es sei denn, es wird auch in dieser Hinsicht eine Pauschalregelung getroffen. Pauschalpolicen sollten deshalb nur bei Vorliegen besonderer Umstände Anwendung finden.

Das Zertifikat

Es wurde ausgeführt, dass die laufende Police lediglich einen Rahmenvertrag darstellt (siehe S. 206 ff.). Allein mit einem solchen Rahmenvertrag ist aber nur in den Fällen auszukommen, in denen die gesamten Transporte sich im Risikobereich des Versicherungsnehmers abspielen. Werden die Güter verkauft und wird, wie z. B. beim CIF-Verkauf, der Verkäufer je nach der Dauer seiner Gefahrtragung durch ihn und den Käufer für eigene und fremde Rechnung versichern, so ist es erforderlich, dem Käufer ein Dokument zu übergeben, aus dem er nach Übergang der Gefahr auf ihn seine Ansprüche gegen den Versicherer geltend machen kann und aus dem ersichtlich ist, in welchem Umfang die durch ihn zu tragende Gefahr versichert ist. Als Verkehrsdokument ist dafür die laufende Police nicht geeignet, denn sie bezieht sich nicht speziell auf den gerade in Frage stehenden Transport, sie sagt nur etwas darüber aus, was *generell* wie versichert wird, und sie sagt nichts darüber, was *tatsächlich* wie versichert ist.

Obgleich die Bestimmungen des § 15 ADS über die Genehmigung des Inhalts der Police auf die laufende Police Anwendung finden, gilt diese nach Ziff. 7 der Bestimmungen für die laufende Versicherung doch nicht als Police im Sinne des Gesetzes und der Bedingungen (ebenso: Ziff. 6.1 der laufenden DTV-Deckung). Als solche gilt vielmehr diejenige Urkunde, die auf Verlangen des Versicherungsnehmers über die im Rahmen der laufenden Police durchgeführte einzelne Abladung ausgestellt wird. Diese Urkunde ist das Verkehrsdokument. Die Bestimmungen für die laufende Versicherung nennen sie sowohl Einzelpolice als auch Zertifikat. Der Sprachgebrauch der Praxis nennt sie nur Zertifikat und bezeichnet als Einzelpolice diejenige Urkunde, die über eine Einzelversicherung ausgestellt wird. Mit Rücksicht auf die „Bestimmungen über den Dokumentenakkreditiv", die die Vorlage einer Police verlangen, werden in der Überschrift beide Bezeichnungen verwendet.

Im Hinblick auf die Begebbarkeit des Zertifikats sind für den Erwerber und seine Bank die *Rechtsnatur* des Zertifikats und die Frage, welche *Einwendungen* dem Erwerber des Zertifikats entgegengehalten werden können von besonderer Bedeutung.

Rechtsnatur des Zertifikats
Das Zertifikat gilt als Police (siehe S. 84 f.) im Sinne der ADS und der DTV-Güter, bei Binnentransportversicherung auch Versicherungsschein im Sinne des § 3 VVG. Nach §14 Abs. 2 ADS und Ziff. 11 DTV-Güter hat das Zertifikat stets drei Eigenschaften: Es ist *Beweisurkunde* (§ 371 BGB), *Schuldschein* (§ 925 BGB), und es ist *Legitimationspapier* (sogenanntes hinkendes Inhaberpapier im Rechtssinn), für das die Bestimmungen des § 808 BGB gelten. Das bedeutet, dass der Versicherer sich durch Zahlung an den Inhaber des Papiers befreien kann, dass er aber das Recht hat, die Legitimation des Inhabers zu prüfen.

Diese Bestimmung über die Zahlung an den Inhaber der Police hat nichts mit der Funktion einer „Inhaberpolice" als Wertpapier im Rechtssinne zu tun. Auf ein solches Wertpapier sind § 14 ADS und Ziff. 11 DTV-Güter nicht anwendbar. Die Vorschriften der § 14 Abs. 2 ADS und Ziff. 14.2 DTV-Güter erschöpfen sich vielmehr darin, zu erklären, dass der Versicherer nur gegen Vorlage der Police zu zahlen braucht. Dabei ist es wichtig, dass der Versicherer auch ohne Vorlegung der Police zahlen darf, wenn er an den Berechtigten zahlt. Dafür gelten jedoch die sich aus den §§ 53 Abs. 2 und 54 Abs. 1 und 2 ADS bzw. Ziff. 13.2 und 13.3 DTV-Güter ergebenden Ausnahmen. Diese bestimmen, dass dann, wenn die Person des Versicherungsnehmers von der Person des Versicherten verschieden ist, der Versicherte ohne Zustimmung des Versicherungsnehmers über seine Rechte nur dann verfügen kann, wenn er im Besitz der Police ist. Umgekehrt dann dagegen der Versicherungsnehmer über die Rechte, die an sich dem Versicherten aus dem Versicherungsvertrag zustehen, auch dann im eigenen Namen verfügen kann, wenn er, falls eine Police ausgestellt ist, im Besitz dieser Police ist.

Police und Zertifikat brauchen aber nicht ausschließlich in der Form eines Legitimationspapiers ausgestellt zu werden, sie können auch die Erscheinungsform einer *Orderpolice* tragen. Das ergibt sich aus § 363 Abs. 2 HGB. Die Police kann danach „an Order" gestellt werden. Wenn dies beabsichtigt ist, dann muss es besonders vereinbart werden, und zwar entweder in der laufenden Police oder für den Einzelfall in dem betreffenden Zertifikat.

Die Orderpolice ist durch Indossament zu übertragen. Wenn auf einer „gewöhnlichen" Police eine Übertragung durch Indossament beurkundet wird, liegt kein Indossament im Rechtssinn vor, denn nur Orderpolicen können per Indossament übertragen werden. Es handelt sich dann um die Dokumentierung einer gewöhnlichen Übertragung im Wege der

Abtretung in abgekürzter Schriftform. Ein Indossament kann mit der Besonderheit der Übertragungskraft des Indossaments nur gegeben werden, wenn die Police oder das Zertifikat bereits „an Order" lautet.

Die Orderpolice ist eine Beweisurkunde, sie ist aber kein Schuldschein. Sie ist Wertpapier und § 14 ADS Ziff. 11 DTV-Güter ist auf sie nicht anwendbar.

Schließlich gibt es noch eine dritte Form der Police, nämlich die *Inhaberpolice* im Rechtssinn eines Inhaberpapiers. Hier handelt es sich um ein Wertpapier, auf das die Bestimmungen des § 14 ADS und der Ziff. 11 DTV-Güter ebenfalls nicht anwendbar sind. Zur Ausstellung eines solchen Wertpapiers ist jedoch eine besondere Vereinbarung zwischen dem Versicherer und dem Versicherungsnehmer erforderlich.

Die Wertpapier-Inhaberpolice ist wie die gewöhnliche Police Beweisurkunde. Rechtlich ist sie aber kein Schuldschein, sondern ein Wertpapier, das nach sachenrechtlichen Grundsätzen, also wie ein körperlicher Gegenstand zu erwerben und zu übertragen ist, also auch gutgläubig erworben werden kann (vgl. §§ 932-935 BGB).

Derartige rechtlich mögliche Inhaberpolicen mit Wertpapiercharakter sind in der Praxis der Transportversicherung nicht gebräuchlich. Sie sind, wie bereits betont, nur dann möglich, wenn zwischen dem Versicherungsnehmer und dem Versicherer eine ausdrückliche und unmissverständliche Vereinbarung in dieser Hinsicht getroffen worden ist. Bezeichnungen, wie etwa „für wen es angeht", „zahlbar an den Inhaber" oder „für den versicherten Inhaber" oder ein Einfügen des Wortes „Inhaber" statt des Namens des Versicherungsnehmers im Zertifikat genügen nicht, um der gewöhnlichen Police einen Wertpapiercharakter zu geben. Dazu der Bundesgerichtshof (VersR 1962, 659):

„Die Police trägt allerdings die Klausel ‚in favour of the bearer'. In der Seeversicherung kann zwar die Police auch als Inhaberpapier im Sinne der §§ 793 ff. BGB ausgestellt werden, weil § 4 VVG nicht gilt (§ 186 VVG; vgl. Bruck/Möller, VVG 8. Auflage, § 3 Anm. 32). Das Berufungsgericht hat jedoch angenommen, die vorliegende Police habe nach dem Willen der Beteiligten ebenso wie sonstige Policen nur Beweis- und Legitimationsfunktion haben sollen (vgl. RGZ 145, 322). Die Revision rügt, das erhöhte Sicherungsbedürfnis der Klägerin sei bei der Auslegung der Inhaberklausel der Police nicht berücksichtigt worden. Die Klägerin habe sich für ihre Kreditgewährung an die Firma X deren Ansprüche aus der Versicherung unter Übergabe der Police alsbald nach der Ausstellung mit Kenntnis der Beklagten abtreten lassen. Ihr sei es auf einen erhöhten Schutz vor Einwendungen aus dem Versicherungsvertrag angekommen ... Zutreffend hat das Berufungsgericht die Police nicht als echtes Inhaberpapier, sondern als Legitimationspapier angesehen (Ritter, Recht der Seeversicherung, Bd. I, § 14 Anm. 29, S. 304). Wie Hagen, Recht der Seeversicherung (1938), S. 81 hervorhebt, kann der Versicherungsschein nach seinem wirtschaftlichen Wesen, nach den technischen Erfordernissen des Versicherungsbetriebes und dem Mangel der Negoziabilität auch in der Seeversicherung nicht zu einem wirklichen Inhaberpapier werden. Wenn die Parteien abweichend hiervon ein echtes Inhaberpapier schaffen wollten, so hätte dies einer deutlichen Hervorhebung bedurft. Die Klägerin hat aber nicht dargelegt, dass die Beklagte innerhalb der Urkunde oder durch die zur Auslegung etwa heranzuziehenden Umstände zum Ausdruck gebracht hat, der Police sollten hier abweichend von der allgemeinen Seeversicherungspraxis für die Berechtigung des Inhabers weitergehende Wirkungen als üblich beigelegt werden. In der Police ist vielmehr auf die Allgemeinen Deutschen Seeversicherungsbedingungen Bezug genommen worden. Ob daraus mit dem Berufungsgericht bereits entnommen werden kann, die Beklagte habe die vorgesehene Leistung nur aufgrund und nach Maßgabe des Versicherungsvertrages erbringen wollen, kann dahingestellt bleiben. Jedenfalls ergibt die uneingeschränkte Bezugnahme auf die ADS unter Berücksichtigung der allgemeinen Übung bei der Ausstellung von Seeversicherungspolicen, dass auch hier § 14 Abs. 2 ADS anwendbar sein sollte. Diese Bestimmung besagt, dass der Versicherer durch die Leistung an den Inhaber befreit werde. Dagegen ist nicht vorgesehen, dass der Inhaber der Police als solcher berechtigt sein solle, die Leistung zu verlangen. Die Urkunde wird damit als ein Legitimationspapier im Sinne des § 808 BGB gekennzeichnet, auf das § 796 BGB nicht anwendbar ist."

Durch die Klausel „Schäden zahlbar an den Inhaber der Police" bzw. „Claims payable to the holder of this Policy/Certificate" wird die Police nicht zur Wertpapier-Inhaberpolice. Eine solche Klausel verpflichtet aber den Versicherer in Ausdehnung der Vorschriften des § 14 Abs. 2 ADS und der Ziff. 11.2 DTV-Güter, an den Inhaber der Police zu bezahlen.

In der Praxis erscheint auch die Ausstellung des Zertifikates als Legitimationspapier hinsichtlich seiner Transportfunktion als genügend, und es ist kein Bedürfnis nach einer Versicherungsurkunde in der Form eines echten Wertpapiers ersichtlich. Hinzu kommt, dass bei einem Versicherungszertifikat als Wertpapier die den Grundsätzen jeder Versicherung widersprechende Möglichkeit eintreten kann, dass ein versicherbares Interesse des Inhabers des Wertpapiers überhaupt nicht vorhanden ist, weil das Recht aus dem Papier dem Recht an dem Papier folgt und damit eine Trennung zwischen Versicherungsvertrag einerseits und dem Forderungsrecht des Inhabers andererseits eintreten würde.

Bei der Inhaberklausel ist die unterschiedliche Auslegung des Wortes „Inhaber" zum einen im Sinne von § 14 Abs. 2 ADS und Ziff. 11.2 DTV-Güter und zum anderen im Sinne des echten Inhaberpapiers nach dem Wertpapierrecht und die daraus folgende unterschiedliche Rechtswirkung bei Legitimationspapieren einerseits und Wertpapieren andererseits zu beachten.

Dieser Unterschied wird bedeutsam für die Frage, welche *Einwendungen dem Inhaber des Zertifikats gegenüber* geltend gemacht werden können.

In den Zertifikaten wird regelmäßig darauf hingewiesen, dass der Vertrag auf der Grundlage der ADS oder der DTV-Güter geschlossen ist.

Beim Legitimationspapier ist es unbestritten, dass alle Einwendungen, die sich aus dem zugrundeliegenden Rechtsverhältnis, in diesem Fall also aus den ADS bzw. den DTV-Gütern und den im Zertifikat im Einzelnen nicht aufgeführten Bedingungen der laufenden Police ergeben, auch dem gutgläubigen Erwerber gegenüber erhoben werden können (vgl. § 404 BGB).

Bei einem echten Wertpapier, also dann, wenn das Zertifikat als Orderpapier oder als echtes Inhaberpapier ausgestaltet wird, können jedoch dem gutgläubigen Erwerber gegenüber nur solche Einwendungen geltend gemacht werden, die sich aus dem Papier selbst oder aus dem Gesetz ergeben. Es ist streitig, ob der Hinweis im Zertifikat auf die Geltung der ADS oder die Bedingungen der laufenden Police den Versicherer berechtigt, dem gutgläubigen Erwerber gegenüber Einwendungen daraus zu erheben, wenn die Bedingungen der ADS bzw. der DTV-Güter und der laufenden Police nicht im Einzelnen aus dem Text des Zertifikats ersichtlich sind. Seit der Aufhebung des gesetzlichen Seeversicherungsrechts im HGB kommt der Frage eine noch größere Bedeutung zu.

Der BGH lässt diese Frage in dem oben angesprochenen Urteil ungeprüft, weil die zur Beurteilung stehende Urkunde als Legitimationspapier bezeichnet wurde, bei der sich diese Problematik ja nicht ergibt. Die Vorinstanz, das OLG Frankfurt, hat in seiner unveröffentlichten Entscheidung vom 18.10.1960 aber ausgeführt:

„Selbst, wenn die Police ein echtes Wertpapier im Sinne des § 793 BGB wäre, könnte die Beklagte auch der Klägerin die Verletzung der vorvertraglichen Anzeigepflicht gem. § 796 BGB entgegenhalten. (Redaktionelle Anmerkung: Die Einwendung des Versicherers bezog sich auf die Verletzung der nicht im Zertifikat wohl aber in den ADS geregelten Verletzung der vorvertraglichen Anzeigepflicht.) Der Einwand der Verletzung der vorvertraglichen Anzeigepflicht ergibt sich aus der Police. Durch die darin enthaltene Bezugnahme auf die ADS sind alle aus den ADS ersichtlichen Einwendungen aus dem Versicherungsvertrag Bestandteile der Police geworden. Der Inhaber der Police kann aus dem Inhalt der Urkunde ersehen, dass sein Anspruch davon abhängt, ob der Versicherungsnehmer die sich aus den ADS ergebenden Verpflichtungen erfüllt hat. Es ist nicht erforderlich, dass die dem Einwand zugrundeliegenden Tatsachen sich unmittelbar aus der Urkunde ergeben."

Diese Ausführungen können aber nur für diejenigen Punkte gelten, die nicht im Text des Zertifikates, wohl aber in den Bedingungen der laufenden Police oder in den ADS geregelt sind. Enthält dagegen das Zertifikat Bestimmungen, die denen der laufenden Police oder der ADS entgegenstehen, dann muss aus Gründen der Verkehrssicherheit der Inhalt des Zertifikates gelten. Für die DTV-Güter gilt Entsprechendes.

Beispiel:
Die laufende Police sieht für die in Betracht kommenden Güter eine eingeschränkte Deckung oder eine Abzugsfranchise vor. Das Zertifikat lautet jedoch auf all risks bzw. sieht keine Abzugsfranchise vor, oder das Zertifikat bezieht sich auf Güter, für die nach § 80 ADS kein Versicherungsschutz besteht. In den Beispielsfällen geht der ausdrückliche Wortlaut des Zertifikates vor. Der Versicherer muss eintreten und hat lediglich einen Regressanspruch gegen den Aussteller des Zertifikates.

Eine bestimmte Einwendung aber ist schon aufgrund des Wortlauts von ADS und DTV-Güter einem gutgläubigen Erwerber gegenüber nicht möglich, nämlich die, dass die Prämie nicht bezahlt und der Versicherer deshalb leistungsfrei sei. Das wird in § 49 ADS und Ziff. 14 DTV-Güter ausdrücklich bestimmt. Der gutgläubige Erwerber ist also durch diese Bestimmungen schon ausreichend geschützt, so dass es an sich nicht des Vermerks „Prämie bezahlt" bedarf. Wenn er trotzdem aufgenommen wird, so hat dies seinen Grund in Erfahrungen, die mit englischen Zertifikaten gemacht worden sind.

Bei der Unterzeichnung des Zertifikates brauchen nicht alle beteiligten Versicherer bzw. Assekuradeure zu unterzeichnen. Es genügt die Unterschrift durch den Führenden in Vollmacht für die Beteiligten. Selbstverständlich bleibt es auch bei der Alleinzeichnung durch den Führenden, die erkennbar in Vollmacht für die Beteiligten erfolgen muss, die aber im übrigen nicht einzeln genannt werden müssen, bei der Haftung der Beteiligten als Einzelschuldner im Verhältnis ihres jeweiligen Anteils (Zum englischen Recht siehe S. 99).

3.14   Der Schaden in der Güterversicherung

Schaden = Verlust, Verschollenheit, Beschädigung, Havarie-grosse-Beiträge

Allgemeines

- Deutsche Einteilung

  Die Regelung der ADS in den §§ 91-94 ist durch die Systematik der ADS Güterversicherung, der auch die DTV-Güter weitgehend folgen, vereinfacht worden. Danach wird nur noch unterschieden:

  - *Verlust*, vgl. Ziff. 7.1. ADS Güterversicherung = früher Totalverlust gem. § 91 ADS und Teilverlust gem. § 92 ADS. Ziff. 17.1 DTV-Güter unterscheidet weiter zwischen Total- und Teilverlust. Damit ist der Verlust einzelner Teile der Ladung angesprochen, nicht der Verlust von Teilen eines Gutes. Sind jedoch von einem Gut nur einzelne Bestandteile oder Zubehörstücke (vgl. BGB §§ 93 und 97) verloren, so gilt dies nicht als Verlust, sondern als Beschädigung, weil das betreffende Gut durch den Verlust der Teile oder des Zubehörs nicht zum Teil verloren, sondern nur beschädigt ist. Das entspricht der früheren Regelung für Teilbeschädigung in § 94 ADS.

  - *Verschollenheit* (Ziff. 7.2 ADS Güterversicherung, Ziff. 17.2 DTV-Güter).

  - *Beschädigung* (Ziff. 7.3 ADS Güterversicherung, Ziff. 17.3 DTV-Güter, früher Beschädigung gem. § 93 ADS).

- Englische Einteilung

  Das englische Recht teilt in § 56 MIA auf in

  - *Total Loss*, und zwar *Actual Total Loss* (§ 67 MIA) und *Constructive Total Loss* (§ 60 MIA) (siehe Abschnitt 2.1.10)

  - *Partial Loss* (§ 64 MIA)

Trotz dieser unterschiedlichen Einteilung zwischen dem englischen und dem deutschen Recht bestehen sachlich keine Differenzen, da die Verschollenheit ein Unterfall des Totalverlustes ist.

Die im englischen Recht vorgenommene Aufteilung des Totalverlustes in tatsächlichen und konstruktiven ist im deutschen Recht formell unbekannt. In der praktischen Auswirkung ergeben sich jedoch keine Unterschiede.

Ersatzleistung im Einzelnen

Verlust

Die ADS Güterversicherung bringen in Ziff. 7.1, die DTV-Güter in Ziff. 17.1 eine Definition des Verlustes. Er liegt vor, wenn die Güter entweder

- total verloren, also z. B. untergegangen oder körperlich zerstört oder

- dem Versicherungsnehmer in sonstiger Weise ohne Aussicht auf Wiedererlangung entzogen oder

- nach der Feststellung von Sachverständigen in ihrer ursprünglichen Beschaffenheit zerstört

sind.

Für das englische Recht sieht § 57 MIA Totalverlust dann als gegeben an, *"where the subject-matter insured is destroyed, or so damaged as to cease to be a thing of the kind insured, or where the assured is irretrievably deprived thereof"* (wenn die versicherte Sache zerstört oder so beschädigt ist, dass sie aufgehört hat, eine Sache der versicherten Art zu sein, oder wenn sie dem Versicherten unwiederbringlich entzogen ist).

Während die unwiederbringliche Entziehung des Besitzes bzw. die körperliche Zerstörung der Güter keine Auslegungsschwierigkeiten beinhalten, können sich jedoch Meinungsverschiedenheiten darüber ergeben, wann ein Totalverlust vorliegt, weil die Ware in ihrer ursprünglichen Beschaffenheit zerstört bzw. weil sie so beschädigt ist *"as to cease to be a thing of the kind insured"* (§ 57 MIA).

Die Güter sind in ihrer Beschaffenheit zerstört, wenn sie nicht mehr das sind, was sie sein sollen; versicherungsrechtlich, wenn sie nicht mehr das sind, als was sie versichert sind. Wenn also die Waren so verdorben sind, dass sie weggeworfen werden müssen oder nur noch zu Zwecken verwendet werden können, zu denen verkehrsgemäß andere Güter verwendet werden (etwa zur Destillation oder zum Düngen), so sind sie total verloren. Nach englischer Auffassung, die sich mit der deutschen Auslegung deckt (vgl. Rose, a.a.O., S. 444), gilt: *"If, as a result of an insured peril, goods are in such a condition that they are no longer merchantable as goods of the contract description, ... then there is an actual total loss"*.

Unter Bezugnahme auf die Entscheidung des Court of Appeal in der Sache Afgar v. Blundell führt Arnould's Law of Marine Insurance, Rn. 28-17 bei Fn. 79 folgendes aus:

"Goods arriving in an unmerchantable condition are considered to have lost their species, although they may not have changed to anything else, and cannot be said to have ceased to exist."

Dieser Fall würde z. B. vorliegen, wenn eine versicherte Ölsaat aufgrund einer Transportbeschädigung so stark keimt, dass sie nicht mehr in der Ölmühle verwendbar, sondern nur noch als Viehfutter verkäuflich ist.

Das Gleiche kann dann gelten, wenn die versicherten Güter mit anderen Waren vermischt werden. Findet eine Vermischung statt, so sind die Güter selbst dann, wenn eine Trennung nicht oder nur unter hohen Kosten möglich ist, an sich nicht verloren. Eine Vermischung kann jedoch dann ein Totalverlust sein, wenn infolge einer untrennbaren Vermischung die versicherte Ware in ihrer Beschaffenheit zerstört wurde und nicht mehr als die Ware anzusehen und verkäuflich ist, als die sie verschifft und versichert wurde.

Wenn z. B. Speiseöl und technisches Öl so vermischt sind, dass eine Trennung unmöglich ist, so kann das versicherte Speiseöl nicht mehr als Speiseöl verkauft werden. Es ist dann in seiner Beschaffenheit zerstört worden, weil die Mischung nur noch für technische Zwecke Verwendung finden kann.

Andererseits sagt das Ausmaß der Beschädigung allein noch nichts darüber aus, ob die Ware in ihrer Beschaffenheit zerstört wurde.

Kommt eine Ware z. B. so beschädigt am Bestimmungsort an, dass sie nur noch einen Bruchteil ihres ursprünglichen Wertes besitzt, so liegt nur dann ein Totalverlust vor, wenn sie nicht mehr als die ursprüngliche Ware, also nicht mehr als Tabak, Reis, Kaffee usw., verkauft werden kann. Stellt sie noch die ursprüngliche Ware dar und kann sie als solche verkauft werden, so handelt es sich auch dann nur um einen Teilschaden, wenn nur noch 10 % des Gesundwertes erlöst werden können. Ist aber z. B. der Kaffee nur noch dazu verwendbar, um in einer chemischen Fabrik das Koffein entzogen zu bekommen, dann ist er nicht mehr als Kaffee anzusehen, und ein Totalverlust ist gegeben.

Verlust oder Teilverlust als Folge einer Beschädigung ist im deutschen Versicherungsrecht stets als Beschädigung angesehen worden. Auch gem. § 113 ADS war nicht nur der Schaden ausgeschlossen, der in einer Beschädigung der Güter selbst besteht, sondern jeder Schaden, der auf eine Beschädigung zurückzuführen ist (vgl. Sasse, a.a.O., Nr. 17, S. 21: „Es ist aber kein Zweifel, dass im § 851 HGB – ebenso wie in den Allgemeinen Seeversicherungsbedingungen von 1867, §§ 103 und 104 – unter Beschädigung die Schadenursache, d.h. das die Beschädigung herbeiführende Ereignis, zu verstehen ist").

Verschollenheit
Verschollenheit liegt vor, wenn innerhalb bestimmter Fristen das Schiff den nächsten Bestimmungshafen nicht erreicht hat und keine Nachricht über sein Schicksal vorliegt (Ziff. 7.2 ADS Güterversicherung, Ziff. 17.2 DTV-Güter).

Entschädigung bei Verlust und Verschollenheit: Der Versicherte kann den Teil der Versicherungssumme verlangen, der auf die vom Verlust betroffene Güter entfällt. Sind alle Güter verloren, kann er die ganze Versicherungssumme verlangen, ist ein Teil verloren, dann kann er den gleichen Teil der Versicherungssumme verlangen, der der verlorenen Teilmenge im Verhältnis zur versicherten Gesamtmenge entspricht.

In der Versicherungssumme kommt der Wert des versicherten Interesses zum Ausdruck. Diesen Wert – und nur diesen – kann der Versicherungsnehmer verlangen. Das, was noch nicht im Risiko war, kann auch nicht zu einem Schaden führen. Auf diesen bereits wiederholt erwähnten Grundsatz soll hier nochmals hingewiesen werden. Er hat mit der ADS Güterversicherung auch Aufnahme in die ADS gefunden (vgl. Ziff 7.9 ADS Güterversicherung) und setzt sich in den Bestimmungen der DTV-Güter fort (Ziff. 17.7). Dies gilt auch nach Aufgabe eines allgemeinen versicherungsrechtlichen Bereicherungsverbots durch den Bundesgerichtshof (VersR 1997, 1231; 1998, 305; 2001, 749).

Beschädigung
Beschädigung bedeutet, dass die Güter in ihrer vollen Menge noch vorhanden sind, dass sie aber eine stoffliche Verschlechterung erlitten haben. Von der Beschädigung von Bestandteilen oder Zubehör ist die Beschädigung einer Sachgesamtheit zu unterscheiden. Sachgesamtheiten bestehen zwar aus mehreren Einzelsachen, diese sind aber wirtschaftlich derart zu einer Einheit verbunden, dass der Verkehr sie als eine Sache ansieht. Sie sind nicht gegenseitig Bestandteile (z. B. ein Paar Schuhe ist eine Sachgesamtheit und jeder Schuh ist nicht etwa Bestandteil des anderen). Beschädigung einer Sachgesamtheit ist nicht Beschädigung eines Teils, sondern Beschädigung des Ganzen.

Im Falle der Beschädigung richtet sich die Leistung des Versicherers entweder auf Ersatz des Minderwertes (Ziff. 7.4 ADS Güterversicherung, Ziff. 17.4 DTV-Güter) oder Übernahme der Kosten der Wiederherstellung (Ziff. 7.3 ADS Güterversicherung, Ziff. 17.3 DTV-Güter). Beim Ersatz des Minderwerts ist maßgebend der Unterschied zwischen dem Wert der Güter im beschädigten (Krankwert) und dem im gesunden (Gesundwert) Zustand. Dieser Wertunterschied ist aber nicht schon der Betrag der Entschädigung des Versicherers, sondern lediglich der Faktor für die Bemessung der Entschädigung. Daraus wird der Schadenprozentsatz ermittelt. Dieser Prozentsatz ist dann, bezogen auf die Versicherungssumme, zu zahlen. Da Krankwert und Gesundwert einander gegenübergestellt werden, müssen sie beide auf der gleichen Grundlage ermittelt werden. Ziff. 7.3 ADS Güterversicherung und die identische Ziff. 17.3 DTV-Güter bestimmen, dass für beide der Wert am Ablieferungsort maßgeblich ist, und zwar der Bruttowert. Dies ist der Wert, den sie einschließlich Landungskosten, Zoll und sonstigen öffentlichen Abgaben haben (vgl. dazu Ritter/Abraham, § 93 Anm. 6-12). Beide Werte müssen den Wertverhältnissen am selben Tag entsprechen. Auf den Versicherungswert oder die Versicherungssumme kommt es also bei dieser Gegenüberstellung noch nicht an.

Es kommt häufiger vor, dass ein Empfänger, wenn es für ihn günstig ist, den Fakturenwert oder den Wert nicht am Tag der Veräußerung, sondern am Ankunftstag als Gesundwert angesehen wissen will. Dieses Verlangen ist nicht gerechtfertigt und führt dazu, dass Gesundwert und Krankwert nicht miteinander verglichen werden können, weil sie nicht auf der gleichen Grundlage ermittelt worden sind.

Beispiele:
(1) Beschädigt angekommene Güter wurden zum Preis von 100 gekauft und einschließlich imaginärem Gewinn und Fracht mit 120 versichert. Infolge verschiedener Umstände ist

seit dem Kauf der Marktpreis gestiegen. Der Gesundwert beträgt am Bestimmungsort 160, der durch Verkauf ermittelte Krankwert 120. Der Schaden beträgt also 25 %. Dieser Prozentsatz ist aus der Versicherungssumme zu zahlen, so dass sich die Leistung des Versicherers auf 30 beläuft.

(2) Wäre der Marktpreis in dem soeben genannten Beispiel nicht gestiegen, sondern konstant geblieben oder gefallen, dann hätte sich mit Sicherheit eine entsprechende Veränderung des Krankwertes ergeben. Damit wären der Schadenprozentsatz und die Entschädigung des Versicherers gleichgeblieben. Also: Versicherungssumme 120, Gesundwert am Bestimmungsort 80, Krankwert 60. Schaden 25 %. Entschädigung des Versicherers 25 % von 120 = 30.

(3) Die Versicherungssumme beträgt 120, der Gesundwert am Bestimmungsort am Ankunftstag ebenfalls 120, der Gesundwert am Tag, an dem Güter zur Feststellung des Minderwertes verkauft werden, beträgt jedoch nur 100. Der Erlös beträgt 60. Der Erlös muss dem Gesundwert am Verkaufstag, und nicht etwa am Ankunftstag, gegenübergestellt werden. Der Schaden ist also 40 % und nicht 50%, und der Versicherer hat 40 % von 120, also 48, zu zahlen. Das ist logisch, denn wären die Güter bereits am Ankunftstag, an dem der Gesundwert höher lag, verkauft worden, wären auch der Verkaufserlös der beschädigten Güter entsprechend höher und der Schadenprozentsatz deshalb gleich gewesen.

Im Zuge der Schadenfeststellung kann es auf Verlangen des Versicherers zu einem Verkauf der beschädigten Güter kommen. Der Versicherer wird dies verlangen, wenn eine Einigung über die Höhe des sich aus der Gegenüberstellung von Gesundwert und Krankwert ergebenden Minderwertes nicht möglich ist. In einem solchen Fall tritt der Bruttoverkaufserlös an die Stelle des Wertes im beschädigten Zustand (vgl. Ziff. 7.3.2 ADS Güterversicherung, Ziff. 17.3.2 DTV-Güter).

Ein solcher Verkauf ist streng zu unterscheiden von dem Verkauf von Restwerten bei einem Totalschaden. Bei einem Beschädigungsschaden, wie er hier vorliegt, dient der Verkauf stets nur der Ermittlung des Prozentsatzes des Minderwertes. Der Versicherte kann also nicht gegen Aufrechnung mit dem Verkaufserlös die volle Versicherungssumme fordern, da er sonst den gesamten imaginären Gewinn mit erhalten würde, während ihm bei einem Beschädigungsschaden nur ein dem Schadenprozentsatz entsprechender Anteil aus der für imaginären Gewinn versicherten Summe (siehe S. 195 ff.) zusteht.

Die Auszahlung der Versicherungssumme unter Abzug eventuell erzielter Verkaufserlöse bzw. gegen Zurverfügungstellung der beschädigten Ware kann also der Versicherte nur dann verlangen, wenn Totalschaden vorliegt, wenn die Güter in einem Zwischenhafen verkauft worden sind, oder, wenn er von seinem ihm in bestimmten Einzelfällen zustehenden Recht, Abandon zu erklären, Gebrauch gemacht hat. Liegt nur eine Beschädigung vor, so ist durch Abschätzung oder Verkauf stets nur ein Prozentsatz für den eingetretenen Minderwert zu ermitteln, der von dem Versicherer bezogen auf die Versicherungssumme zu zahlen ist.

Übernahme der Kosten der Wiederherstellung
(Ziff. 7.4 ADS Güterversicherung, Ziff. 17.4 DTV-Güter)

Der Versicherte hat die Wahl, ob er anstelle einer Entschädigung über Minderwert nach Ziff. 7.3 ADS Güterversicherung, Ziff. 17.3 DTV-Güter die Kosten der Wiederherstellung oder der Wiederbeschaffung der beschädigten oder verlorenen Teile verlangen will. Auch hier ist naturgemäß die Entschädigung mit der Versicherungssumme und auf das Verhältnis der Versicherungssumme zum Gesundwert beschränkt.

Bei der Ermittlung der Kosten der Wiederherstellung kommen nicht nur die reinen Kosten der Ersatzteile, sondern auch alle für die Reparatur *notwendigen* sonstigen Kosten in Betracht, z. B. Kosten für die Entsendung eines Monteurs zum Aufenthaltsort der Güter sowie die dort entstehenden Reparatur- und Reparaturnebenkosten. Kann die Reparatur nur im Lieferwerk durchgeführt werden, so sind auch die Kosten des Hin- und Rücktransportes zum und vom Lieferwerk zuzüglich der anfallenden Versicherungskosten sowie der eigentlichen Reparaturkosten zu entschädigen. Da Verzögerungsschäden nicht versichert sind (§ 28 ADS, Ziff. 2.5.1.1 DTV-Güter), können, falls nichts Besonderes vereinbart ist, dabei nur diejenigen Frachtkosten entschädigt werden, die auch der versicherten Reise zugrunde gelegen haben, und die in die Versicherungssumme eingegangen sind. Bei Gütern, die auf der versicherten Reise als Seefracht befördert wurden, kann also der Versicherte für die Reparaturreise keine Entschädigung für Luftfracht beanspruchen. Aus dem gleichen Grund bezieht sich die Leistung des Versicherers bei Fehlen besonderer Vereinbarungen auch nur auf normale Lohnstunden und nicht auf Überstunden oder sonstige Eilzuschläge.

Maschinen und Apparate
unterliegen unter der Deckung nach ADS Güterversicherung einer Sonderregelung durch die DTV-Maschinenklausel 1995, bei Deckung unter den DTV-Güter nur bei gebrauchten Maschinen gem. Ziff. 17.4.3. Auf sie wurde bereits auf Seite 134 f. eingegangen.

Verkauf der Güter unterwegs
Nach Ziff. 1.5.1.2 ADS Güterversicherung, Ziff. 2.3.1.3 DTV-Güter hat der Versicherer die Kosten, die durch Umladung, einstweilige Lagerung oder als Mehrkosten für eine Weiterbeförderung entstehen, dann zu tragen, wenn die Güter infolge eines versicherten Unfalls/Versicherungsfalls nach Beginn der Versicherung mit einem anderen Schiff, zu Lande oder per Flugzeug weiterbefördert werden.

Die den Versicherer aus Ziff. 1.5.1.2 ADS Güterversicherung, Ziff. 2.3.1.3 DTV-Güter treffenden Kosten können unter Umständen so groß sein, dass es wirtschaftlicher ist, die Güter unterwegs zu verkaufen, anstatt sie zum Bestimmungsort weiter zu befördern. Der Versicherer kann deshalb den unverzüglichen Verkauf der Güter verlangen (Ziff. 7.8 ADS Güterversicherung, Ziff. 17.6.2 DTV-Güter). In diesem Fall kann der Versicherte den Unterschied zwischen dem Erlös und dem auf die verkauften Güter entfallenden Teil der Versicherungssumme verlangen. Werden die Güter im Interesse der Schadenminderung nach Eintritt eines dem Versicherer zur Last fallenden Unfalles unterwegs verkauft, so gilt nach den genannten Bestimmungen die gleiche Regelung. Da die verkauften Güter als total verloren behandelt werden, ist auch der versicherte imaginäre Gewinn voll zu entschädigen (vgl. § 103 ADS).

Havarie-grosse
(siehe dazu S. 72 ff.)

Gem. § 29 ADS in Verbindung mit Ziff. 1.5.1.1 ADS Güterversicherung und gem. Ziff. 2.3.1 DTV-Güter tritt der Versicherer ein für

- *Beiträge* zur Havarie-grosse, zu deren Zahlung der Versicherte gegenüber der Havarie-grosse-Gemeinschaft aufgrund der Teilnahme des versicherten Gutes an der gemeinsamen Unternehmung verpflichtet ist.

- *Aufopferungen* des versicherten Gutes im Rahmen einer Havarie-grosse, wobei der Ausdruck „Aufopferungen" hier nur den Substanzschaden am Gut als Folge einer Havarie-grosse-Maßnahme (siehe S. 112 ff.) umfasst (Ritter/Abraham, a.a.O., § 29, Anm. 12). Die ADS sprechen ausdrücklich aus, dass der Versicherer für Aufopferungen wie für Partschäden haftet. Dies ist aber nur eine Klarstellung, denn die Gefahr der Aufopferung ist eine der gem. § 28 ADS versicherten allen Gefahren. Gemäß der DTV-Güter gilt nichts anderes, obwohl sie es nicht ausdrücklich erwähnen.

Einschränkend haftet der Versicherer nur dann, wenn und soweit durch die Havarie-grosse-Maßnahme ein versicherter Schaden abgewendet werden sollte (§ 29 Abs. 1 in Verbindung mit Ziff. 1.5.1.1 ADS Güterversicherung, Ziff. 2.3.1.1 DTV-Güter).

Zur Frage von Aufwendungen eines Bergers zur Verhütung von Umweltschäden siehe die Ausführungen zu Klausel 10 der Institute Time Clauses und Klausel 8 der International Hull Clauses in S. 289 f.).

Der Umfang der Haftung für Beiträge wird durch die Dispache bestimmt. Die ADS sprechen in § 30 Abs. 6 aus, dass auch eine fehlerhafte Dispache im Rechtsverhältnis zwischen Versicherungsnehmer und Versicherer hinsichtlich der Ersatzpflicht nichts ändert, wenn nicht der Versicherungsnehmer diesen Fehler zu vertreten hat. Der Versicherer kann also Fehlerhaftigkeit der Dispache einwenden, wenn der Versicherungsnehmer dies zu vertreten hat, z. B. durch falsche Wertangaben. Die DTV-Güter haben keine solche Bestimmung . Ziff. 2.3.1 besagt, das der Inhalt der Dispache auch für das Versicherungsverhältnis gilt.

Unberührt hiervon bleibt das Recht des Versicherers auf Anfechtung der Dispache und auf Verfolgung eines Anspruches gegenüber einer anderen an der Havarie-grosse beteiligten Partei nach Übergang eines derartigen Anspruches vom Versicherungsnehmer auf den Versicherer (§ 30 Abs. 7 ADS, Ziff. 23.1 Abs. 2 DTV-Güter).

Übersteigt der Beitragswert den Versicherungswert, so leistet der Versicherer in Erweiterung der früheren Regelung in § 30 Abs. 8 ADS gem. Ziff. 1.5.1.1 ADS Güterversicherung, Ziff. 2.3.1.1 DTV-Güter vollen Ersatz bis zur Höhe der Versicherungssumme. Die Bestimmungen über die Unterversicherung bleiben unberührt. Diese Regelung bedeutet, dass dann, wenn die Versicherungssumme dem Versicherungswert bei Beginn der Versicherung gem. Ziff. 6 ADS Güterversicherung bzw. Ziff. 10.2 DTV-Güter entsprach, bis zum Eintritt des Havarie-grosse-Ereignisses entstehende Wertsteigerungen der Güter an der vollen Ersatzleistung des Versicherers nichts ändern, sofern nicht die Versicherungssumme überschritten wird. War jedoch die Versicherungssumme von vornherein nicht ausreichend bemessen, lag also von vornherein eine Unterversicherung vor, so bleibt es bei den Bestimmungen über die Unterversicherung.

Beispiele:
(1) Versicherungswert der Güter 100, Versicherungssumme 100, Havarie-grosse-Beitragswert, infolge von Konjunktursteigerungen 120, Havarie-grosse-Beitrag 50 % = 60, Leistung des Versicherers 60.

(2) Versicherungswert 100, Versicherungssumme 80 (Unterversicherung 20 %), Havarie-grosse-Beitragswert infolge von Konjunktursteigerungen 120, Havarie-grosse-Beitrag 50 % = 60, Leistungen des Versicherers 48.

Bei Versicherung auf Basis von ADS und ADS Güterversicherung ist die Leistung des Versicherers begrenzt durch die Versicherungssumme (§ 37 ADS). Er haftet auch für Havarie-grosse-Beiträge nicht über die Versicherungssumme hinaus, es sei denn, dass nach Zahlung des Beitrages oder der Sicherheitsleistung für den Beitrag oder nachdem eine persönliche Verpflichtung des Versicherungsnehmers zur Beitragsleistung entstanden ist, ein weiterer Versicherungsfall eintritt (siehe S. 110 f.). In diesem Fall erfolgt eine Entschädigung für den späteren Versicherungsfall ohne Berücksichtigung des Havarie-grosse-Beitrages. Erfordert also der spätere Versicherungsfall eine Totalverlustentschädigung, so besteht eine Ersatzpflicht des Versicherers für die vorher entstandene Forderung auf Havarie-grosse-Beitrag über die Versicherungssumme hinaus (§ 37 Abs. 3 ADS). Die DTV-Güter haben die Begrenzung der Deckung für Havarie-grosse-Beiträge mit der Versicherungssumme aufgegeben. Gem. Ziff. 2.3.3 werden alle Aufwendungen nach Ziff. 2.3.1.1 und 2.3.1.2, also auch die Havarie-grosse-Beiträge, ohne Rücksicht darauf ersetzt, ob sie zusammen mit anderen Entschädigungen die Versicherungssumme übersteigen.

Der Versicherungsnehmer kann verlangen, dass der Versicherer für Entrichtung von Beiträgen zur großen Havarie die Bürgschaft übernimmt (vgl. § 29 Abs. 1 ADS in Verbindung mit 1.5.2 ADS Güterversicherung). Wird vom Verfrachter die Bürgschaft des Versicherers als nicht ausreichend angesehen, kann der Versicherungsnehmer keine zusätzlichen Maßnahmen von dem Versicherer verlangen (Ritter, a.a.O., § 29 Anm. 19). Weitergehend schreibt Ziff. 2.3.4 DTV-Güter vor, dass der Versicherer gegebenenfalls auch Einschüsse zu leisten hat.

Eine Entschädigung des Versicherers für Havarie-grosse-Beiträge wird erst nach Fertigstellung der Dispache fällig. Bei Deckung unter den ADS Güterversicherung kann eine Vergütung von vorab geleisteten Depots oder Vorauszahlungen von dem Versicherer nicht erzwungen werden (Ritter, a.a.O., § 29, Anm. 15; Sasse, a.a.O., Nr. 382), bei Deckung unter den DTV-Güter leistet der Versicherer auch Einschüsse (Ziff. 2.3.4).

Die neue Bedingungslage reflektiert eine verbreitete Praxis, derzufolge eine Zahlung des Versicherers für zu stellende Bardepots (Havarie-grosse-Einschüsse) bereits bei Vorlage der entsprechenden Einschussquittungen erfolgt bzw. Havarie-grosse-Beiträge gegen Vorlage der Dispache oder eines Auszuges unmittelbar an die Havarie-grosse-Gemeinschaft, vertreten durch den Dispacheur, gezahlt werden. Dies hat für den Versicherer zur Folge, dass er auf diese Weise für Beiträge in Vorlage tritt, für die unter Umständen keine oder nur eine teilweise Haftung bestehen kann. Das Gleiche gilt, wenn der Versicherer der Havariegrosse-Gemeinschaft gegenüber eine unbeschränkte Garantie abgibt was die DTV-Güter in Ziff. 2.3.4 ebenfalls vorsehen, bzw. die Verpflichtungsscheine ohne Vorbehalt zeichnet. Dies wird regelmäßig von den Dispacheuren verlangt, um auf diese Weise den Versicherer zum unmittelbaren Schuldner der Havarie-grosse-Gemeinschaft zu machen.

Der Versicherer läuft bei Zahlung von Havarie-grosse-Einschüssen ohne Vorlage der Dispache das Risiko, dass die Einschüsse den Havarie-grosse-Beitrag laut Dispache übersteigen und die überzahlten Beträge aus Ländern, in denen Transferschwierigkeiten bestehen, nur sehr schwer, wenn überhaupt, zurückerlangt werden können.

Schaden an der Verpackung
Aufgabe der Verpackung ist es, den Transport der Güter zu ermöglichen und sie dabei vor möglichen Schäden zu bewahren. Bei Erfüllung der letztgenannten Aufgabe kommt es häufiger vor, dass nur die Verpackung, aber nicht die Güter, beschädigt werden.

Die ADS Güterversicherung und die DTV-Güter enthalten hierfür, genauso wie die Institute Cargo Clauses, keine besondere Regelung.

Aus allgemeinen Grundsätzen des Transportversicherungsrechts ergibt sich Folgendes:

Hat die Verpackung keinen eigenen, selbständigen Wert, so kann ein selbständiger Schaden an ihr nicht eintreten. Packpapier wird z. B. nach Ankunft der Ware weggeworfen. Ist es auf der Reise zerschlissen, so kann dieser Umstand naturgemäß keinen Entschädigungsanspruch auslösen. Haben die Güter den Bestimmungsort erreicht, so kommt es nur darauf an, ob die Güter einen Schaden erlitten haben und nicht darauf, ob die Verpackung beschädigt ist. Das gilt auch für Kisten. Etwas anderes kann nur dann in Betracht kommen, wenn allein durch die Beschädigung der Verpackung ein Minderwert der Güter entstehen kann. Das ist z. B. bei Konserven und bei gewissen Markenartikeln der Fall.

Wird an sich gesunde Markenware deshalb in neutraler Verpackung verkauft, weil die Originalverpackung beschädigt ist, so wird sich allein daraus ein Minderwert ergeben. In solchen Fällen wird also der Schaden, der sich auf die Verpackung beschränkt, zu entschädigen sein.

In anderen Fällen ist ein Verpackungsschaden nur dann zu entschädigen, wenn die Verpackung entweder in der Police oder in den Faktura mit einem separaten Wert ausgewiesen ist (z. B. Fässer). Das wird nur dann der Fall sein, wenn die Verpackung über die Dauer eines Transportes hinaus für eine längere Verwendungszeit gedacht ist.

Etwas völlig anderes sind Kosten für Reparatur oder Erneuerung der Verpackung, die unterwegs aufgewendet werden müssen. Diese sind ersatzpflichtig, aber nicht als Schäden an der Verpackung, sondern als Kosten der Schadenminderung, die aufgewendet werden, um die Güter wieder in einen transportfähigen Zustand zu versetzen und auf der versicherten Weiterreise Schäden zu verhindern. Voraussetzung dafür ist allerdings, dass die Verpackung bei Antritt der Reise beanspruchungsgerecht gewesen ist (Ziff. 1.4.1.5 ADS Güterversicherung), den Versicherungsnehmer jedenfalls hinsichtlich insoweit keinen grobe Fahrlässigkeit und keinen Vorsatz triff (Ziff. 2.5.1.5 DTV-Güter). Ist die Reise beendet oder die Weiterreise unversichert, so treffen den Versicherer derartige Kosten nicht, weil versicherte Schäden wegen des Endes der Versicherung nicht mehr eintreten können.

Feststellung des Schadens durch Sachverständige
Normalerweise wird der Schaden nach Ursache und Höhe durch den Havarie-Kommissar des Versicherers festgestellt, der nach Ziff. 8.1 ADS Güterversicherung, Ziff. 15.3 DTV-Güter unverzüglich hinzugezogen werden muss. Bei Streit über die Ursache oder Höhe des Schadens sehen Ziff. 8.2 ADS Güterversicherung und die identische Ziff. 20.2 ein im Einzelnen geregeltes *Sachverständigenverfahren* vor. Diese Regelung passt sich den Bestimmungen in den Sachversicherungszweigen an. Juristisch gesehen handelt es sich hier nicht um einen Schiedsvertrag, und die Sachverständigen bilden kein Schiedsgericht, das einen Schiedsspruch mit materieller Rechtskraft fällt. Die Regelungen beinhalten vielmehr eine *Schiedsgutachter-Klausel.* Die Hauptwirkungen dieser Klausel liegen einmal darin, dass vor der Feststellung durch die Sachverständigen keine Entschädigung verlangt werden kann, und zum anderen in der Tatsache, dass die Beteiligten die Feststellung betreiben können und, was das wichtigste ist, dass die Feststellung im Sachverständigenverfahren für alle Beteiligten verbindlich ist. In dieser Verbindlichkeitswirkung ist das Gutachten der Sachverständigen der Bestimmung der Leistung des Schuldners durch einen Dritten im Sinne des § 317 BGB sehr ähnlich. Lediglich dann, wenn das Gutachten von der wirklichen Sachlage offenbar erheblich abweicht, versagt die Wirkung der Verbindlichkeit, und die Feststellung des Schadens erfolgt im Streitfall durch Gerichtsurteil. Die Verbindlichkeit der Feststellungen bezieht sich aber nur auf die Ursache und die Höhe des Schadens. Über Rechtsfragen, wie etwa die Ersatzpflicht des festgestellten Schadens unter dem Versicherungsvertrag, steht dem Sachverständigen keine Beurteilung zu.

Im *englischen* und *amerikanischen Recht* ist das verbindliche Schiedsgutachten unbekannt. Die Funktionen des Havarie-Kommissars werden durch *Average (Claims) Agents* bzw. *Lloyd's Agents* wahrgenommen. Sie werden als *Settling Agents* bezeichnet, wenn sie den Schaden nicht nur feststellen, sondern auch für den Versicherer regulieren. Sie bedienen sich dabei im Bedarfsfalle der *Salvage Association*, die ihre technischen Experten zur Verfügung stellt, oder anderer Experten.

Bei der Einreichung des Schadens an die Versicherer bedient sich der englische Makler häufig eines *Average Adjuster*, der aufgrund der Feststellungen über Ursache und Höhe des Schadens durch den *Average Agent* die Schadenabrechnung auch unter Berücksichtigung der policenmäßigen Haftung des Versicherers vorbereitet.

4 Die Seekaskoversicherung

4.1 Klassifikation und Vermessung von Schiffen

Klassifikation

Der Qualitätszustand eines Schiffes ist für die Versicherung des Schiffes und der darauf beförderten Ladung, für die Sicherheit des Seeverkehrs im Allgemeinen und die der Besatzung im Besonderen sowie für die Hypotheken-Banken von höchster Bedeutung.

Die Beurteilung des Qualitätszustandes ist die Klassifikation; sie wird durch Vergabe einer bestimmten Klasse zum Ausdruck gebracht. Sie bezieht sich auf den Schiffskörper, die Maschinenanlagen und die Ausrüstung. Die Erteilung einer Klasse muss nach Überprüfung in regelmäßigen Abständen wiederholt werden, sonst verliert das Schiff die Klasse.

Die Wahrnehmung der entsprechenden Aufgaben erfolgt durch die Klassifikationsgesellschaften, deren Gründung ursprünglich auf Initiative der Versicherer zurückzuführen ist.

Die deutsche Klassifikationsgesellschaft ist der Germanische Lloyd. Gleichartige Gesellschaften gibt es auch in anderen Ländern. Die bedeutendsten erkennen sich untereinander alle an und arbeiten in der International Association of Classification Societies (IACS) zusammen. Ihre Zeichen für die höchste Schiffsklasse sind:

- Germanischer Lloyd .... ✠ 100 A 5
- Lloyd's Register .... 100 A 1
- American Bureau of Shipping .... ✠ A 1
- Bureau Veritas .... I ✠
- China Classification Society .... ★ CSA 5/5
- Nippon Kaiji Kyokai .... NS *
- Korean Register of Shipping .... ✠ KRS 1
- Norske Veritas .... ✠ 1 A 1
- Registro Italiano Navale .... C ✠
- Russian Register .... KM ★
- Indian Register of Shipping .... ▓ SUL

Die Klassifikation dient den Interessen aller an der Schifffahrt beteiligten Kreise. Die Zeugnisse des Germanischen Lloyd werden durch die Behörden anerkannt. Diese bedienen sich des Germanischen Lloyd nicht nur zur Begutachtung beim Schiffbau, Maschinenbau und bei material-technischen Fragen, sondern haben ihm darüber hinaus auch einen Teil öffentlich-rechtlicher Aufgaben übertragen, z. B. die Freiborderteilung und die Prüfungen nach den Bestimmungen der Internationalen Konferenz zum Schutze des menschlichen Lebens auf See.

Bei Seeschiffen ist die Klasse zu einer Selbstverständlichkeit geworden. Bei Binnenschiffen ist die Klassifizierung noch nicht so verbreitet; jedoch nimmt sie immer stärker zu. Unabhängig von der Klassifikation benötigt jedes See- und Binnenschiff, bei dem sich Seeleute als Arbeitnehmer an Bord befinden, einen Fahrterlaubnisschein der Seeberufsgenossenschaft. Dieser wird nach Prüfung der Sicherheitsvorkehrungen zum Schutz des menschlichen Lebens ausgestellt. Nicht klassifizierte Schiffe fahren also nur mit diesem SGB-Schein.

Für die Erteilung und Erhaltung der Klasse gelten beim *Germanischen Lloyd* folgende Grundsätze:

Die Klasse ist so lange gültig, wie das Schiff allen vorgeschriebenen Besichtigungen unterzogen wird und etwa erforderliche Ausbesserungen zur Zufriedenheit des Germanischen Lloyd ausgeführt werden. Wenn ein Schaden eintritt, der die Klassenwürdigkeit beeinträchtigt, muss das Schiff im nächsten Hafen besichtigt werden, sonst verliert es die Klasse. Wird bei der Besichtigung festgestellt, dass ein Schiff nicht mehr die Bedingungen erfüllt, die für die Erteilung der Klasse vorausgesetzt worden sind, oder werden die vom Germanischen Lloyd angeordneten Reparaturen nicht durchgeführt, so verliert das Schiff seine Klasse.

Die Klassenzeichen des Germanischen Lloyd für stählerne oder eiserne See- und Binnenschiffe sind „100 A 4" und „90 A 3". Dabei gibt die Zahl „100" bzw. „90" das Verhältnis zwischen dem tatsächlichen Zustand des Schiffes und dem vom Germanischen Lloyd geforderten an. Der Buchstabe „A" ist das Zeichen für stählerne und eiserne Schiffe, und die Zahl „4" bzw. „3" gibt die Abstände in Jahren an, in denen die Besichtigungen durch den Germanischen Lloyd erfolgen müssen. In Kap. I Teil 0 Abschnitt 2 C Ziff. 2.1 der Klassenvorschriften des Germanischen Lloyd werden die Klassezeichen für Schiffskörper beschrieben. Danach bedeutet:

100A5	Der Schiffskörper entspricht in allen Teilen den Bauvorschriften des GL oder anderen Vorschriften, die als gleichwertig gelten.
90A3, 80A2, 70A1 (als Beispiel):	Der Schiffskörper entspricht nicht mehr in allen Teilen den Bauvorschriften des GL, die Aufrechterhaltung der Klasse ist jedoch bei verkürztem Klassenlauf bzw. verkürzten Besichtigungsabständen vertretbar.

Die Zahlen 100, 90 usw. kennzeichnen den Unterhaltungszustand des Schiffskörpers im Verhältnis zu den Forderungen der Bauvorschriften unter Berücksichtigung der zulässigen Abrostungs- und Abnutzungstoleranzen.

Die Ziffern 5, 3 usw. bezeichnen die Dauer der Klassenperiode (Klassenlauf) in Jahren.

Durch Zusätze hinter dem Klassenzeichen kann die Klassenerteilung auf ein bestimmtes Fahrtgebiet beschränkt werden, z. B. RSA (dieser Zusatz gilt für Fahrten entlang der Küste, wobei die zulässige Entfernung durch Kilometerangaben (200 oder 50) oder das Kürzel SW (Fahrten auf Watten, Bodden, Haffen, Förden und ähnlichen Gewässern, auf denen hoher Seegang ausgeschlossen ist), I für Binnenschifffahrt. Ein E als Zusatz bedeutet, dass dieses Schiff für die Fahrt durch Eis am Bug besonders verstärkt worden ist, wobei der Grad der Verstärkung durch sie Zusätze E1, bis E4 ausgedrückt wird. Das Hanseatenkreuz vor dem Klassenzeichen zeigt an, dass das Schiff nicht nur vom Germanischen Lloyd klassifiziert, sondern auch unter seiner Aufsicht erbaut worden ist.

Zu besonderen Regelungen in der Seekaskoversicherung bei Änderung in der Klassifikation siehe S. 243 f.

Vermessung

Das weltweit am weitesten verbreitete Vermessungssystem für Schiffe beruht auf dem Internationale Schiffsvermessungsübereinkommen von 1969, das 1982 in Kraft getreten ist. Wie schon ältere Vermessungssysteme bezieht sich die nach diesem Übereinkommen vorzunehmende Vermessung auf den umbauten Raum des Schiffes. Dabei wird der gesamte umbaute Raum erfasst und in Brutto- und Nettoraum unterschieden. Ausschlüsse für Freidecks und Räume mit Öffnungen, die nach alter Vermessung nicht zu berücksichtigen waren, was zu den sogenannten „Vermessungsschiffen" (Schutzdecker, Freidecker, Wechselschiffe) führte, gibt es jetzt nicht mehr.

Die Bruttovermessung geht vom Rauminhalt des gesamten Schiffes aus und wird in der Bruttoraumzahl (BRZ; englisch: GT) ausgedrückt. Dem stand nach alter Vermessung die Bruttoregistertonne (BRT; englisch: GRT) gegenüber.

Die Nettoraumzahl (NRZ; englisch: NT) geht vom Inhalt des Laderaums als Grundzahl aus. Ihr stand die Nettoregistertonne (NRT; englisch ebenso) gegenüber.

Der entscheidende Unterschied zwischen der alten und der neuen Vermessung liegt darin, dass die BRT den nutzbaren Innenraum, die BRZ jedoch den umbauten Gesamtraum wiedergibt. Die bisherigen NRT ergaben sich aus einem Abzug der Räume für Besatzung, Proviant, Wasserballast, Treibstoff etc. von BRT. Die neue NRZ ist die Summe aller Laderäume, Ladetanks und Passagierräume.

4.2 ISM-Code

Durch den ISM-Code (grundlegend Anderson, a. a. O. in der englischen Literatur und de la Motte, a. a. O. in der deutschen Literatur; vgl. auch Looks/Kraft, TranspR 98, 221 sowie Ehlers in Thume/de la Motte/Ehlers, Kap. 3 1, Rn. 246 ff.) wird die Bedeutung des Repräsentantenbegriffes in der Seekasko- und Seehaftpflichtversicherung zurückgehen.

Der ISM-Code ist kein eigenständiges Gesetz. Er ist vielmehr als Kap. IX Bestandteil des Internationalen Übereinkommens von 1974 zum Schutze des menschlichen Lebens auf See (SOLAS). In Deutschland gilt er aufgrund der 7. SOLAS-Änderungsverordnung (BGBl. **95** II, 994). Der ISM-Code will umfassende Sicherheit auf See, also Schutz von Leib und Leben, Vermögenswerten und der Umwelt als solcher (Ziff. 1.2.1 ISM-Code) fördern.

Zu diesem Zwecke schreibt der Code den Reedereien die Errichtung eines *Safety Management System* (SMS) vor, in dem die Reedereien die Organisation von Sicherheitsmaßnahmen darlegen müssen. Notwendiger Inhalt sind alle sicherheitsrelevanten Abläufe sowohl im Landbetrieb als auch an Bord der Schiffe und insbesondere an der Schnittstelle von beidem. Das SMS muss im Einzelnen regeln, wer organisatorisch für welche Aufgabe zuständig ist. Für den gesamten Bereich gibt es weitreichende Dokumentationspflichten. Diese schließen die Pflicht ein, auch und gerade festgestellte Missstände zu dokumentieren. Sobald eine Reederei ein solches System errichtet hat, wird dies in einem *Document of Compliance* (DOC) bestätigt. Jedes von der Reederei betriebene Schiff erhält *Safety Management Certificate* (SMC), das vom Schiff ständig mitzuführen ist. An der neuralgischen Schnittstelle zwischen Landbetrieb und Schiff sieht der ISM-Code die Bestellung eines Durchführungsbeauftragten (sogenannte *Designated Person*) vor. Nach dem Code muss dieser Durchführungsbeauftragte Zuständigkeits- und Weisungsbefugnisse im Hinblick auf die Einhaltung der Sicherheitsaspekte des Schiffsbetriebes haben. Damit sichergestellt ist, dass sicherheitsrelevante Informationen im Reedereibetrieb auch an höchste Stelle ankommen, muss der Durchführungsbeauftragte ein direktes Vortragsrecht bei der Geschäftsführung des Unternehmens haben.

Die besondere Relevanz des ISM-Codes im Bereich der Kaskoversicherung besteht darin, dass über das Vortragsrecht des Durchführungsbeauftragten an die Geschäftsleitung und die Verpflichtung der Geschäftsleitung, den Durchführungsbeauftragten zu kontrollieren, der Geschäftsleitungsebene Kenntnis – oder gegebenenfalls fahrlässige oder gar vorsätzliche Unkenntnis – von Umständen verschafft wird, die im Rahmen des Versicherungsverhältnisses Auswirkungen auf den Bestand von Deckungsansprüchen haben können. Dabei ist insbesondere die Beweissituation durch die Pflicht zur Dokumentation auch nachteiliger Tatsachen von Bedeutung.

Weder die ADS und die DTV-Kaskoklauseln noch die DTV-ADS sprechen den ISM-Code direkt an. Er spielt aber immer dort eine Rolle, wo Aspekte der Schiffssicherheit betroffen sind, also z. B. bei der Seetüchtigkeit (Ziff. 23 DTV-Kaskoklauseln, Ziff. 33.2.1 DTV-ADS), dem Transport gefährlicher Ladung (Ziff. 14 DTV-Kaskoklauseln, Ziff. 33.2.2 DTV-ADS) oder der Verletzung von Schiffssicherheitsbestimmungen (Ziff. 33.1 DTV-ADS).

4.3 Deckung nach ADS, allgemein

> Deutsche Seekasko Bedingungen
> - ADS iVm DTV Seekaskoklauseln 1978/1992 (2004) und verschiedene Druckstücke
> - DTV-ADS (neues eigenständiges Bedingungswerk)

Schon in den Sechzigerjahren des letzten Jahrhunderts waren die ADS durch Kaskoklauseln ergänzt worden, die aber lose neben den ADS standen. Neben ihnen entwickelte sich eine Fülle von Zusatzklauseln und Maklerklauseln. Dadurch war dieses Rechtsgebiet zunehmend unübersichtlicher geworden, was zur Folge hatte, dass 1978 nach mehrjähriger Vorarbeit und im Zusammenwirken mit Reedern und Maklern die Seekaskoversicherung durch die DTV-Kaskoklauseln neu geordnet wurde. Anders als bei der ADS Güterversicherung wurden die betreffenden Bestimmungen der ADS durch die Neuregelung nicht ersetzt; sie gelten vielmehr fort. Die DTV-Kaskoklauseln gehen jedoch den ADS voran (Klausel 1 DTV-Kaskoklauseln).

Diese Klauseln wurden periodisch überarbeitet. Die letzte Fassung ist von 2004 (kommentiert von Schwampe, in Thume/de la Motte/Ehlers, Transportversicherung, 2. Auflage 2010, Kap. 4.I.A), am weitesten im Markt verbreitet ist die Fassung von 1992. Auch diese Klauseln sind jedoch durch den Markt überholt worden, was nicht zuletzt damit zu tun hat, dass die letzte verbandsseitig vorgenommene sachliche Überarbeitung mehr als 15 Jahre zurück liegt. Das hat dazu geführt, dass einzelnen Bedingungen der DTV-Kaskoklauseln nicht mehr im Klauselwerk überarbeitet oder ergänzt wurden, sondern in sogenannten Druckstücken. Davon gibt es insgesamt drei: die Seekasko-Druckstücke 2002/1, 2002/2 und 12/2003. Die Bezeichnung hat die Unübersichtlichkeit erhöht, die schon dadurch beträchtlich war, dass die Kaskoklauseln nicht etwa die Bestimmungen der ADS zur Kaskoversicherung insgesamt ersetzten, sondern teilweise nur abänderten. Denn die Zahl 12 im letzten Druckstück bezeichnet nicht, den Umstand, dass es sich um das zwölfte Druckstück handelt, sondern den Monat Dezember als das Erscheinungsdatum. Die Zahl 1 und die 2 für das Jahr 2002 verweisen dagegen nicht auf Monate, sondern schlicht auf die Anzahl. Hinzu traten zahlreiche Klauselwerke verschiedener großer deutscher Kaskomakler. Deshalb wurde durch eine Kommission des Gesamtverbandes der Deutschen Versicherungswirtschaft in den Jahren 2007 bis 2009 ein neues Klauselwerk erstellt, die DTV-ADS, die die bisherige Dualität von ADS und Kaskoklauseln aufgeben und, erstmals seit 1919, wieder ein in sich geschlossenes Bedingungswerk darstellen, welches jetzt auch Bedingungen für die Interesseversicherung (Dritter Abschnitt, Ziff. 67 bis 69) und, erstmals in Deutschland, für die Ertragsausfallversicherung (Vierter Abschnitt, Ziff. 70 bis 81) enthält. Neu ist auch der Sechste Abschnitt (Ziff. 83 bis 88), der erstmals seit dem Zweiten Weltkrieg wieder deutsche Kriegskaskobedingungen enthält.

Sowohl die DTV-Kaskoklauseln als auch die DTV-ADS haben die Eigenständigkeit der deutschen Bedingungen, insbesondere gegenüber dem englischen Recht, beibehalten, zumal sie in verschiedener Hinsicht einen für den Reeder weitergehenden Versicherungsschutz beinhalten, als das in England der Fall ist (vgl. dazu auch die Darstellung der englischen Seekaskoversicherung und die dabei vorgenommene vergleichende Gegenüberstellung mit der deutschen Deckung (siehe S. 273 ff.).

4.4 Underwriting

Prämienkalkulation

Genau wie in der Warenversicherung spielen bei Kalkulation der Kaskoprämie zahlreiche Faktoren eine Rolle, deren Bewertung von Markt zu Markt und Underwriter zu Underwriter unterschiedlich seien kann. Folgende objektive Risikomerkmale werden aber grundsätzlich zu einer Bewertung jedes Kaskorisikos herangezogen:

- Technische Faktoren:
    - Schiffstyp, Größe, Baujahr, Bauwerft
    - Maschinentyp und -hersteller, besondere Ausrüstung wie z. B. Schwergutkräne oder Kühlaggregate
- Aufsichts- und Kontrollfaktoren:
    - Flagge und Registrierung
    - Klassifikationsgesellschaft
- Einsatzfaktoren:
    - Fahrtgebiet
    - Bemannung
    - Charterer
- Subjektive Faktoren:
    - Qualität und Sicherheitsbewußtsein des Reedereibetriebes oder des Managers

Eine Vielzahl von Informationen ist heutzutage durch entsprechende Internetdatenbanken erhältlich. Viele Underwriter werden z. B. die Website von Equasis (www.equasis.com) oder die öffentlich zugängliche Website des Paris Memorandum of Agreement (http://www.parismou.org) konsultieren, um festzustellen, ob das zu versichernde Schiff bereits wegen Unzulänglichkeiten bei der Hafenstaaaten-Kontrolle aufgefallen ist oder wohlmöglich angehalten wurde.

Die eigentliche Prämienkalkulation erfolgt in zwei Schritten auf der Basis von Alter und Größe des Schiffes. Zunächst wird ein Prämiensatz für das Totalverlustrisiko berechnet. Dieser basiert auf dem Alter des Schiffes, da mit zunehmendem Alter nicht nur das Totalverlustrisiko des Schiffes ansteigt.

Abbildung 4.1 Großschäden und Totalverluste nach Schiffsalter 1994-2009 (Schiffe > 500 GT)

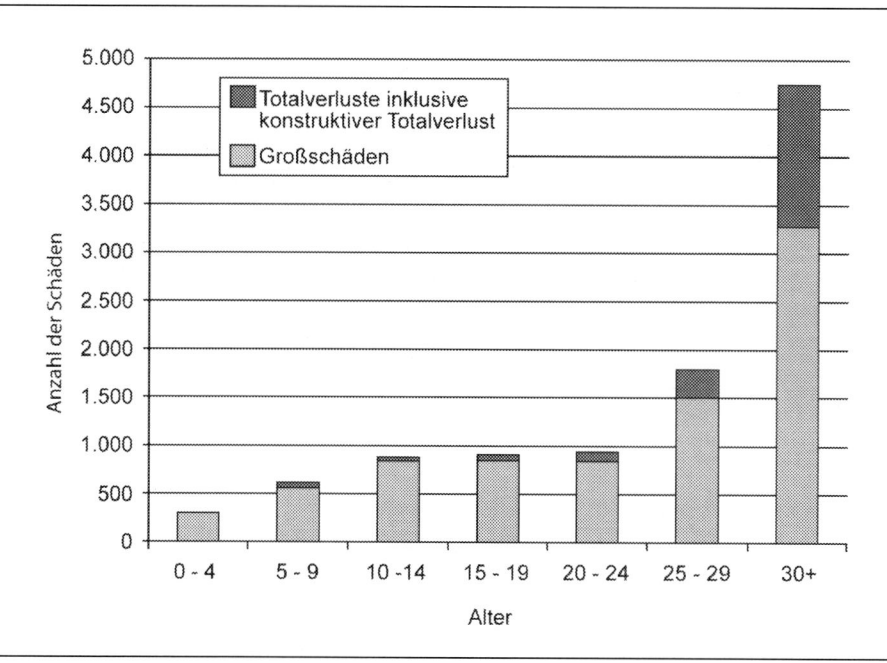

Quelle: IUMI, 2010

Die Prämie wird in einem bestimmten Prozentsatz von der Versicherungssumme berechnet, wobei in der Seekaskoversicherung fast ausnahmslos taxierte Policen verwendet werden.

Die zweite Komponente ist die sogenannte Bulkprämie. Ihre Höhe ergibt sich aus einem bestimmten Euro- oder Dollarbetrag pro tdw/molded measurement, der je nach Typ, Größe und Alter des Schiffes unterschiedlich sein kann.

Beispiel:
Taxe EUR 2.000.000; 3.000 tdw

Totalverlustprämie: 0,5% auf EUR 2.000.000	EUR 10.000
Bulkprämie: 3.000 x EUR 17	EUR 51.000
Gesamtprämie:	EUR 61.000

Die Faktoren der Prämienbemessung werden nach mehrjährigem Bestehen des Versicherungsvertrages um den statistischen Verlauf ergänzt. Dieser statistische Verlauf übernimmt die beherrschende Rolle; die Erneuerungsprämie einer Kaskoversicherung ist abhängig von dem statistischen Verlauf der Vergangenheit. Dabei wird in Deutschland auf die letzten drei abgeschlossenen Jahre und das laufende Jahr, in England auf die letzten vier abgeschlossenen Jahre abgestellt, wobei das laufende Jahr berücksichtigt wird, wenn es einen negativen Einfluss ausübt.

Selbst bei Gleichheit aller objektiven und subjektiven Merkmale wird bei zwei Schiffen der Prämiensatz dann unterschiedlich sein, wenn die Taxen unterschiedlich sind. Mit Ausnahme des Totalverlustes sind die Aufwendungen des Versicherers im Teilschadenfall bei gleichen Schiffen und gleichen Reparaturen auch bei unterschiedlicher Taxe gleich. Bei einem sehr gering taxierten Schiff kommt man bei dem Ersatz von Reparaturkosten in einer Erstrisikoversicherung bedenklich nahe. Das geringer taxierte Schiff muss deshalb einen höheren Prämiensatz bezahlen, weil nur dadurch der gleiche Prämienbetrag erreicht wird wie bei einem höher taxierten Schiff. Dabei ist allerdings die geringere Totalverlustsumme zu berücksichtigen.

Risk Management und technische Dienstleistungen

Der Verein Hanseatischer Transportversicherer e.V. (VHT) berät die deutschen Kaskoversicherer nicht nur in Schadensfällen, sondern spielt auch eine besondere Rolle bei der Beurteilung von Risiken vor Zeichnung eines Vertrages und auch bei der Begleitung und Beratung im Hinblick auf nautisch-technische Fragen während der Laufzeit des Vertrages.

Beispiele:

- Risikoeinschätzung bei besonderen Fahrtgebieten, z. B. Befahren der Nord-Ost-Passage
- Schadenverhütungsempfehlungen bei Auftreten offenbarer Serienschäden
- Risk Management-Schulungen für Versicherer und Reedereien

Übernahmeklausel

Insbesondere bei älteren gebrauchten Schiffen will sich der Versicherer, unabhängig von einer bestehenden vollen Klasse, selbst vom Zustand des Schiffes überzeugen. Besteht zwischen Antragstellung und Vertragsschluss noch genügend Zeit, kann der Versicherer das Schiff vor der Deckungsentscheidung besichtigen lassen und dann entweder die Deckung ohne Weiteres geben, die Beseitigung festgestellter Mängel vor Versicherungsbeginn fordern oder von der Deckung absehen. Besteht jedoch keine Gelegenheit vorheriger Besichtigung und benötigt der Versicherungsnehmer aber sofortigen Versicherungsschutz, kann der Versicherer diesen unter den Bedingungen der sogenannten Übernahmeklausel gewähren. Danach wird das Schiff unverzüglich durch Sachverständige der Versicherer besichtigt. Diese können auch Einblick in sämtliche das Schiff betreffende technische Unterlagen der Klassifikationsgesellschaft oder sonstige technische Unterlagen nehmen.

Werden Mängel festgestellt, so kann der Versicherer, auch wenn der Versicherungsvertrag bereits begonnen hat, deren Beseitigung innerhalb einer Frist von zwei Monaten sowie eine Änderung des Versicherungsvertrages (z. B. der Bedingungseinschränkungen) verlangen. Werden die Schäden nicht fristgemäß beseitigt oder erfolgt keine Einigung, so können beide Parteien nach Ankündigung den Versicherungsvertrag mit einer Frist von 14 Tagen kündigen. Können schwerwiegende Mängel oder Schäden nicht fristgemäß beseitigt werden, so hat der Versicherer ein Kündigungsrecht mit einer Frist von 14 Tagen.

Um einen Schwebezustand zu vermeiden, müssen die Versicherer ihre Rechte innerhalb von 14 Tagen nach Zugang des endgültigen Besichtigungsberichts ausüben.

Ziff. 5.1 der Klausel stellt den Versicherer für Schäden und deren Folgen leistungsfrei, die vor Beginn der Versicherung eingetreten sind. Allerdings geht die Klausel nicht über das hinaus, was auch ohne sie gilt. Denn Schäden, die vor Beginn der Versicherung eingetreten sind, müssen auch vor Beginn verursacht sein, weil die Wirkung nicht der Ursache vorangehen kann. Für Ursachen, die vor Beginn der Versicherung gewirkt haben, besteht nach § 28 ADS ohnehin keine Deckung. Die Beweislast dafür, dass der Schaden nach dem Beginn der Versicherung eingetreten ist, trägt nach Ziff. 5.2 der Versicherungsnehmer.

Dies ist allerdings missverständlich, denn § 28 ADS verlangt nur Gefahrverwirklichung während der Dauer der Versicherung, nicht auch Eintritt des Schadens. Von diesem Grundsatz will die Übernahmeklausel, die lediglich die Beweislast regeln will, nicht abweichen. Einer Beweislastregel hätte es aber nicht bedurft, denn auch insoweit gilt unter den ADS das Gleiche.

4.5 Dauer der Versicherung

> Kaskopolicen werden regelmäßig auf Zeit abgeschlossen, ausnahmsweise auch für Reisen.

Eine Kaskoversicherung wird entweder für eine Reise, für mehrere Reisen oder für eine bestimmte Zeit genommen. In der Praxis kommen alle drei Formen vor. Für die Versicherung der Frachtreisen von Schiffen wird regelmäßig eine Zeitversicherung abgeschlossen. In den meisten Fällen wird eine Zeitversicherung jeweils für die Dauer eines Jahres geschlossen. (Die Rabattklausel bei Zeitversicherungen – Ziff. 8 DTV-Kaskoklauseln, in den DTV-ADS nicht mehr vorgesehen – setzt einen einjährigen Vertrag voraus.) In bestimmten Marktphasen haben Makler zum Teil aber auch überjährige Verträge durchgesetzt. Nach Ablauf des vereinbarten Zeitraumes muss die Versicherung neu abgeschlossen werden; Kündigungsklauseln wie in der Güter- oder Sachversicherung mit dem Inhalt, dass die Versicherung sich automatisch verlängert, wenn sie nicht x Monate vor Ablauf gekündigt worden ist, gibt es in der Seekaskoversicherung in der Praxis nicht.

Die ADS definieren den Beginn und das Ende einer Zeitversicherung nicht näher. Ziff. 2.1. DTV-Kaskoklauseln und Ziff. 9.1 DTV-ADS bestimmen nur, dass sie mit den in der Police angegebenen Daten beginnt, wobei in letzterer Regelung auch noch festgelegt wird, dass sie um 00:00 Uhr des Tages beginnt und um 24:00 Uhr endet. Wann eine Reiseversicherung beginnt und endet, erläutert § 66 ADS im Einzelnen, und § 69 ADS bestimmt, dass dann, wenn die Versicherung für mehrere Reisen genommen worden ist, auch die zwischen den Reisen liegende Zeit versichert ist. Die DTV-ADS enthalten keine besonderen Bestimmungen zur Reiseversicherung mehr. Hier muss die Dauer im Wege individueller Vereinbarung festgelegt werden.

Einer der Hauptanwendungsfälle für eine Reiseversicherung liegt bei Abwrack- und Überführungspolicen vor. Bei Fahrzeugen, die geschleppt werden, ohne dass vorher Ballast genommen wird, können sich Zweifel über den Beginn ergeben, wenn die Police hierüber keine näheren Bestimmungen beinhaltet.

Beispiele:
(1) Eine Hubinsel, die für eine Überführungsreise versichert ist, wird beim Festmachen des Überführungsschleppers, also vor der Abfahrt, beschädigt. Das Festmachen des Schleppers war zwar nicht die Abfahrt selbst, sondern nur eine Vorbereitungshandlung, dennoch wird ein dabei eingetretener Schaden als versichert angesehen werden müssen, weil das Festmachen des Schleppers genau die gleiche Voraussetzung für den Antritt der Reise bildet wie bei Frachtschiffen die Einnahme von Ladung oder Ballast.

(2) Ein Dock wird im unmittelbaren Anschluss an den Stapellauf oder an das Zuwasserbringen von Schleppern aufgenommen und zum Bestimmungsort geschleppt. Der Stapellauf bzw. das Zuwasserbringen selbst – wenn diese nicht ausdrücklich mitversichert waren – bilden noch nicht den Beginn der Überführungsreise. Schäden beim Stapellauf usw. treffen also nicht die Überführungspolice, sondern die Baupolice.

Der Stapellauf ist dann abgeschlossen, wenn das Objekt zu Wasser gebracht worden ist und an seinem in unmittelbarer Nähe befindlichen vorgesehenen Liegeplatz festgemacht hat. Gehen nun Stapellauf und Überführungsreise unmittelbar ineinander über, so ist der Schaden, der beim Festmachen der Überführungsschlepper, die vor Beginn der Überführungsreise beim Stapellauf assistieren, eingetreten ist, noch vor Beginn der Überführungsreise eingetreten. Als Beginn der Überführungsreise ist hier der Zeitpunkt anzusehen, zu dem der Stapellauf endet. Dieser Zeitpunkt ist dann eingetreten, wenn die Schlepper festgemacht und auf Position gegangen sind.

Sonderbestimmungen über die Verlängerung der Reise- und der Zeitversicherung für den Fall, dass das Schiff bei Beendigung der Versicherung infolge eines versicherten Ereignisses beschädigt ist, und für den Fall, dass ein auf Zeit versichertes Schiff bei Ablauf der vereinbarten Versicherungszeit unterwegs ist, enthalten die §§ 67 bis 69 ADS sowie Ziff. 2.2 und 9.2 DTV-ADS.

Nach § 68 ADS verlängert sich die Zeitversicherung bis zur Ankunft des Schiffes im nächsten Hafen, wenn der Versicherungsnehmer keine gegenteilige Erklärung abgibt. Aus Gründen der Praktikabilität wird dies in Klausel 2.2 DTV-Kaskoklauseln und Ziff. 9.2 DTV-ADS dergestalt geändert, dass die Versicherung zwar grundsätzlich endet, wenn sich das Schiff bei Beendigung der versicherten Zeit unterwegs befindet, der Versicherungsnehmer kann jedoch, falls das Schiff während der Reise einen ersatzpflichtigen Schaden erlitten hat, durch einseitige Erklärung die Deckung bis zur Beendigung der Reparatur bzw. wenn nicht unverzüglich repariert wird, bis zur Schadenfeststellung verlängern.

4.6 Der Versicherungswert in der Seekaskoversicherung und seine Taxierung

(Siehe dazu auch S. 86 ff.).

Regelung in den ADS

Die Kaskoversicherung erfasst das Schiff mit allen seinen Bestandteilen und seinem Zubehör. Bestandteile sind alle Teile, aus denen das Schiff zusammengesetzt ist (Schiffskörper, Maschine, Ruder, Winden, stehendes und laufendes Gut, Masten usw.; vgl. § 93 ff. BGB). Zubehör sind alle Gegenstände, die, ohne Bestandteil der Hauptsache zu sein, dem wirtschaftlichen Zweck des Schiffes dauernd zu dienen bestimmt sind und die sich in einem entsprechenden räumlichen Verhältnis zum Schiff (also an Bord) befinden (Rettungsboote, Anker, Ketten, Trossen, Inventar, nautische Instrumente, Seekarten, Reserveteile usw.; vgl. § 97 BGB).

Das Zubehör dient also dem dauernden Gebrauch. Dazu zählen nicht solche Sachen, die sich nur vorübergehend an Bord befinden oder die zum Verbrauch bestimmt sind. Nach § 478 HGB sind alle Gegenstände Zubehör, die in der Schiffsinventarliste eingetragen sind; das schließt aber die Anerkennung der Eigenschaft als Zubehör für Gegenstände, die tatsächlich Zubehör sind, ohne Rücksicht auf die Eintragung, nicht aus. Unter *Ausrüstung* sind solche Gegenstände zu verstehen, die nicht Zubehör sind, die aber zur Durchführung der Reise erforderlich und zum *Verbrauch bestimmt* sind (Brennstoffe, Schmiermittel, Lebensmittel, Wasser usw.).

Nach § 70 ADS gilt derjenige Wert als *Versicherungswert*, den das Schiff bei Beginn der Versicherung hat. Ausrüstungs- und Versicherungskosten sowie die Heuer gehören nach § 70 ADS nicht zum Versicherungswert.

Der Ausschluss der Versicherungskosten und der Heuer bei der Ermittlung des Versicherungswertes ist selbstverständlich, weil beide nicht unter das Eigentümerinteresse an dem Schiff fallen. Die Ausrüstungskosten (besser: Die Kosten, die für Beschaffung der Ausrüstungsgegenstände aufzuwenden sind) bleiben nach § 70 ADS bei der Ermittlung des Versicherungswertes deshalb unberücksichtigt, weil sie nicht zum Wert des Schiffes als solchem gehören.

Die Ausrüstung ist zum Verbrauch bestimmt. Sie geht in die Frachtreise ein. Über die Fracht fließen die Kosten dafür dem Reeder wieder zu. Deshalb kann der Reeder außer mit der Fracht nicht auch noch mit der Ausrüstung haften. Schiffsgläubigerrechte und Schiffshypothek erstrecken sich deshalb nicht auf die Ausrüstung. Aus dem gleichen Grund trägt die Ausrüstung nicht zur Havarie-grosse oder zum Schadenersatz an Dritte bei.

Dennoch kann die Ausrüstung versichert werden. Dies geschieht entweder durch separate Vereinbarungen oder über die Interesseversicherung. Wird die Ausrüstung separat versichert, dann erfolgt das in aller Regel nur gegen Totalverlust mit dem Schiff und Feuer; wird sie über die Interesseversicherung mitgedeckt, dann ist in der Interessensumme nur dann für die Ausrüstung Raum, wenn eine Frachtversicherung nicht oder nicht in ausreichender Höhe besteht.

In der englischen Praxis wird die Ausrüstung durch die Kaskoversicherung mit erfasst.

Die Kaskoversicherung erfasst das Interesse, das der Eigentümer an dem Schiff hat. Es kommt also bei der Wertermittlung nur auf das Eigentümerinteresse und nicht auf andere denkbare Wertbegriffe an. Der Wert des Eigentümerinteresses wird sich regelmäßig aus dem Wiederbeschaffungswert des Schiffes ergeben.

| Das Eigentümerinteresse wird durch Kaskotaxe und Interesseversicherung abgedeckt.

Normalerweise wird das Eigentümerinteresse durch die Kaskotaxe nicht in voller Höhe erfasst. Die Differenz zwischen der Taxe und dem vollen Eigentümerinteresse wird durch eine sogenannte *Interesseversicherung* (siehe S. 317 ff.) gedeckt. Die Höhe des Prozentsatzes von der Kaskotaxe, der auf Nebeninteressen versichert werden darf, wird jedoch durch Klausel 6 der DTV-Kaskoklauseln (Nebeninteressen) begrenzt.

DTV-Kaskoklauseln 1978 und DTV-ADS 2009

Die Schiffswerte sind nicht nur von den je nach Konjunktur schwankenden Baupreisen und dem Alter, sondern vor allem auch von den starken Schwankungen unterliegenden Frachtraten abhängig. Um im Verhältnis zwischen Versicherer und Versicherungsnehmer diese Schwankungen auszuschalten, wird der Versicherungswert in der Kaskoversicherung regelmäßig taxiert. 1978 glaubte man, mit der Ziff. 3 DTV-Kaskoklauseln (Versicherungswert) eine Bestimmung schaffen zu müssen, die bestimmt, was die Taxe umfassen soll. Letztlich ist eine solche Bestimmung aber als reine „Soll-Bestimmung" überflüssig. Die DTV-ADS haben diese Bestimmung deshalb nicht übernommen. Da Zubehör und Ausrüstung jedoch auch unter den DTV-ADS versichert sind (Ziff. 54.1), beziehen sich die Vorschriften zum Versicherungswert (Ziff. 10) auch darauf. Die Einbeziehung der Ausrüstung gleicht an die Regelung im englischen Versicherungsrecht an.

Gem. Klausel 4 DTV-Kaskoklauseln, Ziff. 54.2 DTV-ADS, ist die Ausrüstung allerdings nur eingeschränkt versichert, d.h. gegen Totalverlust und Schäden durch Feuer oder Explosion.

Zubehör ist auch mitversichert, wenn es nicht dem Versicherungsnehmer gehört (Klausel 4 DTV-Kaskoklauseln, Ziff. 54.1 DTV-ADS). Insoweit kann es sich bei der Kaskoversicherung um eine Versicherung für fremde Rechnung handeln, wofür bei gemieteten Teilen (z. B. Hilfsgeräten für die Navigation, Bordcomputern etc.) Gesichtspunkte der Praktikabilität sprechen.

Sonderregelungen

Bei alten Schiffen und bei Schiffen mit niedrigem Wert wird auch häufig mit einer sogenannten *Doppeltaxe* nach der DTV-Doppeltaxenklausel 1992 versichert, die zuletzt 2004 überarbeitet wurde und in deutlich vereinfachter Form als Ziff. 10.8 Eingang auch in die DTV-ADS gefunden hat. Nach der DTV-Doppeltaxenklausel wird der Versicherung die von dem Versicherungsnehmer gewünschte niedrige Taxe nur für den Totalverlustfall (und dem gleichgesetzt den Fällen des Abandons, § 38 ADS; der Reparaturunfähigkeit oder -unwürdigkeit, § 77 ADS; und der Nichtausbesserung, § 75 Abs. 5 ADS) zugrunde gelegt. Für alle anderen Fälle und als Grundlage für die Prämienbemessung (bei der das niedrige Totalverlustrisiko berücksichtigt wird) gilt die höhere Taxe. Ziff. 10.8 DTV-ADS ist deutlich einfacher und bestimmt lediglich, dass Teilschäden bei Vereinbarung einer Teilschadentaxe dieser unterliegen.

Es ist einleuchtend, dass bei Vereinbarung einer Doppeltaxe die Versicherer keine Versicherungen auf „Interesse im Totalverlust" akzeptieren, weil bei niedrigen Taxen die Möglichkeit der Reparaturunwürdigkeit sehr viel früher eintritt.

4.7 Von Bord genommene Teile

Wenn Teile des Schiffes, seines Zubehörs oder seiner Ausrüstung dauernd von dem Schiff entfernt werden, so endigt mit der Entfernung die Versicherung bezüglich dieser Teile, weil damit die Zugehörigkeit zum Schiff aufgehoben ist. Bei einer nur vorübergehenden Entfernung, etwa zur Reparatur, kann das zweifelhaft sein. Hinsichtlich des Versicherungsschutzes für vorübergehend entfernte Teile ist davon auszugehen, dass das Schiff als solches gegen die Gefahren der Seeschifffahrt versichert ist. Werden Teile von dem Schiff vorübergehend entfernt, so wird mit der Trennung für die entfernten Teile eine völlig andere Gefahrenlage geschaffen als die, in der sich das Schiff befindet. Der Versicherungsschutz wäre deshalb bei einer Deckung allein auf Basis der ADS für die Dauer der Entfernung unterbrochen. Dieser Situation tragen Ziff. 5 DTV-Kaskoklauseln und Ziff. 54.3 DTV-ADS Rechnung. Darin wird vereinbart, dass vorübergehend von Bord genommene Teile versichert bleiben. Dies gilt auch für eventuelle Risiken, denen diese Teile beim Transport oder Aufenthalt an Land unterliegen. Ist bei Vorliegen besonderer Umstände von einer Gefahrerhöhung für diese Teile auszugehen, so gelten die Bestimmungen der Klausel 11 DTV-Kaskoklauseln, Ziff. 24 DTV-ADS (Gefahränderung).

Von Ziff. 4 DTV-Kaskoklauseln und Ziff. 54.4 DTV-ADS werden nur solche Teile erfasst, die in der Versicherungstaxe des Schiffes enthalten sind und die bereits Bestandteil bzw. Zubehör des versicherten Schiffes sind und sich an Bord befunden haben. Ein eventuelles Ersatzteillager an Land, auch wenn es für ein bestimmtes Schiff angelegt worden ist, fällt ebenso wenig darunter, wie ein Austauschteil, das auf dem Weg zum Schiff ist. Denn diese Teile waren zuvor nie auf dem Schiff, können also nicht wie von den Bestimmungen gefordert, vorübergehend von Bord genommen sein.

Beispiel:
Wird eine für das versicherte Schiff A bestimmte Reservewelle mit dem Schiff B nach dem derzeitigen Liegeplatz des Schiffes A in Südamerika befördert und erleidet diese Welle auf der Reise einen Schaden, so fällt dieser nicht unter die Kaskoversicherung des Schiffes A, weil die Welle noch nicht Bestandteil des Schiffes A gewesen ist, sondern nur für das Schiff bestimmt war.

Wird hingegen die an Bord befindliche Welle zur Reparatur an Land gegeben, während die Reservewelle eingesetzt wird, so bleibt die an Land gegebene Welle auch in der Zeit versichert, während sie sich nicht an Bord befindet.

Die Franchisebestimmungen oder der Deckungsumfang werden durch diese Erweiterungsklausel nicht berührt. Werden z. B. nur gegen Totalverlust mit dem Schiff oder nur gegen Feuer versicherte Ausrüstungsgegenstände vorübergehend entfernt, so bleibt der Umfang des Versicherungsschutzes auch während der Entfernung unverändert.

4.8 Fahrtgrenzen

Bei einer Reiseversicherung (siehe S. 235 ff.) wird in der Police genau festgelegt, für welche Reise das Schiff versichert sein soll. Bei einer Zeitversicherung werden lediglich die Seegebiete genannt, innerhalb derer Fahrten des Schiffes allgemein gedeckt sind. Die DTV-Kaskoklauseln und die DTV-ADS unterscheiden und erläutern die Grenzen der Fahrtgebiete nur zwischen europäischen und außereuropäischen Fahrten, wobei die DTV-ADS jetzt inhaltlich auf die englischen International Navigating Conditions abgestimmt sind. Das schließt natürlich nicht aus, dass in den Bedingungen der einzelnen Policen die Fahrtgrenzen dieser Bestimmungen auf bestimmte Gebiete erweitert bzw. eingeengt werden. Dabei wird unter Berücksichtigung der geringeren oder größeren Gefahr eine Regulierung der Prämie eintreten.

In diesem Zusammenhang ist allerdings zu beachten, dass nicht jede Einengung des Fahrtgebietes eine Prämiensenkung wegen Risikominderung rechtfertigt. Das Gegenteil kann der Fall sein. Werden nämlich die Reisen kürzer, so vergrößert sich der Zeitanteil, der auf Fahrten des Schiffes in stark befahrenen Gebieten entfällt. Damit wird zwar die reine Seegefahr geringer, aber insbesondere die Kollisionsgefahr wird stark erhöht.

Überschreiten der Fahrtgrenzen ist Gefahränderung. Die Rechtsfolgen ergeben sich aus Ziff. 11 DTV-Kaskoklauseln, Ziff. 23.3, 24.5.3 DTV-ADS.

4.9 Gefahränderung

Gefahränderung durch den Versicherungsnehmer ist möglich, erfordert aber Anzeige beim Versicherer und eventuelle Prämienerhöhung.

Jedes Schiff ist für ein bestimmtes Fahrtgebiet und für einen bestimmten Verwendungszweck versichert, der seinem normalen Einsatz entspricht. Wird das Schiff in anderer als in der Weise eingesetzt, für die es versichert ist (z. B. nunmehr zum Schleppen, zum Leichtern anderer Fahrzeuge oder für Bergungs- und Hilfeleistungen), oder wird das Fahrtgebiet überschritten oder wird ein Linienschiff nun als Trampschiff verwendet, so kann die vom Versicherer übernommene Gefahr unter Umständen wesentlich geändert werden. Auf die Pflichten des Versicherungsnehmers und die Rechtsfolgen einer Gefahränderung wurde auch für den Bereich der Seekaskoversicherung allgemein bereits eingegangen (siehe S. 79 ff.).

Die Gefahränderung ist von der völligen Umgestaltung der versicherten Unternehmung zu unterscheiden; Letztere ist nicht mitversichert, zum Beispiel wenn ein nur für Liegen versichertes Schiff eine Seereise durchführt.

Dem Versicherer gebührt im Falle einer Erhöhung der Gefahr eine Zuschlagsprämie, Ziff. 11.4 DTV-Kaskoklauseln, Ziff. 24.4 DTV-ADS. Weitere Rechte, insbesondere Kündigungsrechte, hat er nicht. Damit der Versicherungsnehmer zur Anzeige angehalten wird, ist die Nichtanzeige mit der Sanktion der Leistungsfreiheit bewehrt. Der Versicherungsnehmer kann sich aber in zwei Konstellationen den Versicherungsschutz erhalten: durch den Nachweis fehlender Kausalität der Gefahrerhöhung oder durch einen Entlastungsbeweis. Unter den DTV-Kaskoklauseln genügt dafür der Beweis mangelnden Vorsatzes - was das Schwert der Leistungsfreiheit im Normalfall stumpf macht. Unter den DTV-ADS muss sich der Versicherungsnehmer auch von grober Fahrlässigkeit entlasten (Ziff. 24.3).

Ziff. 11.5 DTV-Kaskoklauseln und Ziff 24.5 DTV-ADS zählen beispielhaft, aber nicht abschließend, einige Gefahränderungen auf. Es handelt sich insoweit um die vertragliche Vereinbarung, bestimmte Gegebenheiten als Gefahränderung anzusehen. Der Beweis, dass die Gefahr tatsächlich nicht geändert ist, steht wegen der vertraglichen Vereinbarung nicht offen. Es besteht also immer Anzeigepflicht. Damit ist aber noch nicht gesagt, dass eine Zuschlagsprämie fällig wird, denn für diese genügt keine Gefahränderung, sondern, natürlich, nur eine Gefahrerhöhung.

Docken oder Slippen mit Ladung
Inwieweit in solchen Fällen tatsächlich eine Gefahränderung eintritt, kann fraglich sein. Geringe Restmengen von Ladung mögen im Hinblick auf den Druck, den die Ladung auf die Verbände des Schiffes ausübt, wenn das Schiff sich nicht im Wasser befindet, zu vernachlässigen sein. Die Gefahränderung liegt hier eher in der bei einem Werftaufenthalt erhöhten Feuergefahr. Das hat aber nichts mit dem Docken oder Slippen mit Ladung zu tun. Diese Gefahränderung unterfällt daher nicht dem Regelbeispiel. Will der Versicherer sich darauf berufen, muss er nachweisen, dass der Zustand des Schiffes tatsächlich den Schaden verursacht hat.

Nicht übliches Schleppen oder Geschlepptwerden, ausgenommen in Fällen von Seenot
In diesem Zusammenhang ist zu beachten, dass § 64 ADS unberührt bleibt; so auch Ziff. 57 DTV-ADS. Erfolgen Schleppen oder Geschlepptwerden in Fällen der Seenot, liegt das Regelbeispiel nicht vor. Dem Versicherer steht dann nicht mehr offen, dennoch eine Ge-

fahrerhöhung zu beweisen, denn in der ausdrücklichen Ausnahme der Seenotfälle liegt die Vereinbarung, dass diese keine Gefahränderungen sein sollen. Die in der Vorauflage aufgeworfene Frage, ob dem Versicherer ein Teil des dem bergenden Schiff zustehenden Bergelohnes zugesprochen werden soll (in der Vorauflage aus Praktikabilitätsgründen abgelehnt), stellt sich daher nicht. Unabhängig davon ist aber der Fall, dass sich jedoch die höhere Gefahr für das bergende Schiff (die gem. § 743 Abs. 1 Nr. 7 HGB die Höhe des Bergelohnes mitbestimmt) realisiert. Dann, aber auch nur dann, greifen § 64 ADS, Ziff 57 DTV-ADS ein. Danach gilt der Versicherungsnehmer als Eigner des bergenden Schiffes für die ihm bei der Bergung entstandenen Schäden durch die für seine Tätigkeit erhaltene Vergütung als entschädigt. Der Versicherer haftet also insoweit für den eingetretenen Schaden nicht.

§ 64 ADS und Ziff. 57 DTV-ADS gelten nicht nur für Bergelöhne, sondern auch für andere Vergütungen, die z. B. dann anfallen, wenn das versicherte Schiff zum Leichtern, Schleppen oder für Hilfeleistungen eingesetzt wird. Diese Bestimmung ist aber nur dann anwendbar, wenn die genannten Tätigkeiten mitversicherte Gefahrerhöhungen darstellen.

Beispiele:
(1) Das versicherte Schiff erleidet bei der Bergung eines Schwesterschiffs einen Schaden in Höhe von EUR 20.000. Es erhält eine Vergütung in Höhe von EUR 100.000. Der Versicherer zahlt lediglich EUR 80.000.

(2) Ist das Schiff, das geborgen worden ist, kein Schwesterschiff, dann muss der Versicherte den Schaden von EUR 20.000 aus der erhaltenen Vergütung bezahlten, und der Versicherer ist für den Schaden leistungsfrei.

Auf die Frage, ob die Vergütung, die sich das versicherte Schiff verdient hat, bereits fällig ist oder nicht, kommt es dabei nicht an.

Fahrtgrenzenüberschreitungen
Hier sind folgende Fälle denkbar:

(a) Schiff mit großer Klasse, das nur für europäische Fahrt versichert ist, macht eine Reise nach den USA.

(b) Schiff mit großer Klasse, das für europäische und außereuropäische Fahrt versichert ist, überschreitet die Fahrtgrenzen und fährt in ein Gebiet, für das eine Deckung unter bestimmten Auflagen und gegen Zulageprämie vorgesehen ist, zum Beispiel in die Großen Seen.

(c) Schiff wie unter (b) versichert fährt in ein anderes Gebiet, für das die Deckung nur von Fall zu Fall und nach Prüfung aller Umstände und unter Umständen der Erteilung von Auflagen möglich ist, zum Beispiel in die Antarktis.

(d) Schiff mit der Klasse SW (für Fahrten auf Watten, Bodden etc.) und entsprechend versichertem Fahrtgebiet fährt über den Atlantik.

Gefahrerhöhungen sind nur dann mitversichert, wenn sie das Risiko weiterhin versicherbar machen und nicht durch völlige Umgestaltung des versicherten Risikos eine Situation schaffen, in der, wäre sie bei Vertragsabschluss bekannt, die Versicherer zur Deckung des Risikos nicht ohne Weiteres bereit gewesen wären. Deshalb gilt Folgendes: Der Fall von (a) ist auf jeden Fall, der von (b) aber nur dann mitversichert, wenn das Schiff die für die Reise in die Großen Seen erforderlichen Auflagen erfüllt. Die Fälle (c) und (d) sind ohne besondere Vereinbarung nicht mitversichert, auch nicht über die Gefahränderungsklausel der DTV-Kaskoklauseln oder der DTV-ADS.

Umschlag auf hoher See zwischen Seeschiffen
Wenn zwei Seeschiffe auf hoher See nebeneinander liegen, dann sind sie auch bei genügender Abfenderung besonderen Gefahren durch gegenseitige Beschädigungen im Seegang bzw. beim An- und Ablegen ausgesetzt, insbesondere dann, wenn das regelmäßig geschieht.

Regressverzicht

Dieses Thema wurde bereits auf S. 126 ff. behandelt.

Der Einsatz des Schiffes bei militärischen Manövern
wird häufig unter Bedingungen erfolgen, wie sie während eines Krieges herrschen und bedeutet in der Regel Fahren im Konvoi sowie mit abgedunkelten Positionslichtern oder auch in unbekannten Gewässern. Der Versicherer muss die Einsatzbedingungen kennen, um sich darauf unter Umständen auch mit einer Zulageprämie einstellen zu können.

Wechsel der Klasse oder der Flagge
Erstmals mit der Fassung von 1992 wurde mit Ziff. 37 in die DTV-Kaskoklauseln eine Bestimmung zum Wechsel der Klasse oder der Flagge aufgenommen. Sie steht insoweit in Zusammenhang mit den Bestimmungen zur Gefahränderung, als sie einen Klassewechsel als nach Ziff. 11 anzeigepflichtig bestimmt. Ein Wechsel der Klasse liegt vor, wenn bei gleichbleibender Klassifikationsgesellschaft das Schiff von dieser herabgestuft wird, aber auch dann, wenn die Klassifikationsgesellschaft gewechselt wird. Eine Sonderregelung enthält Ziff. 37.2 DTV-Kaskoklauseln, nach der die Versicherung endet, wenn die Klasse entzogen wird. Grund ist, dass Klassifikationsgesellschaften die Klasse nur dann entziehen, wenn das Schiff schwerwiegende Mängel aufweist. Dann ist das Risiko für den Versicherer so maßgeblich geändert, dass er an der Versicherung nicht weiter festhalten will.

Die DTV-ADS unterscheiden jetzt zwischen dem Wechsel der Flagge und dem Wechsel der Klassifikation. Ersteres ist gem. Ziff. 24.5.7 wie bei den DTV-Kaskoklauseln eine anzeigepflichtige Gefahränderung. Für die Klassifikation enthält Ziff. 26 eine eigenständige Regelung. Auch hier ist der Wechsel der Klassifikationsgesellschaft anzeigepflichtig. anders als bei den DTV- Kaskoklauseln hat der Versicherer hier aber ein Recht zur Kündigung mit einer Frist von 14 Tagen. Die drakonische Bestimmung in Ziff. 37.2 DTV-Kaskoklauseln, gemäß der die Versicherung bei Entzug der Klasse automatisch endet, ist in Ziff. 26.2 DTV-ADS dadurch ersetzt, dass die Versicherung nur dann und in dem Moment endet, in dem das Schiff ohne Zustimmung der Klassifikationsgesellschaft die Reise fortsetzt oder neu antritt.

Einerseits kommt es also nicht mehr nur auf den Klassenentzug an; andererseits schadet auch der Klassenentzug der Deckung nicht, solange das Schiff nicht ohne Zustimmung der Klassifikationsgesellschaft fährt.

4.10 Wechsel der Bereederung

Die Einschätzung der Qualität des Managements der Reederei durch die Versicherer ist von wesentlicher Bedeutung für die Übernahme des Risikos und die Höhe der Prämie. Deshalb endet bei einem Verkauf des Schiffes die Versicherung (§ 50 Abs. 2 ADS). Aber auch ohne Verkauf kann das subjektive Risiko sich erheblich ändern. Das ist bei einem Wechsel der Bereederung der Fall.

Die Bereederung wirkt sich im Hinblick auf die vom Versicherer zu tragenden Gefahren insbesondere bei der Bemannung, der Ausrüstung und der Inspektion des Schiffes aus. Die Übertragung dieser Funktionen auf einen anderen ist eine Gefahränderung. Wegen ihrer Bedeutung für den Versicherungsvertrag ist sie jedoch durch Ziff. 12 DTV-Kaskoklauseln und Ziff. 25 DTV-ADS anders geregelt, als es in Ziff. 11 DTV-Kaskoklauseln und Ziff. 24 DTV-ADS für alle übrigen Fälle der Gefahränderung geschehen ist.

> Folgen des Wechsels der Bereederung:
> - Der Versicherungsnehmer hat dies dem Versicherer vorher anzuzeigen.
> - Der Versicherer kann die Versicherung kündigen.
> - Der Versicherer ist leistungsfrei.

Leistungsfreiheit tritt nur ein für Schäden, die nach dem Wechsel der nicht angezeigten Bereederung eingetreten sind, es sei denn, der Versicherungsnehmer weist nach, dass die Verletzung der Anzeigepflicht weder auf Vorsatz noch auf grober Fahrlässigkeit beruhte oder sie weder Einfluss auf den Eintritt des Versicherungsfalles noch den Umfang der Leistungspflicht des Versicherers hatte.

Für die Beurteilung, ob ein Wechsel der Bereederung vorliegt, sind nach den DTV-Kaskoklauseln alle drei in der Klausel genannten Tatbestände kumulativ zu berücksichtigen. Dies erklärt sich daraus, dass bei Abfassung dieser Klauseln ein Auseinanderfallen der drei Funktionen eher selten war. Seither hat in der maritimen Wirtschaft eine erhebliche Spezialisierung stattgefunden. Konstellationen, in denen kommerzielles Management, Crew Management und Technik unterschiedlichen Dienstleistern übertragen wird, sind häufig anzutreffen. Die DTV-ADS statuieren deshalb in Ziff. 25.1 eine Anzeigepflicht für die Übertragung jeder einzelnen Funktion.

Die Übertragung muss auf „einen anderen" erfolgen. Darunter ist ein Dritter zu verstehen, der von dem Versicherungsnehmer rechtlich und wirtschaftlich unabhängig ist. Ein dem Versicherungsnehmer verbundenes Unternehmen, etwa eine ausländische Tochtergesellschaft, ist im Sinne der Klausel „kein anderer", weil die Gestaltungsmöglichkeiten für die

Bereederung durch den Versicherungsnehmer weiterhin erhalten bleiben und davon ausgegangen werden kann, dass keine Änderung des subjektiven Risikos eintritt.

4.11 Seetüchtigkeit

Regelung nach ADS

Das Schiff muss in der Lage sein, die im normalen Verlauf der Seeschifffahrt vorhandenen Gefahren zu bestehen. Dazu gehören nicht nur der bau- und material-technische Zustand des Schiffskörpers und die Funktionsfähigkeit der Haupt- und Hilfsmaschinen, sondern auch das Vorhandensein und der gute Zustand der benötigten Einrichtungen und Ausrüstungsgegenstände, die Art der Beladung, das Vorhandensein der erforderlichen Besatzung und der für die betreffende Reise notwendigen Papiere.

Sind diese Voraussetzungen nicht erfüllt, so ist damit die Gefahrenlage so verändert, dass der Versicherer für einen durch die Seeuntüchtigkeit eintretenden Schaden nach § 58 ADS keinen Ersatz leistet. Dabei kommt es lediglich auf objektive Gesichtspunkte und nicht auf die Kenntnis oder ein Verschulden des Versicherungsnehmers oder der Besatzung an. Es handelt sich hier also um eine objektive Risikobeschränkung. Der Versicherungsnehmer garantiert gleichsam im Verhältnis zum Versicherer die Seetüchtigkeit in jeder Beziehung. Diese Garantie erstreckt sich jedoch nicht auf die ganze Dauer der Versicherung, sondern nur darauf, dass das Schiff seetüchtig in See gesandt wird. „In See gesandt" bezieht sich nicht auf den Beginn einer Reise, sondern auf das Verlassen eines jeden Hafens. Das ist die sogenannte *anfängliche Seetüchtigkeit*. Später (also nach Verlassen des Hafens) eintretende Seeuntüchtigkeit befreit den Versicherer nicht.

Hat der Versicherer alle Gefahren übernommen, so trifft ihn die Beweislast dafür, dass ein seine Haftung ausschließender Umstand, z. B. die Seeuntüchtigkeit, vorliegt und dass dieser kausal für den Schaden war. Ein seetüchtiges Schiff muss in der Lage sein, die gewöhnlichen und unvermeidbaren Gefahren der Seefahrt zu bestehen. Nach Gesichtspunkten eines prima facie-Beweises (Beweis des ersten Anscheins) hat deshalb der Versicherer seiner Beweispflicht zunächst genügt, wenn er dartut, dass der Schaden im normalen Verlauf der Reise ohne Mitwirkung eines äußeren Ereignisses eingetreten ist. Dem Versicherten steht dann aber der Gegenbeweis offen.

Dafür genügt nicht die Vorlage eines Fahrterlaubnisscheins der SBG. Diese Unterlagen „haben für die Feststellung der Seetüchtigkeit eines Schiffes keine weitergehende Bedeutung als die eines vom Gericht nach seinem Wert zu würdigenden Beweismittels", sie sind also noch kein Beweis (vgl. Reichsgericht vom 20.3.1937, Leitsatz veröffentlicht in JW 1937, 1920, vollst. Urteil bei Sasse, a.a.O., Nr. 53 siehe Anlage). Das gilt auch für ein Zertifikat der Klassifikationsgesellschaft.

Englische Regelung

Das englische Recht unterscheidet bei den Rechtsfolgen der Seeuntüchtigkeit im sec. 39 MIA danach, ob es sich um eine Reise- oder eine Zeitpolice handelt. Bei heute in der Praxis kaum noch vorkommenden Reisepolicen ist die Seetüchtigkeit ein „Implied Warranty" (siehe S. 108) und die Rechtsfolgen der Seeuntüchtigkeit treten ohne Rücksicht auf ein Verschulden ein. Bei einer Zeitpolice kommt es dagegen auf die Kenntnis des Versicherungsnehmers *(with privity of the assured)* oder seine Repräsentanten an.

Beispiel:
Ein Schiff erleidet einen Wassereinbruch. Das Schiff ist unterbesetzt und den wenigen Besatzungsmitgliedern gelingt es nicht, rechtzeitig die wasserdichten Türen zu schließen. Da dies dem Reeder bekannt war, hat der Court of Appeal den Versicherungsschutz wegen *privity* versagt (Thomas and Son Shipping Co. Ltd. v. London and Provincial Marine and General Ins. Co. Ltd, (1914) 30 TLR 595).

Privity ist gegeben, wenn der Versicherungsnehmer tatsächliche Kenntnis hatte, oder wenn er sich der Kenntnis verschließt *(blind eye knowledge)*. Letzteres liegt vor, wenn ihm die Tatsachen bekannt sind, er sie aber bewusst ignoriert hat (House of Lords, Manifest Shipping Co. Ltd. v. Uni-Polaris Insurance Co. Ltd, the „Star Sea", [2001] 1 Lloyd's Rep. 389).

Regelung nach DTV-Kaskoklauseln

> Anfängliche, vom Versicherungsnehmer verschuldete Seeuntüchtigkeit führt zum Deckungsausschluss.

Der objektive Risikoausschluss des § 58 ADS wird durch Klausel 23 DTV-Kaskoklauseln in einen verschuldensabhängigen Ausschluss umgewandelt. Die Leistungsfreiheit des Versicherers tritt nicht ein, wenn der Versicherungsnehmer die Seeuntüchtigkeit nicht zu vertreten hat.

Etwas „Vertreten müssen" bedeutet Einstehen für Handeln oder Unterlassen infolge von Vorsatz oder Fahrlässigkeit (vgl. § 276 BGB).

Dabei kommt es nicht nur auf sein eigenes Verschulden, sondern auch auf das seiner Repräsentanten an (vgl. Ritter/Abraham, § 58, Anm. 22). In jüngerer Zeit hat es erhebliche Unruhe und Unsicherheit zu der Frage gegeben, inwieweit Kapitänsverschulden im Rahmen der Klausel dem Versicherungsnehmer zuzurechnen ist. Hintergrund sind ältere, zunächst nicht weiter beachtete Entscheidungen des Bundesgerichtshofs (VersR 1983, 479) und des OLG Hamburg (VersR 1987, 1004) und eine neuere Entscheidung des LG Hamburg (TranspR 2004, 263; „CAP TRIUNFO"). Richtigerweise ist der Kapitän im Zusammenhang mit der Seetüchtigkeit des Schiffes nicht als Repräsentant des Reeders anzusehen.

Denn ihm wird die Sorge für die Seetüchtigkeit nicht vom Reeder übertragen, sondern sie ist seine eigene, originäre gesetzliche Verpflichtung gem. § 513 HGB. Der Versicherungsnehmer hat deshalb nur sein eigenes Verschulden zu vertreten und das seiner sonstigen - tatsächlichen - Repräsentanten. Die Interessen des Versicherers werden dadurch nicht ungebührlich unberücksichtigt gelassen. Denn aufgrund des ISM-Codes sind Reedereien gehalten, ein funktionierendes Sicherheitssystem an Bord und an Land zu unterhalten. Durch die vielfältigen Dokumentationspflichten ist gewährleistet, dass die Reedereigeschäftsführung von Defiziten erfährt. Funktioniert das System nicht, liegt allein darin ein Organisationsverschulden der Reederei. Im Übrigen ist die sogenannte *Designated Person* als Repräsentant einzustufen (detailliert bei Schwampe, Seekaskoversicherung, Klausel 23 Rn. 24 ff.).

Wegen der Unsicherheiten im Markt ist es im Jahre 2003 zum sogenannten Seekasko-Druckstück 12/2003 gekommen. Es sieht für den Fall, dass die Seeuntüchtigkeit vom Kapitän zu vertreten ist, der Versicherungsnehmer diese insoweit nicht zu vertreten hat, als er nachweist, alles Erforderliche getan zu haben, dass Schiff seetüchtig in See zu senden und organisatorisch sichergestellt hat, dass auch die Schiffsführung die geltenden Vorschriften und Regeln guter Seemannschaft beachten und umsetzen kann.

Regelung nach den DTV-ADS

> DTV-ADS bietet als Alternative zur Seeuntüchtigkeit Verstoß gegen Schiffssicherheitsregeln an.

Die DTV-ADS regeln den Komplex in Ziff. 33 in völlig neuer Weise. Sie bieten dem Versicherungsnehmer – erstmals – alternative Deckungselemente an, aus denen der Versicherungsnehmer sich bei Vertragsabschluss das ihm Genehmere auswählen kann. Um zu vermeiden, dass unklar ist, was denn nun gelten soll, wenn nichts ausdrücklich vereinbart wird, ist bestimmt, dass die erste Alternative, geregelt in Ziff. 33.1 DTV-ADS, immer anwendbar ist, es sei denn, die Parteien hätten im Versicherungsvertrag die zweite, in Ziff. 33.2 enthaltene Alternative vereinbart.

In der ersten Alternative geht es nicht mehr um die Seetüchtigkeit bei Reiseantritt. Ziff. 33.1 lässt vielmehr für die Leistungsfreiheit jeden Verstoß gegen alle anwendbaren Bestimmungen in internationalen Konventionen, Gesetzen, Verordnungen oder Regeln von Klassifikationsgesellschaften, die dem sicheren Betrieb des Schiffes dienen, ausreichen. Der objektive Tatbestand der Leistungsfreiheit ist damit deutlich erweitert. Hinzu kommt noch, dass unter den DTV-ADS, anders als unter Ziff. 23 DTV-Kaskoklauseln, die Beweislast für die Kausalität nicht beim Versicherer liegt. Vielmehr muss der Versicherungsnehmer, will er sich den Versicherungsschutz erhalten, mangelnde Kausalität beweisen. Das ist zwar in diesem Regelungsbereich neu, allerdings sehen auch die DTV-Kaskoklauseln an anderen Stellen Kausalitätsgegenbeweise des Versicherungsnehmers durchaus vor (etwa Ziff. 11 und 14). Aufgewogen wird die bis hierhin eher zulasten des Versicherungsnehmers geänderte Bedingungslage dadurch, dass der Versicherungsnehmer alternativ zum Kausalitätsgegenbeweis auch noch einen Entlastungsbeweis führen kann, der nun wiederum deutlich verbessert ausgestattet ist, als es die Kombination aus DTV-Kaskoklauseln und Seekasko-Druckstück 23/2003 vorsehen. Während sich der Versicherungsnehmer dort auch von einfacher Fahrlässigkeit entlasten muss, sind in Ziff. 33.1.2 nur Vorsatz und grobe Fahrlässigkeit auszuschließen. Einfache Fahrlässigkeit schadet nun also nicht mehr.

Die neue Bestimmung hat schon während ihrer Entstehung für viel Diskussionsstoff auf Reederseite geführt, wobei insbesondere die umgekehrte Beweislast für die fehlende Kausalität kritisiert wurde. Als Reaktion darauf haben deshalb die Versicherer als Alternative zu diesem Konzept vorgesehen, dass anstelle der Bestimmung über die Schiffssicherheitsvorschriften die alten Regelungen zu Ziff. 23 (Seetüchtigkeit) und 14 (gefährliche Ladung) der DTV-Kaskoklauseln gewählt werden können. Dann bleibt alles beim Alten: Beweislast für die Kausalität beim Versicherer, Entlastung aber auch nur dann, wenn nicht einmal einfache Fahrlässigkeit vorliegt.

4.12 Gefährliche Ladung - Massengut

Gefährliche Ladung

Die Beschaffenheit der Güter und in gewissen Fällen auch ihre Menge, mit denen das Schiff beladen wird, kann für die Gefahren, denen das Schiff durch die Güter ausgesetzt ist, eine sehr große Rolle spielen. Die Kaskoversicherung hat sich auf eine Beladung mit Gütern mittlerer Gefährlichkeit eingestellt.

§ 60 ADS befasst sich mit Folgen, die entstehen, wenn Güter von besonders gefährlicher Beschaffenheit (§ 60 Abs. 1) oder Güter, die erst in einer gewissen Menge besondere Gefahren für das Schiff beinhalten (§ 60 Abs. 2), verladen werden. Die Regelungen des § 60 ADS beinhalten eine Risikobeschränkung, deren Eintritt allerdings subjektiv, nämlich durch das Kennen oder Kennenmüssen des Versicherungsnehmers, bedingt ist.

Die DTV-Kaskoklauseln ersetzen in Ziff. 14 den § 60 ADS. Diese Bestimmung geht nach dem Grundsatz der Allgefahrendeckung von einer Mitversicherung auch des Risikos aus der Beförderung gefährlicher Güter – allerdings nur unter bestimmten Voraussetzungen – aus, betrachtet diese aber als Gefahränderung besonderer Art. Wegen dieser Besonderheit wurde das Thema auch gesondert geregelt. Ziff. 14 DTV-Kaskoklauseln geht den Vereinbarungen in Klausel 11 DTV-Kaskoklauseln (Gefahränderung) und Klausel 23 DTV-Kaskoklauseln (Seetüchtigkeit) voran. Sie bezieht sich jedoch nicht auf radioaktive Stoffe, weil dafür die Sonderregelung der Klausel 19 DTV-Kaskoklauseln besteht.

Danach sind Schäden durch gefährliche Güter grundsätzlich mitversichert. Dies gilt nur nicht, wenn bei der Beförderung und allen Vorgängen, die, wie das Laden und Löschen, der Beförderung zuzurechnen sind, gegen die in Abs. 1 und 2 der Klausel genannten Vorschriften verstoßen worden ist und der Schaden auf diesem Verstoß beruht. Ein solcher Verstoß befreit den Versicherer jedoch dann nicht von der Leistungspflicht, wenn der Versicherungsnehmer nachweist, dass er entweder die Gefährlichkeit der Güter und ihre Beförderung weder kannte noch kennen musste (einfache Fahrlässigkeit genügt) oder dass er die Vorschriften beachtet und das Erforderliche getan hat, um die Einhaltung der Vorschriften sicherzustellen. Das Erforderliche hat der Versicherungsnehmer dann getan, wenn er entsprechende Anweisungen an die Schiffsführung gegeben hat und durch geeignete Maßnahmen die Gewähr gegeben ist, dass diese auch eingehalten werden.

Die Leistungsfreiheit des Versicherers beschränkt sich damit insoweit auf ein Organisationsverschulden des Versicherungsnehmers.

Massengut

Lose verladenes Massengut (Schüttladungen) kann unter bestimmten Umständen, z. B. durch Übergehen der Ladung oder Freiwerden von Feuchtigkeit, und dadurch Verflüssigung, eine besondere Gefahr für das Schiff bedeuten. Derartige Ladungen werden deshalb den gefährlichen Gütern gleichgestellt. Abgesehen von dem weiter gezogenen Kreis der zu beachtenden Vorschriften, ist deshalb die Regelung in Ziff. 14 DTV-Kaskoklauseln für beide Ladungsarten gleich.

Die DTV-ADS enthalten eine der Ziff. 14 DTV-Kaskoklauseln entsprechende Bestimmung in Ziff. 33.2.2. Diese Bestimmung gilt unter den DTV-ADS aber nur dann, wenn sie – zusammen mit der Bestimmung über Seetüchtigkeit, geregelt in Ziff. 33.2.1 DTV-ADS – im Versicherungsvertrag als anwendbar vereinbart wurde. Ist das nicht der Fall, gelten nicht die Ziff. 33.2.1 und 33.2.2, sondern die in Ziff. 33.1 DTV-ADS enthaltene Bestimmung zur Einhaltung von Schiffssicherheitsbestimmungen.

Da die Bestimmungen zur Beförderung gefährlicher Güter und Massenguts an Verladevorschriften anknüpfen, die ihrerseits der Schiffsicherheit dienen, war eine gesonderte Regelung dieser Tatbestände nicht mehr erforderlich.

4.13 Behördliche Maßnahmen

Nach der Strandung des Tankers „Torrey Canyon" an der Südküste Englands im Frühjahr 1967 wurde derselbe mit Ladung von englischen Streitkräften zerstört, um ein weiteres Auslaufen von Öl und eine Vergrößerung der Wasserverschmutzung zu verhindern.

Der Tanker war versenkt worden, um einen durch die Kaskoversicherung nicht gedeckten Haftpflichtschaden (Ölverschmutzung) zu verhindern bzw. zu vermindern. Ob – auch unter Berücksichtigung der Allgefahrendeckung der ADS – für den Schaden am Schiff durch die Versenkung Versicherungsschutz besteht, war sehr zweifelhaft. Um diese Zweifel zugunsten des Versicherungsnehmers zu beseitigen, wurde Ziff. 18 in die DTV-Kaskoklauseln aufgenommen; fast identisch Ziff. 38 DTV-ADS. Die deutsche Regelung sollte dabei der englischen *Pollution Hazard Clause* der ITC (Hulls) entsprechen, was aber nicht gelungen war, nicht zuletzt deshalb, weil die englische Klausel auf die *named perils* Deckung der ITC Hulls aufsetzt, während Ziff. 18 und 38 eine Allgefahrendeckung ergänzen.

4.14 Kernenergie

Die ADS sagen zu diesem Thema nichts, weil bei ihrem Inkrafttreten Kernenergierisiken unbekannt waren. Bei einer Allgefahrendeckung wie in Deutschland sind im Gegensatz zum englischen „Named-perils-Prinzip" neue Risiken automatisch mitversichert, wenn sie keine Veränderung der Geschäftsgrundlage (clausula rebus sic stantibus) bedeuten. Will oder kann der Versicherer die neuen Risiken nicht decken, muss er sie besonders ausschließen.

Der ursprünglich vorgenommene Ausschluss wurde zunächst durch eine recht weitgehende Deckung für Kernenergieschäden ersetzt. Danach bestand Versicherungsschutz für Schäden am Schiff unter gewissen Bedingungen, nicht aber für Ersatz an Dritte. Diese Deckung bestand bis 1991. Unter dem Einfluss der Kernenergiekatastrophe im Kernkraftwerk Tschernobyl wurde die unter Umständen große Teile der Erde betreffende Kumulgefahr eines solchen Ereignisses offenkundig, und es stand international kein Rückversicherungsschutz mehr zur Verfügung. Die Deckung für Kernenergierisiken wurde deshalb auch international aufgegeben.

Im Gegensatz zu anderen ausländischen Märkten, insbesondere dem englischen, hat sich der deutsche Markt darauf beschränkt, nur die Risiken auszuschließen, die von außen auf das Schiff einwirken, um damit der Kumulgefahr zu begegnen, bzw. Risiken, die über einen Kollisionsgegner hinaus Ersatz-an-Dritte-Schäden verursachen können.

Gem. Ziff. 19 der DTV-Kaskoklauseln, Ziff. 39 DTV-ADS leistet der Versicherer nunmehr Ersatz für Schäden an dem versicherten Schiff als Folge eines durch die Kaskopolice versicherten Ereignisses, wenn der Schaden durch strahlendes Material als Ladung den Bord des versicherten Schiffes verursacht wird bzw. dadurch im Falle einer Kollision von Schiffen Schäden an Bord eines Kollisionsgegners entstehen. Voraussetzung ist, wie bei Ziff. 14 DTV-Kaskoklauseln und Ziff. 33.2.2 DTV-ADS, dass die entsprechenden Vorschriften für die Beförderung beachtet worden sind. Eingeschlossen sind dabei im Umfang von Ziff. 19.3 DTV-Kaskoklauseln, Ziff. 39.3 DTV-ADS Isolierungs- und Dekontaminierungsmaßnahmen, um die bestrahlten Teile wieder verwendungsfähig zu machen, bzw. weitere Schäden am Schiff zu verhindern. Diese eingeschränkte Deckung für Kernenergieschäden gilt gegenüber einer anderweitigen Ersatzleistung nur subsidiär.

4.15 Maschinelle Einrichtungen und die Deckung von Konstruktions-, Material- und Herstellungsfehlern

Nach § 65 ADS sind Schäden an den dort im Einzelnen aufgeführten maschinellen Einrichtungen nur im Strandungsfall nach § 114 Abs. 1 und 2 ADS versichert.

Für Maschinenschäden wurde durch marktübliche Maklerklauseln der Versicherungsschutz schon vor Einführung der DTV-Kaskoklauseln über die Regelung in den ADS hinaus erweitert und der Versicherungsschutz dem gleichgestellt, der für das Schiff vorhanden war. Die weit verbreitete Formulierung „unter Aufhebung des § 65 ADS sind Maschinen, Kessel und Zubehör wie das Kasko versichert", ließ jedoch viele Fragen offen und führte deshalb zu Unklarheiten.

Deckung nach den DTV-Kaskoklauseln

Klausel 20 DTV-Kaskoklauseln regelt dieses Gebiet ausführlich. Ziff. 20.1 definiert, was unter maschinellen Einrichtungen des Schiffes zu verstehen ist, Ziff. 20.2 beschreibt den an Stelle des § 65 ADS geltenden Deckungsumfang und Ziff. 20.3 regelt den Selbstbehalt bei Maschinenschäden durch Bedienungsfehler.

Kernstück der Klausel ist ihre Ziff. 2. Sie hat die sogenannte *Inchmaree Clause* zum Vorbild, die als Ziff. 6.2 in den ITC (Hulls) enthalten ist (siehe S. 282 f.).

> Ziff. 20.2 erweitert die Allgefahrendeckung für maschinelle Anlagen auf Schäden als Folge eines
> - verborgenen Mangels, der auf einem Material- oder Fertigungsfehler beruht,
> - Konstruktionsfehler oder -mangels,
> - Wellenbruches.

Der Versicherer garantiert nicht die Mangelfreiheit des Materials, die Qualität der Bauausführung oder die der Konstruktion. Er kann deshalb keine Kosten übernehmen, die sich auf den Ersatz mangel- oder fehlerhafter Teile beziehen. Von besonderer Bedeutung ist es deshalb, dass nicht der Mangel, der Fehler oder der Wellenbruch selbst versichert ist, sondern nur der Schaden, der als Folge eines dieser Sachverhalte an anderen Teilen eingetreten ist (Folgeschaden). Wird also der Mangel oder der Fehler festgestellt, so löst dies keine Leistungspflicht des Versicherers aus. Fraglich ist, wann ein Folgeschaden vorliegt. Traditionell sah der Markt dies nur und erst dann als gegeben an, wenn ein Schaden an einem anderen als dem fehlerhaft konstruierten oder fehlerhaft gefertigten Teil eintrat (so auch Vorauflage). Das Hanseatische Oberlandesgericht Hamburg hat dies in einem viel beachteten Urteil anders gesehen (VersR 2000, S. 1142; „ILSE"). Dort ging es darum, dass ein Getrieberad zu gering dimensioniert worden war und im Schiffsbetrieb ein Zahn des Zahnrades abbrach. Nach Ansicht des Gerichts ist Folge des Konstruktionsfehlers im Sinne von Klausel 20.2 DTV-Kaskoklauseln bereits die Herstellung des unterdimensionierten Zahnrades. Wenn von diesem ein Zahn abbreche, sei dies versicherter Folgeschaden. Das Urteil ist zwar nur zum Konstruktionsfehler ergangen, lässt sich in seinen Grundsätzen aber auch auf Fertigungsfehler übertragen.

Die Versicherer haben gegen das Urteil keine Revision eingelegt. Mit dem sogenannten Seekasko-Druckstück 2002/2 ist dann aber der Zustand nach traditioneller Marktansicht wieder hergestellt worden, indem bestimmt wird, dass der Versicherer keine Ersatzleistung für das mit dem Fehler bzw. Mangel behaftete Teil selbst erbringt. Bei der Deckung unter ADS und DTV-Kaskoklauseln gilt dies aber nur dann, wenn das Seekasko-Druckstück 2002/2 vereinbart ist.

Liegt indessen ein Schaden vor, so zieht er nicht nur Kosten für die Reparatur oder die Erneuerung der beschädigten Teile nach sich, sondern auch Kosten für den Ausbau, den Wiedereinbau, eventuelles Docken etc. Es handelt sich hierbei um *Folgekosten*, die zu dem versicherten Schaden gehören.

Wenn in Klausel 20.2 gesagt wird, dass die *Folgeschäden* eines Mangels etc. mitversichert sind, dann bezieht sich das nur auf diese, einschließlich der damit verbundenen Folgekosten. Es bezieht sich nicht auf die Folgekosten, die bei der Reparatur eines mangelhaften Teils selbst anfallen. Zwischen Folgeschäden und Folgekosten ist also streng zu unterscheiden. Die Ersatzleistung für die Folgekosten folgt der Ersatzleistung für den Schaden. Tritt also der Schaden an den mangelbehafteten Teilen oder ohne Vorliegen einer versicherten Gefahr an einer Welle ein, so sind auch die daraus entstehenden Folgekosten für Ausbau, Einbau etc. nicht mitversichert.

Verborgener Mangel, der auf einem Material- oder Fertigungsfehler beruht
Verborgen ist ein Mangel dann, wenn er nicht offenkundig ist. Das ist nur dann der Fall, wenn er trotz Anwendung der im Verkehr erforderlichen Sorgfalt nicht zu entdecken ist. Es gilt insoweit ein objektivierter Maßstab. Ob der Versicherungsnehmer oder seine Repräsentanten den Mangel tatsächlich nicht gekannt haben, ist nicht von Bedeutung.

Verborgener Mangel/Konstruktionsfehler/-mangel
Der Versicherungsschutz wird gegenüber den ADS in zweifacher Weise erweitert, nämlich zeitlich und in engen Grenzen auch sachlich. Grundsätzlich tritt der Versicherer nur für solche Schäden ein, von denen der Versicherungsnehmer nachweist, dass ihre Ursache während der versicherten Zeit gesetzt worden ist.

Liegt ein Konstruktionsfehler/-mangel vor, so kann dieser nur während der Bauzeit, also vor Beginn der Kaskoversicherung entstanden sein. In den Fällen verborgener Mängel wird es sich häufig schwer nachweisen lassen, ob diese bereits beim Bau oder erst bei einer Reparatur vor oder nach Beginn der Versicherung entstanden sind. Die erwähnten Mängel bzw. Fehler führen nach der Klausel auch dann zu einem Versicherungsschutz, wenn sie vor Beginn der Versicherung entstanden sind, sofern der daraus entstehende Folgeschaden während der Versicherungszeit eintritt.

In seltenen Fällen kann sich eine sachliche Erweiterung dann ergeben, wenn der Mangel oder Fehler irgendwann während der Versicherungsdauer zwangsläufig zu einem Folgeschaden führt. Obwohl grundsätzlich nur ungewisse Ereignisse versichert sind, wird dann auch für diese Fälle Versicherungsschutz gewährt.

Wellenbruch
Bei einem Wellenbruch kann der Schaden an der Welle Folge eines Mangels an der Welle sein und ist damit nicht versichert; er kann die Folge von Abnutzung sein und ist nach Klausel 27.1 DTV-Kaskoklauseln ebenfalls nicht versichert; er kann aber auch die Folge einer versicherten Gefahr (z. B. Bruch der Schwanzwelle infolge Schraubenaufschlages) und damit versichert sein.

Schließlich kann er Folgeschaden eines Mangels oder Fehlers an anderen Teilen der Maschine sein. Er ist dann versichert. Hier geht es aber nicht um den Schaden an der Welle selbst, sondern darum, dass als Folge eines Wellenbruchs Schäden an anderen Teilen des Schiffes eintreten. Solche Schäden sind versichert.

Beispiele:
(1) Bei Klassearbeiten wird ein Materialfehler an einer Kurbelwelle festgestellt. Weil er zu einem Riss führen kann, wird die Welle verworfen und sie muss erneuert werden.

Es handelt sich um die Entdeckung eines verborgenen Mangels. Da ein Folgeschaden an anderen Teilen der Maschine nicht eingetreten ist, besteht kein Versicherungsschutz, auch nicht für die Kosten für Aus- und Wiedereinbau (Folgekosten).

(2) Fall wie (1), aber der Materialfehler hat bereits einen Riss der Welle herbeigeführt.

Unter Heranziehung der Grundsätze im „ILSE"-Urteil ist der entstandene Riss bereits Folgeschaden des Fertigungsfehlers. Er ist also unter Ziff. 20.2 DTV-Kaskoklauseln gedeckt, jedoch nur hinsichtlich der Kosten des neuen Fertigungsprozesses, also unter Abzug des Materialwertes, zuzüglich der Aus- und Einbaukosten (anders Voraufl.). Ist das Seekasko-Druckstück 2002/2 vereinbart, besteht keine Deckung.

(3) Die Wandung eines Schmieröltanks reißt infolge einer fehlerhaften Schweißnaht. Durch austretendes Öl entsteht ein Schaden im Maschinenraum.

Der im Maschinenraum durch auslaufendes Öl entstehende Schaden ist gedeckt. Unter Heranziehung der Grundsätze im „ILSE"-Urteil ist der Schaden am Schmieröltank selbst bereits Folgeschaden des Fertigungsfehlers (fehlerhaftes Schweißen). Er ist also gem. Klausel 20.2 DTV-Kaskoklauseln gedeckt, zwar ohne die Kosten der Schweißarbeiten, jedoch unter Deckung des Materialwertes und sonstiger Herstellungskosten, auch hier zuzüglich der Aus- und Einbaukosten (anders als in der Vorauflage). Ist das Seekasko-Druckstück 2002/2 vereinbart, besteht auch hier keine Deckung für den Schmieröltank.

(4) Dauerbiegebruch durch fehlerhafte Lagerung der Welle verursacht Schäden am Wellentunnel.

Während die Schäden am Wellentunnel als Folgeschäden versichert sind, kommt es bei dem Schaden an der Welle darauf an, ob er als Folge einer versicherten Gefahr entstanden ist oder nicht, z. B. durch Abnutzung.

Maschinenschäden durch Bedienungsfehler
sind mitversichert, sie unterliegen jedoch zusätzlich zu der policenmäßigen Abzugsfranchise einem weiteren Selbstbehalt in zu vereinbarender Höhe (Klausel 20.3 DTV-Kaskoklauseln).

Beispiel:
Bei der Inbetriebsetzung der Maschine wird versehentlich die Kühlwasserleitung geschlossen, oder nach einer an Bord durchgeführten Reparatur an der Maschine bleibt eine Schraube in einem Zylinder liegen. In beiden Fällen sind die aus der Nachlässigkeit entstehenden Schäden versichert.

Von einem Bedienungsfehler, der in der Regel in einem Fehlverhalten im Einzelfall besteht, ist die grobe Vernachlässigung in der Bedienung, Wartung und Pflege der maschinellen Anlagen über einen längeren Zeitraum zu unterscheiden. Daraus entstehende Schäden sind nach Ziff. 20.2 letzter Absatz DTV-Kaskoklauseln nicht versichert. Sie wird häufig auch vom Reeder zu vertreten sein, weil eine sorgfältige Arbeit der Reedereiinspektion diese Ereignisse abstellen kann. Ein darin liegendes Verschulden ist nach § 33 ADS (Verschulden des Versicherungsnehmers) bzw. nach Ziff. 23 DTV-Kaskoklauseln (Seeuntüchtigkeit) zu beurteilen. Darauf kommt es aber für die grobe Vernachlässigung nicht an, weil hier nur objektive Gesichtspunkte maßgebend sind. Die Beurteilung, was unter grober Vernachlässigung über einen längeren Zeitraum zu verstehen ist, richtet sich danach, was ein objektiver Betrachter keinesfalls billigen würde. Die Wartungsvorschriften und -empfehlungen des Herstellers geben einen Anhaltspunkt für die Beurteilung.

Beispiel:
Der erforderliche Wechsel des Schmieröls wird nicht vorgenommen. Das Öl verschlammt im Laufe der Zeit und wird dadurch in seiner Schmierfähigkeit herabgesetzt, bis sich schließlich ein Kolben wegen der fehlenden Schmierung festfrisst. Obwohl hier ein schuldhaftes Handeln der Besatzung vorliegt, ist dennoch der Schaden nicht versichert, weil hier die dauernde Vernachlässigung einen Schaden durch übermäßigen Verschleiß hervorgerufen hat.

Deckung unter den DTV-ADS

Die DTV-ADS regeln Maschinenschäden und Konstruktions-, Material- und Fertigungsfehler in zwei getrennten Bestimmungen, Ziff. 58 und 59. Ziff. 58.1 bestimmt zunächst, was maschinelle Einrichtungen sind. In Ziff. 58.2 findet sich dann die schon aus Ziff. 20.3 DTV-Kaskoklauseln bekannte besondere Maschinenfranchise. Damit erschöpfen sich die Regelungen der DTV-ADS zu Maschinenschäden. Einzige Funktion ist noch, für Maschinenschäden eine besondere Franchise festzuschreiben.

In allen anderen Bereichen folgt die Maschinendeckung jetzt der allgemeinen Deckung. Der maßgebliche Unterschied in der Deckung besteht deshalb darin, dass der in den DTV-Kaskoklauseln auf Maschinenschäden beschränkte Schutz vor Konstruktions-, Material- und Fertigungsfehlern sowie Wellenbruch jetzt für das gesamte Schiff gewährt wird (Ziff. 59.1). Dabei übernehmen die neuen Bedingungen in diesen Bereichen den Wortlaut der DTV-Kaskoklauseln, so dass insoweit auf die diesbezüglichen Ausführungen verwiesen werden kann. Das Seekasko-Druckstück 2002/2, das die Folgen des „ILSE"-Urteils des Hanseatischen Oberlandesgerichts Hamburg rückgängig gemacht hat (s.o.), findet sich in Ziff. 59.2. Allerdings wird der Versicherungsnehmer jetzt insoweit besser gestellt, als der Versicherer auch das fehlerbehaftete Teil dann ersetzt, wenn es von der Klassifikationsgesellschaft klassifiziert worden ist.

Der in Ziff. 20.2 DTV-Kaskoklauseln enthaltene Ausschluss für grobe Vernachlässigung gilt unter den DTV-ADS nicht mehr nur für Maschinenschäden, sondern für sämtliche Schäden.

4.16 Eisgefahr

Der Deckungsumfang für Eisschäden wird durch § 61 ADS und die DTV-Eisklauseln, in den DTV-ADS durch Ziff. 56 und die Eisklassentafel geregelt.

Deckung nach den DTV-Kaskoklauseln und der DTV Eisklausel

Nach § 61 ADS sind lediglich Schäden durch das „Forcieren" von Eis, d.h. infolge des Durchbrechens einer feststehenden Eisdecke ausgeschlossen. Nach Ritter/Abraham (§ 61, Anm. 3) ist eine feststehende Eisdecke dann anzunehmen, „wenn das Eis mit dem Land unbeweglich zusammenhängt oder wie solches Eis erscheint und wirkt". Auf die Stärke der Eisdecke kommt es dabei nicht an.

§ 61 enthält keine Obliegenheit, feststehendes Eis nicht zu durchbrechen, sondern einen objektiven Gefahrausschluss. Dieser Ausschluss kommt nur dann nicht zur Anwendung, wenn das Durchbrechen von Eis zur Abwendung oder Minderung eines versicherten Schadens erforderlich gewesen ist.

Die DTV-Eisklauseln schließen unter Berücksichtigung des § 61 ADS generell Eisschäden ein. Sie sind nur dann ausgeschlossen, wenn Schiffe ohne Eisausrüstung in die in den Bestimmungen genannten Gebiete fahren, wenn die Schiffe nicht mit Radar und UKW-Sprechfunk ausgerüstet sind (keine praktische Relevanz mehr), wenn das Schiff im Herbst oder Winter einen amtlich wegen Eises geschlossenen Hafen anläuft oder verlässt und natürlich, wenn das Schiff außerhalb des versicherten Fahrtgebietes fährt, ohne dass über die Versicherung vorher eine Vereinbarung getroffen worden ist.

Die Ersatzleistung des Versicherers für Eisschäden unterliegt einer Abzugsfranchise, die zusätzlich zur policenmäßigen Abzugsfranchise angewendet wird. Ihre Höhe richtet sich nach dem Grad der Eisverstärkung des Schiffes, der in den verschiedenen vom Germanischen Lloyd zuerkannten Eisklassen zum Ausdruck kommt.

Die Abzugsfranchise für Eisschäden kommt nur dann in Betracht, wenn das Schiff in die in Eisklauseln genannten Gebiete fährt. Dabei spielt es keine Rolle, ob die Eisschäden tatsächlich innerhalb oder außerhalb des in den Eisklauseln genannten Gebietes eingetreten sind. Der Grund für diese Regelung liegt in der Schwierigkeit, festzustellen, wo tatsächlich die Eisschäden eingetreten sein können.

Die Selbstbehalte (Abzugsfranchisen) des Versicherungsnehmers dürfen nicht anderweitig abgedeckt werden. Geschieht dies dennoch, dann ist der Versicherer von jedem Eisschaden frei. Damit soll das Eigeninteresse des Versicherungsnehmers an der Vermeidung von Eisschäden gefördert werden (Ziff. 6 DTV Eisklauseln).

Die Selbstbehalte für Eisschäden werden im Gegensatz zur policenmäßigen Abzugsfranchise, die gem. Ziff. 21 DTV-Kaskoklauseln nur für Partschäden gilt, auf jeden Eisschaden einschließlich Havarie-grosse-Beiträge, Aufwendungen und Kosten gem. § 32 ADS angewendet. Ausgenommen sind lediglich Totalverlust und Kollisionsersatz an Dritte (Ziff. 7 DTV Eisklausel).

Auch in den von den Eisklauseln erfassten Gebieten eintretende Eisschäden sind jedoch dann voll versichert, wenn bei Antritt einer Reise eine Eisgefahr nicht vorausgesehen wurde und nicht vorausgesehen werden konnte (Ziff. 8 DTV Eisklausel).

Beispiel:
Ein Schiff fährt im August in die nördliche Ostsee und soll Anfang September wieder in Kiel sein. Infolge eines havariebedingten längeren Reparaturaufenthalts kann das Schiff jedoch erst im Winter zurückfahren und erleidet auf der Rückreise Eisschäden. Diese Eisschäden werden ohne Berücksichtigung der Abzugsfranchisen gemäß Eisklausel reguliert, weil bei Antritt der Reise unter Berücksichtigung der vorgesehenen Reisedauer eine Eisgefahr nicht vorhersehbar gewesen ist.

Die *englische Kaskoversicherung* schließt bestimmte eisgefährdete Gebiete von dem versicherten Fahrtbereich aus. Gegen entsprechende Zulageprämie kann das Befahren dieser Gebiete eingeschlossen werden (vgl. *Trade Warranties* und z. B. *Baltic Warranties*).

Der Unterschied zwischen der deutschen und der englischen Kaskoversicherung bezüglich der Eisschadendeckung liegt darin, dass nach deutscher Deckung Eisschäden generell ohne Zulageprämie, jedoch unter Anwendung einer Abzugsfranchise, versichert sind, während nach dem englischen System Eisschäden nur bei besonderer Vereinbarung gegen Entrichtung einer Zulageprämie, dann aber meist ohne zusätzlichen Selbstbehalt versichert sind.

Deckung nach den DTV-ADS

Die DTV-ADS enthalten eine im Ergebnis ähnliche, aber anders strukturierte Regelung. In Ziff. 56.1 ist bestimmt, dass sich die Deckung nach der dem Schiff von der Klassifikationsgesellschaft zugeteilten Eisklasse richtet. Da sich die Eisklassen der verschiedenen Klassifikationsgesellschaften unterscheiden, für die Versicherung aber eine Einheitlichkeit hergestellt werden muss, sehen die DTV-ADS in einer Anlage eigene Eisklassen I bis V vor, denen die bekannten Eisklassen zugeordnet werden (siehe Tabelle 4.1).

Tabelle 4.1   Eisklassentafel

Klassifikationsgesellschaft	Eisklasse V	Eisklasse IV	Eisklasse III	Eisklasse II	Eisklasse I
Germanischer Lloyd	E4	E3	E2	E1	E
American Bureau of Shipping	IAA	IA	IB	IC	D0
Bureau Veritas	IA SUPER	IA	IB	IC	ID
CASPPR, 1972	A	B	C	D	E
China Classification Society	Ice Class B1*	Ice Class B1	Ice Class B2	Ice Class B3	Ice Class B

Klassifikations-gesellschaft	Eisklasse V	Eisklasse IV	Eisklasse III	Eisklasse II	Eisklasse I
Det Norske Veritas	ICE-1A*	ICE-1A	ICE-1B	ICE-1C	ICE-C
Finnish-Swedish Ice Class Rules	IA Super	IA	IB	IC	Category II
Korean Register of Shipping	ISS	IS1	IS2	IS3	IS4
Lloyd's Register of Shipping	1AS	1A	1B	1C	1D
Nippon Kaiji Kyokai	IA Super	IA	IB	IC	ID
Registro Italiano Navale	IAS	IA	IB	IC	ID
Russian Maritime Register of Shipping (Rules 1995)	UL	L1	L2	L3	L4
Russian Maritime Register of Shipping (Rules 1999)	LU5	LU4	LU3	LU2	LU1

Im Versicherungsvertrag sind dann besondere Eisfranchisen zu vereinbaren, die je nach Eisklasse und befahrenem Gebiet zur Anwendung kommen. Je höher die Eisklassen werden, desto ausgedehnter ist der Bereich, in dem Versicherungsschutz gewährt wird. Für Schiffe der Eisklasse V gibt es keine besondere Eisfranchise mehr. Im Übrigen sind auch Schiffe mit Eisklasse an die allgemeinen Fahrtgrenzen der Ziff. 23 gebunden.

4.17 Abnutzung, Alter usw.

Schäden durch Abnutzung im gewöhnlichen Gebrauch sind ausgeschlossen.

Regelung nach ADS

Der Versicherer ersetzt nur Schäden, die infolge der Verwirklichung einer versicherten Gefahr (siehe S. 179 ff.) eingetreten sind. Schäden aus anderer Ursache sind naturgemäß nicht gedeckt. Der Versicherungsnehmer muss den Eintritt irgendeiner versicherten Gefahr nachweisen. Abnutzung, Alter, Rost etc. sind Gefahren, die Bestandteil der Seeschifffahrt sind. Bei einer Allgefahrendeckung sind sie versicherte Gefahren, wenn sie nicht durch die Bedingungen ausgeschlossen wären. Ähnlich Ziff 1.4 ADS Güterversicherung werden für die Kaskoversicherung derartige Schäden in § 59 ADS ausgeschlossen. Dabei werden Schäden durch Abnutzung im gewöhnlichen Gebrauch (es kommt nicht darauf an, ob der Gebrauch, sondern darauf, ob die Abnutzung „gewöhnlich" war; detailliert dazu Schwampe, Klausel 27 Rn. 6 ff.), Alter, Fäulnis, Rost oder Wurmfraß erfasst. Die schwierige Abgrenzung zwischen Abnutzungsschaden und versichertem Schaden wird durch die in § 59 enthaltene Erläuterung dessen, was alles als Abnutzungsschaden anzusehen ist, erleichtert.

Die Abnutzung ist je nach der Art des Gebrauchs stärker oder schwächer. Fährt z. B. das Schiff regelmäßig in Tidehäfen, in denen es bei Ebbe trocken fällt, so unterliegt dabei der Schiffsboden einer besonderen Abnutzung.

Derartige Bodenschäden sind Abnutzungsschäden im Sinne von § 59 ADS.

Von besonderer Bedeutung ist es, dass eine Befreiung des Versicherers auf die Fälle beschränkt ist, in denen der Schaden *nur* durch die ausgeschlossenen Ereignisse eingetreten ist. Bei mitwirkender Verursachung des Schadens sowohl durch Abnutzung usw. als auch durch ein versichertes Ereignis bleibt deshalb die Mitverursachung durch die Abnutzung usw. außer Betracht. Es bedarf im Schadenfall deshalb auch keiner Unterscheidung, welche der beiden Schadenursachen als causa proxima anzusehen ist. Allerdings ist natürlich bei mitwirkender Verursachung mehrerer in § 59 genannter Ereignisse keine Haftung des Versicherers gegeben. Es ist deshalb falsch, wenn Schlegelberger, § 59 Rn. 1) die Ansicht vertritt, bei gemeinsamer Verursachung durch Abnutzung und Alter trete keine Befreiung des Versicherers ein.

Da die Beweislast für die Verursachung *nur* durch Abnutzung usw. beim Versicherer liegt und da die dazu erforderlichen Feststellungen in der Praxis häufig sehr schwierig sind, wurde diese Regelung von den Versicherern als sehr unbefriedigend empfunden.

Zwar enthalten die ADS durch die Bestimmungen der §§ 75 Abs. 3 und 76 über die Berücksichtigung des sich aus dem Unterschied zwischen alt und neu ergebenden Minderwertes einen gewissen Ausgleich, jedoch wird dadurch weder der Grundsatz, der sich aus dem Wort „nur" ergibt, noch die Vergrößerung des Schadens erfasst, der wegen der vorhandenen Abnutzung des Materials eintreten kann. Die Altersabzüge führen lediglich zu einem teilweisen Ausgleich für die dadurch eingetretene Wertverbesserung, dass der Reeder nach der Ausbesserung neue Teile mit entsprechend längerer Lebensdauer erhalten hat.

In der Praxis wurden jedoch in den Policenbedingungen – wenn das Schiff nicht gar zu alt war – die Bestimmungen über die Abzüge neu für alt regelmäßig gestrichen. Damit ist selbst der nur teilweise Ausgleich für die Auswirkungen des Wortes „nur" in § 59 ADS beseitigt worden. Daraus ergaben sich für die Kaskoversicherung, besonders im Hinblick auf die Alterszunahme der deutschen Handelsflotte, ernsthafte Probleme.

Ziff. 27 DTV-Kaskoklauseln und Ziff. 55 DTV-ADS

Schon durch Ziff. 27 DTV-Kaskoklauseln wurde § 59 ADS total ersetzt. Gleichzeitig wurden die Abzüge *„neu für alt"* (§§ 75 und 76 ADS) durch Klausel 28 DTV-Kaskoklauseln abgeschafft, wie das auch bei den Institute Time Clauses und den International Hull Clauses in England der Fall ist.

Ziff. 27 und Ziff. 55 DTV-ADS wiederholen die in Satz 1 von § 59 ADS enthaltenen Ausschlüsse, fügen den Begriff der Kavitation hinzu und verzichten im Übrigen auf die in den ADS enthaltenen Formulierungen, die sich auf hölzerne Segelschiffe beziehen.

Ausgangspunkt dieser Regelungen ist es, den Grundsatz in den Vordergrund zu stellen, dass der Versicherungsschutz nur für Gefahren gilt und diese Gefahren von den beim Einsatz des Schiffes eintretenden Abnutzungsschäden abzugrenzen sind, die nicht unvorhergesehen, sondern zwangsläufig entstehen und deshalb den Versicherungsnehmer treffen.

Je nachdem, ob eine versicherte Gefahr oder Abnutzung vorliegt, ist der Schaden versichert oder nicht. Nun gibt es viele Fälle, in denen mehrere Ursachen, versicherte und unversicherte, zusammentreffen; z. B. ein bereits stark abgenutztes Teil, das wegen der Abnutzung in Kürze zu erneuern gewesen wäre, bricht durch Einwirkung einer versicherten Gefahr, der ein nicht abgenutztes Teil standgehalten hätte. War nun die Abnutzung oder die versicherte Gefahr causa proxima? Das wird häufig nicht zu ermitteln oder streitig sein. Deshalb sehen Ziff. 27.2 DTV-Kaskoklauseln und Ziff. 55.2 DTV-ADS in solchen Fällen eine Schadenteilung zwischen Versicherer und Versicherungsnehmer je nach dem Grad des Ursachenanteils von Abnutzung einerseits und versicherter Gefahr andererseits vor (für Einzelheiten zu Kausalitätsfragen vgl. Schwampe, Klausel 27 Rn. 26 ff.).

Beispiel:
Nach Schwanzwellenbruch durch Grundberührung wird festgestellt, dass die Schwanzwelle einen fortgeschrittenen Dauerbiegeanbruch aufweist, der nach einiger Zeit auch ohne die Grundberührung zum Bruch geführt haben würde. Der weit überwiegende Verursachungsanteil liegt in diesem Falle bei der Abnutzung; der Schaden ist entsprechend zu teilen.

Das, was für den Ursprungsschaden gilt, gilt nach der causa proxima Regel in gleicher Weise für den dadurch verursachten Folgeschaden. Verursacht also der Schaden an dem abgenutzten Teil einen Folgeschaden, ohne dass eine versicherte Gefahr dazwischen getreten ist, so ist auch der Folgeschaden nicht versichert. Für die Schadenteilung nach Verursachungsanteilen gilt Entsprechendes.

Ziff. 23 DTV-Kaskoklauseln und Ziff. 33.3.1 DTV-ADS stehen selbständig neben Ziff. 27 DTV-Kaskoklauseln, Ziff. 55 DTV-ADS (anders als in der Vorauflage). Führt die Abnutzung zu verschuldeter anfänglicher Seeuntüchtigkeit, bleibt es trotz der Regelung in Klausel 27.2 Ziff. 55.2 DTV-ADS bei der Leistungsfreiheit (detailliert Schwampe, Seekaskoversicherung, Klausel 27 Rn. 34).

Wegen der Allgefahrendeckung ist die Abnutzung bzw. ihr Verursachungsanteil von dem Versicherer zu beweisen. In der Praxis lässt sich das Ausmaß der Verursachung durch eine versicherte Gefahr oder durch die Abnutzung nur durch Sachverständige feststellen, deren Urteil hier besondere Bedeutung zukommt.

4.18   Ersatz an Dritte

Literatur: Zeller, Die Deckung von Haftpflichtrisiken im Rahmen der Seekaskoversicherung, 1987

Seerechtliche Haftung des Reeders

Regelung gemäß HGB
Nach § 485 HGB ist „der Reeder für den Schaden verantwortlich, den eine Person der Schiffsbesatzung einem Dritten durch ihr Verschulden in Ausführung ihrer Dienstverrichtungen zufügt". Im Fall des Zusammenstoßes von Schiffen greifen die Vorschriften der §§ 734 ff. HGB ein. Auch nach den §§ 734 ff. wird wie bei der Haftung nach BGB grundsätzlich nach dem Verschuldensprinzp gehaftet. Wird der Zusammenstoß durch gemeinsames Verschulden der beteiligten Schiffe herbeigeführt, so haftet jedes Schiff für den dem anderen entstandenen Sachschaden nach Maßgabe seiner Schuldquote. Für Personenschäden haften beide als Gesamtschuldner (§ 736 HGB).

Sind mehrere Schiffe für einen Zusammenstoß mit einem dritten Schiff verantwortlich, so sind sie, ohne Rücksicht darauf, welches Schiff tatsächlich mit dem dritten Schiff zusammengestoßen ist, diesem gegenüber als Gesamtschuldner verantwortlich.

Der Höhe nach haftet der Reeder grundsätzlich unbeschränkt, aber beschränkbar. § 486 HGB erklärt insoweit das Übereinkommen vom 19. November 1976 über die Beschränkung der Haftung für Seeforderungen, geändert durch das Protokoll vom 2. Mai 1996 (HBÜ) für anwendbar. Die Ansprüche, wegen derer der Reeder die Haftung beschränken kann, sind in Art. 2 HBÜ im Einzelnen aufgezählt. Die Haftungshöhe richtet sich gem. Art. 6 HBÜ nach der Vermessung des Schiffes (siehe S. 229).

Die Haftungslimitierung kann durchbrochen werden, die Möglichkeit der Durchbrechung wird aber gegenüber dem Vorgängerübereinkommen von 1957, bei dem einfaches Verschulden des Reeders ausreichte, sehr stark eingeschränkt. Sie ist nach Artikel 4 des Abkommens nur noch dann möglich, „wenn nachgewiesen wird, dass der Schaden auf eine Handlung oder Unterlassung zurückzuführen ist, die von dem Haftpflichtigen selbst in der Absicht, einen solchen Schaden herbeizuführen oder leichtfertig und in dem Bewusstsein begangen wurde, dass ein solcher Schaden mit Wahrscheinlichkeit eintreten werde".

Damit ist eine Durchbrechung des Haftungslimits nur noch dann möglich, wenn der haftpflichtige Reeder oder sein gesetzlicher Vertreter mit direktem Vorsatz oder leichtfertig mit dem Bewusstsein der Schadenwahrscheinlichkeit gehandelt hat.

Durch das Protokoll von 1996 wurden die in Artikel 6 HBÜ geregelten Höchsthaftungsbeträge drastisch erhöht.

Die Berechnung der Höchsthaftungssumme geht für Schiffe bis 2.000 BRZ von einer einheitlichen Summe aus und beträgt für Personenschäden zwei Millionen Rechnungseinheiten. Eine Rechnungseinheit ist das Sonderziehungsrecht des Internationalen Währungsfonds (siehe oben in diesem Abschnitt). Für sonstige Ansprüche (Sachschäden) beträgt sie eine Million Rechnungseinheiten. Die Gesamthaftung beläuft sich bei Schiffen bis 2.000 BRZ damit auf drei Millionen Rechnungseinheiten.

Für Schiffe bis 300 BRZ haben allerdings die Vertragsstaaten das Recht, durch innerstaatliche Vorschriften Sonderregelungen zu treffen. Die Bundesrepublik Deutschland hat in § 487 a HGB davon Gebrauch gemacht und für Schiffe bis 250 BRZ die Höchsthaftung auf die Hälfte des für ein Schiff mit einem Raumgehalt von 2.000 Tonnen geltenden Haftungshöchstbetrages herabgesetzt.

Für größere Schiffe ist die über den Grundbetrag hinausgehende Haftung je nach Schiffsgröße degressiv gestaffelt, mit Tonnagestufen von 30.000 und 70.000 BRZ.

Sie beträgt bei Personenschäden

für Schiffe von	2.001 –	30.000 BRZ	800 Rechnungseinheiten pro Tonne
für Schiffe von	30.001 –	70.000 BRZ	600 Rechnungseinheiten pro Tonne
für Schiffe über		70.000 BRZ	400 Rechnungseinheiten pro Tonne

Personenschadenansprüche von Passagieren unterliegen gem. Artikel 7 des Abkommens einem gesonderten Höchstbetrag.

Wegen der Ziff. 34.4.1 DTV-Kaskoklauseln und Ziff. 65.4.1.1 DTV-ADS (siehe unten in diesem Abschnitt) sind die Kaskoversicherer von Personenschäden nicht betroffen.

Bei Sachschäden beträgt die über die Grundbeträge hinausgehende Haftung

für Schiffe von	2.001 –	30.000 BRZ	400 Rechnungseinheiten pro Tonne
für Schiffe von	30.001 –	70.000 BRZ	300 Rechnungseinheiten pro Tonne
für Schiffe über		70.000 BRZ	200 Rechnungseinheiten pro Tonne

Für ein Schiff von 40 000 BRZ ergibt sich folgende Beispielsrechnung:

Personenschäden

bis 2.000 BRZ	1.000.000 Rechnungseinheiten pro Tonne
2.001 – 30.000 BRZ (28.000 x 600)	16.800.000 Rechnungseinheiten pro Tonne
30.001 – 40.000 BRZ (10.000 x 400)	4.000.000 Rechnungseinheiten pro Tonne
Gesamthaftung für Personenschäden	21.800.000 Rechnungseinheiten pro Tonne

Sachschäden

bis 2.000 BRZ	1.000.000 Rechnungseinheiten pro Tonne
2.001 – 30.000 BRZ (28.000 x 400)	11.200.000 Rechnungseinheiten pro Tonne
30.001 – 40.000 BRZ (10.000 x 300)	3.000.000 Rechnungseinheiten pro Tonne
Gesamthaftung für Sachschäden	15.200.000 Rechnungseinheiten pro Tonne

Die Befriedigung von Personenschäden ist dadurch begünstigt, dass dann, wenn die dafür vorgesehenen Haftungsbeträge nicht ausreichen, auch die für Sachschäden vorgesehenen Haftungsbeträge mit zur Befriedigung von Ansprüchen aus Personenschäden herangezogen werden können, wobei aber beide Anspruchsgruppen im Rang gleich stehen.

Außerdem können die Vertragsstaaten durch innerstaatliche Vorschriften bestimmen, dass Ansprüche wegen Beschädigung von Hafenanlagen, Wasserstraßen etc. einen Vorrang vor der Befriedigung sonstiger Sachschäden – nicht jedoch Personenschäden – haben. Die Bundesrepublik Deutschland hat in der Neufassung des § 487 b HGB davon Gebrauch gemacht. Für Ansprüche wegen Wrackbeseitigung, die gem. Art. 2 Abs. 1 Buchst. d HBÜ grundsätzlich der Haftungsbeschränkung unterliegen, können Vertragsstaaten gleichfalls einen Vorbehalt machen. Auch hiervon hat Deutschland Gebrauch gemacht, aber auf nationaler Ebene durch § 487 HGB bestimmt, dass dafür ein separater Haftungshöchstbetrag gilt, der seinerseits nach den Vorschriften des HBÜ zu berechnen ist.

Deckung nach ADS

Durch § 78 ADS wird mit der Kaskoversicherung eine Haftpflichtversicherung verbunden. Dabei werden diejenigen Schäden erfasst, die „der Versicherungsnehmer im Falle eines Zusammenstoßes von Schiffen dadurch erleidet, dass er den einem Dritten entstandenen Schaden zu ersetzen hat". Dabei kommt es nicht darauf an, ob das versicherte Schiff selbst mit einem anderen zusammengestoßen ist; es genügt vielmehr, dass der Versicherungsnehmer den wegen eines Zusammenstoßes von irgendwelchen Schiffen entstandenen Schaden zu ersetzen hat.

Beispiel:
Durch ein falsches Manöver des versicherten Schiffes A wird das Schiff B zu einer Ausweichbewegung gezwungen und fährt das Schiff C an.

Auch spielt es keine Rolle, ob die Haftung des Versicherungsnehmers auf Verschulden beruht oder ob sie gesetzlich begründet ist. Dadurch wird von § 78 ADS nicht nur die Haftung des Reeders aus §§ 734 ff. HGB erfasst, sie bezieht sich auch auf einige Elemente der Haftung aus § 485 HGB.

Beispiel:
In einem Hafen ereignet sich eine Kollision, die von der Besatzung des versicherten Schiffes verschuldet wird. Dadurch entsteht Feuer, das auch auf Sachen an Land (Hafenschuppen oder darin liegende Güter) übergreift.

Es spielt keine Rolle welcher Art der am Dritten entstandene Schaden ist.. Es sind deshalb nicht nur Sachschäden und ihre Folgen (Nutzungsverlust), sondern es waren auch Personenschäden versichert, die allerdings später ausgeschlossen wurden (vgl. dazu unten Sach- und Personenschäden).

Trotz des im Vergleich zur englischen Deckung (siehe S. 285 ff.) schon sehr weitgehenden Schutzes durch § 78 ADS nahmen in Deutschland Reeder und Makler schon sehr bald nach Inkrafttreten der ADS verstärkte Bemühungen auf, Erweiterungen des Versicherungsschutzes für Ersatz-an-Dritte-Schäden zu erreichen; Bemühungen, denen bei den Verhandlungen, die den ADS vorangingen, der Erfolg versagt blieb. Dies geschah in drei Stufen:

Deckung nach DTV-Kaskoklauseln und den DTV-ADS

Allgemeines

Das gesamte Gebiet der von der Kaskoversicherung erfassten Drittschäden wird in Ziff. 65 DTV-ADS und in Ziff. 34 DTV-Kaskoklauseln, die den § 78 ADS aufhebt, geschlossen geregelt. Wie bisher sind nicht alle den Reeder treffenden Haftungsverpflichtungen versichert. Die Deckung beschränkt sich auf den navigatorischen Bereich sowie auf die Haftung aus Schleppverträgen und Werftverträgen.

Die Grunddeckung stellt zwei Kriterien in den Mittelpunkt, nämlich

> Deckungsvoraussetzungen gem. Ziff. 34.1 DTV-Kaskoklauseln, Ziff.65.1 DTV-ADS
>
> (1) Die Haftung muss auf gesetzlichen Bestimmungen beruhen.
> (2) Der Schaden muss bei der Bewegung des Schiffes oder durch navigatorische Maßnahmen in unmittelbarem Zusammenhang mit der Teilnahme am Schiffsverkehr verursacht worden sein.

Zu (1):

Der Reeder kann haften, weil er entweder Haftungsbestimmungen mit normativem Charakter unterliegt oder weil er freiwillig in Verträgen eine Haftung übernommen hat. Mit dem ersten Fall befassen sich Klausel 34.1 und Ziff. 65.1 DTV-ADS; mit dem zweiten die Ziff. 34.2 und 34.3 und die Ziff. 65.2 und 65.3 DTV-ADS.

Der Begriff „gesetzliche Bestimmungen" ist weit auszulegen und erfasst alle Haftungsnormen, denen der Reeder sich im Inland oder Ausland unterwerfen muss. Außer Gesetzen kommen deshalb auch Anordnungen einer Behörde, Hafenbetriebsordnungen etc. in Betracht.

Auf ein Verschulden kommt es nicht an, wenn die Haftung aus solchen Normen auch ohne Verschulden begründet wird.

Zu (2):

Dem navigatorischen Bereich, also der Führung des Schiffes, sind nicht nur alle Vorgänge bei der Fortbewegung des Schiffes einzuordnen. Über den Zeitraum zwischen Ablegen und Anlegen hinaus können viele Maßnahmen oder Handlungen zu Haftpflichttatbeständen führen, die zwar nicht während der Bewegung des Schiffes, wohl aber in untrennbarem Zusammenhang mit der Teilnahme am Schiffsverkehr stattgefunden haben. Auch die Haftung daraus ist versichert.

Beispiele:
(1) Das versicherte Schiff verursacht bei der Einfahrt im Hafen X eine Kollision, weil infolge eines Kurzschlusses, der ohne Verschulden der Besatzung entstand, die Rudermaschine kurzzeitig ausgefallen ist. Die Hafenordnung von X schreibt vor, dass das verursachende Schiff ohne Rücksicht auf Verschulden haftet.

Obwohl nicht gesetzliche Bestimmung im eigentlichen Sinne, hat die Hafenordnung doch normativen Charakter, der der Reeder sich zu unterwerfen hat. Der Schaden ist versichert.

(2) Infolge zu hoher Fahrtgeschwindigkeit des versicherten Schiffes entsteht Schwell. Eine Schute schlägt voll und sinkt. Oder: Im Sog eines auf einem Fluss mit zu hoher Fahrtstufe fahrenden Schiffes reißen die Leinen eines anderen festgemachten Schiffes, das deshalb losgerissen wird und strandet.

In beiden Fällen handelt es sich um eine Haftung aus § 738 HGB, die, wenn ein Verschulden vorliegt, zu einer Ersatzleistung des Versicherers führt.

(3) Beim Anlegemanöver ist eine Festmacheleine bereits ausgebracht worden, als das Schiff infolge eines falschen Manövers wieder etwas abtreibt. Die Leine wird zu steif und bricht. Durch die Schleuderwirkung der gebrochenen Leine treten Sachschäden an Land ein.

Der Vorgang fällt in den navigatorischen Bereich. Die sich für den Reeder aus § 485 HGB ergebende Haftung ist versichert.

(4) Der Anker des auf Reede liegenden versicherten Schiffes hält nicht, und das Schiff treibt auf ein anderes und beschädigt dieses.

Ankern gehört zu den navigatorischen Maßnahmen. Der Schaden ist deshalb versichert.

(5) Der versicherte Ankerlieger führt keine korrekten Lichter. Ein anderes Schiff wird dadurch irritiert und erleidet Schaden.

Auch hier liegt eine navigatorische Maßnahme vor, und der Schaden ist gedeckt.

(6) Durch die Fahrlässigkeit der Besatzung beim Schweißen im Hafen bricht Feuer an Bord aus oder es findet eine Explosion statt, wodurch in der Nähe liegende Schiffe oder Sachen an Land beschädigt werden.

Da es sich um eine rein technische Maßnahme handelt, kommt der navigatorische Bereich nicht in Betracht. Eine Ersatzleistung des Versicherers findet nicht statt.

(7) Ein Schiff liegt ordnungsgemäß vertäut im Hafen. Beim Ausschwingen des Schiffskranes wird ein an Land stehender Kran beschädigt.

Das Ausschwingen des Schiffskranes führt zu einer Haftung des Reeders aus § 485 HGB. Beides hatte jedoch nicht mehr mit einer navigatorischen Maßnahme in unmittelbarem Zusammenhang mit der Teilnahme am Schiffsverkehr zu tun. Die Handlung fällt in den Bereich der sonstigen Bedienung des Schiffes und damit nicht unter die Haftung des Versicherers.

(8) Bei der Übernahme von Treibstoff dreht ein Besatzungsmitglied versehentlich zu früh das Absperrventil zu. Da die Pumpen noch nicht abgestellt waren, platzt der Schlauch, und es entsteht erheblicher Sachschaden durch auslaufendes Öl an zur Verladung bereitstehenden Stückgütern.

Kann man hier sagen, dass das Bunkern für die Fortbewegung, also für die Navigation des Schiffes, erforderlich gewesen ist und damit ein navigatorisches Verschulden bejahen? Die Antwort ist nein, weil der Vorgang keine navigatorische Maßnahme darstellt, sondern zur technischen Vorbereitung der Reise gehört. Es kommt also nicht darauf an, dass Ziff. 34.4.1 DTV-Kaskoklauseln und Ziff. 65.4.1.2 DTV-ADS Schäden, die durch Freiwerden von flüssigen oder gasförmigen Stoffen sowie Chemikalien verursacht worden sind, von der Deckung ausnimmt.

Erweiterung der Deckung auf Haftung aus Verträgen
In Schleppverträgen oder Dock- und Reparaturbedingungen wird häufig dem versicherten Schiff eine Haftung auferlegt, die nicht gesetzlich, sondern nur vertraglich begründet ist. Beide Fälle decken die im Schifffahrtsbetrieb am häufigsten vorkommenden vertraglichen Haftungsübernahmen. Sie sind versichert, wenn sie ortsüblich sind, d.h. der Reeder wird sich ihnen unterwerfen müssen, wenn er die Leistungen des Schleppers bzw. der Werft an diesem Ort in Anspruch nehmen will.

Die Ortsüblichkeit ist eine Risikobegrenzung im Rechtssinn: Bei einer vertraglichen Haftungsübernahme, die weiter geht, als es ortsüblich ist, kommen nicht etwa die Bestimmungen der Gefahrerhöhung gem. Ziff. 11 DTV-Kaskoklauseln oder Ziff. 24 DTV-ADS (Mitversicherung gegen Anzeigepflicht und Zulageprämie) zur Anwendung.

Bei der Mitversicherung der schleppvertraglichen Haftung kommt eine zweite Risikobegrenzung hinzu: Zwischen Schlepper und versichertem geschleppten Schiff muss bei der Schadenentstehung eine nautische Einheit bestanden haben. Eine Leinenverbindung ist dafür nicht unbedingt erforderlich, jedoch ist die nautische Einheit zum Beispiel dann nicht gegeben, wenn der Schlepper erst auf dem Wege zum oder schon auf dem Wege vom versicherten Schiff ist.

Separathaftung
Nach § 37 Abs. 4 ADS haftete der Versicherer bei einem Zusammentreffen von Kasko- und Ersatz-an-Dritte-Schäden während einer Reise nur bis zur Höhe der Versicherungssumme. Durch die Separathaftungsklausel in Ziff. 34.8 DTV-Kaskoklauseln und Ziff. 34.8 DTV-ADS wird erreicht, dass der gesamte auf Kasko versicherte Betrag ausschließlich für Schäden am Schiff und für Havarie-grosse-Schäden zur Verfügung steht. Die für Ersatzleistung an Dritte benötigten Beträge sind nochmals bis zur Höhe der Versicherungssumme wie durch einen separaten Vertrag gedeckt, also ohne Rücksicht darauf, ob die Versicherungs-

summe bereits für einen Schaden am Schiff aufgebraucht worden ist. Der Versicherer haftet also zweimal bis zur Höhe der Versicherungssumme.

Ein Summenausgleich zwischen beiden Beträgen ist jedoch nicht möglich. Reicht die Kaskotaxe für die Deckung der Reparaturkosten nicht aus, so können bei der Separathaftung für Ersatz an Dritte ersparte Beträge nicht zum Ausgleich für Schäden am Schiff verwendet werden und umgekehrt.

Schwesterschiffe
Niemand kann im Rechtssinne Ansprüche gegen sich selbst erheben. Deshalb wären bei einer Kollision zwischen zwei Schiffen desselben Reeders (Schwesterschiffe) zwar die entsprechenden Kaskoschäden gedeckt, nicht aber die darüber hinausgehenden Haftpflichtansprüche, etwa für Nutzungsverlust. Das Gleiche würde gelten bei Bergung oder Hilfeleistung zwischen Schwesterschiffen. Durch die Schwesterschiffklausel in 34.10 DTV-Kaskoklauseln und Ziff. 66 DTV-ADS wird der Reeder so gestellt, als würden die Schiffe verschiedenen Eigentümern gehören und als seien sie in verschiedenen Versicherungsverträgen gedeckt. Das ist gleichsam eine Verselbständigung der Haftung jedes einzelnen Schwesterschiffes im Verhältnis zu den anderen Schiffen desselben Reeders, und die entsprechenden Ersatz-an-Dritte-Ansprüche bzw. Bergelohn- oder Hilfslohnforderungen werden durch die Kaskoversicherung gedeckt.

Schäden durch Freiwerden von flüssigen oder gasförmigen Stoffen sowie Chemikalien
Werden flüssige (Öl, Säuren etc.) oder gasförmige Stoffe oder Chemikalien frei, so können daraus dem Grunde und der Höhe nach unüberschaubare Haftungssituationen entstehen, insbesondere seit der Schutz der Umwelt einen hohen Stellenwert erhalten hat. Für Deutschland verankert das Wasserhaushaltsgesetz (WHG) eine Gefährdungshaftung auch auf Küstengewässer. Viele Staaten haben ähnliche Regelungen eingeführt. Hinzu kam die Tatsache, dass auch unter Berücksichtigung der marktüblichen Erweiterungen der ADS ein auf nautisches Verschulden abgestellter Ersatz an Dritte die Deckung nur einen Teilausschnitt aus dem gesamten Haftungsrisiko erfassen konnte. In Schadenfällen, bei denen für die Durchführung von Schadenverhütungsmaßnahmen schnelle Entscheidungen des letztlich zuständigen Versicherers erforderlich sind, ist mit erheblichen Zeitverzögerungen bei der Klärung der Verantwortlichkeit zu rechnen. Vor allem aber: Haftungsrisiken dieser Art fallen in den Deckungsbereich der P&I-Versicherer sowie anderer internationaler Haftungsvorsorgeeinrichtungen, wie zum Beispiel STOPIA und TOPIA im Rahmen der International Tanker Owners Pollution Federation Ltd. (ITOPF).

Vor diesem Hintergrund haben die Kaskoversicherer bereits 1970 die sogenannte Gewässerschadenklausel eingeführt. Sie bezieht sich in der modifizierten Form in Ziff. 34.4.1 DTV-Kaskoklauseln und Ziff. 65.4.1.2 DTV-ADS nicht mehr nur auf den Ausschluss vom Versicherungsschutz wegen der Verschmutzung von Gewässern, sondern auf jedes Ereignis, bei dem die genannten Stoffe freigesetzt werden und das versicherte Schiff dafür haftbar gemacht werden kann. Eine Ausnahme gilt nach den genannten Bestimmungen nur dann, wenn das versicherte Schiff mit einem anderen Schiff zusammengestoßen ist und an dem anderen Schiff oder den darauf befindlichen Sachen Schäden eingetreten sind. Diese auf eine eingeschränkte reine Schiffskollisionshaftung reduzierte Deckung entspricht der Deckung in England, die das Thema in der Running Down Clause (Klausel 8 der Institute Time Clauses; Klausel 6 der International Hull Clauses) behandelt (siehe S. 286).

Mithaftung der Fracht
Diese in Klausel 34.9 DTV-Kaskoklauseln und Ziff. 65.9 DTV-ADS enthaltene Bestimmung hat nur Bedeutung für die Fälle, in denen, wie z. B. im amerikanischen Recht, nach dem Werthaftungssystem gehaftet wird. Beim auch in Deutschland geltenden Summenhaftungssystem ist eine Mithaftung der Fracht entfallen.

Sach- und Personenschäden
Für Schäden von Personen an Bord des versicherten Schiffes gelten andere Haftungsgrundsätze (arbeitsrechtlicher Natur für die Besatzung, Athener Übereinkommen von 1974 über die Beförderung von Reisenden und ihr Gepäck für die Passagiere) und andere Formen ihrer Abdeckung (Sozialversicherung, P&I-Versicherung) als für Schäden, die Personen außerhalb des Schiffes erleiden. Auch für diese gilt die Zuständigkeit der P&I-Clubs für die Ersatzleistung. Deshalb schließen Ziff. 34.4.1 der DTV-Kaskoklauseln und Ziff. 65.4.1.1 DTV-ADS Haftpflichtansprüche wegen Tod oder Verletzung von Personen generell aus. Unter Verletzung ist jede Beeinträchtigung der körperlichen Integrität zu verstehen, also auch Krankheit, für die die Schiffsführung verantwortlich sein mag.

Schäden an der Ladung des versicherten Schiffes (siehe S. 381 ff.) unterlagen schon stets der Deckung durch die P&I-Versicherung, so dass auch diese in Ziff. 34.4.1 DTV-Kaskoklauseln und Ziff. 65.4.1.3 DTV-ADS ausgeschlossen sind.

Both-to-blame-Collision-Clause
Auf die Problematik dieser Klausel wurde auf Seite 156 f. bereits eingegangen. Dabei wurde darauf hingewiesen, dass es nach der US-amerikanischen Rechtsprechung Fälle geben kann, in denen die Both-to-blame-Collision-Clause in einem Konnossement nicht anerkannt wird. Es wäre dann denkbar, dass der Ausgleichsanspruch des Kollisionsgegners bezüglich des Schadens an der auf dem versicherten Schiff beförderten Ladung von dem versicherten Schiff zu befriedigen ist. Ein solcher Anspruch fällt eindeutig unter die Deckung der P&I-Versicherung. Da die Kaskoversicherung keine Schäden an der Ladung des versicherten Schiffes deckt, wurde deshalb 1984, nachdem sich die Versicherer erstmals mit einem solchen Fall zu beschäftigen hatten, in Klausel 34.4.2 DTV-Kaskoklauseln ein entsprechender Ausschluss vorgenommen. Ziff. 65.4.2 DTV-ADS enthält die gleiche Regelung.

Sämtliche Ausschlüsse erfassen nur die Haftpflicht des Versicherungsnehmers für dort angesprochene Schäden. Unter den DTV-Kaskoklauseln ist deshalb die Deckung der Haftpflicht für Aufwendungen des geschädigten Dritten zur Vermeidung oder Verminderung solcher Schäden nicht ausgeschlossen. Grund ist, dass ein Vermögensfolgeschaden des Geschädigten im deutschen Recht als Bestandteil des Sachschadens behandelt wird (Schwampe, Seekaskoversicherung, Klausel 34 Rn. 11 m.w.N.). Er wird also von der Deckungsbestimmung der Ziff. 34.1 DTV-Kaskoklauseln erfasst. Eine extensive Ausdehnung des Ausschlusses über den Wortlaut hinaus von Schäden auch hin zu Schadenabwendungsaufwendungen ist nicht zulässig. Ziff. 65.4.1.5 DTV-ADS schließt diese offenbare Lücke in den Ausschlüssen und schließt auch die Deckung der Haftpflicht für solche Aufwendungen aus.

4.19 Sicherheitsleistung

> Der Versicherer muss zur Abwendung oder Lösung eines Arrests wegen eines versicherten Ereignisses Sicherheit leisten.

Schiffe sind wegen der leichten internationalen Zugriffsmöglichkeiten im Wege des Arrests verletzlich. Für den Versicherungsnehmer bedeutet jeder Arrest, dass ihm das Schiff nicht zum Geldverdienen zur Verfügung steht. Es ist für ihn daher nicht nur von Bedeutung, dass seine Haftung Dritten gegenüber versichert ist, sondern auch, ob er von seinem Versicherer erwarten kann, dass dieser für den Fall, dass Dritte im Arrestwege auf das Schiff zugreifen, Sicherheit zwecks Abwendung oder Aufhebung des Arrestes stellt.

Zum Teil wird in Zusammenhang mit diesem Aspekte § 36 ADS angesprochen. Danach haftet der Versicherer für den sogenannten „Arrestschaden". Wie bereits hervorgehoben wurde (vgl. S. 64) geht es dabei aber nur um die Deckung von Totalverlust oder Teilschaden aufgrund eines Arrestes, den der Versicherer, insoweit den § 28 ADS einschränkend, nur dann trägt, wenn die Forderung, deretwegen arrestiert wurde, unter die Kaskodeckung fällt. Mit der *Abwendung* von Arresten hat die Vorschrift nichts zu tun.

Anders als in den Vorauflagen vertreten, enthält deshalb Ziff. 24 DTV-Kaskoklauseln (nahezu wortgleich Ziff. 32 DTV-ADS) nicht etwa eine Klarstellung sondern tatsächlich eine Erweiterung des § 36 ADS. Nach ihr ist der Versicherer zur Sicherheitsleistung für den Versicherungsnehmer verpflichtet.

Voraussetzung ist, dass ein versicherter Schaden eingetreten ist, für den der Versicherungsnehmer zur Sicherheitsleistung entweder verpflichtet ist oder bei dem die Sicherheitsleistung zur Abwendung eines drohenden Arrestes geboten ist. Auf diese Weise soll dem Versicherungsnehmer die Nutzung des Schiffes erhalten bleiben.

Es spielt keine Rolle, welcher Art der Schaden ist, er muss nur nach den Bedingungen der Police versichert sein. In der Regel wird es sich um einen Ersatz-an-Dritte-Schaden oder um einen Berge- oder Hilfslohnanspruch für das Schiff handeln.

Die Sicherheit kann je nach dem Recht, das der Forderung zugrunde liegt oder nach der Vereinbarung mit dem Anspruchsteller in verschiedener Form geleistet werden. Sie kann von einer Briefgarantie des Versicherers über eine Bankgarantie, für die der Versicherer die Zinsen zu tragen hat, bis zur Hinterlegung des erforderlichen Betrages durch den Versicherer reichen. Die Währung, in der die Sicherheit zu leisten ist, muss nicht die Policenwährung sein; sie richtet sich danach, welche Währung der Forderung zugrunde liegt bzw. danach, was im Einzelfall zur Erfüllung des Zweckes geboten ist.

Wegen der Begrenzung der Ersatzleistung des Versicherers auf die Versicherungssumme bezieht sich die Pflicht des Versicherers zur Sicherheitsleistung naturgemäß nur auf Beträge bis zur Höhe der Versicherungssumme unter Abzug der vereinbarten Abzugsfranchisen.

Übersteigt die Arrestsumme die Kaskoversicherung und ist unstreitig, dass der Anspruchsteller das Schiff nicht gegen eine Sicherheit in Höhe der Versicherungssumme aus dem Arrest entlassen wird, kommt weder eine Pflichtverletzung des Versicherers in Betracht, wenn er von der Gestellung der Sicherheit absieht, noch ein Deckungsanspruch des Versicherungsnehmers gem. § 73 ADS, Ziff. 17.2 DTV-Kaskoklauseln.

Besonders vor dem Hintergrund der durch das Protokoll von 1996 zum Londoner Haftungsbeschränkungsübereinkommen gegenüber bisher wesentlich erhöhten Haftungssummen für Ersatz-an-Dritte-Schäden wird der Versicherer darauf zu achten haben, diesen Gesichtspunkt in den Garantieerklärungen dem anspruchstellenden Dritten gegenüber deutlich zum Ausdruck zu bringen. Garantien werden aber ohnehin meistens beziffert gestellt. Hält sich die Garantiesumme innerhalb der Versicherungssumme entstehen keine Probleme. Fordert der Anspruchsteller eine über die Kaskoversicherungssumme hinausgehende Garantie, wird es zur Garantiestellung durch den Kaskoversicherer meist nicht kommen, denn wenn die Versicherungssumme den Anspruch nicht erreicht, wird der Anspruchsteller den Arrest nicht gegen eine betragsmäßig unzureichende Garantie aufheben lassen. Es kommt vor, dass sich der Kaskoversicherer dennoch zur vollen Garantiestellung bereit erklärt, dann fordert er aber regelmäßig eine Gegensicherheit vom Versicherungsnehmer, zumeist entweder eine Bankgarantie oder eine Garantie des P&I Clubs.

Im Falle der gemeinschaftlichen Bergung von Schiff und Ladung kommt es vor, dass der Berger vom Reeder eine Garantie für die Zahlung des Bergelohns für Schiff und Ladung gemeinsam fordert und der Reeder vom Kaskoversicherer die Gestellung einer solchen Garantie verlangt. Dabei ist zu beachten, dass der Kaskoversicherer natürlich nur für solche gegen den Reeder gerichtete Forderungen eine Garantie zu stellen hat, die in der Kaskoversicherung gedeckt sind. Deshalb hat Ziff. 36 DTV-Kaskoklauseln nur eine klarstellende Bedeutung.

4.20 Havarie-grosse, Ballastschiffe

In Ergänzung zur allgemeinen Darstellung der Havarie-grosse (siehe S. 72 ff.) und ihren Besonderheiten bei der Güterversicherung (siehe S. 223 ff.) sollen hier noch einige für die Kaskoversicherung bedeutsame Punkte erwähnt werden.

Kausalität

In der Mehrzahl der Fälle entsteht in der Praxis die Havarie-grosse-Situation aus Umständen, die zunächst das Schiff betreffen (z. B. Strandung, Maschinenschaden, Kollision). Es ist deshalb besonders für die Kaskoversicherung die Frage wichtig, ob die Voraussetzungen von § 29 ADS, Ziff. 28 DTV-ADS gegeben sind, denen zufolge ein dem Versicherer zur

Last fallender Schaden vorliegt, der durch die Havarie-Maßregel abgewendet werden sollte. Havarie-grosse-Ereignisse bilden nicht etwa einen eigenen Gefahrentatbestand, bei dessen Verwirklichung die Versicherer ohne Rücksicht auf Haftungsbeschränkungen einzutreten haben. Es gelten vielmehr die allgemeinen Grundsätze. Dies bedeutet, dass die Versicherer nicht jeden Havarie-grosse-Schaden, sondern nur solchen zu ersetzen haben, der zur Abwendung eines versicherten Schadens verursacht wird. Ritter/Abraham, a.a.O., § 29, Anm. 20 sagt „Der Versicherer ersetzt nur den durch Gefahrereignisse verursachten Schaden, nicht aber den durch versicherungsfreie Ereignisse verursachten Schaden; er hat also auch den ihm durch die §§ 29, 32 besonders auferlegten Opferschaden nicht zu ersetzen, wenn dieser Schaden durch versicherungsfreie Ereignisse verursacht ist, sondern nur, wenn er durch ein Gefahrereignis verursacht ist. Der Havarie-grosse-Fall muss der Versicherungsfall sein. Dieser Gedanke kommt besser im § 836 HGB zum Ausdruck. Der Versicherer haftet ... für die ... Beiträge nicht, soweit sie sich auf einen Unfall gründen, für den der Versicherer nach dem Versicherungsvertrag nicht haftet. Der Versicherer hat, wie jeden anderen Schaden, so auch den Opferschaden nur (aber auch immer) dann zu ersetzen, wenn Schaden und Gefahrereignis im versicherungsrechtlichen Zusammenhang stehen, wenn also der Schaden die unvermeidliche Folge des Gefahrereignisses ist (§ 28 Anm. 21)."

Mit einer Havarie-grosse-Maßnahme soll insbesondere ein drohender Totalverlust abgewendet werden. Es kommt deshalb darauf an, ob das zu der Havarie-grosse-Maßnahme Veranlassung gebende Ereignis die causa proxima für einen drohenden Totalverlust oder einen anderen drohenden gedeckten Schaden ist; ein Schaden, der eben wegen der Durchführung der Havarie-grosse-Maßnahme nicht eintritt. Handelt es sich dabei um ein Ereignis, für dessen Folgen der Versicherer leistungsfrei ist, dann gilt dies auch für den an Stelle des nicht versicherten Totalverlustes (oder anderen Schadens) eintretenden Havarie-grosse-Schaden.

Beispiel:
Infolge Abnutzung erleidet ein Schiff einen Maschinenschaden und strandet. Es kann von der Strandungsstelle nicht abgebracht werden. Der dadurch eintretende Totalverlust hat ein nicht versichertes Ereignis zur causa proxima und ist deshalb nicht gedeckt. Sind die Bemühungen, das Schiff von der Strandungsstelle abzubringen, erfolgreich, so sind die anstelle des nicht gedeckten Totalverlustes aufgewendeten Havarie-grosse-Kosten ebenfalls nicht versichert.

Zusammentreffen von Havarie-grosse mit Reparaturunwürdigkeit

Häufig wird ein Havarie-grosse-Ereignis durch einen Partschaden ausgelöst werden. Bei der Feststellung der Reparaturunwürdigkeit nach Ziff. 61.1 DTV-ADS werden Kosten der Bergung und der Verbringung zum Reparaturort berücksichtigt, bei § 77 ADS bleiben die Havarie-grosse-Kosten außer Ansatz. Andererseits haftet aber der Versicherer natürlich auch für die Havarie-grosse-Kosten; aber für diese gemeinsam mit den Partschäden nur bis zur Höhe der Versicherungssumme. Ob Bergungskosten jedoch als Aufwendungen nach § 32 ADS durch den Versicherer auch über die Versicherungssumme hinaus zu ersetzen sind, ist strittig. Die bis zur Vorauflage vertretene Ansicht, dies sei nicht der Fall, wird aufgegeben. Tatsächlich sind Bergungskosten Aufwendungen nach § Ziff. 31 ADS, 32 DTV-ADS. Der Umstand, dass sie zumeist (nicht immer, denn z. B. die York-Antwerp Rules 2004 lassen dies nicht zu) in Havarie-grosse zu verrechnen sind, ändert daran nichts. Unter die Deckung für Havarie-grosse-Beiträge können sie schon deshalb nicht fallen, weil diese Deckung nur *Beiträge* des versicherten Reeders zur Havarie-grosse erfasst, während es sich bei dem vom Reeder gezahlten Bergelohn um etwas handelt, wofür er von den anderen Havarie-grosse-Beteiligten eine *Vergütung* fordert. Daran ändert auch nichts, dass der Reeder seinerseits mit seinem Vergütungsanspruch beitragspflichtig ist. Die Situation ist vergleichbar mit der Aufopferung des versicherten Gegenstandes in Havarie-grosse. Für diese sehen § 31 ADS, Ziff. 30 DTV-ADS-Deckung nach den Grundsätzen für den Teilschaden vor, so dass für Aufopferungen die Begrenzung auf die Versicherungssumme (§ 37 ADS, Ziff. 41 DTV-ADS) eingreift. Für Aufwendungen in Havarie-grosse-Situationen – Bergungskosten sind solche Aufwendungen – fehlt eine entsprechende Bestimmung, so dass für sie die allgemeine Regelung für Schadensabwendungs- und -minderungskosten gilt (§ 32 ADS, Ziff. 31 DTV-ADS), für die die Begrenzung auf die Versicherungssumme gerade nicht gilt (§ 37 Abs. 2 ADS, Ziff. 41.2 DTV-ADS).

Stellt sich also die Reparaturunwürdigkeit erst nach erfolgreich durchgeführter Bergung heraus, so bleibt der Versicherer entgegen der Vorauflage für die Bergungskosten auch insoweit verpflichtet, wie diese zusammen mit den nach § 74 ADS geschätzten Reparaturkosten die Versicherungssumme überschreiten.

In der praktischen Handhabung wird dies in dem meisten Fällen aber zu keinen unterschiedlichen Ergebnissen führen. Weil nämlich der Bergelohn nicht den geretteten Wert übersteigen kann (§ 743 Abs. 2 HGB), wird der gem. § 77 ADS erzielte Verkaufserlös im Normalfall zur Begleichung des Bergelohnes ausreichen. Da bei Reparaturunwürdigkeit der Versicherungsnehmer nur die Differenz zwischen Versteigerungserlös und Versicherungssumme verlangen kann, übersteigen diese Differenz und der Bergelohn zusammen regelmäßig nicht die Versicherungssumme. Wo dies aber doch einmal der Fall ist, z. B. wenn das Schiff nach der Bergung einen Partschaden erleidet, der seinen Wert weiter mindert, bleibt der Versicherer über § 32 ADS, Ziff. 31 DTV-ADS insoweit in der Pflicht.

Stellt der Berger gem. Klausel 24 DTV-Kaskoklauseln, Ziff. 32 DTV-ADS dem Berger eine Sicherheit, hat der Berger einen direkten Anspruch gegen den Versicherer. Anders als in der Vorauflage vertreten, muss der Versicherungsnehmer auch nichts an den Versicherer zurückzahlen, wenn die Summe aus Teilschaden und Bergelohn die Versicherungssumme überschreiten sollte.

Im Übrigen hat das Ganze auch nichts mit der Regelung des § 30 Abs. 8 ADS („Übersteigt der Beitragswert den Versicherungswert, so haftet der Versicherer für die Beiträge nur im Verhältnis des Versicherungswerts zum Beitragswert.") zu tun. Denn dieser betrifft nur Beiträge zur Havarie-grosse, um die es bei der Deckung der vom Reeder dem Berger geschuldeten Vergütung aber nicht geht (auch insoweit anders die Vorauflage).

Bei Beiträgen allerdings kann es bei Deckung unter den ADS und den DTV-Kaskoklauseln tatsächlich zu einer Deckungslücke kommen. Der gerade angesprochene § 30 Abs. 8 ADS führt dann nämlich nur zu anteiliger Deckung. Die Deckungslücke soll eigentlich die Nebeninteresseversicherung auffüllen. Deren Klausel 2.3.1 spricht aber nicht die Lücke an, die sich unter den ADS zwischen Beitragswert und Versicherungswert auftun kann, sondern eine andere, von den ADS gar nicht bewirkte Lücke: Diejenige zwischen Beitragswert und „Kaskotaxe abzüglich eines die Kaskopolice treffenden Teilschadens".

Bei einer Deckung auf Basis der DTV-ADS stellt sich dieses Problem nicht, denn in Ziff. 29 findet sich keine entsprechende Bestimmung mehr.

Beispiel:
Tatsächlicher Wert (=Beitragswert) des Schiffes EUR 20 Mio., Versicherungssumme und taxierter Versicherungswert EUR 12 Mio., Partschaden EUR 10 Mio., auf das Schiff entfallende Havarie-grosse-Kosten EUR 3 Mio. Unter ADS/DTV-Kaskoklauseln leistet der Versicherer für die auf das Schiff entfallenden Havarie-grosse-Kosten nur im Verhältnis 12:20 Ersatz, also nur EUR 1,8 Mio. Unter DTV-ADS werden die Havarie-grosse-Kosten bis zur Versicherungssumme ersetzt. Da der Partschaden schon EUR 10 Mio. beträgt, verbleibt für die Havarie-grosse-Kosten noch eine Deckung von EUR 2 Mio.

Deckladung

(Vgl. dazu auch S. 146 ff.)

Werden Güter in einem Havarie-grosse-Fall aufgeopfert, so erfolgt eine den Grundsätzen der Havarie-grosse entsprechende Vergütung durch die übrigen geretteten Werte. Die dabei auf das Schiff entfallenden Anteile (Havarie-grosse-Beiträge) sind vom Kaskoversicherer entsprechend dem Wertanteil des Schiffes unter Anwendung der §§ 29 ff. ADS, Ziff. 28 ff. DTV-ADS zu übernehmen (siehe S. 61). Werden jedoch an Deck verladene Güter aufgeopfert, so bezieht sich nach § 62 ADS die Haftung des Kaskoversicherers nicht auf den dafür erforderlichen Havarie-grosse-Beitrag. Diese Einschränkung wird in Ziff. 35.2 DTV-Kaskoklauseln aufgehoben, wenn die Deckverladung handelsüblich war, wie dies zum Beispiel bei Holz oder gefährlichen Chemikalien der Fall ist. Die DTV-ADS benötigen keine entsprechende Regelung, weil dort von vornherein keine dem § 62 ADS entsprechende Deckungseinschränkung besteht.

Ballastschiffe

Aufwendungen

Voraussetzung jeder Havarie-grosse ist u.a. eine gemeinsame Gefahr für Schiff und Ladung. Fährt das Schiff ohne Ladung und nur mit Ballast, so ist eine Havarie-grosse nicht möglich, weil eine gemeinsame Gefahr nicht entstehen konnte. Aufwendungen, die bei einem beladenen Schiff zur Havarie-grosse gehören würden (z. B. Bergungskosten), können deshalb nicht auf Schiff und Ladung verteilt werden. Sie gehen allein zulasten des Schiffes.

Die in Ziff. 35.3 DTV-Kaskoklauseln und der Sache nach in Ziff. 28.5 DTV-ADS übernommene *Ballastschiffsklausel* gibt dem Reeder bei Ballastreisen den gleichen Versicherungsschutz wie bei Reisen mit Ladung. Für Reisen mit eigener Ladung des Reeders galt dies schon nach § 29 Abs. 2 ADS.

Alle Maßnahmen, die bei einem beladenen Schiff zu einer Havarie-grosse führen, werden als gemäß der Ballastschiffsklausel auch bei einem Ballastschiff genauso behandelt als wären sie in Havarie-grosse durchgeführt worden. Der Versicherer leistet Ersatz. Bei Ballastschiffen geht es dabei vornehmlich um Kost- und Monatsgelder im Nothafen. Lediglich die Regeln XX und XXI der York Antwerp Rules (Provision auf Auslagen und Zinsen auf in Havarie-grosse vergütete Verluste) bleiben außer Ansatz, weil die damit verbundene Thematik hier keine Rolle spielt.

Aufopferungen
Werden im Verlauf einer Ballastreise bei Eintritt einer Gefahr Teile des versicherten Schiffes absichtlich aufgeopfert, um eine Fortsetzung der Reise zu ermöglichen, so sind diese nach § 63 ADS nur dann gedeckt, wenn die Ballastreise dem Versicherer vorher angezeigt worden ist.

Klausel 35.5 DTV-Kaskoklauseln hebt diese einschränkende Bestimmung auf, die DTV-ADS kennen sie von vornherein nicht.

Unterversicherung
Die Ersatzleistung für Ballastschiffe soll nicht umfangreicher sein als in Havarie-grosse-Fällen für beladene Schiffe. Nach § 30 Abs. 8 ADS leistet der Versicherer in Havarie-grosse-Fällen, in denen der Beitragswert des Schiffes höher ist als die Versicherungssumme, nur anteilig Ersatz.

Der gleiche Gedanke kommt in Ziff. 35.4 DTV-Kaskoklauseln zum Ausdruck. Die DTV-ADS kennen solche Deckungskürzung nicht mehr.

4.21 Kaskoversicherung nach englischen und deutschen Bedingungen

Allgemeines

> Die englische Seekaskoversicherung beruht auf dem Prinzip der „named perils", ITC 1995, IHC 2003.

Wie in der Güterversicherung steht auch bei der Kaskoversicherung das englische Prinzip der *named perils* (Versicherungsschutz nur für die in der Police und den Bedingungen einzeln aufgezählten Gefahren) dem deutschen Prinzip der *Allgefahrendeckung* gem. § 28 ADS, Ziff. 27 DTV-ADS gegenüber. Das hat vor allem Auswirkungen auf die Beweislast, weil nach dem englischen Versicherungsrecht der Versicherungsnehmer den Eintritt einer der als versichert bezeichneten Gefahren zu beweisen hat.

Nachdem im englischen Versicherungsrecht mit der Einführung der Institute Cargo Clauses am 1.1.1982 der komplizierte Dreifachverbund zwischen Marine Insurance Act, SG-Police und Institute Clauses aufgelöst worden ist (siehe S. 148), galt dies seit den Institute Time Clauses - Hulls 1/10/1983 (ITC 1/10/83) auch für die Seekaskoversicherung.

Auch für die Kaskoversicherung wurde die altehrwürdige SG-Police abgeschafft. An ihre Stelle trat die neue Marine Policy. Diese fungiert aber im Wesentlichen nur noch als Deckblatt, und sie enthält keine Versicherungsbedingungen mehr. Neben der Beschreibung des versicherten Risikos, der Angabe der versicherten Werte, der Prämie und anderen sich auf das versicherte Risiko beziehende Angaben enthält sie nur noch den klarstellenden Hinweis, dass jeder beteiligte Versicherer nur im Verhältnis des von ihm gezeichneten Anteils zur Gesamtversicherungssumme Ersatz zu leisten hat und deshalb keine gesamtschuldnerische Haftung der Mitversicherer besteht. Außerdem enthält sie eine Gerichtsstandsklausel zugunsten englischer Gerichte.

Institute Time Clauses vom 1.11.1995 und International Hull Causes 1/11/2003

Den ITC von 1983 war nur eine kurze Lebensdauer beschieden. Die Entwicklung führte bereits nach zwölf Jahren zu den Institute Time Clauses vom 1.11.1995, die ab diesem Zeitpunkt generell angewendet werden. Die neuen ITC verbessern in einer Reihe von Punkten die Stellung des Versicherers. Das gilt insbesondere bezüglich der Klassifikation der versicherten Schiffe, der gedeckten Gefahren und auch bei der Havarie-grosse-Regelung. Wäre es nach der Auffassung des Joint Hull Committee gegangenen, wäre die Lebensdauer der ITC 1/11/95 noch kürzer gewesen, denn schon im November 2002 wurden International Hull Clauses 1/11/2002 (IHC) vorgestellt. Bislang haben sich diese per 1.11.2003 erneut geänderten neuen Klauseln aber noch nicht breit am Markt durchsetzen können.

Neben den ITC für die volle Deckung gibt es noch die ITC Restricted Perils Clause, und es wird sicher auch nach Ablauf einer gewissen Zeit die sonstigen Institute Clauses für die Seekaskoversicherung, wie z. B. für Reiseversicherung (Institute Voyage Clauses) usw., in neuer Form geben. Die IHC kennen keine beschränkte Deckung.

Aus den ITC soll unmittelbar der Umfang des Versicherungsschutzes hervorgehen. Damit nur in wenigen Fällen auf den Marine Insurance Act zurückgegriffen werden muss, enthalten die ITC und die IHC den Wortlaut oder eine Kurzform einiger Bestimmungen des Marine Insurance Act.

Da sich die ITC 1995 nicht am Markt durchsetzen konnten, wird in dieser Darstellung auf die ITC 1983, wobei Besonderheiten der ITC 1995 angesprochen werden, und die IHC 2003 abgestellt.

Englisches Recht und Praxis

Vor den bezifferten Klauseln der ITC steht eine Bestimmung, die für im Ausland auf der Grundlage der Institute Time Clauses gedeckte Kaskoversicherungen von großer Bedeutung ist. Sie erklärt englisches Recht und englische Praxis für anwendbar.

Sie ergänzt damit die Gerichtsstandsklausel in der neuen Marine Policy, und sie gilt auch bei Vereinbarung eines anderen Gerichtsstandes als dem Englischen Gerichtsstand. Aus der Anwendung englischen Rechts, also auch des Marine Insurance Act, werden sich zum Beispiel für die deutschen Richter keine Probleme ergeben.

Unter „englischer Praxis" ist die Anwendung all der Usancen gemeint, die in der praktischen Abwicklung eines Versicherungsvertrages bei Lloyd's und den Versicherungsgesellschaften des Institute of London Underwriters für Vertragsabschluss und Schadenregulierung in Betracht kommen.

Die IHC enthalten den Verweis auf englisches Recht und englische Praxis in Klausel 1.2. Während auf eine im Ausland ohne Verwendung der Marine Policy allein auf Basis der ITC gewährten Deckung zwar englisches Recht anwendbar, aber kein englischer Gerichtsstand vereinbart ist, enthalten die IHC in Klausel 1.3 auch die Vereinbarung der Zuständigkeit des High Courts in London.

Enthält eine solche Police keine anderweitige, individuelle Vereinbarung eines anderen Gerichtsstandes, sind Streitigkeiten unter den IHC in London auszutragen.

Klausel 1 ITC und Klauseln 10, 11 IHC Navigation

Nach den Ziffern 1.1 ITC und Klauseln 10.2 und 10.3 IHC darf das Schiff mit oder ohne Lotsen fahren und anderen Schiffen im akuten Seenotfall Hilfe leisten oder sie schleppen. Abgesehen von den im Seeverkehr üblichen Fällen darf das Schiff nicht verschleppt werden, es sei denn im akuten Seenotfall bis zum nächsten sicheren Hafen. Außerdem darf das Schiff nicht zum Schleppen aufgrund eines vorher abgeschlossenen Vertrages eingesetzt werden.

Unter den ITC sind diese Bestimmungen als *warranties* ausgestaltet. Eine Verletzung dieser Bestimmungen ist durch die Held Covered Clause (Ziff. 3 ITC) gedeckt, sofern dem Versicherer unmittelbar nach dem Vorliegen entsprechender Nachrichten Anzeige erstattet worden ist und dem Risiko entsprechende Prämien und Bedingungen vereinbart worden sind. Beachtet der Versicherungsnehmer dies nicht, ist der Versicherer wegen *breach of warranty* leistungsfrei. Diese Leistungsfreiheit betrifft nicht nur die Zeit, in der der Verstoß vorliegt, sondern für die gesamte restliche Vertragslaufzeit. Anders die IHC. Dort sind die Bestimmungen keine *warranty* mehr. Leistungsfrei ist der Versicherer gem. Klausel 11 nur für Schadensfälle, die während der Zeit eintreten, in der die Bestimmung verletzt ist.

Die Klausel 1.2 ITC, die sogenannte Ranging Clause, enthält die als Klarstellung verstandene Einschränkung, dass beim Schiff-zu-Schiff-Umschlag auf hoher See nicht nur Eigenschäden am versicherten Schiff, sondern auch solche ausgeschlossen sind, die dem anderen Schiff entstanden sind und als Kollisionsschaden geltend gemacht werden. Die Einschränkung gilt natürlich nicht, wenn vor Beginn des betreffenden Einsatzes gegen Prämienzulage dieses Risiko durch besondere Vereinbarung eingeschlossen worden ist.

Klausel 10.4 IHC bestimmt insoweit nur, dass kein Umschlag von Schiff zu Schiff erfolgen darf, ohne die daraus entstehenden Schäden – am eigenen Schiff und am anderen Schiff – anzusprechen. Wird dagegen verstoßen, ist der Versicherer aber unter den IHC wegen Klausel 11 leistungsfrei, und zwar dann auch hinsichtlich der Haftung des Versicherungsnehmers für den am anderen Schiff entstandenen Schaden.

Im deutschen Recht werden beide Fälle als Gefahränderung angesehen; die Regelung ist damit weniger streng als die englische (vgl. Ziff. 11 DTV-Kaskoklauseln, Ziff. 24 DTV-ADS).

Die Ziff. 1.3 ITC enthält eine wichtige Bestimmung. Sie bezieht sich auf Reisen, die das Schiff zum Verschrotten mit oder ohne Ladung durchführt. Nach dieser Bestimmung müssen solche Reisen vor ihrem Beginn dem Versicherer angezeigt und Einigung über die Versicherungsbedingungen für die Reise, die Taxe und die Prämie getroffen worden sein. Ist das nicht erfolgt, dann werden Partschäden und Totalverluste nur auf Basis des Schrottwertes abgerechnet. Der Schrottwert des Schiffes gilt dann als die Versicherungssumme für diese Reise, allerdings nur für Partschäden und Totalverluste und nicht für Havarie-grosse-Ereignisse und Ersatz-an-Dritte-Schäden. Auswirkungen sind natürlich auch auf die Ersatzleistung des Versicherers für Sue and Labour Charges vorhanden, also für Kosten zur Abwendung oder Minderung des Schadens, die nur entsprechend der neuen Versicherungssumme ersetzt werden.

Klausel 14.2 IHC regelt den Komplex jetzt völlig anders. Lässt der Versicherungsnehmer das Schiff eine Reise antreten in der Absicht, das Schiff abzuwracken oder zum Abwracken zu verkaufen, endet der Versicherungsschutz automatisch.

Die deutschen Bedingungen kennen eine solche Klausel nicht.

Nach Klausel 1.1 ITC soll die Versicherung nicht präjudiziert sein, weil der Versicherte Verträge mit Lotsen oder übliche Schleppverträge eingeht. Klausel 1.2 ITC 1995 und Klausel 11.3 IHC erweitern dies dahingehend, dass der Versicherungsschutz nicht durch in solchen Verträgen übliche Haftungsausschlüsse oder Haftungsbeschränkungen beeinträchtigt wird. Diese Bestimmung entspricht in etwa der deutschen Regelung in Ziff. 34.2 DTV-Kaskoklauseln, Ziff. 65.2 DTV-ADS die dort aber nur für Ersatz-an-Dritte vorgesehen ist. Ziff. 24.5.5 DTV-ADS enthält eine allgemeine Regelung.

Klausel 2 ITC und Klausel 12 IHC Dauer der Versicherung – Continuation
Bei Ablauf der Zeitpolice kann das Schiff unterwegs oder in einem Nothafen sein. Es würde deshalb schwirig sein, unter diesen Umständen eine neue Deckung zu finden. Klausel 2 ITC bestimmt deshalb, dass nach Anzeige des Versicherungsnehmers die bestehende Deckung weiterläuft. Dies ist einer der Punkte, in dem sich die ITC von 1995 von denen von 1983 unterscheiden. Die Klausel von 1983 erlaubte die Verlängerung schon dann, wenn das Schiff bei Ende der Versicherung auf See war, also auch ohne Notsituation, for-

derte aber hinsichtlich der Anzeige aber nur eine *previous notice*. Nach der Klausel von 1995 reicht es nicht aus, dass das Schiff auf See ist, es muss sich auch in einer Notsituation befinden. Die Anzeige muss *prior to expiry of the insurance* erfolgen. Klausel 12 IHC wiederum fordert ebenfalls, dass eine Notsituation besteht, lässt die Anzeige aber *as soon as possible* genügen. Nach ITC 1983 lief die Deckung weiter bis zum Bestimmungshafen, ITC 1995 und IHC nur bis zum nächsten sicheren Hafen.

In Deutschland regeln Klausel 2 DTV-Kaskoklauseln und § 10 DTV-ADS diesen Komplex wieder etwas anders. Auch hier muss das Schiff auf See sein, aber nicht in einer Notsituation. Dafür muss es einen Schaden erlitten haben. Die Versicherung setzt sich bis zum Ende der Reparatur fort.

Klausel 3 ITC Bruch von Warranties – Breach of Warranty
(siehe S. 107 ff.)

Diese Klausel bezeichnet bestimmte *express warranties*, bei deren Bruch die Deckung aufrechterhalten bleibt *(held covered)*, vorausgesetzt, der Versicherungsnehmer erstattet unverzüglich Anzeige und zahlt die erforderliche Zulageprämie. Den Hauptanwendungsfall bildet die Überschreitung der vereinbarten Fahrtgrenzen. Wird nicht rechtzeitig angezeigt, führt der Bruch der *warranty* zur andauernden Leistungsfreiheit des Versicherers, also auch für den Zeitraum, in dem die *warranty* gar nicht mehr verletzt ist. Dies regeln die IHC jetzt anders. Klausel 11 bestimmt keine *warranties* mehr, und nach Klausel 12 ist der Versicherer nur noch für solche Schadensfälle leistungsfrei, die in der Zeit des Verstoßes gegen Klausel 11 eintreten.

Das System der ADS und der DTV-Klauseln kennt keine *warranties*, sondern nur Rechtspflichten, Obliegenheiten und objektive Beschränkungen der Gefahr. Bei Rechtspflicht- bzw. Obliegenheitsverletzungen schadet nur Verschulden. Bei objektiven Beschränkungen der Gefahr werden bestimmte Vorgänge, z. B. Fahrtgrenzüberschreitungen ebenfalls *held covered* gestellt.

Klausel 4 ITC Vertragsbeendigung und Klassifikation – Termination und Classification
Die ITC 1983 haben die Komplexe Klassifikation und Vertragsbeendigung zusammen in Klausel 4 geregelt. Klausel 4 bestimmt, dass der Vertrag automatisch endet, wenn die Klassifikationsgesellschaft gewechselt wird, die Klasse des Schiffes eingeschränkt oder entzogen wird oder ausläuft. Befindet sich das Schiff auf See, endet der Vertrag mit dem Erreichen des nächsten Hafens. Ist die Einschränkung oder Entzug Folge eines versicherten Schadens, endet die Versicherung nur und dann, wenn das Schiff den Hafen ohne Zustimmung der Klassifikationsgesellschaft verlässt.

Die ITC 1995 und die IHC unterteilen dagegen in Bestimmungen zur Klassifikation (Klauseln 4 ITC 1995 und 13.1 IHC) und Beendigung des Vertrages (Klauseln 5 ITC 1995 und 13.2, 14 IHC). Zur Klassifikation wird verlangt, dass das Schiff bei einer von dem Versicherer genehmigten Klassifikationsgesellschaft klassifiziert sein muss und dass diese Klasse während der Dauer der Versicherung aufrechterhalten wird. Das ist die früher in den Bedingungen vieler Policen verwendete Klausel *warranted class maintained*. Den Empfehlungen, Forderungen und Beschränkungen der Klassifikationsgesellschaft im Hinblick auf die Seetüchtigkeit des Schiffes ist innerhalb der von der Klassifikationsgesellschaft vorgegebenen Zeit Folge zu leisten (Klausel 4.1.2 ITC, Klausel 13.1.3 IHC). Die Folge einer Verletzung dieser Bestimmungen ist gem. Klausel 4.2 ITC 1995 die Leistungsfreiheit des Versicherers, gem. Klausel 13.2 IHC das automatische Ende der Versicherung.

Will der Versicherer im direkten Kontakt mit der Klassifikationsgesellschaft Einblick in die Klassepapiere nehmen, so hat gem. Klausel 4.4 ITC 1995 der Versicherte ihm dazu die Vollmacht zu geben bzw. ihn nach Klausel 45.2.4 IHC bei der Einsichtnahme zu unterstützen.

Klausel 4.2 ITC 1995 und Klausel 14 IHC erfassen darüber hinaus auch Flaggenwechsel und Bareboat-Charter sowie die Requisition, also die gerichtliche Beschlagnahme des Schiffes. Die etwas komplizierten Regelungen sind mit einer Frist für die Beendigung des Versicherungsschutzes von 15 Tagen versehen und gehen in ihren Einzelheiten aus dem Klauseltext hervor.

Die ITC 1983 und 1995 enthalten keine Regelungen zum ISM-Code, weil der Code erst nach Neufassung der ITC im Jahre 1995 in Kraft trat. Die IHC demgegenüber bestimmen in Klauseln 13.1.4 und 13.1.5, das die Reedereigesellschaft (*the owner*) ein *Document of Compliance* und das Schiff ein *Safety Management Certificate* besitzen müssen. Auch hier endet der Versicherungsschutz automatisch, wenn eines dieser Dokumente seine Gültigkeit verliert (Klausel 13.2 IHC).

Im deutschen Markt ist die Thematik in Ziff. 37 DTV-Kaskoklauseln und Ziff. 26 DTV-ADS zum Teil unterschiedlich, aber nicht so einschneidend und auch nicht so klar wie in den englischen Klauseln geregelt.

Ein Wechsel der Klassifikationsgesellschaft ist in Deutschland nach Ziff. 37.1 DTV-Kaskoklauseln im Sinne von Klausel 11 DTV-Kaskoklauseln anzeigepflichtig. Eine Anzeigepflicht sieht auch Ziff. 37.1 DTV-ADS vor, verweist aber insoweit nicht mehr auf die Gefahränderungsbestimmungen (Ziff. 24 DTV-ADS). Stattdessen steht dem Versicherer jetzt das Recht zu, mit Frist von 14 Tagen zu kündigen. Den Verlust der Klasse sehen auch die DTV-Kaskoklauseln nicht als Gefahränderung an. Nach Ziff. 37.2 endet der Versicherungsvertrag vielmehr bei Klassentzug automatisch. Ziff. 26.2 DTV-ADS greift dagegen die Regelung in Klausel 4.1 ITC auf und lässt den Vertrag erst dann enden, wenn das Schiff ohne Zustimmung der Klassifikationsgesellschaft einen Hafen verlässt.

Ausdrücklich ist das Recht des Versicherers, Einblick in die technischen Unterlagen der Klassifikationsgesellschaft zu nehmen, in Ziff. 1.2 der DTV-Übernahmeklausel geregelt. Dort ist es aber auch angebracht, weil es sich hier um die Deckung einer Versicherung für ein angekauftes Secondhand-Schiff handelt, dessen Vorgeschichte der Versicherer nur durch den Einblick in die Klassepapiere kennenlernen kann.

Ist das Schiff auf Basis der DTV-ADS versichert, enthält Ziff. 26.3 eine Vollmacht für den Versicherer, die Klassifikationsgesellschaft direkt um Auskunft und Einsichtnahme zu bitten.

Den ISM-Code sprechen die deutschen Deckungen nicht an. Das *Safety Management Certificate* gehört aber zu den *zum Ausweis des Schiffes erforderlichen Papieren* im Sinne von Klausel 23 DTV-Kaskoklauseln, der ISM-Code selbst zu den Schiffssicherheitsvorschriften der Ziff. 33.1 DTV-ADS.

Klausel 5.2 ITC 1993 und Klausel 14 IHC entsprechen in etwa der Ziff. 12 DTV-Kaskoklauseln und Ziff. 25 DTV-ADS über den Wechsel der Bereederung, wobei allerdings der Flaggenwechsel nach deutschem Recht der milderen Behandlung nach Gesichtspunkten der Gefahränderung zuzuordnen ist (siehe S. 244 f.).

Klausel 6 ITC Versicherte Gefahren – Perils
In dieser Klausel werden entsprechend dem englischen Prinzip der *named perils* die versicherten Gefahren aufgelistet. Sie bilden das Kernstück der Institute Time Clauses (Hulls) und der International Hull Clauses.

Die in Klausel 6 ITC und Klausel 2 IHC genannten Gefahren bilden zwei Gruppen, wobei schon zwischen den ITC 1983 und den ITC 1995 einige Tatbestände von einer in die andere Gruppe gewechselt sind. Die IHC ihrerseits haben dann zu weiteren Veränderungen geführt.

Grundlegender Unterschied der beiden Gruppen ist, dass bei der jeweils ersten Gruppe (Klauseln 6.1 ITC und 2.1 IHC) Versicherungsschutz ohne weitere Qualifizierung besteht, wenn durch eine der Gefahren dieser Gruppe der Verlust oder die Beschädigung des versicherten Schiffes eintritt. Bei der zweiten Gruppe dagegen ist Voraussetzung für die Deckung, dass der durch die in dieser Gruppe genannten Gefahren verursachten Schäden nicht die Folge von Fahrlässigkeit des Versicherten oder bestimmter seiner Personen sind (zu Einzelheiten siehe unten). Die Verschiebung einer Gefahr aus einer in die andere Gruppe hat also deutliche Auswirkungen auf den Umfang des Versicherungsschutzes.

> Erste Gruppe der Gefahren/*perils* aufbauend auf den ITC 1983, Abweichungen durch die ITC 1995 und die IHC, sind jeweils kenntlich gemacht:
>
> - die Gefahren der See oder anderer schiffbarer Gewässer
>
> - Feuer und Explosion
>
> - gewaltsamer Diebstahl durch Personen von außerhalb des Schiffes sowie Piraterie
>
> - Überbordwerfen
>
> - Zusammenbrechen oder Unfälle von nuklearen Anlagen (in den ITC 1995 nicht mehr enthalten, ebenso wenig in den IHC, die im Übrigen in Klausel 31 Nuklearrisiken grundsätzlich ausschließen)
>
> - Zusammenprall mit Land-, Hafen- oder Dockanlagen (da sich die in Klausel 6 ITC und Klausel 2 IHC bezeichneten Gefahren nur auf Schäden am Schiff beziehen, liegt hier keine Erweiterung der versicherten Kollisionshaftung vor), oder mit Luftfahrzeugen, Hubschraubern (in den ITC 1995 als Klausel 6.2.5 Bestandteil der zweiten

Gruppe) oder Satelliten (diese erstmals durch die IHC aufgenommen) oder vergleichbaren Objekten oder Teilen davon
- Erdbeben Vulkanausbrüche und Blitzschlag

Im Mittelpunkt steht bei dieser Gruppe die Deckung für Gefahren der See *(perils of the sea)*.

Der Begriff bezieht sich nur auf zufällige und unvorhersehbare Ereignisse, die von der See ausgehen. Er erfasst in keinem Fall die normale Einwirkung des Windes und der Wellen.

Die führende englische Gerichtsentscheidung für die Definition der *perils of the seas* ist auch heute noch der 1887 vom Court of Appeal entschiedene Xantho-Fall. Dort führt der Richter Lord Herschell Folgendes aus (freie Übersetzung):

„Der Ausdruck ‚perils of the seas' deckt nicht jeden Unfall oder jedes Ereignis, das der versicherten Sache auf See widerfährt. Es muss sich vielmehr um eine von der See ausgehende Gefahr handeln. Durch diese Worte ist jedoch nicht jeder Schaden gedeckt, für den die See die unmittelbare Ursache ist. Sie erfassen nicht die natürliche und unvermeidliche Einwirkung des Windes und der Wellen, die etwas hervorrufen können, was in einem weiteren Sinne als natürliche Abnutzung bezeichnet werden kann. Es muss sich vielmehr um ein Unfallereignis handeln, also um ein Ereignis, das nicht als notwendige Begleiterscheinung der versicherten Unternehmung vorhergesehen werden konnte. Der Zweck der Police liegt darin, Deckung gegen Ereignisse zu geben, die eintreten können, nicht aber gegen solche, die eintreten müssen oder wahrscheinlich eintreten. Andererseits wäre eine Auslegung zu eng, die als Gefahren der See nur solche anerkennen würde, die auf einer außerordentlichen Gewalt des Windes oder der Wellen beruhen. So ist es zum Beispiel außer Frage, dass ein Schaden, der dadurch verursacht wird, dass das Schiff bei gutem Wetter auf einen verborgenen Felsen aufläuft, durch eine Gefahr der See verursacht worden ist. Auch ein Schaden durch Schiffbruch als Folge einer Kollision, selbst wenn diese Kollision durch Verschulden eingetreten ist, fällt in die gleiche Kategorie."

Entsprechend bestimmt Regel 7 der *Rules of Construction of Policy*, die einen Anhang zum Marine Insurance Act 1906 darstellen: *„The term 'perils of the seas' refers only to fortuitous accidents or casualties of the seas. It does not include any ordinary action of the winds and waves"*.

Hinzuzufügen ist, dass es keine Rolle spielt, ob die Verwirklichung der Seegefahr durch ein Verschulden der Schiffsbesatzung ermöglicht worden ist (The Xantho).

Den Eintritt einer Seegefahr hat der Versicherungsnehmer zu beweisen. Dieser Umstand spielte die entscheidende Rolle in der Entscheidung des House of Lords, [1985] 2 Lloyd's Rep. 1, vom 16.5.1985 (Rhesa Shipping gegen Edmunds, „Popi M"-Fall).

Die „Popi M", ein 26 Jahre altes, aber klassifiziertes Schiff sank im August im Mittelmeer im tiefen Wasser bei gutem Wetter und ruhiger See. Als Ursache gab die Besatzung an, plötzlich ein lautes Geräusch gehört zu haben, dem unmittelbar darauf ein starker Wassereinbruch folgte, der das Schiff in kurzer Zeit zum Sinken brachte. Der Reeder führte den Unfall auf eine Kollision des Schiffes mit einem großen, unter Wasser treibenden Gegenstand oder ein U-Boot zurück.

Auf jeden Fall aber war er der Meinung, dass ein seetüchtiges Schiff, das unter ungeklärten Umständen einen Wassereinbruch erleidet und deshalb sinkt, nur durch eine Seegefahr verlorengegangen sein konnte, und zwar auch dann, wenn das bei gutem Wetter und ruhiger See geschieht.

Die Versicherer hielten die Kollisionstheorie für unwahrscheinlich und gingen davon aus, dass *wear and tear* zu dem Aufreißen des Schiffskörpers und damit zu dem Wassereinbruch geführt hat, der schließlich zum Verlust des Schiffes führte.

Die beiden Vorinstanzen hielten die Kollisionstheorie des Reeders nicht für wahrscheinlich, konnten aber auch die *wear and tear*-Theorie nicht bestätigen. Das House of Lords hat den Fall über die Beweislast gelöst und festgestellt, dass der Reeder den Eintritt einer Seegefahr zu beweisen hat und dass ihm dieser Beweis auch nicht im Sinne einer überwiegenden Wahrscheinlichkeit gelungen ist. Auch das 1993 ergangene Urteil des englischen Court of Appeal, [1993] 1 Lloyd's Report, 624, im Falle des Totalverlustes der „Marel" hat die Auffassung bestätigt, dass die Beweislast für das Vorliegen einer Seegefahr auf Seiten des Versicherten liegt. Ihr kann nicht genügt werden, indem nur das Eindringen von Seewasser in das Schiff bewiesen wird; der Reeder hat vielmehr auch zu beweisen, dass dies Folge eines Unfalles oder eines sonstigen unvorhersehbaren Ereignisses gewesen ist.

In den Vorauflagen wurde die Meinung vertreten, dass das Thema nach deutschem Recht in gleicher Weise entschieden werden müsse, weil ja auch bei einer Allgefahrendeckung nach § 28 der Versicherte zunächst den Eintritt einer versicherten Gefahr beweisen muss. Tatsächlich muss der Versicherte in der Allgefahrendeckung jedoch nur ein äußeres Ereignis darlegen. Dem genügt er mit dem Nachweis des Untergangs. Da alle Gefahren der Seeschifffahrt versichert sind, muss der Versicherer die Verursachung durch eine ausgeschlossene Gefahr beweisen, wenn er die Leistung verweigern will. Die deutsche Deckung stellt den Versicherten insoweit also deutlich besser.

Beispiel:
Ein Schiff sinkt nach Wassereinbruch in ruhiger See. Der Grund für den Wassereinbruch ist nicht aufklärbar. Das LG Hamburg hat den Versicherer für deckungspflichtig gehalten. Der Versicherungsnehmer habe nur eine Gefahr belegen müssen. dies sei ihm im Hinblick auf den Einbruch von Seewasser gelungen. Der Versicherer konnte keinen Ausschlusstatbestand beweisen („Grand Arabella", Transportrecht 2004, 82 ff.).

Die Folgen der in Klauseln 6.2 ITC, 2.2 IHC zusammengefassten Gefahren sind dagegen nur dann gedeckt, wenn die Gefahr sich nicht durch mangelnde Sorgfalt des Versicherten, des Reeders oder des Managers verwirklicht hat. Diese Personengruppe ist mit der Einführung der ITC 1995 ganz wesentlich erweitert worden, denn unter diesen Bedingungen schadet auch die mangelhafte Sorgfalt von Reedereiinspektoren oder anderer Personen des Managements an Land.

Das geht weit über die Personengruppe hinaus, deren Verschulden sich der Reeder nach deutschem Recht (Repräsentanten) anrechnen lassen muss und dürfte einer der Gründe dafür sein, warum sich die ITC 1995 im Markt nicht haben durchsetzen können. Dazu Hudson/Madge, S. 83: *„Not altogether surprisingly, the reactions of shipowners and market practitioners to the new Clauses of 1/11/95 were almost universally unfavourable."*

Im Übrigen handelt es sich in Klauseln 6.2 ITC, 2.2 IHC um folgende Tatbestände:

- Unfälle in Zusammenhang mit der Bewegung (Einladen, Ausladen, Umladen) von Ladung oder Treibstoff (dieser Punkt findet sich in den ITC 1995 und den IHC in den Ziff. 6.1 bzw. 2.1, sind dort also nicht von Sorgfalt des VN etc. abhängig),

- Bersten von Boilern, Wellenbruch und verborgene Mängel am Schiff oder der Maschine,

- Nachlässigkeit von Schiffsbesatzung oder Lotsen,

- Nachlässigkeit von Reparaturfirmen oder Charterern, soweit diese nicht mitversichert sind,

- Barratterie, also vorsätzliches Handeln von Besatzungsmitgliedern zum Nachteil des Reeders oder Charterers.

Bei den aufgeführten Ereignissen sind nicht diese selbst versichert, sondern nur die als deren Folge entstehenden Schäden, also zum Beispiel nicht der Wellenbruch als solcher – es sei denn, er war seinerseits die Folge eines versicherten Ereignisses, etwa der Strandung auf einem Felsen –, sondern nur der daraus entstehende Folgeschaden an anderen Teilen des Schiffes. Für das *caused by* gilt das causa proxima Prinzip.

Die Ziffern 6 ITC, 2 IHC enthalten die wesentlichen Teile der früheren *Inchmaree-Clause*, deren Ursprung auch heute noch wesentlich zum Verständnis dieser Bestimmungen beiträgt. Der Name dieser Klausel stammt aus einer Entscheidung des House of Lords in Sachen Thames and Mersey Marine Insurance Company./.Hamilton, Fraser & Company (1887) über den Dampfer „Inchmaree". Das Gericht entschied, dass es sich nicht um eine gedeckte *marine peril* handelt, wenn beim Füllen der Kessel mit Wasser infolge eines geschlossenen Ventils das Wasser in die Luftkammer der Hilfsmaschine gelangt und Schaden verursacht. Die Folge war eine Erweiterung des Versicherungsschutzes durch die Klausel, die im Laufe der Entwicklung mehrfach ergänzt wurde.

Die Klausel ist auch unter dem Namen „Negligence Clause", „Latent Defect Clause" oder „Additional Perils Clause" bekannt. Dabei erfassen die beiden zuerst genannten Bezeichnungen jeweils nur einen Teilaspekt der in dieser Klausel gedeckten Gefahren.

Die Inchmaree Clause bildete die wichtigste Erweiterung der gemäß der früheren SG-Police versicherten Gefahren. Eine wichtige Rolle spielte dabei die Erweiterung auf Schäden an den versicherten maschinellen Anlagen des Schiffes als Folge von Platzen von Kesseln, Bruch von Wellen oder verborgenen Mängeln *(latent defect)* der Maschine oder des Schiffes.

In Abgrenzung zur gewöhnlichen Abnutzung (*ordinary wear and tear*) definiert Arnould, Rn. 23-59a, zunächst den *defect* als einen Zustand, der nicht lediglich das unkorrigierte Resultat normaler Entwicklung ist. Verborgen (*latent*) ist er dann, wenn er durch einen *reasonably careful skilled man* nicht erkannt worden wäre.

Die Entwicklung des englischen Verständnisses des Umfangs der Deckung für verborgene Mängel wird an zwei englischen Gerichtsentscheidungen deutlich (vgl. Arnould, Rn. 23-55 ff.).

Im Fall der „Zealandia" (Oceanic Steamship Company v. Faber, 1906) lag folgender Sachverhalt vor: Während einer Überholung des Schiffes im Trockendock wurde die Schwanzwelle gezogen, an der ein Schweißfehler festgestellt wurde. Die Schwanzwelle wurde deshalb erneuert. Die Frage war, ob es sich um einen Schaden handelt, der durch einen verborgenen Mangel verursacht worden ist. Der Richter stellte Folgendes fest:

„Es erscheint klar, dass die Wirkung und der Sinn der Inchmaree Clause nicht darin liegt, dass die Versicherer eine Garantie dafür übernehmen, dass das Schiff frei von verborgenen Mängeln ist, oder es übernehmen, solche Schäden zu ersetzen, wenn sie entdeckt werden. Die Versicherer haben es vielmehr übernommen, den Versicherten zu entschädigen, wenn durch einen verborgenen Mangel ein Schaden entsteht. Das bedeutet, dass ein verborgener Mangel vorhanden sein muss, als dessen Folge ein Schaden am Schiff eintritt."

Im vorliegenden Fall wurde zugunsten der Versicherer entschieden, weil der verborgene Mangel zu der Erneuerung der Welle Anlass gab, ohne dass als dessen Folge ein Schaden entstanden war.

Nach diesem Verständnis der Inchmaree Clause ebenso wie der Deckung gem. Ziff. 6 ITC sind nicht das Platzen von Kesseln, der Bruch von Wellen oder der verborgene Mangel als solches versichert, sondern nur die daraus an anderen Teilen entstehenden Folgeschäden.

Dieses Verständnis wurde indessen zurückgewiesen durch den Court of Appeal in der Sache „Nukila" (Promet Engineering v. Sturge, [1997] 2 Lloyd's Rep. 146). Dem Streit lagen mangelhaft ausgeführte Schweißnähte an den Stützen einer Wohnplattform zugrunde, die im Laufe der Zeit zu Rissen am Metall führten. Das Gericht verwarf den Ansatz, dass Deckung nur für Schäden an anderen als dem vom *defect* betroffenen Teilen gegeben sei mit dem Hinweis, dass die Klausel überhaupt nicht bestimmte Teile anspreche, sondern nur Schaden am versicherten Objekt verlange. Der englische Markt hat darauf mit einer geänderten Deckung für *latent defect* in den International Hull Clauses reagiert, unter deren Ziff. 2.2 jetzt ausdrücklich geregelt ist, dass sich die Deckung nicht auf Kosten zur Behebung des *latent defect* erstreckt.

In Deutschland entsprach das Verständnis des Markts zunächst der „Zealandia"-Entscheidung: keine Deckung für das mangelbehaftete Teil selbst. Für Konstruktionsmängel hat dann aber das Oberlandesgericht Hamburg in der bekannten „ILSE" Entscheidung (VersR 2000, 1142), ähnlich wie in der Sache „Nukila" entschieden, dass der Schaden am betroffenen Teil selbst ersatzfähig sei. Dem sind die Versicherer dann durch das Seekasko-

Druckstück 2002/2 entgegen getreten, welches das fehlerbehaftete Teil wieder von der Deckung ausnimmt. Ziff. 59 DTV-ADS nimmt dies auf, gewährt aber Deckung für das Teil, wenn es selbst klassifiziert war.

Der englische Markt hat schon in den ITC 1983 gelegentlich für ausgesuchte Linienreeder durch Maklerklauseln die Deckung erweitert.

Auch heute findet man gelegentlich noch in Policen als zusätzliche Klausel die sogenannte Liner (Negligence) Clause. 1983 wurde für diesen Bereich eine eigene Institute Clause, die Additional Perils Clause, entwickelt, die nicht mit der früher gelegentlich ebenso bezeichneten Inchmaree Clause verwechselt werden darf. Durch die Erweiterung werden auch solche Schäden gedeckt, die in der Reparatur oder dem Ersatz des geborstenen Boiler oder der gebrochenen Welle selbst bestehen. Das Gleiche gilt für die Kosten der Reparatur oder des Ersatzes für mit einem verborgenen Mangel *(latent defect)* behafteten Teils, allerdings mit der Einschränkung, dass im letztgenannten Fall dadurch ein versicherter Schaden an anderen Teilen des Schiffes entstanden sein muss. Die Klausel schließt deshalb in Ziff. 2 ausdrücklich solche Schäden aus, die nur in der Reparatur oder der Erneuerung eines mangelhaften Teiles bestehen, der keinen Folgeschaden am Schiff verursacht hat.

Die Klausel erweitert die Deckung auch auf Schäden am Schiff, die durch irgendeinen Unfall oder durch Nachlässigkeit, Unfähigkeit oder Beurteilungsirrtum irgendeiner Person entstanden sind. In Ziff. 3 der Additional Perils Clause sind jedoch ausdrücklich ausgenommen Schäden durch Sorgfaltsverletzungen des Versicherten oder seiner Repräsentanten.

Da die Klausel sich nicht nur auf maschinelle Einrichtungen beschränkt, sondern auch das Schiff als solches erfasst, ist sie weiter als Ziff. 20 DTV-Kaskoklauseln. Diese Lücke hat Ziff. 59 DTV-ADS geschlossen.

Vor Einführung der ITC 1983 war das Piraterierisiko von der Kaskodeckung ausgenommen und Bestandteil der Kriegsdeckung nach den Institute War and Strike Clauses. Mit den ITC 1983 wurde Piraterie zu einer *marine peril*, so dass sich deutsche und englische Deckung entsprachen. Die ab 2008 gehäuften Pirateriefälle vor Somalia haben dann sowohl in England als auch in Deutschland dazu geführt, die Piraterie überwiegend aus der Kaskodeckung heraus zu nehmen. Unter den DTV-Kaskoklauseln war dies auch für laufende Verträge durch Ausübung des Kündigungsrechts nach Ziff. 15 möglich. Für Neuverträge wurde das Piraterierisiko weitgehend ausgeschlossen. In England geschieht dies durch die Piracy Exclusion-Clause JH2005/046; in Deutschland ist bei Versicherung auf Basis der DTV-ADS das Piraterierisiko durch Ziff 35.1.4 DTV-ADS ausgeschlossen. Im englischen Markt kann das Risiko dann in der Kriegsversicherung durch die Piracy Extension-Clause JW2005/002 abgedeckt werden, im deutschen Markt ist es Bestandteil der Kriegsversicherung nach Ziff. 84.1.6 DTV-ADS.

Daneben ist es in Deutschland auch möglich, das Risiko durch eine Sondervereinbarung mit besonderen Bedingungen wieder in die Kaskoversicherung einzuschließen. Die DTV-ADS sprechen dies in Ziff. 35.1.4 ausdrücklich an. In der Praxis wird dafür eine Mehrprämie verlangt und daher davon wenig Gebrauch gemacht. Ebenso ist die Bereitschaft der

Versicherer, eine solche pauschale Lösung zu akzeptieren, auf wenig gefährdete Schiffe beschränkt.

Unterschiede zum deutschen Recht ergeben sich in gleicher Weise wie bisher vor allem wegen des englischen Prinzips der *named perils* und der deutschen Allgefahrendeckung. Im Übrigen sind die in der Klausel 6 der Institute Time Clauses gedeckten Gefahren auch nach ADS/DTV-Kaskoklauseln und DTV-ADS versichert.

Klausel 7 ITC, Klausel 5 IHC Verschmutzungsgefahr – Pollution Hazard
Diese Klausel enthält die (bis 1983) außerhalb der Institute Time Clauses bestehende Pollution Hazard Clause, die als Folge der ersten großen Ölkatastrophe bei der Strandung der „Torrey Canyon" im Jahre 1967 eingeführt worden ist. Sie deckt die absichtliche Zerstörung und Beschädigung des Schiffes im Regierungsauftrag, wenn dies zur Vermeidung oder Verminderung einer Ölverschmutzung erforderlich ist, vorausgesetzt, die Maßnahme ist wegen eines Unfalles des Schiffes erforderlich, der unter den Versicherungsschutz fällt.

Die alte und die neue englische Regelung sind gleich. Die deutschen Regelungen in Ziff. 18 DTV-Kaskoklauseln und Ziff. 38.3 DTV-ADS orientieren sich an der englischen Klausel, weisen im Einzelnen aber einige deutliche Unterschiede auf (siehe S. 249).

Klausel 8 ITC, Klausel 6 IHC 3/4 Kollisionshaftung – 3/4 Collision Liability
(1) Ausgehend von der ursprünglichen Beschränkung der englischen Kaskodeckung auf *perils of the sea* wurden Haftpflichtrisiken erst verhältnismäßig spät und auch nur zögernd von den englischen Kaskoversicherern übernommen, da durch Verschulden hervorgerufener Kollisionsersatz nicht als *marine peril* und der Versicherungsschutz für Verschulden sogar als illegal und den öffentlichen Interessen zuwiderlaufend angesehen wurde. Als Folge des Gerichtsurteils im Fall Delanoy/Robsen aus dem Jahre 1814, das die Deckung nur für *particular average, total loss* und *general average* als gegeben ansah, entwickelte sich die Versicherung der Kollisionshaftpflicht als besondere Zusatzvereinbarung zur Kaskoversicherung. Die zögernde Übernahme der Kollisionshaftpflicht in England zeigt sich auch in dem Fehlen von entsprechenden Bestimmungen im Marine Insurance Act. Abgesehen von § 74 MIA, eine Bestimmung, die sich mit der *measure of indemnity* befasst, sind keine diesbezüglichen Vorschriften im Marine Insurance Act enthalten. Auch § 74 MIA befasst sich nicht mit den Grundsätzen der Deckung von Kollisionsschäden und ist darauf auch gar nicht zugeschnitten.

(2) Wie in Klausel 34.1.6 DTV-Kaskoklauseln und Ziff. 65 DTV-ADS gilt gem. Ziff. 8.2 ITC, 6.2 IHC auch für die englische Deckung der Grundsatz der Separathaftung (siehe S. 265 f.).

(3) Die Versicherung bezieht sich nur auf 3/4 des vom Versicherungsnehmer dem Dritten geschuldeten Kollisionsersatzes (vgl. Klauseln 8.1 und 8.2.2 ITC, Klauseln 6.1 und 6.2.2. IHC) einschließlich der damit verbundenen Kosten und ist weiter beschränkt auf maximal 3/4 der Kaskoversicherungssumme. Diese Beschränkung ist aus der Entwicklung der Versicherung der Kollisionshaftung zu erklären. Sie sollte die Eigenverantwortlichkeit des Versicherungsnehmers stärken. Diese Limitierung ist heu-

te fast ausnahmslos entweder durch Erweiterung der Running Down Clause auf vier Viertel oder durch Deckung des vierten Viertel bei P&I-Clubs beseitigt. Nach deutschem Recht sind 4/4 gedeckt.

(4) Die englische Deckung bezieht sich gem. Klauseln 8.1 ITC, 6.1 IHC nur auf Kollisionen des versicherten Schiffes mit anderen Schiffen. Eine Kollision zweier Schiffe, ohne dass eines der beiden Schiffe das versicherte Schiff war, ist nur dann gedeckt, wenn als Folge der Kollision des versicherten Schiffes mit einem anderen Schiff nun das andere Schiff mit einem dritten Schiff zusammenstößt. Das Urteil der King's Bench Division (France, Fenweck & Co./Indemnity Mutual), das sich mit diesem Sachverhalt befasste, bringt zum Ausdruck, dass der Grund für die Verurteilung des Versicherers zur Ersatzleistung nur darin lag, dass die zweite Kollision *„the direct result"* der ersten Kollision und nicht nur ein Zusammenstoß war, der durch Verschulden des versicherten Schiffes verursacht worden ist.

Wegen der Beschränkung der Versicherung auf Kollision mit *„any other vessel"* kommt der Definition dessen, was unter einem Schiff zu verstehen ist, besondere Bedeutung zu.

(5) Kollisionen mit anderen Gegenständen als Schiffen sind wegen der Beschränkung der Deckung auf Kollisionen mit Schiffen bzw. wegen des Ausschlusses der Klauseln 8.4.2 ITC, 6.4.2 IHC nicht versichert. Gegen Prämienzulage ist eine Erweiterung möglich *(including fixed and floating objects)*. Die deutsche Kaskoversicherung bezieht sich auch auf dieses Risiko.

(6) Fernschädigungen durch Sog, Schwell usw. sowie sonstiges navigatorisches Verschulden außerhalb einer Kollision des versicherten Schiffes mit anderen Schiffen sind nicht versichert und werden ausschließlich durch die P&I-Versicherung erfasst. Die deutsche Kaskoversicherung bezieht sich auch auf diese Risiken.

(7) Wrackbeseitigungskosten oder Kosten für die Beseitigung von Ladung oder anderen Gegenständen sind in Klauseln 8.4.1 ITC, 6.4.1 IHC ausdrücklich ausgeschlossen. Die deutsche Kaskoversicherung erfasst diese Kosten, wenn sie als Kollisionsfolgeschaden in dem Anspruch des Kollisionsgegners enthalten sind.

(8) Personenschäden sind in Ziff. 8.4.4 ITC, 6.4.4 IHC ausgeschlossen. Die deutsche Kaskoversicherung schließt sie ebenfalls aus.

(9) Übergreifende Auswirkungen einer Kollision oder direkte Einwirkungen einer Kollision auf irgendwelche festen oder beweglichen Gegenstände sind gem. Ziff. 8.4.2 ITC, 6.4.2 IHC nur insoweit versichert, wie andere Schiffe oder darauf befindliche Ladungen betroffen sind. Das deutsche Recht kennt einen solchen Ausschluss nicht.

Beispiel:
Infolge der durch Verschulden des versicherten Schiffes A verursachten Kollision mit dem Schiff B entsteht Feuer, das auf das Schiff C und den Hafenschuppen D übergreift.

Nach ITC sind nur die Schäden an B und C, nach deutschem Recht ist auch der Schaden an D gedeckt.

(10) Schäden an der Ladung des versicherten Schiffes sind wie in Ziff. 34.4.1 DTV-Kaskoklauseln, Ziff. 65.4.1.3 DTV-ADS und nach den Klauseln 8.4.3 ITC, 6.4.3 IHC nicht versichert.

(11) Schäden durch Verschmutzung *(pollution)* gleich welcher Art sind ausdrücklich ausgeschlossen, es sei denn, das Schiff, mit dem das versicherte Schiff kollidiert, oder die darauf befindliche Ladung ist betroffen. Die deutsche Deckung (Ziff. 34.4.1 DTV-Kaskoklauseln, Ziff. 65.4.1.2 DTV-ADS) entspricht der englischen. Gem. Art. 13 § 1 b) des Internationalen Übereinkommens 1989 über Bergung kann im Falle einer erfolgreichen Bergung des Schiffes der Bergelohn wegen der Bemühungen des Bergers zur Vermeidung von Umweltschäden angemessen erhöht werden. Obwohl wegen des Ausschlusses von Umweltschäden in der Kaskoversicherung auch die entsprechenden Kosten zur Schadenverhütung nicht gedeckt sind, wird ein deshalb erhöhter Bergelohn von den Versicherern übernommen. Diesem Umstand tragen Klausel 8.4.5 ITC 1995 und 6.4.5 IHC Rechnung. Den deutschen Bedingungen ist eine solche Bestimmung fremd, jedoch gilt für die deutsche Kaskoversicherung wegen des internationalen Bergungsabkommens das Gleiche.

(12) Verschuldenshaftung

Der Versicherungsnehmer muss auf gesetzlicher Grundlage *(legally liable)* haftbar sein *by way of damage* (Klauseln 8.1 ITC, 6.1 IHC). Damit ist gemeint, dass die Versicherung sich nur auf solche Schäden bezieht, die sich auf ein Verschulden, im englischen Rechtssinn einer *action in tort*, gründen. Haftpflichtansprüche auf vertraglicher Grundlage sind nicht mitversichert.

Auch eine Haftung, die sich auf Gesetz oder sonstige behördliche Vorschriften stützt, ist nur unter der Voraussetzung des Verschuldens gedeckt. Auch heute noch gilt als Beispiel dafür das Urteil Hall Bros. Steamship Company Limited v. Young (1939) in 61 Lloyd's Law Reports, S. 157. Dabei ging es um eine Kollision eines versicherten Schiffes mit einem französischen Lotsenschiff, die durch einen Ruderschaden des Lotsenschiffes verursacht worden war und für die nach französischem Recht das versicherte Schiff ersatzpflichtig war. Das Urteil stellte fest, dass mangels Verschulden des versicherten Schiffes die Ursache des gegen das versicherte Schiff gerichteten Anspruchs nur das französische Recht war, für dessen Folgen die Versicherer nicht einzutreten haben.

Für die vertragliche Haftung aus Schleppverträgen wird durch Maklerklauseln gelegentlich die Deckung durch Vereinbarung einer Towage Clause erweitert. Dabei handelt es sich um Folgendes: In Schleppverträgen wird regelmäßig der Schlepper als die nach außen verlagerte Maschine des geschleppten Schiffes bezeichnet mit der Folge, dass das geschleppte Schiff für den Kollisionsfall vertraglich die Haftung auch des Schleppers als Teil der nautischen Einheit übernimmt. Durch die Towage Clause wird diese vertragliche Haftungsübernahme vom Kaskoversicherer akzeptiert.

Was unter *damage* zu verstehen ist, wird in der Klausel definiert, nämlich

(a) Schäden an einem anderen Schiff oder der darauf befindlichen Ladung,

(b) Nutzungsverlust der zu (a) genannten Sachen,

(c) Havarie-grosse-Schäden einschließlich Bergungskosten der zu (a) genannten Sachen.

Die deutsche Deckung erfasst alle Fälle der gesetzlichen Haftung auch ohne Verschulden, in bestimmten Fällen auch die vertragliche Haftung. Außerdem deckt sie mit den Einschränkungen der Ziff. 34.4 DTV-Kaskoklauseln, Ziff. 65.4 DTV-ADS alle Folgeschäden eines versicherten Haftpflichtschadens (siehe S. 265).

(13) Vorleistung des Versicherungsnehmers

Der Kaskoversicherer ersetzt im Umfang der Bedingungen den Kollisionshaftpflichtschaden in England erst dann, wenn der Versicherungsnehmer den Geschädigten befriedigt hat. Das geht aus den Worten „... *agree to indemnify*..." hervor. Damit sollen die Schwierigkeiten vermieden werden, die eintreten können, wenn der Versicherungsnehmer in Konkurs geht, nachdem er vom Versicherer die dem Kollisionsgegner geschuldete Ersatzleistung erhalten, diese jedoch noch nicht weitergeleitet hat. In einem solchen Fall wäre es dem Kollisionsgegner möglich, auf der Grundlage des Third Party's (Rights against Insurers) Act von 1930 seinen Anspruch direkt gegen den Versicherer geltend zu machen, der damit zweimal zahlen müsste. (Gilt nicht für P&I-Versicherung).

Wegen dieser Bestimmung braucht sich auch der englische Kaskoversicherer nicht mit Garantieleistungen zugunsten des Kollisionsgegners zu befassen, durch die ein Arrest in das versicherte Schiff verhindert wird. Etwas anderes gilt nur dann, wenn eine Bail Clause vereinbart worden ist, die von den Maklern in einigen Fällen den Policen zugrunde gelegt wird. Dieses Problem wird aber regelmäßig dadurch gelöst, dass das vierte Viertel der Kollisionshaftung vom P&I-Versicherer übernommen wird. Zwar gilt auch für diesen der Grundsatz *pay to be paid*, jedoch geben die P&I-Versicherer dem Kollisionsgegner in aller Regel eine Garantie zur Vermeidung eines Arrestes in das versicherte Schiff, die auch die Leistungspflicht in Höhe von 3/4 des Kaskoversicherers gegen dessen Rückbürgschaft mit einschließt.

Nach Ziff. 34.5 DTV-Kaskoklauseln und Ziff. 65.5 leistet der Versicherer zwar Ersatz an den Versicherungsnehmer, nicht an den geschädigten Dritten; hier ist aber nicht Deckungsvoraussetzung dass der Versicherungsnehmer zunächst selbst den Schaden ersetzt hat. Soweit einem Arrest ein unter der Kaskoversicherung versicherter Anspruch zugrunde liegt, muss der Kaskoversicherer, der gem. Ziff. 24 DTV-Kaskoklauseln, Ziff. 32 DTV-ADS haftet, zur Abwehr des Arrestes Garantien oder Bardepots stellen.

Klausel 9 ITC, 7 IHC Schwesterschiff – Sistership
Die Schwesterschiffsklausel, durch die zugunsten des Reeders im Falle der Kollision, Bergung oder Hilfeleistung zwischen Schiffen des gleichen Reeders die Schiffe so behandelt werden, als gehören sie verschiedenen Reedern, deckt sich mit der deutschen Schwesterschiffsklausel in Ziff. 34.10 DTV-Kaskoklauseln, Ziff. 66 DTV-ADS.

Klausel 10 ITC, 8 ICH Havarie-grosse und Bergung – General Average and Salvage
Diese Bestimmungen befassen sich mit der Versicherung von Havarie-grosse-Kosten sowie Berge- und Hilfslöhnen und schließen die Regelung für Ballastschiffe mit ein. Der besseren Übersichtlichkeit wegen wiederholen sie wesentliche Teile der einschlägigen Bestimmungen der sec. 65 und 66 MIA. Es gilt der Grundsatz, dass nur solche Aufwendungen für Havarie-grosse, Bergung und Hilfeleistung erstattet werden, die zur Abwendung eines versicherten Ereignisses aufgewendet worden sind. Nach den ITC ist für Havarie-grosse-Beiträge eine eventuelle Unterversicherung zu berücksichtigen, die IHC haben diese Einschränkung in Klausel 8.1 aufgegeben.

Die Regelung in den ITC entspricht insoweit der deutschen in den §§ 29 und 30 ADS sowie der Ziff. 35 DTV-Kaskoklauseln und den Ziff. 28, 29 DTV-ADS (siehe S. 269 ff.).

In den Klauseln 10.5 und 10.6 ITC 1995, 8.5 und 8.6 IHC findet sich eine zuvor nicht erforderliche Regelung. Sie beruht auf der Änderung der York-Antwerp-Rules 1994 im Zusammenhang mit den Artikeln 13 und 14 des Internationalen Übereinkommens über Bergung 1989.

Nach Art. 13 gehören die Anstrengungen eines Bergers, die er bei erfolgreicher Bergung zur Verhütung von Umweltschäden unternommen hat, zu den Kriterien, die für die Festlegung des Bergelohnes eine Rolle spielen. Sie erhöhen den Bergelohn *(enhanced award)*. Dieser bei der Festlegung des Bergelohns insgesamt nicht separat ermittelbare Teil am gesamten Bergelohn ist anteilmäßig vom Schiff und den anderen Werten (Ladung) bzw. ihren jeweiligen Versicherern zu bezahlen.

Art. 14 des Bergungsabkommens geht darüber hinaus und gesteht dem Berger im Gegensatz zu dem Grundprinzip jeder Bergung bzw. Hilfeleistung, des *no cure – no pay-Prinzips*, auch dann eine Entschädigung zu *(special compensation)*, wenn er zwar bei der Bergung erfolglos war (z. B. das zunächst geborgene Schiff sinkt auf dem Wege zu einer Werft im Schlepp des Bergungsschleppers) und deshalb keinen Bergelohn verdient, dabei aber einen Umweltschaden verhütet oder gemindert hat. Die Deckung dieser Beträge ist Sache der P&I-Clubs.

Gem. Regel VI a) der York-Antwerp-Rules sind die *enhanced awards* gem. Art. 13 des Bergungsübereinkommens als untrennbarer Teil des Bergelohns in Havarie-grosse zu verteilen und werden gem. Ziff. 10.6 ITC von den Versicherern übernommen. Die *special compensation* gem. Art. 14 des Bergungsübereinkommens wird nach Regel VI b) der York-Antwerp-Rules nicht in Havarie-grosse verteilt. Sie ist Angelegenheit der P&I-Clubs.

Im Zusammenhang mit Nothafenkosten werden jedoch in drei in der Regel XI d) genannten Fällen Kosten zur Verhütung oder Minderung von Umweltschäden als in Havarie-grosse zu vergüten anerkannt. Der Grund für diese neue Regelung liegt in Folgendem: Die früheren Fassungen der York-Antwerp-Rules haben nichts darüber gesagt, ob Haftungsrisiken, die als Folge einer Havarie-grosse-Maßnahme eintreten, in Havarie-grosse vergütungsberechtigt sind. Obwohl der Zweck der Havarie-grosse-Regelung darin besteht, die in der gemeinsamen Gefahr befindlichen Werte zu retten und jede darüber hinausgehende Maßnahme zur Verhütung von Umweltschäden oder anderen Haftpflichtrisiken nicht in Havarie-grosse vergütungsfähig ist, bestand jedoch in dieser Hinsicht eine gewisse Rechtsunsicherheit. Tatsächlich wurden aufgrund der früheren York-Antwerp-Rules gewisse Maßnahmen zur Verhütung oder Minderung von Umweltschäden in Havarie-grosse vergütet. Bei der Schaffung der York-Antwerp-Rules 1994 wurde das Thema kontrovers diskutiert und als Ergebnis ein Kompromiss gefunden. Danach ist die Haftung aus Umweltschäden als Folge eines Havarie-grosse-Falles ausgeschlossen; lediglich Kosten für Maßnahmen zur Verhütung der Vermeidung (nicht die Haftung für den Umweltschaden selbst!) wurden in begrenztem Umfang durch Regel XI d) vergütungsfähig. Dabei spielte es auch eine Rolle, dass diese Kosten häufig nur sehr schwer von den sonstigen Kosten der Bergung zu trennen sind und dass regelmäßig Hafenbehörden von einem beschädigten Schiff Schutzmaßnahmen gegen Umweltschäden verlangen, bevor die Erlaubnis zum Anlaufen eines Nothafens gegeben wird. Um solche Maßnahmen handelt es sich bei den gem. Regel XI d) in Havarie-grosse vergütungsfähigen, wie z. B. das Ausbringen von Ölbäumen oder Skimmern um das Schiff, um eine Verbreitung auslaufenden Öls zu verhindern. Diese Kosten sind überschaubar und nicht zu vergleichen mit Umwelthaftungsschäden. Die Kosten nach Regel XI d) sind demnach notwendig, um das Schiff in den sicheren Hafen zu bringen.

Die Kosten nach Regel XI d) werden in Klauseln 10.5.2 der ITC 1995 ausgeschlossen. Durch die Institute General Average – Pollution Expenditure Clause als Zusatzklausel zu den ITC 1995 kann dieses ausgeschlossene Risiko gegen Prämienzulage wieder eingeschlossen werden. Klausel 8.6.2 IHC deckt dieses Risiko schon unter der Standarddeckung.

Im deutschen Markt besteht eine Deckung im Rahmen der durch das Seekasko-Druckstück 2002/2 eingeführten Bestimmung in Ziff. 35.6 DTV-Kaskoklauseln. Die DTV-ADS haben dies in Ziff. 28.2 übernommen.

Klausel 13 ITC 1983, 11 ITC 1995, 9 IHC Pflicht des Versicherungsnehmers zur Schadenminderung – Duty of the Assured (Sue and Labour)
Das Thema wurde bereits auf S. 115 dargestellt. Während in Klauseln 13.4 ITC 1983 und 11.4 ITC 1995 bei *sue and labour* Unterversicherung in Ansatz bringen, ist diese Einschränkung bei den IHC aufgehoben. Kosten im Zusammenhang mit der Geltendma-

chung oder der Abwehr von Kollisionsforderungen sind nicht als *sue and labour charges* versichert (Klausel 13.3. ITC 1983, 11.2 ITC 1995, 9.2 IHC). Sie sind im Zusammenhang mit dem Kollisionsersatz gedeckt.

Wie unter den deutschen Bedingungen werden *sue and labour* Ausgaben gegebenenfalls über die Versicherungssumme hinaus ersetzt.

Klausel 12 ITC, 15 IHC Abzugsfranchise – Deductible
Für alle Kaskoversicherungen nach ITC und IHC gilt eine Abzugsfranchise, deren Höhe in der Klausel offen gelassen wird. Sie findet für alle Schäden pro Ereignis Anwendung, ausgenommen Totalverlust. Sie gilt also für Partschäden, Havarie-grosse, Berge- und Hilfslöhne, Ersatz an Dritte und für Kosten der Verhütung und Verminderung eines Schadens *(sue and labour charges)*. Allerdings werden dann, wenn nach einer Strandung eine Bodenbesichtigung erforderlich ist, die entstandenen Kosten ohne Berücksichtigung der Abzugsfranchise ersetzt, und zwar auch dann, wenn ein Bodenschaden nicht festgestellt wird.

Die Anwendung der Abzugsfranchise „pro Ereignis" bedeutet, dass sie nur einmal angewendet wird, wenn aus einem Ereignis neben Partschäden auch andere Schäden, zum Beispiel durch Kollisionen oder Havarie-grosse, entstanden sind.

Bei Schäden durch schweres Wetter oder Eis ist es kaum möglich, ein bestimmtes Schadenereignis festzuhalten. Für solche Schäden gelten deshalb alle Schäden als durch ein Ereignis verursacht, die während der Reise des Schiffes zwischen zwei aufeinanderfolgenden Häfen entstanden sind.

Klausel 12.3 ITC enthält ein Vorwegbefriedigungsrecht des englischen Versicherers im Regressfall. Regresserlöse stehen bis zur Deckung der vom Versicherer erbrachten Zahlung zunächst voll dem Versicherer zu, also auch hinsichtlich der Beträge, die vom Versicherungsnehmer im Wege der Abzugsfranchise selbst getragen worden sind. Der Versicherungsnehmer kann seine Abzugsfranchise nur aus dem die Zahlung des Versicherers übersteigenden Teil des Regresserlöses decken. Lediglich bei den in der Zahlung des Dritten enthaltenen Zinsen wird eine Aufteilung vorgenommen. Zinsen, die auf die Zeit vor der Schadenzahlung des Versicherers entfallen, stehen dem Versicherungsnehmer zu, die auf die restliche Zeit entfallenden Zinsen gebühren dem Versicherer. In den IHC ist diese Klausel nicht enthalten. Gem. Klausel 12.1 ITC, 15.3 IHC Satz, findet die Abzugsfranchise keine Anwendung auf Totalverluste, auch nicht auf in einem solchen Fall aufgewendete *sue and labour charges*.

Gegenüber der deutschen Deckung bestehen erhebliche Unterschiede, weil nach Ziff. 21 DTV-Kaskoklauseln, Ziff. 40 DTV-ADS der Selbstbehalt nur auf Partschäden Anwendung findet und im Regressfall eine proportionale Aufteilung des Erlöses zwischen Versicherer und Versichertem stattfindet. Beide sind also gleichberechtigt.

Klausel 10 ITC 1983, 13 ITC 1995, 43 ICH Schadenmeldung und Tender – Notice of Claim and Tenders
Nach der Erweiterung des Personenkreises, für deren Verschulden der Versicherte gem. Klausel 6.2 ITC einzustehen hat, wurde mit Klausel 13.1 der ITC 1995 die nächstgravierende Änderung eingeführt und durch die IHC noch verschärft – vermutlich weitere Gründe, warum sich beide Klauselwerke im Markt nicht durchsetzen.

Nach Klauseln 13.1 ITC 1995 und 43.2 IHC muss der Versicherte einen Schaden unmittelbar nach Bekanntwerden und vor der Durchführung einer Besichtigung durch ihn dem Versicherer melden, damit dem Versicherer die Möglichkeit gegeben wird, einen Sachverständigen mit der Besichtigung des Schadens zu beauftragen. Erfolgt die Schadenmeldung nicht innerhalb von zwölf Monaten – nach den IHC gar innerhalb von 180 Tagen –, so ist der Versicherer automatisch leistungsfrei für diesen Schaden, sofern nicht schriftlich etwas anderes vereinbart worden ist.

Der Zweck für diese harte Bestimmung liegt darin, dem Versicherer die Möglichkeit zu geben, sich durch einen von ihm beauftragten Sachverständigen zum frühestmöglichen Zeitpunkt ein Bild von dem Schaden und seinem Ausmaß zu machen und dafür ausreichende Reserven bilden zu können, die sich auch in der Prolongationsstatistik der Reederei niederschlagen.

Die Andienungsfrist nach § 42 ADS, Ziff. 47 DTV-ADS ist zwar auch eine Ausschlussfrist (siehe S. 118), sie beträgt aber 15 Monate, und sie beginnt erst mit der Beendigung der Versicherung.

Klausel 10 ITC 1983 und Klausel 13 ITC 1995 enthalten daneben bestimmte Rechte des Versicherers für die Einholung weiterer Reparaturofferten (Tender) und seine daraus resultierenden Pflichten (die IHC regeln dies in Klausel 44). Dieser Teil stimmt im Wesentlichen mit Ziff. 30 DTV-Kaskoklauseln, Ziff. 62 DTV-ADS überein. Deshalb kann hier auf die Darstellung auf S. 302 f. verwiesen werden.

Klausel 14 ITC, 16 IHC Neu für alt – New for old
Die Klausel legt fest, dass bei Schäden keine Abzüge „neu für alt" vorgenommen werden.

Die gleiche Regelung findet sich in Ziff. 28 DTV-Kaskoklauseln, durch die die Altersabzüge des § 76 ADS aufgehoben werden, und Ziff. 62.6 DTV-ADS.

Klausel 15 ITC und 17 IHC Behandlung des Schiffsbodens – Bottom Treatment
Die Klausel schließt zunächst grundsätzlich die Ersatzleistung für Schrapen, Sandstrahlen usw. und Anstrich des Schiffsbodens aus, weil diese Arbeiten im Zuge der Unterhaltung des Schiffes ohnehin regelmäßig durchgeführt werden müssen. Die Klausel regelt dann Ausnahmen im Einzelnen, in denen diese Kosten vom Versicherer übernommen werden.

Die deutsche Regelung in Ziff. 29 DTV-Kaskoklauseln, Ziff. 62.6 DTV-ADS (Bodenanstrich) ist für den Versicherungsnehmer günstiger (siehe S. 304).

Klausel 16 ITC und 18 IHC Besatzungskosten – Wages and Maintenance

Die Kosten für Heuern und Unterhalt der Besatzung sind für den Reeder fortlaufende Kosten; sie laufen auch dann weiter, wenn das Schiff beschädigt ist und repariert wird. Deshalb werden sie vom Versicherer auch nicht für die Zeit der Reparatur eines versicherten Schadens ersetzt. Eine Ausnahme gilt nur für die Seetage der reinen Reparaturreise und eventuelle Probefahrten nach einer Reparatur. Geht ein Teil der Reparaturkosten auf Rechnung des Reeders, so werden die Kosten für Heuern und Unterhalt der Besatzung gemäß dieser Klausel überhaupt nicht ersetzt, es sei denn im Havarie-grosse-Fall.

Die deutsche Regelung entspricht der vor der Einführung der ITC 1983 geltenden früheren englischen Regelung und ist für den Versicherungsnehmer günstiger (siehe S. 304 f.).

Klausel 17 ITC und 19 IHC Agenturkommission – Agency Commission

Mit dieser Klausel werden Ersatzleistungen für solche Kosten ausgeschlossen, die vom Versicherungsnehmer oder einer von ihm eingesetzten Agentur für Serviceleistungen im Zusammenhang mit der Schadenregulierung, zum Beispiel bei der Aufmachung von Abrechnungen, Organisation der Reparatur, Beschaffung von Ersatzteilen usw. aufgewendet werden. Die neue Klausel lässt einige Fragen offen, die wohl erst durch die praktische Handhabung geklärt werden können.

Eine vergleichbare Bestimmung gibt es im deutschen Recht nicht. In der Praxis werden schadenbedingte Baraufwendungen des Reeders für die erforderliche Einschaltung Dritter ersetzt, nicht jedoch für eigene Bemühungen des versicherten Reeders (von der Erstattung der Kosten des Reedereiinspektors bei der gemeinsamen Schadenbesichtigung abgesehen, wenn er dabei als Sachverständiger des Versicherungsnehmers fungiert).

Klausel 18 ITC und 18 IHC Unreparierte Schäden – Unrepaired Damage

Die ITC versuchen, die seit Langem auch von der Rechtsprechung nicht befriedigend gelösten Fragen, wie die Ersatzleistung bei unreparierten Schäden zu bemessen ist, durch drei Bestimmungen zu lösen. Dabei wird von der in sec. 69 Abs. 3 MIA stipulierten grundsätzlichen Berechtigung ausgegangen, Eratzansprüche für unreparierte Schäden geltend zu machen.

Schon früher galt der Grundsatz, dass unreparierte Schäden und der Ersatzanspruch dafür durch einen in der gleichen Versicherungsperiode nachfolgend eintretenden Totalverlust untergehen. Dieser Grundsatz wird in Klausel 18.2 ITC, 20.2 IHC bestätigt.

Die Klausel beschränkt in Klausel 18.3 ITC, 20.3 IHC die Ersatzleistung des Versicherers für unreparierte Schäden auf die Höhe der Kaskotaxe am Ende der Versicherungsperiode. Aus der Kombination dieser Bestimmungen ergibt sich, dass eine Ersatzleistung für unreparierte Schäden erst am Ende der Versicherungsperiode festgelegt werden kann.

Die Höhe der Ersatzleistung des Versicherers wird in Ziff. 18.1 ITC, 20.1 IHC bestimmt. Sie ergibt sich aus der als Folge des unreparierten Schadens eingetretenen Minderung des

Marktwertes des Schiffes am Ende der Versicherungsperiode, höchstens jedoch den geschätzten angemessenen Reparaturkosten. Der jeweils kleinere Wert wird in Betracht gezogen.

Mit dieser Regelung ist die durch die frühere Gerichtsurteile (vgl. die Fälle Irvin v. Hine (1949) 83 L1.L.Rep. 162 und „Armar", N.Y.Sup. Ct. (1954) 2 L1.L.Rep. 95) geforderte Berücksichtigung der Versicherungstaxe entfallen.

Beispiel:
Versicherungstaxe: USD 5 Mio.
Marktwert des Schiffes vor dem Schaden: USD 2 Mio.
Geschätzte Reparaturkosten: USD 2,5 Mio.
Wert des Schiffes im beschädigten Zustand: USD 400.000

Die Verminderung des Marktwertes und damit die Entschädigung des Versicherers belaufen sich auf USD 1.600.000. Die Regelung führt gegenüber der früheren vor allem dann zu einer erheblich niedrigeren Entschädigung des Versicherers, wenn der Marktwert des Schiffes wesentlich unter der Kaskotaxe liegt. Das war auch die erklärte Absicht der Änderung.

Es entspricht durchaus der Praxis, bei kleinen unreparierten Schäden an Stelle einer exakten Ermittlung des Schiffswertes vor und nach dem Schaden ca. 75 % der geschätzten Reparaturkosten zu übernehmen.

In Deutschland wurde bei den Beratungen über die DTV-Kaskoklauseln noch eine ähnliche Klausel wie die jetzige englische Regelung erwogen. Insbesondere wegen der befürchteten praktischen Schwierigkeiten bei der Ermittlung einer Wertminderung des Schiffes bzw. der Feststellung des Marktwertes wurde der Gedanke verworfen und die Regelung in § 75 Abs. 5 ADS unverändert beibehalten (siehe S. 306 f.). Die gleiche Regelung findet sich auch jetzt noch in Ziff. 62.8 DTV-ADS.

Klausel 19 ITC und 21 IHC Konstruktiver Totalverlust – Constructive Total Loss
Zum Begriff des konstruktiven Totalverlustes siehe S. 111.

Bei einem bedeutenden Partschaden kann sich die Frage stellen, ob die Reparatur des Schiffes wirtschaftlich vertretbar ist oder der Fall als *constructive total loss* behandelt werden soll. Es müssten deshalb die Reparaturkosten ebenso geschätzt werden wie der Wert des Schiffes in beschädigtem und in repariertem Zustand. Da diese Wertfeststellungen außerordentlich schwierig sind, setzt Abs. 1 der ITC-Klauseln aus Vereinfachungsgründen den Wert des Schiffes im reparierten Zustand der Kaskotaxe gleich. Absatz 2 bestimmt, dass ein *constructive total loss* nur dann vorliegt, wenn die Bergungs- und/oder Reparaturkosten den versicherten Wert des Schiffes übersteigen. Bei den International Hull Clauses genügen gem. Klausel 21.1 bereits 80% der Taxe, um einen *constructive total loss* auszulösen.

Klausel 19.2 ITC sagt weiter, dass bei der Ermittlung, ob ein konstruktiver Totalverlust vorliegt, nicht unabhängige Einzelschäden zusammengerechnet werden können, sondern nur die Gesamtkosten aus einem Unfallereignis.

Das deutsche Recht kennt keinen konstruktiven Totalverlust, jedoch führt die Schadenregulierung wegen Reparaturunwürdigkeit nach § 77 ADS und Ziff. 61 DTV-ADS zu einem ähnlichen Ergebnis, obwohl es sich um die Regulierung eines Partschadens handelt (den aber § 123 ADS inzident einem Totalverlust gleichstellt). Allerdings sind Unterschiede zur englischen Regelung sowohl bei den Voraussetzungen der Reparaturunwürdigkeit als auch bei ihrer Abwicklung zu beachten.

Unter den ADS bleiben bei der Ermittlung der Reparaturunwürdigkeit nach deutschem Recht die Bergelöhne außer Ansatz, und es kommt nur auf die Reparaturkosten und die Reparaturnebenkosten an (wobei Bergelöhne aber für die Entscheidung des Versicherers, nach § 38 ADS Abandon zu erklären, eine wesentliche Rolle spielen). Und es wird nur die Differenz zwischen dem Versteigerungserlös und der Versicherungssumme geleistet, während nach den englischen Bedingungen beim *constructive total loss* die Versicherungssumme zu zahlen ist. Besteht die Deckung auf Basis DTV-ADS, werden gem. Ziff. 61.1 wie in England Bergelöhne bei der Feststellung der Reparaturunwürdigkeit berücksichtigt. Wie bei den ADS gibt es nicht die volle Summe, sondern nur die Differenz zwischen Restwert und Versicherungssumme. Allerdings kann Ersterer jetzt auch zwischen den Parteien vereinbart werden. Zur Versteigerung kommt es nur noch, wenn eine solche Einigung nicht zustande kommt.

Sowohl nach englischer (sec. 61 MIA) als auch nach deutscher ADS-Deckung (§ 77 ADS, Ziff. 61 DTV-ADS) kann der Versicherungsnehmer wählen, ob er bei Vorliegen der Voraussetzungen gem. § 60 MIA und Klausel 19 der ITC, 21 IHC bzw. § 77 ADS, Ziff. 71 DTV-ADS eine Reklamation als Totalverlust oder als Partschaden geltend machen will. Wählt er die Partschadensabrechnung, ersetzt der Versicherer die Reparaturkosten bis zu den nach den Klauseln festgesetzten Grenzen. Da bei einer Abrechnung des Schadens als Totalverlust, anders als bei der Partschadensabrechnung, auch die versicherten Nebeninteressen zu ersetzen sind, wird diese Möglichkeit für den Versicherungsnehmer regelmäßig günstiger sein.

Klausel 20 ITC, 22 ICH Verzicht auf Fracht – Freight Waiver
Im Falle des Totalverlustes zahlt der Versicherer mit der Versicherungssumme auf Nebeninteressen auch Fracht. Durch diese Klausel verzichtet der Versicherer insoweit auf seinen Anspruch auf Anrechnung dieser Zahlung, wenn die Fracht bereits verdient ist.

Eine solche Bestimmung gibt es im deutschen Recht nicht; sie ist auch nicht nötig.

Klausel 5 ITC 1983, 21 ITC 1995, 22 IHC Abtretung von Rechten – Assignment
Laut sec. 50 MIA ist eine Transportversicherungspolice übertragbar, es sei denn, die Police sieht das Gegenteil vor. Die Übertragbarkeit bezieht sich dabei sowohl auf die Police selbst als auch auf die Ansprüche daraus. Durch die Assignment-Clause wird das Prinzip aufrechterhalten, aber die Wirkungen im Verhältnis zum Versicherer von einer formgebun-

denen Anzeige abhängig gemacht. Die Klausel enthält den ausdrücklichen Hinweis darauf, dass die generelle Zustimmung des Versicherers sich nicht auf einen Wechsel im Eigentum oder des Managements bezieht. Praktisch wird also nur die Abtretung von Rechten aus der Police, z. B. an Hypothekenbanken, erfasst. (Zum Schutz des Hypothekengläubigers vgl. S. 311 ff.)

In Deutschland bildet die Abtretung von Rechten aus der Police kein Problem. Die Verpfändung hat im Markt keine praktische Bedeutung mehr. Die ADS regeln sie in § 51 ADS, die DTV-ADS behandeln den Komplex nicht mehr. Der Schiffshypothekar wird nicht durch Verpfändung, sondern durch Abtretung von Rechten geschützt, im Übrigen durch das Schiffsrechtegesetz und Hypothekenklauseln.

Klausel 21 ITC 1983, 22 ITC 1995, 24 IHC Nebeninteressen – Disbursement Warranty
Über die für das Hauptinteresse an dem Schiff – insbesondere für Kasko und Maschine – versicherten Summen hinaus darf der Versicherungsnehmer auf Nebeninteressen nur bestimmte Prozentsätze versichern. Die Klausel bestimmt, dass auf Nebeninteressen insgesamt bis zu 25 % der Kaskotaxe versichert werden dürfen, wobei dem Versicherungsnehmer die Aufteilung auf die verschiedenen Nebeninteressen überlassen bleibt.

Darüber hinausgehende anderweitige Versicherungen sind gem. Klausel 21.2 ausdrücklich untersagt. Die strengen Rechtsfolgen eines Bruchs dieser *warranty* sind nur einer Hypothekenbank gegenüber nicht anwendbar, die eine Police akzeptiert hat, ohne von dem Bruch dieser *warranty* Kenntnis gehabt zu haben.

Die Disbursement Clause entspricht etwa der Interesse-Klausel in Ziff. 6 der DTV-Kaskoklauseln, Ziff. 1.4 DTV-ADS. Aus Gründen des Kartellrechts nennen die deutschen Bedingungen keine festen Prozentsätze mehr, sondern überlassen dies der Vereinbarung in der Police. Außerdem ist ihre Rechtsfolge bei Verletzung dieser Bestimmung im Vergleich zur englischen Regelung sehr milde: Sind auf Nebeninteressen höhere Beträge gedeckt worden als erlaubt, so vermindert sich im Totalverlustfall die Leistung des Kaskoversicherers entsprechend. Nach den englischen Bedingungen, in denen eine *warranty* statuiert ist, kann der Versicherungsnehmer unter der Kaskoversicherung keinen Anspruch geltend machen, wenn er die *disbursement warranty* verletzt hat.

Klausel 22 ITC 1983, 23 ITC 1995 und 24 IHC Prämienrückgabe im Falle von Liegezeiten und Kündigung – Returns for Lay-up and Cancellation
Die Kaskoprämie ist darauf kalkuliert, dass das Schiff die meiste Zeit auf See ist. Wird nun die Versicherung vorzeitig beendet oder wird das Risiko durch längeres unbeschäftigtes Liegen des Schiffes in geschützten Gewässern geringer, so wird ein Teil der Prämie zurückerstattet. Es erfolgt keine Rückgabe, wenn das Schiff während der Versicherungsperiode total verlorengeht. In einem solchen Fall ist vielmehr die volle Jahresprämie fällig.

Die Berechnung der Rückgaben erfolgt unterschiedlich, je nachdem, ob das Schiff während der Liegezeit repariert wird oder nicht, weil in diesem Umstand ein Risikounterschied zu erblicken ist. Dabei bleiben Zeiten außer Ansatz, während derer Arbeiten wegen Abnutzung oder aufgrund von Auflagen der Klassifikationsgesellschaft durchgeführt werden.

Dabei werden nur ganze Perioden von jeweils 30 aufeinanderfolgenden Tagen für die Berechnung der Rückgaben erfasst.

Die Regelung in Deutschland ist in Klausel 10 DTV-Kaskoklauseln enthalten. Dabei hat der Versicherungsnehmer den Vorteil, dass Liegerückgaben bereits schon dann gewährt werden, wenn das Schiff mehr als 14 aufeinanderfolgende volle Tage in einem sicheren Hafen innerhalb der zuschlagsfreien Fahrtgrenzen liegt. Es braucht auch nicht jedes Mal wieder eine volle Periode von 14 Tagen Liegezeit eingetreten zu sein. Die DTV-ADS enthalten in Ziff. 21 eine völlig neu strukturierte Aufliegedeckung.

Vorbemerkung zu den Klauseln 23 bis 26 IHC 1983, 24 bis 27 ITC 1995, 29 bis 31 IHC

Zu diesen Klauseln wird in einem Vorwort bestimmt, dass sie allen eventuell entgegenstehenden Vereinbarungen in der Police vorangehen. Zumindest in Deutschland setzt sich eine solche in einer gedruckten generellen Klausel getroffene Regelung rechtlich nicht gegenüber individuellen Klauseln durch, weil sie schon das allgemeine Auslegungsprinzip verlässt, demzufolge spezielle und geschriebene Klauseln den allgemeinen und gedruckten Klauseln vorangehen. Im Übrigen bestimmt § 305b BGB, dass individuelle Vertragsabreden Vorrang vor allgemeinen Geschäftsbedingungen haben. In diesem Zusammenhang könnte die Frage aufkommen, warum es bei einer *named-peril*-Deckung überhaupt einer Ausschlussklausel für nicht als versichert bezeichnete Gefahren bedarf. Die Antwort liegt aber auf der Hand: Feuer und Explosion sind in Ziff. 6 ITC und Ziff. 2 IHC ausdrücklich als versicherte Gefahren bezeichnet. Ohne den Ausschluss könnte argumentiert werden, dass die daraus entstehenden Schäden stets gedeckt sind, auch dann, wenn sie durch eine Kriegsgefahr verursacht wurden. Das sollte verhindert werden.

Klausel 23 ITC 1983, 24 ITC 1995, 29 IHC Kriegsausschluss – War Exclusion
Schäden durch Krieg oder kriegsähnliche Ereignisse, die im Einzelnen in der Klausel aufgeführt werden, sind ausgeschlossen. Piraterie fiel seit den ITC 1983 nicht mehr unter den Kriegsausschluss, sondern war gem. Ziff. 6.1.5 ITC als *marine peril* gedeckt. Mit der Klausel JH2005/0046 wird das Piraterierisiko jetzt aus der Kaskoversicherung ausgeschlossen. Damit korrespondiert ein Einschluss in die Kriegsversicherung durch die Klausel JW 2005/002. Die Klauseln haben durch die Pirateriefälle vor Somalia breitere Verwendung gefunden.

Der Inhalt der Kriegsklausel deckt sich mit der deutschen Kriegsausschlussklausel in Ziff. 16.1 DTV-Kaskoklauseln, Ziff. 35 DTV-ADS. Die deutsche Regelung lässt jedoch die Verpflichtung zur Leistung des Versicherers aus nicht kriegerischen Gefahren bestehen, wenn ein Schiff infolge einer kriegerischen Gefahr die Reise nicht antritt oder nicht fortsetzt oder einen Nothafen anläuft (siehe S. 355 ff.).

Klausel 29 IHC enthält nicht nur den bekannten Kriegsausschluss, sondern auch Teile des in den ITC in Klausel 25 nachfolgend näher erläuterten Streikausschlusses. Dies stellt aber nur eine strukturelle, keine inhaltliche Änderung dar.

Klausel 24 ITC 1983, 25 ITC 1995, 29 IHC Streikausschluss – Strike Exclusion
Dieser Ausschluss wurde erst mit den ITC 1983 für Streik, Aufruhr, bürgerliche Unruhen sowie terroristische und politische Gewalthandlungen eingeführt. Damit wurde eine gleiche Regelung geschaffen, wie sie in den Institute Cargo Clauses besteht. Der Wiedereinschluss der hier ausgeschlossenen Gefahren ist gemeinsam mit den Kriegsrisiken durch die Institute War and Strikes Clauses (Hulls – Time) vom 1.10.1983 bzw. 1.11.1995 möglich (siehe S. 361 f.).

Bei der deutschen Deckung fallen die hier genannten Gefahren grundsätzlich unter die Allgefahrendeckung des § 28 ADS und sind bei Deckung auf Basis der DTV-Kaskoklauseln auch nicht ausgeschlossen, sondern, wie auch die Gefahr der Piraterie, gem. Klausel 15 DTV-Kaskoklauseln kündbar. Anders ist dies jetzt aber im Hinblick auf Piraterie Ziff. 35 DTV-ADS, die diese Gefahr ausschließt, aber für den Fall, dass keine Kriegsversicherung nach dem sechsten Abschnitt der DTV-ADS besteht (die die Pirateriegefahr in Ziff. 84.1.6 erfasst) gegen Zusatzprämie einen Wiedereinschluss ermöglicht.

Klausel 29 IHC behandelt den ersten Teil der Streikrisiken (Schaden verursacht durch *strikers, locked-out workmen, or persons taking part in labour disturbances, riots or civil commotions*) in Zusammenhang mit den Kriegsrisiken.

Klausel 25 ITC 1983, 26 ITC 1995, 30 IHC Ausschluss für böswillige Schäden – Malicious Acts Exclusion
Alle böswillig oder aus politischen Motiven heraus verursachten Schäden (z. B. Sabotage, Brandstiftung etc.) sind ausgeschlossen, wenn sie durch die Explosion eines Sprengkörpers oder durch die Verwendung von Kriegsmaterial herbeigeführt worden sind.

Die deutsche Deckung regelt diesen Fall im Rahmen der Kriegsausschlussklausel Ziff. 16 DTV-Kaskoklauseln, Ziff. 35 DTV-ADS. Dabei sind auch bei Verwendung von Explosivstoffen oder Kriegswerkzeugen nicht alle Schäden ausgeschlossen, die von mit politischen Motiven handelnden Personen verursacht werden, sondern nur solche, bei denen Kriegsmaterial bestimmungsgemäß kriegerisch (im Sinne des englischen *hostile use*) verwendet wird.

Klauseln 26 ITC 1983, 27 ITC 1995 Kernenergieausschluss – Nuclear Exclusion und Klausel 31 IHC Ausschluss für radioaktive Kontamination und bio-chemische oder elektro-magnetische Waffen – Radioactive contamination, Bio-chem exclusion

Der Kernenergieausschluss wurde seit 1990 allen Policen separat zugrunde gelegt. In den ITC 1995 ist er ein fester Bestandteil der ITC geworden. Damit werden grundsätzlich sämtliche mit Kernenergie in Verbindung stehende Risiken ohne Kausalitätserfordernis ausgeschlossen, gleich, ob es sich um zivile oder militärische Nutzung der Kernenergie handelt. Die deutsche Regelung in Ziff. 19 DTV-Kaskoklauseln, Ziff. 39 DTV-ADS schließt zugunsten des Versicherten Schäden durch Kernenergie in einem bestimmten Umfang ein (siehe S. 249 f.). Durch die IHC wurde der Ausschluss auf bio-chemische und elektromagnetische Waffen ausgeweitet. Auch bei Verwendung der ITC wird diese auch separat als *Institute Radioactive Contamination, Chemical, Biological, Bio-chemical and Electromagnetic Weapons Exclusion Clause* (Clause 370) verwendet.

4.22 Der Schaden in der Seekaskoversicherung

Allgemeines

(Siehe dazu auch S. 109)

> Die Möglichkeiten eines Schadens werden in folgende Gruppen aufgeteilt
> - Totalverlust – § 71 ADS, Ziff. 60.1 DTV-ADS
> - Verschollenheit – § 72 ADS, Ziff. 60.2.2 DTV-ADS
> - Reparaturunfähigkeit und -unwürdigkeit – § 77 ADS, Ziff. 61 DTV-ADS
> - Teilschaden – §§ 75 ff. ADS, Ziff. 62 DTV-ADS

Daneben nennen die ADS in §§ 72, 73 noch die Verfügung von hoher Hand und Nehmung durch Seeräuber. Verfügungen von hoher Hand waren allerdings schon durch Ziff. 17.1 DTV-Kaskoklauseln von der Deckung ausgenommen, so jetzt auch Ziff. 38 DTV-ADS. Piraterie war unter den DTV-Kaskoklauseln noch eine der gem. § 28 ADS gedeckten allen Gefahren; sie war jedoch separat gem. Ziff. 15 DTV-Kaskoklauseln kündbar.

Die Piraterievorfälle vor Somalia haben dann dazu geführt, dass Piraterie grundsätzlich durch Ziff. 35 DTV-ADS ausgeschlossen ist. Piraterie ist jetzt in der Kriegsdeckung enthalten (Ziff. 84.1.6 DTV-ADS), kann aber auch wieder in die Kaskoversicherung eingeschlossen werden (Ziff. 35.1.4 Satz 2 DTV-ADS).

Das *englische Recht* unterscheidet in der Kaskoversicherung wie in der Güterversicherung (siehe S. 217 ff.).

Totalverlust, Verschollenheit und Verfügung von hoher Hand sind bereits im Rahmen der Güterversicherung erläutert worden (siehe S. 217 ff.); sie sind hier die gleichen. Der Eintritt der genannten Ereignisse berechtigt den Versicherungsnehmer, die Versicherungssumme verlangen zu können. Schäden durch Verfügung von hoher Hand durch Beschlagnahme bzw. Enteignung werden jedoch mit Ziff. 17 DTV-Kaskoklauseln, Ziff. 38 DTV-ADS, ausgeschlossen.

Der Versicherungsnehmer muss sich aber dasjenige anrechnen lassen, was er anderweitig zur Ausgleichung des Schadens erlangt hat oder was vor der Zahlung der Versicherungssumme gerettet worden ist. Das gilt selbstverständlich nicht nur für die auf Kasko, sondern auch für die auf Nebeninteresse versicherten Beträge. Gleicht das, was der Versicherungsnehmer anderweitig zur Ausgleichung des Schadens erlangt, nur die auf Kasko versicherten Werte aus, so gehört es natürlich nur dem Kaskoversicherer; enthält es aber z. B. einen Ausgleich für auf Interesse versicherte Beträge, dann gehört es insoweit dem Interesseversicherer (siehe S. 296).

Unter Teilschaden werden die Begriffe Teilverlust, Beschädigung und Teilbeschädigung zusammengefasst. Das entspricht auch dem englischen System des *partial loss* (jedoch mit der Maßgabe, dass nach englischem System die Fälle der Reparaturunwürdigkeit und Reparaturunfähigkeit als konstruktiver Totalverlust bezeichnet werden). Teilschäden werden in der Praxis auch Partschäden oder Partikularschäden genannt.

Feststellung des Teilschadens

§ 74 ADS sieht noch die Feststellung eines jeden Teilschadens im Rahmen eines förmlichen Sachverständigenverfahrens vor („Ein Teilschaden ist durch Sachverständige festzustellen"). In der Praxis wird jedoch von dem Sachverständigenverfahren des § 74 nur bei Streit über Ursache oder Höhe des Schadens Gebrauch gemacht und Teilschäden werden von den Sachverständigen des Vereins Hanseatischer Transportversicherer oder ihrer Havarie-Kommissare unter Hinzuziehung eines Vertreters der Reederei kontradiktorisch festgestellt. Ziff 63 DTV-ADS beschränkt das Sachverständigenverfahren von vornherein auf Fälle des Streits über die Ursache oder Höhe des Schadens.

Die Kosten der Sachverständigen sind Kosten solcher fremder Personen, zu deren Hinzuziehung der Versicherungsnehmer verpflichtet war (§ 32 Ziff. 3 ADS). Bei einer Deckung auf Basis von ADS gehen die Sachverständigenkosten deshalb nach § 32 ADS zulasten des Versicherers. Daraus ergibt sich jedoch auch, dass die Kosten der Sachverständigen nicht zulasten des Versicherers gehen, wenn der Schaden nicht ersatzpflichtig ist.

Nach den DTV-ADS trägt dagegen, wie bei Ziff. 20.5 DTV-Güter, grundsätzlich jede Seite ihre Kosten selbst. Nur wenn das Verfahren vom Versicherer verlangt wird, trägt er alle Kosten (Ziff. 63.6 DTV-ADS).

Die im Zusammenhang mit einem Schaden entstehenden Kosten eines Besichtigers der Klassifikationsgesellschaft wurden lange als nicht ersatzpflichtig angesehen, weil sich die Hinzuziehung dieses Besichtigers nicht als Verpflichtung des Versicherungsnehmers aus dem Versicherungsvertrag ergab. In der Praxis werden sie vom Versicherer übernommen; zu Recht, weil nach Eintritt einer Havarie zur Wiederherstellung der Klasse das Gutachten des Besichtigers der Klassifikationsgesellschaft erforderlich ist. Damit entstehen diese Kosten als Havarie-Nebenkosten, da sie mit der Durchführung der Reparatur verbunden sind.

In der Praxis wurde früher wiederholt darüber diskutiert worden, ob der Versicherungsnehmer in allen Fällen die Übernahme der Kosten für die Entsendung seines eigenen ständigen Sachverständigen zu dem Reparaturort verlangen kann. Die Entscheidung darüber richtet sich nach der Höhe und den sonstigen Umständen des Schadens sowie nach § 32 ADS.

Die deutsche Marktpraxis erlaubt den Ersatz von Kosten des eigenen Sachverständigen der Reederei (meist der Inspektor), allerdings zumeist begrenzt auf die den Versicherern für den eigenen Sachverständigen erstandenen Kosten.

Im Hinblick auf die Rechtsnatur der Feststellungen der Sachverständigen als Schiedsgutachten siehe S. 226.

Durchführung der Reparatur

Die unverzügliche Durchführung der Reparatur entspricht auch dem Interesse des Versicherers, denn vorhandener Schaden kann sich vergrößern oder zu anderen Schäden führen und damit das Risiko erhöhen. Nach § 75 Abs. 1 ADS, Ziff. 62.2 DTV-ADS muss deshalb nach Feststellung eines Teilschadens die Reparatur unverzüglich durchgeführt werden, und der Versicherungsnehmer hat dabei das Interesse des Versicherers wahrzunehmen.

Unverzüglich heißt nicht sofort, sondern nur ohne schuldhaftes Zögern (§ 121 BGB). Es ergibt sich aus § 13 ADS und Ziff. 15 DTV-ADS, dass die Reparatur nicht ohne Rücksicht auf die Kosten an dem Platz, an dem das Schiff sich befindet, ausgeführt werden darf. In gewissen Ländern ist das Kostenniveau sehr viel höher als in anderen. Kann die Reparatur bis zur Ankunft des Schiffes an einem Platz mit niedrigen Reparaturkosten verschoben werden, so muss gewartet werden, jedoch nicht über den Ablauf der Police hinaus. Gegebenenfalls muss die Zeit durch eine Notreparatur überbrückt werden. Was im Einzelfall zu geschehen hat, wird sich aus den Auflagen der Klassifikationsgesellschaft ergeben.

Die Reparaturkostenrechnung gehört zu den erforderlichen Belegen im Sinne von § 44 ADS, Ziff. 48.2 DTV-ADS.

Von dem Grundsatz, dass die Ersatzleistung die Durchführung der Reparatur voraussetzt, gibt es nur zwei Ausnahmen:

Die erste Ausnahme wird in Ziff. 33.1 DTV-Kaskoklauseln erwähnt. Sie ergibt sich aus § 75.5 ADS, Ziff. 6.8 DTV-ADS (siehe den auf S. 306 f. behandelten Fall der Schadenregulierung gemäß Schadentaxe).

Die zweite Ausnahme ist in Klausel 33.2 DTV-Kaskoklauseln, Ziff. 62.2 DTV-ADS geregelt. Danach kann die Reparatur zurückgestellt werden, wenn der Schaden unverzüglich festgestellt wird und ein Seefähigkeitsattest der Klassifikationsgesellschaft erteilt wird. Zu dieser Abweichung von § 75 Abs. 1 ADS haben die Erfordernisse der Praxis geführt, weil die Reparatur von Schäden, die die Seetüchtigkeit des Schiffes nicht beeinträchtigen, zur Vermeidung von Nutzungsverlusten des Schiffes bis zu einem dem Reeder genehmen Zeitpunkt (z. B. anlässlich von Klassearbeiten oder anderen Havarie-Reparaturen) aufgeschoben werden kann, ohne die Interessen des Versicherers zu verletzen. An den Regelungen der Ziff. 33.1 DTV-Kaskoklauseln und Ziff. 62.8 DTV-ADS ändert aber die Erlaubnis zur Zurückstellung der Reparatur nichts.

Wird die Reparatur zurückgestellt, so gehen eventuelle Kostensteigerungen, die durch die verspätete Reparatur bedingt sind, gem. Ziff 33.3 DTV-Kaskoklauseln und Ziff. 62.2 DTV-ADS nicht zulasten des Versicherers. Das ist angemessen, weil die verspätete Durchführung der Reparatur in aller Regel durch wirtschaftliche Interessen des Reeders verursacht ist.

Tenderung

Nach § 75 Abs. 1 ADS und Ziff. 62.3 DTV-ADS muss der Versicherungsnehmer für die Reparaturkostenofferten einholen und den Versicherer, wenn möglich, vor Vergabe des Reparaturauftrages hören. Der Versicherer kann dann zwar Einwendungen erheben, aber keine Weisungen erteilen.

Die *Tenderklausel* (Ziff. 30 DTV-Kaskoklauseln, Ziff. 62.3.3, 64 DTV-ADS) erweitert die Rechte des Versicherers, gibt ihm aber auch Pflichten. Der Versicherer kann sich danach in die Vergabe des Reparaturauftrages selbst einschalten, er muss aber den Reeder für die Zeit entschädigen, die dadurch verlorengeht.

Nicht jedes Warten auf Reparaturofferten ist Tenderung. Diese liegt gemäß Definition in Klausel 30.1, 1. Halbsatz DTV-Kaskoklauseln, Ziff. 62.3.3 DTV-ADS erst dann vor, wenn nach Vorlage der vom Reeder eingeholten Reparaturofferten der Versicherer unverzüglich verlangt, dass weitere Offerten eingeholt werden oder er diese selbst einholt.

Bei größeren Reparaturen wird in der Praxis häufig der Versicherer bereits bei der Einholung der ersten Reparaturofferte gem. § 75 Abs. 1 ADS, Ziff. 62.2 DTV-ADS eingeschaltet. Darin liegt noch keine Tenderung, sondern nur eine Serviceleistung des Versicherers für die Aufmachung der Reparaturspezifikation. Eine Tenderung liegt erst dann vor, wenn in der zweiten Stufe weitere Reparaturofferten eingeholt werden und dadurch ein Zeitverlust entsteht.

Für den durch die Tenderung eingetretenen Zeitverlust zahlt der Versicherer dem Versicherungsnehmer eine Entschädigung, die mit der vom Reeder selbst gewählten Versicherungssumme des Schiffes gekoppelt ist und deshalb nicht dem tatsächlichen - Nutzungsverlust des Schiffes entspricht. Die Version 1992 der DTV-Kaskoklauseln nennt pro Tag 1/365 von 30 % Versicherungssumme, spätere Versionen, so auch Ziff. 64.1 DTV-ADS überlassen dies aus kartellrechtlichen Gründen einer Vereinbarung der Parteien.

Beispiel auf Basis Ziff. 30.3 DTV-Kaskoklauseln 1978/1992:
Versicherungssumme des Schiffes EUR 24 Mio. 30 % davon sind EUR 7,2 Mio. Bei einer entschädigungspflichtigen Zeit von zehn Tagen beträgt die Tenderentschädigung 10/365 von EUR 7,2 Mio. = EUR 197.260,–.

Die Entschädigung wird geleistet für die Zeit, die durch die Tenderung verlorengegangen ist. Der Definition der Tenderung in Ziff. 30.1 DTV-Kaskoklauseln, Ziff. 62.3.3 DTV-ADS kommt deshalb Bedeutung zu. Die Entschädigung wird nach Ziff 30.2 DTV-Kaskoklauseln, Ziff. 64.1 DTV-ADS geleistet für die Zeit, die *nur* durch die Tenderung verlorengegangen ist. Muss also vor der Durchführung der Reparatur zum Beispiel noch Ladung gelöscht werden oder kann die Werft die Reparatur erst nach Ablauf einiger Tage beginnen, weil etwa noch kein Dock frei ist, so bleibt die darauf entfallende Zeit der Tenderung bei der Berechnung der Entschädigung unberücksichtigt, weil sie nicht nur durch das Tendern verlorengegangen ist.

Die Zeit der Reise des Schiffes zum Reparaturort (Reparaturreise) bleibt ebenso unberücksichtigt, wie etwa die im Vergleich zu einer teureren Werft längere Reparaturzeit bei der Reparaturwerft. (Zu den Kosten der Reparaturreise siehe S. 304) Dauert die Reparatur auf der billigeren Werft wesentlich länger als bei einer teureren, so wird nach Treu und Glauben (§ 13 ADS, Ziff. 15 DTV-ADS) zu prüfen sein, was angemessen ist.

Der tatsächliche Umfang des Schadens kann sich erst während oder nach der Tenderung herausstellen. Das kann zur Folge haben, dass das Schiff vom Reeder unrepariert verkauft wird oder dass es reparaturunwürdig ist, oder dass der Versicherer gem. § 38 ADS, Ziff. 42 DTV-ADS abandonniert.

Diese Fälle ziehen Ziff. 30.2 Abs. 2 DTV-Kaskoklauseln und Ziff. 64.1 DTV-ADS in Betracht und bestimmen, dass die Tenderentschädigung von der Durchführung der Reparatur abhängt.

Erhält der Versicherungsnehmer für die Zeit der Tenderung anderweitig Ersatz, so bedarf es nicht der Tenderentschädigung; sie entfällt deshalb. Einzelheiten siehe Ziff. 30.4 DTV-Kaskoklauseln und Ziff. 64.2 DTV-ADS.

Verletzt der Versicherungsnehmer die Bestimmungen der Tenderklausel, so ergeben sich die Folgen aus Ziff. 30.5 und 30.6. DTV-Kaskoklauseln und Ziff. 64.3 und 64.4 DTV-ADS. Sie bedürfen keiner Erläuterung.

Praktische Fälle, in denen eine Tenderentschädigung gezahlt wurde, sind sehr selten. Ebenso sind aus der Anwendung der Tenderklausel kaum Schwierigkeiten entstanden, denn auch der Versicherungsnehmer hat ein Interesse daran, die Reparaturkosten niedrig zu halten.

Umfang der Ersatzpflicht

Allgemeines

Nach ADS und DTV-ADS ist die Höhe der Ersatzpflicht des Versicherers nicht gleich der Höhe der Kosten für die Beseitigung der Schäden an dem Schiff. Zunächst kommt es nur auf diejenigen Kosten an, die durch die Beseitigung eines nach Ursache (versicherte Gefahr) und Größe (Franchise) versicherten Schadens aufgewendet werden. Die Obergrenze bildet der durch die Sachverständigen geschätzte Betrag. Das schließt jedoch nicht aus, dass ursprünglich nicht von den Sachverständigen aufgenommene Schäden später entdeckt und darüber von den Sachverständigen ein Nachtragsgutachten ausgefertigt wird, das genauso anzuerkennen ist wie das ursprüngliche Gutachten.

Zu den Kosten der eigentlichen Reparatur treten die Kosten, die als unmittelbare Folge der Durchführung der Reparatur aufzuwenden sind. Dafür kommen insbesondere in Betracht:

Reparatur- und Reparaturnebenkosten

Die vom Versicherer zu erbringende Entschädigung setzt sich aus zwei Teilen zusammen, nämlich einmal den Kosten für die Beseitigung des eingetretenen Substanzschadens (gem. § 75 Abs. 3 ADS und Ziff. 62.5 DTV-ADS den „für die Ausbesserung aufgewendeten Kosten") und zum anderen den Reparaturnebenkosten. Der „Betrag des Schadens" im Sinne von § 75 Abs. 5 ADS, und Ziff. 62.8 DTV-ADS bezieht sich nur auf den eingetretenen Substanzschaden, also nur auf die für die Ausbesserung aufzuwendenden Kosten, denn nur in dieser Höhe hat der Versicherungsnehmer einen Schaden erlitten. Die Reparaturnebenkosten sind darin nicht enthalten, denn sonst wären § 75 Abs. 4 ADS und Ziff. 62.7 DTV-ADS unnötig. Zuschläge für Überstunden oder Sonn- und Feiertagsarbeit gehören nicht zu den normalen Ausbesserungskosten; der Versicherer hat sie deshalb nicht zu erstatten. Bei Schiffen im Liniendienst werden sie in der Praxis erstattet.

Bodenanstrich
Nach Ziff. 29 DTV-Kaskoklauseln und Ziff. 62.6 DTV-ADS (Bodenanstrich) ersetzt der Versicherer den schadenbedingten Anstrich. Die Höhe der Ersatzleistung für Schrapen des Schiffsbodens und den Giftanstrich richtet sich nach der zum Zeitpunkt der Durchführung der Reparatur des versicherten Schadens noch vorhandenen Restlebensdauer des Giftanstriches im Verhältnis zur Gesamtdauer seiner Haltbarkeit. Giftanstriche werden im Dock (Lufteinfluss) unwirksam. Geschieht dies z. B. nach Ablauf eines Viertels der Dauer seiner Haltbarkeit, ersetzt der Versicherer 3/4 der Kosten; steht der Giftanstrich dagegen wegen Zeitablaufs ohnehin zur Erneuerung an, ersetzt der Versicherer nichts.

Kosten der Reparaturreise
Kann das Schiff an seinem Aufenthaltsort nicht ausgebessert werden, so sind die Kosten, die aufgewendet werden müssen, um das Schiff im Schlepp oder mit eigener Kraft zur Reparaturwerft zu verbringen, genauso ersatzpflichtig wie die Kosten der Rückreise nach erfolgter Reparatur und für eine eventuell erforderliche Probefahrt nach der Reparatur (§ 75 Abs. 4 ADS, Ziff. 62.7 DTV-ADS). In Betracht kommen aber nur die Kosten und nicht ein Nutzungsverlust für die Reparaturreise.

Sie bestehen z. B. aus den Kosten für den Treibstoff bzw. für die Schlepper, die Kosten für die Mannschaft sowie eventuelle Kanal- oder Hafenabgaben und Lotsengebühren. Wird auf der Reparaturreise Fracht verdient, dann mindert sich insoweit die Entschädigungspflicht des Versicherers für die Kosten der Reparaturreise. Ist die Reparaturreise auch aus Gründen der Ausbesserung von nicht versicherten Schäden erforderlich, so werden die Kosten im Verhältnis der versicherten und nicht versicherten Reparaturkosten zwischen Reeder und Versicherer aufgeteilt.

Die Kosten der Reparaturreise kann der Versicherungsnehmer jedoch nicht in allen Fällen verlangen, sondern nur dann, wenn das Schiff an seinem Aufenthaltsort entweder nicht oder nur zu einem so hohen Preis repariert werden kann, dass die Durchführung der Reparatur an einem anderen Ort einschließlich der Kosten der Reparaturreise wirtschaftlich vernünftiger ist. Verlangt der Versicherer die Durchführung der Reparatur an einem anderen Ort, so hat er die Kosten der Reparaturreise auf jeden Fall zu ersetzen.

Während der Dauer der Reparatur werden keine Kosten für Heuer und Unterhalt der Besatzung ersetzt.

Beispiel:

Gesamte Reparaturkosten	EUR 750.000,–
davon versicherte Reparaturkosten	EUR 500.000,–
unversicherte Reparaturkosten	EUR 250.000,–
Heuer und Kostgelder für	
a) Reise zur Reparaturwerft	EUR 12.500,–
b) während der Reparatur	EUR 35.000,–
c) Probefahrt nach der Reparatur	EUR 5.000,–
d) Rückreise von der Reparaturwerft	EUR 12.500,–

Die Kosten gemäß b) bleiben unberücksichtigt; die verbleibenden EUR 30.000,– fallen dem Versicherer in Höhe von EUR 20.000,– zur Last. Das ergibt sich aus der Berechnung

$$\text{EUR } \frac{500.000 \times 30.000}{750.000}$$

Führt die Besatzung anstelle einer Werft die Reparatur versicherter Schäden selbst durch, so ist das ein anderer Vorgang. Die dafür anfallenden anteiligen Kosten werden in der Praxis ersetzt.

Ein- und Ausladen der Güter

Die dafür erforderlichen Kosten sind häufig für die Durchführung der Reparatur erforderlich. Sie kommen aber regelmäßig für einen Partschaden nicht in Betracht, weil sie im Normalfall zu den Havarie-grosse-Kosten gehören. Ist der Reparaturort gleichzeitig der vorgesehene Bestimmungshafen der Güter, so gehen die Kosten des Ausladens natürlich zulasten des Reeders.

Dock- und Slipkosten

Es wird häufig vorkommen, dass bei Gelegenheit der Dockung für versicherte Reparaturen auch Arbeiten für Reeders Rechnung und umgekehrt durchgeführt werden. War für die Arbeiten für Reeders Rechnung ein Docken nicht erforderlich, so geht nur die durch diese Arbeiten etwa verlängerte Dockzeit zulasten des Reeders und umgekehrt, während die Kosten des Ein- und Ausdockens allein zulasten des Versicherers gehen. War jedoch die Dockung für beide Arbeiten erforderlich, so werden in der Praxis die gesamten Dockkosten im Verhältnis der Zeit aufgeteilt, die für die versicherten Reparaturen einerseits und für die Arbeiten für Reeders Rechnung andererseits bei getrennter Durchführung erforderlich gewesen wäre.

Beispiel:

Kosten des Ein- und Ausdockens	EUR 20.000,–
Kosten pro Docktag (Standgeld)	EUR 1.000,–
Gesamte Dockzeit 12 Tage =	EUR 12.000,–
Gesamtkosten somit	EUR 32.000,–

Bei getrennter Durchführung der Arbeiten wären für Reeders Rechnung fünf Tage und für versicherte Reparaturen elf Tage erforderlich gewesen.

Von den gesamten Dockkosten trägt der Reeder

5/16 von EUR 32.000,– = EUR 10.000,–

und der Versicherer

11/16 von EUR 32.000,– = EUR 22.000,–

Erfolgt die Dockung nur zu dem Zweck, festzustellen, ob ein ersatzpflichtiger Schaden vorliegt oder nicht, so gehen die Kosten dann zulasten des Versicherers, wenn ein ersatzpflichtiger Schaden festgestellt wird und nur durch das Docken ermittelt werden konnte.

Darlehensaufnahme
Der Reeder haftet der Werft auf Zahlung der Reparaturkosten; der Versicherer haftet nicht unmittelbar der Werft gegenüber, sondern lediglich dem Reeder nach dem Versicherungsvertrag.

Besitzt nun der Reeder nicht die nötigen Mittel, um die Reparatur eines ersatzpflichtigen Schadens bis zur Zahlung durch den Versicherer zu finanzieren, so muss er ein Darlehen aufnehmen. Die dafür erforderlichen Kosten gehen nach § 75 Abs. 4 ADS, Ziff. 62.7 DTV-ADS zulasten des Versicherers. In der Praxis garantiert allerdings entweder der Versicherer im Rahmen der Policenbedingungen die Zahlung der Reparaturkosten oder er leistet je nach Fortschritt der Reparaturarbeiten einen Einschuss auf die angefallenen Reparaturkosten, und zwar gem. § 44 ADS, Ziff. 48.2 DTV-ADS bis zur Höhe von 75 % der tatsächlich entstandenen und vom Versicherer als zu seinen Lasten anerkannten Beträge. Erzielt der Versicherungsnehmer durch die sofortige Zahlung der Reparaturkostenrechnung ein Skonto, so muss er dies dem Versicherer gutbringen.

Schadenregulierung gemäß Schadentaxe (unreparierte Schäden)

Von der wechselseitigen Kontrolle der Schadentaxe durch die Reparaturkosten und umgekehrt und der Forderung auf Durchführung der Reparatur machen § 75 Abs. 5 ADS und Ziff. 62.8 DTV-ADS eine Ausnahme. Danach wird die Ersatzpflicht des Versicherers nur durch die Schadentaxe bestimmt, wenn die Reparatur infolge eines wichtigen Grundes in den besonderen Verhältnissen des Versicherungsnehmers, der von ihm nicht zu vertreten ist, unterbleibt. Der Versicherungsnehmer muss jedoch unverzüglich nach der Schadenfeststellung erklären, dass er die Reparatur nicht durchführen lassen will.

Der wichtige Grund muss sich aus den besonderen Verhältnissen des Versicherungsnehmers ergeben. Er ist wichtig, wenn die Reparatur unter billiger Berücksichtigung aller Umstände dem Versicherungsnehmer nicht zugemutet werden kann. Liegt der Grund jedoch in einem Desinteresse des Versicherungsnehmers an dem Schiff wegen rückläufiger Konjunktur, so liegt dieser Umstand nicht in den besonderen Verhältnissen des Versicherungsnehmers begründet, und er berechtigt nicht zu der Erklärung nach § 75 Abs. 5 ADS,

Ziff. 62.8 DTV-ADS. Der Verkauf des Schiffes vor Reparaturbeginn wird in beiden Bestimmungen jedoch ausdrücklich als wichtiger Grund anerkannt (vgl. dazu auch Ritter/Abraham, a.a.O., Anm. 33-35 zu § 75 ADS).

Die in § 75 Abs. 6 ADS enthaltene Vereinbarung eines Schiedsgerichtes für den Fall, das keine Einigung erfolgt, haben die DTV-ADS nicht übernommen.

Im Fall von § 75 Abs. 5 ADS, Ziff. 62.8 DTV-ADS ergibt sich die Höhe der Ersatzleistung des Versicherers aus der nach § 74 ADS, Ziff. 62, 63 DTV-ADS festgestellten Höhe des Schadens. Der festgestellte Betrag des Schadens und die in der Schadentaxe insgesamt enthaltenen Kosten sind aber zweierlei. Regelmäßig wird die Taxe über den Betrag des am Schiff entstandenen Schadens hinaus noch die Reparaturnebenkosten enthalten. Diese können z. B. für Verbringen des Schiffes zur Reparaturwerft, für Ein- und Ausdocken, Entgasung der Tanks usw. entstehen.

Sie gehören nicht zu dem nach § 75 Abs. 5 ADS, Ziff. 62.8 DTV-ADS ersatzpflichtigen Betrag des Schadens. Sie sind nicht angefallen, und sie mindern nicht den Wert des unreparierten Schiffes.

Notreparatur

Wird an Stelle der endgültigen Reparatur zunächst nur eine Notreparatur durchgeführt, so hängt es von den Gründen ab, aus denen die endgültige Reparatur noch nicht durchgeführt worden ist, ob der Kaskoversicherer für die Kosten der Notreparatur einzutreten hat oder nicht.

Erfolgt die Notreparatur deshalb, weil der Reeder nicht so viel Zeit verlieren und die endgültige Reparatur bei Gelegenheit der nächsten Klasse-Arbeiten durchführen lassen will, dann geht die Notreparatur nur insoweit zulasten des Versicherers, wie dadurch Kosten der endgültigen Reparatur gespart werden. Vermeidet der Reeder dadurch Nutzungsausfall, der ansonsten unter der Ertragsausfallversicherung gedeckt wäre, handelt es sich bei den Notreparaturkosten um Schadenabwendungsmaßnahmen, die, wenn sie geboten waren, als solche unter der Ertragsaufallversicherung gedeckt sein können (siehe S. 321 ff.):

Erfolgt hingegen die Notreparatur deshalb, weil am Aufenthaltsort des Schiffes eine endgültige Reparatur nicht möglich ist, die Klassifikationsgesellschaft aber bestimmte Arbeiten zur Herstellung der Seetüchtigkeit für die Fortsetzung der Reise verlangt, so geht die Notreparatur voll zulasten des Versicherers. Ist am Aufenthaltsort des Schiffes die endgültige Reparatur zwar möglich, sind jedoch die Kosten höher als an dem Ort, an dem die Reparatur tatsächlich später ausgeführt wird, so gehen die Kosten der für die Herstellung der Seetüchtigkeit erforderlichen Notreparaturen insoweit zulasten des Versicherers, wie sie zusammen mit den tatsächlichen Kosten der endgültigen Reparatur diejenigen Kosten nicht übersteigen, die aufzuwenden gewesen wären, wenn das Schiff an dem Aufenthaltsort repariert worden wäre.

In allen Fällen, in denen die endgültige Reparatur verschoben wird, bis sie gelegentlich der Durchführung anderer Havariereparaturen oder Arbeiten für Reeders Rechnung erledigt werden kann, gehen die wegen einer etwa zwischenzeitlich eingetretenen Preissteigerung erforderlichen höheren Kosten nicht zulasten des Versicherers (vgl. Ziff. 33.3 DTV-Kaskoklauseln, Ziff. 62.2 DTV-ADS).

Reparaturunfähigkeit und Reparaturunwürdigkeit

„Das Schiff gilt als reparaturunfähig, wenn die Ausbesserung des Schiffes überhaupt nicht möglich ist" (§ 77 Abs. 1 Satz 2 ADS, Ziff. 61.1 DTV-ADS). Es kommt also nicht darauf an, ob die Ausbesserung unwirtschaftlich ist oder nicht, ob sie nur unter Überwindung besonderer Schwierigkeiten oder Einsatz besonderer Mittel oder erst nach Ablauf einer langen Zeit erfolgen kann, sondern allein darauf, ob es rein technisch überhaupt möglich ist, das Schiff wiederherzustellen, und zwar so, dass wieder ein Schiff gleicher Art und Klasse entsteht. Ist das nicht der Fall, dann handelt es sich um eine absolute Reparaturunfähigkeit.

Bei der *relativen* Reparaturunfähigkeit ist zwar die Wiederherstellung rein technisch möglich, es sind aber zwei andere Dinge unmöglich, nämlich die Reparatur des Schiffes an dem Ort, an dem es sich befindet, und das Verbringen des Schiffes an einen anderen Ort, an dem die Reparatur durchgeführt werden könnte. Dabei kommt es nicht nur auf rein technische, sondern in Ausnahmefällen auch auf andere, besondere Umstände an, die an dem Ort, an dem sich das Schiff befindet, eine Rolle spielen.

Beide Fälle der Reparaturunfähigkeit werden in den ADS und den DTV-ADS gleich behandelt.

Beispiel:
Ein Schiff strandet und ist in einem Zustand, der durchaus ein Verschleppen zu einer Reparaturwerft erlaubt. Der Strandungsort liegt aber in einem Gebiet, in dem Unruhen herrschen, so dass sich aus Gründen der Sorge um seine Besatzung kein Berger bereit findet, seinen Schlepper zum Havaristen zu senden.

Bei der Reparaturunfähigkeit handelt es sich eigentlich um einen Totalverlust, weil die versicherte Sache in ihrer ursprünglichen Beschaffenheit zerstört oder dem Versicherungsnehmer ohne Aussicht auf Wiedererlangung entzogen worden ist; dennoch wird die Reparaturunfähigkeit nach ADS und DTV-ADS als Teilschaden und nicht als Totalschaden behandelt. Die wirtschaftlichen Auswirkungen einer Schadenregulierung nach § 77 ADS entsprechen aber denen einer Regulierung für Totalverlust (vgl. §§ 120 und 123 ADS), so dass die auf „Interesse im Totalverlustfall" versicherten Beträge ebenfalls zu zahlen sind. Bei den DTV-ADS ist das nur dann der Fall, wenn der Versicherer nicht die ihm nach Ziff. 61.2.1 gegebene Möglichkeit wählt, den Schaden als Teilschaden abzuwickeln.

Die Frage, ob die Reparatur wirtschaftlich vertretbar ist, spielt bei der Reparaturunfähigkeit keine Rolle, wohl aber bei der Reparaturunwürdigkeit. Diese liegt dann vor, wenn die gem. § 74 ADS, Ziff. 62 oder 63 DTV-ADS festgestellten Ausbesserungskosten mehr betragen als der Versicherungswert. Zu den Ausbesserungskosten gehören auch die oben behandelten Reparaturnebenkosten einschließlich der Kosten der Reparaturreise; ausgenommen sind jedoch, wegen ihres besonderen Charakters, die Kosten gem. § 75 Abs. 4 Satz 2 ADS, Ziff. 62.7 Satz DTV-ADS.

Da der Versicherungswert regelmäßig taxiert ist, werden die Ausbesserungskosten nicht dem tatsächlichen Wert des versicherten Interesses, sondern der Taxe gegenübergestellt. Einen wirtschaftlichen Totalverlust gibt es nicht.

Deshalb spielt die Höhe des Bauwertes oder des Zeitwertes des Schiffes keine Rolle, sondern nur die der Taxe (vgl. OLG Hamburg, HansRGZ 1934, B 395 = Sasse, a.a.O., Nr. 431). Diese muss also von den Ausbesserungskosten zuzüglich der nach § 74 ADS, Ziff. 62 oder 63 DTV-ADS ebenfalls zu schätzenden Nebenkosten überschritten werden. Eventuell anfallende Berge- oder Hilfslöhne werden bei Deckung nach den ADS nicht mitgerechnet, bei Deckung nach DTV-ADS (wie in England) gem. Ziff. 61.1 sehr wohl. Sie haben aber auch bei einer Deckung nach ADS für die Überlegung des Versicherers, Abandon zu erklären, Bedeutung. Auch spielt ein Restwert des Schiffes keine Rolle. Es kommt vielmehr nur auf die Gegenüberstellung der Taxe mit den reinen Ausbesserungskosten einschließlich der erwähnten Nebenkosten an.

Beispiele:

(1) Tatsächlicher Wert des Schiffes vor der Havarie   EUR 1,2 Mio.
    Versicherungstaxe auf Kasko   EUR 1,5 Mio.
    Reparaturkosten und Nebenkosten   EUR 1,3 Mio.

    Keine Reparaturunwürdigkeit!

(2) Tatsächlicher Wert des Schiffes vor der Havarie   EUR 1,5 Mio.
    Versicherungstaxe auf Kasko   EUR 1,2 Mio.
    Reparaturkosten und Nebenkosten   EUR 1,3 Mio.

    Die Reparaturunwürdigkeit ist gegeben.

(3) Tatsächlicher Wert des Schiffes vor der Havarie   EUR 1,5 Mio.
    Versicherungstaxe auf Kasko   EUR 1,2 Mio.
    Reparaturkosten und Nebenkosten   EUR 1,1 Mio.
    Bergelöhne   EUR 0,3 Mio.

    Keine Reparaturunwürdigkeit nach ADS, aber Reparaturunwürdigkeit nach DTV-ADS.

(4) Tatsächlicher Wert des Schiffes vor der Havarie   EUR 1,5 Mio.
    Versicherungstaxe auf Kasko   EUR 1,2 Mio.
    Reparaturkosten und Nebenkosten   EUR 1,1 Mio.
    Restwert des Schiffes   EUR 0,3 Mio.

    Keine Reparaturunwürdigkeit.

Im Fall einer Versicherung mit Minderauszahlung im Totalverlustfall, auch Doppel-Taxe genannt (siehe S. 239), müssen die Reparaturkosten den Taxenhauptbetrag – das ist der größere Betrag – überschreiten.

Macht der Versicherungsnehmer Reparaturunwürdigkeit oder Reparaturunfähigkeit geltend, so hat er naturgemäß nur Anspruch auf den für Totalverlust versicherten Betrag – also den geringeren Betrag.

Liegen die Voraussetzungen der Reparaturunwürdigkeit oder -unfähigkeit vor, so kann der Versicherungsnehmer bei einer Versicherung auf Basis der ADS „das Schiff öffentlich versteigern lassen und den Unterschied zwischen der Versicherungssumme und dem Erlös verlangen" (§ 77 Abs. 1 ADS). Er muss es nicht verlangen, er kann stattdessen auch die Abrechnung des Schadens als Teilschaden nach §§ 74-76 ADS verlangen. Anders die DTV-ADS. Gem. Ziff. 61.2 steht hier das Wahlrecht dem Versicherer zu. Zudem ist die Versteigerung hier nur für den Fall vorgesehen, dass sich Versicherer und Versicherungsnehmer nicht auf den Restwert des Schiffes einigen können. Selbstverständlich ist in beiden Fällen die Haftung des Versicherers nach § 37 ADS, Ziff. 41 DTV-ADS nach oben mit der Versicherungssumme begrenzt. Regelmäßig wird nicht nur der Versicherungsnehmer, sondern auch der Versicherer Abwicklung nach § 77 ADS bzw. Ziff. 61.2.2 oder 61.2.3 wählen. Für den Versicherungsnehmer ist dies deshalb günstiger, weil er dann auch die auf Nebeninteresse versicherten Beträge erhält (§§ 120 und 123 ADS, Ziff. 67.1 DTV-ADS). Für den Versicherer hat es den Vorteil, dass er dann nur die Differenz zwischen Versteigerungserlös und Versicherungssumme auskehren muss. Bei einer Versicherung mit Doppel-Taxe kann für den Versicherungsnehmer die Abrechnung als Teilschaden günstiger sein. Er erhält zwar nicht die auf Nebeninteressen versicherten Beträge, aber Ersatz für Reparaturkosten bis zur höheren Taxe.

Der Versicherungsnehmer darf jedoch mit seiner Entscheidung unter den ADS nicht warten. Er muss sie unverzüglich nach Erlangung der Kenntnis über das Entstehen der Voraussetzungen für seine Rechte aus § 77 ADS ausüben (§ 77 Abs. 4 ADS). Obwohl § 77 ADS die öffentliche Versteigerung des Schiffes verlangt, macht es für die Verpflichtung des Versicherers keinen Unterschied, wenn im gegenseitigen Einverständnis auf die Durchführung des formellen Verfahrens nach § 77 ADS verzichtet und stattdessen das Schiff freihändig verkauft wird. Durch eine solche Maßnahme wird sogar häufig ein höherer Erlös als bei einer öffentlichen Versteigerung erzielt. Die DTV-ADS erfordern nicht einmal einen Verkauf, sondern lassen die Einigung der Parteien ausreichen. Für die Ausübung des Wahlrechts schreiben sie dem Versicherer keine Frist vor. Unter Berücksichtigung von Ziff. 15 DTV-ADS muss der Versicherer hier aber gleichfalls ohne schuldhaftes Zögern entscheiden.

4.23 Schutz des Realkredits

Schiffshypothek

Von dem Grundsatz, dass eine hypothekarische Belastung nur für unbewegliche Sachen (Grundstücke) möglich ist, gibt es für Schiffe eine Ausnahme. Diese wird im Gesetz über Rechte an eingetragenen Schiffen und Schiffsbauwerken (Schiffsrechtegesetz – SchRG) geregelt. Von Bedeutung sind dafür auch die Schiffsregisterordnung (SchRGO), das Flaggenrechtsgesetz (FlaggRG) und das Schiffsbankengesetz.

Eine Schiffshypothek ist die dingliche Belastung eines eingetragenen See- oder Binnenschiffes „... zur Sicherung einer Forderung in der Weise, dass der Gläubiger berechtigt ist, wegen einer bestimmten Geldsumme Befriedigung aus dem Schiff zu suchen" (§ 8 Abs. 1 SchRG). Der Gläubiger kann also seine Forderung durch Zwangsvollstreckung in das Schiff beitreiben.

Für die Schiffshypothek sind die Schiffsgläubigerrechte (siehe unten), geregelt in den §§ 754 ff. HGB, von besonderer Wichtigkeit, weil ein Schiffsgläubigerrecht wegen seiner Vorrangigkeit den Wert einer eingetragenen Schiffshypothek wesentlich beeinträchtigen kann.

Darüber hinaus kann eine weitere Beeinträchtigung der Rechte des Hypothekengläubigers dadurch eintreten, dass bei einer im Ausland durchgeführten Zwangsversteigerung die Rangordnung der dinglichen Rechte durch das am Ort der Versteigerung geltende Recht bestimmt wird.

Das Schiffsrechtegesetz bezieht sich nur auf Schiffe, die in einem deutschen Schiffsregister (das ist das mit dem Grundbuch vergleichbare öffentliche Register, das bei dem für den Heimathafen zuständigen Amtsgericht getrennt für See- und Binnenschiffe geführt wird) eingetragen sind. Dafür können nur deutsche Schiffe, also solche in Betracht kommen, die nach dem Flaggenrechtsgesetz berechtigt sind, die deutsche Flagge zu führen. Das Schiffsrechtegesetz gilt nicht für ausländische Schiffe, auch dann nicht, wenn der Hypothekengläubiger oder der Versicherer Deutsche sind. Ebenfalls dann nicht, wenn deutsche Reeder ihre Schiffe ausgeflaggt und über Treuhandgesellschaften in ausländischen Registern registriert haben (sogenannte Voll- oder Treuhandausflaggung). Anders jedoch dann, wenn das Schiff im deutschen Register eingetragen bleibt und lediglich an einen ausländischen Ausrüster (§ 510 HGB) gegeben wird, dem nach § 7 FlaggRG die Führung einer ausländischen Flagge erlaubt wird.

Die wichtigsten Rechtsgrundsätze für die Schiffshypothek sind nach deutschem Recht folgende:

- Die Bestellung der Hypothek erfolgt wie bei der Grundstückshypothek durch Einigung (zwischen dem Gläubiger und dem Eigentümer des Schiffes) und Eintragung ins Schiffsregister (§ 8 SchRG). Ebenfalls durch Einigung und Eintragung kann der Gläubiger die Hypothek auf einen Dritten übertragen, wobei rechtstechnisch nicht die Hypothek übertragen wird, sondern die Forderung, die durch die Hypothek gesichert wird. Die Hypothek geht dann automatisch mit über (§ 51 SchRG).

- Das Schiff haftet für die Schiffshypothek nicht in der Höhe des eingetragenen Betrages, sondern stets nur in der Höhe, in der eine Forderung tatsächlich besteht.

Beispiel:

Die ursprüngliche Forderung betrug EUR 100.000 und ist in dieser Höhe als Hypothek eingetragen worden. Durch Tilgung hat sich die Forderung auf EUR 60.000 ermäßigt. Auch dann, wenn die Eintragung nicht geändert worden ist, besteht die Hypothek nur in Höhe der tatsächlichen Forderung von EUR 60.000.

Insofern ist auch der öffentliche Glaube des Schiffsregisters eingeschränkt, weil er sich nicht auf den Bestand der Forderung (wie beim Grundbuch), sondern nur auf den dinglichen Bestellungsakt der Schiffshypothek und darauf bezieht, dass derjenige als Eigentümer gilt, der im Schiffsregister als solcher eingetragen ist. Die Schiffshypothek ist also in jedem Fall Sicherungshypothek, die streng akzessorisch, d.h. in ihrer jeweiligen Höhe an den Bestand einer Forderung angelehnt ist (§ 8 Abs. 1 Satz 3 und § 57 SchRG). Deshalb wird auch die Schiffshypothek bei Tilgung durch den Reeder nicht zur Eigentümerhypothek oder zur Eigentümergrundschuld, wie das bei Grundstückshypotheken der Fall ist. Der Reeder kann aber über die freigewordene Rangstelle neu verfügen (§ 57 Abs. 3 und 4 SchRG). Da die Schiffshypothek keine Verkehrshypothek ist, ist sie auch nie Briefhypothek, sondern stets nur Buchhypothek.

- Um eine Beeinträchtigung der Sicherheit des Schiffshypothekengläubigers zu verhindern, ist der Eigentümer verpflichtet, das Schiff in einem guten Zustand und gehörig ausgerüstet zu erhalten sowie mindestens in Höhe der Hypothek plus Zuschlag bei von dem Gläubiger anerkannten Versicherern zu versichern. Tut er das nicht, dann kann der Gläubiger entweder entsprechende Schutzmaßnahmen gerichtlich erzwingen oder sofort Befriedigung aus dem Schiff verlangen (§ 39 SchRG). Wird die Sicherheit der Hypothek durch einen Dritten gefährdet, so kann der Gläubiger allerdings nur auf Unterlassung klagen (§ 40 SchRG).

- Für die der Hypothek zugrundeliegende Forderung zuzüglich Zinsen und Kosten der Beitreibung haften das Schiff und das Zubehör. Außerdem haftet dafür die Versicherungsforderung (vgl. unten). Die Befriedigung erfolgt ausschließlich durch Zwangsvollstreckung (§ 47 Abs. 1 SchRG), d.h. durch Versteigerung des Schiffes.

Sonderformen der Schiffshypothek

Neben der „normalen" Schiffshypothek gibt es eine Reihe von Sonderformen. Die wichtigsten sind:

Gesamtschiffshypothek (§ 28 SchRG)
Für ein Darlehen wird eine Hypothek auf mehrere Schiffe in der Form eingetragen, dass dem Gläubiger eine Mehrheit von Schiffen gesamtschuldnerisch haftet.

Er kann sich aussuchen, aus welchem oder welchen der belasteten Schiffe er Befriedigung für seine Forderung suchen will. Die Gesamtschiffshypothek ist die zweckmäßigste und häufig einzig mögliche Form bei der Gewährung eines größeren Darlehens an einen Eigner mit mehreren Schiffen. (Vgl. dazu auch die Gesamthypothek des Grundpfandrechts in § 1132 BGB.)

Höchstbetragshypothek (§ 75 Abs. 1 SchRG)
Diese wird verwendet, wenn die hypothekarische Belastung erfolgt, bevor die Höhe des Darlehens, für dessen Sicherung die Hypothek eingetragen wird, feststeht (z. B. bei Aufnahme eines Darlehens für die Durchführung einer Reparatur, bevor die Reparaturrechnung vorliegt). Hier wird nur der Höchstbetrag, bis zu dem das Schiff haften soll, eingetragen, während im Übrigen die Höhe der Forderung gesondert festzustellen ist. Im Rahmen des Höchstbetrages können die Forderungen ausgewechselt und erhöht bzw. vermindert werden. Eine derartige Forderungsauswechselung ist zwar auch bei normalen Schiffshypotheken möglich, jedoch kann sie dort wirksam nur dann vorgenommen werden, wenn eine besondere Einigung der Parteien und Eintragung im Schiffsregister erfolgt ist. Bei der Höchstbetragshypothek kann die Auswechselung der Forderungen dagegen außerhalb des Schiffsregisters erfolgen.

Schiffsbauwerkhypothek (§§ 76 ff. SchRG)
Unter der Voraussetzung einer bestimmten Mindestgröße des Schiffes (§ 76 Abs. 2 SchRG), die bei Seeschiffen regelmäßig überschritten wird, kann eine Schiffshypothek auch schon dann bestellt werden, wenn das Schiff sich noch im Bau befindet (frühestens mit Kiellegung). Damit ist für Werften eine wichtige Finanzierungsmöglichkeit vorhanden.

Die Eintragung erfolgt in ein Register für Schiffbauwerke (nur hypothekarisch belastete Schiffbauwerke müssen in dieses Register eingetragen werden). Die Hypothek erstreckt sich auf das Schiffbauwerk in seinem jeweiligen Zustand sowie auf die für den Neubau bestimmten Teile, mit Ausnahme derjenigen, die nicht in das Eigentum des Eigentümers des Neubaus gelangen (z. B. unter Eigentumsvorbehalt gelieferte Maschinenanlagen).

Schiffsgläubigerrechte

Die Rechte des eingetragenen Hypothekengläubigers können durch die nichteingetragenen Schiffsgläubigerrechte beeinträchtigt werden.

Die Regelung der Schiffsgläubigerrechte findet sich in der abschließenden Regelung der §§ 754 ff. HGB Schiffsgläubigerrechte werden nunmehr nur noch für folgende Forderungen gewährt:

- Heuerforderung des Kapitäns oder der Besatzung,

- öffentliche Schiffs-, Schifffahrts- und Hafenabgaben sowie Lotsengeld,

- Schadenersatzforderungen wegen Sach- oder Personenschäden aus der Verwendung des Schiffes. Ausgenommen sind Forderungen wegen Verlustes oder Beschädigung von Sachen, die aus einem Vertrag hergeleitet werden können. Bei den außervertraglichen Ansprüchen kommen insbesondere Kollisionsansprüche in Betracht. In diesem Zusammenhang ist darauf hinzuweisen, dass im Gegensatz zur Erstreckung der Schiffshypothek auf die Versicherungsforderung gem. § 32 SchRG das Schiffsgläubigerrecht sich gem. § 756 abs. 3 HGB nicht auf die Versicherungsforderung erstreckt. Kernenergieschäden im weiten Sinne begründen ebenfalls kein Schiffsgläubigerrecht (§ 754 Abs. 2 HGB).

- Berge- und Hilfslöhne, Havarie-grosse-Beiträge und Wrackbeseitigungskosten,
- Forderungen der sozialen Versicherungsträger.

Prämienforderungen des Versicherers begründen kein Schiffsgläubigerrecht, obwohl gerade die Existenz des Versicherungsschutzes nicht nur für die Sicherheit der Hypothekenforderung, sondern auch für die Durchführung des Schifffahrtsbetriebes von lebenswichtiger Bedeutung ist. Der Grund dafür liegt darin, dass der Versicherer bei Nichtzahlung der Prämien den Versicherungsschutz aufheben kann.

Schiffsgläubigerrechte gehen, obwohl sie nicht eingetragen sind, den eingetragenen Schiffshypotheken voran. Auf den Zeitpunkt der Entstehung des Schiffsgläubigerrechts kommt es nicht an.

Schiffshypothek und Versicherungsforderung

Im Vergleich zu einer Grundstückshypothek unterliegt die Schiffshypothek besonderen Risiken, die sich aus den Gefahren der zufälligen Verschlechterung oder Vernichtung des Pfandobjektes im Rahmen des Schifffahrtsbetriebes ergeben. Das Schiffsrechtegesetz regelt deshalb in den §§ 32 ff. eingehend die Frage, in welcher Weise eine für das Schiff genommene Versicherung dem Schiffshypothekengläubiger haftet.

Die Hypothek erstreckt sich nach § 32 Abs. 1 SchRG auf die Versicherungsforderung, soweit sie sich auf eine Kaskoversicherung bezieht. Versicherungen auf Interesse, Fracht und behaltene Fahrt werden also nicht erfasst.

Solange die Hypothek noch nicht fällig ist, darf der Versicherer nach dem im § 32 Abs. 2 SchRG für anwendbar erklärten § 1281 BGB nur an den Reeder und den Hypothekengläubiger gemeinsam leisten. Nach Fälligkeit der Hypothek darf der Versicherer nur noch an den Hypothekengläubiger leisten (§ 1282 BGB).

Der Versicherer kann sich nicht darauf berufen, dass er eine aus dem Schiffsregister ersichtliche Hypothek nicht gekannt hat.

Wird jedoch die Entschädigung des Versicherers tatsächlich für die Durchführung von Reparaturarbeiten am Schiff oder zur Befriedigung von Schiffsgläubigerrechten verwendet (z. B. Kollisionsersatz, Bergungskosten oder Havarie-grosse-Beiträge), so ist die Zahlung des Versicherers auf jeden Fall dem Hypothekengläubiger gegenüber wirksam (§ 33 SchRG). Das Gleiche gilt nach § 32 Abs. 2, wenn der Versicherer dem Hypothekengläubiger den Versicherungsfall angezeigt hat und der Hypothekengläubiger einer Auszahlung der Leistung des Versicherers an den Reeder nicht innerhalb von zwei Wochen widerspricht.

Noch stärker ist der Schutz für einen Hypothekengläubiger, der seine Hypothek beim Versicherer angemeldet hat (§ 34 ff. SchRG). Das ist regelmäßig der Fall. Für Schiffsbeleihungsbanken ist die Anmeldung der Hypothek beim Versicherer nach § 11 Abs. 2 des Schiffsbankengesetzes vorgeschrieben.

Die Verpflichtung des Versicherers gegenüber dem Hypothekengläubiger reicht weiter als gegenüber dem Versicherungsnehmer. Sie bleibt dem Hypothekengläubiger gegenüber auch in einer Reihe von Fällen bestehen, in denen der Versicherer gegenüber dem Versicherungsnehmer leistungsfrei ist.

Nur bei Leistungsfreiheit wegen

- nicht rechtzeitiger Prämienzahlung,
- Seeuntüchtigkeit des Schiffes und
- Abweichung vom vorgesehenen oder üblichen Reiseweg (Deviation)

kann dieser Umstand nach Schiffsrechtegesetz auch dem Hypothekengläubiger entgegengehalten werden (§ 36 SchRG).

Aber auch diese drei nach Schiffsrechtegesetz einzig möglichen Einwendungen des Versicherers dem Hypothekengläubiger gegenüber sind in der Praxis gegenstandslos.

Gegen die Einwendungen aus nicht rechtzeitiger Prämienzahlung kann sich der Hypothekengläubiger nach Anmeldung seiner Hypothek beim Versicherer schützen, weil der Versicherer ihm über den Zahlungsverzug eine Mitteilung machen muss, wenn eine Zahlungsfrist gesetzt worden ist (§ 34 Abs. 1 SchRG) und so der Hypothekengläubiger in die Lage gesetzt wird, den Versicherungsschutz durch Zahlung der Prämie aufrechtzuerhalten (§ 38 SchRG). Außerdem wirken die Kündigung, der Rücktritt und die sonstige Beendigung des Versicherungsvertrages (mit Ausnahme des Konkurses des Reeders oder der Kündigung des Versicherungsvertrages wegen Nichtzahlung der Prämie) erst zwei Wochen nach Anzeige gegenüber dem Hypothekengläubiger. Ebenfalls wird jede Änderung im Umfang des Versicherungsschutzes erst zwei Wochen nach erfolgter Anzeige an den Hypothekengläubiger wirksam. Schließlich ist der Hypothekengläubiger sogar bei betrügerischen Doppel- und Überversicherungen geschützt.

| In der Hypothekenklausel werden regelmäßig die Einwendungen des Versicherers aus Seeuntüchtigkeit abbedungen.

Die nach § 36 Schiffsrechtegesetz für den Versicherer möglichen Einwendungen aus Seeuntüchtigkeit, wozu auch die nicht gehörige Ausrüstung oder Bemannung des Schiffes gehört, werden regelmäßig durch die Hypothekenklausel, die zwischen dem Hypothekengläubiger und dem Versicherer vereinbart werden kann, abbedungen. (Eine solche Vereinbarung bildet für Schiffshypothekenbanken nach § 11 Abs. 1 Schiffsbankengesetz die Voraussetzung für die Beleihung.)

Abweichungen vom vorgesehenen oder üblichen Reiseweg betreffen normalerweise nur eine Reisepolice und nicht den Regelfall, die Zeitpolice. Fahrtgrenzenüberschreitungen sind gem. Klausel 11.5 DTV-Kaskoklauseln, Ziff. 24.5.3 DTV-ADS als Gefahränderungen mitversichert. Der Versicherungsnehmer muss sie anzeigen und gegebenenfalls eine Zulageprämie bezahlen.

Zeigt er sie nicht an, so liegt darin ein Verhalten des Versicherungsnehmers, das gem. § 36 Satz 1 Schiffsrechtegesetz den Versicherer der Bank gegenüber nicht befreit. Das gilt auch für die vorsätzliche Nichtanzeige der Gefahränderung. (Siehe im Übrigen auch die Ausführungen S. 240 ff.).

Hat der Versicherer in den Fällen, in denen seine Haftung dem Hypothekengläubiger gegenüber weiter ist als gegenüber dem Versicherungsnehmer, Zahlung geleistet, dann geht die Hypothek insoweit auf ihn über (§ 37 SchRG).

Die Sicherstellung des Hypothekengläubigers ist nach deutschem Recht sehr viel weitergehender als nach ausländischem Recht. Dies gilt besonders für die Fälle, in denen nach deutschem Recht der Versicherer dem Hypothekengläubiger gegenüber weiter haftet als gegenüber dem Versicherungsnehmer. Im Verhältnis zwischen ausländischem Hypothekengläubiger und Versicherer wird regelmäßig in der sogenannten Loss Payee Clause vereinbart, dass innerhalb bestimmter Beträge an den Versicherungsnehmer gezahlt werden darf, während darüber hinausgehende Schadenzahlungen rechtswirksam an den Versicherungsnehmer erst nach Zustimmung des Hypothekengläubigers geleistet werden können.

Auch nach deutschem Recht wird jedoch durch das Schiffsrechtegesetz oder die Hypothekenklausel nicht die Fälligkeit der Leistung des Versicherers verändert (siehe S. 117 f.).

Der Hypothekengläubiger kann seine Interessen durch eine Mortgage-Interest-Versicherung separat decken. Im englischen Markt ist dafür eine einheitliche Grundlage durch die Institute Mortgage Interest Clauses (Hulls) vom 30.5.1986 geschaffen worden. Wesentliches Merkmal dieser Sonderdeckung ist, dass im Schadenfall – auch bei Vereinbarung einer höheren Versicherungssumme der englische Versicherer – nur Ersatz bis zur Höhe des Marktwertes leistet, den das Schiff bei Gewährung des Darlehens gehabt hat. Damit soll der Hypothekengläubiger von einer zu hohen Darlehensgewährung abgehalten werden.

5 Versicherung der Nebeninteressen

Mit den DTV-Kaskoklauseln wurden die bis dahin marktuneinheitlich verwendeten Makler-Klauseln durch die „DTV-Klauseln für Nebeninteressen 1978" zusammengefasst und damit auch auf diesem Gebiet eine Markttransparenz erzielt. Die letzte Fassung dieser Klauseln entstammt dem Jahr 2004. In den DTV-ADS findet sich die Nebeninteresseversicherung im dritten Abschnitt.

5.1 Die Versicherung des „Interesses"

> Interesseversicherung deckt alle möglichen Interessen des Reeders im Totalverlustfall, die auch nach Leistung der Totalverlustsumme beinträchtigt bleiben.

Die Versicherung auf Kasko deckt das Hauptinteresse des Eigentümers an dem Schiff. Dadurch wird aber noch nicht das gesamte Eigentümerinteresse in voller Höhe erfasst. Es mag sein, dass die Kaskotaxe nicht ausreicht, den Reeder für alle Verluste und Nachteile zu entschädigen, die er bei einem Totalverlust des Schiffes erleidet. Es kann der Fall eintreten, dass in Havarie-grosse der Beitragswert des Schiffes höher festgelegt wird als es der Kaskotaxe entspricht (was allerdings nur bei der Deckung auf Basis ADS und DTV-Kaskoklauseln von Bedeutung ist, nicht unter den DTV-ADS (siehe S. 87 ff.). „Ersatz an Dritte"-Schäden können so hoch sein, dass auch durch die Separathaftung (siehe S. 265 f.) noch keine ausreichende Deckung zur Verfügung steht, und schließlich ist die Fracht nicht in der Kaskotaxe enthalten und deshalb nicht versichert.

Bei vorübergehendem Ausfall des Schiffes entsteht ein Nutzungsverlust. Dieser ist Gegenstand der Ertragsausfallversicherung, im Markt auch dem englischen Sprachgebrauch folgend als *Loss of* Hire Versicherung bezeichnet. Die ADS und die DTV-Klauseln für Nebeninteressen erfassen sie nicht. In den DTV-ADS ist sie im vierten Abschnitt (vgl. S. 321 ff.) geregelt. Der Reeder hat aber nicht nur ein Nutzungsinteresse und ein Interesse daran, dass das Schiff als Substanzwert erhalten bleibt, sondern auch daran, dass es in Fahrt bleibt und seine Funktion als Mittel zur Durchführung des Schifffahrtsbetriebes und zur Gewinnerzielung erfüllt. Missverständlich wird die Absicherung dieses Interesses teils als Versicherung *für behaltene Fahrt* bezeichnet. *Für behaltene Fahrt* bezeichnet jedoch nicht die Versicherung eines bestimmten Interesses, sondern nur, dass der Versicherer nur die Fälle von Totalverlust, Verschollenheit und Reparaturunfähigkeit oder -unwürdigkeit deckt (vgl. die Definition in § 120 ADS).

Richtig ist jedoch die Aussage, dass sich eine Versicherung auf die behaltene Fahrt nur auf den dauernden Ausfall des Schiffes bezieht. Deshalb kann auf behaltene Fahrt nicht nur das Kaskointeresse des Versicherungsnehmers versichert werden, sondern auch sein weiteres, darüber hinausgehendes Interesse. Es handelt sich dann um eine Versicherung auf ein Interesse, das nur allgemein bestimmt wird. Es werden bei ihm alle möglichen Interessen erfasst, die der Reeder daran hat, dass das Schiff in Fahrt bleibt (siehe S. 51 ff.). Auch diese Versicherung wird nur gegen Totalverlust, Verschollenheit und andere zum Abandon des Versicherungsnehmers berechtigende Fälle (vgl. §§ 72 und 73 ADS) sowie gegen die Folgen der Reparaturunwürdigkeit und Reparaturunfähigkeit nach § 77 ADS genommen. Sie bezieht sich auch auf den Abandon des Versicherers nach § 38 ADS (vgl. Klausel 2.1 und 2.2 DTV-Klauseln für Nebeninteressen, Ziff. 66 DTV-ADS).

Da es bei taxierten Policen keine Unterversicherung gibt (siehe S. 88 f.), wollen die Versicherer das Interesse des Reeders an einer ausreichend hohen Versicherungstaxe erhalten. Deshalb sind für die Versicherung auf Nebeninteresse nur bestimmte Prozentsätze der Kaskotaxe zulässig. Klausel 6 der DTV-Kaskoklauseln 1978/2004, Ziff. 1.4 DTV-ADS fordern eine Vereinbarung zulässiger Grenzen, die jeweils einzelvertraglich vereinbart werden.

Die Interesseversicherung schließt auch die sogenannten *Excedenten* ein. Sie kommen in Betracht, wenn im Schadenfall die auf Kasko versicherten Summen nicht ausreichen. Sie werden allerdings nur im Verhältnis der auf Excedenten versicherten Summe zur durch die Kaskoversicherung ungedeckten Summe ersetzt. Insoweit erstrecken sich die Interessedeckungen auf den Excedenten für Ersatzansprüche Dritter (vgl. Klausel 2.3 DTV-Klauseln für Nebeninteressen, Ziff. 66.2 DTV-ADS), bei einer Deckung nach ADS und DTV-Kaskoklauseln auch für Havarie-grosse und Aufwendungen nach Ballastschiffsklausel. Da die DTV-ADS für die Kaskoversicherung insoweit keine Lücken lassen (siehe S. 273), muss sich deren Interessedeckung auf diese Aspekte nicht erstrecken.

Um eine Untertaxierung der auf Kasko versicherten Beträge zu vermeiden, bestimmen Klausel 6 (Nebeninteressen) der DTV-Kaskoklauseln und Ziff. 1.4 DTV-ADS, dass eine Interesseversicherung nur in Höhe vereinbarter Prozentsätze auf die Kaskotaxe zulässig ist. Allerdings hat der Markt schon seit geraumer Zeit dazu geführt, dass nicht mehr der volle Schiffswert auf Kasko versichert ist, sondern Teile davon durch die Interesseversicherung abgedeckt werden. Dies hat zwei Gründe: Zum einen waren Franchisen früher häufig als Prozentsätze der Kaskotaxe ausgestaltet, so dass ein teilweise in die Nebeninteresseversicherung verschobener Schiffswert zu einer niedrigeren Kaskotaxe und damit auch zu einer niedrigeren Franchise für Teilschäden führte; zum anderen ist der Prämiensatz für Nebeninteressen zum Teil deutlich niedriger, weil dort kein Teilschadenrisiko versichert ist. Der erste Aspekt hat sich dadurch erledigt, dass sowohl die DTV-Kaskoklauseln als auch die DTV-ADS nur noch Abzugsfranchisen vorsehen (vgl. S. 70 ff.).

Da mit der Interesseversicherung alle möglichen Interessen des Reeders daran versichert werden können, dass das Schiff in Fahrt bleibt, wird erst im Schadenfalle festzustellen sein, auf welche Interessen die Versicherung sich bezogen hat. Ein Nachweis im Einzelnen ist bei der Deckung nicht erforderlich (Klausel 2.6 DTV-Klauseln für Nebeninteressen, Ziff. 66.5 DTV-ADS).

Zur Frage des Überganges von Forderungen auf den Interesseversicherer und des Vorranges des Kaskoversicherers im Verhältnis zum Interesseversicherer siehe S. 122 ff.

Bei Vereinbarung einer Doppeltaxe durch die „Klausel für Minderauszahlung im Totalverlustfall" (siehe S. 239) wird eine Interesseversicherung nicht zugelassen.

Auch in England sind unter den „Institute Time Clauses - Hulls Disbursements and Increased Value (Total Loss only, including Excess Liabilities)" (Cl. 290) auch *general average, salvage* und *salvage charges* sowie *collision liability* enthalten, soweit die durch die Kaskoversicherung gedeckten Beträge nicht ausreichen. Die englische Deckung beinhaltet also auch die sogenannte Excedenten-Versicherung.

5.2 Die Versicherung der Fracht

Gegenstand der Frachtversicherung ist das Interesse des Verfrachters an der Frachtforderung hinsichtlich ihrer Gefährdung dadurch, dass sie erlischt bzw. bereits erhaltene Fracht zurückzuzahlen ist, dass sie im Havarie-grosse-Fall beitragspflichtig wird oder beim Werthaftungssystem für Drittschäden mithaften muss.

Die Frachtversicherung ist also prinzipiell eine Forderungsversicherung, die das Bestehen eines gültigen Frachtvertrages voraussetzt. Im Rahmen des Versicherungsvertrages ist jedoch nicht jedes Erlöschen der Frachtforderung versichert, sondern nur solches, das auf eine versicherte Gefahr zurückzuführen ist. Für den Umfang der Haftung des Versicherers verweist Ziff. 3.2 DTV-Klauseln für Nebeninteressen auf § 105 Abs. 1 ADS, der seinerseits bestimmt, dass in erster Linie die Bestimmungen der ADS über die Kaskoversicherung maßgebend sind. Ziff. 67 DTV-ADS bestimmt schlicht, dass im Falle von Abandon (Ziff. 42), Totalverlust (Ziff. 59.1), Reparaturunfähigkeit oder Reparaturunwürdigkeit (Ziff. 60.1) der Versicherer die in der Police als für Fracht vereinbarte Versicherungssumme leistet. Insoweit gilt das versicherte Interesse als bewiesen.

In Klausel 3.4 DTV-Klauseln für Nebeninteressen wird bestimmt, dass diejenigen Beträge, die als Fracht für den Reeder nicht im Risiko sind, als Versicherung auf behaltene Fahrt gem. Klausel 2.2 gelten sollen. Das bedeutet, dass die entsprechenden Beträge nicht für die Deckung von Excedenten verwendet werden können. Die DTV-ADS erreichen das gleiche Ziel auf anderem Wege. Hier gilt das Frachtinteresse als bewiesen. Geleistet wird nur im Totalverlust oder den ihm gleich stehenden Fällen. Auch hier wirkt sich die Frachtversicherung nicht auf die Excedentendeckung aus, die bei den DTV-ADS aber ohnehin nur noch für Ersatz an Dritte von Bedeutung ist.

5.3 Prämiengelderversicherung

Geht das Schiff während der Versicherungszeit total verloren, so ist die volle Jahresprämie fällig. Für die noch nicht abgelaufene Versicherungszeit hat deshalb der Reeder die Versicherungsprämie verloren. Da es sich hier um bedeutende Beträge handeln kann, wird in Einzelfällen dieses Risiko versichert. Das geschieht in der Weise, dass als Versicherungssumme die gesamte Jahresprämie zugrunde gelegt wird, jedoch mit der Maßgabe, dass sie sich zeitanteilig reduziert (Ziff. 4.4 DTV-Klauseln für Nebeninteressen 1978, Ziff. 68 DTV-ADS).

6 Ertragsausfallversicherung

> Loss of Hire Versicherung deckt Ertragsausfälle als Folge eines Kaskoversicherungsschadens.

Für die Ertragsausfallversicherung, im Markt nach dem international üblichen Sprachgebrauch *Loss of Hire* Versicherung bezeichnet, gab es in Deutschland traditionell keine eigenen Verbandsbedingungen. Die Praxis hat sich mit der Verwendung ausländischer Bedingungen beholfen. Zum Teil kam das sogenannte AB Steward Wording zum Einsatz, ein aus dem englischen Markt stammendes Bedingungswerk. Die größte Verbreitung haben aber die im Kap. 16 des norwegischen Seeversicherungsbedingungen (Norwegian Marine Insurance Plan) enthaltenen Bestimmungen. Sie standen als Marktstandard für die Versicherung deutscher Schiffe auch Pate für den vierten Abschnitt der DTV-ADS (Ziff. 70 bis 81), die die ersten deutschen Verbandsbedingungen für diese Sparte darstellen.

6.1 Die versicherte Gefahr

Zweck der Ertragsausfallversicherung ist es, dem Reeder den Schaden zu ersetzen, der ihm entsteht, wenn das Schiff nicht für Einnahmen zur Verfügung steht. Grundsätzlich ließe sich eine solche Versicherung auf jeden Fall des Ertragsausfalls erstrecken. Klassischerweise wird die Deckung aber auf solche Fälle beschränkt, in der der Ausfall Folge eines Kaskoschadens ist. Demgemäß bestimmt Ziff. 70 DTV-ADS, dass der Versicherer den Ertragsausfall des versicherten Schiffes für die Dauer ersetzt, in der das Schiff infolge eines Kaskoschadens daran gehindert ist, die volle Fracht oder Miete zu verdienen. Voraussetzung ist allerdings, dass der Kaskoschaden unter der Kaskoversicherung ersetzt wird. Dabei bleibt zwar außer Betracht, dass der Schaden vielleicht nur deshalb nicht ersetzt wird, weil er unter die Kaskofranchise fällt; Leistungsfreiheitstatbestände jeglicher Art in der Kaskoversicherung sind jedoch durch diese Verknüpfung auch für die Ertragsausfallversicherung maßgeblich. Dabei ist zu beachten, dass der Ertragsausfallversicherer nicht etwa an die Leistungsentscheidung des Kaskoversicherers gebunden ist. Er kann die Frage, ob ein gedeckter Kaskoschaden vorliegt, durchaus selbständig prüfen. Und es kommt in der Praxis auch vor, dass ein Ertragsausfallversicherer das Vorliegen eines gedeckten Kaskoschadens verneint, obwohl der Kaskoversicherer den Schaden tatsächlich reguliert hat.

In Kapitel 5 wurde bereits die Funktion der Nebeninteresseversicherung erläutert, den Reeder im Falle des Totalverlustes für weitere Verluste, insbesondere auch Einnahmeausfälle, zu entschädigen. Dies erfordert, die Nebeninteresseversicherung von der Ertragsausfallversicherung abzugrenzen, was dadurch geschieht, dass genau die Tatbestände, die für die Nebeninteresseversicherung leistungsauslösend sind, also Totalverlust, Reparaturunwürdigkeit und Reparaturunfähigkeit, in der Ertragsausfallversicherung zur Leistungsfreiheit führen.

6.2 Der Leistungsumfang

Der Leistungsumfang des Versicherers wird bestimmt nach der Anzahl der Tage, Stunden und Minuten, in denen das Schiff keine Einnahmen gehabt hat. Grundsätzlich wird für diese Zeit der tatsächliche und nachzuweisende Frachtausfall des Schiffes ersetzt (Ziff. 72.4 DTV-ADS). Den Vertragsparteien steht es aber offen, diesen Betrag durch Vereinbarung festzusetzen, also zu taxieren. Geschieht dies, ist der tatsächliche Ertragsausfall nicht mehr von Bedeutung. Der Versicherer leistet dann den anhand des Zeitausfalls und des vereinbarten Tagessatzes zu zahlenden Betrag. Dies gilt nur dann nicht, wenn der Ertragsausfall erst nach dem Ende des Ertragsausfallversicherungsvertrages entsteht (Ziff. 80.2 DTV-ADS). Das geschieht gar nicht so selten, weil Reeder ihre Schiffe für kleinere Schäden, die nicht unbedingt sofort beseitigt werden müssen, nicht aus der Fahrt nehmen, sondern die Reparaturen auf die nächste Werftzeit verschieben. Die kann dann durchaus außerhalb der Versicherungsperiode liegen.

Der Selbstbehalt ist in der Ertragsausfallversicherung nach Tagen bestimmt. Marktüblich ist die Vereinbarung von 14 versicherungsfreien Tagen. Die Zeitzählung beginnt mit dem Moment, in dem das Schiff schadensbedingt gehindert ist, Frachten zu verdienen, also nicht erst mit Beginn der Reparatur.

Beispiel:
Das Schiff erleidet am 15. Oktober eine Grundberührung und läuft sofort einen Nothafen an, in dem es am 17. Oktober eintrifft. Nach Schadensfeststellung ergibt sich, dass der Schaden dort nicht repariert werden kann. Das Schiff fährt weiter zu einem Reparaturhafen, wo es am 21. Oktober eintrifft und am 22. Oktober die Reparaturarbeiten beginnen, die bis zum 5. November anhalten. Ist ein 14-tägiger Selbstbehalt vereinbart, beginnt dieser nicht etwa erst am 22. Oktober, sondern bereits am 15. Oktober zu laufen, und endet am 29. Oktober. Ab dem 30. Oktober ist der Ertragsausfallversicherer mithin leistungspflichtig.

6.3 Parallele Reederarbeiten

Die Praxis, kleinere Reparaturen auf die nächste Werftzeit zu verschieben oder aber im Rahmen größerer, sofort erforderlicher Reparaturen auch noch gleich andere Arbeiten mit auszuführen, führt zu der Frage, wie mit solchem Ertragsausfall umzugehen ist. Weder wäre es angemessen, in der ersten Konstellation dem Versicherungsnehmer die Deckung zu versagen mit der Begründung, dass die Reparatur des Schadens im Rahmen einer geplanten Werftzeit erfolgte, während der der Versicherungsnehmer ohnehin keine Einnahmen gehabt hätte; noch wäre es in der zweiten Konstellation fair, die Ausführung weiterer Arbeiten, für die der Versicherungsnehmer das Schiff hätte aus der Fahrt nehmen müssen, völlig unberücksichtigt zu lassen. Die DTV-ADS sehen für solche Fälle in Ziff. 77.1 vor, dass der Versicherer für die gemeinsame Reparaturzeit außerhalb des Selbstbehaltes die Hälfte des Einnahmeverlustes ersetzt. Voraussetzung ist allerdings, dass die parallel ausgeführten Arbeiten erforderlich sind, um Auflagen der Klassifikationsgesellschaft zu erfüllen oder wenn sie zur Erhaltung der Wiederherstellung der Seetüchtigkeit erforderlich sind.

6.4 Auswahl der Reparaturwerft und Beschleunigungskosten

Die Höhe der Leistungspflicht des Ertragsausfallversicherers hängt naturgemäß davon ab, wie lange die Reparatur dauert. Die Auswahl der Werft bekommt dadurch eine besondere Bedeutung. Die Versicherungsbedingungen könnten daher durchaus vorsehen, dass der Versicherer Einfluss auf die Auswahl der Werft nehmen darf. Das ist aber nicht der Fall. Die Auswahl der Werft liegt allein in der Hand des Versicherungsnehmers. Als Korrelativ sehen die Bedingungen in Ziff. 75 zunächst vor, dass der Versicherer die Einholung mehrerer Reparaturangebote verlangen und auch selbständig solche Angebote einholen kann. Seine Leistungspflicht beschränkt sich dann auf das zeitlich kürzeste Reparaturangebot, deren Kosten der Kaskoversicherer in vollem Umfang trägt.

Die Reparaturdauer hängt aber nicht nur von der grundsätzlichen Arbeitsgeschwindigkeit auf einer Werft ab. Sie kann auch durch besondere Beschleunigungsmaßnahmen verkürzt werden. Typisches Beispiel ist Nacht- und Sonntagsarbeit, für die Zuschläge zu zahlen sind. Der Sache handelt es sich dabei um Maßnahmen zur Verminderung versicherten Schadens.

In der Ertragsausfallversicherung werden sie gesondert geregelt durch die Bestimmung, dass solch außergewöhnlicher Aufwand ersetzt wird. Allerdings ist die Versicherungsleistung begrenzt auf den Betrag, den der Versicherer bedingungsgemäß hätte leisten müssen, wenn die außerordentlichen Aufwendungen nicht getätigt worden wären (Ziff. 76 DTV-ADS).

7 Protection- and Indemnity-Versicherung (P&I)

Literatur: Schwampe, in Thume/de la Motte/Ehlers, Transportversicherung, 2. Aufl., Kap. 7.G (Seehaftpflichtversicherung)

7.1 Historische Entwicklung

Im 18. Jahrhundert schloss sich zunächst in England eine Anzahl von Reedern zusammen, um diejenigen Schäden, die ihre Schiffskaskoversicherung nicht deckte, im Wege der Gegenseitigkeit abzusichern. Dabei lag zunächst die wichtigste Ursache in der Tatsache, dass laut englischer Running-Down-Clause die Kollisionshaftung nur mit 3/4 derjenigen Beträge, die zulasten des Reeders gingen, unter die Schiffskaskoversicherung fallen. Im Laufe der weiteren Entwicklung wurde eine Reihe von anderen Haftungstatbeständen, die nicht Gegenstand der Schiffskaskoversicherung waren, in die Deckung der Gegenseitigkeitsvereinigungen einbezogen.

7.2 Heutige Marktverhältnisse

Die P&I-Versicherung wird international durch Gegenseitigkeitsorganisationen der Reeder, den sogenannten P&I-Clubs, beherrscht. Die größten Clubs sind in England und Skandinavien beheimatet, es gibt aber auch jeweils einen großen Club in den USA, in Japan und in China. viele dieser großen Clubs haben sich in der *International Group of P&I Associations* mit Sitz in London zusammengeschlossen. Die dort vereinten Clubs versichern etwa 90 % des Weltmarktes. Die verbleibenden Reeder sind entweder bei kleineren, zum Teil regional agierenden Clubs versichert, teils auf dem freien Markt, der inzwischen ebenfalls P&I-Versicherung – zu festen Prämien – anbietet.

In Deutschland gab es bis 2001 ebenfalls einen kleineren P&I-Club, der als Versicherungsverein auf Gegenseitigkeit organisiert war. Heutzutage wird P&I-Versicherung von einem Konsortium deutscher Versicherer angeboten.

7.3 Organisation

Mit der Aufnahme eines Reeders als Mitglied in einen P&I-Club unterwirft sich der Reeder den Statuten der Vereinigungen, den sogenannten „Rules". Die Mitglieder wählen einen Ausschuss („Board of Directors" oder „Committee"), der regelmäßig zusammentritt, die Tätigkeit der Geschäftsführung kontrolliert und über die Abwicklung eines Schadens endgültig entscheidet. Die Schadenbearbeitung wird unter der Leitung von im internationalen Seerecht erfahrenen Geschäftsführern durchgeführt („Manager").

Der Charakter als Gegenseitigkeitsvereinigung kommt darin zum Ausdruck, dass keine Gewinnerzielung bezweckt ist, die Kostendeckung vielmehr nach dem Prinzip der Schadenumlage erfolgt. Es wird daher keine feste Prämie für die Gewährung des Versicherungsschutzes vereinbart. Reicht die ursprünglich festgesetzte Umlage *(advance call)*, die nach der eingebrachten Tonnage berechnet wird, zur Deckung der auf die Mitglieder zukommenden Schäden und der Verwaltungskosten nicht aus, so werden Nachschüsse *(supplementary calls)* erhoben. Die endgültige Umlage ist der *final call*.

Während also bei der Mitgliedschaft in P&I-Clubs in Migliedschafts- und Versicherungsverhältnis unterschieden werden kann, stellt der P&I-Versicherungsschutz bei Marktversicherern zu festen Prämien einen normalen Versicherungsvertrag dar. Diese Versicherer gewähren P&I-Versicherungsschutz gegen feste Prämie. Der Reeder ist also nicht dem Risiko eines Nachschusses ausgesetzt, zahlt mit der Prämie aber auch einen vom Versicherer einkalkulierten Gewinn.

Zur Erfüllung ihrer Aufgaben stützen sich die P&I-Versicherer auf weltweite Netze von Korrespondenten in allen bedeutenderen Seehäfen. Diese verfügen über spezielle Kenntnisse des örtlichen Rechts und der örtlichen Verhältnisse und haben engen Kontakt zu den an Schifffahrt und Seehandel des Platzes beteiligten Firmen. Sie stehen dem Reeder und im Ausland dessen Kapitänen und Agenten bei der Wahrung der Reederinteressen mit Rat und Hilfe zur Seite und wickeln Schadenfälle nach Weisung des Clubs oder sonstigen P&I-Versicherers und im Einvernehmen mit dem Reeder ab.

7.4 P&I-Deckung

Die P&I-Deckung deckt Haftungen

- in Ergänzung zur Kaskoversicherung und insbesondere

-Ladungsschäden

-Personenschäden

-Verschmutzungsschäden

-Wrackbeseitigung

Die Deckung bei den P&I-Clubs und den sonstigen P&I-Versicherern ist im Wesentlichen identisch, wofür schon der Markt sorgt. Im Unterschied zu den Versicherungsgesellschaften, die P&I-Versicherung mit bestimmten Deckungsgrenzen anbieten, war die Clubdeckung traditionell unlimitiert. Erst seit einigen Jahren hat auch diese Deckung eine Grenze, die derzeit bei 3,06 Mrd. USD liegt (siehe S. 329).

Entsprechend ihrem Ursprung lehnt sich die traditionelle Clubdeckung insoweit, als sie eine Ergänzung der Kaskoversicherung darstellt, eng an die Schiffskaskoversicherung – und zwar jene nach englischen Bedingungen – an und erfasst insoweit die Risiken, die dort nicht gedeckt sind oder als Deckungslücken im Rahmen einer bestehenden Deckung verbleiben. Für einen nicht englischen Reeder können sich jedoch je nach Landesrecht unterschiedliche Haftungsvoraussetzungen ergeben, und ein Teil der Risiken kann bereits anderweitig abgedeckt sein.

Beispiel:
Während die englische Kaskodeckung auf die Kollisionshaftung beschränkt ist und diese nur mit 3/4 der Versicherungssumme abdeckt, bietet die deutsche Kaskodeckung weitergehenden Versicherungsschutz für Sachschäden aus der Bewegung des Schiffes bis zur Höhe der Versicherungssumme.

Da die Schiffskaskoversicherung somit nach deutschen Bedingungen umfangreicher ist als nach englischen, kann ein deutscher Reeder bestimmte Risiken von der Clubdeckung ausnehmen, wofür entsprechende Rabatte gewährt werden.

Neben der Ergänzung der Kaskoversicherung hat die P&I-Versicherung heutzutage aber insbesondere die Funktion, Haftungsrisiken abzudecken, die von vornherein nicht unter die Kaskoversicherung fallen, und zwar insbesondere Ladungsschäden, Personenschäden, Wrackbeseitigung und Verschmutzungsschäden, wobei die im Blickpunkt der Weltöffentlichkeit stehenden Ölverschmutzungsschäden auf den Weltmeeren eine besondere Bedeutung besitzen.

Die wichtigsten versicherten Risiken sind Folgende:

- Personenschäden (Tod, Verletzung),
- Krankenfürsorge sowie Kosten für die Ersatzgestellung, Heimreise und Bestattung von Besatzungsmitgliedern,
- Hafengebühren und andere Kosten im Zusammenhang mit dem Anlandsetzen eines kranken oder verletzten Besatzungsmitgliedes,
- Kosten für die Wrackbeseitigung eines eigenen oder fremden Schiffes, sofern das eigene Schiff für die Kollision haftet und nicht die Kaskoversicherer eintreten,
- Persönliche Effekten der Besatzungsmitglieder,
- 1/4 Kollisionsersatz, da die englische Schiffskaskoversicherung nur 3/4 der Ersatzansprüche für Kollisionsschäden deckt,
- Excedentenhaftung bei Kollisionen für den Fall, dass die Deckungssumme einer ordnungsgemäßen Kaskoversicherung nicht ausreicht,
- Schäden an fremden Schiffen oder Sachen, die verursacht wurden, ohne dass eine Kollision stattgefunden hat (z. B. durch Sog oder Dünung),
- Schäden an festen oder beweglichen Gegenständen,

- Schlepprisiken, sofern gemäß Vertrag zwischen Reeder und Schlepper der vom Schlepper verursachte Schaden vom Reeder übernommen werden muss,
- Unterbringungskosten der Besatzung, falls das Schiff infolge eines Unfalls zeitweilig unbewohnbar sein sollte,
- Kosten der Rechtsverteidigung, die im Zusammenhang mit Risiken der Protections-Klasse entstehen,
- Ladungsschäden (Verlust, Beschädigung, Vermischung),
- Anteil der Ladung an Havarie-grosse-Kosten, soweit dieser Anteil infolge Verletzung des Frachtertrages nicht eintreibbar ist,
- Anteil des Schiffes an Havarie-grosse- und Bergungskosten, wenn derselbe von den Kaskoversicherern nicht zu erlangen ist, weil der Wert des versicherten Schiffes in einem anderen Land als demjenigen, in dem das Schiff registriert ist, höher veranlagt wird als die Kaskoversicherungssumme,
- Geldstrafen, die einem Mitglied von Zoll-, Einwanderungs- oder anderen staatlichen oder lokalen Behörden auferlegt werden,
- Kosten im Zusammenhang mit seeamtlichen Untersuchungen,
- Kosten der Rechtsverteidigung, die im Zusammenhang mit Risiken der Indemnity-Klasse entstehen.

Losgelöst von der eigenen Haftpflichtdeckung bieten einige P&I-Clubs und P&I-Versicherer – zum Teil nur in Kombination mit P&I-Versicherung, zum Teil aber auch aufgrund separater Verträge – Versicherungsschutz für Rechtsschutzkosten an. Diese Versicherungen erfassen typischerweise folgende Risiken:

- Durchfechtung von Schadenersatzansprüchen des Mitgliedes im Zusammenhang mit folgenden Forderungen:
    - Fracht, Leerfracht, Liegegeld, Beschlagnahme, Bergung, Havarie-grosse-Beiträge,
    - Vergütungen für Kontraktbruch,
    - Schäden am versicherten Schiff, soweit diese nicht durch die Kaskoversicherung gedeckt sind,
    - Verteidigung in Prozessen und sonstigen Verfahren unter bestimmten Voraussetzungen,
    - Schutz gegen unberechtigte Maßnahmen von Behörden, öffentlichen Körperschaften oder Gesellschaften, die die Kontrolle über Häfen, Docks, See- und Binnengewässer usw. ausüben,
    - Rechtsberatung in allen Schifffahrtsangelegenheiten.

7.5 Höhe der Deckung

In der Regel erfolgt die Schadloshaltung des Mitgliedes unter Abzug von Franchisen, für die in den einzelnen Deckungsklassen ein verschiedener Berechnungsmodus zugrunde gelegt wird (z. B. Unterscheidung nach Schadenursache usw.). Abgesehen von der Abzugsfranchise, die bewirkt, dass ein wesentlicher Teil der kleineren Schäden zulasten des Reeders geht, kannte die P&I-Versicherung traditionellerweise keine Begrenzung für die Haftung nach oben und gewährte Versicherungsschutz im vollen Umfang der Reederhaftung.

In den Neunzigerjahren wurden dann jedoch, nicht zuletzt auch auf Drängen der Reederschaft, Deckungsgrenzen festgelegt. Sie belaufen sich auf USD 500 Mio. für Ölverschmutzungsschäden und USD 3,06 Mrd. für alle sonstigen Schäden. Außerhalb des Clubsystems angebotene P&I-Versicherung ist üblicherweise auf USD 500 Mio. beschränkt.

Ein Grundprinzip der Schadenregulierung in der P&I-Versicherung liegt seit jeher in der Regel *pay to be paid*. Deshalb ist für die Zahlung eines Schadens durch den Club die vorherige Zahlung des Schadens durch den Reeder die Voraussetzung. Nach dem britischen Third Parties (rights against insurers) Act von 1930 hat ein Geschädigter, der seine Ansprüche gegen einen Schadenstifter nicht durchsetzen kann, weil dieser in Konkurs geraten ist, einen unmittelbaren Anspruch gegen dessen Versicherer. Das House of Lords hat in einem Urteil von 1990 unter besonderer Berücksichtigung des Charakters eines Versicherungsvereins auf Gegenseitigkeit die Anwendung des Direktanspruchs eines Geschädigten gegen den P&I-Club verneint. Das schließt nicht aus, dass die Clubs im Einzelfall im Interesse ihres Mitglieds anders entscheiden. Auch deutschen P&I-Versicherungen liegt das Vorauszahlungsprinzip zugrunde, das auch unter deutschem Recht wirksam ist.

8 Die Versicherung des Schiffbaus und der Reparatur

8.1 Schiffbau

Literatur: Schwampe, in Thume/de la Motte/Ehlers, Transportversicherungsrecht, 2. Aufl., Kap. 6 A.III.

Allgemeines

Baurisikoversicherung schließt in der Regel folgende Schäden ein:

- am Schiffsneubau auf der Werft,
- an den Werftanlagen und
- am Schiffsneubau auf der Probefahrt

Beim Bau eines Schiffes ist versicherungsmäßig mit einer Deckung für die reinen Montagerisiken nicht auszukommen. Die Bauwerft trägt bis zur Übergabe an den Auftraggeber das Risiko für Schäden an dem Bauwerk und für Schäden, die durch das im Bau befindliche Schiff Dritten oder auch an den Anlagen der Bauwerft entstehen können. Das Risiko der Werft ist deshalb vielschichtiger als das des Herstellers einer ortsfesten Anlage; es bezieht sich insbesondere auch auf den Stapellauf und auf die Probefahrt.

Die Versicherung des Schiffbaus erfolgt im deutschen Markt auf Basis der DTV-Bedingungen für die laufende Versicherung (Mantelvertrag) von Schiffbaurisiken 1998/2008 (AVB Schiffbau), die die „Klauseln für Baurisiken (Endwert)" ersetzt haben. Diese Bedingungen bauen nicht auf den DTV-ADS auf, sondern noch auf den ADS (Ziff. 17 AVB Schiffbau) und nehmen daneben teilweise auf die DTV-Kaskoklauseln 1978/2008 Bezug.

Als Versicherungssumme gilt entweder der zwischen der Werft und dem Auftraggeber vereinbarte Kontraktpreis oder der Bauendwert (Ziff. 7.1 AVB Schiffbau). Von beiden Werten gilt der jeweils höhere Wert. Unter Bauendwert ist die Summe der tatsächlich für den Neubau aufgewendeten Kosten einschließlich Gewinns der Werft zu verstehen. Diese Bestimmung ist erforderlich, weil die effektiven Baukosten unter Umständen höher sein können als ein Kontraktpreis ohne Gleitklausel. Als Versicherungssumme muss deshalb der jeweils höhere Betrag herangezogen werden, weil sonst der Neubau nicht ausreichend versichert wäre.

Die Prämien tragen dem Umstand Rechnung, dass bei Beginn der Versicherung nur ein sehr geringer Wert vorhanden ist, der nur mit einem geringen Risiko behaftet ist (Stahlplatten usw.), während gegen Ende der Bauzeit der volle Bauwert im Risiko ist und erhebliche Gefahren vorhanden sind (Feuergefahr, Totalverlustrisiko oder Kollisionsrisiko bei der Probefahrt). Die Baurisikoprämien sind deshalb das Ergebnis einer Mischkalkulation.

Die Versicherung – und damit auch die Prämienzahlung – beginnt mit der Bearbeitung des ersten für den Neubau bestimmten Teils auf der Werft (Ziff. 6.1 AVB Schiffbau). Sie endet mit der Ablieferung des Neubaus an den Besteller (Ziff. 6.2 AVB Schiffbau). Das vorher vorhandene Risiko für lagerndes Material (sogenanntes *pre-keel-risk*) kann separat versichert werden (Ziff. 1.4 AVB Schiffbau). Der früher auf den Tag der Kiellegung abgestellte Beginn der Baurisikoversicherung und damit auch der Prämienzahlung ist durch die moderne Sektionsbauweise, bei der vor dem Baubeginn auf der Helling nunmehr ganze Schiffssektionen von vielen Tonnen Gewicht in der Halle vorgefertigt werden, gegenstandslos geworden.

Die Prämien richten sich danach, in welche vorgesehene Risikogruppe der Neubau einzustufen ist. Dabei werden außerdem ungünstige Risikoverhältnisse bei der betreffenden Werft die Höhe der Prämie beeinflussen.

Die Prämien setzen sich aus einer zeitunabhängigen Grundprämie sowie einer Monatsprämie zusammen.

Umfang der Versicherung

Die Bauversicherung umfasst:

- Beschädigung oder Verlust des Neubaus, seines Zubehörs oder seiner Konstruktionsteile auf der Grundlage einer Allgefahrendeckung nach Ziff. 2.1.1.1 AVB Schiffbau.

- Beschädigung oder Verlust von Werftanlagen, sofern der Schaden durch unmittelbare körperliche Einwirkung des Neubaus, seines Zubehörs oder seiner Konstruktionsteile verursacht wir (Ziff. 2.2.1.1 AVB Schiffbau). Werftanlagen sind alle beweglichen oder unbeweglichen Gegenstände, die dem Betrieb der Werft dienen, soweit der Versicherungsnehmer daran ein Sachsubstanzinteresse hat (Ziff. 1.2.1 AVB Schiffbau).

   Von der Versicherung ausgenommen sind jedoch der Helgen, Pallungs- und andere Hölzer sowie Hilfseinrichtungen (Einzelheiten dazu vgl. Ziff. 1.2.2 AVB Schiffbau).

   Pallungs- und andere Hölzer, die übrigens einen erheblichen Wert darstellen können, nicht aber der Helgen und die Hilfseinrichtungen, können auf Antrag zu den Prämien und Bedingungen der Police mitversichert werden. Auch im Fall der Mitversicherung erstreckt sich aber die Deckung für die Hölzer nicht auf „Schäden, welche sich als gewöhnliche Folge der Verwendung der Hölzer beim Bau darstellen, insbesondere Abnutzung, Fortschwimmen beim Stapellauf oder Hochwasser" (Ziff. 2.2.2 AVB Schiffbau).

- Der Werft zur Last fallende Kosten für die Hebung, die Beseitigung oder die Vernichtung eines versicherten Gegenstandes (§ 1 Abs. 2), sowie Aufräumungskosten (§ 2 Abs. 4 der Klauseln für Baurisiken).

- Misslingt der Stapellauf und/oder das Aufschwimmen, so leistet der Versicherer auch Ersatz für die durch den erneuten Stapellauf erforderlichen Aufwendungen sowie Schäden am Helgen bzw. dem Baudock (Ziff. 2.2.1.2 AVB Schiffbau).

- Beschädigung oder Verlust während der Probefahrt.
  Hier gilt die Bauversicherung wie eine normale Kaskoversicherung. Dabei sind die Bedingungen des Versicherungsschutzes gegenüber den ADS und den DTV-Kaskoklauseln erweitert (Einzelheiten vgl. Ziff. 2.3.1 AVB Schiffbau). Die wichtigste Erweiterung liegt darin, dass die Bestimmungen über die Seeuntüchtigkeit völlig aufgehoben sind, soweit die Seeuntüchtigkeit das Schiff selbst oder sein Zubehör betrifft (Ziff. 2.3.3 AVB Schiffbau). Ist also z. B. das Schiff infolge eines Konstruktionsfehlers (ausgenommen solche Konstruktionsfehler, die durch ein Mitglied der Werftleitung verschuldet sind) oder eines Fehlers der Bauausführung seeuntüchtig und geht deshalb während der Probefahrt total verloren, so haftet der Baurisikoversicherer. Die Probefahrt ist ohne Prämienzulage mitversichert, wenn sie innerhalb eines Radius von 250 Seemeilen vom Erbauungsort stattfindet (Ziff. 2.3.1 AVB Schiffbau). Überschreitungen dieses Radius werden gegen Prämienzulage mitversichert.

- Sobald der Neubau vom Stapel gelaufen ist, wird die Kollisionshaftung von Bedeutung (Ziff. 2.3.2 AVB Schiffbau).

Außerdem gelten folgende Grundsätze:

- Abzugsfranchise
  Die Prämien setzen die Anwendung einer Abzugsfranchise voraus. Die Abzugsfranchise gilt nicht für Totalverlust und Schäden aus Ersatzansprüchen Dritter (Ziff. 12 AVB Schiffbau).

- Nach einem Schaden wird die Versicherungssumme um den als Schaden bezahlten Betrag automatisch wieder aufgefüllt.

- Die Baurisiko-Klauseln kennen keine Separathaftung.
  Deshalb ist die Haftung der Versicherer beim Zusammentreffen von Schäden am Neubau mit Schäden an Werfteinrichtungen oder mit Schäden für Ersatz an Dritte mit der Versicherungssumme (also mit der Bausumme zuzüglich etwa separat versicherter Hölzer) begrenzt (Ziff. 17 AVB Schiffbau i.V.m. § 37 ADS). Aufwendungen zur Beseitigung und/oder Vernichtung versicherter Sachen sowie für Aufräumen der Schadenstelle sind nur mit dem in der Police vereinbarten Prozentsatz versichert (Ziff. 10.1 AVB Schiffbau), und auch dann nur zusammen mit sonstigem Schaden bis zur Höhe der Versicherungssumme.

- Ursache und Eintritt eines Schadens
  Schäden, die zwar ihre Ursache in Ereignissen während der durch die Baupolice gedeckten Zeit haben, aber erst später eintreten, sind nicht Gegenstand der Bauversicherung. Sie können durch eine Garantieversicherung gedeckt werden.

Die Risikoausschlüsse

ergeben sich aus Ziff. 2, 3 und 14 AVB Schiffbau. Sie beziehen sich auf Schäden als Folge

- der Bearbeitung der versicherten Gegenstände im vorgeschriebenen oder üblichen Arbeitsgang (Ziff. 2.1.2.1 AVB Schiffbau, siehe unten),
- eines Verschuldens der Werftleitung (Ziff. 3.4 AVB Schiffbau, was unter Werftleitung zu verstehen ist, wird in Ziff. 3.4 AVB Schiffbau definiert);
- kriegerischer und diesen gleichzuachtender Ereignisse (Ziff. 3.2 Ziff. 3.4 AVB Schiffbau).
- Außerdem sind, wie in allen anderen Bereichen der Transportversicherung, Schäden durch Kernenergie ausgeschlossen (Ziff. 3.1 AVB Schiffbau).
- Politische Gewalthandlungen, Streik, Aufruhr, Unruhen und Piraterie sind mitversichert, können gem. Ziff. 14 AVB Schiffbau aber jederzeit einzeln oder insgesamt mit einer Frist von zwei Wochen ausgeschlossen werden.

Besondere Erwähnung verdient die Behandlung von Schäden, die durch Konstruktionsfehler und durch die Arbeiter der Werft verursacht worden sind.

Konstruktionsfehler

Die Baurisikoversicherung deckt nach Ziff. 2.1.1.1 alle Gefahren. Eine von diesen Gefahren liegt darin, dass Schäden durch Konstruktionsfehler eintreten können. Ziff. 2.1.2 AVB Schiffbau nimmt diese Gefahr jedoch von der Deckung aus. Konkret ausgeschlossen sind Schäden, die in einem Mangel an den versicherten Sachen bestehen, z. B. wegen eines Fehlers der Konstruktion oder eines verborgenen Mangels des Materials.

Dagegen besteht Versicherungsschutz, wenn als Folge eines Mangels ein Sachsubstanzschaden an den versicherten Sachen eintritt. In diesem Fall leistet der Versicherer Ersatz für den Folgeschaden, ausgenommen jedoch die Kosten für die Beseitigung des Mangels selbst (Ziff. 2.1.2.3 AVB Schiffbau).

Daneben sind von der Deckung ausgenommene Schäden, die bei der Herstellung oder der Bearbeitung im vorgeschriebenen oder üblichen Arbeitsgang entstanden sind, sowie Mängel an der versicherten Sache, weil im Bauvertrag vereinbarte Leistungen, z. B. Tragfähigkeit, Geschwindigkeit etc., nicht erbracht werden. Bei Letzterem handelt es sich nicht um einen Ausschluss, sondern nur um eine Klarstellung, denn es liegt kein Sachsubstanzschaden am Neubau vor, was jedoch nach Ziff. 2.1.1.2 AVB Schiffbau Deckungsvoraussetzung ist.

Beispiele:
(1) Bei der Abnahme der Schiffstanks wird festgestellt, dass für die Tankwandungen zu geringe Blechstärken verwendet worden sind. Die Tanks müssen abgerissen und mit stärkerem Blech neu gebaut werden. Der Schaden besteht nur in der Beseitigung des Konstruktionsfehlers selbst und in zusätzlichen Kosten, die über die Wiederherstellung der falsch konstruierten Teile hinausgehen. Eine Ersatzpflicht der Versicherer besteht nicht.

(2) Die zu geringe Blechstärke der Tankwandungen zeigt sich erst, als beim Befüllen der Tanks die Wandungen brechen. Dabei werden die Tanks selbst und durch die auslaufenden Flüssigkeiten wird die Maschinenanlage beschädigt. Infolgedessen müssen die Tanks erneuert und die Maschinenanlage muss repariert werden.

Der Schaden an der Maschinenanlage ist ersatzpflichtig, weil er als Folge des Konstruktionsfehlers eingetreten ist, vorausgesetzt, das Schadenereignis fällt innerhalb der von der Bauversicherung gedeckten Zeit. Der Schaden an den Tanks ist nicht gedeckt.

Schäden durch Arbeiter der Werft

Anders als noch die „Klauseln für Baurisiken (Endwert)" sprechen die AVB Schiffbau „Schäden, die durch Arbeiter der Werft verursacht" werden (§ 1 Abs. 2 der Klauseln für Baurisiken) und „Einwirkung durch vorsätzliches oder fahrlässiges Verhalten der Arbeiter der Werft" (§ 2 Abs. 3 der Klauseln für Baurisiken) nicht ausdrücklich als versichert an. Das ist aber auch nicht erforderlich, denn gem. Ziff. 2.2.2. AVB Schiffbau besteht ohnehin eine Allgefahrendeckung. Jedoch werden in Ziff. 2.3.2 AVB Schiffbau Schäden, die bei der Herstellung oder der Bearbeitung im vorgeschriebenen oder üblichen Arbeitsgang entstanden sind, von der Deckung ausgenommen.

Schäden, die durch Arbeitnehmer verursacht werden, sind also gedeckt, jedoch dann nicht, wenn sie eine Folge der Bearbeitung im vorgeschriebenen oder üblichen Arbeitsgang sind.

Die Bedeutung dieser Bestimmungen soll an folgendem **Beispiel** erläutert werden:

Beim Bau zeichnet der aufsichtführende Meister Lüftungsöffnungen an einem Mast falsch an. Die Öffnungen werden deshalb an einer falschen Stelle eingebrannt. Aus diesem Grund sind Material und Arbeiten erforderlich, um die von der fehlerhaften Bearbeitung betroffenen Teile zu erneuern bzw. zu reparieren.

Das Einbrennen der Öffnungen war von dem aufsichtführenden Meister an der betreffenden (falschen) Stelle angeordnet. Es liegt deshalb eine Bearbeitung im vorgeschriebenen Arbeitsgang vor.

Der Umstand, dass es sich um eine versehentlich angeordnete, unrichtige Bearbeitung handelt, ändert nichts an der Anwendbarkeit dieser Bestimmung, weil sie nicht unterscheidet, ob der Schaden mit oder ohne Verschulden als Folge einer vorgeschriebenen oder üblichen Bearbeitung eingetreten ist.

Von besonderer Wichtigkeit ist auch die Tatsache, dass es sich bei den erwähnten Fällen nicht um Schäden handelt, die infolge eines Bearbeitungsfehlers entstanden sind, sondern um die Beseitigung des Bearbeitungsfehlers selbst. Würde aus einem Bearbeitungsfehler nachfolgend ein Sachschaden entstanden sein (z. B. infolge der falsch eingebrannten Lüftungsöffnungen leidet die Stabilität des Mastes, und dieser bricht deshalb zusammen), so würde der Folgeschaden versichert sein, unter Ausschluss derjenigen Kosten, die erforderlich sind, um den Fehler selbst zu beseitigen. In den genannten Beispielfällen besteht der Schaden nur in der Beseitigung des Bearbeitungsfehlers selbst, und darüber hinaus ist ein weiterer Schaden nicht entstanden. Kosten, die zur Beseitigung des Fehlers selbst erforderlich sind, bilden jedoch nicht Gegenstand der Baupolice. Insoweit besteht eine Parallelität zur Behandlung von Konstruktionsfehlern.

8.2 Umbau und Reparatur

Allgemeines

Ein Umbau liegt dann vor, wenn das Schiff in seiner material- oder maschinentechnischen Zusammensetzung wesentlich verändert wird (Umbau vom Turbinenschiff zum Motorschiff, Verlängerung des Schiffes usw.).

Eine Reparatur liegt dann vor, wenn ein beschädigtes Schiff in der gleichen Art wiederhergestellt wird, die vor dem Schaden vorhanden gewesen ist. Es handelt sich bei der Reparatur also lediglich um die Wiederherstellung eines ursprünglich vorhandenen Zustandes.

Umbauten dauern regelmäßig länger als Reparaturen. Deshalb wird das Schiff während der Umbauzeit häufig aus der Deckung der Kaskoversicherung herausgenommen.

Aufgrund einer Vereinbarung zwischen der Werft und dem Auftraggeber kann das Schiff selbst und die von der Werft erbrachte Umbauleistung von der Werft im Rahmen der *Umbauversicherung* gedeckt werden. Es gelten dann die gleichen Deckungsgrundsätze wie bei einem Neubau.

Die Prämien liegen allerdings höher als bei einem Neubau, weil bei einer Versicherung des Neubaus der Prämienberechnung der Endwert zugrunde gelegt wird, während die im Risiko befindlichen Summen sich erst im Zuge des Baufortschritts von geringen Werten am Anfang bis zum Endwert erhöhen. Bei der Umbauversicherung ist dagegen vom ersten Tage der Versicherung an durch den vollen Wert des umzubauenden Schiffes ein sehr viel höherer Anfangswert vorhanden.

Außerdem werden bei einem umzubauenden Schiff in stärkerem Maße Brenn- und Schweißarbeiten durchgeführt, die, wie die Erfahrung zeigt, bei einem voll eingerichteten Schiff einen erheblichen Risikofaktor bedeuten.

> Reparatur- und Haftpflichtversicherung deckt
> - Schäden an der Reparturleistung
> - Haftpflichtschäden am Schiff

Bei Reparaturen kommt für die Werft die Deckung von zwei verschiedenen Risiken in Betracht, nämlich zum einen die Deckung von Schäden an der von ihr erbrachten Reparaturleistung (Reparaturversicherung) und zum anderen die Haftpflicht für Schäden an dem von der Werft zur Reparatur übernommenen Schiff (Haftpflichtversicherung). Beide Risiken werden normalerweise in der *Reparatur- und Haftpflichtversicherung* zusammengefasst (vgl. dazu Besondere Bedingungen für die Versicherung von Haftungs- und Reparaturrisiken von Schiffswerften 2003/2008 (BB Reparaturhaftpflicht 2003/2008)).

Reparaturversicherung

Solange die von der Werft erbrachte Reparaturleistung noch nicht an den Reeder übergeben worden ist, liegt das Sachwertinteresse daran noch bei der Werft. Sie versichert damit das bei ihr noch vorhandene Eigentümerinteresse, welches vom Eigentümerinteresse des Reeders am Schiff als solchem verschieden ist. Die Deckung findet sich in Ziff. 3 BB Reparaturhaftpflicht 2003/2008.

Beispiel:
Im Zuge der Reparatur baut die Werft neue Rohrleitungen in das Schiff ein.

Bis zur Ablieferung des Schiffes an den Reeder liegt das Sachwertinteresse an diesen Rohrleitungen noch bei der Werft und ein Schaden an den Rohrleitungen trifft allein die Werft. Werden diese Rohrleitungen beim Einbau oder nach Einbau vor Ablieferung des Schiffes an den Reeder beschädigt oder zerstört, so ist das Sachwertinteresse der Werft betroffen und die Reparaturversicherer haben für den Schaden aufzukommen. Die Reparaturversicherung ist also insoweit eine Art partielle Neubauversicherung. Der Versicherungsvertrag bestimmt deshalb, dass auf die Reparaturversicherung die Neubau-Bedingungen Anwendung finden.

Das durch die Reparaturversicherung gedeckte Interesse der Werft bezieht sich auf alle von der Werft erbrachten Leistungen, also nicht nur auf Sachen, sondern auch auf Aufwendungen. Auf die Summe dieser Leistungen bezieht sich auch die Prämie der Reparaturversicherung.

Beispiel:
Der Auftrag der Werft ging dahin, eine Welle auszurichten. Nach Durchführung dieser Arbeit wird die ausgerichtete Welle durch ein herabstürzendes Bauteil mit mechanischer Gewalt beschädigt mit der Folge, dass die Welle und ein Drucklager beschädigt werden. Welle und Lager müssen deshalb erneuert bzw. repariert werden, und die Welle muss anschließend erneut ausgerichtet werden. Durch den Schaden an der Welle und dem Lager nach erfolgtem ersten Ausrichten ist die von der Werft bereits erbrachte Reparaturleistung, nämlich das Ausrichten der Welle, „zerstört" worden.

Dieser Schaden geht zulasten der Reparaturversicherer. Dagegen handelt es sich bei dem Schaden an der Welle und dem Lager nicht um den Schaden an der von der Werft erbrachten Reparaturleistung. Zwar ist für die Erfüllung des Werkvertrages, der das Ausrichten der Welle zum Inhalt hat, die Beseitigung des Sachschadens an der Welle und dem Lager erforderlich, das ändert jedoch nichts daran, dass es sich dabei um einen Schaden an Teilen des Schiffes handelt und nicht um einen Schaden an der von der Werft bereits erbrachten Reparaturleistung. Bei den Schäden an der Welle und dem Lager handelt es sich nicht um

Schäden, die das Sachwertinteresse der Werft betreffen, sondern um Schäden an Teilen des der Werft zur Reparatur übergebenen Schiffes, die nach Gesichtspunkten einer eventuellen Haftpflicht der Werft zu beurteilen sind.

Haftpflichtversicherung

Literatur: Dreyer, in Thume/de la Motte/Ehlers, Transportversicherungsrecht, 2. Aufl., Kap. 6 A.IV.

Dieser Teil, geregelt in Ziff. 1 und 2 BB Reparaturhaftpflicht 2003/2008, bezieht sich auf Schäden, die durch Verschulden der Werft an dem von ihr zur Reparatur übernommenen Schiff eingetreten sind.

Bei Reparaturen legen die Werften generell Dock- und Reparaturbedingungen ihren Aufträgen zugrunde. Danach beschränkt die Werft ihre Haftung für Schäden, die das Schiff aus Anlass oder bei Gelegenheit der Dockung oder der Reparatur erleidet.

Für die Versicherung dieses Risikos ist das von Bedeutung. Bis Mitte der Achtzigerjahre wurde das Haftpflichtrisiko auf der Basis versichert „wenn die Werft aufgrund ihrer Dock- und Reparaturbedingungen zu haften hat". Um den Umfang des Versicherungsschutzes nicht länger von einer fremdbestimmten Haftungsnorm abhängig sein zu lassen, wurde mit den BB Reparaturhaftpflicht der Versicherungsschutz positiv umrissen. Dabei wurde auf die vom BGH in seiner „Brüssel"- Entscheidung (VersR 1988, 847) anerkannten Haftungsfreizeichnungen abgestellt, die im kaufmännischen Verkehr mit § 9 AGB-Gesetz im Einklang stehen.

Der BGH hat in seinem Urteil für den kaufmännischen Bereich festgestellt, dass die Freizeichnungen einer Werft in ihren Dock- und Reparaturbedingungen für Schäden, die auf jede Art von Verschulden von nicht leitenden Mitarbeitern (einfache Erfüllungsgehilfen) beruhen, nicht gegen die Verbotsnorm des § 9 AGB-Gesetz (jetzt § 307 BGB) verstoßen und damit wirksam sind. Sie ermöglichen nicht die haftungsfreie Verletzung einer sogenannten Kardinalpflicht innerhalb des Reparaturvertrages, mit der die Erreichung des Vertragszweckes gefährdet wird. Der BGH hat dabei eine unangemessene Benachteiligung des Werftkunden verneint, zumal er auch während der Reparaturdauer einen gewissen Einfluss auf die Sicherheit an Bord behält und seine Kaskoversicherung weiterläuft. Im Übrigen seien Haftungsbeschränkungen in der Werftindustrie seit Langem branchenüblich und deshalb für den Kunden nicht überraschend. Hat sich jedoch die Werft für ein grobes Organisationsverschulden und/oder grobes Verschulden ihrer leitenden Angestellten freigezeichnet, so ist nicht nur diese Bestimmung ungültig, sondern die Freizeichnung insgesamt, so dass die Werft für jegliches Verschulden aller Mitarbeiter entsprechend den Bestimmungen des BGB zu haften hat. Unter leitenden Mitarbeitern ist etwa der Kreis zu verstehen, der im Versicherungsrecht als Repräsentant des Versicherungsnehmers angesehen wird.

Im nicht kaufmännischen Verkehr ist jedoch auch bei einfachen Erfüllungsgehilfen für grobes Verschulden keine Freizeichnung möglich.

Gem. Ziff. 2.1 BB Reparaturhaftpflicht 2003/2008 ist Folgendes versichert: die Haftung wegen grober Fahrlässigkeit der Organe oder leitenden Angestellten der Werft (Ziff. 2.1.1), wegen schuldhafter Verletzung wesentlicher Vertragspflichten, bei einfacher Fahrlässigkeit jedoch nur insoweit, als der Schaden vertragstypisch und vorhersehbar war (Ziff. 2.1.2) und auf grobe Fahrlässigkeit oder Vorsatz sonstiger Verrichtungs- und Erfüllungsgehilfen, sofern eine Haftung der Werft trotz der in den Dock- und Reparaturbedingungen der Werft vereinbarten Haftungsbeschränkungen rechtskräftig festgestellt worden ist (Ziff. 2.1.3).

Wird gem. Ziff. 2.2 vor Abschluss der Versicherung erweiterte Deckung besonders vereinbart, erstreckt sie sich auch auf die gesetzliche Haftung der Werft für Schäden am Reparaturobjekt, verursacht bei der Durchführung von Reparaturarbeiten und/oder von Nacherfüllungs-/Garantiearbeiten auf dem Gelände der Werft, wenn dieses vereinbart worden ist.

Die Versicherung ist auf den Ersatz für Sachsubstanzschäden am Reparaturschiff beschränkt. Das ergibt sich bereits aus der positiven Leistungsbeschreibung in Ziff. 2.1 („Verlust oder die Beschädigung des Reparaturobjektes") und Ziff. 2.2 („Schäden am Reparaturobjekt"), so dass die als Ausschluss formulierte Ziff. 2.4.1 („Schäden als Folge eines Verlustes oder eines Sachschadens am Reparaturobjekt [Folgeschäden]") nur eine Klarstellung ist.

9 Binnentransportversicherung

Die Binnentransportversicherung unterliegt dem VVG, welches sie nach der Reform in den §§ 130 bis 141 regelt. Jedoch bleiben die Beschränkungen der Vertragsfreiheit des VVG bei der Binnentransportversicherung von Gütern nach § 210 VVG für sogenannte Großrisiken außer Anwendung. Als Großrisiko bestimmt Abs. 2 der Vorschrift die „unter den Nummern 4 bis 7, 10 Buchstabe b sowie den Nummern 11 und 12 der Anlage Teil A zum Versicherungsaufsichtsgesetz erfassten Transport- und Haftpflichtversicherungen". Lässt man die in der Anlage Teil A ebenfalls genannten Seeversicherungen, die nach § 209 VVG dem VVG überhaupt nicht unterfallen, außer Betracht, so handelt es sich um folgende Versicherungen:

Nr. 4: Schienenfahrzeug-Kasko:
Sämtliche Schäden an Schienenfahrzeugen

Nr. 5: Luftfahrzeug-Kasko:
Sämtliche Schäden an Luftfahrzeugen

Nr.6: Binnensee- und Flussschifffahrts-Kasko:
Sämtliche Schäden an:
a) Flussschiffen
b) Binnenseeschiffen

Nr.7: Transportgüter:
Sämtliche Schäden an transportierten Gütern, unabhängig von dem jeweils verwendeten Transportmittel

Nr. 10b: Haftpflicht für Landfahrzeuge mit eigenem Antrieb:
Haftpflicht aus Landtransporten

Nr. 11. Luftfahrzeughaftpflicht:
Haftpflicht aller Art (einschließlich derjenigen des Frachtführers), die sich aus der Verwendung von Luftfahrzeugen ergibt

Nr. 12: Binnensee- und Flussschifffahrtshaftpflicht:
Haftpflicht aller Art (einschließlich derjenigen des Frachtführers), die sich aus der Verwendung von Flussschiffen und Binnenseeschiffen ergibt.

Zur Darstellung der allgemeinen Grundsätze kann auf einschlägige Schriften zum Versicherungsvertragsrecht und auf die Ausführungen über die Transportversicherung und ihr Verhältnis zum VVG (siehe S. 38 ff.) verwiesen werden. Die Übersichtlichkeit der Darstellung der Transportversicherung im VVG leidet auch nach der Reform des VVG immer noch etwas darunter, dass keine klare Trennung bei der Behandlung der Güter- und der Kaskoversicherung vorgenommen worden ist. Die Allgemeinen Versicherungsbedingungen für die Güterversicherung einerseits und für die Kaskoversicherung andererseits regeln jedoch den Versicherungsschutz ausführlich und haben die Spezialbestimmungen des VVG mitverarbeitet.

Sie bilden deshalb eine übersichtliche Grundlage des Versicherungsschutzes, und es ist nur in wenigen Fällen die Heranziehung des VVG erforderlich.

9.1 Güterversicherung

Während es früher noch spezielle allgemeine Versicherungsbedingungen für die Binnentransportversicherung von Gütern gab (Allgemeine Deutsche Binnen-Transportversicherungs-Bedingungen 1963, vgl. dazu Endermann, Versicherungspraxis 1964, S. 127 ff. und S. 151 ff.); spielen diese Bedingungen heute keine Rolle mehr. Auch für reine Binnentransporte ist heute die Vereinbarung von ADS mit ADS Güterversicherung oder, vermehrt, der DTV-Güter anzutreffen. Auf die Darstellungen in Abschnitt 3 sei deshalb verwiesen.

9.2 Flusskaskoversicherung

(vgl. dazu die Kommentierung zu den Allgemeinen Bedingungen für die Versicherung von Flusskaskorisiken 1992/2008 (AVB Flusskasko 1992/2008) von Gerhard in Thume/de la Motte/Ehlers, Transportversicherungsrecht, 2. Auflage 2010, Kap. 6 B.)

Grundlage der Binnen-Kaskoversicherung

sind nach dem VVG die Bedingungen für die Versicherung von Flusskaskorisiken 1992 in der Fassung von 2008 – AVB Flusskasko 1992/2008. Einige Bestimmungen entsprechen denen der DTV-Kaskoklauseln für die Seekaskoversicherung.

Versicherter Gegenstand

Die AVB Flusskasko definieren in ihrer Ziff. 1 zunächst, was versichert ist, nämlich das Schiff mit seinen maschinellen Einrichtungen, dem Zubehör und der Ausrüstung, und sie erläutern die einzelnen Begriffe. Dabei werden einem Schiff die in Klausel 1.2 genannten Fahrzeuge bzw. schwimmenden Anlagen und Geräte gleichgestellt.

Die Ersatzpflicht des Versicherers in der Flusskaskoversicherung

beruht, anders als nach ADS und den DTV-ADS und anders als in § 130 Abs. 2 VVG vorgesehen, auf dem Grundsatz der Spezialität der Gefahr (Deckung von einzelnen benannten Gefahren).

Deckungsumfang nach Klausel 3 der AVB Flusskasko:

- Verlust und Beschädigung durch
- Schifffahrtsunfall,
- Brand, Blitzschlag und Explosion,
- höhere Gewalt,
- Einbruchdiebstahl, Beraubung und Vandalismus,
- Ersatz an Dritte,
- Beiträge und Aufopferung in Havarie-grosse,
- Wrackbeseitigungskosten,
- Schäden durch hoheitliche Maßnahmen bei Gewässerverschmutzung,
- Kosten der Abwendung, Minderung, Ermittlung und Feststellung eines Schadens.

Kauft der Versicherungsnehmer ein gebrauchtes Schiff, so gelten durch die DTV-Flusskasko-Übernahmeklausel 1995/2008 sinngemäß die gleichen Regelungen wie in der Seekaskoversicherung (siehe S. 234 f.).

Schifffahrtsunfall

Schifffahrtsunfall ist der zentrale Begriff in der Flusskaskoversicherung. Er liegt nach der Rechtsprechung (s. Gerhard a.a.O., Ziff. 3 AVB Flusskasko Rn. 593) vor, wenn ein plötzlich von außen auf das Schiff wirkendes Ereignis einen Schaden an dem Schiff verursacht. Er hat für die Flusskaskoversicherung eine ähnlich wichtige Bedeutung wie der Begriff der Seegefahr für die Seeversicherung. Entsteht jedoch der Schifffahrtsunfall durch eine der unter den Ausschlusstatbeständen der Klausel 3.2 genannten Ursachen, so sind deren Folgen nicht gedeckt. Ein durch Verschulden der Besatzung verursachter Schifffahrtsunfall ist versichert, da gem. Klausel 3.2.1.1 Satz 2 der Versicherungsnehmer das Verhalten der Besatzung bei der Ausführung von Dienstverrichtungen nicht zu vertreten hat. Ausgenommen sind jedoch Bedienungsfehler, durch die ein Schaden an den maschinellen Anlagen entsteht (Klausel 3.2.1.9).

In diesem Zusammenhang ist der Beschluss des OLG Hamburg, VersR 1982, 563 von Bedeutung, in dem es die Frage dahingestellt bleiben lässt, ob ein Schifffahrtsunfall vorlag oder nicht. Es ging dabei um das Sinken eines Flussschiffes nach Brechen des Schiffskörpers. Die Ursache lag entweder in einem auf der vorhergehenden Reise erfolgten unrichtigen Beladen des Schiffes mit Erz, dem altersbedingten Zustand des Schiffes oder in dem unsachgemäßen Löschen der Zelluloseladung. Alle drei Umstände sind nach den alten AVB Fluss nicht versichert. Bei der ersten möglichen Ursache ging das OLG Hamburg davon aus, dass das Schiff die nach der Erzbeladung durchgeführte Unfallreise in einem fahruntüchtigen Zustand angetreten hat (s. Klausel 3.2.1.2 AVB Flusskasko 1992/2008); bei der zweiten möglichen Ursache sah das OLG keine Einwirkung von außen und den Umstand, dass § 4 AVB Fluss (jetzt Klausel 3.2.1.10 AVB Flusskasko 1992/2008) Alters- und Abnutzungsschäden ausdrücklich ausschließt.

Bei der dritten möglichen Ursache ging das OLG von einem Betriebsschaden aus und sagt: „Als Unfallschaden, für den die Versicherer einzutreten hätten, wäre dieses Geschehen indessen nur zu qualifizieren, wenn es sich nicht um einen Betriebsschaden gehandelt hätte, also nicht um einen Schaden, der unmittelbar zum normalen Betrieb und zur gewöhnlichen Verwendung des Schiffes gehört und sich als Folge eines inneren Betriebsvorganges darstellt. Hier tritt der Senat den Ausführungen des LG bei, dass der Entladungsvorgang bei einem Schiff im Rahmen des üblichen Betriebes liegt und dabei infolge etwa unsachgemäßen Vorgehens entstehende Beschädigungen nur als Betriebsschäden anzusehen wären."

(Vgl. zum Begriff des Schifffahrtsunfalls auch die ausführliche Darstellung von Lorenz, „Der Schifffahrtsunfall im Sinne des § 1 AVB Flusskasko" in VersR 1981, 1001 ff.).

Höhere Gewalt wurde schon vom Reichsgericht als „ein von außen auf den Betrieb einwirkendes Ereignis, das unvorhersehbar auch bei Anwendung äußerster Sorgfalt ohne Gefährdung des Betriebes und des wirtschaftlichen Erfolges des Unternehmens nicht abzuwenden und nicht wegen seiner Häufigkeit von dem Betriebsunternehmer in Rechnung zu ziehen und mit in den Kauf zu nehmen ist" definiert.

Die außerdem in Klausel 3.1.1 genannten Gefahren von Brand, Blitzschlag, Explosion, Einbruchdiebstahl, Beraubung und Vandalismus entsprechen denen des allgemeinen Versicherungsrechts und brauchen deshalb hier nicht behandelt zu werden.

Ersatz an Dritte

Der Umfang des Versicherungsschutzes für Ersatz-an-Dritte-Leistungen ist an die Regelung in der Seekaskoversicherung angelehnt (vgl. Klausel 34 DTV-Kaskoklauseln, Ziff. 65 DTV-ADS), ohne jedoch die dort versicherten durch Vertrag übernommenen Haftungsverpflichtungen einzuschließen. Außerdem gibt es im Kollisionsfall keine der Klausel 34.10 DTV-Kaskoklauseln bzw. Ziff. 66 DTV-ADS entsprechende Schwesterschiffsklausel (Klausel 4.9 AVB Flusskasko). Ein Unterschied besteht auch hinsichtlich der Separathaftung (Klausel 34.8 DTV-Kaskoklauseln). Auch in der Flusskaskoversicherung ist für Ersatz-an-Dritte-Leistungen eine eigene Versicherungssumme vorgesehen, die aber nicht automatisch der Kaskoversicherungssumme entspricht. Sie soll sich gem. Ziff. 14.2 AVB Flusskasko vielmehr nach der Haftung des Versicherungsnehmers aufgrund der gesetzlichen Bestimmungen richten. Die Vorschrift ist nicht so zu verstehen, dass die Versicherungssumme immer automatisch der gesetzlichen Haftung entspricht. Es ist vielmehr eine Art „Underwriting-Guideline", die Versicherungsnehmer und Versicherer zur Bildung einer angemessenen Versicherungssumme anhalten soll. Im deutschen Haftungsrecht ist die Haftung in den Bestimmungen der §§ 4 bis 5 des Binnenschifffahrtsgesetzes und den dort in Bezug genommenen Regelungen nach dem Straßburger Übereinkommen über die Beschränkung der Haftung in der Binnenschifffahrt (CLNI, BGBl. 1998 II S. 1643) geregelt.

Das früher im deutschen Binnenschifffahrtsrecht geltende Werthaftungssystem (siehe S. 267) des Binnenschifffahrtsgesetzes wurde nach Umsetzung des CLNI in nationales deutsches Recht in eine Summenhaftung geändert. Dabei werden je nach Schiffstyp und Leistungsfähigkeit der Hauptmaschine unterschiedlich hohe Haftungssummen festgelegt. Nach den AVB Flusskasko hat es der Versicherungsnehmer selbst in der Hand, die für ihn erforderliche Höhe der zu versichernden Haftungssumme zu vereinbaren.

Reicht die vom Versicherungsnehmer gewählte Haftpflichtdeckungssumme nicht aus, so liegt, wie in der Haftpflichtversicherung üblich, keine Unterversicherung vor. Über die gewählte Deckungssumme hinausgehende Haftungsverpflichtungen sind nicht versichert.

Das vom früheren Deutschen Transportversicherungsverband zur Vereinfachung der Abwicklung von kleineren Kollisionsfällen innerhalb Deutschlands abgeschlossenen Godesberger Abkommen, das für europäische Binnengewässer geschlossene Rotterdamer Übereinkommen und das speziell für Nutzungsverluste abgeschlossene *Nutzungsverlustabkommen* spielen heute keine praktische Rolle mehr.

Beiträge und Aufopferung in Havarie-grosse

Nach § 130 VVG bzw. Klausel 3.1.3.2 und 5 der AVB Flusskasko leistet der Versicherer Ersatz für Beiträge in Havarie-grosse, nach Ziff. 3.1.3.3 und 6 für Aufopferungen.

Die Grundlagen der Havarie-grosse in der Binnenschifffahrt finden sich in den §§ 78-91 des Binnenschifffahrtsgesetzes. Sie lehnen sich eng an die gleichartige Regelung in den §§ 700-739 HGB an.

In enger Anlehnung an die York-Antwerp-Rules, die die international vereinbarte Rechtsgrundlage der Havarie-grosse in der Seeschifffahrt bilden, hat die Internationale Vereinigung des Rheinschifffahrtsregisters (IVR) die *Rheinregeln Antwerpen-Rotterdam 1956* geschaffen, die seit ihrer Neufassung den Namen *Rhein-Regeln IVR 1979* führen. Die letzte aktualisierte Fassung stammt aus dem Jahr 2006. Die Anwendung dieser Regeln bei der Abwicklung einer Havarie-grosse ist international für alle dem IVR angeschlossenen Verbände verbindlich.

In fast allen Konnossementen in der Binnenschifffahrt wird auf die Abwicklung einer Havarie-grosse nach den Rheinregeln verwiesen. In zunehmendem Maße werden Havariegrossen auf anderen Wasserstraßen ebenfalls nach diesen Regeln abgewickelt.

Die AVB Flusskasko enthalten in Ziff. 5.1 die Bestimmung, dass eine entsprechend den Rheinregeln aufgemachte Dispache als gesetzmäßig gilt.

Wrackbeseitigungskosten

Die Kosten der Wrackbeseitigung sind nur bei Vereinbarung einer besonderen Versicherungssumme dafür versichert; natürlich nur dann, wenn ein versichertes Ereignis die Ursache des Schadens gewesen ist (Ziff. 7 und 14.3 AVB Flusskasko). Voraussetzung ist, dass die Beseitigung des Wracks auf einer behördlichen Verfügung beruht. Die Wrackbeseitigung kann sich erheblich verteuern, wenn dabei besondere Vorkehrungen und Aufwendungen wegen der an Bord befindlichen Ladung getroffen werden müssen, zum Beispiel zur Verhinderung von Umweltschäden. Diese Kosten sind nicht versichert. Im Übrigen: Versichert sind die Kosten für die Beseitigung des versicherten Schiffes, nicht aber die für die Beseitigung der Ladung. Letzteres ist Angelegenheit der Ladungseigner.

Schäden durch hoheitliche Maßnahmen bei Gewässerverschmutzung

Die Ersatzleistung hierfür entspricht Klausel 18 DTV-Kaskoklauseln (siehe S. 249).

Kosten der Abwendung, Minderung, Ermittlung und Feststellung eines Schadens

In Ziff. 27 AVB Flusskasko werden die in der Seeversicherung durch § 32 ADS, Ziff. 31 DTV-ADS (vgl. S. 110 f.) versicherten Kosten zusammengefasst.

Nicht versicherte Gefahren und Schäden in der Flusskaskoversicherung

sind in Ziff. 3.2 AVB Flusskasko zusammengefasst. Sie entsprechen weitgehend den Regelungen in den DTV-Kaskoklauseln. Bei Ausschluss von Schäden durch *Verschulden des Versicherungsnehmers* wird in Klausel 3.2.1.1 nur auf Vorsatz und grobe Fahrlässigkeit des Versicherungsnehmers abgestellt. So jetzt nach der VVG-Reform auch § 137 VVG, während der § 130 VVG a.F. noch jedes Verschulden ausreichen ließ.

Der Ausschluss gilt auch dann, wenn der Versicherungsnehmer sein Schiff selbst führt, zum Beispiel bei Strandung wegen Trunkenheit des Eignerschiffers, nicht aber bei Führung des Schiffes durch eine vom Eigner verschiedene Besatzung (Ziff. 3.2.1.1, § 137 Abs. 2 VVG).

Bei dem Ausschluss von *Fahruntüchtigkeit des Schiffes* (Ziff. 3.2.1.2) wird wie bei der Seeuntüchtigkeit (Klausel 23 DTV-Kaskoklauseln), anders als nach § 138 VVG, nicht mehr von einer objektiven Risikobeschränkung ausgegangen, sondern darauf abgestellt, ob der Versicherungsnehmer die Fahruntüchtigkeit zu vertreten hat. Das Gleiche gilt für den Unterfall der zu tiefen Abladung (Ziff. 3.2.1.12).

Für *Eisschäden* gibt es in den Ziff. 3.2.1.3 und 3.2.1.4 unterschiedliche Regelungen, je nachdem, welche Teile des Schiffes betroffen sind und ob die Schäden beim Fahren durch feststehendes Eis bzw. im Rahmen einer Havarie-grosse-Maßnahme zur Rettung von Schiff und Ladung (Ziff. 5.2.2) entstanden sind. Zusammengefasst kann gesagt werden: Ersatzpflicht für Eisschäden generell ja, jedoch beim Forcieren von Eis nur, wenn das im Rahmen einer Havarie-grosse-Maßnahme erfolgt ist. Für Welle, Schraube und Sternbuchse generell nein, jedoch ja bei einer Havarie-grosse-Maßnahme.

Im Übrigen gilt für Eisschäden eine in der Police vereinbarte Abzugsfranchise (Ziff. 9.3); marktüblich ist eine Franchise von 25 % des ersatzpflichtigen Schadens.

Politische Gewalthandlungen, Aufruhr und innere Unruhen sind im Unterschied zur Seekaskoversicherung (Ziff. 15 DTV-Kaskoklauseln, Ziff. 37 DTV-ADS), wo sie lediglich einer vierzehntägigen Kündigungsfrist unterliegen, generell ausgeschlossen. Schäden durch Streikende oder Personen, die an Aussperrungen oder sonstigen Arbeitsunruhen teilnehmen, sind jedoch in der Flusskaskoversicherung gedeckt.

Die Ausschlüsse für Schäden durch

- Krieg etc., Ziff. 3.2.1.6
- Beschlagnahme etc., Ziff. 3.2.1.7
- Kernenergie, 3.2.1.8
- Abnutzung, Ziff. 3.2.1.10 und
- Nichtbeachtung der Bestimmungen für die Beförderung gefährlicher Güter, Ziff. 3.2.1.11.

entsprechen denen in der Seekaskoversicherung (vgl. Ziff. 16, 17, 19, 27 und 14 DTV-Kaskoklauseln, Ziff. 35, 38, 38, 55 und 33 DTV-ADS).

Maschinelle Einrichtungen

Maschinelle Einrichtungen sind wie das Schiff versichert. Im Unterschied zur Seekaskoversicherung auf der Grundlage der Ziff. 20.2. DTV-Kaskoklauseln und Ziff. 27 DTV-ADS mit Allgefahrendeckung besteht nach ABV Flusskasko nur ein eingeschränkter Versicherungsschutz im Umfang der Ziff. 3.1.1. Dabei sind solche Explosionsschäden beim Betrieb in den maschinellen Einrichtungen nicht versichert, deren Wirkung auf die betreffende maschinelle Einrichtung beschränkt bleibt. Schäden durch Bedienungsfehler sind keine als versichert benannte Gefahr. Sie sind lediglich zur Klarstellung nochmals ausdrücklich ausgeschlossen. Führt jedoch der Bedienungsfehler zu einem Schifffahrtsunfall mit der Folge eines Maschinenschadens, so ist dieser gedeckt.

Beispiel:
Infolge eines Fehlers in der Wartung der Ruderanlage blockiert diese. Dadurch läuft das Schiff auf eine Steinböschung mit der Folge der Beschädigung der Antriebswelle.

Abzüge neu für alt

Im Gegensatz zur Seekaskoversicherung werden gem. Klausel 9.4 AVB Flusskasko Abzüge neu für alt in Höhe der in der Police vereinbarten Prozentsätze vorgenommen.

Versicherungswert und Versicherungssumme

Das VVG regelt in § 136 nur den Versicherungswert von Gütern, nicht aber von Binnenschiffen. Als Versicherungswert legt Ziff. 13 den Zeitwert des Schiffes bei Beginn des jeweils laufenden Versicherungsjahres zugrunde. Der Zeitwert wird in Ziff. 13.2 definiert. Liegt die Versicherungssumme unter dem Zeitwert, kann der Versicherer gem. Ziff. 14.1.1

AVB Flusskasko Unterversicherung geltend machen. Dabei führt nach den Bedingungen jede hinter dem Versicherungswert zurückbleibende Versicherungssumme zur Unterversicherung, nicht nur, wie nach § 75 VVG, eine erheblich niedrigere Versicherungssumme.

In der Flusskaskoversicherung werden für Kasko, Ersatz an Dritte und Wrackbeseitigung jeweils separate Versicherungssummen vereinbart. Sie gelten jeweils nur für den betreffenden Bereich, ohne dass im Schadenfall in einem Bereich nicht benötigte Summen auf einen anderen nicht ausreichend hoch versicherten Bereich (Summenausgleich) übertragen werden können (Ziff. 14.4).

Sonstige Bestimmungen

Die übrigen nicht erörterten Regelungen der AVB Flusskasko entsprechen teils wörtlich, teils dem Sinne nach den DTV-Kaskoklauseln bzw. den DTV-ADS, wobei die Grundlage bei der Flusskaskoversicherung vom VVG und nicht von den ADS gebildet wird.

Mannschaftseffekten

Wegen des im Allgemeinen längeren Aufenthalts von Schiffsführung und Mannschaften an Bord eines Binnenschiffes bringen diese regelmäßig mehr als nur Reisegepäck auf das Schiff. Durch die Versicherung von Mannschaftseffekten, die vom Schiffseigner häufig zusammen mit der Kaskoversicherung abgeschlossen wird, können Gegenstände des Hausrats und sonstige Gegenstände des persönlichen Bedarfs versichert werden. Es handelt sich dabei gewissermaßen um eine „schwimmende Hausratversicherung", die jedoch gleichfalls Transportversicherung ist. Sie folgt bezüglich der versicherten Gefahren der Flusskaskoversicherung (vgl. § 2 Allgemeine Bedingungen für die Versicherung von Mannschaftseffekten in der Binnenschifffahrt 1994/2008 – AVB Mannschaftseffekten 1994/2008), und sie enthält Elemente der Hausratversicherung.

10 Wassersportversicherung - Sportboote und Großyachten

10.1 Wassersportversicherung

Diese Sparte hat über die Jahre mit der Zunahme des Wassersports stark an Bedeutung gewonnen. Der DTV hat dafür dem Markt die Allgemeine Bedingungen für die Kasko-Versicherung von Wassersportfahrzeugen 2008 (AVB Wassersportfahrzeuge 2008) zur Verfügung gestellt, die auf dem VVG beruhen, ihm jedoch vorangehen. Sie werden in der Praxis zwar von den verschiedenen Anbietern, Versicherern wie Maklern, als Grundlage benutzt, aber jeweils abgeändert, ergänzt und mit anderen Deckungen, z. B. Haftpflicht, kombiniert.

So schließen im Gegensatz zu den DTV-Bedingungen für See- und Flusskaskoversicherungen die AVB Wassersport keine Haftpflichtversicherung für Drittschäden ein. Der Abschluss einer separaten Wassersporthaftpflichtversicherung ist deshalb dort erforderlich.

Die Versicherung umfasst das Fahrzeug, seine Maschinenanlage, die technische Ausrüstung, das Zubehör, das Inventar, das Beiboot einschließlich des Hilfsmotors und die persönlichen Effekten, ausgenommen die in Ziff. 1.2 AVB Wassersportfahrzeuge genannten persönlichen Effekten.

Die Versicherung beruht auf einer Allgefahrendeckung mit den üblichen Ausschlüssen wegen Verschuldens des Versicherungsnehmers, für politische Risiken, Kernenergierisiken, Fahruntüchtigkeit und einigen speziellen auf Wassersportfahrzeuge und ist auf den Umgang mit ihnen zugeschnittenen (Ziff. 3.2, 3.4 und 8 AVB Wassersportfahrzeuge).

Wrackbeseitigung wird gem. Ziff. 3.7 zusätzlich bis zur Höhe der Kaskoversicherungssumme ersetzt. Voraussetzung ist, dass ein versichertes Ereignis vorausgegangen und der Versicherungsnehmer zur Beseitigung des Wracks oder zur Übernahme der Kosten verpflichtet ist.

Schäden an der Maschinenanlage, der elektrisch oder durch Motor betriebenen technischen Ausrüstung und den persönlichen Effekten sind nur eingeschränkt gegen die in Ziff. 3.3.1 besonders benannten Gefahren versichert. Das Gleiche gilt gem. Ziff. 3.3.2 für Schäden an allen versicherten Sachen, während diese auf einem Trailer oder einem anderen Transportmittel transportiert werden.

Aufwendungen zur Abwendung und Minderung eines Schadens werden nach Ziff. 3.7.3 auch über die Versicherungssumme hinaus ersetzt, anders als nach § 135 VVG aber nur dann, wenn sie gemäß Weisungen des Versicherers gemacht werden.

Als Versicherungswert gilt der Zeitwert (Ziff. 6.1). Die Versicherungssumme hat dem Zeitwert zu entsprechen und gilt gem. Ziff. 6.2 als feste Taxe, so dass der Unterversicherungseinwand ausgeschlossen ist (Ziff. 6.3) Abzüge neu für alt werden bei Reparaturen nicht vorgenommen.

10.2 Großyachten

Die Versicherung von Großyachten, auch Megayachten genannt, hat in den letzten Jahren zunehmend an Bedeutung gewonnen. Vielfach auch auf deutschen Werften wurden Objekte mit Werten, die EUR 100 Mio. weit übersteigen, gebaut. Nicht nur in Art und Ausstattung, sondern auch in Ausrüstung und Bemannung sind diese Yachten mehr kommerziellen Passagierschiffen zuzuordnen, als privaten Wassersportfahrzeugen. Auch macht das zumeist weltweite Fahrtgebiet eine Deckung wie für ein kommerzielles Schiff erforderlich. Am Markt haben sich mehrere Alternativen durchgesetzt: eine Deckung auf der Basis von ITC/IHC oder DTV-Kaskoklauseln mit entsprechenden Anpassungen.

Sehr häufig wird aber auch die American Yacht Form verwendet. Sie haben den Vorteil, dass sie bestimmte Risiken, die großyachtspezifisch sind, z. B. *water skier liability* oder andere Haftpflichtrisiken durch Beiboote oder andere mitgeführte Sportgeräte mit einschließt, z. B. Jetskis. Trotz des Einschlusses von Haftpflichtrisiken (Section B.) wird bei Großyachten regelmäßig eine professionelle P&I-Versicherung mit abgeschlossen.

11 Versicherung politischer Risiken in der Transportversicherung

11.1 Allgemeines

Die Ursachen der Entstehung eines Sachschadens, die durch politische Risiken gesetzt werden, umfassen einen sehr breiten Bereich. Sie können sowohl in innen- als auch in außenpolitischen Gegebenheiten liegen. Hinzu kommt ohne Rücksicht auf den gegenwärtigen politischen Zustand die Möglichkeit von Nachwirkungen aus einem vergangenen Spannungszustand, die z. B. durch das Vorhandensein von Kriegsmaterial entstehen können.

Auch für den Transportversicherer muss das Risiko überschaubar und deshalb kalkulierbar sein. Die Deckung von Schäden, die sich aus einem entstehenden großen Krieg zwischen den führenden Mächten ergeben können, würde zu Konsequenzen führen, denen die private Versicherungswirtschaft nicht gewachsen sein kann.

Versicherungstechnisch ist bei den *politischen Risiken* zwischen

- unbeschränkt versicherten,
- beschränkt versicherten,
- nicht versicherten Risiken

zu unterscheiden.

In der Güterversicherung ist auch hinsichtlich der politischen Risiken die Kumulgefahr nicht so groß wie in der Kaskoversicherung, weil das Risiko räumlich breiter verteilt ist. Daraus ergeben sich unterschiedliche Grundsätze für die Deckung der politischen Gefahren bei diesen beiden Versicherungszweigen. Das Gleiche gilt im Verhältnis zwischen See- und Binnentransportversicherung.

In allen Fällen, in denen politische Gefahren versichert sind, kommen die allgemeinen Grundsätze zur Anwendung. Es sind also nur solche Schäden versichert, die an der Substanz derjenigen Gegenstände eintreten, auf die sich die Versicherung bezieht, sofern sie nicht unter die Ausschlüsse z. B. für Verzögerung usw. fallen. Mittelbare oder indirekte Schäden, wie z. B. erhöhte Kosten, die entstehen, weil die Güter nicht in einem bestreikten, sondern in einem anderen Hafen gelöscht werden müssen, fallen deshalb nicht unter die Deckung des versicherten Risikos Streik.

11.2 Politische Gefahren und Piraterie

Für die meisten der unten genannten Begriffe fehlt eine exakte Definition. Auch erschweren in manchen Fällen politische Überlegungen die objektive Einordnung eines Sachverhalts in eine bestimmte Kategorie.

Je nach dem Grad der Schwere des politischen Spannungszustandes kommen folgende Gefahren in Betracht:

Streik/Aussperrung/Sabotage

Streik ist eine gemeinsam und planmäßig durchgeführte Arbeitseinstellung einer größeren Anzahl Arbeitnehmer innerhalb eines Berufes oder Betriebes zu einem Kampfzweck mit dem Willen zur Fortsetzung der Arbeit nach Erreichung des Kampfzieles oder Beendigung des Arbeitskampfes.

Aussperrung bildet das Gegenstück zum Streik und ist das dem Streik vergleichbare Kampfmittel der Arbeitgeber.

Sabotageakte können sowohl Handlungen aus persönlichen Motiven Einzelner (z. B. persönlicher Racheakt) als auch Handlungen im Rahmen von inneren Unruhen, eines Krieges, Bürgerkrieges oder kriegsähnlicher Ereignisse sein. Sabotagehandlungen im Zusammenhang mit diesem Abschnitt interessieren nur, wenn sie auf politischen Gefahren beruhen.

Innere Unruhen, bürgerliche Unruhen, politische Gewalthandlungen, Aufruhr, Plünderung

Allen Begriffen ist gemeinsam, dass es sich um Erscheinungsformen innenpolitischer Spannungszustände handelt; sie sind nicht klar voneinander abzugrenzen, sie sind vielmehr zum Teil deckungsgleich (z. B. innere und bürgerliche Unruhen) oder überschneiden sich.

Innere Unruhen liegen nach der Definition des Bundesgerichtshofs vor, „wenn zahlenmäßig nicht unerhebliche Teile der Bevölkerung in Bewegung geraten und Gewalttätigkeiten gegen Personen oder Sachen verüben" (vgl. BGH VersR 1975, 126), isolierte Handlungen einzelner fallen also nicht darunter. Die Literatur und die Rechtsprechung haben diese Definition übernommen (vgl. Armbrüster in Prölss/Martin, § 2 AFB 2008 Rn. 8).

Es kommt nicht auf eine gewisse Zeitdauer des Zustandes und auch nicht darauf an, dass sie gegen den Staat gerichtet sind. Es genügen auch kurzzeitige Ausschreitungen, z. B. gegen das Konsulat eines fremden Staates oder eskalierende Demonstrationen.

Der Begriff der inneren Unruhen deckt sich weitgehend mit dem strafrechtlichen Tatbestand des Landfriedensbruchs nach § 125 StGB.

Für die Definition des Begriffes Aufruhr wurde bis zu dessen Aufhebung auf § 115 StGB abgestellt. Danach handelte es sich um die gleichen Vorgänge wie bei inneren Unruhen, jedoch mit der Motivation eines Kampfes gegen die Staatsgewalt. So wird der Begriff auch immer noch verstanden (vgl. Schwampe, Seekaskoversicherung, Klausel 15 Rn. 7). Insofern ist der Begriff des Aufruhrs enger als der der inneren Unruhen. Er bildet einen Spezialtatbestand der inneren Unruhen.

Der in der Literatur zunächst nicht näher behandelte Begriff der politischen oder terroristischen Gewalthandlungen hat durch die jüngeren Ereignisse eine intensive Erörterung erfahren. Politische Gewalthandlungen liegen vor, wenn gewaltsame Mittel zur Erreichung politischer Ziele eingesetzt werden, wobei einerlei ist, ob sich die Handlungen gegen den Staat und seine Institutionen oder gegen Private richten (Schwampe, Seekaskoversicherung, Klausel 15 Rn. 5).

Plünderung stellt für sich keinen selbständigen Tatbestand eines politischen Risikos dar, sondern ist nur die Folge eines der oben genannten Ereignisse.

Bürgerkrieg

Beim Bürgerkrieg wird der bewaffnete Kampf innerhalb eines Staates zwischen mehreren Parteien des gleichen Staates oder zwischen Aufständischen und der Regierung um die Regierungsgewalt oder die Herbeiführung politischer oder gesellschaftlicher Veränderungen geführt.

Kriegsähnliche Ereignisse

Kriegsähnliche Ereignisse sind gegeben, wenn Staaten gegeneinander Gewaltmaßnahmen begehen, ohne miteinander im Kriegszustand zu sein (Schwampe, Seekaskoversicherung, Klausel 16 Rn. 7). Hierzu werden etwa auch Grenzkonflikte, von einer Staatsgewalt geplante Terrorakte (siehe dazu auch nachfolgend zu „Krieg") aber auch die Blockade von Seewegen gezählt (so *Ehlers*, in Thume/de la Motte/Ehlers, Kap. V A. Rn. 119).

Krieg

liegt vor bei bewaffneter Auseinandersetzung zwischen zwei oder mehreren anerkannten Staaten. Die Abgabe einer Kriegserklärung ist nicht Voraussetzung für den Begriff des Krieges.

Kriegerische Ereignisse können weit über das Gebiet der davon direkt betroffenen Staaten hinaus Wirkungen entfalten. So können Terrorgruppen oder paramilitärische Organisationen zur Unterstützung eines sich im Krieg betrachtenden Landes Anschläge in anderen Ländern auch auf zivile Ziele verüben, obwohl diese Länder mit den Auseinandersetzungen nichts zu tun haben. Diese sind als kriegsähnliche Ereignisse oder als Krieg zu betrachten, wenn sie im Rahmen einer Gesamtstrategie gesteuert sind, nicht jedoch, wenn es sich um Anschläge einzelner Fanatiker handelt, ebenfalls nicht, wenn sich Terrorgruppen nur der Unterstützung eines Staates bedienen, aber ihre eigenen Ziele verfolgen, wie dies etwa bei Al-Qaida zu Zeiten des Talibanregimes in Afghanistan der Fall war. Da die Abgrenzung im Einzelfall schwierig ist, hat die Kriegsklausel (DTV-Güter) klargestellt, dass es sich um Handlungen unter *feindlicher Verwendung von Kriegsmaterial* handeln muss, um den

Kriegsausschluss zu erfüllen. Allgemein wird für das Vorliegen einer *feindlichen* Verwendung das Vorliegen eines Kriegszustandes verlangt, so dass die Verwendung von Kriegswaffen, z. B. automatischen Gewehren oder Raketenwerfern durch normale Verbrecher und Piraten nicht dem Kriegsausschluss unterfällt.

Der Ausschluss für *malicious acts* in Ziff. 26 der Institute Cargo Clauses geht insofern etwas weiter, weil neben Kriegsmaterial auch Sprengkörper aller Art erfasst werden.

Die Einordnung in die einzelnen Kategorien ist schwierig, weil ihre Grenzen fließend sind. Das ist zumindest im Hinblick auf die Versicherung so lange kein Problem, wie die Vorgänge sich innerhalb etwa des Bereichs Bürgerkrieg, kriegsähnliche Ereignisse und Krieg einerseits oder des spannungsmäßig darunter liegenden Bereichs der inneren Unruhen etc. abwickeln, weil die beiden Gruppen von Spannungszuständen versicherungsmäßig jeweils gleich behandelt werden. Problematisch wird es dann, wenn die Grenze etwa zwischen inneren Unruhen oder Aufruhr zum Bürgerkrieg zu fließen beginnt und ein Zustand in den anderen übergeht.

Beispiele:
(1) In Jugoslawien haben die Auseinandersetzungen 1992 zunächst mit Bürgerkrieg begonnen und sind nach Anerkennung der Teilstaaten zum Krieg geworden.

(2) In Nigeria haben vor einigen Jahren Soldaten, teilweise in ganzen Einheiten, wegen rückständiger Soldzahlungen gemeutert und sind, zum Teil sogar unter Führung ihrer Offiziere, plündernd durch das Land gezogen. Da die Handlungen nicht auf den Sturz der Staatsgewalt gerichtet waren, sondern „lediglich" auf die Beschaffung von Gütern statt Geld bzw. auf Plünderung oder auf Zerstörung aus Wut gerichtet waren, waren die Vorgänge, solange sie in diesem Stadium verblieben, noch nicht als Bürgerkrieg, sondern nur als Aufruhr anzusehen. Das hat erhebliche versicherungsrechtliche Konsequenzen nach sich gezogen.

(3) Die Unruhen während des Unabhängigkeitskampfes in Algerien gegen Frankreich wurden in Frankreich aus politischen Gründen nur als ein Aufruhr angesehen, während es sich tatsächlich um einen Bürgerkrieg gehandelt hat.

Piraterie

Piraterie wurde in der klassischen Erscheinungsform des sogenannten *Seeraubs* bereits in § 28 ADS als eine der gedeckten Gefahren angesprochen. Art 101 des Seerechtsübereinkommen definiert Piraterie zur See als jede rechtswidrige Gewalttat oder Freiheitsberaubung oder jede Plünderung, welche die Besatzung oder die Fahrgäste eines privaten Schiffes zu privaten Zwecken begehen und die gerichtet ist auf Hoher See gegen ein anderes Schiff oder gegen Personen oder Vermögenswerte an Bord dieses Schiffes, oder an einem Ort, der keiner staatlichen Hoheitsgewalt untersteht, gegen ein Schiff, Personen oder Vermögenswerte. Die in den letzten Jahren in den Mittelpunkt der Aufmerksamkeit gerückte Entführungspiraterie unterfällt damit dieser Definition.

11.3 Deckung in der Seeversicherung

Politische Risiken, z. B. Krieg, Bürgerkrieg, Terrorismus und Piraterie sind durch Sonderklauseln mit Einschränkungen versichert.

Allgemeines

Auch die politischen Risiken werden zunächst von der Allgefahrendeckung des § 28 ADS und der Ziff. 27 DTV-ADS erfasst. Die Risiken Krieg, Bürgerkrieg und kriegsähnliche Ereignisse werden jedoch für alle Transportversicherungen in den ADS und den den verschiedenen Versicherungszweigen zugrunde liegenden Sonderbedingungen oder DTV-Klauseln wie auch den DTV-ADS ausgeschlossen. Dieser Wiedereinschluss ist für Güter und Kaskoversicherungen unterschiedlich geregelt.

Für *Güterversicherungen* von Seetransporten sowie Lufttransporten im Verkehr mit dem Ausland nach den ADS Güterversicherung und den DTV-Güter ist ein Wiedereinschluss in gewissem Umfang möglich. Für *Kaskoversicherungen* konnte in Deutschland lange Zeit nur das Risiko aus dem Vorhandensein von Minen und anderem Kriegsmaterial aus einem vergangenen Krieg versichert werden. Die DTV-ADS stellen jetzt jedoch mit ihrem sechsten Abschnitt eine volle Kriegsversicherung zur Verfügung, die sich von ihrem Deckungsumfang her an der englischen Kriegsdeckung orientiert.

Politische Gewalthandlungen, Streik usw.

Die Risiken Streik, Aussperrung, Arbeitsunruhen, politische Gewalthandlungen, Aufruhr und sonstige bürgerliche Unruhen werden durch Ziff. 1.1.2.2 ADS Güterversicherung, Ziff. 2.4.1.2 DTV-Güter zwar ausgeschlossen, jedoch erfolgt ihr Wiedereinschluss durch die DTV-Streik- und Aufruhr-Klausel 2008. Damit geht die Güterversicherung den Weg der Regelung im englischen Versicherungsmarkt.

In diesem Zusammenhang ist jedoch darauf hinzuweisen, dass die allgemeinen Ausschlüsse wegen Verzögerung etc. auch für Schäden als Folge von Streik zutreffen. Gedeckt sind nur Sachschäden, die durch Streikende etc. verursacht werden. Güter, die im Hafen wegen Streiks liegenbleiben und deshalb verderben, sind ebenso wenig versichert wie Kosten, die dadurch entstehen, dass wegen Streik im Bestimmungshafen die Güter in einem anderen Hafen gelöscht und unter Aufwendung von Mehrkosten zum Bestimmungsort per Land transportiert werden.

Für die Versicherung von Schiffen sind die Risiken von Gewalthandlungen, sei es politischer, terroristischer oder sonstiger Art, einschließlich der Piraterie, Bestandteil der gem. § 28 ADS und Ziff. 27 DTV-ADS versicherten allen Gefahren. Sie sind deshalb versichert, soweit die Bedingungen keine Sonderregelungen treffen. Dies ist in Ziff. 15 DTV-Kaskoklauseln und Ziff. 37 DTV-ADS geschehen. Dort geht es um politische Gewalthandlungen, Arbeitsunruhen, Aufruhr und innere Unruhen. Diese Gefahren sind nicht von der Deckung ausgeschlossen. Es besteht vielmehr ein Kündigungsrecht des Versicherers im Hinblick auf diese Gefahren oder einzelne von ihnen. Übt der Versicherer es aus, setzt sich der Vertrag mit der Deckung aller sonstigen Gefahren fort. Der Charakter dieser verbleibenden Versicherung hat sich damit allerdings verändert, was sich im Bereich der Beweislast auswirkt. Hat der Versicherer die genannten Gefahren aus dem Vertrag heraus gekündigt, muss der Versicherungsnehmer nicht mehr nur, wie bei einer „echten" Allgefahrenversicherung, die Verwirklichung der Gefahr innerhalb der Dauer der Versicherung nachweisen, er muss jetzt vielmehr auch beweisen, dass keine der gekündigten Gefahren den Schaden verursacht hat. Denn zwar trifft den Versicherer die Beweislast für Ausschlüsse, nicht aber für nicht versicherte Gefahren.

Unterschiede bestehen bei der Deckung von Terror und Piraterie. Terror ist in den ADS und den DTV-Kaskoklauseln nicht ausdrücklich angesprochen. Er ist daher Bestandteil der Allgefahrendeckung nach § 28 ADS. Eine Kündigung des Versicherers nach Ziff. 15 DTV-Kaskoklauseln erfasst ihn nur, soweit die terroristische Handlung unter die in dieser Bestimmung genannten Gefahren fällt. Die DTV-ADS erstrecken das Kündigungsrecht demgegenüber in Ziff. 37 auf terroristische Gewalthandlungen. Der Unterschied kann etwa bei religiösem Terrorismus bedeutsam sein. Piraterie ist dagegen eine der nach Ziff. 15 DTV-Kaskoklauseln kündbaren Gefahren. Unter den DTV-ADS ist Piraterie ausgeschlossene Gefahr nach Ziff. 35.1.4. Die Pirateriegefahr ist über die Kriegsversicherung gedeckt (Ziff. 84.1.6). Der Ausschlusstatbestand der Ziff. 35.1.4 erlaubt allerdings den Einschluss gegen Mehrprämie. Ist dies geschehen, kann der Versicherer dennoch nach Ziff. 37.1 DTV-ADS das Piraterierisiko kündigen.

Da die DTV-ADS im sechsten Abschnitt eine Kriegsversicherung enthalten, die sich teilweise mit den in Ziff. 37 nicht ausgeschlossenen, sondern nur kündbaren Gefahren deckt, sieht Ziff. 37.1 eine lediglich subsidiäre Deckung vor.

Piraterie

Verluste oder Schäden an versicherten Gütern oder Schiffen, die durch Piraten verursacht werden, unterfallen bei einer Allgefahrenversicherung ohne Weiteres der Deckung. Für die Entführungspiraterie, bei der es um die Erpressung von Lösegeldern geht, fehlt es an einem speziellen Deckungstatbestand. Deckung besteht jedoch unter Havarie-grosse (§§ 29 ff. ADS, Ziff. 2.3.1.1 DTV-Güter, Ziff. 28 DTV-ADS) und, soweit die dafür geltenden Voraussetzungen gegeben sind, auch unter dem Gesichtspunkt der Schadenabwendung- und Minderung (§ 32 ADS, Ziff. 2.3.1.2.2 DTV-Güter, Ziff. 31 DTV-ADS. Zu Einzelheiten siehe *Schwampe*, Rechtsfragen der Piraterie, TranspR 2009, 462).

Kriegsrisiken

Güterversicherung

Die Regelung des § 35 ADS (frei von Kriegsgefahr) wird durch die Bestimmungen der Ziff. 1.1.2.1 ADS Güterversicherung ersetzt. Die Bestimmung in Ziff. 2.4.1.1 DTV-Güter ist identisch. Danach sind folgende Gefahren ausgeschlossen:

- Krieg, Bürgerkrieg und kriegsähnliche Ereignisse,
    - die sich unabhängig von einem Kriegszustand aus der politisch motivierten, feindlichen Verwendung von Kriegsmaterial ergeben (z. B. Bombenattentate arabischer Guerillas gegen ein deutsches Schiff),
    - die sich aus dem Vorhandensein von Kriegswerkzeugen als Folge einer der genannten Gefahren ergeben. Hierunter fallen z. B. Blindgänger oder treibende Minen aus einem vergangenen Krieg.

Die gleichen Gefahren, die durch diesen Ausschluss erfasst sind, werden durch die DTV-Kriegsklauseln 2008 für See- sowie Lufttransporte gedeckt.

Dabei sind jedoch vier Einschränkungen von Bedeutung:

- Die Gefahren der Kernenergie oder sonstiger ionisierender Strahlung, chemischen, biologischen, biochemischen Substanzen oder elektromagnetischen Wellen bleiben ausgeschlossen (Ziff. 2.2 DTV-Kriegsklausel 2008).

- Die Gefahren der Beschlagnahme, der Entziehung oder von sonstigen Eingriffen von hoher Hand sind zwar mitversichert, aber nur dann, wenn der betreffende Eingriff durch hohe Hand auf Gesetzen oder Verordnungen beruht, die nach Beginn der Versicherung (bei laufenden Policen kommt es auf den Beginn der Versicherung des einzelnen Transportes an) erlassen worden sind. Diese konnte der Versicherungsnehmer bei seinen Dispositionen nicht berücksichtigen. Erfolgt jedoch der Eingriff auf der Grundlage von Gesetzen oder Verordnungen, die bei Beginn der Versicherung schon existent waren, so konnte der Versicherungsnehmer sich darauf einstellen. Auf solchen Gesetzen oder Verordnungen beruhende Schäden sind deshalb gem. Ziff. 2.1 DTV-Kriegsklausel 2008 ausgeschlossen.

- „Kosten, die dadurch entstehen, dass infolge einer versicherten Gefahr die Reise nicht angetreten, unterbrochen oder nicht fortgesetzt wird, ein Hafen angelaufen wird oder die Güter ausgeladen, gelagert oder mit einem anderen Transportmittel weiterbefördert werden, ersetzt der Versicherer nur, soweit sie nach den York-Antwerp-Regeln zur großen Haverei gehören" (Ziff. 2.3 DTV-Kriegsklausel 2008).

- „Waterborne Agreement": Fast alle Versicherungsmärkte der Erde decken Kriegsrisiken nur nach dem Grundsatz *no war-risk on land*. Auch die DTV-Kriegsklausel folgt diesem Prinzip, und die Güter sind grundsätzlich nur versichert, während sie sich an Bord eines Seeschiffes befinden. Verzögert sich nach Ankunft des Schiffes die Entlöschung, so endet die Kriegsversicherung bereits während sich die Güter noch an Bord befinden, und zwar mit Ablauf einer zu vereinbarenden Frist (üblicherweise 15 Tage) nach Ankunft des Seeschiffes im Bestimmungshafen (Ziff. 3.2 DTV-Kriegsklausel 2008). Soweit nicht See-, sondern Lufttransporte in Betracht kommen, gilt dem „Waterborne" das „Airborne" gleich. Alle Ausführungen, die sich auf ein Seeschiff beziehen, gelten deshalb in gleicher Weise für ein Luftfahrzeug.

Von dem „Waterborne/Airborne-Grundsatz" gibt es nur zwei Ausnahmen. Die erste Ausnahme gilt für Post- und Kuriersendungen im Wege des See- und Lufttransportes. Hier beginnt die Kriegsversicherung bereits mit der Übergabe der Güter an die Postanstalt oder den Kurierdienst und endet mit ihrer Auslieferung durch die Postanstalt oder den Kurierdienst an den Adressaten (Ziff. 7.2 DTV-Kriegsklausel 2008).

Die zweite Ausnahme liegt dann vor, wenn die Güter während der versicherten Reise aus einem Seeschiff in ein anderes Seeschiff umgeladen werden. Für eine zu vereinbarende Dauer, üblich sind 15 Tage, besteht dann die Kriegsversicherung auch für den Aufenthalt im Zwischenhafen, gleich ob noch im Seeschiff oder schon an Land. Die Versicherung tritt erst wieder in Kraft, sobald die Güter sich an Bord des Seeschiffes befinden, mit dem die Weiterreise erfolgen soll (Ziff. 3.5 DTV-Kriegsklausel 2008).

Kündigung:
Wegen der Unübersichtlichkeit der möglichen Entwicklung enthalten die DTV-Kriegsklauseln eine besondere Kündigungsbestimmung (Ziff. 5). Danach kann der Versicherer die Übernahme des Kriegsrisikos mit einer Frist von zwei Tagen vor Beginn der Versicherung jederzeit kündigen. Dabei ist bei laufenden Policen nicht auf den Beginn der laufenden Police als solcher, sondern auf den Beginn der einzelnen Transporte abzustellen.

Eine weitere Kündigungsmöglichkeit für den Versicherer ist in Ziff. 7.3 der Bestimmungen für die laufende Versicherung enthalten. Sie gilt nicht für das Kriegs-, sondern für das normale Transportrisiko. Sie kommt dann zur Anwendung, wenn die gedeckte Beförderung oder die Lagerung ein Land betrifft, das sich in Kriegszustand oder einem kriegsähnlichen Zustand befindet (siehe S. 210 f.).

Seekaskoversicherung
Die Seekaskoversicherung geht beim Ausschluss der Kriegsrisiken den gleichen Weg wie die Güterversicherung. Ziff. 1.1.2.1 ADS Güterversicherung, Ziff. 2.4.1.1 DTV-Güter und Klausel 16.1 DTV-Kaskoklauseln haben den gleichen, Ziff. 35.1.1 bis 35.1.3 DTV-ADS einen sehr ähnlichen Wortlaut. Auf die Ausführungen dazu wird deshalb verwiesen.

Lange Zeit sahen sich die deutschen Kaskoversicherer wohl wegen der *Kumulgefahr* in der Kaskoversicherung nicht in der Lage, einen Schutz gegen das volle Kriegsrisiko zu gewähren. Der Wiedereinschluss der durch die Kriegsausschlussklauseln bzw. die Minenausschlussklauseln ausgeschlossenen Gefahren erfolgte deshalb bei der Kaskoversicherung lange in sehr viel geringerem Umfang als bei der Güterversicherung.

Dies erfolgte durch die DTV-Minenklausel 1989/2004. Danach werden Schäden aus dem Vorhandensein von Minen und anderen Kriegswerkzeugen als Folge eines vergangenen Krieges versichert.

Die Klausel definiert zunächst in Ziff. 1, was unter Kriegsereignissen und Kriegswerkzeugen zu verstehen ist. Versicherungsschutz besteht nur für Schäden durch Kriegswerkzeuge, die als Folge eines beendeten Kriegsereignisses vorhanden sind. Die Versicherer können nach Ziff. 3 bestimmte, besonders gefährdete Gebiete zur Sperrzone erklären. Die Erklärung kann auch dem Makler gegenüber erfolgen. Nach Ablauf einer Frist von 14 Tagen nach der Erklärung endet die Versicherung für das betreffende Gebiet. Ziff. 7 enthält zwei von vorneherein bestimmte Sperrgebiete: das Gebiet östlich von 25° (E) Ost, westlich von 44° (E) Ost, südlich von 36° (N) Nord, und nördlich von 11° (N) Nord; ausgenommen das Anlaufen von Zypern; und den Persischen Golf und die Straße von Hormuz, ab 26°(N) Nord.

Im Falle des Bestehens einer Kriegsversicherung für das Schiff, die auch das Minenrisiko einschließt, besteht kein Bedarf für die Deckung nach der DTV-Minenklausel. Die Deckung gilt deshalb nur subsidiär (Ziff. 5). Das Gleiche gilt für eine anderweitige Deckung des Risikos, etwa durch eine Staatsgarantie.

Bei einem Minenschaden obliegt im Schadenfall dem Versicherungsnehmer der Beweis, dass es sich um eine alte Mine handelt. Im Übrigen ist für die Beweisfrage der Grundsatz der überwiegenden Wahrscheinlichkeit der Schadenursache nach § 287 ZPO anzuwenden (vgl. Ziff. 4 der DTV-Minen-Klausel). Bei der derzeitigen Situation wird man jedoch prima facie annehmen können, dass die Minen in den Fahrtgebieten außerhalb der Sperrzone alte Minen im Sinne der Klausel sind. Tritt nun der Schaden innerhalb der Sperrzone ein, dann ist der Versicherungsnehmer zu dem fast unmöglichen Beweis, dass es sich um eine alte Mine handelt, nicht zugelassen.

Mit Ziff. 15 sehen die DTV-Kaskoklauseln eine besondere Bestimmung für die grundsätzlich mitversicherten Gefahren von politischen Gewalthandlungen, Arbeitsunruhen, Aufruhr, innere Unruhen und Piraterie vor. Der Versicherer kann diese Gefahren einzeln oder insgesamt mit einer Frist von 14 Tagen kündigen. Kündigt er, hat der Versicherungsnehmer das Recht, den gesamten Vertrag zu kündigen. Eine entsprechende Regelung findet sich, erweitert um terroristische Gewalthandlungen, in Ziff. 37 DTV-ADS. Was das Piraterierisiko angeht, haben die Märkte dies weitestgehend in die Kriegsversicherung verlagert, weil dort eine risikogerechtere Prämienberechnung möglich ist. Für den Fall, dass unter der Kriegsversicherung keine Deckung besteht, ermöglicht Ziff. 35.1.4 DTV-ADS den Wiedereinschluss unter der Kaskoversicherung.

Mit dem sechsten Abschnitt der DTV-ADS bietet der deutsche Markt jetzt jedoch seit Langem erstmals auch wieder eine Kriegsversicherung an.

Sie gewährt

- neben den klassischen Kriegsrisiken wie Krieg, Bürgerkrieg, Revolution, Rebellion, Aufruhr und bürgerliche Unruhen, oder kriegerische Maßnahmen einer oder gegen eine kriegführende Macht (Ziff. 84.1.1)

auch Versicherungsschutz für

- Aufbringung, Beschlagnahme, Einziehung, Arrest oder Verfügung von legitimer oder angemaßter hoher Hand einschließlich aller sich daraus ergebenden Folgen und einschließlich aller darauf gerichteten Versuche, soweit nicht an anderer Stelle in diesen Bedingungen ausdrücklich mitversichert (Ziff. 84.1.2);
- zurückgelassene Minen, Torpedos, Bomben oder andere zurückgelassene Kriegswaffen (Ziff. 84.1.3);

- streikende, ausgesperrte Arbeiter oder Personen, die an Arbeitskämpfen oder sonstigen nicht bereits in Ziff. 84.1.1 genannten zivilen Unruhen teilnehmen (Ziff. 84.1.4);
- Terroristen oder sonstige aus politischen Motiven gewaltsam handelnde Personen (Ziff. 84.1.5);
- Piraten. Wird das Schiff von Piraten für eine Zeit von mehr als zwöf Monaten festgehalten, kann der Versicherungsnehmer die Versicherungssumme verlangen (Ziff. 84.1.6);
- Detonation von Sprengstoffen oder Verwendung von Kriegswaffen durch böswillig handelnde Personen (Ziff. 84.1.7).
- Verliert der Versicherungsnehmer für mehr als zwölf Monate die Verfügungsgewalt über das Schiff dadurch, dass das Schiff in Folge einer Kriegshandlung oder Handlung zur nationalen Verteidigung in einem Hafen, Kanal, Wasserweg oder sonstigem Zugang zur offenen See eingeschlossen ist, gilt das Schiff als für den Versicherungsnehmer total verloren (Ziff. 84.2).

Ausgeschlossen bleiben gem. Ziff. 86 Detonationen jeglicher Kriegswaffen, die atomare oder nukleare Strahlung freisetzen, nukleare Reaktionen erzeugen oder nuklear angetrieben sind (Nuklearwaffen) sowie Krieg zwischen den Großmächten. Gleichfalls ausgeschlossen sind Maßnahmen der öffentlichen Gewalt wie Aufbringung, Beschlagnahme, Einziehung etc. durch den Registerstaat des Schiffes (Ziff. 86.1.4), ebensolche Maßnahmen jeglicher staatlicher Stellen aufgrund von Quarantäne-, Zoll- oder Handelsbestimmungen (Ziff. 86.1.5) und Schäden in Zusammenhang mit radioaktiver Strahlung und jeglichen chemischen, biologischen, bio-chemischen, elektromagnetischen oder nuklearen oder atomaren Waffen (Ziff. 86.2).

Der Versicherer kann die Versicherung mit einer Frist von sieben Tagen kündigen; die Versicherung wird aber fortgesetzt, wenn sich die Parteien auf eine neue Prämie und neue Bedingungen einigen. Tatsächlich ist dies der übliche Mechanismus einer Kriegsversicherung. Die weltweite Basisprämie ist äußerst niedrig und trägt dem Umstand Rechnung, dass die Welt in weiten Teilen friedlich ist. Treten Spannungsgebiete auf, kündigt der Versicherer solche Gebiete und bietet die Versicherung gegen eine dem Risiko angemessenen Prämie an. Die Prämie deckt dabei zumeist nur ein einmaliges, zeitlich begrenztes Anlaufen ab und ist bei längerer Verweildauer oder erneutem Anlaufen ein weiteres Mal zu zahlen.

Binnentransportversicherung
a) Flusskaskoversicherung

Klauseln 3.2.1.5-7 AVB Flusskasko schließen Schäden durch politische Gefahren, Kriegsereignisse oder Verfügung von hoher Hand sowie Schäden durch Kriegsmaterial oder Kriegswerkzeuge, gleichgültig, ob diese im Krieg verwendet werden oder im Frieden vorhanden sind, aus.

Eine Klausel, mit der die ausgeschlossenen Risiken ganz oder teilweise wieder eingeschlossen werden, existiert nicht.

Regelung in England

Bei der *Güterversicherung* entspricht die englische Regelung in ihrem Ergebnis der deutschen. Auch hier sind die Risiken Streik, Aussperrung, Aufruhr und bürgerliche Unruhen durch die „Strike Exclusion Clause" in Ziff. 7 der Institute Cargo Clause generell ausgeschlossen, jedoch werden sie regelmäßig auf der Grundlage der Institute Strikes Clauses (Cargo) wieder eingeschlossen.

Kriegsrisiken wurden seit den napoleonischen Kriegen mit stets schärfer werdenden Ausschlussklauseln durch Aufdruck auf die Standard-Police vom Versicherungsschutz ausgenommen. Heute enthalten die Institute Clauses sowohl für die Güterversicherung (cl. 6 Institute Cargo Clauses) als auch für die Kaskoversicherung (cl. 23 Institute Times Clauses Hulls 1982, cl. 29 International Hull Clauses) entsprechende Ausschlussklauseln, die inhaltlich der deutschen Kriegsgefahrausschlussklausel entsprechen.

Der Wiedereinschluss dieser Gefahren durch die Institute War Clauses (Cargo) entspricht bei der Güterversicherung den Regelungen der DTV-Kriegsklausel.

Bei der *Seekaskoversicherung* können, wie jetzt auch unter den DTV-ADS, die vom Versicherungsschutz ausgeschlossenen politischen Gefahren einschließlich Streik, Aufruhr etc. als separate Versicherung auf der Grundlage der Institute War and Strikes Clauses (Hulls) vom 1.10.1983 gedeckt werden. Darin wird eine echte *Kriegsversicherung* auch für das Kasko gewährt. Gegen unüberschaubare Auswirkungen der daraus möglicherweise entstehenden Verpflichtungen schützen sich jedoch die englischen Versicherer, wie die deutschen Versicherer, durch verschiedene Kündigungsklauseln.

Auch die Institute War and Strikes Clauses (Hulls) geben jedoch keinen vollständigen Versicherungsschutz gegen politische Gefahren.

Die *wichtigsten Ausschlüsse* betreffen

- Schäden durch Kernenergie-Waffen,
- Schäden als Folge eines Krieges zwischen irgendwelchen der folgenden Staaten: Großbritannien, USA, Frankreich, Russische Föderation, Volksrepublik China,
- Beschlagnahme, Zurückhaltung usw. durch den Staat, in dem das Schiff registriert ist oder der Eigentümer seinen Sitz hat,
- Arrest, Zurückhaltung usw. aufgrund von Quarantäne- oder Zollbestimmungen.

Das Kriegsrisiko aus einem „großen Krieg" ist also auch nach englischer Kriegsdeckung nicht versichert.

Von besonderer Bedeutung ist eine *Beendigungsklausel* (Ziff. 5), derzufolge die Versicherung automatisch, also ohne irgendeine Handlung oder Erklärung des Versicherers, im Falle der Zündung einer Kernenergie-Waffe in feindlicher Absicht und im Falle des Ausbruchs des Krieges zwischen irgendwelchen der obengenannten Länder beendet ist.

In allen anderen Fällen kann die Kriegsversicherung mit einer Frist von 14 Tagen gekündigt werden, wobei die Versicherer jedoch bereits in der Kündigungsklausel (Ziff. 5) ihre Bereitschaft zur Fortsetzung der Kriegsversicherung erklären, allerdings unter der Voraussetzung einer Einigung über neue Prämien oder Bedingungen. Aufgrund der Erfahrungen im Zusammenhang mit den während des Nah-Ost-Krieges 1967 im Suez-Kanal eingeschlossenen Schiffen wurde zunächst ab 1970 die Institute Detainment Clause vereinbart, die 1983 durch das London Blocking and Trapping Addendum abgelöst wurde. Darin wird bestimmt, dass der Begriff des *restraint* in cl. 3 der Institute War and Strikes Clauses als erfüllt angesehen werden soll, wenn das Schiff für die Dauer von zwölf Monaten dadurch gehindert ist, die offene See zu erreichen, dass ein Kanal, ein Wasserweg oder ein sonstiger Platz aufgrund einer kriegsähnlichen Handlung oder Handlung zur nationalen Verteidigung geschlossen ist. Die DTV-ADS sehen dies in Ziff. 84.2 gleichfalls vor.

Aufgrund ausdrücklicher Bestimmung in Ziff. 2 der Institute War and Strikes Clauses wird der Versicherungsschutz nur in dem Umfang gewährt, in dem er aufgrund der Institute Time Clauses (Hulls) besteht. Risiken, die durch die Grundbedingungen ausgeschlossen sind (siehe S. 275 f.), werden also durch die Kriegsklauseln nicht erfasst. Die sonstigen Risikoausschlüsse sind in Ziff. 4 der Klausel erfasst.

12 Sondersparten der Transportversicherung

12.1 Valoren-Versicherung

Valoren sind Gegenstände mit einem im Verhältnis zu ihrem Volumen hohen Wert. Sie werden in Bankvaloren und Bijouterievaloren eingeteilt.

Die Versicherung erfolgt auf der Grundlage des VVG durch Allgemeine Versicherungsbedingungen für die verschiedenen Bereiche der Valorenversicherung.

Die DTV Valoren-Transportversicherungsbedingungen 2000/2008 (DTV-Valoren) unterscheiden, ob die Transporte durch ein Beförderungsunternehmen oder als Begleittransporte vom Versicherungsnehmer selbst durchgeführt werden. Danach besteht bei Transporten durch Beförderungsunternehmen eine Allgefahrendeckung, bei Begleittransporten Deckung für bestimmte benannte Gefahren (Ziff. 2 AVB Valoren). In beiden Fällen besteht die Deckung von Haus zu Haus.

Die Ausschlüsse entsprechen denen nach DTV-Güter. Die Obliegenheiten (Ziff. 9 DTV Valoren) und die Rechtsfolgen einer Gefahrerhöhung (Ziff. 8) sind wegen der Risikoempfindlichkeit der versicherten Güter schärfer als bei den DTV-Güter.

Zu den DTV Valoren gibt es eigenständige Bestimmungen für die laufende Versicherung sowie eigenständige Kriegs-, Streik- und Aufruhr- und Beschlagnahmeklauseln.

12.1.1 Bankvaloren-Versicherung

Diese für Banken, Kreditinstitute und Industrieunternehmen infrage kommende Versicherung bietet Versicherungsschutz für Bankvaloren, die mit staatlichen und privaten Beförderungsunternehmen (Post, Bahn, Luft- und Schiffsreedereien) oder unter Begleitung befördert werden. Die unterschiedlichen Arten der Valoren werden in I. und II. Klasse eingeteilt.

Versicherungsschutz besteht von der Einlieferung bei der Beförderungsanstalt bzw. Übergabe an die Begleitperson bis zur Auslieferung an den Empfänger gegen die Transportgefahren, wie z. B. Verlust, Minderung oder Beschädigung durch Diebstahl, Raub, Feuer, Unfall des Transportmittels usw. Versicherungsgegenstand sind Bargeld und geldwerte Papiere, wie Zinsscheine, Aktien, Wechsel, Wertmarken jeder Art, Gold und Silber sowie alle Dokumente von Wert.

Als Versicherungssumme ist der Kurswert oder der Marktpreis der versicherten Gegenstände am Abgangsort zu vereinbaren.

Ausgeschlossen von der Versicherung sind Krieg, Bürgerkrieg oder kriegsähnliche Ereignisse, Aufruhr, sonstige bürgerliche Unruhen und politische Gewalthandlungen, Streik, Plünderung, Aussperrung, Sabotage, Beschlagnahme usw. Ferner besteht kein Versicherungsschutz für Schäden, verursacht durch mangelhafte oder ungenügende Verpackung, durch falsche, unzureichende oder fehlerhafte Anschrift und durch Verzögerung in der Beförderung oder Auslieferung sowie durch Zins- und Kursverluste.

12.1.2 Bijouterievaloren-Versicherung

Die Bijouterievaloren-Versicherung kommt für Juweliere, Edelsteinhändler, die Uhrenindustrie, Industriediamanten- und Rohsteinfirmen usw. in Frage.

Wie die Bankvaloren-Versicherung bietet sie Versicherungsschutz für alle Transporte mit allen staatlichen und privaten Beförderungsunternehmen gegen die Transportgefahren von der Einlieferung bei einer Beförderungsanstalt bis zur Auslieferung an den Empfänger. Der Versicherungsschutz erstreckt sich auf die Gold- und Silberwaren, Juwelen, Edelsteine, Uhren, Bijouterien, Edelmetalle für Schmucksachenherstellung und sonstige Artikel der Schmuckwaren- und Uhrenindustrie.

12.1.3 Reiselager-Versicherung

Als Versicherungsnehmer in der Reiselager-Versicherung kommen Edelsteinhändler, Juweliere, die Bijouterie- und Uhrenindustrie, Diamanten- und Rohsteinfirmen usw. in Betracht.

Versicherungsschutz besteht auf Basis der Allgemeinen Bedingungen für die Versicherung von Schmuckwaren-, Uhren- und Bijouterie-Reiselagern 1988/2008 (AVB Reiselager Schmuck 1988/2008) während der Reisetätigkeit und den damit verbundenen Firmenbesuchen bzw. Verkaufsverhandlungen. Aufenthalten in Hotels, auf Messen usw. für das Reiselager (Musterkollektionen oder mitgeführte Waren zum Verkauf) nicht gegen alle Gefahren, sondern nur gegen bestimmte in Ziff. 2 genannte Gefahren. Dazu gehören die Transportgefahren einschließlich Transportmittelunfall, Feuer, Einbruchdiebstahl, Diebstahl, Wasser und höhere Gewalt. Das Reiselager kann sowohl mit einem PKW als auch mit sämtlichen staatlichen oder privaten Beförderungsanstalten befördert werden. Lagerungen bei Banken oder Zollämtern sind ebenfalls mitgedeckt.

Ausgeschlossen von der Versicherung sind Krieg, Bürgerkrieg oder kriegsähnliche Ereignisse, Aufruhr, Plünderung, Streik, Sabotage, Beschlagnahme usw. Ferner sind Schäden durch die natürliche Beschaffenheit der versicherten Gegenstände, Diebstahl, begangen von Angestellten und sonstigem Personal des Versicherungsnehmers, seinen Reisebegleitern usw. vom Versicherungsschutz ausgeschlossen.

12.1.4 Schmuck- und Pelzsachenversicherung

Es gelten die „Allgemeinen Bedingungen für die Versicherung von Juwelen, Schmuck- und Pelzsachen im Privatbesitz (AVB Schmuck und Pelze 1985/2008)".

Diese Versicherung bietet Privatpersonen Versicherungsschutz für ihre Schmuck- und Pelzsachen gegen alle Gefahren von Verlust, Zerstörung oder Beschädigung, wenn die Schmuck- und/oder Pelzsachen von den versicherten Personen oder Familienangehörigen in bestimmungsmäßiger Weise getragen werden. Versicherungsschutz besteht auch dann, wenn die Gegenstände in geeigneten Behältnissen sicher verwahrt mitgeführt oder am jeweiligen Wohnsitz sicher verschlossen gehalten werden.

Auf Reisen, in Hotels und anderen Beherbergungsbetrieben sind Schmucksachen und Pelze auch dann versichert, wenn sie nachweislich in einem Safe oder mindestens gleichwertigen Behältnis verwahrt werden. Bei einer Aufbewahrung in verschlossenen Möbelstücken des Hotelzimmers oder Ablegung der Gegenstände im Hotelzimmer in Anwesenheit des Versicherungsnehmers wird die Entschädigung begrenzt.

In Kraftfahrzeugen besteht während der Tageszeit von 6.00 bis 22.00 Uhr Versicherungsschutz nur, wenn sich die Gegenstände im verschlossenen Kofferraum eines verschlossenen PKWs befinden, wobei der Kofferraum von innen her nicht zugänglich sein darf und das Fahrzeug nicht länger als die vertraglich vereinbarte Zeit, üblich sind zwei Stunden, unbeaufsichtigt ist.

Pelze sind auch versichert, wenn sie in Garderoben von Lokalen, Theatern usw. abgegeben wurden.

Sind Versicherungsgegenstände einem vertrauenswürdigen Juwelier oder Kürschner zur Schätzung, Reparatur, Umarbeitung, Aufbewahrung usw. übergeben worden, so besteht während dieser Zeit Versicherungsschutz.

Ausgeschlossen von der Versicherung sind Krieg, Bürgerkrieg, Aufruhr, Streik, Plünderung, Beschlagnahme, Abnutzung, Gebrauch und Selbstverderb, Bruch von Glas, innere Beschädigung bei Uhren, Ungezieferfraß bei Pelzen sowie Be- und Verarbeitungsschäden.

Als Versicherungswert gilt der Wiederbeschaffungspreis (Neuwert), es sei denn, der Zeitwert unterschreitet eine zu vereinbarende Grenze des Neuwertes; dann ist nur der Zeitwert versichert. Die Versicherungssummen sollten regelmäßig von einem Juwelier bzw. Kürschner geschätzt und durch Taxat bescheinigt werden, da bei zu niedriger Versicherungssumme Unterversicherung geltend gemacht wird.

12.2 Reisegepäckversicherung

(Vgl. van Bühren/Nies, Reiseversicherung, 3. Aufl. 2010)

Die maßgeblichen Bedingungen teilen sich auf in einen für alle Reiseversicherungen geltenden allgemeinen Teil (Allgemeiner Teil der Versicherungsbedingungen für die Reiseversicherung 2008 – AT-Reise 2008) und besondere Bedingungen für die verschiedenen Reiseversicherungen, neben der Reisegepäckversicherung etwa auch die Reiseabbruch- und die Reiserücktrittskostenversicherung. Für die Reisegepäckversicherung gelten die Besonderen Versicherungsbedingungen für die Reisegepäckversicherung 2008 (VB Reisegepäck 2008). Sie haben die zu Recht als unübersichtlich kritisierten AVB Reisegepäck 1992 abgelöst.

Die Spezialität der Gefahr ist der Deckungsgrundsatz, versichert sind bestimmte benannte Gefahren (Ziff. 2 VB Reisegepäck 2008). Unterschieden wird zwischen mitgeführtem und aufgegebenem Reisegepäck. Für mitgeführtes Reisegepäck leistet der Versicherer Entschädigung, wenn solches Gepäck während der Reise durch Diebstahl, Einbruchdiebstahl, Raub, räuberische Erpressung, vorsätzliche Sachbeschädigung, Unfall eines Transportmittels, Feuer, Explosion, oder Elementarereignisse abhanden kommt oder beschädigt wird. Für aufgegebenes Gepäck ist der Versicherungsschutz weiter. Denn für solches Gepäck kommt es nicht darauf an, was der Grund für Abhandenkommen oder Beschädigung ist. Vielmehr besteht Versicherungsschutz für jegliches Abhandenkommen oder Beschädigung, während sich das Gepäck im Gewahrsam eines Beförderungsunternehmens, eines Beherbergungsbetriebes oder einer Gepäckaufbewahrung befindet (Ziff. 2.2.1 VB Reisegepäck 2008). Daneben gibt es auch noch Schutz für Verspätung aufgegebenen Reisegepäcks. Wenn aufgegebenes Reisegepäck den Bestimmungsort nicht am selben Tag wie der Versicherungsnehmer erreicht, ersetzt der Versicherer die nachgewiesen Aufwendungen zur Wiedererlangung des Gepäcks oder für notwendige Ersatzbeschaffungen zur Fortsetzung der Reise bis zu einer vereinbarten Höhe (Ziff. 2.2.2 VB Reisegepäck 2008). Verluste durch Liegen-, Stehen- oder Hängenlassen sind ausdrücklich ausgeschlossen (Ziff. 3.1.7.1 VB-Reisegepäck 2008).

Die versicherten Personen sind im Versicherungsschein entweder namentlich oder als Personenkreis (Beispiel: mitreisende Personen; mit ihm in häuslicher Gemeinschaft lebende Personen) zu bezeichnen (Ziff. 1.1. AT-Reise 2008).

Die versicherten Gegenstände sind nur allgemein als Reisegepäck umschrieben. Umfasst ist deshalb alles, was die versicherte Personen auf der Reise mit sich führt oder aufgibt, sofern es nicht zu den in Ziff. 3 VB Reisegepäck 2008 gehört. Nicht versichert sind u.a. Geld, Wertpapiere, Fahrkarten, Urkunden und Dokumente (aller Art mit Ausnahme von amtlichen Ausweisen und Visa, Brillen, Kontaktlinsen, und Hörgeräte. Eingeschränkten Versicherungsschutz bietet die Versicherung für Schmucksachen und Kostbarkeiten, Video- und Fotoapparate, EDV-Geräte, Sportgeräte. Sonderregelungen gibt es auch für Reisegepäck auf Campingplätzen und in KFZ, einschließlich Zubehör sowie sämtliche Sachen des persönlichen Reisebedarfs, die der Versicherte während einer Reise mit sich führt oder durch übliche Transportmittel befördern lässt. Mitversichert sind die am Körper oder in der Kleidung getragenen Gegenstände sowie Geschenke und Reiseandenken, die auf der Reise erworben werden. Gegenstände, die üblicherweise zu beruflichen Zwecken mitgeführt werden, sind nur nach besonderer Vereinbarung versichert.

In Ziff. 5 AT-Reise 2008 finden sich die üblichen Ausschlüsse für politische Risiken und Kernenergie, neuerdings jetzt auch für chemische, biologische und biochemische Substanzen oder elektromagnetische Wellen als Waffen mit gemeingefährlicher Wirkung und für Pandemien. Der frühere Ausschluss für Schäden durch natürliche etc. Beschaffenheit ist dagegen aufgegeben. Die besonderen Ausschlüsse für die Reiseversicherung schließen dagegen Vermögensfolgeschäden aus.

Zu vereinbarende Entschädigungsgrenzen gelten für Schmucksachen, Kostbarkeiten, Video- und Fotoapparate sowie Sportgeräte und Reiseandenken und Geschenke.

Beginn und Ende der Versicherung sind im allgemeinen Teil geregelt. Er beginnt mit dem zu vereinbarenden Zeitpunkt, frühestens mit dem Antritt der versicherten Reise, und endet mit dem ebenfalls zu vereinbarenden Zeitpunkt, spätestens jedoch mit Beendigung der versicherten Reise (Ziff. 4.2 AT-Reise 2008), wobei die „frühestens/spätestens" Regelungen in den AVB ins Leere gehen, wenn die Parteien den Versicherungsschutz durch Vereinbarungen über diesen Zeitraum ausdehnen, denn solche Vereinbarungen haben als Individualvereinbarungen Vorrang vor den AGB (§ 305b BGB). Die Versicherung verlängert sich über den vereinbarten Zeitpunkt hinaus, wenn sich die planmäßige Beendigung der Reise aus Gründen verzögert, die die versicherte Person nicht zu vertreten hat (Ziff. 4.2.3 AT-Reise 2008).

In der Praxis ist der Prämienumsatz der alleinstehenden Reisegepäckversicherung stark rückläufig, da sie zunehmend in Paketlösungen anderer Reise- oder Hausversicherungen mit aufgeht.

12.3 Sonstige Sondersparten der Transportversicherung

Außer den in den vorangegangenen Ausführungen behandelten Sparten der Transportversicherung gibt es noch eine Anzahl von weiteren Versicherungsarten, die in den Transportversicherungsabteilungen der Gesellschaften bearbeitet werden.

Da eine Darstellung der einzelnen Nebensparten den Rahmen dieser Ausführungen sprengen würde, und da sie eine verhältnismäßig geringe wirtschaftliche Bedeutung besitzen, werden nachfolgend nur die beiden bekanntesten kurz behandelt. Im Übrigen wird auf die Darstellung dieser Sparten bei *Thume/de la Motte/Ehlers*, Transportversicherung, 2. Auflage 2011, verwiesen.

12.3.1 Ausstellungsversicherung

Diese Versicherungssparte umfasst auf Basis der AVB-Ausstellungsversicherung 2008 das gesamte Ausstellungsmaterial wie Modelle, Maschinen, Stände und deren Einrichtungen etc.

Versicherungsschutz besteht weltweit gegen alle Gefahren von Verlust oder Beschädigung während der Transporte, ausgenommen Seetransporte (vgl. Ziff. 1.5 AVB-Ausstellungsversicherung 2008), und Lagerungen sowie der Dauer der Ausstellung. Der Versicherungsschutz beginnt, sobald das Ausstellungsgut am Absendungsort zwecks Beförderung zur Ausstellung von der Stelle, an der es bisher aufbewahrt wurde, entfernt wird. Er endet, sobald das Ausstellungsgut nach Beendigung der Ausstellung am Absendungsort an die Stelle gebracht ist, die der Versicherungsnehmer oder Versicherte bestimmt hat (Ziff. 3 AVB-Ausstellungsversicherung 2008).

Ausgeschlossen sind Schäden durch Krieg, Bürgerkrieg oder kriegsähnliche Ereignisse, Aufruhr, sonstige bürgerliche Unruhen und politische oder terroristische Gewalthandlungen, Streik, Plünderung, Aussperrung, Sabotage, Beschlagnahme usw. Ebenso ausgeschlossen sind Schäden aufgrund von Witterung (z. B. Wind, Sturm, Regen, Schnee und Hagel) – nicht jedoch des Blitzschlags – bei dem in Zelten oder unter freiem Himmel ausgestellten Ausstellungsgut und aufgrund von Diebstahl, Veruntreuung oder Unterschlagung durch Angestellte des Versicherungsnehmers oder Versicherten. Ferner besteht kein Versicherungsschutz bei mangelhafter Verpackung, Beschaffenheits- und Bearbeitungsschäden sowie Schäden durch die Vorführung selbst.

Die Prämie wird je nach den individuellen Risikoverhältnissen sehr unterschiedlich sein. Sie richtet sich nach der Art des Ausstellungsgutes, des Reiseweges und nach der Dauer der Ausstellung etc.

12.3.2 Kühlgut- und Tiefkühlgut-Versicherung

Die Kühlgutversicherung umfasst das gesamte Kühlgut und bietet Versicherungsschutz gegen Verlust und Beschädigung während der Transporte, Lagerungen und Einlagerungen in Kühlhäusern. Es handelt sich nicht um eine Allgefahrendeckung, sondern um eine Versicherung gegen benannte Gefahren. Typische Gefahren sind u.a. Transportmittelunfall, Feuer, ED, Diebstahl, Lw und Nässe, Ratten, Rauch, Stapeleinsturz, Auslaufen von Flüssigkeiten (z. B. Sole, Ammoniak), Versagen oder Niederbrechen der Kühlanlagen etc.

Je nach Versicherungsbedürfnis und Kreis der Versicherten werden unterschiedliche Bedingungen am Markt verwandt. Dabei wird z. B. unterschieden, ob eigene Waren in eigenen Kühlhäusern gelagert werden oder ob es sich um Einlagerungen in gewerblichen Kühlhäusern oder um die Haftpflichtversicherung der Versicherungsnehmer in ihrer Eigenschaft als Kühlhausunternehmen handelt. Hierzu zählen z. B. die im Fachverband der Kühlhäuser und Eisfabriken e.V. zusammengeschlossenen Kühlhäuser.

Schäden durch Krieg, Beschlagnahme, Aufruhr, Plündern, Streik, Aussperrung, Atomenergie oder andere energiereiche, ionisierende Strahlen, Schwund oder natürlichen Verderb, Vorsatz und grobe Fahrlässigkeit, nicht nur des Versicherungsnehmers, sondern auch der in leitender Stellung für die Betriebsführung verantwortlichen Personen, sind nicht versichert.

13 Der Regress des Transportversicherers

13.1 Allgemeines

Allgemeines Frachtrecht, Speditionsrecht, Lagerrecht, Multimodalfrachtrecht und Seefrachtrecht sind im Handelsgesetzbuch gesetzlich geregelt (§§ 407 ff., 452 ff., 453 ff., 467 ff., 556 ff. HGB). Das Seefrachtrecht schreibt für den Regelfall der Ausstellung eines Konnossements die Geltung der in § 662 HGB genannten Kernbestimmungen über die Mindesthaftung des Verfrachters zwingend vor, ist aber ansonsten, also bei Verschiffungen allein auf der Grundlage von Charterverträgen oder Buchungsnoten, dispositiv. Bis zum Transportrechtsreformgesetz war auch das allgemeine Frachtrecht dispositiv, also abdingbares Recht. Das Lagerrecht ist gegenüber Kaufleuten immer noch dispositiv (§ 475 h HGB), allgemeines Frachtrecht, Multimodalrecht und Speditionsrecht sind dagegen teilweise abänderungsfest geworden (§§ 449, 452d, 466 HGB). Soweit abänderbar, sind in allen Sparten die Rechtsverhältnisse durch Allgemeine Geschäftsbedingungen geregelt.

Verfolgt man die Rechtsentwicklung auf diesem Gebiet, so zeigt sich, dass im allgemeinen Frachtrecht der das frühere Gesetzesrecht des HGB beherrschende und für das Seerecht noch immer geltende Grundsatz der *Verschuldenshaftung mit umgekehrter Beweislast* (Entlastungspflicht des Frachtführers) weitgehend einer *Gefährdungshaftung* angeglichen ist. Zentrale Haftungsnorm im Frachtrecht ist jetzt § 425 HGB. Er sieht eine Obhutshaftung vor, die bis an Umstände heranreicht, die der Frachtführer gem. § 426 HGB auch bei größter Sorgfalt nicht vermeiden und deren Folgen er nicht abwenden konnte.

Dies folgt dem Prinzip der der Rechtsvereinheitlichung im internationalen Eisenbahngüterverkehr dienenden Haftungsordnungen COTIF (Übereinkommen vom 9. Mai 1980 über den internationalen Eisenbahnverkehr) – in der Bundesrepublik Deutschland in Kraft getreten am 1. Mai 1985 – und der für den internationalen Straßentransport geltenden CMR (Übereinkommen über den Beförderungsvertrag im internationalen Straßengüterverkehr mit Kraftfahrzeugen – vom 19. Mai 1956). Das europäische Binnenschifffahrtsfrachtrecht dagegen, enthalten in der CMNI (Budapester Übereinkommen über den Vertrag über die Güterbeförderung in der Binnenschifffahrt vom 3. Oktober 2000), sieht in Art. 16 wie § 606 HGB für das Seefrachtrecht zwar auch eine Obhutshaftung vor, ermöglicht aber die Entlastung durch den Nachweis, dass der Schaden mit der Sorgfalt eines ordentlichen Frachtführer (Verfrachters) nicht abgewendet werden konnte.

Im Gegensatz zum Eisenbahngüterverkehr und Straßengüterverkehr herrscht im Seefrachtrecht und im gerade angesprochenen europäischen Frachtrecht der Binnenschifffahrt – nicht im nationalen Binnenschifffahrtsfrachtrecht, denn dieses richtet sich nach § 425 HGB – Verschuldenshaftung mit umgekehrter Beweislast. Im Seefrachtrecht besteht sogar absolute Freistellung des Verfrachters von nautischem Verschulden. Im europäischen

Binnenschifffahrtsfrachtrecht bestimmt die CMNI zwar keine Haftungsfreiheit für nautisches Verschulden, erlaubt aber entsprechende vertragliche Vereinbarungen (Art. 25 abs. 2 a) CMNI). Doch zeigen sich auch im Seerecht Tendenzen zur Haftungsverschärfung, so zum Beispiel durch die in Kraft befindlichen Hamburger Regeln, die 2009 verabschiedeten Rotterdam Regeln und den Reformentwurf für ein neues deutsches Seehandelsrecht, die alle keine Haftungsfreiheit für nautisches Verschulden kennen.

Die Sorge, eine verschärfte Frachtführerhaftung könnte den Interessen der Versicherer und dem Geschäftsmodell der Versicherung als solcher zuwiderlaufen, ist unbegründet. Letztlich liegt es nicht im Interesse der Wirtschaft, Entschädigung für erlittene Güterschäden statt aus einer nach individuellen Gesichtspunkten und selbst abgeschlossenen Transportversicherung zu erhalten, sie über ein unübersichtliches, international uneinheitliches Haftungsrecht suchen zu müssen.

Den meisten frachtrechtlichen Haftungsordnungen ist gemeinsam, dass der Frachtführer nur für solche Schäden am Beförderungsgut haftet, die in der Zeit von der Annahme zur Beförderung bis zur Ablieferung an den frachtbriefmäßigen Empfänger eintreten. Daneben haftet er auch für selbständige Vermögensschäden infolge einer Lieferfristüberschreitung. Seine Ersatzpflicht bei Güterschäden erstreckt sich grundsätzlich nur auf den unmittelbaren Sachschaden an den beförderten Gütern, nicht aber auf den daraus entstandenen etwaigen Folgeschaden (mittelbaren Schaden oder Vermögensschaden) (vgl. für den Geltungsbereich des HGB §§ 429 Abs. 1 HGB).

Ersatz des vollen Schadens, d.h. einschließlich eines mittelbaren Schadens, ist unter HGB-Recht nur zu leisten, wenn derselbe durch Vorsatz des Frachtführers verursacht wurde oder im Falle seiner Leichtfertigkeit im Bewusstsein, dass Schaden mit Wahrscheinlichkeit eintreten wird (§ 435 HGB). Weitere für das gesamte Frachtrecht maßgebende Grundsätze betreffen die Umkehr der Beweislast (§ 438 HGB) und die Verjährung (§ 439 HGB) der Ansprüche gegen den Frachtführer. Nach § 438 HGB wird vermutet, dass das Gut in vertragsgemäßem Zustand abgeliefert wurde, und der Empfänger oder der Absender dem Frachtführer im Falle von äußerlich erkennbarem Verlust oder Beschädigung des Gutes dieses nicht spätestens bei Ablieferung des Gutes anzeigt. Bei äußerlich nicht erkennbarem Verlust oder Beschädigung des Gutes genügt es, dass der Schaden innerhalb von sieben Tagen nach Ablieferung vom Frachtführer angezeigt wird. § 439 HGB sieht für Ansprüche gegen Frachtführer eine Verjährungsfrist von einem Jahr vor, für den Fall von Vorsatz oder Leichtfertigkeit von drei Jahren.

Ansprüche des Transportversicherers gegen einen Dritten beruhen auf übergegangenem Recht. Grundlage hierfür ist im Bereich der Seeversicherung § 45 ADS Ziff. 50 DTV-ADS, ansonsten § 86 VVG.

Grundlage des Regresses ist stets der Frachtvertrag. Nur in Ausnahmefällen wird der Regress aufgrund der Vorschriften des BGB über unerlaubte Handlungen (§ 823 ff.) geführt werden. Bei dem Regress sind nicht nur diejenigen Bestimmungen von Bedeutung, die die Haftung des Frachtführers dem Grunde und der Höhe nach behandeln, sondern auch diejenigen, die sich mit der Art und dem Umfang der von dem Frachtführer übernommenen Leistungen befassen. Dafür kommen z. B. Bestimmungen über die Zuordnung des Be- und Entladens sowie des Verstauens, Vorschriften, die die Überprüfung des Zustandes der Güter bei Beginn und Beendigung des Transportes oder die die Feststellung von Zahl, Maß oder Gewicht sowie die Kontrolle oder Behandlung während des Transportes betreffen, zur Anwendung.

13.2 Abgrenzung der Begriffe Frachtführer und Spediteur

(Siehe hierzu und zu den nachfolgenden Ziff. Abschnitte 13.3.1-13.3.3)

Der Begriff des Spediteurs ist im Sprachgebrauch vieldeutig, und er wird häufig nicht von dem des Frachtführers unterschieden. Dies hat seine Ursache wohl darin, dass in der Praxis häufig die gleiche Firma als Spediteur und als Frachtführer im LKW-Verkehr tätig ist.

Das HGB unterscheidet klar zwischen beiden Begriffen.

> Spediteur ist nach § 453 HGB, wer es übernimmt, die gewerbliche Versendung des Gutes zu besorgen.
>
> Frachtführer ist nach § 407 HGB, wer sich verpflichtet, das Gut zum Bestimmungsort zu befördern und dort an den Empfänger abzuliefern.

Der Spediteur vermittelt also die Beförderung nur, die der Frachtführer tatsächlich durchführt.

Frachtführer gibt es in den verschiedenen Bereichen der Verkehrswirtschaft, wobei der Seefrachtführer (§§ 556 ff. HGB) Verfrachter genannt wird.

Ob ein Speditions- oder Frachtvertrag zustande kommt, hängt von den übereinstimmenden Willenserklärungen der Vertragspartner ab, zu deren Ermittlung der Inhalt der ausgestellten Dokumente (Frachtbrief, Speditionsauftrag, Lieferschein, Speditionsübergabeschein usw.), die Art der Frachtberechnung (Berechnung der Tariffracht weist auf Frachtvertrag, Abrechnung nach der Verordnung über die Werbe- und Abfertigungs-Vergütung im Güterfernverkehr auf Speditionsvertrag hin) und sonstige Umstände des Einzelfalles herangezogen werden müssen. Mit einer Firma, die keine Spedition, sondern ausschließlich Gütertransport betreibt, werden nur Beförderungsverträge geschlossen. Im Allgemeinen ist davon auszugehen, dass ein Spediteur in erster Linie speditionelle Dienstleistungen erbringen will, für die Annahme eines Frachtvertrages müssen besondere Anhaltspunkte vorliegen.

Hat der Spediteur einen Speditionsvertrag abgeschlossen, so hat er nach § 458 HGB das Recht, die Beförderung des Gutes selbst auszuführen *(Selbsteintritt)*. Er hat dann zugleich die Rechte und Pflichten eines Frachtführers (§ 458 Satz 2 HGB).

Soweit er als Landfrachtführer, Frachtführer in der Binnenschifffahrt, oder als Luftfrachtführer tätig wird, unterliegt er dem allgemeinen Frachtrecht des HGB (§§ 407 ff HGB), soweit dieses zwingend ist, bei internationalen Transporten gegebenenfalls internationalen Abkommen wie z. B. der CMR (internationaler Straßentransport), der CMNI (internationaler Binnenschiffstransport) oder dem Montreal Übereinkommen (internationaler Lufttransport). Führt er Seetransporte durch, unterliegt er wie ein Verfrachter dem Seehandelsrecht des HGB (§§ 556 ff HGB).

Im Übrigen kann der Spediteur seine Tätigkeit auch gegen feste Kosten erbringen (sogenannter *Fixkostenspediteur*). Auch in diesem Fall hat der Spediteur gem. § 459 HGB die Rechte und Pflichten eines Frachtführers.

Schließlich kann der Spediteur das Gut auch zusammen mit Gütern eines anderen Versenders befördern lassen (sogenannte *Sammelladungsspedition*). Auch für diese bestimmt § 460 Abs. 2 HGB, dass der Spediteur dann die Rechte und Pflichten eines Frachtführers hat.

Aus der unterschiedlichen Tätigkeit als Spediteur einerseits und als Frachtführer andererseits ergibt sich für eine Firma eine unterschiedliche Haftung. Bei einem Regress des Transportversicherers ist deshalb stets zwischen speditionellen Dienstleistungen (Haftung nach ADSp) und Frachtführertätigkeit (Haftung nach Frachtrecht) zu unterscheiden.

Vor Inkrafttreten des Transportrechtsreformgesetzes im Jahre 1998 gab es wegen der unter dem früheren Recht bestehenden Aufsplitterung des nationalen Straßengütertransportrechts in Güternah- und Güterfernverkehr Abgrenzungsprobleme zwischen Speditions- und Frachtrecht für den Fall, dass der Spediteur Teile des Transport durch Dritte ausführen lies. Diese Problematik hat sich erledigt. Übrig geblieben ist davon nur der sogenannte Regressüberhang. Er ergibt sich dann, wenn der Spediteur Güter verschiedener Kunden als Sammelladung befördern lässt. Kommen dann einzelne Güter zu schaden, haftet der Spediteur für diese Schäden gem. § 460 HGB nach Frachtrecht, also unter Berücksichtigung der frachtrechtlichen Haftungsbeschränkungen (z. B. Kilohaftung begrenzt auf 8,66 SZR je Kilogramm). Da es für die Haftung des Sammelladungsspediteurs auf das Gewicht der einzelnen Sendung ankommt, für die frachtvertragliche Haftung desjenigen, der im Auftrage des Sammelladungsspediteurs den eigentlich Transport ausführt aber auf das Gewicht der gesamten beschädigten Güter, kann es sein, dass dem Sammelladungsspediteur ein höherer Schadenersatzanspruch gegen den Beförderer zusteht, als er selbst einer Haftung gegenüber seinen Kunden ausgesetzt ist. In diesem Fall hat der Spediteur den höheren Anspruch gegen den Beförderer durchzusetzen und dann anteilig den nicht voll befriedigten Kunden zur Verfügung zu stellen.

13.3 Grundlagen, Umfang und Versicherung der Haftung

13.3.1 Frachtführer im nationalen Verkehr

Allgemeines

Durch das Transportrechtsreformgesetz ist im Jahre 1998 der Aufsplitterung des deutschen nationalen Frachtrechts ein Ende gemacht worden. Bis dahin gab es nicht nur unterschiedliche Verkehrsträgerrechte für Transporte mit Kraftfahrzeugen, Binnenschiffen, Eisenbahn und Luftfahrzeugen; der Gütertransport mit LKW wurde auch noch unterteilt in Güterfernverkehr und Güternahverkehr. Seit 1998 gilt für alle diese Verkehrsträger das einheitliche allgemeine Frachtrecht der §§ 407 ff HGB. Es ist in weiten Bereichen der CMR nachgebildet, die die Haftung im internationalen Straßengütertransport regelt (siehe S. 377 ff.).

Haftung des Frachtführers

> Haftungsgrundsatz des HGB = Haftung bis zur Grenze der Unvermeidbarkeit, § 424 HGB

Grundlage der Haftung ist § 425 HGB. Haftungsgrundsatz des allgemeinen Frachtrechts des HGB ist, anders als gelegentlich zu lesen, keine Gewährs- oder Obhutshaftung, sondern eine Haftung für bei größter Sorgfalt zu vermeidende Güter- und Verspätungsschäden. Dies ergibt sich aus § 426 HGB, der den Frachtführer haftungsfrei stellt, wenn die genannten Schäden auf Umständen beruhen, die der Frachtführer auch bei größter Sorgfalt nicht vermeiden konnte und deren Folgen er nicht abwenden konnte.

Der Frachtführer ist nach § 427 HGB daneben auch insoweit von seiner Haftung befreit, als der Verlust, die Beschädigung oder die Lieferfristüberschreitung auf eine der folgenden Gefahren zurückzuführen ist:

- vereinbarte oder übliche Verladung auf offenen Fahrzeugen oder auf Deck;

- ungenügende Verpackung durch den Absender. Die Verpackung muss das Beförderungsgut gegen die normalen Transporteinwirkungen ausreichend schützen. Dazu gehören Erschütterungen infolge schlechter Straßenverhältnisse ebenso wie plötzliches Bremsen.

- Behandeln, Verladen oder Entladen des Gutes durch den Absender oder den Empfänger. Die Verladung ist *beförderungssicher* vorzunehmen (so ausdrücklich § 411 Abs. 1 Satz 1 HGB), d.h. die Güter müssen so verladen, gestaut, gestapelt, befestigt und gesichert sein, dass sie durch die normalen Transporteinwirkungen im Straßengüterverkehr nicht gefährdet werden können. Nicht mehr in den Verantwortungsbereich des Versenders, sondern in denjenigen des Frachtführers gehört es, für die *betriebssichere* Verladung zu sorgen (§ 411 Abs. 1 Satz 2 HGB).

- natürliche Beschaffenheit des Gutes;
- ungenügende Kennzeichnung der Frachtstücke durch den Absender;
- Beförderung lebender Tiere.

Die Haftung der Höhe nach wird in den §§ 429 bis 435 HGB geregelt. Sie beschränkt sich zunächst auf Ersatz des Wertes am Ort und zurzeit der Übernahme zur Beförderung (§ 429 HGB). Hinzu kommen Kosten der Schadenfeststellung, § 430 HGB, sowie Frachten und Zölle (§ 432 HGB).

Das Verschulden seiner Leute hat der Frachtführer in gleichem Umfange zu vertreten wie sein eigenes Verschulden, wenn die Leute in Ausübung ihrer Verrichtungen gehandelt haben (§ 428 HGB).

Die Höchstgrenze der Haftung liegt bei 8,33 SZR je kg Brutto für Verlust und Beschädigung und der dreifachen Fracht für den Fall der Lieferfristüberschreitung (§ 431 HGB). Für andere als Güter und Verspätungsschäden beschränkt § 434 HGB die Haftung auf das Dreifache des Betrages, der bei Verlust des Gutes zu zahlen wäre.

Der Frachtführer kann sich auf die vorstehenden Beschränkungen nicht berufen, wenn er oder einer seiner Leute den Schaden vorsätzlich oder leichtfertig und in dem Bewusstsein, dass ein Schaden mit Wahrscheinlichkeit eintreten werde, verursacht hat.

Die Verjährungsfrist beträgt ein Jahr (bei Vorsatz oder Leichtfertigkeit, dass Schaden mit Wahrscheinlichkeit eintreten werde, drei Jahre (§ 439 HGB). Sie beginnt mit Ablauf des Tages der Ablieferung, wenn keine Ablieferung erfolgt mit dem Ablauf des Tages, an dem hätte abgeliefert werden müssen.

Möbelverkehr - Umzugsvertrag

Für den Umzugsvertrag enthalten die §§ 451 bis 451 h HGB eine Reihe von Sondervorschriften, die dem ergänzend geltende allgemeinen Frachtrecht vorgehen, ihrerseits aber vor anwendbaren internationalen Übereinkommen zurücktreten.

Hervorgehoben seien hier die besonderen Haftungsausschlussgründe des § 451 d HGB, die den § 427 HGB vollständig ersetzen, genannt:

- Beförderung von Edelmetallen, Juwelen, Edelsteinen, Geld, Briefmarken, Münzen, Wertpapieren oder Urkunden;
- ungenügende Verpackung oder Kennzeichnung durch den Absender;
- Behandeln, Verladen oder Entladen des Gutes durch den Absender;
- Beförderung von nicht vom Frachtführer verpacktem Gut in Behältern;
- Verladen oder Entladen von Gut, dessen Größe oder Gewicht den Raumverhältnissen an der Ladestelle oder Entladestelle nicht entspricht, sofern der Frachtführer den Absender auf die Gefahr einer Beschädigung vorher hingewiesen und der Absender auf der Durchführung der Leistung bestanden hat;

- Beförderung lebender Tiere oder von Pflanzen;
- natürliche oder mangelhafte Beschaffenheit des Gutes, der zufolge es besonders leicht Schäden, erleidet.

Die Höchsthaftung bemisst sich nicht in Sonderziehungsrechten auf Kilogrammbasis, sondern beträgt EUR 620 je Kubikmeter für den Transport benötigten Laderaums.

Die Haftungsbeschränkungen stehen nur zur Verfügung, wenn der Frachtführer bei Vertragsschluss auf sie hinweist und die Möglichkeit einräumt, eine weitergehende Haftung zu vereinbaren oder die Güter zu versichern (§ 451 g HGB).

Verkehrshaftungsversicherung im LKW-Transport
Nach § 7a GüKG ist ein Unternehmer, der Güterkraftverkehr (geschäftsmäßige oder entgeltliche Beförderung von Gütern mit Kraftfahrzeugen von mehr als 3,5 t zulässigem Gesamtgewicht, § 1 GüKG) verpflichtet, seine ihn nach dem HGB treffende Frachtführerhaftung zu versichern. Es handelt sich um eine gewerberechtliche Vorschrift, so dass der Absender selbst keinen vertraglichen Anspruch darauf hat, dass sich der Frachtführer versichert. Der Versicherer muss dabei Versicherungsschutz im vollen Umfang der Haftung des Unternehmers nach HGB gewähren.

Die Versicherung ist Pflichtversicherung im Sinne von §§ 113 ff VVG. Der Versicherer kann sich im Falle einer Obliegenheitsverletzung zwar gegenüber dem Frachtführer auf Leistungsfreiheit berufen; gegenüber Dritten ist der Versicherer in solchen Fällen aber zur Leistung verpflichtet (§ 117 VVG).

Die Versicherungspflicht trifft nur Frachtführer mit eigenen Fahrzeugen. Wer ohne eigene Fahrzeuge befördert oder wen als Spediteur nur im Wege des Selbsteintritt oder der Fixkosten- oder Sammelladungsspedition die Pflichten eines Frachtführers treffen, ist nicht versicherungspflichtig. Dennoch versichern sich auch solche Frachtführer und Spediteure regelmäßig gegen die sie treffenden Haftpflichten.

Die Standarddeckung des deutschen Marktes findet sich in den DTV-Verkehrshaftungsversicherungs-Bedingungen für die laufende Versicherung für Frachtführer, Spediteure und Lagerhalter 2003/2008 (FTV-VHV 2000/2008). Gegenstand der Versicherung sind Verkehrsverträge (Fracht-, Speditions- und Lagerverträge) des Versicherungsnehmers als Frachtführer im Straßengüterverkehr, als Spediteur oder Lagerhalter, die während der Laufzeit dieses Versicherungsvertrages abgeschlossen werden. Versichert ist die verkehrsvertragliche Haftung des Versicherungsnehmers aus deutschen Gesetzesvorschriften einschließlich Abänderung oder Ergänzung durch AGB, denen der Versicherer zugestimmt hat.

13.3.2 Frachtführer im internationalen Verkehr

Während es im nationalen Transportrecht mit Ausnahme des Seehandelsrechts kein besonderes Frachtrecht für einzelne Verkehrsträger mehr gibt, ist das internationale Transportrecht durch besondere Verkehrsträgerfrachtrechte charakterisiert, die alle auf internationalen Konventionen beruhen.

Grenzüberschreitender LKW-Transport

Grundlage der Haftung bildet das Übereinkommen über den Beförderungsvertrag im internationalen Güterverkehr (CMR) vom 19.05.1956, das am 5.02.1962 in Kraft getreten ist. Seine Bestimmungen sind allgemeinverbindlich und unabdingbar. Die CMR ist im Wesentlichen dem Internationalen Übereinkommen über den Eisenbahn-Frachtverkehr (CIM) nachgebildet.

> Haftungsgrundsatz der CMR = Haftung bis zur Grenze der Unvermeidbarkeit, Art. 17, Abs. 2 CMR.

Die CMR enthält nicht bevorrechtigte Haftungsausschlussgründe in Artikel 17 Abs. 2 und bevorrechtigte in Artikel 17 Abs. 4 CMR. Die Unterscheidung hat Bedeutung für die Verteilung der Beweislast (Artikel 18 CMR).

Leitet der Frachtführer seine Haftungsfreiheit aus einem nicht bevorrechtigten Ausschlussgrund ab, so muss er beweisen, dass der eingetretene Schaden auf die behauptete Ursache zurückzuführen ist. Misslingt dieser Beweis, so ist er schadenersatzpflichtig. Bei Berufung auf einen bevorrechtigten Ausschlussgrund genügt es bereits, wenn der Frachtführer nur darlegt, dass der eingetretene Schaden unter den gegebenen Umständen aus der behaupteten, von ihm nicht zu vertretenden Ursache herrühren kann. Zu seinen Gunsten gilt dann die Beweisvermutung, dass der Schaden tatsächlich aus jener Ursache entstanden ist. Der Frachtführer ist dann haftungsfrei, wenn nicht der Anspruchsteller schlüssig beweisen kann, dass ein anderer, vom Frachtführer zu vertretender Umstand, den Schaden herbeigeführt hat.

Neben der Haftung aus der CMR sind konkurrierende Ansprüche aus unerlaubter Handlung durch Artikel 28 Abs. 2 CMR ausgeschlossen.

Die Höchsthaftungssumme für Verlust oder Beschädigung des Gutes beläuft sich gem. Art. 23, 25 CMR, wie bei § 431 HGB, der diesen Bestimmungen nachgebildet ist, auf 8,33 SZR. Der Gegenwert richtet sich nach dem Tageskurs.

Anders als im HGB-Frachtrecht, aber in Übereinstimmung mit dem internationalen Eisenbahnfrachtrecht und dem Seerecht, besteht die Möglichkeit, gegen Frachtzulage einen höheren Wert zu deklarieren.

Die Haftungsbegrenzungen werden durchbrochen bei Vorsatz oder einem diesem nach nationalem Recht gleichstehenden Verschulden, Art 29 CMR. Bis zum Inkrafttreten des Transportrechtsreformgesetzes stand dem Vorsatz im deutschen Recht nach der Rechtsprechung des Bundesgerichtshofs die grobe Fahrlässigkeit gleich. Unter Berücksichtigung des § 435 HGB ist dies jetzt die Leichtfertigkeit im Bewusstsein, dass Schaden mit Wahrscheinlichkeit eintreten wird.

Die in § 7a GüKG festgelegte Verpflichtung zur Versicherung der Haftungsrisiken des Unternehmers gilt nicht für die Haftung aus der CMR.

Die Versicherung der Risiken aus der CMR erfolgt normalerweise im Rahmen der bestehenden Frachtführerversicherung (Marktstandard: DTV-VHV 2000/2008, vgl. 4.3.1 a.E.).

Die Verjährungsfrist ist die gleiche wie beim Inlandsverkehr.

Grenzüberschreitender Eisenbahntransport

> Haftungsgrundsatz der CIM = Haftung bis zur Grenze der Unvermeidbarkeit (Art. 36 § 2 CIM)

Im internationalen Eisenbahn-Güterverkehr gilt das Übereinkommen über den internationalen Eisenbahnverkehr (COTIF) vom 9.05.1980 (abgedruckt Bundesgesetzblatt II 1985 132). Die Haftungsvorschriften sind als Anhang B zum Übereinkommen über den internationalen Eisenbahnverkehr (COTIF) in sogenannten „Einheitlichen Rechtsvorschriften für den Vertrag über die internationale Eisenbahnbeförderung von Gütern (CIM)" enthalten.

Es handelt sich auch hier um eine einer Gefährdungshaftung nahekommende Haftung, bei der Eisenbahnfrachtführer, in der CIM *Eisenbahn* genannt, ebenso wie bei der CMR von der Haftung befreit ist, wenn der Verlust, die Beschädigung oder die Überschreitung der Lieferfrist durch Umstände verursacht worden ist, welche die Eisenbahn nicht vermeiden und deren Folgen sie nicht abwenden konnten (Art. 36 § 2 CIM).

Hinsichtlich der Ausschlüsse liegt die Beweislast grundsätzlich bei der Eisenbahn. Bei einer Vielzahl von Ausschlusstatbeständen (Beförderung in offenen Wagen gemäß Abmachung, Fehlen oder Mängel der Verpackung, Verladen der Güter durch den Absender, Beförderung lebender Tiere u.a.) genügt allerdings, ähnlich wie bei der CMR, dass die Eisenbahn darlegt, dass der Verlust oder die Beschädigung nach den Umständen des Falles aus einer oder mehreren der erwähnten besonderen Gefahren entstehen konnten. Es wird dann vermutet, dass der Schaden aus diesen Gefahren entstanden ist (Art. 37 § 2 in Verbindung mit Art. 36 § 3 CIM).

Bei Verlust oder Beschädigung beträgt die Höchsthaftung 17 Sonderziehungsrechte je fehlendes Kilogramm Brutto-Masse (Art. 40, 42 § 2 CIM).

Bei Lieferfrist-Überschreitung wird die Haftung der Eisenbahn durch das Dreifache der Fracht begrenzt (Art. 43 § 1CIM).

Bei grober Fahrlässigkeit der Bahn verdoppeln sich die Höchsthaftungsbeträge, bei vorsätzlicher Schadenverursachung hat sie vollen Ersatz zu leisten (Art. 44 CIM).

Schadenersatzansprüche aus dem Frachtvertrag können gegen die Versandbahn, die Empfangsbahn oder diejenige Eisenbahn gerichtlich geltend gemacht werden, auf deren Linien die den Anspruch begründende Tatsache eingetreten ist (Art. 55 § 3 CIM).

Grenzüberschreitender Lufttransport

Aufgrund der Internationalität der Luftfahrt ist sie seit ihren kommerziellen Anfängen von internationalen Übereinkommen geprägt. Für die Bundesrepublik Deutschland gelten derzeit das Warschauer Abkommen vom 12.10.1929 (RGBL. 1933 II s. 1039) mit Haager Protokoll von 1955 (BGBl. 1958 II, s. 291) und daneben das Montrealer Übereinkommen von 1999 (BGBl. 2004 II, s. 458), Letzteres nicht zu verwechseln mit dem Montrealer Übereinkommen Nr. 4, das das Warschauer Abkommen ergänzte und von der Bundesrepublik Deutschland nicht ratifiziert wurde. Das Warschauer Abkommen ist von ca. 160 Staaten ratifiziert, das Montrealer Übereinkommen erst von 86 Staaten. Beide Übereinkommen werden daher wohl noch für eine Weile nebeneinander bestehen. Die nachfolgenden Ausführungen beziehen sich auf das Montrealer Übereinkommen (MÜ).

Nach Art. 18 MÜ haftet der Luftfrachtführer für jeden Schaden, der durch Zerstörung, Verlust oder Beschädigung von Gütern entsteht, wenn das Ereignis, durch das der Schaden verursacht wurde, während der Luftbeförderung eingetreten ist. Die Haftung ist ausgeschlossen, wenn der Schaden auf einer der folgenden Ursachen beruht:

- auf der Eigenart der Güter oder einem ihnen innewohnenden Mangel;
- auf mangelhafter Verpackung der Güter durch eine andere Person als den Luftfrachtführer oder seine Leute;
- auf einer Kriegshandlung oder einem bewaffneten Konflikt;
- auf hoheitlichem Handeln in Verbindung mit der Einfuhr, Ausfuhr oder Durchfuhr der Güter.

Weist der Luftfrachtführer nach, dass der Geschädigte den Schaden durch eine zumindest fahrlässige unrechtmäßige Handlung oder Unterlassung verursacht oder dazu beigetragen hat, so ist der Luftfrachtführer ganz oder teilweise von seiner Haftung insoweit befreit, als diese Handlung oder Unterlassung den Schaden verursacht oder dazu beigetragen hat (Art. 20 MÜ).

Für Zerstörung, Verlust, Beschädigung von Gütern oder Verspätung haftet der Luftfrachtführer nur bis zu einem Betrag von 17 SZR je Kilogramm; es kann aber auch ein höherer Betrag vereinbart werden (Art. 22 MÜ). Eine Durchbrechung der Haftung ist nicht vorgesehen. Der Luftfrachtführer kann sich also, anders als in allen anderen Frachtrechten, nicht nur im Falle der Leichtfertigkeit im Bewusstsein, dass Schaden mit Wahrscheinlichkeit eintreten werde, sondern sogar im Falle des Vorsatzes auf die Haftungsbeschränkung berufen. Hiergegen sind verfassungsrechtliche Bedenken vorgebracht worden, ein Urteil zu dieser Frage liegt noch nicht vor.

Art. 35 MÜ bestimmt eine Ausschlussfrist von zwei Jahren, beginnend mit dem Tag, an dem das Flugzeug an seinem Bestimmungsort angekommen ist oder hätte ankommen sollen.

13.3.3 Verfrachter im Seefrachtgeschäft

> Haftungsgrundsatz des Seerechts: Obhutshaftung mit Entlastungsbeweis für fehlendes Verschulden

Allgemeines

Das Haftungsrecht des Verfrachters für Verlust oder Beschädigung von Ladungsgütern wird bestimmt durch das international durch das Übereinkommen zur Vereinheitlichung von Regeln über Konnossemente vom 25.08.1924 (Haager Regeln), ergänzt und abgeändert das Protokoll von Visby vom 23.02.1968, dem die meisten Seehandel treibenden Nationen beigetreten sind oder deren Bestimmungen sie in die nationalen Gesetze übernommen haben. Dadurch hat sich international ein weitgehend einheitliches Haftungsrecht herausgebildet. Deutschland hat die Haager Regeln ratifiziert und durch das Seefrachtgesetz vom 10.08.1937 mit Wirkung vom 1.01.1940 in das HGB aufgenommen. Das Visby-Protokoll wurde nicht ratifiziert, die wesentlichen Bestimmungen wurden aber mit Wirkung vom 31.07.1986 in das HGB übernommen.

Die Haag-Visby-Regeln bezwecken und bewirken für den Fall der Ausstellung eines Konnossements (welches bei einem Raumfrachtvertrag außerdem an einen Dritten gegeben sein muss) die Einschränkung von Haftungsfreizeichnungsmöglichkeiten des Verfrachters und statuieren eine summenmäßig begrenzte zwingende Mindesthaftung des Verfrachters für Güterschäden, die aus anfänglicher See- und Ladungsuntüchtigkeit oder aus mangelnder Ladungsfürsorge (sogenanntes *kommerzielles Verschulden*) (siehe zu den beiden Verschuldensformen S. 260 ff.) während der Reise entstehen. Ausgenommen von der Haftung sind Schäden infolge mangelhafter Führung oder Bedienung des Schiffes (sogenanntes *nautisches Verschulden*) sowie aus bestimmten Gefahren oder Ereignissen. Der Verfrachter kann sich entlasten durch Darlegung der Schadensursachen und den Nachweis, dass er die gehörige Sorgfalt beobachtet habe.

Die Einzelheiten der Neuregelung werden weiter unten in diesem Abschnitt abgehandelt.

Da die Haager Regeln vom 25.08.1924 von der Bundesrepublik Deutschland ratifiziert waren, die Haag-Visby-Rules jedoch bisher nicht ratifiziert wurden und auch noch keine völkerrechtliche Verbindlichkeit genießen, ist durch die Übernahme der Haag-Visby-Regeln in das deutsche Recht eine sehr komplizierte Rechtslage entstanden. Insbesondere wurde die Anwendungsklausel des Art. 6 EGHGB erforderlich. Diese recht schwer zu lesende Vorschrift besagt in etwa Folgendes:

§ 662 HGB samt der darin genannten Vorschriften gilt für Konnossemente,

- die in einem Visby-Staat (d.h. einem Staat, der die Visby-Regeln ratifiziert hat) ausgestellt wurden oder auf die die Visby-Regeln kraft Vereinbarung (direkt oder über die Vereinbarung des Rechts eines Visby-Staates) anwendbar sind, und

die sich auf die Beförderung von Gütern zwischen Häfen in verschiedenen Staaten (internationaler Verkehr) oder zwischen Häfen in der Bundesrepublik (nationaler Verkehr) bezieht;

- die in Staaten ausgestellt sind, für die weder die Visby- noch die Haager Regeln völkerrechtlich gelten,

und

die sich auf die Beförderung von Gütern von oder nach einem Hafen in einem Visby-Staat oder einem Hafen der Bundesrepublik beziehen;

- die in einem Nur-Haager-Staat ausgestellt wurden,

und

die sich auf die Beförderung von Gütern nach einem Hafen in einem solchen Staat beziehen.

Auf Konnossemente,

- die in einem Nur-Haager-Staat ausgestellt wurden und für die die Visby-Regeln nicht kraft Vereinbarung gelten,

und

die sich auf die Beförderung von Gütern nach einem Hafen in einem solchen Staat beziehen

findet gem. Art. 6 Abs. 2 EGHGB die Verlängerung der Rückgriffsfrist gem. § 612 Abs. 2 HGB und die Haftungsbeschränkung auf Kilogrammbasis des § 660 HGB keine Anwendung.

Da im Gegensatz zu den weltweit verbreiteten (ohne USA) Haager Regeln nicht alle Staaten die Haag-Visby-Regeln übernommen haben, ist eine bedauerliche internationale Rechtszersplitterung eingetreten. Nach dem Stand von April 2011 haben die folgenden Staaten die Visby-Regeln übernommen: Andorra, Australien, Belgien, Dänemark, Ecuador, Finnland, Frankreich, Griechenland, Großbritannien, Italien, Japan, Mexico, Monaco, Neuseeland, Niederlande, Norwegen, Polen, Russland, Schweden, Schweiz, Singapur, Spanien, Sri Lanka, Syrien, Tonga.

Die auf Drängen der Entwicklungsländer gegen den Widerstand der traditionellen Schifffahrtsländer beschlossenen Hamburger Regeln sollten die Haag-Visby-Regeln ablösen und durch die Abschaffung der Haftungsfreiheit für nautisches Verschulden, durch Erhöhung der Haftungsgrenzen auf SZR 2,5 je Kilogramm bzw. SZR 835 je Packung oder Einheit, durch eine zwingende Haftung zwischen Übernahme und Ablieferung und Verlängerung der Haftung auf zwei Jahre, eine bedeutende Verschärfung der Verfrachterhaftung herbeiführen. Der Versuch, eine erneute Einheitlichkeit zu erreichen, ist fehlgeschlagen. Zwar sind die Hamburger Regeln völkerrechtlich in Kraft getreten und von immerhin 37 Staaten ratifiziert. Sie haben jedoch keine Akzeptanz in den bedeutenden Handels- und Schifffahrtsnationen gefunden. Die Hamburger Regeln gelten nach dem Stand von 2010 in folgenden Staaten: Ägypten, Barbados, Burkina Faso, Chile, Gambia, Georgien, Guinea, Jordanien, Kamerun, Kenia, Kongo, Lesotho, Libanon, Malawi, Marokko, Nigeria, Österreich, Rumänien, St. Vincent, Sambia, Senegal, Sierra Leone, Slowakei, Tansania, Tschechische Republik, Tunesien, Uganda und Ungarn.

Die ausbleibende internationale Durchsetzung der Hamburger Regeln hat die UNCITRAL zu Beginn des Jahrtausends bewogen, Arbeiten an einer weiteren Konvention aufzunehmen, die erstmals weder auf den reinen Seetransport noch auf die Ausstellung eines Konnossements als Voraussetzung für die Anwendung abstellt. Das Abkommen erfasst unter dem international als *Maritime Plus* bezeichneten Konzept alle Transporte, bei denen zumindest eine Teilstrecke über See durchgeführt wird. Bestimmt wird nicht nur die Haftung des Verfrachters, sondern auch diejenige des ausführenden Verfrachters (ähnlich § 437 HGB) sowie des sogenannten *maritime performing party*. Dabei handelt es sich um jede Person, die zwischen Ankunft der Güter im Ladehafen und Ablieferung der Güter im Löschhafen die Erfüllung von Verfrachterpflichten übernimmt. Inlandfrachtführer gelten dabei nur dann als solche Person, wenn sie ihre Leistung ausschließlich im Hafengebiet erbringen. Durch die Ausweitung auf vorangehende oder nachfolgende Transporte ist der Anwendungsbereich gegenüber allen anderen Seetransportkonventionen deutlich erweitert. Im Haftungsumfang sind sie den Hamburger Regeln nicht unähnlich, so ist auch hier die Haftungsbefreiung für nautisches Verschulden nicht mehr vorgesehen. Die Haftungsgrenzen sind leicht auf SZR 3 je Kilogramm bzw. SZR 875 je Packung oder Einheit erhöht.

Die Rotterdam Regeln liegen seit dem 23. September 2009 zur Zeichnung aus. Bei Drucklegung dieses Buches haben 20 Staaten (Armenien, Dänemark, Frankreich, Gabun, Ghana, Griechenland, Guinea, Kamerun, Madagaskar, Niederlande, Niger, Nigeria, Norwegen, Kongo, Polen, Schweiz, Senegal, Spanien, Togo, USA) die Regeln gezeichnet, aber bislang nur Spanien (im Jahre 2011) das Abkommen ratifiziert. Anders als bei den Hamburger Regeln sind aber unter den Signatarstaaten maßgebliche Handels- und Schifffahrtsnationen. Ein Inkrafttreten ist dennoch ungewiss. Die Bundesrepublik Deutschland hat zunächst eine abwartende Haltung eingenommen.

Im Übrigen ist davon auszugehen, dass kurzfristig ein neues deutsches Seerecht in Kraft treten wird. Auf der Grundlage eines Vorschlags einer vom Bundesminister der Justiz eingesetzten Expertengruppe wird derzeit eine umfassende Überarbeitung des deutschen Seerechts – nicht nur des Seefrachtrechts – vorbereitet. Die Vorschriften werden deutlich verschlankt. Dass Seefrachtrecht wird weitgehend der Struktur des allgemeinen Frachtrechts angeglichen, übernimmt aber zugleich viele Regelungsansätze der Rotterdam Rules. Es bleibt jedoch bei einer vermuteten Sorgfaltshaftung mit Entlastungsbeweis des Verfrachters. Die Haftungsfreiheit für nautisches Verschulden und Feuer dürfte fallen. Die Haftung wird auf 3 SZR per Kilogramm oder 875 SZR je Stück oder Einheit beschränkt, die Verjährungsfrist auf zwei Jahre ausgeweitet.

Regelung im deutschen Recht auf der Grundlage der Haag-Visby-Regeln

Die für den Regress des Transportversicherers wichtigsten Bestimmungen sind im IV. Buch des HGB enthalten, wobei in den § 559 und 606 ff. HGB zwischen der Haftung für anfängliche See- und Ladungsuntüchtigkeit und für mangelnde Ladungsfürsorge unterschieden wird. Beide sind grundsätzlich unabdingbar (§ 662 HGB).

Haftung für anfängliche See- und Ladungsuntüchtigkeit

Der Verfrachter ist verpflichtet, ein see- und ladungstüchtiges Schiff zu stellen (§ 559 HGB). Er haftet insoweit für alle Mängel, es sei denn, dass der Mangel bei Anwendung der erforderlichen Sorgfalt bis zum Antritt der Reise nicht zu entdecken war.

Dies bedeutet keine frachtrechtliche Gewährleistung, vielmehr hat der Verfrachter nach dem Wortlaut des § 559 HGB nur für sein und seiner Erfüllungsgehilfen Verschulden einzustehen mit der Möglichkeit, sich zu entlasten. Im Streitfall hat der geschädigte Ladungsbeteiligte lediglich zu beweisen, dass der Güterschaden auf See- oder Ladungsuntüchtigkeit beruht, nicht auch, dass ein anfänglicher Mangel vorliegt. Die Verpflichtung, ein see- oder ladungstüchtiges Schiff vorzulegen, betrifft den Zeitraum zwischen Beginn der Beladung bis zum Antritt der Reise und gilt für die Frachtreise jeder Konnossementssendung gesondert im jeweiligen Ladehafen. Der die See- oder Ladungsuntüchtigkeit begründende Mangel kann auch erst während oder infolge der Beladung eintreten. Im Gegensatz zum englischen Recht (vgl. „Muncaster-Castle-Fall") wird eine Werft oder eine Klassifikationsgesellschaft nach deutschem Recht nicht als Erfüllungsgehilfe des Verfrachters bei der Herstellung der See- und Ladungsuntüchtigkeit zu gelten haben, wohl aber die leitenden Angestellten (Kapitän, Offiziere, Inspektoren usw.), für deren Verschulden eine Freizeichnung nicht zulässig ist.

Die Ersatzpflicht aus § 559 HGB erstreckt sich auf jeden durch See- oder Ladungsuntüchtigkeit entstandenen Schaden ohne Beschränkung auf den gemeinen Handelswert der Güter (§§ 658, 659 HGB sind im Rahmen des § 559 nicht anwendbar), jedoch begrenzt durch die Höchsthaftung nach § 660 HGB.

Haftung wegen mangelnder Ladungsfürsorge

Die Haftung wegen mangelnder Ladungsfürsorge (kommerzielles Verschulden (siehe S. 260 f.) ist eine Verschuldenshaftung (§ 606 HGB) mit Entlastungspflicht des Verfrachters. Ist jedoch ein Schaden dem Verfrachter nicht innerhalb der in § 611 HGB angegebenen Frist schriftlich angezeigt bzw. festgestellt worden, so kehrt sich seine Entlastungspflicht kraft der Beweisvermutung des § 611 HGB in eine Beweisführung zulasten des Anspruchstellers um.

Der Verfrachter hat die Güter, während sie in seinem Besitz sind, also zwischen der Annahme und der Ablieferung, sorgfältig zu behandeln, und er haftet für alle Schäden, die sich aus der Verletzung der erforderlichen Sorgfaltspflicht durch ihn selbst, seine Leute und die Schiffsbesatzung ergeben (§§ 606 und 607 HGB).

Von dieser Haftung ist jedoch eine Reihe von Tatbeständen ausgenommen. Die wichtigsten davon beziehen sich auf Schäden durch

(1) *nautisches oder technisches Verschulden* (siehe S. 260 ff.) (§ 607 Abs. 2 HGB). Für die Abgrenzung zwischen nautischem oder technischem Verschulden einerseits und kommerziellem Verschulden andererseits kommt es darauf an, ob die schadenverursachende Maßnahme im ausschließlichen oder überwiegenden (oder zumindest gleichwertigen) Interesse des Schiffes – wie etwa Lenzen und Füllen von Ballastwassertanks oder Umstauung der Ladung aus Stabilitätsgründen (nautisches bzw. technisches Verschulden) – oder im ausschließlichen oder überwiegenden Interesse der Ladung – wie z. B. Schutz vor Witterungseinflüssen (kommerzielles Verschulden) – erfolgt.

Ist durch Kollision von Schiffen Schaden an der Ladung entstanden, so können die geschädigten Ladungsinteressen bei beiderseitigem nautischen Verschulden aufgrund des § 607 Abs. 2 HGB zwar keine Ersatzansprüche an den eigenen Verfrachter stellen, sie können sich aber gem. § 735 HGB an den Kollisionsgegner in Höhe von dessen Schuldquote halten (Sonderregelung USA siehe S. 156 f. Klausel 3).

(2) *Feuer* – § 607 Abs. 2 HGB, mag dasselbe durch kommerzielles oder nautisches bzw. technisches Verschulden entstanden sein.

In den beiden genannten (1) und (2) Fällen bleibt die Haftung nur bei eigenem Verschulden des Verfrachters bestehen.

(3) *Gefahren und Unfälle der See* – § 608 HGB. In Betracht kommen nur typische Seegefahren, deren Eintritt auf der konkreten Reise nicht vorhersehbar war.

(4) *Verhalten des Abladers* oder Eigentümers der Güter und deren Agenten oder Vertreter – § 608 HGB.

(5) *natürliche Beschaffenheit der Güter* – § 608 HGB.

Zu (3) bis (5): Die Haftungsausschlüsse des § 608 HGB gelten jedoch nicht, wenn der Verschuldensbeweis gegen den Verfrachter geführt und damit die in § 608 zugunsten des Verfrachters enthaltene Beweisvermutung entkräftet wird.

(6) *Jede Haftung ist ausgeschlossen*, wenn der Befrachter oder der Ablader im Konnossement wissentlich unrichtige Angaben über Art und Wert der Güter gemacht hat – § 609 HGB.

Die Haftung für die Zeit zwischen Annahme und Ablieferung ist nur zwingend für den darin enthaltenen mittleren Zeitabschnitt, nämlich für die Zeit zwischen Einladung und Ausladung (§ 663 HGB), sogenanntes *tackle-to-tackle* Prinzip. Sie beginnt mit dem Anschlagen der Güter an das Ladegeschirr und endet mit dem Lösen des Ladegeschirrs an Land. Dabei haftet der Verfrachter für das Verschulden der Stauer auch dann, wenn es sich um Zwangsstauer handelt, die er nicht selbst aussuchen konnte. Auch ist es gleichgültig, ob schiffseigenes oder fremdes Ladegeschirr benutzt wird.

Gehört, wie bei der Fio-Klausel, das Ein- und Ausladen nicht zu den Pflichten des Verfrachters, so beginnt die zwingende Haftung erst mit dem Absetzen im Schiff und endet mit dem Anschlagen des Ladegeschirrs im Schiff im Bestimmungshafen.

Werden die Güter mit Leichtern zum und vom Schiff befördert und ist keine Leichterklausel vereinbart, so erstreckt sich die Haftung auch auf das Ein- und Ausladen am Kai und auf den Leichtertransport.

Eine Beschränkung der Haftung auf die Zeit zwischen eingehendem und ausgehendem Passieren der Reling verstößt gegen die zwingende Norm des § 663 HGB.

Das *Konnossement* begründet nach § 656 Abs. 2 HGB die grundsätzlich widerlegbare Vermutung, dass der Verfrachter die Güter so übernommen hat, wie sie darin beschrieben sind. Unwiderlegbar ist die Vermutung aber zugunsten eines gutgläubigen Dritterwerbers (§ 656 Abs. 2 HGB). Von den Angaben im Konnossement über Maß, Zahl oder Gewicht ist allerdings nur eine obligatorisch (§ 645 HGB). Ein reines Konnossement hat erhebliche Beweiskraft dafür, dass die Güter unbeschädigt empfangen worden sind. Zwar kann es kein Zeugnis über eine Qualitätsprüfung darstellen, jedoch darf ein Konnossement nicht mit erkennbar unrichtigen Angaben ausgestellt werden. Es besteht hier für den Verfrachter bzw. seinen Kapitän oder sonstigen Vertreter eine Prüfungspflicht im Rahmen des Zumutbaren. In Zweifelsfällen ist ein entsprechender Vermerk (Abschreibung) in das Konnossement aufzunehmen (vgl. auch „Reines Konnossement und Transportversicherung", S. 191 ff.).

Enthält ein Konnossement durch Verschulden des Verfrachters falsche Tatsachenangaben – etwa hinsichtlich des Ausstellungsdatums, der Anzahl oder Beschaffenheit (z. B. Beschädigung) der übernommenen Güter –, so hat der Verfrachter dem Konnossementsinhaber für einen daraus entstandenen Schaden wegen schuldhaft unrichtiger Konnossementsausstellung einzustehen. Hierbei handelt es sich um eine Haftung nach allgemeinen schuldrechtlichen Grundsätzen, nämlich für Pflichtverletzung, § 280 BGB, die der Konnossementsinhaber geltend machen kann, weil der bei Konnossementsbegebung geschlossene Vertrag zwischen Ablader und Verfrachter einen Vertrag zugunsten Dritter – nämlich zu seinen Gunsten – darstellt. Zu ersetzen ist das Vertrauensinteresse. Den Beweis der Unrichtigkeit der Konnossementsangaben und ihrer Ursächlichkeit hat der Anspruchsteller im Streitfall zu erbringen, der Verfrachter hat zu beweisen, dass ihn hinsichtlich der falschen Angaben kein Verschulden trifft.

Die Haftung des Verfrachters für kommerzielles Verschulden der Höhe nach
richtet sich für Verlust (§ 658 HGB) und Beschäftigung (§ 659 HGB) nach dem CIF-Wert am Bestimmungsort. Sie ist jedoch durch § 660 HGB auf einen Höchstbetrag von SZR 2 je Kilogramm oder SZR 666,67 je Packung oder Einheit, je nach dem, was höher ist, beschränkt. Eine höhere Haftung gilt nur bei Wertdeklaration (siehe jedoch weiter unten in diesem Abschnitt).

Die Frage, was unter einer Packung oder Einheit zu verstehen ist, hat naturgemäß wesentliche Auswirkungen auf die Haftungshöhe und gibt in der Praxis häufig Anlass zu Streit.

Der Rechtsprechung bereitet eine klare Begriffsbestimmung bzw. Abgrenzung erhebliche Schwierigkeiten.

Eine Packung wird angenommen, wenn das Gut ganz oder teilweise mit einer es nicht unwesentlich schützenden Umhüllung versehen oder in eine besondere Form für die Versendung gebracht ist (BGH 69, S. 243 = VersR 1977, S. 1050). Das Gesamtbild muss den Eindruck einer verpackten Ladeeinheit ergeben, wobei es auf die allgemeine Ansicht (Verkehrsanschauung) in Schifffahrtskreisen ankommt. Die Abhängigkeit des Packungsbegriffes von der Verkehrsanschauung bildet dabei das Regulativ, um unbillige Ergebnisse der Haftungsbeschränkung des § 660 HGB zu vermeiden.

Das Problem der *Kollohaftung* stellte sich vor Einarbeitung des Visby-Protokolls in das HGB besonders bei Containerladungen. Seither regelt § 660 Abs. 2 HGB das Problem: Wird ein Container (oder ein anderer Behälter, eine Palette oder ein ähnliches Gerät) verwendet, um die Güter für die Beförderung zusammenzufassen, so gilt jedes Stück und jede Einheit, welche im Konnossement als im Container enthalten angegeben sind, als Stück oder Einheit im Sinne des Gesetzes. Soweit das Konnossement solche Angaben nicht enthält, gilt der Container als Stück oder Einheit.

Im Übrigen haben es die Befrachter in der Hand, die Haftungsgrenze des § 660 HGB zu beseitigen, nämlich entweder

- durch Angabe von Art und Wert des Gutes im Konnossement oder
- durch Abschluss einer Vereinbarung nach § 662 Absatz 3 HGB.

Beides kommt in der Praxis überaus selten vor. Zum einen deshalb, weil die Befrachter Versicherungsschutz auch dann haben, wenn der Verfrachter nur gesetzlich beschränkt haftet, so dass für die Befrachter kaum ein Anreiz für die Zahlung erhöhter Fracht besteht. Zum anderen deshalb, weil die P&I-Versicherer der Reeder solche vertragsmäßig erhöhte Haftung nicht decken, so dass die Reeder einen so hohen Frachtzuschlag fordern, dass diese Art der Beförderung erst recht unattraktiv wird.

Zur Durchbrechung der gesetzlichen Haftungsbeschränkungen kommt es nach § 660 Abs. 3 HGB dann, wenn der Schaden auf eine Handlung oder Unterlassung zurückzuführen ist, die der Verfrachter in der Absicht, einen Schaden herbeizuführen, oder leichtfertig und in dem Bewusstsein begangen hat, dass ein Schaden mit Wahrscheinlichkeit eintreten werde. Schädlich ist nur qualifiziertes Verschulden des Verfrachters selbst, nicht – wie im allgemeinen Frachtrecht (§ 435 HGB) – auch dasjenige seiner Leute. Zwar hat auch im Seerecht der Verfrachter das Verschulden seiner Leute zu vertreten, § 607 Abs. 1 HGB; diese Vorschrift findet aber im Rahmen von § 660 Abs. 3 HGB keine Anwendung, BGHZ 181, 292. Was die Beweislasten angeht, so hat der Ladungsbeteiligte als Anspruchsteller grundsätzlich die erschwerten subjektiven Voraussetzungen zu beweisen. Den Verfrachter trifft aber nach neuerer Rechtsprechung des Bundesgerichtshofs eine sog. sekundäre Darlegungslast, BGH TranspR 2009, 331. Er muss also im Einzelnen darlegen, welche organisatorischen Maßnahmen er selbst zur Verhinderung von Verladungsfehlern ergriffen hat.

Verjährungsfrist
Wichtig ist die Frist von einem Jahr (§ 612 HGB), die mit der Auslieferung des Gutes beginnt. Bis zum Schuldrechtsreformgesetz im Jahre 2002 handelte es sich bei der Frist um eine Ausschlussfrist, seither um eine Verjährungsfrist, auf die alle Regelungen des BGH zur Verjährung anwendbar sind. Nach Ablauf dieser Frist wird der Verfrachter von jeder Haftung für Ladungsschäden frei, wenn der Anspruch nicht bis dahin gerichtlich geltend gemacht worden ist. Die Frist kann durch Vereinbarung verlängert werden; die dafür gem. § 202 BGB gesetzte Grenze von 30 Jahren spielt in der Praxis keine Rolle.

Rückgriffsansprüche können auch nach Ablauf der Jahresfrist noch geltend gemacht werden, sofern die Klage innerhalb von 3 Monaten seit dem Tage erhoben wird, an dem derjenige, der den Rückgriffsanspruch geltend macht, den Anspruch befriedigt hat oder an dem ihm die Klage zugestellt worden ist (§ 612 Abs. 2 HGB).

Änderung der Haftungsbestimmungen
Nach § 663 HGB können die zwingenden Haftungsbestimmungen des Seefrachtrechts vertraglich abgeändert werden, wenn es sich u.a. handelt um Verschiffungen,

- die nicht auf Konnossement, sondern auf Charter-Party erfolgen,
- von lebenden Tieren oder
- von Deckladung.

Bei der Verschiffung als Deckladung ist jedoch zwischen den verschiedenen Fällen zu unterscheiden, nämlich

(1) Die Güter werden im Konnossement ausdrücklich als Deckladung bezeichnet und auch als solche befördert (§ 663 Abs. 2, Ziff. 1 HGB).

   In diesen Fällen herrscht Vertragsfreiheit und die Verfrachter zeichnen sich in den Konnossementen regelmäßig von jeglicher Haftung frei.

(2) Die Güter werden aufgrund einer Vorbehaltsklausel im gedruckten Teil auf der Rückseite des Konnossements, die dem Verfrachter das Recht einräumt, Güter nach seiner Wahl auch an Deck zu befördern, als Deckladung befördert, ohne jedoch als Deckladung im Konnossement bezeichnet zu sein.

   Derartige „Optionsklauseln" werden häufig für Containerverschiffungen verwendet und bewirken nur die Zustimmung des Abladers zur Deckverladung, wodurch diese zu einer erlaubten wird (§ 566 HGB). Sie allein erlauben dem Verfrachter aber nicht, seine Haftung für Ladungsschäden zu beschränken (dazu bedürfte es außerdem der Bezeichnung als Deckladung im Konnossement). Den Verfrachter treffen wie im Falle (1) auch weiterhin die gesetzlichen Pflichten der Ladungsfürsorge. Diese Grundsätze gelten gleichermaßen für Containerverschiffungen.

(3) Die Güter werden ohne Vorbehaltsklausel und ohne als Deckladung im Konnossement bezeichnet zu sein, an Deck befördert. Es handelt sich dann um eine unerlaubte Deckverladung, sie stellt kommerzielles Verschulden dar, wofür der Verfrachter sich nicht

entlasten kann und nach §§ 606, 658, 659, 660 HGB haftet. Seine Haftung ist also keine unbeschränkte (bestritten). Anders nach amerikanischem Recht, wo dies als Bruch des Frachtvertrages behandelt wird und zum Ersatz des vollen, durch die Deckverladung verursachten Schadens verpflichtet ohne Möglichkeit der Berufung auf die gesetzlichen Haftungsbeschränkungen.

Haftung von Schiffsbesatzung und Leuten des Verfrachters
Wird ein Anspruch auf Ersatz des Schadens wegen Verlust oder Beschädigung von Gütern, die Gegenstand eines Frachtvertrages sind, gegen einen der Leute des Verfrachters oder eine Person der Schiffsbesatzung geltend gemacht, so kann diese Person sich auch auf die Haftungsbefreiungen und Haftungsbeschränkungen berufen, die für den Verfrachter vorgesehen sind (§ 607 a Abs. 2 HGB – sogenannte *Himalaya-Klausel*).

Ist der Schaden auf eine Handlung oder Unterlassung zurückzuführen, die einer der Leute des Verfrachters oder eine Person der Schiffsbesatzung in der Absicht, einen Schaden herbeizuführen oder leichtfertig und in dem Bewusstsein begangen hat, dass ein Schaden mit Wahrscheinlichkeit eintreten werde, so kann diese Person sich auf die Haftungsbefreiungen, die für den Verfrachter vorgesehen sind, nicht berufen (§ 607 a Abs. 4 HGB – Haftungsdurchbrechungs-Regelung für Erfüllungsgehilfen).

13.3.4 Post

Nach der Privatisierung der Post und der Reform des Frachtrechts im HGB richtet sich die Haftung bei der inländischen Beförderung von Postsendungen grundsätzlichen nach den allgemeinen Vorschriften des HGB, allerdings mit einer Reihe besonderer Bestimmungen für die Beförderung von Briefsendungen. Der Auslandsverkehr unterliegt dem Weltpostvertrag, dem Postpaketabkommen und dem Wertbrief- und Wertpäckchenabkommen. Im Auslandsverkehr sind der Weltpostvertrag und die genannten weiteren Abkommen für die gesamte Beförderungsstrecke einschließlich des deutschen Teils maßgebend.

Für das nationale Recht gilt, dass bei Briefen und briefähnlichen Sendungen von den gesetzlichen Haftungsbestimmungen auch gegenüber Verbrauchern abgewichen werden darf, § 449 Abs. 1 HGB. Für Verbraucher wie alle anderen Kunden ergibt sich aus § 449 Abs. 2 HGB, dass die Abweichung auch mittels AGB erfolgen darf. Soweit keine unbeschränkte Haftung – auch wegen besonders schweren Verschuldens von Leuten, § 428 HGB – gem. § 435 HGB gegeben ist, haftet die Post nach ihren AGB (AGB Brief national, Stand 01.01.2004) im nationalen Briefverkehr nur im Falle von Einschreiben, Einschreiben Einwurf, Eigenhändig, Rückschein, Nachnahme, und zwar bei Einschreiben mit maximal EUR 25, bei Einschreiben Einwurf mit maximal EUR 20 und bei Nachnahme – nur für Fehler bei der Einziehung oder Übermittlung des Betrags nach Ablieferung der Sendung – mit dem Nachnahmebetrag. Für normale Briefsendungen wird überhaupt nicht gehaftet.

13.3.5 Spediteur

Haftungsgrundsatz: Obhutshaftung nach §§ 461, 426 ff HGB

Haftungsgrundsatz des Speditionsrechts:

- Haftung für eigenes Verschulden des Spediteurs sowie für Auswahlverschulden
- Bei Selbsteintritt, Fixkosten- und Sammelladungsspedition Haftung wie Frachtführer

Vor Inkrafttreten des Transportrechtsreformgesetzes war das Speditionsrecht des HGB nicht zwingend. In der Praxis wurde es durch die erstmals im Jahre 1927 von den beteiligten Wirtschaftsverbänden geschaffenen Allgemeinen Spediteur-Bedingungen (ADSp) vollständig abgelöst. Nach der Neuregelung ist jetzt auch das Speditionsrecht teilweise zwingend ausgestaltet (vgl. § 466 HGB). Gegenüber Verbrauchern kann vom Gesetzesrecht überhaupt nicht abgewichen werden. Außerhalb des Verbraucherbereichs kann die Haftungshöhe durch drucktechnisch hervorgehobene AGB auf einen Betrag innerhalb eines Korridors von 2 SZR bis 40 SZR festgelegt werden. Von allen anderen Vorschriften kann nur durch im Einzelnen ausgehandelte Vereinbarungen abgewichen werden. Folglich sehen die ADSp, die gegenwärtig in der Fassung vom 1. Januar 2003 gelten, in Ziff. 22.1 vor, dass der Spediteur nach den gesetzlichen Vorschriften haftet, enthalten aber in Ziff. 23 drucktechnisch hervorgehobene Haftungshöchstgrenzen, die vom HGB abweichen. Die in den alten ADSp vorgesehene Haftungsbefreiung für den Fall, dass der Spediteur eine Speditionsversicherung abschließt, ist entfallen, weil das Gesetz dies nicht mehr zulässt.

Da § 461 HGB eine Obhutshaftung statuiert, kommt es im Falle von Verlust oder Beschädigung der Güter auf ein Verschulden des Spediteurs nicht an. Die Vorschrift verweist aber auf eine Reihe von frachtrechtlichen Vorschriften, so dass der Spediteur die dort geregelten Ausschluss- und Beschränkungstatbestände für sich in Anspruch nehmen kann. Beispiele: Unvermeidbarkeit des Schadens selbst bei größter Sorgfalt (§ 426 HGB); ungenügende Verpackung oder natürliche Beschaffenheit der Güter (§ 427 HGB).

Die ADSp i.d.F. vom 01.01.2003 bestimmen selbst, dass sie nicht für Geschäfte gelten, die ausschließlich zum Gegenstand haben

- Verpackungsarbeiten,
- die Beförderung von Umzugsgut oder dessen Lagerung,
- Kran- oder Montagearbeiten sowie Schwer- oder Großraumtransporte mit Ausnahme der Umschlagstätigkeit des Spediteurs,
- die Beförderung und Lagerung von abzuschleppenden oder zu bergenden Gütern.

Ziff. 4 bestimmt, dass der dem Spediteur erteilte Auftrag mangels anderweitiger Vereinbarung nicht die Verpackung des Gutes, nicht die nicht geschäftsübliche Verwiegung, Untersuchung, Maßnahmen zur Erhaltung oder Besserung des Gutes und seiner Verpackung und nicht die Gestellung und den Tausch von Paletten oder sonstigen Ladehilfs- und Packmitteln umfasst. Ziff. 6 regelt die Einzelheiten der Verpackungs- und Kennzeichnungspflicht des Versenders. In Ziff. 23 werden vom Gesetz abweichende Haftungsgrenzen vereinbart, die in den ADSp durch Fettdruck hervorgehoben sind, um so den Anforderungen an § 449 HGB zu genügen:

- EUR 5 je Kilogramm des Rohgewichts der Sendung
- bei einem Schaden, der an dem Gut während des Transports mit einem Beförderungsmittel eingetreten ist, abweichend von Ziff. 23.1.1 auf den für diese Beförderung gesetzlich festgelegten Haftungshöchstbetrag
- 2 SZR bei Seebeförderungen
- in jedem Schadenfall höchstens auf einen Betrag von EUR 1 Mio. oder 2 SZR für jedes Kilogramm, je nachdem, welcher Betrag höher ist.

Die Haftung des Spediteurs für andere als Güterschäden mit Ausnahme von Personenschäden und Sachschäden an Drittgut ist der Höhe nach begrenzt auf das Dreifache des Betrages, der bei Verlust des Gutes zu zahlen wäre, höchstens auf einen Betrag von EUR 100.000 je Schadenfall. Im Übrigen ist die Haftung des Spediteurs in jedem Fall, unabhängig davon, wie viele Ansprüche aus einem Schadenereignis erhoben werden, begrenzt auf EUR 2 Mio. je Schadenereignis oder 2 SZR für jedes Kilogramm der verlorenen und beschädigten Güter, je nachdem, welcher Betrag höher ist; bei mehreren Geschädigten haftet der Spediteur anteilig im Verhältnis ihrer Ansprüche.

Besonderes gilt für sogenannte verfügte – im Gegensatz zu transportbedingter – Lagerung. Hier ist die Haftung begrenzt auf EUR 5 für jedes Kilogramm des Rohgewichts der Sendung, höchstens EUR 5.000 je Schadenfall. Besteht der Schaden eines Auftraggebers in einer Differenz zwischen Soll- und Ist-Bestand eines Lagerbestandes, so ist die Haftungshöhe auf EUR 25.000 begrenzt, unabhängig von der Zahl der für die Inventurdifferenz ursächlichen Schadenfälle. Die Haftung für andere als Güterschäden ist mit EUR 5.000 je Schadenfall begrenzt. Im Übrigen besteht je Schadenereignis eine Höchsthaftung von EUR 2 Mio. Unabhängig davon, wie viele Anspruchssteller es gibt.

13.3.6 Versicherung des Frachtführer- und Spediteurrisikos

Deckungsgrundsätze
Vor der Transportrechtsreform gab es wegen der damals noch geltenden KVO der in den ADSp vorgesehenen Versicherungslösung eine klare Trennung von Frachtführer-Haftpflichtversicherungen und Speditionsversicherungen, die ihrerseits eine Haftpflichtversicherung und eine Güterversicherung für Rechnung des Absenders unterschieden. Heute stellt der Markt mit den *DTV-Verkehrshaftungsversicherungs-Bedingungen für die laufende Versicherung für Frachtführer, Spediteure und Lagerhalter* (DTV-VHV 2003/2008) eine einheitliche Versicherung zur Verfügung.

Gegenstand der Versicherung sind Verkehrsverträge (Fracht-, Speditions- und Lagerverträge) des Versicherungsnehmers als Frachtführer im Straßengüterverkehr, als Spediteur oder Lagerhalter, die während der Laufzeit des Versicherungsvertrages abgeschlossen und dem Versicherer aufgegeben werden, wenn und soweit die damit zusammenhängenden Tätigkeiten in der Betriebsbeschreibung ausdrücklich dokumentiert sind. Das Anmeldesystem schreiben die DTV-VHV nicht vor; es ist zwischen den Parteien gesondert zu vereinbaren.

Für die versicherte Haftung gilt ein Bausteinsystem: die Bedingungen regeln zahlreiche Risiken, deren Geltung für den Vertrag die Parteien dann in der Police bestimmen.

> Die verkehrsvertragliche Haftung des Versicherungsnehmers kann versichert werden aufgrund:
> - der deutschen gesetzlichen Bestimmungen, insbesondere der §§ 407 ff. HGB;
> - der AGB des Versicherungsnehmers, vorausgesetzt der Versicherer hat dem Einschluss dieser Bedingungen in den Versicherungsschutz zugestimmt;
> - der CMR;
> - nationaler Regelungen für das Verkehrsgewerbe im Europäischen Wirtschaftsraum;
> - der COTIF/CIM;
> - des MÜ/WA mit gewissen Zusatzübereinkommen, soweit diese zwingend anwendbar sind
> - der Haager Regeln/Haag-Visby-Regeln oder der Hamburger Regeln, soweit diese jeweils zwingend anwendbar sind;
> - der Bestimmungen des FIATA Combined Bill of Lading (FBL) oder Through Bill of Lading (TBL) in der von der FIATA verabschiedeten Form;
> - eines vom Versicherungsnehmer verwendeten eigenen House Airway Bill (HAWB), House Bill of Lading (House B/L) oder anderer Dokumente des Versicherungsnehmers, vorausgesetzt der Versicherer hat dem Einschluss derartiger Dokumente in den Versicherungsschutz zugestimmt;
> - der jeweils anwendbaren gesetzlichen Bestimmungen anderer Staaten, sofern sich der Versicherungsnehmer nicht auf die vorgenannten Bestimmungen berufen kann und die jeweiligen gesetzlichen Vorschriften nicht über 8,33 SZR je kg für den Güterschaden hinausgehen.

Versichert sind dabei auch Ansprüche nach dem Recht der unerlaubten Handlung (Deliktsrecht), wenn und soweit der Anspruchsteller diese gesetzlichen Ansprüche neben oder anstelle der Haftung aus dem Verkehrsvertrag geltend macht.

Was den Deckungsumfang angeht, so umfasst die Versicherung, wie jede klassische Haftpflichtversicherung, die Befriedigung begründeter und die Abwehr unbegründeter Schadenersatzansprüche, die gegen den Versicherungsnehmer als Auftragnehmer eines Verkehrsvertrages erhoben werden. Daneben ersetzt der Versicherer dem Versicherungsnehmer die Aufwendungen zur Schadensabwendungs- und Schadenminderungsaufwendungen, einschließlich gebotener gerichtlicher und außergerichtlicher Kosten, und Beiträge zur Havarie-grosse. Durch Bausteine kann die Deckung erweitert werden auf vom Versicherungsnehmer aufgewendete Beförderungsmehrkosten aus Anlass einer Fehlleitung, wenn sie zur Verhütung eines ersatzpflichtigen Schadens erforderlich waren, und auf die aufgrund gesetzlicher oder behördlicher Verpflichtung aufzuwendenden Kosten zur Bergung, Vernichtung oder Beseitigung des beschädigten Gutes. Dies aber nur unter der Voraussetzung, dass ein ersatzpflichtiger Schaden vorliegt oder soweit nicht ein anderer Versicherer zu leisten hat.

Einschränkungen
Die DTV-VHV sehen zahlreiche Ausschlüsse und Obliegenheiten des VN vor. Von den Ausschlüssen der Ziff. 6 seien hier genannt (Auswahl):

- Schäden durch Naturkatastrophen (z. B. Erdbeben, Blitzschlag, vulkanische Ausbrüche);

- Schäden durch Krieg, kriegsähnliche Ereignisse, Bürgerkrieg, innere Unruhen, Aufruhr;

- Schäden durch Streik, Aussperrung, Arbeitsunruhen, terroristische Gewaltakte oder politische Gewalthandlungen;

- Schäden, verursacht durch die Verwendung von chemischen, biologischen, biochemischen Substanzen oder elektromagnetischen Wellen als Waffen mit gemeingefährlicher Wirkung;

- Schäden, verursacht durch Kernenergie oder sonstige ionisierende Strahlung;

- Schäden durch Beschlagnahme, Entziehung oder sonstige Eingriffe von hoher Hand;

- Schäden an Umzugsgut, Kunstgegenständen, Antiquitäten, Edelmetallen, Edelsteinen, echten Perlen, Geld, Valoren, Dokumenten, Urkunden;

- Schäden an lebenden Tieren und Pflanzen;

- Schäden wegen Nichterfüllung der Leistungspflicht aus Verkehrsverträgen;

- unübliche Vereinbarungen, wie Vertragsstrafen, Lieferfristgarantien usw., sowie aus Vereinbarungen, soweit sie über die Haftungshöhe von 8,33 SZR je kg des Rohgewichts der Sendung oder die für Verkehrsverträge geltende gesetzliche Haftung hinausgehen;

- Vereinbarungen, die strafähnlichen Charakter haben;

- Schäden, die durch einen Mangel im Betrieb des Versicherungsnehmers (z. B. mangelnde Schnittstellenkontrolle) entstanden sind, dessen Beseitigung innerhalb einer angemessenen Frist der Versicherer unter Ankündigung der Rechtsfolge des Risikoausschlusses verlangt hatte;

- Schäden aus Charter- und Teilchartervertägen von Schiffen, Eisenbahn- oder Luftfahrzeugen;

- Entschädigungen mit Strafcharakter, insbesondere *punitive* oder *exemplary damages* nach amerikanischem und kanadischem Recht;

- aus dem Carnet TIR-Verfahren;

- wegen Personenschäden;

- wegen vorsätzlicher Herbeiführung des Versicherungsfalls durch den Versicherungsnehmer oder einen seiner Repräsentanten sowie Ansprüche gegen den Erfüllungsgehilfen selbst, wenn dieser vorsätzlich gehandelt hat.

Hinsichtlich der Obliegenheiten unterscheiden die Bedingungen zwischen solchen, die vor dem Versicherungsfall (Ziff. 7.1), und solchen, die danach zu erfüllen sind.

Obliegenheiten vor dem Versicherungsfall (Auswahl):
- Verwendung nur von einwandfreien und geeigneten Fahrzeugen;

- bei Beförderungen von temperaturgeführten Gütern nur Verwendung von Fahrzeugen mit Kühlschreibern; Vermerk einzuhaltender Temperatur im Beförderungspapier; Anweisung an das Fahrpersonal, die Einhaltung der Temperatur während des Transportes regelmäßig zu prüfen und zu dokumentieren;

- Ausstattung von Fahrzeugen mit je zwei von einander unabhängig funktionierenden Diebstahlsicherungen und Anweisung an die Fahrer, die Diebstahlsicherungen beim Verlassen des Fahrzeuges einzuschalten;

- Sicherung eigener oder im Einfluss- und Verantwortungsbereich des Versicherungsnehmers befindlicher fremder beladener Kraftfahrzeuge und Container gegen Diebstahl oder Raub zu sorgen, insbesondere auch zur Nachtzeit, an Wochenenden und Feiertagen;

- Sorge für Vorliegen erforderlicher Genehmigungen und Einhaltung behördlicher Auflagen;

- Durchführung und Dokumentierung von Schnittstellenkontrollen;

- sorgfältige Auswahl und Überwachung von Mitarbeitern sowie Subunternehmer und Erfüllungsgehilfen;

- Einhaltung von Gesetzen, Verordnungen, behördlichen Anordnungen oder Verfügungen, berufsgenossenschaftliche Vorschriften und sonstigen Sicherheitsvorschriften.

Obliegenheiten nach dem Versicherungsfall (Auswahl):
- Anzeige jedes Schadenfalls und geltend gemachten Haftungsanspruch unverzüglich, spätestens innerhalb eines Monats, und Vorlage aller zur Beurteilung notwendigen Unterlagen;

- Abwendung und Minderung des Schadens;

- Auskunft an Versicherer und Befolgung etwaiger Weisungen;

- Nachricht von gerichtlichem Vorgehen sowie Einlegung erforderlicher Rechtsmittel;

- ohne Einwilligung der Versicherer keine Abtretung von Versicherungs- oder Regressansprüchen;
- Überlassung der Prozessführung an den Versicherer;
- Benachrichtigung der Polizei und des nächsten zuständigen Havariekommissars von jedem Diebstahl, Raub sowie jeden Verkehrsunfall mit möglichem Schaden an der Ladung;
- Wahrung möglicher Regressansprüche gegen Dritte und Beachtung von Reklamationsfristen.

Für den Fall einer Obliegenheitsverletzung durch den Versicherungsnehmer oder einen seiner Repräsentanten bestimmt Ziff. 7.3 im Falle von Vorsatz oder grober Fahrlässigkeit die Leistungsfreiheit des Versicherers, es sei denn, die Verletzung war weder für den Eintritt oder die Feststellung des Versicherungsfalls noch für die Feststellung oder den Umfang der Leistungspflicht ursächlich. Letzteres gilt nicht im Falle der Arglist des Versicherungsnehmers. Bezieht sich die Verletzung von Obliegenheiten auf eine nach Eintritt des Versicherungsfalls bestehende Auskunfts- oder Aufklärungsobliegenheit, wird der Versicherer auch ohne gesonderte Mitteilung der Rechtsfolge an den Versicherungsnehmer von der Leistung frei.

Anhang

Beispiel für die „To Follow Clause" nach London Market:

Co-Insurers to follow Leading Underwriter with regard to alterations, extensions, endorsements and cancellations, attaching and expiry dates also with regard to all decisions concerning claim settlements either by adjustment or otherwise, providing bails and returns of premium.

Leading Underwriter entitled to sign guarantee undertakings in case of Third-Party Liability and/or salvage (against counter guarantee of Co-Insurers, at least of same quality as signed by leading underwriter, if so required) or Loss Payable Clauses also in the name of Co-Insurers.

Leading Underwriter further entitled to enter into Court Proceedings or Arbitration also in the name of Co-Insurers.

Each Underwriter shall be liable for its own respective proportion in all cases.

Underwriters hereon agree to follow Leading Underwriter absolutely without dispute in respect of all claims decisions, settlements and payments. Further they agree to provide bails of every nature whatsoever by adjustment or otherwise.

Vermittlerrecht: Betroffene Transportsparten		
(Gesetzesgrundlage: § 65 VVG-2008 i. V. m. Art. 10 EGVVG und bzw. Anlage 1 Teil A VAG)		
JA (volle Auswirkung)	**??** Keine Auswirkung, sofern mind. 2 der nachfolgenden Kriterien erfüllt sind: - Bilanzsumme VN ≥ 6,2 Mio. € - Nettoumsatz VN ≥ 12,8 Mio. € (s. § 277 HGB) - Anzahl VN-Mitarbeiter ≥ 250 Beachte: Gehört der VN zu einem Konzern, sind für die Feststellung der Unternehmensgröße die Zahlen des Konzernabschlusses maßgebend (Art. 10 EGVVG).	**NEIN** ("Großrisiken" / befreite Sparten)
Ware: - Ausstellung (privat) → sofern nicht laufend - Camping - Fotoapparate (privat) - Jagd- und Sportwaffen (privat) - Musikinstrumente - Reiseabbruch (privat) - Reisegepäck (privat) - Reiselager / Schmuck u. Pelze (privat) - Reiserücktritt (privat) - Veranstaltungsausfall (privat)	- Ausstellung (gewerblich) → sofern nicht laufend - Fotoapparate (gewerblich) - Jagd- und Sportwaffen (gewerblich) - Reiseabbruch (gewerblich) - Reisegepäck (gewerblich) - Reiselager / Schmuck u. Pelze (gewerblich) - Reiserücktritt (gewerblich) - Veranstaltungsausfall (gewerblich) - Valoren → sofern überwiegend stationäres Risiko	- Ausstellung → sofern laufend - Musterkollektionen - Transportgüter (unabhängig vom verwendeten Transportmittel) - Valoren → sofern überwiegend nicht-stationäres Risiko - Werkverkehr
Kasko: - Effekten (privat) - Wassersport (privat) → sofern zu AVB-Bedingungen	- Effekten (gewerblich) - Landfahrzeug-Kasko (ohne Schienenfahrzeuge) → sämtl. Schäden an Kfz und Landfahrzeugen ohne eigenen Antrieb - Wassersport (gewerblich) → sofern zu AVB-Bedingungen	- Luftfahrzeug-Kasko - Schienenfahrzeug-Kasko - See-, Binnensee- und Flussschifffahrts-Kasko - Wassersport → sofern zu DTV-Bedingungen
Verkehrshaftung:	- Lagerhalterhaftpflicht → sofern nicht laufend - Spediteurshaftpflicht → sofern nicht laufend - Allgemeine Haftpflicht → Alle sonstigen Haftpflichtfälle, soweit sie nicht unter die rechts genannten Haftpflichtsparten fallen	- Haftpflicht aus Landtransporten für Landfahrzeuge mit eigenem Antrieb (→ Frachtführer) - Lagerhalterhaftpflicht → sofern laufend - Luftfahrzeughaftpflicht (einschließlich derjenigen des Frachtführers) - Spediteurshaftpflicht → sofern laufend - See-, Binnensee- u. Flussschifffahrtshaftpflicht (einschließlich derjenigen des Frachtführers)

Sanktionsklausel

Musterbedingungen des GDV

Es besteht – unbeschadet der übrigen Vertragsbestimmungen – Versicherungsschutz nur, soweit und solange dem keine auf die Vertragsparteien direkt anwendbaren Wirtschafts-, Handels- oder Finanzsanktionen bzw. Embargos der Europäischen Union oder der Bundesrepublik Deutschland entgegenstehen.

Dies gilt auch für Wirtschafts-, Handels- oder Finanzsanktionen bzw. Embargos, die durch die Vereinigten Staaten von Amerika in Hinblick auf den Iran erlassen werden, soweit dem nicht europäische oder deutsche Rechtsvorschriften entgegenstehen.

Englische Embargo Klausel

SANCTION LIMITATION AND EXCLUSION CLAUSE

No (re)insurer shall be deemed to provide cover and no (re)insurer shall be liable to pay any claim or provide any benefit hereunder to the extent that the provision of such cover, payment of such claim or provision of such benefit would expose that (re)insurer to any sanction, prohibition or restriction under United Nations resolutions or the trade or economic sanctions, laws or regulations of the European Union, United Kingdom or United States of America.

Die Autoren

Hans-Christoph Enge, Ass. iur., absolvierte nach seinem Jurastudium das erste und zweite Staatsexamen in Hamburg. Es folgten berufliche Stationen bei Reedereien, Versicherungsgesellschaften und -maklern in Hamburg, New York, London und Paris. Seit 1990 ist er Partner und persönlich haftender Gesellschafter bei der Assekuranzfirma Lampe & Schierenbeck, später Lampe & Schwartze KG. Außerdem ist er Vorsitzender der AG Seekasko des GDV und des Vorstandes des VHT sowie Lehrbeauftragter an der Hochschule Bremen.

Dr. Dieter Schwampe, Geschäftsführender Partner der Rechtsanwaltssozietät Dabelstein & Passehl, Hamburg/Leer, praktiziert seit mehr als 20 Jahren als Rechtsanwalt auf den Gebieten des See- und Seeversicherungsrechts. Im internationalen Rahmen ist Dieter Schwampe Chairman der International Working Group on Marine Insurance des Comité Maritime International (CMI), Vice-President der Working Party on Marine Insurance der Association International de Droit des Assurance (AIDA) und Mitglied des Legal & Liability Committee der International Union of Marine Insurance (IUMI). Im nationalen Rahmen ist er Vorstandmitglied des Deutschen Vereins für Internationales Seerecht und des Versicherungswissenschaftlichen Vereins Hamburg. Dieter Schwampe hat zahlreiche Aufsätze und Bücher zu Themen des See- und Seeversicherungsrechts veröffentlicht. Seit einer Reihe von Jahren lehrt er an der Universität Hamburg, Seeversicherungsrecht, Transportrecht und Seerecht. In den Jahren 2008 bis 2010 hat er dem Gesamtverband der Deutschen Versicherungswirtschaft (GDV) als rechtlicher Berater bei der Abfassung der DTV-ADS 2009 zur Seite gestanden.

Literaturverzeichnis

Anderson, Phil: ISM Code: A Practical Guide to the Legal and Insurance Implications (Lloyd's Practical Shipping Guides), 3. Auflage, London 2011.

Bruck, Ernst Robert: Materialien zu den Allgemeinen Deutschen Seeversicherungs-Bedingungen, Band 1: Materialen, Hamburg 1919.

Bruck, Ernst Robert/Möller, Hans: Versicherungsvertragsgesetz: Großkommentar, Band 1, 9., völlig neu bearbeitete Auflage, Berlin 2008.

Bühren, Hubert W. van/Nies, Irmtraut: Reiseversicherung: Rücktritt, Abbruch, Kranken, Gepäck, 3., völlig neu bearbeitete Auflage, München 2010.

Div.: Gabler Wirtschaftslexikon, 17., komplett aktualisierte und erweiterte Auflage, Wiesbaden 2010.

Ehlers, Henning C.: Auswirkungen der Reform des Versicherungsvertragsgesetzes (VVG) auf das Transportversicherungsrecht, TranspR 2007, 5 ff.

Endermann, Hermann: Allgemeine Deutsche Binnen-Transportversicherungs-Bedingungen 1963, Versicherungspraxis 1964, S. 127 ff., S. 151 ff.

Enge, Hans-Joachim: Beginn der Güterversicherung bei der Haus-zu-Haus-Klausel und Interesse des FOB-Käufers, VersR 1984, S. 511 ff.

Enge, Hans-Joachim Erläuterungen zu den ADS Güterversicherungen 1973 und dazugehörige DTV-Klauseln, Karlsruhe 1973.

Hagen, Otto: Seeversicherungsrecht, Berlin 1938.

Hudson, Geoffrey/Madge, Tim: Marine insurance clauses, 4. Auflage, London 2005.

Langheid, Theo/Wandt, Manfred: Münchner Kommentar zum Versicherungsvertragsgesetz, München 2010.

Looks, Volker/Kraft Holger: Die zivilrechtlichen Auswirkungen des ISM Code, TranspR 1998, S. 221 ff.

Lorenz, Egon: Der „Schiffahrtsunfall" i.S. des § 1 AVB-Flußkasko, VersR 1981, S. 1001 ff.

Mustill, Sir. Michael/Gilman, Jonathan C. B./Arnold, Sir. Joseph N.: Arnould's Law of Marine Insurance and Average, 17. Auflage, London 2008.

Palandt, Otto (Begr.): Bürgerliches Gesetzbuch, Kommentar mit Nebengesetzen, u.a. mit Einführungsgesetz (Auszug) einschl. der Rom I- und Rom II-Verordnungen, Allgemeines Gleichbehandlungsgesetz (Auszug), Wohn- und Betreuungsvertragsgesetz, BGB-Informationspflichten-Verordnung, Unterlassungsklagengesetz, Produkthaftungsgesetz, Gesetz über das Erbbaurecht, Wohnungseigentumsgesetz, Versorgungsausgleichsgesetz, Lebenspartnerschaftsgesetz, Gewaltschutzgesetz, 71. Auflage, München 2012.

Passehl, Gerhard: Die Beschaffenheitsschäden in der Seeversicherung: unter Berücksichtigung des englischen und französischen Rechts, Karlsruhe 1966.

Prölss, Erich R./ Martin, Anton: Versicherungsvertragsgesetz, Kommentar zum VVG, EGVVG mit Rom I-VO, VVG-InfoV und Vermittlerrecht sowie Kommentierung wichtiger Versicherungsbedingungen, München 2010.

Prölss, Erich R. (Begr.)/Martin, Anton/Knappmann, Ulrich: Versicherungsvertragsgesetz: Kommentar zu VVG und EGVVG sowie Kommentierung wichtiger Versicherungsbedingungen; unter Berücksichtigung des ÖVVG und österreichischer Rechtsprechung, 27., völlig neu bearbeitete Auflage, München 2004.

Remé, Thomas M.: Abschaffung oder Vereinfachung der Großen Haverei: Vortrag, gehalten in der Jahresversammlung des Deutschen Vereins für internationales Seerecht am 24. Februar 1970, Schriften des Deutschen Vereins für Internationales Seerecht: Reihe A, Berichte und Vorträge, Heft 13, Hamburg 1970.

Ritter, Carl: Das Recht der Seeversicherung, Hamburg 1922.

Ritter, Carl (Begr.)/Abraham, Hans Jürgen (Bearb.): Das Recht der Seeversicherung: Ein Kommentar zu den Allgemeinen Deutschen Seeversicherungs-Bedingungen, 1. Band, 2. Auflage, Hamburg 1967. (Ritter/Abraham).

Ritter, Carl (Begr.)/Abraham, Hans Jürgen (Bearb.): Das Recht der Seeversicherung: Ein Kommentar zu den Allgemeinen Deutschen Seeversicherungs-Bedingungen, Zweiter Band, 2. Auflage, Hamburg 1967. (Ritter-Abraham).

Ross, Albert: Ein Vergleich der englischen und deutschen Seekaskoversicherung unter besonderer Berücksichtigung des Deckungsumfangs der englischen Lloyd's-Police im Vergleich zur deutschen Kasko-Police, Hamburg 1969.

Sasse, Jürgen: Deutsche Seeversicherung: 1923 – 1957; Sammlung seeversicherungsrechtlicher Entscheidungen nebst Literaturverzeichnis, Karlsruhe 1958.

Sasse, Jürgen: Deutsche Seeversicherung: 1958 – 1980; Sammlung seeversicherungsrechtlicher Entscheidungen nebst Literaturverzeichnis, Karlsruhe 1982.

Schlegelberber, Franz: Seeversicherungsrecht: allgemeine deutsche Seeversicherungsbedingungen, Berlin 1960.

Schwampe, Dieter: Die Auswirkungen der VVG-Reform auf die Versicherung von Seeschiffen, Festschrift für Karl-Heinz Thume zum 70. Geburtstag-Vertrieb, Versicherung Transport, Frankfurt 2008.

Schwampe, Dieter: Die Bergung in der Transportversicherung, VersR 2007, S. 1177 ff.

Schwampe, Dieter: Die DTV-Abnutzungsklausel 1978, eine Durchbrechung der causa proxima Regel?, Hansa 1980, S. 1502 ff.

Schwampe, Dieter: Die Taxe in der Schifffahrtskrise -Möglichkeiten vertraglicher Gestaltung, TranspR 2009, S. 239 ff.

Schwampe, Dieter: Rechtsfragen der Piraterie, TranspR 2009, S. 462 ff.

Schwampe, Dieter: Seekaskoversicherung: Kommentierung der DTV-Kaskoklauseln, München 2009.

Schwampe, Dieter: Shipmanagement und Versicherung, VersR 2009, S. 316 ff.

Sieg, Karl: Betrachtungen zur Gewinndeckung in der Seeversicherung, VersR 1997, S. 649 ff.

Sieg, Karl: Die Dispache: Rechtsgrundlagen, Verfasser, Funktion im Bereich Versicherungsleistung –Zugleich Besprechung des Beschlusses des OLG Hamburg vom 17.2.1994 (6 U 124/93) VersR 96, 393 - VersR 1996, S. 684 ff.

Thume, Karl-Heinz/de la Motte, Harald/Ehlers, Henning C.: Transportversicherungsrecht, Kommentar, 2. Auflage, München 2011.

Abkürzungsverzeichnis

a.a.o.	am angegebenen Ort
AB	Allgemeine Bedingungen
A.C.	Admiralty Court
ADB	Allgemeine Deutsche Binnentransport-Versicherungsbedingungen
ADS	Allgemeine Deutsche Seeversicherungsbedingungen 1919
ADS Güterversicherung	ADS Besondere Bestimmungen für die Güterversicherung 1973
ADSp	Allgemeine Deutsche Spediteurbedingungen
a.F.	alte Fassung
AGB	Allgemeine Geschäftsbedingungen
AGBG	Gesetz zur Regelung des Rechts der AGB
A.M.C.	American Maritime Cases
Anm.	Anmerkung(en)
ASVB	Allgemeine Seeversicherungsbedingungen (Vorgänger ADS)
AVB	Allgemeine Versicherungsbedingungen
BaFin	Bundesanstalt für Finanzdienstleistungsaufsicht
BB	Besondere Bedingungen
Bd.	Band
BGB	Bürgerliches Gesetzbuch
BGH	Bundesgerichtshof
BGHZ	Entscheidungen des Bundesgerichtshofs in Zivilsachen
BMWi	Bundesministerium für Wirtschaft und Technologie
BRT	Bruttoregistertonne(n)
BRZ	Bruttoraumzahl
CIF	Incoterm: cost, insurance and freight
CIM	Internationale Übereinkommen über den Eisenbahnfrachtverkehr

CIP	Incoterm: carriage and insurance paid
CFR	Incoterm: cost and freight
CLNI	Straßburger Übereinkommen über die Beschränkung der Haftung in der Binnenschifffahrt
CMR	Übereinkommen über den Beförderungsvertrag im internationalen Straßengüterverkehr mit Kraftfahrzeugen
CPT	Incoterm: carriage paid to
DAP	Incoterm: delivered at place
DAT	Incoterm: delivered at terminal
DDP	Incoterm: delivered duty paid
DoC	Document of Compliance
DTV	Deutscher Transport-Versicherungsverband (bis 1995)
DTV-ADS	DTV-ADS 2009
DTV Güter	DTV Güterversicherung 2000
DTV Kaskoklauseln	DTV Kaskoklauseln 1978
ED	Einbruch-Diebstahl
EG	Europäische Gemeinschaft
EUR	Euro
EWR	Europäischer Wirtschaftsraum
EXW	Incoterm: ex works
FAS	Incoterm: free alongside ship
FCA	Incoterm: free carrier
FOB	Incoterm: free on board
FPA	free of particular average
FSA	Financial Services Authority
GDV	Gesamtverband der deutschen Versicherungswirtschaft
GewO	Gewerbeordnung
GüKG	Güterkraftverkehrsgesetz

GVO	EU-Gruppenfreistellungsverordnung
GWB	Gesetz gegen Wettbewerbsbeschränkungen
HG	Handelsgericht
HGB	Handelsgesetzbuch
HGZ	Hamburger Gerichtszeitung (1861-1868)
	Hamburger Handelsgerichtszeitung (1868-1879)
	Hanseatische Gerichtszeitung (1880-1927)
IASC	International Association of Classification Societies
ICC	Institute Cargo Clauses
	International Chamber of Commerce
IHK	Industrie- und Handelskammer
ISM-Code	International Safety Management Code
ITC	Institute Time Clauses
IÜZ	Internationales Übereinkommen zur einheitlichen Feststellung von Regeln über den Zusammenstoß von Schiffen
i.V.m.	in Verbindung mit
IVR	Internationale Vereinigung des Rheinschiffsregisters
KFZ	Kraftfahrzeug
KVO	Kraftverkehrsordnung
LG	Landgericht
LKW	Lastkraftwagen
Ltd.	Limited
Lw	Leitungswasser
MIA	Marine Insurance Act
NRT	Nettoregistertonne(n)
NRZ	Nettoraumzahl
OFAC	Office of Foreign Assets Control
OLG	Oberlandesgericht
P&I	Protection & Indemnity

PKW	Personenkraftwagen
PPI	Policy Proof of Interest
RGZ	Entscheidungen des Reichsgerichts in Zivilsachen
Rheinregeln (IVR)	Regeln der Internationalen Vereinigung des Rheinschiffsregisters für die große Havarei
SGB	Sozialgesetzbuch
S.D.N.Y.	United States District Court for the Southern District of New York
SMS	Safety Management System
SOLAS	International Convention for the Safety of Life at Sea
SZR	Sonderziehungsrechte
TDW	tons deadweight
TEU	Twenty-foot Equivalent Container
USD	US-Dollar
VAG	Versicherungsaufsichtsgesetz
VDR	Verband Deutscher Reeder
VHT	Verein Hanseatischer Transportversicherer e.V.
VN	Versicherungsnehmer
WA	with average
WHG	Wasserhaushaltsgesetz
YAR	York-Antwerp-Rules
ZPO	Zivilprozessordnung

Stichwortverzeichnis

AB Steward Wording 321
Abandon 119, 120, 121
Abhandenkommen 172
Ablieferungsort 177
Ablieferungsstelle 178, 179
Abnutzung 257, 259, 260, 283
Abtretung 123, 295
Abzugsfranchise 70, 71, 72, 255, 291, 333
Adäquanztheorie 65
Additional Perils Clause 282
ADS-Regelung 81
AGB-Gesetz 43, 46
Agenturkommission 293
AIMU Clause 35
AIMU Form 35
Akkreditiv 191, 199
Aktiengesellschaft 22
All risks-Klausel 154
Allgefahrendeckung 59, 61, 133, 260, 281
Allgemeine Deutsche Seeversicherungsbedingungen (ADS) 47, 48
Allgemeine Geschäftsbedingungen (AGB) 26, 45
Allgemeine Versicherungsbedingungen (AVB) 45, 49, 50
American Institute of Marine Underwriters (AIMU) 35
Anlage 47
Anmeldepflicht 208
Anmeldung, summarische 209
Anti-Terror Gesetzgebung 44
Anzeigepflicht 79, 80, 82, 101, 207
Arrestgefahr 62, 63, 64
Arrestschaden 268
Assekuradeur 23, 24
Aufopferung 112, 113, 273

Aufruhr 352
Aufwendung 112, 113
Ausschluss 157
Ausschlussklausel 158
Aussperrung 352
Ausstellungsmaterial 368

Ballastschiff 272
Bankvaloren 363
Baurisikoversicherung 331
Bauversicherung 332
Beförderungsänderung 83
Beförderungsvertrag 378
Beiladungsschaden 167
Beitragswert 75
Beraubung 174
Bereederung 244
Bergelohn 271
Berger 271
Bergung 289
Besatzungskosten 293
Beschädigung 217, 220, 332, 333
Beschaffenheit, natürliche 142
Beschlagnahme 137
best advice 25
Beteiligtenversammlung 37
Beweislast 68, 69, 371
Beweislastregelung 67
Beweislastverteilung 67, 69
Beweisurkunde 84
Bijouterievaloren 363, 364
Binnen-Kaskoversicherung 342
Binnentransportversicherung 16, 40, 54, 341, 360
blind eye knowledge 246
blocking regulation 44
Bodenanstrich 304
Both-to-blame-Collision-Clause 267
Briefverkehr 389

Bulkprämie 233
Bürgerkrieg 353
Bürgerliches Gesetzbuch (BGB) 38, 43
Business Enabler-Funktion 18

Captive 23
Carrier's Liability Insurance 15
causa proxima 65, 67
causa proxima Prinzip 282
causa proxima Regel 65
chadensbedarfsstatistik 42
chain of security 30
Claims Co-Operation Clause 37
claims leader 37
Committee 34
Constructive Total Loss 111
cover holder 32

Damage 288
Darlehen 17
Deckladung 272, 388
Deckung, eingeschränkte 133
Deckungseinschränkung 136
Deckungsform 131, 132, 150
Deckungsgrundsatz 391
Deckungsnote (cover note) 85
Deckungsumfang 148, 251, 392
Deckverladung 147
Deklarationspflicht 207, 208, 209
Deliberate Damage Clause 152
designated person 230, 247
Deutscher Transportversicherungsverband (DTV) 33
Diebstahl 174
Disbursement Clause 296
dispache 75
Dockung 305, 306
Dockzeit 305
Document of Compliance (DoC) 68
Dokumentengeschäft 191

Doppeltaxe 239
draft survey 170
Druckstück 231
DTV-ADS 63
DTV-Bergungs- und Beseitigungsklausel 136
DTV-Güter 48, 56, 62
DTV-Kaskoklausel 48, 63
Durchflussmesser 170
duty 107
Duty of the Assured Clause 130

Eichaufnahme 170
Eigentümerinteresse 54, 238
Eigentumsübergang 125, 126
Eile und Vernunft 162
Eingriffe von hoher Hand 64
Einheitliche Richtlinien und Gebräuche für Dokumenten-Akkreditive (ERA) 191
Einzelgefahrendeckung 133
Einzelpolice 206
Eisenbahntransport 379
Eisschaden 255, 256, 346
Embargo 43
Entschädigungsleistung 118
Entschädigungspflicht 117
Erhitzung 174
Ertragsausfall 322
Ertragsausfallversicherung 317, 321, 322, 323
EU-Gruppenfreistellungsverordnung (GVO) 42
Excedent 318
Excedenten-Versicherung 319
Exportschutzversicherung 187, 190
express warranty 277
extra charge 115

Fahrtgrenzenüberschreitungen 242
Fahruntüchtigkeit 346

Fälligkeit 93, 94
Falschauslieferung 172, 173
Fédération Française des Sociétés d'Assurances (FFSA) 35
Feuer 385
final warehouse 179
Fixkostenspediteur 374
Flagge 243
Flugrost 165
Flusskaskoversicherung 342, 344, 346, 348
Folgeschaden 252
Fracht 201, 295
Frachtführer 162, 373, 375, 376, 378
Frachtversicherung 319
Frachtvertrag 372, 373
Franchise 70, 71
Frankreich 35
Führungsklausel, aktive 123
Führungsversicherer 32

G.A. Absorption Clause 78
Gefahr 59, 60, 61, 109, 280
Gefahränderung 81, 82, 182, 240, 241, 276
Gefahrausschluss 62, 137
Gefahrendeckung 14, 59
Gefahrerhöhung 146, 183
General Average Bond 76
General Average Expenditure 116
General Average Guarantee 76
General Insurance Association of Japan (GIAJ) 35
Generalpolice 211
Gerichtsstand 163
Geruchsschaden 166
Gesamtschiffshypothek 312
Gesamtverband der Deutschen Versicherungswirtschaft (GDV) 33

Gesetz gegen Wettbewerbsbeschränkungen (GWB) bzw. Kartellgesetz 38, 42
Gewässerschadenklausel 266
Gewässerverschmutzung 346
Gewichtsdifferenz 168, 169, 170, 171
Gewinn, imaginärer 90, 195, 196, 197, 198, 199
Gewinnaussicht 196
Gewinnversicherung 196, 198, 200
Großrisiko 21, 341
Großyacht 350
Gruppenfreistellungsverordnung 46
Güterfolgeschaden 146
Güterversicherung (Cargo Insurance) 15, 36, 45, 47, 57, 62, 63, 64, 342

Haager Regel 155, 156
Haag-Visby-Regel 381, 382, 384
Haftpflichtversicherung 54, 262, 336, 337, 338, 349
Haftung 260, 261, 262, 263, 264, 265, 266, 375, 376, 385, 386, 389
Haftungsgrundsatz 375
Haftungsordnung 372
Haftungsreise 122
Haftungsrisiko 15, 19
Hamburger Regel 383
Handelsgesetzbuch 42
Hauptinteresse 317
Haus-zu-Haus-Klausel 118, 175, 183, 210
Havarie 110
Havariegelder 79
Havarie-grosse 17, 61, 72, 73, 74, 76, 77, 78, 79, 110, 114, 125, 155, 223, 269, 270, 271, 272, 289, 345
Havarie-grosse-Kosten 75, 77
Havariekommissar 26, 27
Himalaya-Klausel 389
Höchstbetragshypothek 313

Horizontalleitlinie 42
HSSC-Police 154
Hypothek 314, 315

Implied warranty 108
Importschutz-Versicherung 189, 190
Inchmaree Clause 251, 283
Incoterm 184, 185
Inhaberpapier, hinkendes 213
Institute Cargo Clause 60, 74, 138, 148,
    149, 151, 153, 154, 156, 162, 164, 176,
    274
Institute Time Clause 274
Institute War Clause 361
Institute Warranty 108
Integralfranchise 70, 71
Interesse 52, 54, 56
Interesse, Bezeichnung des 54, 55
Interesse, versicherbares 56, 58
Interesse, versichertes 51, 53, 57
Interessenversicherung 55, 58, 238, 317,
    318
International Underwriting Association
    (IUA) 34
International Union of Marine Insurance
    (IUMI) 34
ISM-Code 229, 230

Jahresprämie 320
Japan 35

Kardinalpflicht 338
Kaskoversicherung (Hull and Machinery
    Insurance) 15, 16, 48, 57, 64, 89
Kausalität 269
Kausalzusammenhang 65, 66
Kavitation 259
Kernenergie 137, 298, 357, 367
KG-Modell 98
Klassifikation 227

Klassifikationsgesellschaft 278
Kollision 286
Kollohaftung 387
Konditionsdifferenz-Versicherung 190
Konkurrenzdruck 21
Konnossement 191, 192, 381, 386, 387
Konstruktionsfehler 252, 334
Kosten, stellvertretende 77
Kreditrisiko 19
Krieg 137, 353, 354, 360
Kriegsausschluss 297
Kriegsrisiko 356, 361
Kriegsversicherung 359, 362
Kühlgutversicherung 368
Kumulkontrolle 206
Kumulrisiko 205
Kündigung 210
Kündigungsrecht 95

Ladung, gefährliche 248
Ladungsdunst 143
Ladungsfürsorge 384
landed weight cover 169
Landkasko 15
Landschaden 167
latent defect 284
Latent Defect Clause 282
leckage 173
Legitimationspapier 213
Leistungsfreiheit 96, 130
Leistungspflicht 61
Leistungsverweigerungsrecht 96
Lieferklausel 186
LKW-Transport 378
Lloyd's 27, 28, 29, 30, 31, 32, 275
Lloyd's Market Association
    (LMA) 34
Lloyd's Open Form 116
Loss Payee Clause 316
Loss of Hire 48, 317, 321
Luftfeuchtigkeit 143

Luftfrachtführer 380
Lufttransport 380
Lufttransportversicherung 16

Makler 25, 26
Maklerbedingung 50
Maklerhaftung 26
Malicious Damage Clause 152
Mangel 252
Manko 171
Mannschaftseffekt 348
Marine Insurance Act (MIA) 37, 50
marine peril 285
marine policy 86, 274, 275
marine risk 153
maritime performing party 383
Maschinenfranchise 254
Maschinenklausel 135
Maschinenschaden 250, 253, 254
Maschinenversicherung 134
Massengut 249
Materialfehler 253
Maximierung 194
Mehrwert 90, 161, 200
Mehrwertversicherung 87, 200
Member's Agent 29
Minenschaden 359
Missbrauchsprinzip 42
Mithaftung 267
Mitversicherer 36, 37
Mitversicherung 25, 36, 87
Möbelverkehr 376

Name 28
named peril 107, 285
Named-perils-Prinzip 249
Nebeninteresse 56, 296, 317, 319
Nebensparte 367
Negligence Clause 282
Nichtauslieferung 172
Non-Separation-Agreement 78

Nordic Association of Marine Insurers (Cefor) 35
Nothafenkosten 290
Notreparatur 307

Obhutshaftung 390
Obliegenheit 105, 394
Obliegenheitsverletzung 395
OFAC-Liste 45
Orderpolice 213, 214

P&I-Club 325, 326, 328
P&I-Deckung 326
P&I-Versicherung 325, 327, 328, 329
partial loss 217
particular charge 115, 116
Pauschalpolice 212
Pelz 365
peril 279
peril of the sea 280, 285
Personenschaden 261, 262
Pfandrecht 76
Picken 115
Pirat 45
Piraterie 153, 159, 284, 354, 356
Plünderung 353
Police 84, 85, 213, 216
Policenform 211
pollution hazard 285
Pool 42
Post 389
Post-Panamax-Schiff 206
PPI-Klausel 58
Prämie 91, 92, 93, 94, 95, 96, 97, 98, 99, 203
Prämienanspruch 93
Prämienkalkulation 203, 232
Prämienrückgabe 296
Prämienschuldner 92
pre-keel-risk 332
premium income limit 31

previous notice 277
Probefahrt 333
Provenue 201

Quotenvorrecht 123, 124

Ranging Clause 275
Rechtsanwendung 163
Rechtsbedingung 120
Rechtspflichttheorie 102, 103
reconstruction and renewal 29
Reeder 76
Regress 128, 372
Regresserlös 291
Regressführung 123
Regressrechte 129
Regressüberhang 374
Regressvereitelung 126
Regressverzicht 129, 130, 243
Regresswahrung 127
Reiseänderung 160
Reisegepäck 366
Reisegepäckversicherung 366, 367
Reiselagerversicherung 364
Reiseversicherung 240
Reparatur 301, 302, 303, 305, 306, 307, 308, 322, 336
Reparaturhaftpflicht 338, 339
Reparaturnebenkosten 304
Reparaturreise 304
Reparaturunfähigkeit 299, 308, 310
Reparaturunwürdigkeit 270, 271, 308, 309, 310
Reparaturversicherung 337
Repräsentant 282
Rettungspflicht 101
Risiko, politisches 137, 159, 351, 355
Risikobeurteilung 24
Risk Management 205, 234
Rost 165
Rückgriffsanspruch 388

Rückversicherung 23, 24
Rückwärtsversicherung 161
Rule 325

Sabotageakt 352
Sachschaden 109, 261, 262
Sachverständiger 226
Safety Management Certificate 279
salvage charge 116
Sammelladungsspedition 374
Sanktion 43
Schaden 60, 65, 109, 217, 293, 298
Schaden, mittelbarer 141
Schadenfeststellung 118
Schadenmeldung 292
Schadentaxe 306, 307
Schadenversicherung 14
Schiedsgutachten 226, 300
Schiffbau 331, 334, 335
Schifffahrtsunfall 343, 344, 347
Schiffsbauwerkhypothek 313
Schiffsdunst 143
Schiffsgläubigerrecht 313, 314
Schiffshypothek 311, 312, 314
Schiffskaskoversicherung 13
Schiffsrechtegesetz 311
Schiffsschweiß 143, 165
Schmucksachen 365
Schwesterschiff 266
Schwund 171
Security Rating 21
Seedarlehen 17
Seegefahr 280
Seekasko-Druckstück 12/2003 247
Seekasko-Druckstück 2002/2 105, 251
Seekaskoversicherung 37, 358
Seerecht 383
Seetransportversicherung 39
Seetüchtigkeit 247
Seetüchtigkeit, anfängliche 245
Seeuntüchtigkeit 159, 246

Seeversicherung 18, 65
Selbstbehalt 255
Selbstentzündung 175
Separathaftung 265
settling agent 27
SG-Police 85, 149
Sicherheitsleistung 268
sistership 289
Skandinavien 35
Small General Average Clause 78
special charge 115
Spediteur 373, 374, 390, 391
Speditionsrecht 390
Speditionsvertrag 373
Stop-Loss-Deckung 29
Strandung 152
Strandungsfalldeckung 131, 132, 133, 134, 148
Streik 352
Streikausschluss 298
Strike Exclusion Clause 361
sue and labour 115
Süßwasser 165
Syndizierung 36

Tackle-to-tackle-Prinzip 385
Taxe 88, 89, 90, 91
Teilschaden 299
Teilverlust 219
Tenderung 302
Termination of Contract of Carriage Clause 183
Terror 356
Tilgung 94
total loss 217
Totalverlust 59, 111, 151, 270, 299
Totalverlust, konstruktiver 161, 294, 295
touch and go 150
Towage Clause 287

Transitklausel 160
Transportmittel 13, 83, 135
Transportmittelunfall 152
Transportrechtsreformgesetz 375
Transportversicherungsmarkt 20, 22
Transportweg 83
Treuhandausflaggung 311

Übernahmeklausel 234
Ullagevermessung 170
Umbau 336
Umsatzpolice 209, 211
Umzugsvertrag 376
Underwriter 29, 203
Unklarheit 46
Unteilbarkeit der Prämie 91
Untertaxierung 318
Unterversicherung 273, 318

Valoren 363
Verband 34
Verderb, innerer 141
Verein Hanseatischer Transportversicherer (VHT) 33
Vereinigte Staaten von Amerika 35
Vereinigtes Königreich 34
Verjährungsfrist 388
Verkehrshaftungsversicherung 377
Verlust 217, 218, 219
Vermessung 229
Vermessungsschiff 229
Vermittler 25
Vermittlerhaftung 25
Vermittlerrichtlinie 25
Vermögensschaden 145, 146
Verpackung 142, 144, 145
Verschmutzung 166
Verschollenheit 217, 219, 299
Verschulden, kommerzielles 381
Verschulden, nautisches 381, 382

Verschuldenshaftung 287, 371
Versehensklausel 209
Versicherungsaufsichtsgesetz (VAG) 38, 41
Versicherungsbedingung,
 allgemeine 46
Vesicherung für fremde Rechnung 100, 101
Versicherungsmakler 24, 25, 92
Versicherungsmarkt 19, 20
Versicherungsschein 84
Versicherungsschutz 175, 177, 178, 179, 180,
 181, 189, 276
Versicherungssumme 57, 87, 121, 122
Versicherungstaxe 87
Versicherungsvertrag 85
Versicherungsvertragsgesetz (VVG) 38, 39,
 40, 49, 84
Versicherungswert 86, 87, 88, 193,
 194, 224
Versicherungszertifikat 215
Verzögerung 139, 140, 141
Voraussetzungstheorie 102, 103
Vorführungskosten 114
Vorleistung 288

Waffe 139
Warehouse-to-Warehouse-
 Clause 175
warranty 106, 107, 108
Wassersportfahrzeug 349
Wassersporthaftpflicht-
 versicherung 349
waterborne agreement 357
Weiterbeförderungskosten 161
Wellenbruch 252
Wertpapier-Inhaberpolice 214
Wertschöpfungskette 22
Wiederherstellung 222
Wrackbeseitigungskosten 345

Yacht 350
YAR 73, 74, 75, 77
York-Antwerp-Rules (YAR) 72

Zahlagent 117
Zahlungsunfähigkeit 138
Zahlungsverzug 138
Zeitversicherung 235
Zertifikat 212, 213, 215, 216
Zinsverbot, kanonisches 17